शताब्दी से शेष

शताब्दी से शेष

पंकज बिष्ट

राजकमल प्रकाशन
नयी दिल्ली पटना इलाहाबाद

ISBN : 978-81-267-2418-5

मूल्य : ₹ 550

पहला संस्करण : 2013

प्रकाशक : राजकमल प्रकाशन प्रा. लि.
1-बी, नेताजी सुभाष मार्ग, दरियागंज
नई दिल्ली-110 002

शाखाएँ : अशोक राजपथ, साइंस कॉलेज के सामने, पटना-800 006
पहली मंजिल, दरबारी बिल्डिंग, महात्मा गांधी मार्ग, इलाहाबाद-211 001

वेबसाइट : www.rajkamalprakashan.com
ई-मेल : info@rajkamalprakashan.com

आवरण : अनूप चन्द

मुद्रक : बी.के. ऑफसेट
नवीन शाहदरा, दिल्ली-110 032

SHATABDI SE SHESH
Stories by Pankaj Bisht

पुराने प्रसंगों के नए सन्दर्भ

तीसरी दुनिया के देशों द्वारा औपनिवेशिक दासता के जूए को उतार फेंकने के संघर्ष और सफलता, मानव की समानता, शोषण व दमन से मुक्ति के लिए संघर्ष और पहली साम्यवादी व्यवस्था का उदय ऐसे परिवर्तन थे जो बीसवीं शताब्दी में साकार हो गए। दुनिया के महाबली को एक छोटे से देश वियतनाम के हाथों पिटते भी इसी सदी ने देखा। वर्चस्व की लालसा में इस सदी ने दो भयावह महायुद्ध भी देखे जिसमें लाखों लोग विस्थापित हुए और मारे गए। और हिरोशिमा और नागासाकी जैसी बर्बर और अमानवीय घटनाएँ भी देखीं।

अभूतपूर्व वैज्ञानिक और प्रौद्योगिक विकास ने दुनिया को पूरी तरह बदल दिया। आदमी ने पृथ्वी की सीमा को तोड़ अन्तरिक्ष में प्रवेश किया और संचार से दुनिया एक गाँव में बदल गई।

हमने उसी सदी में ब्रिटिश गुलामी से मुक्ति पाई। भारत के रूप में दुनिया के सबसे बड़े लोकतांत्रिक देश ने जन्म लिया। धर्म के नाम पर देश विभाजित हुआ। ऐसा नरसंहार और विस्थापन, जिसका उदाहरण मानव इतिहास में नहीं मिलता।

इस सदी में एक ओर पूँजीवादी शोषण से मुक्ति के संघर्ष तेज हुए तो दूसरी ओर इसका अन्त होते दुनिया के पहले कम्युनिस्ट राज्य का पतन हो गया। पूँजीवादी शोषण और दोहन ने बाजार व उपभोक्तावाद के माध्यम से विकास के नाम पर फिर से दुनिया को अपने कब्जे में लेना शुरू कर दिया। सारी औद्योगिक और वैज्ञानिक प्रगति के बावजूद न तो भूख को मिटाया जा सका है और न ही कुपोषण को। सच यह है कि प्रौद्योगिकी और तकनीकी विकास से पहले की दुनिया में न तो आज जैसी गरीबी, भुखमरी और असमानता थी, न ही शोषण। यहाँ तक कि शक्ति और संसाधनों का ऐसा केन्द्रीकरण भी नहीं था।

उदारीकरण और मुक्त बाजार के पंजों में हमारा देश इसी सदी के आखिरी दशक में आया। पश्चिम में प्रौद्योगिकी का जितना विकास हुआ, हमारे यहाँ संसाधनों के दोहन का आकार बढ़ने के साथ ही साथ और निर्मम, और तेज होता गया। विस्थापन और बदहाली बढ़ रही है। हजारों वर्ष पुरानी सभ्यताओं, संस्कृतियों और जीवन

शैलियों के निशान तक मिटा देने में दानवाकार मशीनों को कुछ नहीं लग रहा है। दुनिया की दस प्रतिशत जनसंख्या का 90 प्रतिशत संसाधनों पर कब्जा हो चुका है। बाकी दस पर उनकी नजर है। यह नब्बे प्रतिशत लोगों के अस्तित्व का प्रश्न है। आखिर पूँजीवाद और उसकी तथाकथित देन उदारीकरण अधिसंख्य दुनिया को क्यों हर दिन बदहाल और असुरक्षित कर रहा है। क्यों वैश्वीकरण दुनिया में लूट, शोषण और दमन का दूसरा नाम हो गया है? इसका जवाब किसे ढूँढ़ना है। यह दुनिया जितनी अशान्त आज है, पचास साल पहले नहीं थी। यह अशान्ति और बेचैनी कई रूपों में अभिव्यक्त हो रही है और होनी भी चाहिए।

इसी उथल-पुथल से भरी शताब्दी के लगभग मध्य में मैं पैदा हुआ। और पला-बढ़ा।

मैंने विभाजन की मार-काट नहीं देखी, मैं तब मात्र साल भर का था। पर उसका जीवन पर दूरगामी असर जरूर देखा। अपने आसपास। जहाँ अपने से पूर्व के लेखकों से मैंने इस विभाजन को समझा वहीं निजी अनुभव ने मुझे इसके मानसिक और सामाजिक प्रभाव से संवेदनात्मक स्तर पर तालमेल बैठाने में मदद की। लम्बे स्वतन्त्रता आन्दोलन से पाए आदर्शों और आजादी के बावजूद बढ़ती मूल्यहीनता, दमन, शोषण, भ्रष्टाचार, सामाजिक असमानता और असुरक्षा का जैसा मंजर नजर आता था वह किसी भी आदमी को बेचैन करने के लिए काफी था और आज भी है। लेखकीय महत्वाकांक्षा लेकर बढ़ रहे युवा को यह सब हैरान करने के लिए काफी था। चुनौती-अभिव्यक्ति के स्तर पर ही नहीं, मूल्यों के स्तर पर भी।

पचास साल की इस यात्रा में मैंने मुश्किल से पचास कहानियाँ लिखी हैं। इनके विषयों की विविधता आधी सदी की कमोबेश सभी प्रमुख चारित्रिकताओं को प्रतिबिम्बित करती है। एक दूसरे स्तर पर ये लेखक की सीमा, उसकी विभ्रान्तता लेकिन अपने समय की एक दायरे में बाँधने की बेचैनी को भी इंगित करती हैं।

शुरुआती कहानियों की बात करूँ तो उनमें जरूर एक रोमांस और निराशा दिखलाई पड़ती है जिसे आज काफी हद तक अपने निजी संघर्ष और आत्मकेन्द्रिकता का परिणाम कह सकता हूँ। इन कहानियों—'सूली चढ़ा एक और मसीहा' व 'उम्मीद' को मैंने अपने पहले के किसी भी संग्रह में शामिल नहीं किया। इसमें भी उनके सम्पादित रूप ही हैं जबकि ये कहानियाँ उस समय की प्रमुख पत्रिका 'साप्ताहिक हिन्दुस्तान' में छपी थीं। (बाकी कोई कहानी सम्पादित नहीं है, सिवा एक आध शब्दों के हेर-फेर के।) उस दौर की कुछ और कहानियाँ तो ऐसी हैं जिन्हें मैं इस संग्रह में भी लेने की हिम्मत नहीं कर पाया हूँ।

पीड़ा, संघर्ष और निराशा सिर्फ एक व्यक्ति तक सीमित नहीं है, समझने के बाद मुझे रास्ता बदलने में देर नहीं लगी। इसलिए अगर मेरी कहानियों में निजी पीड़ा है तो भी वह बिना सामाजिक सन्दर्भ के अभिव्यक्त नहीं हुई है। मैंने प्रेम पर

जो इक्की-दुक्की कहानियाँ लिखी हैं, वे किस तरह की हैं इस बात को 'ऐसा तो नहीं होगा' और 'बेल' से समझा जा सकता है। अगर इनमें 'उस गोलार्द्ध में' को भी जोड़ दें तो ये कहानियाँ बदलते नैतिक मूल्यों पर भी नजर डालने की कोशिश बन जाती है।

दूसरी बात, जो अर्ध सदी की इस लेखन-यात्रा में मुझे गौर करने योग्य लगती है, वह है अभिव्यक्ति के नए तरीके तलाशने की कोशिश। ये प्रयोग 'खोखल', 'कवायद', 'आवेदन करो', 'बच्चे गवाह नहीं हो सकते?', 'मोहनजोदड़ो' और 'मोहन राम (दास) आखिर क्या हुआ?' जैसी कहानियों में देखे जा सकते हैं। यह शीर्षक सीधा मोहनदास कर्मचन्द गांधी से जुड़ा है और गांधीवादी आदर्श के क्षरण की ओर इंगित करता है। कहना जरूरी नहीं है कि ये प्रयोग सिर्फ प्रयोग के लिए नहीं थे। फॉर्म के स्तर पर प्रयोग का सम्बन्ध मेरे लिए अभिव्यक्ति की जटिलताओं की चुनौतियों से रहा है। इन 'प्रयोगधर्मी' कहानियों का सम्बन्ध इसलिए विषय और तात्कालिक सामाजिक-राजनीतिक स्थितियों में देखा जा सकता है। जैसे 'खोखल' और 'कवायद' अगर आपातकाल की देन है तो 'बच्चे गवाह नहीं हो सकते?' (1984) टेलीविजन के उपभोक्तावाद के सबसे ताकतवर माध्यम के रूप में उभरने का संकेत। तब भारत में रंगीन टीवी को आए सिर्फ दो ही वर्ष हुए थे, और निजी और विदेशी पूँजी का इसमें प्रवेश अभी दूर था। इसी तरह 'मोहन राम (दास) आखिर क्या हुआ?' को उपभोक्तावाद की कहानी काली छाया के अपशकुन की चेतावनी कहा जा सकता है। यहाँ यह बतलाना अनुचित न होगा कि ये कहानियाँ उपभोक्तावाद पर हिन्दी में लिखी, पहली अगर न भी हो तो भी, अपनी तरह की शुरुआती कहानियों में से तो हैं ही। इसी तरह महानगरीय हृदयहीनता और बेरोजगारी जैसे रोजमर्रा के विषय पर नए रूप में लिखने की चुनौती का परिणाम 'आवेदन करो' को माना जा सकता है। 'मोहनजोदड़ो' हिरोशिमा के सन्दर्भ में युद्ध-विरोध की कहानी है।

एक कहानी जिसका मैं विशेष तौर पर जिक्र करना चाहूँगा 'पन्द्रह जमा पच्चीस', यह विभाजन की विभीषिका नहीं बल्कि उसके दूरगामी प्रभावों (तीन दशक बाद) को दर्शाने की कोशिश है, जो परम्परागत, यथार्थवादी नैरेटिव में लिखी गई है। साम्प्रदायिकता के तीन विभिन्न आयाम '...कुंजरोवा', 'क्या कहना है जटायु' और 'खून' में भी देखे जा सकते हैं।

कुल मिलाकर यह तो कहा ही जा सकता है कि इन कहानियों में अपने दौर के विभिन्न बदलाओं और उनकी चुनौतियों को लगातार अभिव्यक्त करने की कोशिश है। इस पर भी ये कहानियाँ इतिहास या किसी तरह का दस्तावेज नहीं है। बल्कि अभी-अभी गुजरी सदी का ऐसा कोलाज है जिसका निर्माण निजी वृत्तांत से निर्मित है।

संग्रह में मूलतः पन्द्रह जमा पच्चीस (1980), बच्चे गवाह नहीं हो सकते (1986) और टुंड्रा प्रदेश तथा अन्य कहानियाँ (1995) संग्रह की सभी रचनाओं के अलावा बारह कहानियाँ भी शामिल हैं जैसे कि सूली चढ़ा एक और मसीहा (1968) जो किसी पत्रिका में छपी मेरी पहली कहानी है। इसका क्रम प्रकाशन वर्ष के अनुसार रखा गया है।

—पंकज बिष्ट

अनुक्रम

शताब्दी से शेष

सूली चढ़ा एक और मसीहा

आकाश गहरे भूरे बादलों से भरा है। हवा में नमी है। रात कई घंटे वर्षा हो चुकी है। काफी ठंड है आज। सारे पहाड़, लगता है, धुल गए हैं। कल तक जो पहाड़ सूखे थे मानो रात-ही-रात में उन पर घास उग आई हो। नीचे सड़क धुलकर बिलकुल चमक रही है। धूप सारे दिन नहीं निकली। दिन-भर सैलानी नैनीताल से रानीखेत, भीमताल, भवाली आदि देखने जाते रहे।

बादल कल शाम से थे पर वर्षा आधी रात के बाद हुई। वह और मैं शाम को साथ घूमने गए थे। सेनिटोरियम से उतरकर सामने जंगल में जानेवाली कच्ची सड़क पर बड़ी दूर तक निकल गए। हवा हल्की थी। बादल धीरे-धीरे पहाड़ों पर उतर रहे थे।

उसने कहा, "वर्मा, वर्षा होगी बहुत जल्दी। रामगढ़ में तो शुरू भी हो चुकी है। चलो लौट चलें। ऐसा न हो कि भीग जाएँ। इस पहाड़ी वर्षा का कुछ पता नहीं, समझे!"

मेरा दिल लौटने को नहीं था। मैंने थोड़ी दूर और चलने को कहा। वह अपनी छड़ी घुमा रहा था। नजर उसकी अब भी सामने पहाड़ की ओर थी। एक दिन उसने बतलाया था, मैं इस पहाड़ के पीछे का रहनेवाला हूँ। बस, इससे ज्यादा मैं उसके बारे में कुछ नहीं जानता। कई बार पूछा भी पर वह टाल गया।

"नरेन्द्र, अब तुम्हारी 'हेल्थ' सुधर रही है न! पहले से तो अच्छी है! क्यों?" मैंने अपनी बात का समर्थन चाहा। बादल कुछ ज्यादा काले हो गए थे।

उसने बिना गर्दन मोड़े कहा, "हूँ!"

"आज तुम्हारी एक्सरे रिपोर्ट मिली थी! क्या है?" मैंने कुरेदा।

"ठीक है, डॉक्टर कहता है!"

हम सेनिटोरियम से काफी दूर निकल आए थे। नीचे भवाली के लाल-सफेद टीन की छतोंवाले बँगले खड़े थे। मुझे ऐसा लगा—मैं कोई लैंडस्केप देख रहा हूँ, जिसमें पहाड़ों को और मकानों को गहरे रंगों से चित्रित किया हो, किसी उदास चित्रकार ने। हमसे थोड़ी दूर नीचे चर्च था। दूसरी ओर कँकरीली सड़क के पार डाकबँगला खड़ा था।

"आओ लौट चलें!" मैंने उसकी चुप्पी से ऊबकर कहा।

"जरा आराम कर लें, थक गया हूँ!" कहकर वह वहीं सड़क पर एक ओर पैर लटकाकर बैठ गया। अब वह पहाड़ की तरफ से नजरें हटाकर लगातार चर्च को देख रहा था। उसने पूछा, "वर्मा, तुम्हारे पास सिगरेट है?"

मैंने आश्चर्य से उसकी ओर देखा, "सिगरेट पिओगे? लेकिन तुम्हें तो डॉक्टर ने मना कर रखा है!"

"और तुम्हें?" उसने मुस्कराकर पूछा।

मुझे हँसी आ गई। मैंने चुपचाप सिगरेट उसे थमा दी। एक ही थी, और वह भी चोरी से खरीदी हुई। थोड़ी देर वह सिगरेट पीता रहा, लम्बे-लम्बे कशों के साथ, फिर बोला, "वर्मा, तुम्हें यह चर्च के ऊपर का क्रॉस कैसा लग रहा है?" उसकी आँखों में एक अजीब चमक थी।

"बड़ा मायूस। उदास-सा!"

"यार, यहूदियों ने ईसा को क्रॉस पर लटकाने की बेवकूफी क्यों की?"

"तड़प-तड़पकर मरने को।"

"क्या जिन्दगी से ज्यादा तड़पन कहीं और भी है?"

मैं उसका मुँह ताकता रहा। जब कभी वह ऐसी बातें करता मुझे डर लगने लगता था और उसके सोचने के ढंग पर आश्चर्य भी होता। मैं कितना ही चाहता, उससे कहूँ कि ऐसी बातें न करे पर कह नहीं पाता था। मैं बड़ी देर कुछ नहीं बोला तो वह फिर कहने लगा, "चलो मानो, पन्द्रह दिन या एक महीना ही तो उस क्रॉस पर कोई तड़प सकता है, बस। पर जिन्दगी का क्रॉस तो यार, बरसों तड़पा-तड़पाकर मारता है। क्यों, है न!"

मोड़ के बाद सड़क के ऊपर एक बुरुंश का पेड़ था। उसमें दो-चार ही फूल थे, लाल सुर्ख। मैंने उससे कहा, "जरा ठहरना नरेन दा, एक फूल तोड़ लूँ!"

उसने झपटकर मेरा हाथ पकड़ लिया, "फूल मत तोड़ना! रहने दो!"

मैं हतप्रभ-सा देखता ही रह गया। वह उत्तेजित हो गया था पर उसके स्वर में विनय थी। मैंने उसके अन्दर पहली बार उत्तेजना देखी थी। मैं पूछे बिना न रह सका, "क्यों?"

"मुझे लाल रंग से नफरत है।" उसने काँपते स्वर में कहा।

वह जा चुकी है। कोई तीन-चार घंटे बैठी रही मेरे साथ। मन बड़ा बेचैन था, वह आई तो दिल लग गया। अचानक ही आ गई थी।

"अरे, तुम यहाँ कैसे?" मैं अपने आश्चर्य को न दबा पाया था।

"क्यों, क्या हम नहीं आ सकते?" उसने अपने पुराने छेड़खानीवाले अन्दाज में कहा और बेझिझक बिस्तरे पर बैठ गई।

"मेरा मतलब यह है कि तुम्हें यह पता कैसे चला कि मैं यहाँ हूँ! मैंने घरवालों को मना कर रखा था कि मेरे बारे में किसी को न बताएँ, खासकर इन लोगों को।"

"देखिए साहब, हम अन्तर्यामी हैं", उसने आँखें मूँदकर कहा, मानो सचमुच योगी ही हो, "इस पृथ्वी में तो क्या, पूरे ब्रह्मांड में कोई चीज ऐसी है, जो हमसे छिप सकती हो? तुमने क्या सोचा बच्चा, कि तुम अपना पता न बताओगे तो हमारी नजरों से छिपे रहोगे? नहीं, यह असम्भव है।"

नरेन्द्र की तबीयत सुबह ज्यादा खराब हो गई थी और वह इमरजेंसी वॉर्ड में भेज दिया गया था। इस समय शायद ऑपरेशन थिएटर में हो। केवल लाल कम्बल फैला था नरेन्द्र के बेड पर। नरेन्द्र उसे कभी नहीं ओढ़ता था, उसे लाल रंग से चिढ़ थी। मेरी आँखों के सामने चर्च का स्लेटी क्रॉस खड़ा हो गया। नन्हीं सहमकर मेरी ओर देख रही थी। सुबह नरेन्द्र कीट्स की 'टू द नाइटिंगेल' पढ़ रहा था। उसने बीच-बीच में कई लाइनें मुझे सुनाई थीं। उसके बाद उसने प्रारम्भ के पूरे टुकड़े को स्वयं समझाकर कहा, "मेरे दिल में भी बिलकुल ऐसा ही हो रहा है आज, अखिल!" वह हाँफने लगा था। बोलने में उसे जोर पड़ रहा था।

मैंने पूछा, "क्यों, कुछ तबीयत खराब है क्या?"

"नहीं तो, बस जरा रात को नींद नहीं आई ठीक से!" फिर चुपचाप पढ़ता रहा। कुछ लाइनों के बाद ही फिर उसकी हल्की पर स्थिर आवाज मेरे कानों पर पड़ी।

मुझे नन्हीं की आवाज सुनाई दी, "क्या सोचने लगे?" वह अभी भी सहमी-सहमी निगाहों से मुझे ताक रही थी।

"कुछ नहीं, यों ही बस!"

"नहीं, कुछ सोच रहे थे आप! बतलाइए न, क्या सोच रहे थे?" उसने बच्चों-सी जिद की।

मैंने फीकी मुस्कराहट के साथ कहा, "अच्छा, आप ही बतला दीजिए न! आप तो अन्तर्यामी हैं।"

वह थोड़ी देर चुप रही, फिर बोली, "बताऊँ?"

"हाँ, बताओ!" मैंने कहा।

वह आँखें बन्द कर पूरी एक्टिंग के साथ अँगुलियों में हिसाब लगाती रही, फिर आधी आँखें खोलकर गम्भीर स्वर में बोली, "बच्चा, तुम घर के बारे में सोच रहे थे।"

मैंने टालने के लिए चुपचाप हाँ में गर्दन हिला दी। उसका चेहरा खिल उठा, "देखा, मानते हो न।"

उधर दो पलंग के बाद एक मरीज जोर-जोर से खाँस रहा था। सुबह मेरे भी काफी खून निकला था। मैंने उसकी ओर देखे बिना ही पूछा, "अरे हाँ, तुमने तो बताया नहीं कि तुम्हें मेरा पता कैसे चला?"

"कहा न, अन्तर्यामी हूँ।" वह चहककर बोली।

मैंने बनावटी क्रोध से कहा, "अच्छा मजाक छोड़ो, मतलब की बात करो। बताओ तो तुम्हें मेरा पता कैसे चला?"

"मधु ने बतलाया था।" वह रुआँसी हो आई।

"तुम हमारे घर गई थीं?"

"नहीं, नैनीताल में मिली थी कल!" वह चुप हो गई। लगा नाराज हो गई है। सोच रहा था, मधु भी आज या कल में आनेवाली होगी।

"तुम नैनीताल क्या करने आई हो?"

वह थोड़ी देर चुप असमंजस से मेरा मुँह ताकती रही। शायद सोच रही थी, सच कहूँ या नहीं! कुछ क्षण के मौन के बाद बोली, "दीदी के साथ आई हूँ कुछ दिनों पहाड़ पर घूमने।" और खिड़की के बाहर देखने लगी।

"कहाँ है दीदी आजकल?"

"यहीं रानीखेत में।" उसने खिड़की से नजर हटाए बिना कहा।

"घूमने आई हैं या मेजर की पोस्टिंग यहीं हो गई?" मैं प्रश्न पूछता ही गया। वह इन प्रश्नों को जहाँ तक हो टालना चाह रही थी, फिर भी उसके चेहरे पर झल्लाहट का भाव नहीं था। शायद उसे मालूम था कि मैं ऐसे प्रश्न पूछूँगा।

"हाँ, जीजा जी की पोस्टिंग रानीखेत में हो गई है।"

"तो तुम रानीखेत से आई या नैनीताल से?"

"परसों आए थे हम लोग नैनीताल घूमने रानीखेत से, जीजा जी भी साथ थे। कल मधु मिली, उसी समय आई थी। दीदी ने उससे आपके बारे में पूछा। उसने बताया कि भाई साहब सेनिटोरियम में हैं। वैसे वह भी कल-परसों तक आनेवाली होगी यहाँ। उसकी कुछ फ्रैंड्स भी आई हैं।" मुझे मधु पर क्रोध हो आया।

"चलो, कैसे ही सही तुम आईं तो!" मैंने दुखी कृत्रिम स्वागत में कहा।

उसने मुझे एक बार कनखियों से देखा और फिर चुपचाप खिड़की के बाहर देखने लगी। कोहरा छँट चुका था, पर आकाश में घने बादल थे। सामने की घाटी न मालूम कैसे गहरे तथा डरावने रंग से भर उठी थी। ऐसा प्रतीत होता था मानों सुबह का सारा कोहरा, दूर नीचे तक फैले पेड़ पी गए हों, और पचा न सकने के कारण नीले प्रड़ गए हों। ठीक जहर पीकर मरने से कुछ पूर्व की स्थिति थी। एक बेचैनी मेरे दिमाग में छा गई। उसने एक हाथ से बालों को कानों के पीछे कर लिया। मुझे दुख हुआ कि क्या-क्या कह दिया, आखिर इसका क्या कसूर है।

"तुम मुझसे मिलने आई हो और मैं तुम्हारी कुछ खातिरदारी भी नहीं कर सकता, नन्हीं!" मुझे उस समय लगा कि दर्द और बेबसी में मेरा एक-एक शब्द काँप रहा है। मुझे लगा कि मेरी दशा ठीक उस दिन जैसी होती जा रही है, जिस दिन पहली बार माँ यहाँ मुझसे मिलने आई थी और मैं उसकी गोद में सिर रखकर बड़ी देर रोता रहा था। पर अब तो वह बात भी पुरानी हो गई है।

माँ उसके बाद नहीं आई। पहले माँ की हर हफ्ते एक चिट्ठी मिल जाती थी। लिखा होता था कि मैं जल्दी ही तेरे पास आऊँगी, एक-आध महीने के लिए। फिर क्रम बदला। पत्र आने के बीच का समय बढ़ गया। लिखा होता था, बेटा, काम बहुत है, बच्चों के इम्तहान निकट हैं, कैसे आऊँ! मैं भी इन्तजार करता-करता थक गया था। लिख दिया, इम्तहानों के बाद आ जाना। समय का अन्तर और बढ़ गया। पहले दो हफ्ते हुआ था, फिर एक महीना हो गया, और अब दो माह हो गए हैं। शुरू में माँ की चिट्ठी न आए तो न जाने कैसी घबराहट हो जाती थी। चादर में मुँह ढाँपकर रोया भी, पर धीरे-धीरे सब ठीक हो गया। नरेन्द्र को देखकर मेरा साहस बढ़ा। वह कभी कोई चिट्ठी नहीं लिखता। उससे मिलने भी कोई नहीं आता और वह किसी को याद भी नहीं करता।

दिल हुआ कि इसकी भी गोद में सिर रखकर सिसकियाँ भरूँ और यह भी माँ की ही तरह मेरे सिर पर हाथ फेर-फेरकर कहे, घबराने की कोई बात नहीं, जल्दी ठीक हो जाओगे। ऐसे कहीं हिम्मत हारते हैं। मैं अपने को कठिनाई से नियन्त्रित कर बोला, ''तुम्हारे लिए चाय मँगवाता हूँ।''

''नहीं, रहने दीजिए। अभी-अभी तो खाना खाकर चली थी।''

मैंने भी दुबारा नहीं कहा। थोड़ी देर चुप्पी छा गई।

''आजकल क्या कर रही हो?'' मैंने विषय परिवर्तन के लिए पूछा।

''एम.बी.बी.एस. का फाइनल ईयर था। रिजल्ट का इन्तजार है।'' उसने लापरवाही से कहा।

''अरे, तो तुम डॉक्टर होने जा रही हो। चलो अच्छा है, हम भी तुम्हारे पेशेन्ट बन जाएँगे।'' मैंने जरा मुस्कराकर कहा।

''हम तो पहले ही आपको अपना पेशेन्ट बनाना चाहते थे, पर आप ही नहीं बने तो क्या करें। खैर साहब, देर आए दुरुस्त आए!'' कहकर वह पूरी तरह मुझे देखने लगी। उसकी आँखों से उसका नटखटपन चमक रहा था।

''तुम अपना नर्सिंग होम खोलो, हम दाखिला ले लेंगे।''

''अरे वाह, हम तो खुद आपके होम में दाखिला लेने की सोच रहे थे और आप हैं कि ठीक उलटी बात करते हैं। अच्छा, आप कब आ रहे हैं हमारे होम में?'' उसने आँखें नचाकर पूछा।

''तुम्हारे होम में नहीं नर्सिंग होम में आएँगे, समझे डॉक्टर साहब!'' मैंने जरा झुककर कहा। वह खिलखिला पड़ी पर मुझे चाहकर भी हँसी नहीं आ पाई। न जाने दिल के किस कोने में एक टीस-सी उठी, न जाने कैसा दर्द! वह थोड़ी देर मेरा मुँह ताकती रही पर जब मैं काफी देर कुछ नहीं बोला तो पूछने लगी मानो किसी बच्चे का दिल बहला रही हो, ''अगर मैं यहाँ आ जाऊँ, तो कैसा रहे?''

"कोई खास फर्क तो नहीं पड़ेगा। हाँ! दिल लग जाएगा और दिन कट जाएगा।" मैंने हौले से कहा।

"तो ठीक है, यहीं के लिए एप्लाई करूँगी।"

"अरे, छोड़ो सर्विस का चक्कर, शादी कर लो झटपट। बताओ, कब कर रही हो?" न जाने मैं ऐसा क्यों कह गया, मुझे खुद अपने पर आश्चर्य हुआ।

वह फिर खिलखिलाई, "आपका इन्तजार हो रहा है, जब आप बाहर आएँ तभी कर लूँगी।"

दिल हुआ कि कह दूँ, अब हम नहीं हमारा जनाजा ही बाहर आएगा पर मैंने कहा नहीं। बोला, "अरे, तुम बात तो ठहराओ, डेट-वेट फिक्स करो, मैं तो आ ही जाऊँगा। हाँ, जरा इन्फार्म कर देना बस! यह नहीं कि दीदी की तरह..." मैं फिर चुप हो गया। लगा, सीने में बड़े जोर का दर्द उठ रहा है। खाँसी के धचके लगे। उसने जल्दी से पीकदान उठाकर मुँह के आगे कर दिया। थूक में खून के कतरे तैर रहे थे। मैंने देखा, उसकी भौहें सिकुड़ गई थीं और चेहरा एक क्षण को बिलकुल पीला हो गया था। मैं जानता हूँ, मेरी हालत अच्छी नहीं है।

उसने पीकदान पलंग के नीचे ढँककर रख दिया और एक लम्बी चुप्पी के बाद हल्की आवाज में बोली, "बात तो तभी ठहरेगी न, जब आप बाहर आ जाएँ। शादी तो आप ही के साथ करनी है।"

मैं जोर से हँसा ठहाका मारकर—एक उतनी ही खोखली हँसी जितनी कि उसकी बात थी। सारी दीवारें काँप उठीं। वह भी खूब जोर से हँसी। मेरी नजर फिर नरेन दा के खाली बेड पर जा टिकी। मैं एकदम चुप हो गया, मानो किसी ने मेरा गला पकड़ लिया हो—शर्म नहीं आती झूठे!

मैंने एक दिन पूछा था, "नरेन दा, तुम्हें कीट्स इतना क्यों पसन्द है?"

"सीधी-सी बात है और वह भी तुम नहीं समझते, कीट्स भी टी.बी. का मरीज था और मैं भी टी.बी. का पेशेन्ट हूँ..." वह थोड़ी देर रुका, एक लम्बी साँस ली फिर बोला, "वह भी जवानी में टी.बी. से मरा था, और मैं भी टी.बी. से जवानी ही में मरने जा रहा हूँ।"

मेरी चुप्पी से घबराकर वह बोली, "क्यों, क्या हो गया फिर?"

"कुछ नहीं।" मुझसे बोला नहीं गया। न जाने कैसा काँटा चुभ रहा था गले की किसी नस में।

और उसी समय मुझे बताया गया कि नरेन्द्र कूच कर गया है। मैंने उसके बिस्तर को देखा। कीट्स की कविताओं का संकलन उलटा पड़ा था मेज पर। मैं कुछ बोल नहीं सका। रोना चाहता था, रो भी नहीं सका।

नन्हीं ने पूछा, "क्या हुआ? कौन था?"

मैंने न जाने कैसे स्वर में कहा, "बगलवाला मेरा दोस्त मर गया है।"

वह घबरा गई। मैं नन्हीं को लेकर मुर्दाघर गया, नरेन्द्र को अन्तिम बार देखने। मैंने उसे हाथ लगाकर हिला-हिलाकर देखा। मुझे पक्का विश्वास था कि वह कभी नहीं मरेगा और कम-से-कम मेरे से पहले तो हरगिज नहीं।

दोपहर के बाद वह चली गई, रानीखेत। जाते-जाते उसने कहा, "दीदी पूछती थीं कैसी तबीयत है?"

"उसने पूछा था या तुम अपनी ओर से पूछ रही हो?" मैंने ध्यान से उसके चेहरे को देखा। "कुछ दिन और हैं, जैसा है ठीक है। कह देना मैं ठीक हूँ।" न जाने क्यों मुझे विश्वास-सा हो चला था कि मैं अब ज्यादा नहीं रहूँगा।

मेरे कानों में लगातार नरेन दा की हल्की पर गम्भीर आवाज गूँज रही है—वही कीट्स की पंक्तियाँ : "माई हार्ट एक्स, एंड ए ड्राउजी नवनैस पेन्स/ माई सेन्स, एज दो ऑफ हेमलॉक आई हैड ड्रंक..." कीट्स के इन शब्दों से मुझे शुरू के दिनों में बड़ा डर लगता था पर धीरे-धीरे इन्हें पसन्द करने लगा था। आज मुझे ये लाइनें बेहद अपनी लग रही थीं।

(1968)

हिमदंश

हम धीरे-धीरे नीचे उतर रहे हैं—मैं और काका। सुबह की धूप चमचमाती हुई चारों ओर फैल गई है। नीचे घाटी में सर्पीली नदी का पानी शीशे की तरह चमक रहा है। रामी काफी आगे, कन्धे में मेरी अटैची को आड़े रखे, तेजी से उतरता जा रहा है। काका ने बैग सँभाल रखा है। लोग जानते हैं, पहाड़ों पर चढ़ना-उतरना मेरे वश का नहीं है। काका कदमों को जमा-जमाकर चल रहे हैं। रामी उछलता हुआ उतरता जा रहा है पर मैं रह-रहकर लड़खड़ा उठता हूँ। मेरे आड़े-तिरछे पड़ते कदमों से, इधर-उधर कोई पत्थर या कंकर आवाज करता हुआ खिसक जाता है। मेरा खालीपन और बढ़ जाता है। पराया होने का आभास बहुत तकलीफदेह है। मुझसे बोला नहीं जा रहा है, और काका शायद किसी गहरे सोच में डूबे हैं।

मैं मुड़कर देखता हूँ। ऊपर गाँव छूट गया है। पथरीली छतोंवाले दुमंजिले मकानों की सफेद पुती दीवारें, सूरज की पहली किरणों के साथ बहुत खूबसूरत लग रही हैं। साथ ही तल बखई[1] के आखिरी छोर पर ऊँची-सी जगह पर खड़ी काकी और उसके साथ कुछ औरतें व बच्चे नजर आते हैं। मैं हाथ हिलाता हूँ। ऊपर कोई भी जवाब में हाथ नहीं हिलाता, बस वे लोग मेरा जाना ताकते रहते हैं।

काकी का चेहरा बीच की दूरी तय करता मेरी आँखों के आगे आ जाता है। उदास चेहरा। उलझी हुईं लटें। असमय आया बुढ़ापा और उस चेहरे पर नाक से माथे तक लगा पिठिया। अभी भी उनकी आँखें नम हैं। मैं पैर छूने झुका था। उन्होंने मुझे गले लगा लिया था, '...फिर आए चेला[2]...' और काकी का गला रुँध गया। मुझसे भी कुछ बोला नहीं गया। अचानक ही एक अपराध भाव-सा मुझमें भर गया है–अपशकुनी होने का।

फिर स्वयं को सँभालकर काकी ने कहा था, "अब और कितना पढ़ना है, काफी तो हो गया। अब ब्याह कर ले फिर अपनी बहू को लेकर आना, ये गाँव दिखलाने। दीदी को भी एक बार यहाँ लाना।" और भी बहुत कुछ कहा था, इसको पैलागे कहना, उसको प्यार कर देना। मैं सिर्फ गर्दन हिलाता रहा था। कहा कुछ नहीं जा रहा था।

1. नीचे का मोहल्ला।
2. बेटा।

मेरे कानों में काकी का वाक्य गूँज रहा है—और कितना पढ़ेगा। लगता है सब पढ़ना बेकार हो गया। इस पढ़ने ने मुझे इन सबसे अलग कर दिया है। मैं सोचता हूँ, वाकई इस पढ़ाई का मैं क्या करूँगा—मिल्टन, बायरन, स्पैंसर, शैली, कीट्स, शेक्सपीयर, इलिएट, शॉ और न जाने क्या-क्या मैंने पढ़ा है। रिजल्ट आएगा और मैं मास्टर ऑफ आर्ट्स हो जाऊँगा। पर क्या कभी ये मेरे कुछ काम आएँगे?

नजर घूमकर पूर्व की ओर हो जाती है। घाटियों और पहाड़ों को फाँदता उधर दूर देखता हूँ जिधर से मेरी मोटर आनी है। तभी नजर उठकर क्षितिज पर फैली हिममंडित चोटियों पर पहुँच जाती है। त्रिशूल और नन्दाकोट पर्वत सूर्य की पहली किरणों में सोने की तरह जगमगा रहे हैं। पर मैं फिर वापस नदी, नदी के साथ-साथ चली आ रही सड़क और अन्ततः रामी को देखने लगता हूँ। वह नीचे ओझल हो गया है। मैं ऊपर मुड़कर देखता हूँ, गाँव भी ओझल हो गया है और उसके साथ ही खो गए हैं वे लोग जो मुझे छोड़ने गाँव के बाहर तक आए थे।

काका अब भी गुमसुम हैं। पापा में, और काका में पन्द्रह साल का अन्दर है। पापा ने मुझे बतलाया था कि हम दोनों के बीच सात भाई-बहन और थे, जो मर गए। शायद काका के भी बहुत बच्चे हुए, छह या सात, पर बचे हैं सिर्फ तीन। एक, वह रामी, आगे जा रहा है और उसके बाद लड़की है। गोद में एक बच्चा है। तीनों की उम्र में काफी अन्तर है।

लौट रहा हूँ यह बात बहुत बुरी लग रही है। कुछ औपचारिकता उमड़ आई है। इतनी जल्दी शायद नहीं जाना चाहिए था। पर काका ने कल खुद ही मुझसे कहा था, "प्रेम तू कल सुबह जाएगा ना?"

मैंने कहा, "नहीं, कुछ रुककर जाऊँगा।"

पर काका बोले, "बेटा, तेरे साथी नैनीताल में तेरा इन्तजार कर रहे होंगे।"

उनकी आवाज में औपचारिकता निभाने जैसी कोई बात नहीं थी, बल्कि आग्रह था। यह कहना चाहिए उकताहट थी। वह नहीं चाहते कि मैं अब और यहाँ रहूँ।

मैंने कुछ देर तो मना किया पर अन्त में मान गया। वैसे दिल से मैं भी वापस चला जाना चाहता था। घर का वातावरण बहुत बोझिल और अवसादमय हो गया था, जिसमें रहना असम्भव-सा होता जा रहा था। लगातार रहनेवाली घुटन। लगता मेरे कारण ये लोग खुलकर रो भी नहीं पा रहे हैं, अपने दर्द को अभिव्यक्ति नहीं दे पा रहे हैं। मैं इनका कुछ लगता हूँ? क्या इनमें से ही हूँ? जब आर्थिक, सांस्कृतिक, सन्दर्भ बदल जाते हैं, तब वंश-परम्परा, परिवार कितने बेमानी हो जाते हैं।

काका और रामी मुझे मोटर में बैठा गए हैं। गाँव पीछे छूट गया है। उसके साथ ही अवसाद और तनाव भी घटने लगा है। यही नहीं मेरा अपराध भाव और औपचारिकता भी कम होते जा रहे हैं।

आज से हफ्ता पहले ही तो मैं नैनीताल से सात दिन के लिए गाँव पहुँचा था। तहा[1] से ऊपर गाँव तक, एक मील की चढ़ाई तय करते हुए लग रहा था, दम अब निकला तब निकला। पसीने से एकदम नहा चुका था, दिल करता था कहीं भी बैठ जाऊँ पर अब तक गाँव आ चुका था और अपना घर भी ज्यादा दूर नहीं था। फिर बहुत सारे आदमियों से भी तो घिरा हुआ था जो हर शाम गाँव से चाय पीने और गपशप लड़ाने वहाँ की दुकानों में आ जाते हैं। कुछ आगे चल रहे थे कुछ पीछे।

अपनी बखई में जैसे ही कदम रखा एक के बाद एक कतारबद्ध आमने-सामने खड़े घरों से बड़े-बूढ़े बाहर आ निकलते और पूछ रहे थे 'ऐगो छै चेला, कैसे छै चेला (आ गया है बेटा, कैसा है, बेटा?), और तेरे माँ-बाप कैसे हैं। भाई-बहनों की कुशलबाद कैसी है। मैं दोहरी हुई जा रही साँस में कहता, 'सब ठीक छन' और घसीटता चला जाता। सारे गाँव में खबर फैल गई थी कि तल बखई का प्रेम आया हुआ है। काका, काकी और बच्चे भी मेरे स्वागत के लिए खड़े थे। मैं काका के पैर छूने पहले झुका, उन्होंने मुझे सीने से लगा लिया, "कैसे हो?"

"ठीक हूँ।"

वह कहते जाते हैं, "तुमने अच्छा किया, अपना गाँव-घर देखने चले आए।"

मैं इस बीच काकी के पैर छूने झुकता हूँ, वह मुझे, हाथों से देखती हैं। मेरे चेहरे पर अपनी खुरदरी अँगुलियाँ फिराकर। "द चेला तू भौतै कमजोर हैरो छै (हाय, बेटा तू बहुत कमजोर हो रहा है)। क्या चिन्ता है तुझे अपना खा-पी मजे से रह।" वह पहाड़ी में कहती हैं। मैं सिर्फ मुस्कराता हूँ। काकी और भी बहुत-सी बातें पूछती है, माँ कैसी है, पिता कैसे हैं और बाकी बच्चे कैसे हैं? दिल्ली से कब चला, रास्ते में परेशानी तो नहीं हुई। मैं सारे प्रश्नों के जवाब देता जाता हूँ, जैसे जवाब ऐसे प्रश्नों के लिए दिए जाते हैं।

काका कहते हैं, "अरे, उसे बैठने भी देगी या नहीं, जरा उसकी साँस तो लौटने दे। जा चा बना।"

काकी गोठ में चली गई। मैं पटांगण की मुँडेर पर बैठ गया। रामी दरी बिछा गया। धीरे-धीरे ठंडी हवा बहने लगी। पहाड़ी हवा। मुझे पहाड़ों से प्रेम है। रोमांटिक-सा प्रेम, और जब मौका लगता है आसपास घूमता हुआ गाँव भी आ जाता हूँ। और कोई नहीं आता, यानी पापा-मम्मी और बड़े भाई साहब।

---

1. घाटी।

पापा कहते हैं, "ये कवि हैं इसलिए इसे पहाड़ अच्छे लगते हैं पर बेटा संस्कृत में श्लोक है 'दूरतः पर्वता रम्या' कभी नजदीक से देखना।"

मुझे पापा की बात पर गुस्सा आता है। वह इसी गाँव में पैदा हुए पर उन्होंने ही यह गाँव छोड़ दिया। बूबूजी[1] लखनऊ में एक सेठ के यहाँ काम करते थे और पापा उन्हीं के साथ लखनऊ रहते थे, सो पढ़ लिए। वह जमाना और था। बी.ए. क्या किया, इलाके के सबसे ज्यादा पढ़े-लिखे आदमी हो गए और बूबूजी ने सेठ से कहकर किसी तरह सरकारी दफ्तर में लगवा दिया। बाप घर में नौकर था और लड़का बाबू हो गया। फिर क्या था, बूबू के पैर धरती पर पड़ते ही नहीं थे। उन्होंने नौकरी छोड़ी और गाँव जा बसे। लड़का जो थोड़ा-बहुत भेज देता उससे गुजर हो जाती थी।

मैंने चारों ओर देखा। सामने नीचे काका रामी को लालटेन की पीली, काँपती-सी लौ में अँगरेजी पढ़ा रहे हैं। मैं पूछता हूँ, "कौन-सी में पढ़ता है रे?"

जवाब काका देते हैं, "आठ में फैल हो गया इस बार, मासी के हाईस्कूल में पढ़ता है। अंग्रेजी में कमजोर है।" मैं उधर से ध्यान हटा लेता हूँ। रामी अंग्रेजी पढ़ रहा है। उसका उच्चारण इतना भ्रष्ट है कि मैं कुछ कहना चाहता हूँ पर चुप ही रहना उचित समझता हूँ। रात अँधेरी है। घनी अँधेरी। तारों में भी कोई विशेष चमक नहीं है। लगता है किसी मैदानी शहर में मकान की छत पर बैठा होऊँ। नीचे नदी है। पानी पत्थरों से टकराता बहता चला जा रहा है गुनगुनाता-सा।

काकी की आवाज कानों में पड़ी थी, "ले चेला, चहा पी ले। चेला, दूध तो है नहीं, गाय-भैंस सब सूख गई हैं।"

मैं कहता हूँ, "कोई बात नहीं काकी। ऐसे ही पी लूँगा, पर भूख बहुत लगी है और नींद भी आ रही है।"

"बस अभी होता है।" काकी ने अपनी आँखों का बहता पानी पोंछते हुए कहा था।

गोठ में लकड़ियाँ जल रही थीं और बेतहाशा धुआँ हो रहा था, शायद कच्ची थीं, तभी धुएँ ने काकी की आँखों को जलप्लावित कर दिया था। मैंने काकी को अब ध्यान से देखा। मुझे एक धक्का लगता है। कितनी बूढ़ी हो गई है काकी। अभी उमर क्या होगी, अन्दाज लगाया, तीस-पैंतीस से ज्यादा नहीं हो सकती। दिखती ऐसी है मानो पचास के आसपास हो। गोद का बच्चा वहीं पटांगण में एक टाट पर पड़ा सो रहा है। गाँव भर के बच्चे आ जमा हुए हैं। मैंने काकी को टॉफियों का एक पैकेट और मिठाई का डब्बा थमा दिया।

काकी ने बच्चों के हाथ में एक-एक टॉफी रख दी और चिथड़ों से सजे बच्चे लौट गए।

---

1. दादाजी।

सुबह मैं देर से उठा, शहरी आदमी। खैर इसका कारण था पिछले दिन भर की के.एम.ओ.यू. की मोटर यात्रा, जिससे शरीर अकड़ा गया, इसलिए थकान बहुत ज्यादा थी। मैंने गिंवाड़ वाली खिड़की के कपाट खोले। एक चरमराती आवाज के साथ सुबह की धूप कमरे में आ गई। दूर त्रिशूल, नन्दाकोट की बर्फीली चोटियाँ चमक रही थीं। नीचे रामगंगा मंद गति से बढ़ रही थी। भिक्यासैण दस बजे का गेट पकड़ने, मोटरें तेजी से हर मोड़ पर छुपती-छुपाती भागी जा रही थीं। मोटरों की आवाजों से घाटी गूँजती और धीरे-धीरे गाड़ियों की आवाज दूर होती चली जाती। मैंने नजर उठाकर नदी के उस ओर डाली। सामने परथला था। छोटे-छोटे दुमंजिले मकान और लाल चमकती मिट्टी, इस गाँव की मिट्टी कुछ विशेष ही लाल है। हरियाली का नाम नहीं। दूर-दूर पर कुछ और गाँव चमक रहे थे। सीढ़ीनुमा खेत। अगर पेंटिंग का इरादा हो तो बड़ा जोरदार लैंडस्केप बने। पर अचानक मुझे लगता है सामने का पहाड़ बेहद नंगा है। पत्थरों की औघड़ दीवार से जगह-जगह घेरेबन्दी की गई है। पेड़ों के नाम पर दिल्ली के कनाट प्लेस में ज्यादा पेड़ होंगे। मुझे सामने के नंगे पहाड़ से वितृष्णा-सी होने लगी—मानो कोई पागल आदमी कपड़े उतार सामने आ खड़ा हुआ हो। मैंने कल जब काका से पूछा था, "ये पहाड़ नंगे क्यों हैं? पेड़ कहाँ गए, क्या कभी थे ही नहीं?" तब वह हँसे थे, एक विद्रूप-सी हँसी, "शिक्षा फैला रहे हैं?"

"क्या?" मैं समझ नहीं पाया था।

बोले, "कागज बनाने के एक कारखाने के पास इनको काट ले जाने का परमिट था, सो वे ले गए। आज हम तुम पर कैसे गर्व कर सकते हैं। इन्हीं पेड़ों के कारण तो?"

मैं सन्न रह गया था, शर्मिन्दा। पढ़कर जैसे मैंने कोई अपराध किया हो।

उन्होंने एक लम्बी साँस ली और फिर हौले-हौले बोलने लगे थे, "अब वर्षा समय पर नहीं होती, जलाने को लकड़ी नहीं मिलती, डंगरों को घास नहीं मिलती, बाढ़ आती है। जानते हो हमारे यहाँ के खेत जो सबसे उपजाऊ थे नदी बहा ले गई।"

मैं सोच रहा था आखिर इस सबका पेड़ों से क्या लेना-देना है? पर पूछने से पहले खुद वही बोल उठे थे, "पेड़ बादल खींचते हैं, वर्षा लाते हैं और नदी में बाढ़ नहीं आती। पेड़ जिन्दगी हैं।" वह चुप हो गए थोड़ी देर को। फिर उन्होंने बतलाया था जंगल कैसे काटे जा रहे हैं, ठेकेदार क्या बदमाशी करते हैं। पेड़ कटने चाहिए पर छोटे पेड़ों को तो नहीं काटना चाहिए न, कटे पेड़ों की जगह नए पेड़ लगने चाहिए आदि। मैं चुपचाप सुनता रहा था।

तभी मेरे कानों में रामी की आवाज पड़ी, "ददा चाय पी लो।"

मैंने पीतल का गिलास थाम लिया। उसकी आँखों की कोरों पर पानी चमक रहा था। आँखें लाल हो गई थीं।

मैं पूछता हूँ, "चाय तूने बनाई?" वह हामी में सर हिलाता है।

"काकी कहाँ गई, खेत में?"

"नहीं वो कुन्दन है न, उसकी तबीयत खराब हो गई है। जर आ रहा है।" वह लौट जाता है।

मैं चाय का गिलास मुँह की ओर ले गया था। वही काली चाय। उसमें एक मक्खी तैर रही थी। मुझे अब ध्यान आता है कि चारों ओर मक्खियाँ भनभना रही हैं। सोचा गिलास की चाय छलका दूँ, खिड़की से बाहर खेत में, या रामी से कहूँ ये चाय ले जाए, दूसरी दे दे। पर कुछ भी नहीं कर पाया। अन्ततः गिलास में से अँगुली से मक्खी निकाल एक ओर छटका दी और धीरे-धीरे काली चाय के घूँट भरने लगा।

ऊपर से उतरकर नीचे आया और गोठ में अन्दर वाले कमरे में जा पहुँचा। अन्दर काकी कुन्दन को गोद में लिये बैठी थी।

मैंने काकी से पूछा, "क्या हुआ है?"

काकी बोली, "जर है, कल से आ रहा था, पर आज बहुत तेज हो गया है।"

मैं उसके माथे पर हाथ रखता हूँ, तवे-सा तप रहा है। सारा मुँह बुखार के ताप से लाल हो गया है। काकी से पूछता हूँ, "थर्मामीटर है?"

काकी नहीं में सिर हिला देती है।

"गाँव में किसी के पास होगा?"

काकी कहती है, "नहीं तो, गाँव में कहाँ थर्मामीटर चेला।"

मैं चुप हो जाता हूँ। बुखार चार डिग्री से कम नहीं हो सकता। जोर-जोर से उसकी पसलियाँ चल रही हैं।

"चेला बिलकुल अचेत है।" काकी की भौंहें किसी अज्ञात भय से सिकुड़ जाती हैं। छोटी-छोटी-सी आँखें और छोटी हो जाती हैं। मुझे लगा आँसू छलक पड़ेंगे। पर वैसा नहीं हुआ, परिस्थितियों ने उसे बहुत मजबूत बना दिया है।

वह अपने को नियन्त्रित कर फिर पूछती है, "तेरे पास है कोई दवा?"

मैं अचानक बहुत निरीह हो गया। बहुत ही असहाय-सा, "नहीं तो।" घबराहट में मेरे मुँह से निकला था। कुछ दवाएँ मेरे पास थीं और अब भी हैं, जो मम्मी ने रख दी थीं। जैसे नोबलजीन, एवोमिन और कुछ गोलियाँ एस्प्रो की। मम्मी को चिन्ता रहती है मेरे दुबले-पतले शरीर की—कहीं ठंड लग जाए या जुकाम हो जाए तो फौरन ले लेना—मम्मी हर बार, जब भी कहीं जाता हूँ, कह देती है। एक दिल हुआ कि गोली दे दूँ, पर फिर सोचा नहीं। न जाने टाइफाइड है या निमोनिया। कहीं कुछ उलटा-सुलटा हो गया तो।

काकी कहती जाती है, "रात भर ऐसा ही जर था, एक मिनट जो सोने दिया हो! बस छटपटाता रहा। अभी एक घूँट चाय दी वह भी नहीं पी।"

काकी चाय का कटोरा मुझे दिखाती है। मेरी पसलियों में से एक बर्फानी लहर दौड़ गई। वही काली चाय। बीमार बच्चे के लिए एक छींटा दूध भी नहीं है। याद आता है रात काका बतला रहे थे कि इस बार एक रुपए की तीन किलो घास हो गई। दस रुपए में एक बोरा आ रहा है। गेहूँ खरीदने के लिए पैसा नहीं है, अब बता घास कहाँ से खरीदें; वर्षा हुई नहीं है, जो खेती-पाती थी वह भी सब सूख गई, अभी तो जानवर मर रहे हैं, थोड़े ही दिन की बात और है फिर आदमी भी मरने लगेंगे। मैं चुप सुनता जा रहा था। वह कह रहे थे, "तेरे पिताजी ने ठीक किया। मेरी भी नौकरी उन्होंने वहीं लगा दी थी, पर मैंने सोचा यहाँ घर-कुड़ी बँज जाएगी, और फिर बौज्यू[1] भी मरते समय कह गए थे, कुछ भी करो इस मकान के दरवाजे मत भेड़ देना, इसलिए यहीं रह गया। अब सोचता हूँ ये सारी जमीन-जायदाद बेचकर भाभर में एक टुकड़ा ले लूँ।" फिर कुछ सोचते से बोले थे, "पर इस जमीन को कौन खरीदेगा। साल भर मेहनत करो, दो महीने का खाने को पूरा नहीं होता। हम तो जैसे-तैसे गुजर कर भी लेते हैं पर जिनका कोई कमानेवाला नहीं, उनका हाल तो ईश्वर ही जानता है।"

काका गाँव के ही प्राइमरी स्कूल में हेडमास्टर हैं।

मैंने पूछा, "काका कहाँ गए?"

"मलबखई, वो हैं न बमण सौरज्यू उनसे भभूत मंतरवाने गए हैं।"

मैंने काकी से कहा, "इसके सर में ठंडे पानी की पट्टियाँ रखो।"

काकी तत्काल बोली, "न बाबा, ना। ठंड लगी हुई है। पानी लगाया तो बचेगा नहीं। चेला ये पहाड़ है, देश थोड़े ही है।"

मैं फिर चुप हो गया। गोठ से निकल बाहर पटांगण में आ खड़ा हुआ था। शहर होता तो किसी डॉक्टर को पकड़ लाता, पर यहाँ डॉक्टर कहाँ से मिलेगा। तभी सामने से काका आते दिखलाई पड़े। हाथ में मंतरी हुई भभूत की पुड़िया थी। वह बिना बोले बीमार के कमरे में चले गए और भभूत लगाकर, बाहर लौटे। बोलते तो शायद मन्त्र का असर कम हो जाता।

मेरे पास आ बलात मुस्कराए और कहने लगे, "उठ गए।"

"हूँ।" मैं भी हौले से मुस्कराया था।

उनकी आँखें भारी-भारी थीं। रात भर जगते रहे होंगे।

"कुन्दन को बहुत बुखार है।" वार्तालाप चालू रखने के लिए मैंने कहा।

"हूँ, ठंड लग गई है। रात, मैंने मना भी किया था यहाँ पत्थर पर आकर लेट गया। वैसे भी कई दिनों से तबीयत खराब ही थी उसकी, ये तेरी काकी है न, इसने ध्यान ही नहीं दिया, उसे बासी-कुबासी खिलाती रही।" उनकी आँखों में चिन्ता साफ

---

1. पिताजी।

झलकती है। वह अपनी काली जाकेट से बीड़ी का बंडल निकाल रामी को आवाज लगाते हैं, आग लाने को। वह फौरन जलती लकड़ी हाथ में लिये आ जाता है। काका बीड़ी सुलगाते हैं और लम्बे-लम्बे कश भरने लगते हैं।

मैंने पूछा, "मासी में कोई डॉक्टर तो होगा ही?"

"नहीं", वह जोर का कश खींचकर बोले, "डॉक्टर तो बस चौखुटिया में मिलेगा।"

"चौखुटिया।" मेरे मुँह से निकल पड़ा था। चौखुटिया गाँव से 10-15 मील से कम नहीं होगा।

"तो अब क्या होगा?"

"उधर यहाँ से दो मील दूर गाँव में, हमारे पंडितजी रहते हैं, वह वैद्य भी हैं, उन्हें रामी को भेज बुलवा लेते हैं।"

रामी के साथ मैं भी वैद्य चिन्तामणि को लेने चल पड़ा था। पहाड़ी पगडंडी, कभी चढ़ना, कभी उतरना। खैर, किसी प्रकार हम वैद्यजी के मकान में पहुँचे। वहाँ पता चला कि वैद्यजी तीन मील आगे के एक गाँव में पूजा करवाने गए हैं। रामी ने मेरा मुँह देखा, जो निश्चय ही लाल हो गया था, पर मैंने वहीं जाकर वैद्यजी को लाना उचित समझा।

अगले तीन मील की यात्रा काफी चढ़ाई की थी। सूरज चढ़ता जा रहा था। भूख और प्यास से दम निकलने लगा। जगह-जगह नाले आते, पर सब सूखे। चीड़ के पेड़ कभी-कभी हिल उठते और उनके सूईदार पत्तों से एक हल्की दर्दनाक-सी कराह सारे वातावरण को भर देती। अन्ततः हम डेढ़-पौने दो घंटे के बाद उस गाँव की हद में पहुँचे, जहाँ वैद्यजी आए हुए थे। गाँव की सीमा के कुछ अन्दर ही एक नौला था। दोनों ने पानी पीने के लिए अन्दर कदम रखा। पानी देखकर मुझे लगा, मेरी प्यास मर गई है।

रामी बोला, "पिओ।"

मैं चुप सोचता-सा खड़ा रहा।

वह समझ गया था, बोला, "दादा, आजकल सभी जगह ऐसा ही है। हमारे नौले का पानी भी तो सूख गया है। ऐसा ही पानी पीना पड़ता है।"

मुझे अपने गाँव का नौला याद आ गया, जो गाँव से पौन मील नीचे है, जहाँ से गाँव भर को बस पीने को पानी मिल जाता है। औरतों का एक बहुत बड़ा काम पौन मील की चढ़ाई पर पानी ढोकर लाना है।

नौले में पानी बिलकुल सतह पर पहुँचा हुआ था, वह भी काफी गँदला। किसी प्रकार मैं पानी लेने झुका, अंजुल में पानी भरा और मुँह में छपाक से दे मारा। इतना

ठंडा कि आधी थकान जाती रही, दो-एक घूँट मैंने पिया भी, दाँतों में रेत किरकिराने लगी। रामी ने खूब छककर पानी पिया, बिना किसी चिन्ता के। मैं उसका पानी पीना देखता रहा; लगा, कोई जानवर बड़ी प्यास के बाद तृप्त होता जा रहा है। क्या आदमी और जानवर को बाँटनेवाली रेखा इतनी पतली होती है कि वह इतनी आसानी से जब-तब टूट जाए? क्या लाखों साल का आदमी का स्वयं को जानवर से ऊपर उठा पाने का संघर्ष इतना व्यर्थ रहा है? कौन है इस सबके लिए जिम्मेवार? मैं प्रश्नों के घेरे में फँसता चला जाता हूँ।

गाँव में चिन्तामणि जी का पता लगाने में परेशानी नहीं हुई। मकान काफी आलीशान था। बना तो लगभग पहाड़ी ढंग से ही था, पर कुछ संशोधन भी थे। ऊपर की मंजिल में बरामदा और सामने के हिस्से में सीमेंट लगा हुआ। जब हम मकान की बैठक में पहुँचे, वैद्यजी जजमान के साथ चिलम फूँकते, गपशप कर रहे थे।

रामी ने पैलागन कहा। मैंने भी दोहरा दिया। वह बोले, "अरे आ भई। कैसे आना हुआ?"

"ऐसे ही आप से मिलने।"

मेरी ओर देखकर उन्होंने रामी से पूछा, "ये कौन हैं?"

"ज्येड़ बाज्यू[1] के लड़के।"

वैद्यजी फौरन खड़े हो गए, मेरे कन्धे पर हाथ रख बैठाया। बोले, "तुम्हारे पिताजी तो हमारे काफी दोस्त रहे हैं। परके साल दिल्ली आया था मैं तुम्हारे यहाँ पर, तुम तब कहीं गए हुए थे।"

मैंने वैद्यजी को सारी बात बतलाई और उनसे चलने को कहा। वैद्यजी का चेहरा फक्क पड़ गया। उनकी समझ में नहीं आया क्या कहें। हौले-हौले बोले, "बैठो, चाय-वाय पियो फिर चलते हैं।"

बैठने को दिल नहीं था, पर भूख बहुत जोर की लगी हुई थी, इसलिए मना भी नहीं किया जा सका।

चाय-वाय पीकर मैंने फिर चलने की सोची, पर वैद्यजी कहीं अन्दर चले गए थे। मैंने रामी को भेजा। काफी देर बाद रामी बाहर आया। उसने बुझे स्वर में कहा, "दाज्यू चलो, वो नहीं आ रहे। उन्होंने दवाई दे दी है।"

इतने में पंडितजी भी बाहर आ गए, वह मुझे मकान के बाहर लिवा लाए। मेरे तमतमाए चेहरे को देखकर उन्हें कुछ कहते नहीं बन रहा था। अन्त में वह खँखार कर गला साफ करते हुए बोले, "बेटा, बात यह है कि यह हमारे बहुत पुराने जजमान हैं, इनका कारज छोड़ा नहीं जा सकता।"

---

1. ताऊजी।

वह फिर कुछ देर के लिए रुके और प्रभावित करने को बतलाने लगे, "ये बड़े भारी आफीसर हैं। बारह सौ रुपए महीना तनखा है। कुल देवता की पूजा करने आए हैं। खैर, मैंने बीमारी सुन ली है, उसे लंगढ़[1] देना और दो दिन की दवाई रामी को दी है। कल शाम नहीं तो परसों सुबह मैं हर हालत में तुम्हारे गाँव पहुँच जाऊँगा, वैसे मैं अगर आता तो भी यही दवा देता। तुम चिन्ता मत करना वह परसों तक तो बिलकुल ठीक हो जाएगा।"

दिल हुआ वैद्यजी की दवा उन्हीं के मुँह पर मार दूँ, पर कर नहीं पाया। ऐसा आदमी क्या इलाज करेगा, जो स्वयं तन्त्र-मन्त्र, पूजा-पाठ के आडम्बर में सर से पैर तक डूबा हो। चिकित्सा विज्ञान है, उसकी अपनी एक व्यवस्था और तरीका है, पर मुझे ये बात वहीं क्यों नहीं समझ आई। मैंने काका को क्यों नहीं कहा यह सब? सूरज सर पर चढ़ आया था। हम दोनों तेजी से ऊबड़-खाबड़ रास्तों से अपने गाँव की ओर बिना एक शब्द भी बोले बढ़ने लगे।

गाँव पहुँचे तो एक बज चुका था। काका बेहद चिन्तित हमें बाहर खड़े देख रहे थे। उन्होंने सिर्फ धोती पहन रखी थी, ऊपर से शरीर नंगा था, शायद भात पका रहे थे। धूप और थकान से मेरा शरीर टूटने लगा था। बोले, "कहाँ चले गए थे?"

रामी ने सारा किस्सा बता दिया और साथ ही खाकी निकर की जेब से निकालकर दवा की पुड़िया अपने पिता के हाथ में रख दी।

उन्होंने वैद्यजी को सिर्फ एकआध गाली दी और फिर कहने लगे, "उसकी रोटी का धन्धा होगा इसलिए नहीं आया, चलो छोड़ो, पर तुम्हें बहुत परेशान होना पड़ा। ये पागल रामी है न, साला, तुम्हें भी वहाँ ले गया, बेवकूफ कहीं का। आप चला जाता, ददा को घर भेज देना था।" वह रामी को डाँटने लगे। वह बेचारा सफाई में भी कुछ नहीं कह पाया।

मैंने ही कहा, "नहीं यह तो कह रहा था लौट जाओ, मैं ही चला गया। परेशानी क्या घूमना हो गया।" मैं मुस्कराया।

वैद्यजी की दवा से कोई असर शाम तक नहीं हुआ, उलटा शाम को उसकी तबीयत मुझे कुछ ज्यादा बिगड़ती-सी लगी। न जाने कैसी आशंका से मेरा मन भर उठा। पाँच बजे नीचे रामनगर से आनेवाली मोटर हमारे यहाँ पहुँच जाती है। मैंने काका से कुन्दन को चौखुटिया ही ले चलने की बात की, पर उन्होंने मना कर दिया। बोले, "ऐसी हालत में वहाँ जाने तक लड़का बचेगा भी? फिर डॉक्टर का क्या, कहीं चला गया तो। सरकारी डॉक्टर है।"

---

1. भूखा रखना।

बात बिलकुल ठीक थी। पहाड़ी सड़क और पहाड़ी मोटरें दोनों ही एक-सी होती हैं। अन्त में वह बोले, "मासी में एक वैद्य है, उसे बुला लाओ।"

मैं और रामी फिर चल पड़े।

जब गाँव पहुँचे, अँधेरा हो चुका था। आठ के लगभग समय होगा। वैद्यजी ने थोड़ा सुस्ताकर लड़के को देखा और लगे इंजेक्शन तैयार करने। उन्होंने सीरिंज साफ की और डिस्टिल्ड वाटर की शीशी तोड़कर उसे सीरिंज में भर लिया, फिर एक सफेद पाउडर वाली शीशी निकाली और डिस्टिल्ड वाटर को उसमें डालकर शीशी को पहले खूब हिलाया और फिर उसको वापस सीरिंज में भर लिया। मैं लालटेन की पीली रोशनी में चमकती सीरिंज और दवा की शीशी को चुपचाप देखता रहा। मेरा दिमाग लगा सुन्न है। लड़के की हालत पहले से और भी बिगड़ चुकी थी, पर विश्वास अब कुछ जग गया था।

और वैद्यजी ने कुन्दन के पीछे धीरे-धीरे सूई चुभो दी, वह एक बार हौले से काँपा। धीरे-धीरे सीरिंज का पानी उसके बदन में प्रवेश कर गया। वैद्यजी ने सूई निकालकर वह स्थान जोर से रगड़ दिया और काकी को कुछ आश्वासन देकर वह बाहर पटांगण में आ बैठे। हम लोग बातचीत करने लगे। बहुत थक गया था, पर खाने का इन्तजार था। काका खाना पका रहे थे।

अभी आधा घंटा भी नहीं हुआ था कि अन्दर काकी चिल्लाने लगी। मैं और वैद्यजी दौड़ते हुए अन्दर पहुँचे। सब कुछ खत्म हो गया था। मुझे झटका लगा, इंजेक्शन में क्या था।

रात कुछ ज्यादा हो गई थी। नदी के उस ओर के पहाड़ों में सियार बोलने लगे थे। अब और क्या अनर्थ हो सकता था? घाटी में नदी का पानी रो रहा था, हल्की-हल्की आवाज में। नदी का रोना और काकी का रोना मिलकर बहुत ही मर्मान्तक हो उठे थे। गाँव की औरतें कमरे में इकट्ठी हो रही थीं। आदमी भी धीरे-धीरे बाहर जमा हो रहे थे। काका व कुछ और लोग मिलकर लाश को लपेटने में जुटे थे।

मैं फिर दूसरी ओर सामने के पहाड़ पर देखने लगा था। कल रात काका कह रहे थे। अब तुम लोग भी यहीं मकान बना लो। बिजली आनेवाली है। खम्भे घेंटे जा रहे हैं। मासी में तो आ ही गई है। उधर नैधणा योजना चल रही है। गिंवाड़ और नया के एक सौ चार गाँवों को पानी मिलेगा। बस समझो सैरगाह हो जाएगी।

सैरगाह! हूँ, जैसे अमरीकी हिन्दुस्तान के आदमी रूपी कीड़े और उनकी अजीबो-गरीब हरकतें देखने आते हैं, मैं भी मैदानी शहर से बाबू बना यहाँ दिल बहलाने, शान्ति पाने आ जाता हूँ।

पहाड़ की छाया मात्र दिख रही थी, मानो कोई प्रेत हो। मैं सोचने लगा था, पहाड़ पर बिजली कितनी खूबसूरत लगती है, जैसे जगह-जगह दीये जला दिए गए हों। जब सब गाँवों में बिजली आ जाएगी तो कितना खूबसूरत होगा वह दृश्य। मेरे दिमाग में नैनीताल कौंधा। पर बिजली ही क्या हर समस्या का समाधान है? पहले तो लोगों के पास इतना पैसा ही नहीं है कि वह अपने घरों में बिजली लगवा सकें, अगर जोड़-तोड़कर लगवा भी ली तो क्या वह इसका कुछ उपयोग कर पाएँगे? हाँ, अगर कभी बहुत भूखे हों तो बिजली से चिपक कर आत्महत्या आसानी से कर सकते हैं।

मेरी विचार-शृंखला में बाधा पड़ी। काकी और अन्य औरतों के रोने का सम्मिलित स्वर तेज हो कानों के पर्दों पर सूइयों की तरह चुभने लगा। आदमी उठ खड़े हुए। मैंने देखा काका के हाथ के सफेद कपड़े में लिपटी लाश है—छोटी-सी; वह तीन साल का भी नहीं था।

मैं मुँडेर से उतरकर खड़ा हो जाता हूँ और उस ओर बढ़ता हूँ जिधर आदमी जा रहे हैं, पर काका मुझे नहीं आने देते, कहते हैं, "तुम वहीं रहो।"

मैं भी जिद नहीं करता। शायद जिद करने की शक्ति भी नहीं थी। मैं वापस लौट आया। अपने आँगन से एक बार नीचे की ओर जाते लोगों को देखा। अन्धकार में सिर्फ धीरे-धीरे हिलती-डुलती लालटेन और टार्च की रोशनियाँ दिखलाई पड़ीं। औरतें अब पीछे जाने की बजाय उधर गाँव के किनारे पर आकर खड़ी हो गई थीं और रोने के कई स्वर वातावरण में धीरे-धीरे समाते जा रहे थे।

मैं कुछ पल खड़ा रहा, सुनता और देखता। अचानक मेरी आँखों को कुछ भी दिखाई देना बन्द हो गया और कान बिलकुल बहरे हो गए। मैं लौटा था न जाने किस शक्ति से चालित हो। ऊपर जैसे-तैसे अपना बिस्तर लगाया और ढह गया। भूख-प्यास कुछ भी महसूस नहीं हुई, पर धीरे-धीरे मेरे कानों में एक ध्वनि आने लगी, जो बढ़कर अन्ततः रोने में बदल गई और रोने का वह स्वर सारी रात आता रहा और वह रुदन उसके बाद, जब तक मैं रहा हर रात जारी रहा था। रोता कौन था कह नहीं सकता। काकी को मैंने जब भी देखा उसकी आँखें लाल अवश्य रहती थीं, पर स्वर सदा गायब रहता। लगता है शायद नदी ही रोती हो।

(1971)

कीचड़

जून की कड़कड़ाती धूप में, दिन-भर पड़े तपते कीचड़ पर अगर पैर पड़ जाए तो एक अजीब-सा सेक पड़ता है–सिहराने वाला, घृणास्पद। ठीक वैसा ही वातावरण इस छोटी-सी चाय की दुकान के अन्दर है। ऐसा महसूस होता है, मैं और मेरे आसपास बैठे ये सारे आदमी कीचड़ में डूबे हैं–जून के महीने के कीचड़ में, जिसे मैनहोलों से निकाल-निकालकर सड़क पर इकट्ठा कर दिया जाता है। आँख, नाक और मुँह के रास्ते कीचड़ दिल और दिमाग तक में घुस गया है।

अभी घंटा-भर पहले वर्षा होकर चुकी है। सड़कों पर जगह-जगह पानी रुका पड़ा है–जैसे पुराने घाव पीब से भर उठे हों। सारे बदन में पसीने से लिजलिजी चिपचिपाहट है, मानो पसीना नहीं मोबिल ऑयल शरीर से निकल रहा हो। एक बेचैनी है–असहायता की। दो पंखे, दुकान की नीची छत से बिलकुल सटे घूम रहे हैं–दिल को समझाने को, पसीना तो सूखता नहीं।

छत पर लगा प्लाइवुड और सारी दीवारें धुएँ से बदरंग हो गई हैं। चारों ओर नीले-नीले कपड़े पहने रेलवे के कर्मचारी–खलासी आदि, बैठे हैं। इनके शरीरों से तीव्र पसीने की तेजाबी दुर्गन्ध उठ रही है–खट्टी-खट्टी। नीली कमीज की पीठ और बाजुओं पर सफेद रंग के चकत्ते-से उभर आए हैं, ठीक वैसे ही जैसे वर्षा के बाद खारी धरती से शोरा निकल उठता है।

पसीने की बू और बाहर भट्टी पर चढ़े कड़ाहे के दूध की, जिसमें लाल अरारोट की मोटी मलाई जमी है, गन्ध मिलकर एक ऐसी दुर्गन्ध पैदा कर रही है, जो अव्यक्त है। बाहर लटके बल्ब पर एक खाली लिफाफा फँसा दिया गया है, फिर भी बहुत सारे मच्छर और पतंगे मँडरा रहे हैं। लाला कड़ाहे से बीच-बीच में मच्छर निकालकर उँगली से झटक देता है। सामने दीवार पर एक बहुत मोटा सलेटी पतंगा बैठा है। इसकी ताक में दो छिपकलियाँ विपरीत दिशाओं में खड़ी हैं।

"एक चा लाइयो बे! एक चा।" ऐसी ही आवाजें बार-बार उठती हैं।

यह चाय की दुकान ठीक सार्वजनिक शौचालय और पेशाबघर के पीछे है। इस सार्वजनिक शौचालय के ठीक सामने है पब्लिक लाइब्रेरी और इधर इस दुकान के साथ ही लगा है, मेन रेलवे स्टेशन–विशालकाय गेरुए रंग का, किसी धूर्त संन्यासी-सा।

लोगों की आँखें एक साथ ही घूमकर दरवाजे पर ठहर गईं। एक पल को सारा कोलाहल अचकचाकर जहाँ का तहाँ ठिठककर रह गया। लोगों की थकी-हारी आँखों में चमक आई। कुछ के चेहरों पर अर्थभरी मुस्कराहट फैल गई और एक स्वर ने तो स्वागत में कुछ कहा भी। वे इस सबसे लापरवाह, दुकान में घुसते चले आए।

आदमी ने एक ओर इशारा किया। बड़े उम्र की औरत जो पान चबा रही थी और ढीली-ढाली सलवार कमीज पहने थी, सबसे पहले बैंच पर बैठ गई। उसके बाद जवान, पर काली—बिलकुल काली औरत बैठी, अपने कद्दावर जिस्म के साथ। औरत थी तो काली, पर उसके कालेपन में भी एक चमक थी—ग्रेनाइट पत्थर की-सी। एक खिंचाव था—चुम्बक का-सा।

बैठते ही अधेड़ स्त्री ने अपने पैर सिकोड़कर बैंच पर रख लिए। उसकी साटन की कमीज काफी मैली थी, जिसमें कई जगह जालियाँ नजर आ रही थीं। बाल कम थे, पर जो थे वो भी अस्त-व्यस्त। मानो सन को पटक-पटकाकर रस्सी बुनने को रखा गया हो।

कद्दावर, जवान औरत सफेद कसे ब्लाउज पर लाल रंग की सूती धोती पहने थी। उसके काले रंग पर बुरी नहीं लग रही थी। अचानक ही मेरे दिमाग में एक डर-सा फैल गया—न जाने कब ब्लाउज का कमजोर कपड़ा इसके मजबूत सीने के दबाव से फट पड़े।

आवश्यकता से ज्यादा तेल चपोड़े बालों को उसने धोती से ढक रखा था और धोती कानों में दोनों ओर काफी मजबूती से खुँसी थी। चेहरे पर पाउडर कुछ इस तरह से और इतना अधिक पुता था कि लगा, अगर जरा भी हिली तो सारा का सारा किसी जीर्ण-शीर्ण दीवार पर चढ़े प्लास्टर की मानिन्द, भर-भराकर गिर पड़ेगा।

उसने एक बार अपनी छोटी-छोटी उदास आँखों से चारों ओर देखा और फिर खुली खिड़की से बाहर, स्टेशन की ओर देखने लगी। मैं थोड़ी देर उसे ध्यान से देखता रहा और फिर उसकी बाहर टिकी दृष्टि को पकड़ने का निरर्थक प्रयत्न करने लगा। बड़ी देर बाद समझ में आया, वह किसी खास चीज को न देखकर विस्तृत अन्धकार की निरर्थकता को ताक रही है।

औरतों के ठीक सामने टेबुल की दूसरी ओर साथ आया आदमी बैठ चुका था। उसने काली सूती पतलून और कमीज पहन रखी थी, जिसकी एक बाजू ताजी उधड़ी हुई थी। आँखें बिलकुल बुझी-बुझी, निस्तेज। लम्बे चेहरे में हड्डियाँ दोनों ओर उभरीं, ऐसा चेहरा मानो अभी-अभी बीमारी से उठा हो। पतले-चपटे बाल पीछे, गर्दन तक पहुँचे हुए, कनपटियों पर काफी बाल बेतरतीब नीचे की ओर गालों पर निकल आए थे। आँखों में लगा तेज सुरमा दूर से ही चमक रहा था। दाढ़ी सफाचट, ताजी बनी हुई थी। साथ ही चार-पाँच वर्ष की वह लड़की बैठी थी, जिसका हाथ पकड़े वह तकरीबन-तकरीबन घसीटता हुआ ही लाया था। उसने एक हाथ अपने

बालों पर फेरा और फिर उस अधेड़ औरत की ओर मुँह कर पूछने लगा, "कितनी चा मँगाऊँ?"

"दो।" स्त्री ने रूखे स्वर में कहा। काली जवान औरत अब भी खिड़की के बाहर ही ताक रही थी।

छोटी लड़की ने आदमी के हाथ को हिलाते हुए कहा, "बापू, मैं भी चा पियूँगी।"

आदमी ने उसकी बात पर कोई ध्यान नहीं दिया, बस एक बार उसकी ओर उड़ती नजर से देख भर लिया। वह जवान औरत जब से आई थी, एक बार भी नहीं बोली। छोटी लड़की उठी और अपने बाप को छोड़कर उसके पास पहुँची।

"मैं भी चा पियूँगी।" उसने अधिकारपूर्वक दोहराया। औरत फिर भी कुछ नहीं बोली, सिर्फ एक बार लड़की को देखकर फिर खिड़की के बाहर फैले अन्धकार में खो गई।

लड़की ने उसे झिंझोड़ते हुए फिर कहा, "मैं भी चा पियूँगी।"

मैं उत्सुकता से इन्तजार कर रहा था, देखूँ यह बच्ची इस काली को क्या कहती है? पर उसने किसी भी ऐसे शब्द का प्रयोग नहीं किया, जो कि सम्बन्ध विशेष को स्पष्ट करने वाला हो। उत्सुकता कुछ और बढ़ गई। मैंने बच्ची को ध्यान से देखा। वह अपने कालेपन में जवान औरत से कम नहीं थी।

अबकी बार उसने बड़े हल्के व ठंडे स्वर में कहा, "अच्छा बाबा पी लेना!"

बुढ़िया-सी दिखनेवाली औरत ने उसकी ओर बड़ी कसैली नजर से देखा। वह बुढ़िया की ओर बिलकुल ध्यान दिए बगैर बच्ची से बोली, "जा, सामने बैठ जा। मैं पिलाऊँगी तुझे चा।"

लड़की खड़ी रही, चुप। बुढ़िया ने पान का शेष बचा कूड़ा मुँह से हाथ पर उगला और वहीं बगल में डाल दिया। आदमी ने लड़की का हाथ पकड़कर अपनी ओर खींचा। लड़की ने एक बार 'ऊँह!' की। काली औरत बोली, "बैठ जा। मैंने कहा ना, मैं दूँगी तुझे चा।" उसके स्वर में अपनत्व था।

लड़की आश्वस्त हो अपने छोटे-छोटे हाथों से गन्दी फ्राक सँभालती, आदमी के बगल में बैठ गई।

रेस्त्राँ का लड़का, "हाँ जी! कहिए?" कह, अपने जाँघिये से हाथ पोंछता उन सबका एक-एक कर मुआयना करने लगा और अन्त में उसकी आँखें जवान औरत पर जा टिकीं। आदमी ने हौले से कहा–

"दो चा, बऽस्ऽ।"

लड़के ने जरा जोर से खिल्ली उड़ानेवाले अन्दाज में दुहराया, "दो चा–बऽअऽसऽ?" और वह औरत को एक तीखी जायजा लेनेवाली नजर से तौल लौट पड़ा।

आदमी को यह सहन न हो सका, उसके होंठ सिकुड़ गए, निस्तेज आँखें अचानक ही शोलों की तरह सुलग उठीं और वह चिल्लाया, "अबे! कपड़ा तो मार जा!" फिर

उसने एक भद्दी-सी गाली दी। कद्दावर औरत भी आदमी की ओर देख रही थी; जैसे ही उसकी नजर औरत पर पड़ी, वह सकपकाकर उस ओर देखने लगा, जिधर अभी-अभी लड़का गया था। औरत की आँखों से एक बारगी तो मैं भी सिहर उठा। लगा कहीं दहाड़कर मुझ पर ही न चिपट जाए, "हरामजादे आ! तू बड़ी देर से ताक रहा है, तेरी ही आँखें निकाल दूँ।" मैं भी डर के मारे उसी ओर देखने लगा, जिधर अफीमची देख रहा था। बुढ़िया की नाक सिकुड़कर कुछ विकृत हो गई थी और वह घृणा से, अपने कत्थे चढ़े होंठों को जीभ से साफ करती, जवान औरत को ताक रही थी।

चाय आई।

"एक खाली गिलास।" आदमी गुर्राया।

लड़का लपककर खाली गिलास दे गया, पर इससे पहले ही एक चाय अधेड़ औरत ने अपनी ओर कर ली थी। आदमी को मजबूरन चाय के दो हिस्से करने पड़े।

बुढ़िया ने उधर देखा भी नहीं और दोनों हाथों से गिलास थाम लम्बे-लम्बे घूँट भरने लगी।

आधे से कुछ ज्यादा वाला हिस्सा आदमी ने जवान औरत की ओर बढ़ा दिया। मैं उत्सुकतापूर्वक देखने लगा।

औरत ने गिलास को हाथ से पकड़ लिया। वह कुछ क्षण बिलकुल स्थिर रही। आदमी उससे नजर नहीं मिला पा रहा था। छोटी लड़की घबराई हुई-सी, अपनी चमकीली, पर उदास आँखों से कभी औरत का मुँह ताकती और कभी आदमी का, जिसे उसने बापू कहा था।

काली औरत थोड़ी देर स्थिर नजरों से लड़की को देखती रही, फिर शान्त स्वर में बोली, "यहाँ आ!"

लड़की झट उठी और पास जा पहुँची। औरत ने बहुत ही सामान्य ढंग से गिलास उसके हाथ में थमा दिया। लड़की काँपते हाथों से गर्म गिलास ठीक से थाम भी नहीं पाई थी कि आदमी ने झपटकर लड़की के हाथों से गिलास ले लिया। जवान काली औरत स्थिर नजरों से देखती रही—कभी आदमी को और कभी रुँआसी हो आई लड़की को।

"ठहर तो जा! मैं तेरे लिए बिस्कुट मँगाता हूँ।" आदमी ने दबी-सी आवाज में खीझकर कहा। लगा अगर इस समय उससे कुछ भी कहा गया तो वह रो पड़ेगा। बुढ़िया ने उस ओर देखा तक नहीं। लड़की मान गई—उसे मानना पड़ा। कुछ देर बाद जवान औरत भी चाय पीने लगी।

पाँच-सात मिनट वातावरण बिलकुल स्थिर रहा। धीरे-धीरे आसपास का तनाव कम होता गया। बुढ़िया दोनों हाथों से पकड़े, चाय के गिलास के अन्दर देखती हुई बोली—

"क्यों, क्या बात हुई?"

"वैसे ही, दो कह रहा था।"

"तूने कितने कहे थे?"

"चार...।" आदमी ने हल्के से कहा।

"फिर...?" बुढ़िया ने उसके मुँह की ओर देखा।

"फिर क्या? मैंने मना कर दिया।" उसने कुछ चिढ़े स्वर में कहा।

दोनों ही कुछ देर को चुप हो गए।

बुढ़िया ने कुरेदा, "तो बात बनने की कुछ उम्मीद है भी या नहीं?...तूने कुछ कहा तो होगा।"

"कहता क्या?" उसने तीखी नजरों से बुढ़िया को देखा, पर उसका स्वर हलका था। बुढ़िया का ध्यान अभी भी चाय के गिलास में केन्द्रित था। जवान औरत उधर स्टेशन की ओर शून्य में ही ताक रही थी।

"वैसे तीन तक की बात हो गई।" आदमी ने एक लम्बी चुप्पी के बाद कहा।

"फिर...?"

"फिर क्या? रुकने को कहा है।...जैसा कहो।"

"ठीक है! भेज दो!" बुढ़िया ने अपना निर्णय तत्काल दे डाला।

जवान काली औरत ने अब भी कुछ नहीं कहा। लगातार सामने देखती रही। कुछ देर को फिर चुप्पी छा गई। चारों ओर का कोलाहल यथावत् रहा।

बुढ़िया ने चुप्पी तोड़ी, "जा छोड़ आ।"

आदमी ने होंठों पर एक बार जबान फेरी और फिर हाथ से सारा मुँह पोंछकर काली औरत को कुछ देर अपनी निस्तेज आँखों से ताकता रहा। लगा, घबरा गया है, हिम्मत जुटा रहा है।

उसने एक बार बालों पर हाथ फेरा और जवान औरत से अन्त में कह ही दिया, "आ चलें।"

मेरी उत्सुकता बढ़ गई—कुछ होगा। जरूर होगा। झगड़ा होगा। गाली-गुफ्तार होगी, तू-तू, मैं-मैं कुछ तो होगा ही। पर कुछ नहीं हुआ। बिलकुल कुछ नहीं। काली औरत ने तत्काल अपनी जगह छोड़ दी और लड़की के पास जा, जरा झुककर कहा, "अभी आती हूँ, गुड्डो, तू तब तक अम्मा के साथ बैठना, अच्छा!"

दिल हुआ लपककर उसे दोनों बाजुओं से थाम लूँ। फिर आदमी पर गुस्सा आया, कमीना अपनी औरत बेचता है। हरामी, कुत्ता। पर तभी मुझे कुछ देर पहले की वह घटना याद आई। जब चाय वाला लड़का आर्डर लेने आया था और औरत को बेहूदे ढंग-से ताकने लगा था। तब वह किस बुरी तरह से चीख उठा था। इसकी आँखें

धधक उठी थीं। अचानक मेरा सारा जोश और गुस्सा, गुब्बारे की हवा-सा, निकल गया था। मैं सोचने लगा, फिर यह ऐसा क्यों करता है? पर यह सोचना कोई बहुत अच्छा नहीं था। एक के बाद एक, मुझे बहुत-सी बातें सोचनी पड़ रही थीं, जो एक-दूसरे से जुड़ी थीं और जिनसे मैं स्वयं को बचा भी नहीं पा रहा था। एक झटके के साथ अचानक मेरे दिमाग में आया था कि अगर कुछ देर और नौकरी न मिले तो...। घबराकर मैंने सोचना ही बन्द कर दिया।

पर मैं ताकता रहा।

बच्ची चुपचाप स्वीकृति में सर हिलाने के बाद अब बिस्कुट का अन्तिम भाग खाने में लगी थी, जिसे लड़का देर से दे गया था। काली औरत आदमी के पीछे-पीछे बाहर निकल रही थी।

मेरा एक बार फिर दिल हुआ, उसे दौड़कर रोकूँ; पर मैं अपनी जगह जमा रहा। लड़की ने बिस्कुट का शेष हिस्सा भी मुँह में डाला और बुढ़िया की ओर देखकर अपने नन्हे हाथों से मैली फ्राक को झाड़ा, मुँह पोंछा और उसी के बगल में जा बैठी।

(1972)

फर्क

आजकल गर्मी कितनी है, तौबा! और फिर इन बसों में तो भीड़ भी हद दर्जे की होती है। पसीना! पसीना! शरीर से शरीर भिंच रहा है। किसी को किसी की परवाह नहीं। आदमी हो या औरत, किसी का कोई लिहाज नहीं। सबको बस पहुँचना है, महानगर के ओर-छोर। खड़े हुए लोग अपनी गर्मी से तनी आँखों से चारों ओर देखते रहते हैं—कब कोई सीट खाली हो और लपकें। सीटों के लिए ये घात-प्रतिघात चलता रहता है, अन्दर-ही-अन्दर—शीतयुद्ध-सा। और जैसे ही कोई सीट खाली हुई नहीं कि अन्दर-ही-अन्दर चलने वाला तनाव फूट पड़ता है। एक सीट के लिए चार आदमी लपकते हैं। बात सही है भी, अगर डी.टी.सी. की बसों में चलना है तो शिष्टता और सभ्यता को घर छोड़ आइए।

मुझे सीट मिल गई है। स्टाप से पहले ही जनपथ के चौराहे से धक्का-मुक्की करके चढ़ गया था अन्यथा मुझे भी खड़ा रहना पड़ता। वैसे क्या हुआ अगर आज बैठ गया, अक्सर तो खड़ा ही रहता हूँ।

बस हिचकोले खाती चली जा रही है। खाली पेट की आँतों से 'गुड़गुड़' की आवाज रह-रहकर ऐसे उठती है, जैसे कोई हुक्का पी रहा हो। सामने एक औरत खड़ी है, मेरी ओर मुँह किए। रुक-रुककर देख लेती है। मैं जल्दी से बाहर देखने लगता हूँ—नजर नहीं मिलाना चाहता। जानता हूँ रह-रहकर इसे देखने का क्या अर्थ है? इन याचक आँखों को क्या चाहिए?

कभी दिल कर बैठता है, छोड़ दूँ सीट...। पर क्यों छोड़ दूँ? यह कोई बुढ़िया तो है नहीं और फिर मैं भी तो दिन भर का थका हूँ। दरअसल मुझे औरतों से कतई—'सिम्पैथी' नहीं रही। ये औरतें हैं, केवल औरतें, इसीलिए मैं सीट क्यों छोड़ दूँ। हुआ करें औरतें हैं तो। वैसे तो औरतें हैं, सीट छोड़ दो, पर और कामों में तो आदमियों की बराबरी करती फिरती हैं—खड़ी हैं तो खड़ी रहें। छह सीटें इनके लिए रिजर्व हैं वहाँ बैठें। अगर भरी हैं, तो हम तो इसके जिम्मेवार नहीं हैं। जाएँ डी.टी.सी. के दफ्तर में प्रदर्शन करें, उनसे लड़ें, प्रधानमन्त्री से मिलें।

जब पढ़ता था—जी हाँ, पढ़ा है मैंने हायर सैकेंडरी तक—औरतों की काफी इज्जत करता था। 'लेडीज फर्स्ट' का बाकायदा पालन करता था, पर जब से केवल औरतों

की सेवा करता हूँ; अजब-सा हो गया हूँ—घृणा तो नहीं कहनी चाहिए, एक तटस्थता या यों कहिए—कुछ चिढ़ का-सा भाव बना रहता है। कभी-कभी अपने इस व्यवहार पर अफसोस भी होता है और अक्सर सोचता भी हूँ, मैं धीरे-धीरे ऐसा निर्दयी और बेशर्म कैसे हो गया हूँ? क्या इन बसों ने मुझे ऐसा बना दिया है या इस दुकान ने। अचानक मुझे लगता है बसों में और दुकानों के बीच एक मौन समझौता है, मेरे जैसे आदमी के खिलाफ एक षड्यन्त्र-सहयोग। वरना जिनकी मैं सेवा करता हूँ ये वे औरतें नहीं हैं, जो मेरे साथ बसों में चलती हैं, उदास चेहरोंवाली, टूटी-फूटी।

पर मैं ही जानता हूँ कि औरतों के कारण कितना परेशान होना पड़ता है—खरीदती एक जोड़ी हैं, निकलवाती हजार हैं। कभी ये रंग पसन्द आता है, तो कभी वो मन भाता है। जब रंग पसन्द आता है तो 'शेप' पसन्द नहीं आता। और जब 'शेप' पसन्द आता है तो उस रंग का 'शेप' में जूती सेंडिल या चप्पल, जो ये लेती हैं—इनके पाँव में फिट नहीं बैठतीं। और कभी-कभी तो ये जान-बूझकर बदलवाती हैं, 'नहीं ये नहीं बैठी, कुछ दबा रही है। और दिखलाइए। ये जरा बड़ी है।' और भी न जाने कितने खोट निकाल देती हैं, ऐसे ही। अन्त में लेकर भी उसे ही जाएँगी जिसे सबसे पहले पसन्द करती हैं।

आत्मा जानती है शुरू में कितना बुरा लगता था बार-बार इनके पैर छूना, और बार-बार नकली मुस्कराहट के साथ एक जूती उतरना, दूसरी पहनाना। कभी सोचा था औरतों को जूतियाँ पहनाने का काम करना पड़ेगा? मैं सोचता। इससे तो जूतियाँ खाना बेहतर है—औरतों की नहीं, आदमियों की। कम-से-कम उसमें आत्म-सम्मान तो बना रहेगा।

वह दुकान, जिसमें काम करता हूँ—जनपथ पर है, इसमें आगे चलकर बड़े-बड़े होटल खड़े हैं—होटल इम्पीरियल, होटल जनपथ और इसी सड़क के आसपास बनी हैं बड़ी-बड़ी इमारतें—आकाशदीप, सूरज किरण, चन्द्रलोक जाने क्या-क्या नाम हैं, अपनी अतिमानवीय ऊँचाई के अनुरूप ही। हमारी दुकान के सामने ही शर्राफे की आलीशान दुकान व उसके बगल में 'एयर इंडिया' का बुकिंग ऑफिस है। इसमें देसी साहब और विदेशी साहब—हिन्दुस्तानी मेमें और विदेशी मेमें आती हैं। ऊपर बोर्ड में बनाया और अन्दर आदमकद मिट्टी का लम्बी-लम्बी मूँछों वाला लाल जरी का सुनहरी काम किया कोट पहने महाराजा, मुझे बदमाश-सा लगता है। लगता है, मानो औरतों की तरफ जरा अदा से झुककर, बड़ी अश्लीलता से एक आँख मार कह रहा हो—चल रही हो मेरे साथ लन्दन या न्यूयॉर्क या पेरिस या सिडनी या कहीं और...।

खैर, छोड़िए महाराजा-महारानियों को। जिस दिन मैंने पहले-पहल इस 'लेडीज शू' वाले की दुकान पर काम चालू किया था, उस दिन पहली बार किसी औरत को उसका पैर पकड़कर सेंडल या चप्पल पहनाने में कैसा अजीब लगा था! दिन भर रह-रहकर दिल करता अब छोड़ दे तब छोड़ दे। मालिक से जाकर साफ-साफ कह

दूँ, 'मेरे बस का नहीं है यह धन्धा। मैं कल से नहीं आऊँगा।' सोचता मारो गोली ऐसी नौकरी को जिसमें केवल औरतों को जूतियाँ पहनानी पड़ें। एक मर्द के लिए इससे बड़ा अपमान और क्या हो सकता है कि वह औरतों के पैर पकड़-पकड़कर जूतियाँ पहनाए। धिक्कार ऐसी जिन्दगी को। पढ़-लिखकर यही करना था! खैर, कल से नहीं आऊँगा चाहे भूखों मरना पड़े। आज काट लो किसी तरह! पर भूखों मर पाना आसान नहीं है। असल में मर पाना ही आसान नहीं है। नहीं तो एक दिन पूरी तनख्वाह की न्यूनानकिन से मिठाई खरीदता, गैलार्ड में काफी पीता, अशोका में डिनर लेता और ओबेराय में किसी हिप्पी का पासपोर्ट दिखाकर शराब पीता और सबेरा होने से पहले रीगल के पार्क के बीचोबीच आत्महत्या कर लेता।

अब वो बातें सोचकर हँसी आती है। इज्जत की बात सोच रहा था वह आदमी जिसके पास दो टाइम की रोटी नहीं, जो अधनंगा है! हूँ। क्या बात है? क्या इज्जत है!

कहाँ सीखी यह इज्जत की बात, आनन्द ने एक बार मुझसे पूछा था, किताब से ना? ये किताबें किसने लिखीं, कुछ पता है? मैं चुप रहा तो बोला, और किसके लिए हैं यह भी पता है? मैं तब भी चुप रहा था। शायद जो जवाब मेरे दिमाग में उस समय था वह स्वयं मुझे ही ज्यादा 'कनविसिंग' नहीं लग रहा था। पर आज मेरे पास जवाब है, कोई पूछे तो मैं दे सकता हूँ। हाँ, किताबों से। ये किताबें हमने नहीं लिखीं यानी कि मेरे जैसे किसी भुक्खड़ ने। और ये किताबें मेरे जैसों के लिए हैं भी नहीं। औरतों को जूती पहनाने का गम था। जूती, जूती है चाहे आदमी को पहनाइए या औरत को, इससे मेरी सेहत को कहाँ फर्क पड़ा आज तक।

बस मुड़कर आसफ अली रोड के साथ-साथ जा रही है—इरविन उर्फ जे.पी. अस्पताल के साथ वाली सड़क पर। मोड़ पर बस घूमी और बगल में बैठी एक मुटल्ली सवारी पूरी तरह मेरे ऊपर आ लधरी। मैं अपना ध्यान उधर से हटाने के लिए सामने देखने लगता हूँ उन बड़ी-बड़ी अजनबी बिल्डिंगों को जिनके इतने करीब से मैं रोज गुजरता हूँ। सच कहूँ तो इस इलाके में कभी मेरा मन नहीं लगता। कभी कोई चीज अपनी-सी नहीं लगती है। सुबह जब आता हूँ, बस शाम का इन्तजार करने लगता हूँ किसी तरह समय कटे और यमुना के उस पार चला जाऊँ, उस बस्ती में जिसे अखबार वाले 'स्लम एरिया' कहते हैं और जो सरकारी फाइलों में जे.जे. कालोनी कहलाती हैं यानी कि झुग्गी-झोपड़ी कालोनी। वैसे आप ही बतलाइए यहाँ मेरा क्या है? ये सड़कें? ये सामानों से पटी पड़ी दुकानें? ये सिनेमा घर? ये रेस्त्राँ? ये मकान? ये स्काई स्क्रैपर? ये लोग, इनमें कौन अपना है? यह दूसरी दुनिया है। यहाँ के आदमी की भाषा दूसरी है, वह कार वाला है, पैसे वाला है, खूबसूरत है और सम्पन्न है। ये शहर कहीं का भी हो सकता है, दुनिया के किसी भी कोने का, जापान, जर्मनी, फ्रांस, इंग्लैंड, अमरीका, रूस, कहीं का भी, पर मैं शर्त लगाता हूँ, ये भारत का नहीं है।

और शायद इसीलिए, जब मैं इस इलाके में पहुँचता हूँ, घटकर बहुत छोटा हो जाता हूँ। बौना, कुरूप, काला, सूखा, औघड़ और हिन्दुस्तानी।

सामने साबुन का प्रचार करनेवाला एक लाल-लाल नियोन साइन चमक रहा है–कभी जलता कभी बुझता, किसी शैतान की आँख-सा।...और न जाने कितने बोर्ड उधर जल-बुझ रहे हैं, नीले, लाल, हरे। मुझे इन रंग-बिरंगे नियोन साइनों को देखकर अक्सर लगता है मानो किसी ने मेरे मुँह पर एक ऐसा जोर का घूँसा मार दिया हो कि आँखों के आगे पहले अँधेरा छाया हो और फिर रंग-बिरंगे तारे नाच उठे हों–बड़ी देर तक।

अब मैं वह नहीं रहा जो शुरू में था। जिस 'टाइप' की–मेरा मतलब बूढ़ी, अधेड़, जवान या किशोरी से है–औरत आती है, मैं वैसी ही तत्परता से उसका स्वागत करता हूँ। उसी हिसाब से ज्यादा और कम समय लगाता हूँ और हमारा मालिक–हमारा इसलिए कि हम दो सेल्समैन हैं ना–उसी हिसाब से पैसे लगाकर बिल बना देता है।

आनन्द ने मुझे कई गुर सिखाए थे इस लाइन के। उसने मुझे लड़कियों की किस्म के बारे में बतलाया किसकी क्या पहचान है। जी नहीं, मेरा मतलब उस पहचान से नहीं है जो वात्स्यायनजी कामसूत्र में बतला गए हैं, वैसे आनन्द इस लाइन का वात्स्यायन ही था। वह मेरा गुरु था और आज मैं जानता हूँ, खरीदारी के लिए आई हस्तिनी, शंखिनी और पद्मिनी, किसके साथ, किस समय, कैसा और क्या करना चाहिए।

शुरू-शुरू की बात है, एक दिन मैंने उसके एक गुर को आजमाने की सोची। खूबसूरत-सी एक लड़की आई–एक नहीं दो। दरअसल मैंने सेंडिल एक ही को पहनाई। लड़की ने फरमाइश की, "लेटेस्ट शेप की कुछ सेंडिलें निकलवाइए।"

मैं जूतियाँ दिखलाता रहा। मेरे दिमाग में आनन्द की टेकनीक घूम रही थी, पर बार-बार हिम्मत जवाब दे जाती। एक बार न जाने कैसे, जूती पहनाते समय मैंने उसका पाँव जरा धीरे से, पर बड़े ही ढंग से दबाया। उसके बाद तो उस लड़की ने एक के बाद एक इतनी जूतियाँ निकलवाईं कि बाप संग याद आ गई। मैं उसे जूतियाँ पहनाता वह कोई-न-कोई बहाना खोज झुक जाती और अपने हाथ से मेरा हाथ पकड़कर कभी एड़ी और कभी पंजों में ले जाकर कहती, यहाँ दबा रही है। वो मेरा हाथ पकड़ती और मुझे सबकुछ दिखना बन्द हो जाता, बस, एक सुखद सरसराहट बदन में छा जाती। आखिर आदमी जो हूँ। पर आनन्द कहता था ये लड़कियाँ हमारे लिए नहीं हैं। हम सिर्फ इनके पैर भर छू सकते हैं और इसी में जो भी मजा मिले उसे खींच लेना चाहिए।

अक्सर मैं शुरू में सोचा करता था, आखिर इधर की लड़कियाँ इतनी खूबसूरत क्यों होती हैं, जबकि न अपने इलाके में और न गाँव में ही ऐसी लड़कियाँ देखने को मिलती हैं। शायद ये अलग नस्ल की हों, हमसे अलग नस्ल की जो जर्मन से चली

थीं और अमरीका में जाकर फिलहाल ठहरी हैं। पर आनन्द की 'थ्योरी' दूसरी थी। कहता था, "साले अगर हमारे घर की बहू-बेटियों को भी ठीक से खाने-पहनने को मिले तो देख उनका चेहरा क्या दमक उठता है। बेटा नस्ल भगवान ने नहीं बनाई, नस्ल रोटी बनाती है।" मैं उसकी बात पर विश्वास नहीं करता था। आज भी कुछ शंका रहती ही है। रोटी साली नस्ल क्या बनाएगी, वही रोटी तो हम भी खाते हैं। ऐं, पर नहीं, आनन्द कहता था बेवकूफ रोटी-रोटी में फर्क होता है। क्या फर्क होता है यह उसने बतलाया नहीं था, बतलाने का वायदा जरूर किया था पर अब कभी वह कुछ बतला पाएगा? उसकी याद आते ही मैं उदास हो जाता हूँ।

अब तो ये रोज के किस्से हो गए हैं। हम चाहे कितने भी थके हों, उदास हों पर मुस्कराते जाते हैं। जूतियाँ या चप्पल पहनाते-पहनाते जरा देखकर कि लड़की कैसी है—पाँव दबा देता हूँ। वैसे दुकान में अधिकतर लड़कियाँ ही आती हैं—जवान लड़कियाँ कसे-कसाए मैक्सी, जींस, बेलबॉट और न जाने कैसे-कैसे मर्दाने कपड़े पहने। गले इतने खुले रहते हैं कि जब ये झुककर अपनी जूतियों की जाँच करती हैं तो मेरी नजर उनके चेहरे से फिसलकर गले के नीचे चली जाती है। मैंने कई बार देखा है ये जानती हैं कि मेरी नजर इनके चेहरे से फिसलती हुई कहाँ जा रही है, पर ये उस ओर ध्यान नहीं देतीं। जैसे ये चीजें हैं ही दिखलाने के लिए या हम जैसों को चिढ़ाने के लिए। हमारे यहाँ की लड़कियाँ और औरतें कैसी सहमी-सहमी अपने हड़ियल शरीर को दुबकाए-दुबकाए फिरती हैं। पर इन सब चीजों को देखने की भी हद होती है। कुछ देर बाद मैं खुद ही नजर हटा लेता हूँ। कई बार मेरे दिमाग में बड़े वहशी खयाल भी आ जाते हैं पर न जाने कितनी ऐसी बातें हैं जो नाक में नकेल-सी पड़ी रहती हैं और जरा बिदका नहीं कि कोई जोर से नकेल खींच देता है।

आनन्द ने एक बार कहा था अगर कभी शादी करूँगा तो मैं भी ऐसी ही लड़की से शादी करूँगा वरना जन्म-भर कुँआरा रहूँगा। मैं सिर्फ हँसा था उसकी बात पर। देखो साला अपनी औकात ही भूल गया। कहाँ राजा भोज, कहाँ गंगू तेली। तुझ जैसे तो जाने कितने नौकर रख लेंगी ये लड़कियाँ। मैं मन-ही-मन सोच मुस्कराया था।

वह मेरी मुस्कराहट से ताव खा गया और कहने लगा, "तू हँस रहा है! अबे तू तो नाली का कीड़ा है, नाली में ही रहेगा। सुअर की गन्दगी में लोटने की आदत जल्दी नहीं जाती।"

मैं चुप रहा था। मेरी शादी की बात चल रही थी। सिर्फ चली थी, हुई आज तक नहीं। सोचा, साला मुझसे जल रहा है।

वह कहने लगा, "अगर तू शादी करवाएगा तो अपनी नस कटवा लेना, समझा।"

मैं उसका मुँह ही देखता रह गया। साला बक क्या रहा है?

"हाँ, ठीक कह रहा हूँ", उसने कहा था, "देखता नहीं देश की आबादी बढ़ रही है। देश को बच्चों की जरूरत नहीं है। कम-से-कम हमारे बच्चों की तो कतई जरूरत नहीं है।"

"तेरे बच्चों की है?" मैंने पूछा था।

"हाँ, उन बच्चों की जो मेरे और उस लड़की के मेल से होंगे, जो अभी यहाँ से सेंडिल लेकर गई है। अपने इलाके की शारदा, पार्वती, सीता, सावित्री के बच्चों की जरूरत नहीं है देश को, समझा।" वह हँसा था फिस्स–एक बड़ी ही व्यंग्यपूर्ण हँसी।

अक्सर मुझे लगता है, वह बहकी-बहकी बातें कर रहा है।

"पर वो तुझ से शादी क्यों करेगी?" मैंने मजा लेने के अन्दाज में पूछा था।

"करेगी क्यों नहीं, उसका बाप भी करेगा।"

"पर क्यों, बता भी तो।"

इसी बीच कुछ ग्राहक आ गए और वह बोला था, "शाम को बतलाऊँगा घर जाते समय।"

शाम तक मैं किस्सा भूल चुका था पर वह जोश में था। खुद ही बतलाने लगा, "बतलाऊँ वह लड़की मुझसे क्यों शादी करेगी? क्योंकि इनमें और रंडियों में कोई अन्तर नहीं है। इन्हें पैसा चाहिए। फिर ये किसी के भी साथ जा सकती हैं शादी करके भी और बगैर करे भी। और सुन, मेरा एक प्लान है पैसे कमाने का। आज तक मैंने किसी को बतलाया नहीं, आज तुझे बतला देता हूँ, तू मेरा जिगरी यार है। चाहे तो तू भी साझीदार हो जाना। मैं डालर और चरस का धन्धा करने की सोच रहा हूँ।" उसने बड़े ही विस्फोटक अन्दाज में कहा।

"कैसे?" मैंने पूछा था।

बोला, "देख, फॉरन टूरिस्टों से डालर खरीदा करेंगे जैसा यहाँ कई लोग करते हैं और हिन्दुस्तानी साहबों को बेच दिया करेंगे। और जब थोड़ा जम जाएँगे तो नेपाल से चरस लाकर हिप्पियों को बेचना भी चालू कर देंगे। अबे मैं कुछ ऐसे लोगों को जानता हूँ जो बाहर चरस भेजने का काम करते हैं, हमारा काम बस नेपाल से लाकर यहाँ उसे उनके सुपुर्द करना भर होगा।"

मैंने कहा था, "नहीं यार, ये तो बेईमानी का धन्धा है। फिर पुलिस भी तो है, पकड़े गए तो साला कोई जमानती भी नहीं मिलेगा।" पुलिस के डर से मैं काँप-सा उठा था।

मेरी बात सुन वह झल्ला गया, "तू स्साला है बिलकुल उल्लू का पट्ठा। कर फिर ईमानदारी का धन्धा। अबे अगर एक बार में एक किलो चरस ले आए तो समझ पूरे साल की तनख्वाह से भी ज्यादा पैसे आ गए। ईमानदारी से तेरा बाप बता क्या कर गया? थे उसके पास हजार रुपए भी? अगर ईमानदारी करनी है तो वहीं रहेगा

जहाँ है। देख मेरा बाप कितना ईमानदार था, जनम भर चपरासी रहा और आठ बच्चे पैदा कर गया। तू बता तो तेरे बाप ने ही कौन-सा तीर मारा। वह तो पढ़ा-लिखा भी था चाहे दस ही सही, बस प्राइमरी स्कूल का मास्टर ही तो रहा। रोटी मिलती थी भर पेट, बता? क्या करेगा ईमानदारी को, ईमानदार आदमी या तो चपरासी होता है या स्कूल मास्टर बस।''

मुझे उसकी बातें अच्छी नहीं लग रही थीं। किसी बिगड़े अफीमची के ख्वाब-सी। वह अपने पिता के बारे में इतने अपमानजनक लहजे से क्यों बोलता है, मेरी समझ में नहीं आता था। खैर, अपने पिता के बारे में जो चाहे सो कहे, हमारे बाबूजी के बारे में ऐसी बातें करना कोई तमीज है, मैं दिल-ही-दिल में सोच रहा था। मेरी चुप्पी की ओर उसने ध्यान नहीं दिया और कहता गया, ''बाद में हम खुद ही विदेशों को चरस भेजेंगे। और वहाँ से घड़ियाँ और सोना लाएँगे। देखना बेटा, साल भर में कहाँ-से-कहाँ पहुँचते हैं। दो-तीन साल में ही हमारे पास कार होगी, बँगला होगा, फिर जमुना पार नहीं रहेंगे, फ्रेंड्स कालोनी या महारानी बाग में बँगला खरीदेंगे और तब ही वह लड़की मेरी बीबी होगी। होगी ना?'' वह मुस्कराया था फिर उसने कुछ रुककर मुझे सलाह दी, ''तू भी अपनी शादी से इनकार कर दे। बाद में मेरी बीबी जैसी किसी लड़की से शादी करना, तब तो वो तेरे पीछे भागेगी, समझा।''

मैंने उसकी बात मानने से इनकार कर दिया था, ''पर यह तो कोई बात नहीं हुई ना, चोरी करके तो कोई भी बड़ा हो सकता है। कोई ऐसी बात कर जिससे सबका भला हो।''

''चुप जा, बड़ा समाजवाद झाड़ रहा है'', वह मुझ पर बरसा था, ''बेटा जो लोग ऐसी बातें करते हैं वो ही सबसे बड़े चोर होते हैं समझा। जो सुअर हैं वो तो सुअर ही रहेंगे, उन्हें कौन कीचड़ से बाहर निकाल सकता है। बाहर तो उसे ही निकाल सकते हैं, जो आना चाहे।''

''नहीं'', मैंने कहा था, ''यह गलत है जिन्हें तू सुअर कहता है, वह सुअर नहीं आदमी हैं। उन्हें पता नहीं कि वह उधर कीचड़ में क्यों पड़े हैं, जिस दिन पता चल जाएगा वह बाहर आ जाएँगे।''

''तो तू जाकर उन्हें बता और कीचड़ से निकाल।'' उसने हिकारत भरे लहजे में कहा।

मैंने भी उतने ही गुस्से में दुहराया, ''हाँ, मैं बतलाऊँगा, तेरे जैसे चोरों के बारे में भी बताऊँगा। तू फिक्र मत कर। पर सोच ले जिस दिन उन्हें यह सब पता चल जाएगा, तेरा लूट-खसोट का धन्धा एक दिन भी नहीं चलेगा।''

फिर तो इस तरह की बातें रोज का किस्सा हो गईं और वह मुझे समझाता, यह कोई असम्भव काम नहीं है, देख हाजीमस्तान को देख, बखिया को देख, उनके

मिनिस्टर दोस्त हैं। फिल्मी एक्टर उनके पैर छूते हैं और एक्ट्रेसें उनके साथ सोती हैं। वो भी कभी हमारे जैसे थे।"

उसे स्मगलरों के बारे में न जाने कैसी-कैसी बातें पता थीं। पर मैं उसकी बातों से तंग आ गया था। मैं उसे समझाना चाहता था, देख ये तरीका नहीं है, हमें गलत चीजों के खिलाफ लड़ना चाहिए न कि खुद भी बेईमानों के किसी गिरोह में शामिल हो जाना चाहिए। इस तरह तू कहीं नहीं पहुँचेगा। पर वह नहीं मानता था। लखपति बनने का स्वप्न उसके सर पर सवार था और एक दिन इन्हीं बातों, यानी कि पिता, ईमानदारी आदि को लेकर उसकी मेरी जबर्दस्त लड़ाई भी हो गई, पर उसका बोलना बन्द नहीं हुआ। बल्कि बढ़ता ही गया। यहाँ तक कि उसे एक वहशीपन ने घेर लिया, अक्सर उसकी आँखें लाल रहने लगीं और चेहरा सूजा-सूजा-सा लगता।

मई-जून के दिन थे, सारा शहर बिस्कुट की बेकरी सरीखा दहक रहा था कि एक दिन आनन्द को दुकान में ही बुखार चढ़ गया और वह उल्टियाँ करने लगा। उसे बहुत तेज बुखार था, वह अर्द्धविक्षिप्त-सा बड़बड़ाने लगा, वही स्मगलिंग और औरतों के बारे में। मालिक के कहने पर मैं उसे स्कूटर में उसके घर छोड़ आया।

दुकान से लौटकर मैं रोज उसे देखने जाया करता था। बुखार ने कई दिनों तक, उतरने का नाम भी न लिया। वह इतना बड़बड़ाता था कि डर लगने लगता। किसी प्रकार बुखार तो उतर गया, पर बड़बड़ाना बन्द नहीं हुआ। वह अब अपने कपड़े फाड़ देता और घर वालों के साथ मार-पीट भी करता था। कुछ दिनों उसे बाँधकर रखा गया। अन्त में सलाह-मशविरा कर उसे मेंटल हॉस्पिटल दिखलाया और अब कई महीनों से वह वहीं है।

पिछले हफ्ते मैं उसे अस्पताल देखने गया था। उसके घर से भी लोग आए हुए थे। उसने सबको वहाँ से हट जाने को कहा और मुझसे अकेले में कहने लगा, "तूने मेरा वो प्लान किसी को बतलाया तो नहीं?"

मैं समझा नहीं कि यह कौन से प्लान की बात कर रहा है। पर तभी मुझे याद आ गया। मैंने मुस्कराकर कहा, "नहीं, नहीं, किसी से नहीं कहा।"

वह खुश हो गया, "किसी से कहने की भूल मत करना। मैं यहाँ से आऊँगा फिर तू और मैं मिलकर धन्धा शुरू करेंगे। चरस, सोने और घड़ियों की स्मगलिंग का धन्धा।"

फिर वह जोर से हँसा था, ठठाकर, "मैं स्मगलर बनूँगा, तू देखना एक दिन मैं लखपति बनूँगा, करोड़पति बनूँगा। टाटा बनूँगा। बिड़ला बनूँगा। हाजी मस्तान बनूँगा, सुकर नारायण बखिया बनूँगा। हा! हा! हा!!! तू देखना मेरे पास भी जहाज होंगे, हवाई जहाज, समुद्री जहाज और मैं अपने जहाजों में भरकर सोना, घड़ी, टेपरिकार्डर, कैमरे और कपड़े लाऊँगा बस और कुछ नहीं। मैं हिन्दुस्तान का सबसे बड़ा आदमी बनूँगा। हा! हा!! हा!!! मैं स्मगलर बनूँगा।"

मैं अवाक् उसका मुँह देख रहा था। समझ में नहीं आ पाया हँसूँ या रोऊँ। अचानक वह गम्भीर हो गया, बोला, "तेरी शादी हो गई?"

मैंने 'ना' में सर हिला दिया।

उसने कहा, "ठीक ही हुआ, मैं तेरे लिए कनॉट प्लेस से एक लड़की छाँटूँगा, उसके लिए जापानी जार्जट की साड़ियाँ अपने जहाज में मँगवाऊँगा। तू देखना मैं उसके लिए पेरिस से इन्टिमेट सेंट और लिपिस्टिक मँगवाऊँगा। तू फिकर न करना, मैं बाहर आते ही काम चालू कर दूँगा। बस समझ ले छह महीने भी नहीं लगेंगे। तब तक तू ऐसा कर महारानी बाग या फ्रेंड्स कॉलोनी में जहाँ भी मिलें, जिस भी कीमत पर मिलें, दो मकान ढूँढ़ ले, एक अपने लिए और एक मेरे लिए, समझा! फस्क्लास होने चाहिए, महल जैसे। पैसे की बिलकुल चिन्ता मत करना। देख मकान तेरी भाभी को पसन्द आना चाहिए।"

वह बकता रहा था न जाने क्या-क्या और मैं वहाँ से चुपचाप चला आया था।

(1973)

खोखल

मैं हाँफता-हाँफता एक अँधेरे-से रेस्तराँ में घुसता हूँ। वैसे इस बात की कई दिनों से शंका थी कि कोई मेरा पीछा कर रहा है पर एक-आध दिन से इसके कई प्रमाण मिल चुके हैं। लगातार मेरा पीछा किया जा रहा है। पीछा करनेवाले को मैं अच्छी तरह देख तो नहीं पाया, पर वह लम्बे-चौड़े और भरे बदन का खूँखार-सा आदमी प्रतीत होता है।

मैं रेस्तराँ में एक किनारे की टेबल पर जा बैठता हूँ और अपने दिमाग पर जोर देता हूँ। आखिर यह पीछा क्यों किया जा रहा है? सारी पिछली बातों को याद करने की कोशिश करता हूँ। कल से लेकर जहाँ तक मेरी याददाश्त पहुँच सकती है—पिछले बीस-बाईस वर्षों की मोटी-मोटी सारी घटनाओं को दोहराता हूँ, उनका विश्लेषण करता हूँ। पर कहीं भी कोई ऐसा कारण समझ में नहीं आता कि कोई किराए का गुंडा या जासूस मेरा पीछा करे। मेरे सम्बन्ध जाने-अनजाने न तो कभी किसी विदेशी दूतावास से रहे और न किसी विदेशी संस्था से। न मैं कभी किसी हत्याकांड में सम्मिलित था, न कभी चोरों के गिरोह या स्मगलरों से मेरा कोई वास्ता रहा है और न ही हमारी पीढ़ियों से चल रही कोई पारिवारिक अदावत ही है। मैं घड़ी को ध्यान से देखता हूँ। कहीं बदल तो नहीं गई। पर यह तो वैसी-की-वैसी है : न स्विस मेड, न जापानी, न चीनी, बल्कि लम्बी कतार में खड़े होकर ली गई एच.एम.टी. की प्योर इंडियन वाच, बंगलौर में बनी। पर मेरी शंका का समाधान नहीं होता। मैं अपनी जेबें टटोलता हूँ। हाँ पेन! पर पेन तो मैंने पटरी से खरीदा था। सिर्फ डेढ़ रुपया देकर। मैं उसे उलट-पलटकर, घुमा-फिराकर देखता हूँ। उफ्फ! मार दिया! कहीं यही तो झगड़े की जड़ नहीं है। इस पर लिखा है : 'मेड इन इंग्लैंड'। मेरे हाथ काँपने लगते हैं। मैं चुपके से पेन को सोफे से पीछे फेंक देता हूँ और उससे दूर सामनेवाली टेबुल पर जा बैठता हूँ। फिर चौकन्ना हो इधर-उधर देखता हूँ, कोई देख तो नहीं रहा। और आश्वस्त हो जाता हूँ। नहीं, कोई नहीं देख रहा। फिर सोफे पर लधर जाता हूँ।

सेकेंड भी नहीं होता कि दिमाग में नई बात कौंधती है। मैं फिर से जेबें टटोलता हूँ। कहीं जेब में 'हशीश' तो नहीं आ गई? कुछ पता नहीं आजकल, यदि आपको

कोई पकड़वाना चाहे तो आपकी जेब में कुछ ऐसी-वैसी चीज डाल सकता है जिसे गैरकानूनी कहते हैं।

मेरा एक हिप्पी दोस्त था। अब न जाने कहाँ होगा। शायद जेल में या पागलखाने में या अस्पताल में। किसी बाबा के साथ वाराणसी या काठमांडो के किसी मन्दिर में भी पड़ा हो सकता है या मर-खप गया हो। यह भी हो सकता है कि सैनफ्रांसिस्को की किसी हिप्पी बस्ती में किसी छोकरी की गरदन में बाँहें डाले नशे में पड़ा हो। वह कहता था, "कोई मेरा पीछा करता है, लगातार। अमरीका से यहाँ तक आया है, वहाँ भी करता था। सिर्फ जब मैं चरस या एल.एस.डी. के नशे में रहता हूँ, तब वह पीछा करनेवाला हवा में घुलकर नीले, लाल, पीले और हरे रंगों में विभक्त हो जाता है।" नशा लेने के बाद वह लगातार हँसता था घंटों तक। फिर रोने लगता था घंटों तक और फिर दो-दो दिन तक सोया रहता था।

मैं अभी सोच ही रहा हूँ कि एक साया-सा रेस्तराँ का दरवाजा खोलकर अँधेरे एयरकंडीशंड हॉल में घुसता है। अरे, यह तो वही है जो मेरा पीछा कर रहा था, वही है। वैसा ही कद, वही चाल-ढाल और वही आतंकित करनेवाला व्यक्तित्व। वह सीधे आकर मेरे सामने दूसरे कोने की टेबुल पर बैठ जाता है। मुझे पसीना आने लगता है, ठंडे अँधेरे हॉल में। हाथ में पकड़ा कोकाकोला का गिलास काँपने लगता है। मैं धीरे-धीरे उसे मेज पर रख देता हूँ। उसकी आँखें लगातार मेरी हरकतों पर नजर रखे हैं। लगता है, वह अँधेरे रेस्तराँ में भी काला चश्मा चढ़ाए है। बाकी चेहरे पर दाढ़ी है। दोपहर का समय होने से हॉल लगभग खाली है। उसका बाकी शरीर, हाथ-पैर, कन्धे, सर के बाल कहीं कुछ नजर नहीं आते, सिर्फ एक अँधेरा उसके चारों ओर छाया हुआ है। मेरा गला सूखने लगता है। काँपते हाथों से कोकाकोला का गिलास अपने होंठों पर लगाता हूँ और एक ही साँस में सारा गले में उड़ेल लेता हूँ। मेरी आँखों में अँधेरा छाने लगता है। खड़े होने की कोशिश करता हूँ पर टाँगें उठने का नाम ही नहीं लेतीं, लगातार काँपती रहती हैं, मानो लकवा मार गया हो। वह चेहरा अभी भी लगातार हवा में लटका सिर्फ मुझे देख रहा है। लगता है मैं बेहोश हो जाऊँगा। मेरा दम घुटता है। मैं मीनू उठाकर चेहरे पर हवा करना चाहता हूँ पर कर नहीं पाता और तभी वह साया उठता है। दो कदम वह मेरी ओर बढ़ता है। मेरी घिग्घी बँध जाती है और एक झटके से हॉल के बाहर हो जाता है।

मैं धीरे-धीरे होश में आने लगता हूँ। सिर सोफे से टिका आँखें बन्द कर लेता हूँ। न जाने कितनी देर ऐसे ही लेटा रहता हूँ कि एक हल्की-सी आवाज से आँखें खुलती हैं, "आपकी तबीयत खराब है क्या साब?" बैरा पूछ रहा है।

"हूँ! कुछ खराब है।" मैं बड़ी कठिनाई से होंठों को जीभ से तर करता हुआ कहता हूँ। काफी देर तक मेरी हिम्मत बाहर निकलने की नहीं होती। लगता है वह बाहर दरवाजे पर ही खड़ा होगा और निकलते ही मुझे पकड़कर ले जाएगा। कहाँ, मैं नहीं जानता। या बाहर निकलते ही फिर मेरे पीछे हो लेगा और किसी दिन रात को मेरी हत्या कर देगा।

सोचता हूँ, पुलिस को खबर कर दूँ। क्या पुलिस का विश्वास किया जा सकता है? या दिनेश को बता दूँ? पर मेरी बात का विश्वास कौन करेगा कि एक साया-सा मेरा पीछा करता रहता है, जो लम्बे-चौड़े कद का है पर साफ नजर नहीं आता? लोग कहेंगे मेरा दिमाग खराब हो गया है। कई दिनों से ऐसा हो रहा है। अचानक ही कोई चीज मेरे पीछे चलने लगती है। कई बार समान्तर चलती है और कई बार मुझसे कुछ कदम आगे। अकेले में, भीड़ और यहाँ तक कि कभी-कभी दफ्तर में भी आ जाती है। नहीं! किसी से कुछ नहीं कहूँगा। कहना बेकार है। कोई इस बात को समझ नहीं सकता।

मैं लगभग एक घंटे बाद हॉल से निकलता हूँ। बाहर हवा गर्म है, लू। मैं सोचता हूँ। बिहार में तीन सौ आदमी लू से मर गए। इस साल बहुत गर्मी पड़ रही है। सुबह अखबार में था दस साल का रिकार्ड टूट गया है। मैं इधर-उधर चौकन्ना होकर देखता हूँ : 'वह' तो नहीं है। नहीं, कहीं नहीं है। फिर भी डर तो है ही। चार बजे हैं। कमरे में नहीं जाऊँगा। वहाँ डर लगता है। अक्सर महसूस होता है, जैसे कोई मेरे कमरे के दरवाजे पर हौले-हौले थपकियाँ दे रहा है। जब मैं चीखकर पूछता हूँ कौन है तो कोई जवाब नहीं आता। कभी-कभी लगता है, कोई खिड़की से झाँक रहा है। इसी डर से मैं दरवाजे-खिड़कियाँ इस जून में भी दिन-रात बन्द रखता हूँ और पर्दे डाले रहता हूँ।

रात को अक्सर बड़ा अजीब हादसा होता है। दूर से एक भारी गाड़ी घरघराती हुई आती है जिसकी तेज हेडलाइट्स मीलों दूर से ही मेरी खिड़की के काँच से टकराकर कमरे में डरावने सुर्ख रंग की होकर फैल जाती है। कमरे का वातावरण ऐंद्रजालिक हो जाता है, मानो कोई प्रेतलीला चल रही हो। गाड़ी अन्ततः ठीक मेरे ही कमरे के नीचे आकर रुकती है, जिसका इंजन बड़ी बेहूदी और खौफनाक एकसुरी आवाज करता रहता है। उसमें से कोई छपाक्-से कूदता है और बिना रुके बड़े अजीब और भारी कदमों से धड़ाधड़ सीढ़ियाँ चढ़ने लगता है। मैं दम साधे सुनता रहता हूँ। पदचाप धीरे-धीरे बढ़ती जाती है और ठीक मेरे दरवाजे पर आकर खड़क की आवाज करती हुई, मानो अनजाने काँच की प्लेट पर पाँव पड़ गया हो, रुकती है। फिर कोई भारी आवाज में मेरा नाम लेकर पूछता है, 'क्या वह यहीं रहते हैं?'

पहली बार मैं चुप्पी मार जाता हूँ। आवाज तब अपना प्रश्न कड़कते स्वर में दोहराती है। इस बार मैं हिम्मत करके कह ही देता हूँ, "नहीं, नहीं। यह तो उनका मकान नहीं है।"

बाहरवाला आदमी इस पर हौले से खाँसता है और पूछता है, "अच्छा, तो आप बतला सकते हैं, वह कहाँ रहते हैं?" उसके स्वर में प्रार्थना नहीं बल्कि एक हेकड़ी होती है।

"नहीं!" मैं पूरा जोर लगाकर कहता हूँ। बाहर की आवाज मेरी नाराजगी ताड़ जाती है। माफी के कुछ औपचारिक शब्द कहती है और धड़धड़ाती हुई सीढ़ियाँ उतर जाती है। मैं चुप सुनता हूँ उसका उतरना, मोटर का चलने से पहले एक बार जोर से घरघराना और झटके से चल पड़ना। इसके साथ ही कमरे की सुर्ख 'हिप्नोटिक' रोशनी भी समाप्त हो जाती है।

उसके चले जाने के काफी देर बाद ही मैं सहज हो पाता हूँ। मेरा सारा शरीर पसीने से भीगा हुआ होता है और सर अवसुन्न। हर रात यह खौफनाक नाटक चलता है और सुबह होते ही दूसरा रूप ले लेता है।

मुझे हिप्पी याद आता है। एक दिन जब मैंने उससे पूछा कि तुम्हारा पीछा भला कोई क्यों करेगा, तो वह एक रहस्यमय चुप्पी मार गया था और बात को टाल जाना चाहता था। मुझे उसकी इस हरकत से हैरानी हुई और सिर्फ उत्सुकतावश जब मैं कारण जानने पर अड़ ही गया, तो वह बोला था, 'खोल' के कारण।

'खोल!' मैंने सोचा था, साला नशे में है। कुछ मिनट की चुप्पी के बाद वह बोला था, 'हाँ, खोल, मूर्ति का खोल। मैं उस मूर्ति को देखने गया था। 'स्टैच्यू ऑफ लिबर्टी' को। मैं उसके ऊपर खड़ा होकर मानवता की स्वतन्त्रता के सम्बन्ध में एक वक्तव्य देना चाहता था, जो मैंने बड़ी मेहनत से तैयार किया था और उसमें दुनिया के हर महापुरुष, दार्शनिक और लेखक के विचारों को उद्धृत किया था। पर मुझे बतलाया गया कि मैं मूर्ति के ऊपर नहीं जा सकता। उन्होंने कहा कि यदि मैं ऐसा कुछ करना ही चाहता हूँ तो सामनेवाली सीढ़ियों से अन्दर जा सकता हूँ। सीढ़ियाँ मूर्ति के अन्दर ले जाकर छोड़ देती थीं और वहाँ के अँधेरे को मिटाने के लिए बिजली के लट्टू जल रहे थे। मैंने दम मारा और हौले-हौले वक्तव्य को पढ़ रहा था कि न जाने कैसे बिजली गुम हो गई और चारों ओर भयंकर अन्धकार फैल गया। लोग इस तरह चीखने-चिल्लाने लगे मानो उन्हें बेतरह कोड़ों से पीटा जा रहा हो। इस चिल्लपों में मेरे हाथ का कागज जाने कौन छीन ले गया। मुझे लगा कि मेरा दम घुट रहा है और मूर्ति का खोखल धीरे-धीरे सिमटता हुआ मेरे चारों ओर बिलकुल मेरी चमड़ी से आ लगा है। मुक्ति की ताजा और शीतल हवा की जगह मुझे मौत की-सी ठंड ने घेर लिया। इस पर डर के मारे मैंने चीखना शुरू कर दिया।

अभी मैं चीख ही रहा था कि दो मजबूत हाथों ने मुझे बाजुओं से थाम लिया और उठाकर कहीं ले जाया जाने लगा। जब मुझे होश आया तो मैंने देखा, चौकीदारनुमा दो आदमी वर्दी पहने मेरे ऊपर झुके थे और एक महान राष्ट्रीय स्मारक को गालियाँ देने के आरोप में मुझे जेल भेजने की तैयारी कर रहे थे। मैंने उन्हें बतलाया कि मैं बिजली चली जाने के कारण डर गया था और घबराहट में चीखने लगा था तो वे हौले से मुस्कराए और बोले कि बिजली कभी गई ही नहीं थी। पर जब मैं लगातार वही वारदात, जो मेरे साथ वास्तव में हुई थी, दोहराता रहा तो मुझे अन्ततः पागलखाने भेज दिया गया।

खैर, जो हुआ सो हुआ। पर सबसे बुरी बात इस दौरान यह हुई कि मूर्ति के उस खोखल ने मुझे तब से आज तक कभी नहीं छोड़ा। इस पीड़ा से मैं तभी मुक्त हो पाता हूँ जब चरस की तन्द्रा मुझे अपना आपा भुला देती है।

उस समय मैंने दिल-ही-दिल में सोचा, साले को 'हैल्युशिनेशन' होते हैं। नशा पीने से 'नर्व सिस्टम' बेकार हो गया है और दौरे पड़ते हैं। पर हाल ही में जब से मेरा पीछा हो रहा है, मुझे लगता है वह ठीक भी हो सकता है। पर मूर्ति का खोखल किसी के ऊपर कैसे चिपट सकता है? वह कोई प्रेत तो है नहीं और फिर मूर्ति तो वहीं की वहीं है।

मैं सोचता हूँ, जरूर वह सी.आई.ए. का एजेन्ट होगा। लेकिन अगर वह एजेन्ट था तो आखिर उसका पीछा करने वाला कौन था? मैं सबकुछ भूल जाता हूँ। गड़बड़ है कहीं, जबर्दस्त गड़बड़। कोई प्रमाण या सूत्र कहीं कुछ नजर नहीं आता। सारा मामला जहाँ का तहाँ आकर खड़ा हो जाता है। मेरा पीछा कौन करता है? क्यों करता है?

मैं इन सारी बातों को भूल जाना चाहता हूँ। सोचता हूँ, कोई फिल्म देखी जाए। पर चार बजे कौन-सी फिल्म मिलेगी? मैं भटकने लगता हूँ। यहाँ से वहाँ। वहाँ से यहाँ। न जाने कब सात बजते हैं। मैं फिर कमरे में लौटने की सोचता हूँ। अब काफी स्वस्थ भी हूँ, तभी उसका ध्यान आता है। लेकिन पिछले कई घंटों से वह मेरे साथ नहीं है। हो भी तो कम-से-कम कह सकता हूँ कि मैंने उसे देखा नहीं। मैं चारों ओर देखता हूँ, कहीं कुछ नहीं है और कमरे की ओर चलने लगता हूँ। तभी लगता है, सामनेवाले पेड़ की आड़ में खड़ा वह मुझे ताक रहा है। मैं खड़ा हो जाता हूँ। ध्यान से देखता हूँ। सिर्फ पेड़ है। सोचता हूँ, पेड़ के पीछे देखूँ तो सही क्या है? मेरी साँस तेज हो जाती है। पर मेरे पैर हिलने तक से इनकार कर देते हैं। मुझे पसीना आने लगता है। मैं वहीं खड़ा ताकता हूँ, तभी वहाँ कुछ हिलता है और मैं बेतहाशा वापस भाग खड़ा होता हूँ।

न जाने कितने मील इसी बदहवासी में दौड़ने के बाद मैं थकान से ग्रस्त अन्ततः बीच सड़क में गिर पड़ता हूँ। धूल से सना किसी तरह सड़क के किनारे तक सरक पाता हूँ और पड़ा-पड़ा ही सोचता हूँ, आखिर कब तक यह लुका-छिपी चलेगी? तिल-तिल कर मरने की सार्थकता? आखिर मैं कहाँ तक भाग सकता हूँ। धीरे-धीरे खड़ा होता हूँ, कपड़े झाड़ता हूँ और घर की ओर एक निर्णय के साथ चल पड़ता हूँ।

इस बार जब रात को वह दरवाजा खटखटाकर मेरा नाम लेकर पूछ रहा होगा कि वह कहाँ रहते हैं, तो मैं उठकर बिना घबराए दरवाजा खोल दूँगा और कहूँगा : "जी हाँ, यहीं रहते हैं।"

यह बात आप अब किसी भी रात सुन सकते हैं : आज, कल, बहुत हुआ तो परसों।

(1975)

पन्द्रह जमा पच्चीस

जामा मस्जिद के दक्षिणी दरवाजे के ठीक सामने जाता है यह बाजार–मटिया महल। चौराहे की, जहाँ से यह गली फूटती है, बाईं सड़क मछली बाजार होती हुई, एडवर्ड पार्क और जनाना अस्पताल के बीचों-बीच निकल सुभाष मार्ग में जा मिलती है, वहाँ ट्रैफिक की लाल, पीली और हरी बत्तियाँ जलती-बुझती रहती हैं। चौराहे, यानी इस बाजार के मुहाने पर, भिश्ती पानी बेचते हैं। फूली मश्कें उठाए, चाँदी के-से कटोरे, जिन पर नक्काशी होती है, खनखनाते। 'पानी बरफ-बरफ' ऐसी ही आवाजें उठती हैं (दरअसल ठीक-ठीक क्या कहते हैं मैं खुद ही समझ नहीं पाता हूँ)। वैसे तो यह काफी चौड़ी सड़क है पर इसमें जो भीड़ रहती है–मोटर-कारें तो जरा कम ही देखने को मिलती हैं, हाँ! ताँगे, रेहड़े, रिक्शा, साइकिल और हाथ से खींचने वाले ठेलों की भरमार–उसे देखते हुए मेरा दिल इसे सड़क कहने को राजी नहीं होता। सड़कें तो उधर हैं, उन ऊँचे-ऊँचे मकानों के पीछे, क्या चौड़ी-चौड़ी शीशे-सी चमचमाती और उन पर एक से एक आला कारें फिसलती हुई निकल जाती हैं। न वहाँ रिक्शा देखने को मिलता है, न रेहड़ा और न ही हाथ-ठेला। अगर एक-आध नजर आ भी जाए तो या तो वह खुद जल्दी-से-जल्दी उस इलाके से भाग निकलता है अन्यथा आत्महीनता की मार से स्वयं ही अस्तित्वहीन हो जाता है।

गली में थोड़ी-थोड़ी दूर पर फलवाले शहर के सबसे घटिया और निश्चय ही सस्ते आम, खरबूजे या कटे तरबूज के टुकड़े सँजोए बैठते हैं, अजब-अजब-सी मोटी-बारीक आवाजें लगाते। छोटे-छोटे लड़के और लड़कियाँ डामर की तपती गिलगिली सड़क पर नंगे पाँव, टीन के डिब्बे उठाए खरबूजे के बीज चुगते फिरते हैं–कुत्तों-से एक-दूसरे पर झपटते चीखते-चिल्लाते। थोड़ी-थोड़ी देर बार उनके लड़ने का तीखा स्वर सारे कोलाहल को चीर कानों में घुस जाता है। अभी मैं इन लोगों का लड़ना देखने को खड़ा भी नहीं हो पाता कि कोई साइकिल या रिक्शेवाला जोर-जोर से चीखता है, 'बचो भइया', 'बचना पहलवान', 'बाबूजी बचके', 'अबे अन्धा है क्या?' और धक्का मारता निकल जाता है। मैं हक्का-बक्का खड़ा-का-खड़ा रह जाता हूँ और जब तक आपे में आता हूँ, बच्चों का झुंड कहीं आगे बढ़ चुका होता है, मैं भी चल पड़ता हूँ।

शाम को जब मैं छुट्टी कर लौट रहा होता हूँ, आसपास गलियों के कोठरीनुमा कारखानों में काम करनेवाले लौंडे भी टोलियों में निकल रहे होते हैं। अगल-बगल चलती लड़कियों पर छींटाकशी करते या धन्धे के लिए रँगे-पुते निकले बड़े ही अश्लील या कहें भौंड़े तरीके से कमर लचकाते चलते हिजड़ों को रोक उनकी कमर में हाथ डाल या गालों में हाथ फेर 'हाय! मेरी जान' कहते और आपस में बिना बात ही, 'ओ तेरी माँ की...', 'तेरी बहन की...' जैसी सार्वजनिक, पर भारी गालियाँ देते चलते लड़कों से टकरा ही जाता हूँ। मैं जहाँ उन्हें देखता हूँ सड़क की दूसरी ओर हो तेज कदमों से चलने लगता हूँ। बेहया, बेशर्म, कमीने और भी न जाने कैसी-कैसी गालियाँ मुँह में आती हैं। मुझे इनसे घृणा है। और हो भी क्यों न, ये कोई तरीका है? मैं अपना ध्यान इन लोगों से हटाकर बुर्कों में सिमटी-सिकुड़ी औरतों, लड़कियों पर टिका लेता हूँ। मेरी समझ में नहीं आता आखिर ये औरतें इतनी डरी-डरी सी क्यों चलती हैं। बीच-बीच में कभी-कभी उनके झीने नकाब के पीछे से उनका सुकोमल चेहरा झलक उठता है और कभी-कभी उनके गोरे-गोरे हाथ हरी या लाल काँच की दर्जनों चूड़ियाँ पहने दिख जाते हैं–झनाक की मीठी मिसरी-सी आवाज करते तो मेरे सारे बदन में एक गुनगुनी सिहरन दौड़ जाती है। मैं अपने आप मुस्करा उठता हूँ। पहले सोचता था जिनके हाथ इतने सुन्दर संगमरमरी हैं उनके चेहरे कैसे सुन्दर होंगे!

परदुमन शुरू में कहा करता था, "शर्माजी मुस्लमानियाँ बड़ी हुस्नवाली होती हैं...।" उसकी बात सुन मेरे अन्दर हल्की गुदगुदी-सी उठती थी और जब मैं मुस्करा उठता तो वह तेज होकर कहता, "तुम हँस रहे हो! मैं तुम्हें लाख की बात बतला रहा हूँ। वाकई इनका जैसा हुस्न कम ही देखने को मिलता है। तुम एक दिन मेरे डेरे में तो आओ, यहीं पास में ही है, तब दिखलाऊँगा हुस्न किसे कहते हैं। हमारे पड़ोस में बड़े गजब-गजब का माल रहता है।" इतना ज्यादा एक साथ बोलने से वह खाँसने लगता था और खाँसता-खाँसता गली में चला जाता था।

आज भी मुझे उसकी बात याद आते ही चलते-चलते भी हँसी आ जाती है, पर अब जब वह यह बात कहता है, मैं उधर कान ही नहीं देता। अब मेरी इच्छा नहीं रही है यह हुस्न देखने की। काफी देख चुका हूँ। अक्सर गलियों से गुजरते मुरझाए पीले चेहरेवाली औरतें अपने टाट के पर्दों को उठाए सामने वाली से बात करतीं, जोर-जोर से लड़तीं या कुछ खरीदती नजर आ जाती हैं। औरतों की बात छोड़ो, लड़कियों तक के चेहरे पर मैंने कभी चमक नहीं देखी है, एक बीमार-सा पीलापन, बस।

बाजार में सारे रास्ते बेकरियों और ढाबों की भरमार है। इनसे खमीरे आटे और तन्दूर में पकती डबल रोटियों, बिस्कुटों और चपातियों की सौंधी-सौंधी खमीरी बू आती रहती है। जब मैं इधर से गुजरता हूँ मेरा दिल न जाने क्यों इस सौंधी-सौंधी खमीरी बू से मितलाने लगता है। ढाबों में चौड़ी-चौड़ी खमीरी रोटियाँ दिन-भर बनती ही रहती हैं। मैली-चीकट, बाजूवाली, जालीदार बनियान और लुँगी पहने पसीने में

नहाए लड़के थपाक-थपाक रोटियाँ पाथे चले जाते हैं, उन्हीं हाथों से पसीना पोंछते। बीच-बीच में ऐसी ताली बजाते हैं कि पता लगाना मुश्किल हो जाता है कि कब बेकार ताली बजाई गई और कब काम से। फिर चौड़ी-चौड़ी रोटियों को, मैली गोल कपड़े की गद्दी में रख गरम तन्दूर में लगा देते हैं—थपक। बगल में सिकी गुलाबी रोटियों का ढेर लगा रहता है, साथ ही एक बड़ा ताँबे का पतीला गले तक भट्टी में दबाया रहता है, जिसके नीचे मोटे-मोटे लकड़ी के गिंडे जलते हैं। इनमें मीट बनता है—कटड़े का (मुझे इन्दर ने बतलाया) उसे एक आदमी लोहे के कड़च्छे से थोड़ी-थोड़ी देर बाद घुमाता रहता है और ग्राहकों को देता भी जाता है। पतीले से उठे भुने मसालों और मांस की भभक हवा में तैरती हुई, आने-जाने वालों की नाक में बिना रोक-टोक धड़ाधड़ घुसती चली जाती है।

अन्दर जाकर गली सँकरी हो जाती है—किसी सुरंग-सी और फिर दो भागों में बँट जाती है। अगर नाक की सीध में चलें तो यह ऊँट की पीठ-सी चढ़ती उधर तुर्कमान गेट को निकल जाती है, जहाँ आकाश फिर चौड़ा हो जाता है, खुला-खुला। वहाँ ऊँची-ऊँची बिल्डिगें हैं, लिफ्टोंवाली। उन पर रात को रंग-बिरंगी रोशनियाँ जलती हैं। ये हद है। यहाँ से भारत की राजधानी शुरू होती है और इन बिल्डिगों की ऊँचाई एक पर्दा है, जिसके पीछे छिप जाता है हिन्दुस्तान। हिन्दुस्तान की शर्म और बेबसी।

इस कब्र से थोड़ा आगे जाने के बाद, यही कोई सौ कदम, अगली गली पड़ती है जो दाएँ हाथ को किसी पहाड़ी पगडंडी-सी चढ़ती चली जाती है। गली के ढलान के साथ नालियाँ हैं। इनमें पानी किसी डाक्यूमेंटरी फिल्म में देखे बाँध से निकलते पानी-सा तेज धार में बहता है। मैं कई बार सोचता हूँ अगर यहाँ छोटा-मोटा एक टरबाइन लगा दिया जाए तो बिजली बनाई जा सकती है। यह पानी रोज सुबह नालियों से बाहर निकल गली में फैल जाता है और ठेठ जून में भी अगस्त के बरसाती मौसम का-सा मजा आ जाता है। मुझे आश्चर्य होता है सुबह-सुबह आखिर इतना कूड़ा-कचरा आ कहाँ से जाता है कि नाली के इतने तेज पानी की धार ही मोड़ देता है। गली में फैले इस बाढ़ के से पानी को आदमी अपने पायजामे-तहमद घुटनों तक उठाए और औरतें अपनी साड़ियाँ, सलवारों को टखनों तक खेंचे, बुर्कों को समेटे विष्णु के से निर्विकार भाव से छपाक-छपाक फाँदे चले जाते हैं। उनके चेहरों से मुझे लगता है कि ये अगर गंगा को पार करें तो भी इतने ही निर्विकार रहेंगे। पर मुझे बहुत घिन आती है इस सबसे। कई बार तो बौखला जाता हूँ, पर इससे हो क्या सकता है। यही होता तो भी काफी था। कहीं-कहीं एकआध मोटा-सा चूहा मरा पड़ा मिल जाता है और कभी-कभी तो लम्बी-लम्बी आँतड़ियाँ या हड्डी के टुकड़ों पर कुत्ते रस्साकशी करते और चीलें आकाश में मँडराकर कुछ इस सफाई से गोता मारती नजर आती हैं मानो कोई बहुत ही सधा उड़ाका अपने जहाज से दुश्मन के गुप्त अड्डे

पर टूट पड़ा हो। मैं डरकर सर पर हाथ रख लेता हूँ और जमीन की ओर सिकुड़ जाता हूँ इस सबसे मेरा ब्राह्मण मन हा-हाकार कर उठता है, सोचता हूँ, पेट यदि तू न होता तो...।

और इसी रास्ते रोज मुझे आना होता है। यहाँ प्रेस में, जो चढ़ाई के बाद उधर ढलान में है। वहाँ से गली सीताराम बाजार को मुड़ जाती है। प्रेस का मकान बड़ा पुराना है–शायद मुगलकालीन। प्रेस दो हिस्सों में बँटा है। बाहर का हिस्सा जरा बड़ा है। इसमें कम्पोजिंग का काम होता है और अन्दर, छोटे वाले हिस्से में, एक मशीन लगी है–सिलेंडर। मशीन के अगल-बगल छपे और बिना छपे कागजों का ढेर लगा रहता है, छत को छूता। वैसे छत है ही कितनी, मुझ-सा पाँच फिट छह इंच का आदमी जब चाहे आराम से ऊपर हाथ कर इसे छू सकता है। पर इस छूने में वह आनन्द नहीं आता जो अक्सर ऊँची चीजों को छूने में आता है। मोटे-मोटे चूहे और घूस, कहते हैं इनसे बिल्ली भी डरती है, का यह कमरा 'नेशनल पार्क' है, 'सैंग्चुएरी'। अन्दर इतनी भी जगह नहीं है कि आदमी ठीक से चल-फिर भी सके। सारे प्रेस में अजब-सी सीलन भरी घुटी-घुटी, कागज छापने की स्याही व मिट्टी के तेल की गन्ध मिली, हवा भरी रहती है।

बाहर गली में छोटे-छोटे तीन-चार साल से लेकर आठ-दस साल तक के बच्चे केवल कच्छा या छोटी-छोटी लुँगियाँ बाँधे अथवा उसकी भी टाल किए बिलकुल नंगे, पसलियाँ चमकाते एक-दूसरे को माँ-बहन की रौंगटे खड़े कर देनेवाली गालियाँ देते लौटते रहते हैं।

कभी-कभी बच्चे बिलकुल प्रेस के सामने आ हल्ला मचाते हैं तो सबसे पहले परदुमन उठता है और बच्चों को जोर से डाँट लगा दूर भगा आता है। अन्दर आकर वह बीच कमरे में खड़ा हो कहने लगता है, "साले न जाने कैसे माँ-बाप हैं, पैदा करते समय तो आगा-पीछा नहीं सोचते–मजे में आ जाते हैं और पालते समय सालों की फट जाती है। कोठरी में जब खुद उनके रहने की जगह नहीं हो तो पाँच-पाँच, छह-छह बच्चों को कहाँ रखेंगे इसलिए साले बच्चों को इस भरी दुपहर गली में हाँक देते हैं। और ये अपनी माँ के यार मुर्गी के बच्चे दिनभर इतनी लू में नंग-धड़ंग घूमते रहते हैं। कमबख्तों को लू भी नहीं लगती। हम एक दिन ऐसे लू में घूमें तो अगले ही दिन जमुना में पहुँचें सीधे।"

वह जमुना की ओर इशारा करने के लिए एक हाथ उठा ही रहा होता है कि उसे खाँसी का दौरा पड़ जाता है। खक, खक, करता हुआ हाथ जमुना की ओर जाने की जगह खुद उसके मुँह पर जा टिकता है। मैं उसको सहमी-सहमी नजरों से देखने लगता हूँ और वह एक पौढ़ी नीचे गली में थूकने उतर जाता है। जब लौटता है आँखों का पानी पोंछ रहा होता है, साँस चढ़ी होती है और वह बुरी तरह सर पर हाथ रख हाँफने लगता है।

एक दिन जब परदुमन ऐसे ही एक दौरे के बाद थूकने गली में गया हुआ था कि नजीर कहने लगा, "ये साला दूसरों के बच्चों से जलता है। अमाँ, बच्चे हैं गली में नहीं तो कहाँ खेलेंगे। हम जब बच्चे थे तो भी तो यहीं खेलते थे। अपना साले का न घर है न बार, न बीवी न औलाद, दूसरों के बच्चों को गालियाँ देता फिरता है, ऊपर अल्ला मियाँ है, वह सब कुछ देखता है, तभी तो साला रोज बीमार रहता है, न जाने खुद कब जमुना में पहुँचे।"

मैं बाहर के हिस्से में, इन कम्पोजिटरों से जरा हट के, दरवाजे से लगा हुआ बैठता हूँ। यहाँ एक मेज लगी है, इतनी चौड़ी कि दो आदमी भी आसानी से आमने-सामने नहीं बैठ सकते। बैठें तो एक के घुटने दूसरे के घुटनों में चढ़ जाते हैं। सामने पाँच कम्पोजिटर कम्पोज करते हैं और एक डिस्ट्रीब्यूटर नीचे बैठा-बैठा मैटर फेंकता रहता है। प्रेस मालिक की कुर्सी, जो अक्सर खाली रहती है, ठीक मेरे सामने लगी है। वह अपनी कमीज-पायजामा उतारे या तो कम्पोज करता है या पेज मेकअप में लगा रहता है। इसकी नाक आवश्यकता से कुछ अधिक लम्बी है, बाईं ओर को कुछ मुड़ी-सी। बात करते समय यह सामने खड़े आदमी से आँखें बिलकुल नहीं मिलाता, बल्कि कहीं और ताकता रहता है।

सारे कम्पोजिटर कच्छे-बनियान में अपने-अपने ऊँचे स्टूलों पर उकड़ूँ बैठे या खड़े कम्पोज किए चले जाते हैं। उनमें आपस में अन्दर-ही-अन्दर एक होड़ लगी रहती है, देखें शाम तक कौन सबसे ज्यादा कम्पोज करता है और यह होड़ रह-रहकर चाय के गिलासों और बीड़ी के बंडलों के साथ तेज होती जाती है। दरअसल सब काम ठेके पर यानी कि जिसने जितना किया उसे उतने पैसे के हिसाब से चलता है। परदुमन डिस्ट्रीब्यूटर है, इसलिए वह इस दौड़ से बाहर रहता है और शायद इस तरह की किसी होड़ में शरीक होने की उसमें शक्ति भी नहीं है। वह जमीन पर मेरे नजदीक ही चौकड़ी जमाए रहता है। उसका सपाट खुरदुरा षटकोणी चेहरा रूखा-रूखा बिलकुल भावहीन है। कभी-कभी मुझे भ्रम हो जाता है परदुमन मर गया है और वैसा-का-वैसा बैठा रह गया है। फिर जब उसके चलते हाथ दीखते हैं तो यकीन हो पाता है कि अभी जिन्दा है। इसके गाल ऐसे हैं जैसे किसी ने मोटी-सी छेनी लेकर ठोक दिए हों। आरपार छेद तो नहीं हुआ, पर गाल का चमड़ा अन्दर धँस गया है। रंग बड़ा साफ है। लाल कानों में हल्के-हल्के भूरे बाल हैं कोमल-से जैसे अक्सर औरतों की मूँछों में हुआ करते हैं। अन्दर ही अन्दर मुझे एक शरारत-सी सूझती है कि जाकर धीरे-धीरे इसके कानों पर अपनी हथेलियाँ फिराऊँ। एक गुदगुदी उठती है, हथेलियों में बेचैनी होने लगती है। आँखें हैं तो गड्डे में, पर हैं चमकती नीली। बोलता है तो लगता है मानो कोई लाउडस्पीकर बिगड़ गया हो। जब मैं प्रूफ पढ़ता-पढ़ता थक जाता हूँ और मेरी आँखें दुखने लगती हैं तो इसकी ओर देखने लगता हूँ। यहाँ मेरे सामने मेज से लगभग तीन फुट की दूरी पर जो स्टैंड है, वह इसके पीछे कुछ इस तरह खड़ा

है कि देखते ही लगता है मानो एक चेहरा फ्रेम में फिट कर वहाँ रख दिया गया हो। तभी शायद मुझे बीच-बीच में उसके बुत होने का ज्यादा भ्रम होता है। जैसे ही मैं उसकी ओर देखता हूँ, न जाने उसे कैसे पता चल जाता है। यह प्रत्युत्तर में मेरी ओर सूनी-सूनी आँखों से और जबर्दस्ती की एक मुस्कराहट होंठों पर लाकर, जो कि इसके चेहरे को और विकृत कर देती है, देखता है। मैं भी वैसे ही बलात् मुस्कराकर उत्तर देता हूँ और फिर जल्दी से अपने काम में लग जाता हूँ। मुझे डर लगता है यह कोई बात न शुरू कर दे।

एक दिन यह मुझसे पूछ बैठा, ''पंडत, तू इत्थे क्यों आन फँसिया। कहीं और जगह नहीं मिली।''

मैं चुप रहा था। कुछ कहना चाहता था पर प्रश्न इसने इतने अप्रत्याशित ढंग से किया था कि मैं स्वयं को तैयार न कर सका और सकपका गया था। यह ऐसी दर्दीली नस है कि दबाते ही मैं अपने होशो हवास खो बैठता हूँ और हिस्टीरिया के मरीज की तरह छटपटाने लगता हूँ।

तभी इसने दूसरा प्रश्न किया था, ''तुमने कौन-सी जमात पास की है, बी.ए.?'' मैंने हौले से हामी में सर हिला दिया था। आवाज मेरे मुँह से निकल नहीं पा रही थी।

''ओय तो फिर यहाँ क्या करने आया? क्या '...'? कहीं साली और नौकरी नहीं बची है।'' और फिर यह हँसा था एक बहुत ही खोखली-सी हँसी। ''मैं कहता हूँ पंडत, कोई और नौकरी ढूँढ़ ले किसी दफ्तर-वफ्तर में। रेलवे में, पोस्ट ऑफिस में, कहीं भी लग सकता है।''

मेरा दिल हुआ था जोर से चीखूँ नौकरी! बी.ए. किए दो साल होने को आ रहे हैं, कहीं काम नहीं मिला है। एप्लिकेशन पर एप्लिकेशन भेजी है पर कहीं से जवाब आए तब न। और भी ऊपर से डाक और पोस्टल ऑर्डर के पैसों पर अलग खर्चा होता है। घरवाले कहते हैं हमने पढ़ा दिया क्या कम है। अब कुछ नहीं हो सकता।

पर चीखने की जगह मैं पाता हूँ कि गले में एक साथ हजारों काँटे उग आए हैं। और आँखें शायद इसी दर्द से डबडबा आई हैं। और ऐसी स्थिति से मुझे इन्दर उबार लेता है। वह जरा तीखी आवाज में कहता है, ''तू अपना काम कर। बी.ए. किया है तो क्या नौकरियाँ सड़क पर बँट रही हैं। अगर ऐसी बात है तो तू क्यों नहीं कर लेता कोई और नौकरी... ।''

परदुमन के पास इसका जवाब है, ''ओय मैं कोई बी.ए. हूँ। आठवीं जमात तक तो पढ़ नहीं पाया...''

''हाँ, हाँ ठीक है...'' इन्दर उसे बीच ही में काटकर कहता है, ''मिल जाएगी हर चीज, पर टाइम लगता है। जब मिल जाएगी तो छोड़कर चला जाएगा, बेचारा। जब तक कुछ नहीं करता, यह काम क्या बुरा है?''

"बुरा नहीं, पर कोई अच्छी जगह मिल गई तो पाँच-सात सौ मिल जाएँगे।"

बात वहीं बन्द हो गई। मैं मन ही मन आज भी सोचता हूँ पाँच-सात सौ तो रहा दूर अगर ढाई-तीन सौ की भी कोई ढंग की नौकरी मिल जाए तो सौभाग्य मानूँगा।

इसी तरह एक दिन पूछ बैठा, "पंडतजी त्वाडी शादी हो गई।"

"नहीं तो।" मैं शायद शरमा गया था।

"तो तुसी एक दिन मेरे नाल चलो। मैं तुम्हें दुनिया दिखलाऊँगा।"

मैंने बत्तीसी दिखला दी थी। तभी इन्दर बोल उठा था, "ओ तू अपनी दुनिया रख अपने पास सँभालकर। अपनी जिन्दगी तो तूने बिगाड़ ही ली, अब औरों को भी बरबाद करेगा क्या?"

मैं इन्दर की बात उस समय समझ नहीं पाया था। जब यह उठकर कहीं गया हुआ था कि इन्दर और नजीर मियाँ मुझे आगाह करने लगे, "इसके साथ बिलकुल नहीं जाना। साले ने रंडियों से न जाने कैसी-कैसी बीमारियाँ सरा रखी हैं। पता नहीं सूजाक है या गनोरिया। जिन्दगी खत्म हो जाएगी। देखा नहीं साला हर समय अंडरवीयर में ही खुजलाता रहता है। और भी न जाने क्या-क्या रोग हैं।"

मैं बहुत डर गया था। सूजाक, गनोरिया! बाप रे बाप! कैसी-कैसी भयानक बीमारियाँ लगी हुई हैं इसको। मैं इससे कम बोलने लगा था। मेरे दिल में इसके प्रति उस दिन से ऐसी दहशत बैठी हुई है कि अक्सर लगता है कि बीमारियों के कीटाणुओं का एक काफिला इसके शरीर से निकल मेरे शरीर में आ रहा है। और तभी मैंने यह भी नोट किया था कि परदुमन की चाल बड़ी भौंडी है, नौ महीने का पेट लेकर चलनेवाली किसी औरत की-सी। वह अक्सर कई-कई दिन तक छुट्टी पर रहता है और बीच-बीच में बुखार होने की शिकायत भी करता रहता है।

परदुमन कुल मिलाकर कम ही बोलता है। हम लोगों के बीच महँगाई आदि को लेकर चलनेवाली अधकचरी राजनीतिक बहसों में लगभग बिलकुल भाग नहीं लेता। महँगाई और गेहूँ न मिलना इसके विचार में उसका निजी मामला है। या बहुत हुआ तो लाला और उसके बीच की खुन्दक। वह अपने में ही उलझा रहता है। लन्च में उठकर पहले सीधे प्रेस के सामने लगे कमेटी के नल पर जाता है और कपड़े धोने के जरजरे साबुन से, जो झाग जरा मुश्किल से ही देता है पर मिलता प्रेस की ओर से है, खूब रगड़-रगड़कर हाथ धोता है। फिर हाथों को अपनी बनियान से पोंछता है और रही-सही कसर पूरी करने के लिए अंडरवीयर पर पिछली ओर रगड़ लेता है। इसके बाद वह अपनी एनामिल की प्लेट के साथ बाहर जाता है और एक हाथ में चौड़ी-चकली दो तन्दूरी रोटियाँ और मीट लिये लौटता है। प्लेट में मीट के बड़े-बड़े टुकड़े दूर ही से चमकते हैं। मेरे सर में नाक के रास्ते एक जानी-पहचानी गन्ध बैठ जाती है। सर भारी-भारी-सा होने लगता है।

नीचे, ठीक मेरे सामने बैठकर यह एक बार मुझसे पूछता है, "आओ पंडतजी रोट्टी-शोट्टी खा लेओ..." और उत्तर की प्रतीक्षा किए बगैर ही खाने में जुट जाता है।

एक बार मैंने अपनी शक्ल पर घृणा की अजीब रेखाएँ लाकर कहा था, "तुम ये मीट क्यों खाते हो? क्या तुम्हें बुरा नहीं लगता बेजान पशु को खाना।" आदि आदि। पहले तो वह कहता रहा, "इसमें बुराई क्या है?" पर जब मैं बहुत कुछ कह गया दया, धर्म और मानवता की बात तो वह कुछ विचलित हो गया था और खीझकर कह उठा था, "तुस्सी बन्द करो ए बकवास।" और उसके चेहरे पर एक निरीह-सी भावना उभर आई थी। पर अगले दिन वह लंच में मीट की भरी प्लेट की जगह दाल-रोटी लेकर आया था। मुझे अपनी सफलता पर गर्व हुआ।

खाना खाने के बाद जब अभी लंच खत्म होने में कुछ समय बाकी था, वह मेरे सामने वाली कुर्सी पर आ बैठा। लगा कॉलेज की बात पूछने, "पंडतजी, कॉलेज में तो तुम्हारे साथ खूब लड़कियाँ पढ़ती होंगी।" जब मैंने हामी में सर हिलाया तो वह बोला, "तो तुमने भी खूब मौजाँ मारी होंगी लड़कियों के साथ।"

मैंने शरमाकर कहा था, "नहीं, अजी नहीं।" मेरा चेहरा खिल उठा था।

"अजी छुपाते क्यों हो, मैं किसी से कहने थोड़े ही जा रहा हूँ।"

सच यह था कि कॉलेज में कभी किसी लड़की ने मुझे घास तक नहीं डाली थी और हम भी इस ऐंठ में रहे थे कि हमें ब्रह्मचारी रहना है और लड़कियों से बात करना पतन की निशानी है, पर उस दिन हाँ कह दिया था।

इधर-उधर की बातों के बाद परदुमन बोला, "पंडतजी", उसका स्वर गम्भीर था, "तुम्हारी बात सही है। मीट खाना ठीक नहीं, है न।"

"हूँ" मुझे लगा था इस धरती पर दूसरा बुद्ध जन्मा है और जो मेरे ही चोगे में है। मैं इस दुनिया से पाप और अधर्म सब मिटा सकता हूँ, बुद्ध का दया और प्रेम का सन्देश जन-जन तक पहुँचाने का काम अब मेरे सुपुर्द है।

परदुमन कुछ देर चुप रहा। मैं अपने में ही खोया हुआ था कि वह फिर बोला, "पर यार पंडतजी मैंनु कई बिमारियाँ ने। डॉक्टर कैंदा है कलेजी खाओ, मीट खाओ, अंडे खाओ, मच्छली खाओ ते दूध, मक्खन, फल खाओ। अगर मैंने ये नहीं खाया तो मैं बच नहीं सकता। 'माँ....' रोटी खाण णुँ नई मिलदी। राशन दा गेहूँ लेण वास्ते चार ध्याड़ियाँ खराब करणियाँ पेंदियाँ हैं। बजार तों खरीदो ते सारी तनख्वा ई गेहूँ में निकल जान्दी है। हुण तुस्सी ए दसो कि की करिए, की खाइए?"

उसे फिर खाँसी का तेज दौरा पड़ा था और वह हड़बड़ाता हुआ उठकर गली में चला गया था। मैं भी उठकर बाहर गया था और उसकी पीठ सहलाने लगा था। वह काफी देर थूकता रहा। फिर जब कुल्ला करने कमेटी के नल की ओर जाने को उठा तो मैंने देखा उसके होंठों के कोरों पर खून चमक रहा था। मैं वहीं खड़ा उसकी

प्रतीक्षा करता रहा। उसका थूका खून बहकर तेजी से आगे के और गँदले पानी में मिल गया था और अपना रंग खो बैठा था। न जाने उस पानी में और किस-किस का खून मिला हुआ होगा, यों ही मेरे दिमाग में आ गया था। तभी वह वापस आ गया। मैंने उसकी शक्ल की ओर देखा; मैं डर गया। भूत होता है, निश्चय ही होता है, तभी मैंने जाना था। मैं तब तक रुका रहा जब तक कि वह सीढ़ी चढ़कर अन्दर नहीं चला गया। पीछे-पीछे मैंने भी प्रवेश किया था। वह नीचे बैठा हाँफने लगा था। और मैं 'नरवस' होकर अपनी कुर्सी के हत्थे को जोर से कसे हुए बैठा था।

सारे दिन दिमाग में अजीब घबराहट और बेचैनी छाई रही। मैं रह-रहकर परदुमन को देखता जाता। पर उसके बाद वह रोज की तरह ही बिलकुल सामान्य नजर आया। छुट्टी के बाद मैं उसके साथ-साथ ही बाहर आया और बाहर आ, अपने रास्ते पर मुड़ने से पहले मैंने उसे रोककर कहा था, "परदुमन सुनो, तुम मीट खाना बन्द नहीं करना।"

और शायद यही सब कारण हैं कि अब मेरे उत्तर की प्रतीक्षा किए बगैर ही वह खाने में जुट जाता है। मैं भी चुपचाप अपने प्रूफ देखने में लगा रहता हूँ कि किसी तरह परदुमन खाकर निबटे और मैं जमूँ। कई बार सोचता भी हूँ कि क्या हुआ अपना खाना शुरू करूँ। कोई इसकी प्लेट का मीट अपने आप मेरे गले में तो नहीं चला जाएगा, पर संस्कार कुछ ऐसे हैं कि हिम्मत नहीं कर पाता।

परदुमन भी यह बात जानता है, वह जल्दी करता है। जल्दी में वह चपड़-चपड़ अजीब ढंग से खाने लगता है। बीच-बीच में हड्डियों का मांस दाँतों से नोचता जाता है। इस नोचा-नोची में उसके सारे के सारे लम्बे-लम्बे पीले-से घिनौने दाँत बाहर दिखलाई पड़ने लगते हैं और दोनों गालों का चमड़ा सिमटकर आँखों और कनपट्टियों के नजदीक इकट्ठा हो जाता है। बीच-बीच में सूड़-सूड़कर बड़े जोर से लम्बी हड्डी के गोल पाइप के छेद को मुँह में लगाकर पूरे जोर से चूसता है और साथ ही साथ रुक-रुककर हड्डी को प्लेट पर ठाक-ठाक जोर-जोर से मारता भी जाता है। यह सब वह कुछ इस भौंड़े ढंग से करता है, लगता है मानो कोई कुत्ता सामने बैठा कचर-कचर हड्डी नोचे जा रहा है। यह सब देखकर मेरा दिल मितलाने लगता है।

परदुमन अभी-अभी बाहर गया है—वही मीट-रोटी लेने। मेरे कुछ पेज और रीडिंग करने रह गए हैं। सोचता हूँ खत्म कर लूँ, फिर मैं भी खाने की तैयारी करूँगा। ओ, पर अभी तो परदुमन कमबख्त का आना बाकी है। फिर वह खाएगा और तब...।

सामने कम्पोजिटर इन्दर बगल में बैठे झुकी पीठ वाले नजीर से पूछ रहा है, "क्यों मियाँ सामने जो लड़की रहती थी न, वो कहीं चली गई है आजकल? दिखलाई नहीं देती!" वह बाहर उस ओर झाँकता है।

"अमाँ तुम्हें क्या? तुम अपने काम से वास्ता रखो। क्यों ध्याड़ी बरबाद कर रहे हो, जाए जहन्नुम में, अपनी बला से।" जरा रुककर वह एक आँख दबाता है और

इन्दर की ओर सर घुमाकर पूछता है, "कुछ चल रिया है रगड़ा-छगड़ा, बोलो करें पूछताछ, क्यों?" वह फिर मुस्कराकर आँख मारता है और कापी में देखकर होंठों से शब्दों को दोहराता कम्पोजिंग में लग जाता है।

"अरे, नहीं यार। बस ऐंवेंई पूछ रहा था। आजकल दिखलाई नहीं देती न। पहले तो यहाँ हर समय दरवाजे पर खड़ी रहती थी। हर समय कोई न कोई गीत गुनगुनाती। अपना भी दिल बहल जाता था।" इन्दर मुस्कराकर और जरा झेंपते हुए कहता है। उसकी नजर फिर सामने के मकान की ओर चली जाती है।

फिर वे चुप हो जाते हैं। अन्दर मशीन बन्द हो गई है। रोहतगी इंकमैन बड़ी जोर से अपने उस्ताद मशीनमैन को अपने चचा के बारे में, जो कि उसके अनुसार पुलिस का बड़ा इंस्पेक्टर है (पता नहीं हौलदार भी है या नहीं, मुझे तो शक है) और नई दिल्ली के किसी थाने में बड़े-बड़े मिनिस्टरों की कोठियों के बीच है—कारनामे बता रहा है। उसकी बातों से मेरा ध्यान उचट जाता है और खीझ आती है। पर कभी-कभी उसकी मूर्खतापूर्ण बातों से हँसी भी आती है। उस्ताद बीच-बीच में, 'हूँ। तो फिर क्या हुआ? तो फिर क्या हुआ?' की चेपियाँ जोड़ता जाता है और चेला दुगुने उत्साह से चचा के कारनामे बतलाता जाता है—एक बहन की गाली को हर वाक्य के आगे-पीछे लगाता।

इधर प्रेस मालिक मदनलाल एक अधेड़, सूखे से आदमी से गप्पें लगाए जा रहा है। उसको, लगता है, कई दिन से दाढ़ी बनाने की फुर्सत ही नहीं मिली। जब वह थोड़ी-थोड़ी देर बाद अपने हाथ से दाढ़ी रगड़ता है तो सफेद और काले काँटे से बालों का अन्तर मिट जाता है, जैसे वे एक-दूसरे में कहीं खो गए हों। यह आदमी कुल मिलाकर जुआरी-शराबी-सा है। उसके सिगरेट पीने का अन्दाज उस पर पूरी तरह व्यसनी होने की मुहर लगा देता है। हाथों में उसने न जाने कितनी अँगूठियाँ पहन रखी हैं और गले में काले डोरे से चाँदी का एक ताबीज लटक रहा है। उलटे हाथ की मुट्ठी में सबसे छोटी व उससे अगली अँगुली के बीच यह 'रैड एंड ह्वाइट' सिगरेट दबाए है और डिब्बी वहीं पर सामने पड़ी हुई है।

इस बीच राजनीति से लेकर प्रेस, कागज, इंक, कम्पोजिटर और न जाने क्या-क्या अला-बला पर वह बोलता गया है और इस सबसे कुल मिलाकर मुझे बहुत 'डिस्टरबेंस' हो रहा है। दरअसल मुझे भूख लग आई है। सुबह आने की जल्दी में कुछ खा नहीं पाया था और यहाँ इतने पैसे नहीं थे कि चाय-बिस्कुट ही ले लेता। पर अभी परदुमन नहीं आया है और जब तक वह नहीं खा चुकता, मैं खा नहीं सकता।

वह आदमी कुछ रुका है। शेष बची सिगरेट के वह दबादब सूट्टे मारे जा रहा है। मदनलाल अपनी हिसाब की कापी में कुछ लिख रहा है। अचानक ही वह आदमी, जैसे कुछ याद आ गया हो, बोल उठता है, "क्यों ओए मदन, वो आदमी कौन था जो अभी-अभी बाहर गया?"

"चा वाले दा मुंडा।" मदनलाल बिना सर उठाए ही उत्तर देता है।

मैं अपनी भूख भूलकर जी-तोड़ कोशिश कर रहा हूँ कि हाथ का काम खत्म हो।

"ओए नई, वो जो पहले गया। जो वहाँ बैठता है।" वह हाथ के इशारे से समझाता है।

"परदुमन।" मैं बोल उठता हूँ। परदुमन पर मेरी साँस अटकी है।

"अरे वो परदुमन! वो तो अपना 'डिस्ट्रीब्यूटर' है। क्यों की गल ऐ?" मदनलाल बात की बागडोर मुझसे छीन लेता है।

"कुछ नई, एवेंई पुच्छदा सी। किथ्थे रेंदा ऐ, तैन्नु कुछ पता ए?"

मदनलाल पंजाबी में ही जवाब देता है, "ओए मैन्नु की पता किथ्थे रेंदा ए। मैं कोई कारीगराँ दी जासूसी करदा वाँ। हाँ! है लाहौरी, तेरे शैर दा ई।" वह फिर अपने हिसाब में उलझ जाता है।

"कि ओ लाहौर दा ए?" उसे धक्का-सा लगा और उसकी आँखें तन-सी गई हैं।

"आहो लहौरिया ए, की गल की है?" मदनलाल जरा उत्सुकता से पूछता है। उसने एक हाथ गाल पर लगा लिया है और हिसाब की कापी बन्द कर पैंसिल कान में लगा ली है।

"ओए यार, ए 'माई...' कटड़े दा मीट खान्दा है।" उसने अतीव दुख से कहा।

मैंने चौंककर गर्दन उठाई। मुझे उसके साथ बिताए कई दिन याद आ गए। खाते समय की उसकी आकृति मेरे आगे नाच उठी। दिल में उसके प्रति घृणा उभर आई।

"साडे घर दे नाल हैगी ए न ओ मुसलमान दी दुकान, ओथोईं लाँदा है।" वह जरा रुका है। उसके चेहरे पर कोई भाव साफ नहीं दिखलाई देता, पर आँखों में जोर का कश लगाने के कारण पानी-सा तिर आया है। वह फिर पूछ उठा, "ओए है तो हिन्दू ई ना?"

"कैंदा तो एंज ई ऐ। 'माई...' ना भी परदुमन बतांदा है और लगदा वी हिन्दु ई ए।"

सब लोगों के कान खड़े हो गए हैं। नजीर मियाँ पास खिसक आए हैं। अन्दर से रोहतगी इंकमैन भी बाहर आ गया है—बनियान और कच्छे में ही। उसकी बनियान पेट से भी कुछ ऊपर चढ़ी है और छाती पर कुछ इस तरह तनी है जैसे औरतों की ब्रॉ हो। शायद नम्बर से आठ नम्बर कम है। छाती और पेट के बाल बहुत ही भद्दे लग रहे हैं। पर यह सब मुझे महसूस होता है। और लोग कभी कुछ नहीं कहते। कहें भी क्या, खुद भी वही पहने होते हैं। मैं ही ऐसा हूँ जो कमीज-पैंट पहनकर काम करता हूँ और इसीलिए मुझे सब लोग नंगे दीखते हैं, बेशर्म लगते हैं, उनके शरीर के निहायत ही अनाकर्षक अंगों का मैं अतिरिक्त अर्थ लगाता हूँ।

सारे वातावरण में कुछ देर तक चुप्पी छाई रही, तभी अचानक मदनलाल इसे तोड़ता है, "आजकल कोई हिन्दू या मुसलमान नहीं रहा सब 'माई...' एक हो गए

हैं। परमेश्वरी दयाल। सब कुछ खांदे हैं, सब चलदा ए।'' वह पंजाबी और हिन्दी को सुविधानुसार मिलाता जाता है।

नजीर मियाँ ने हाथ की स्टिक वहीं बगल वाले केस के ऊपर रख दी है और कहने लगे हैं, ''बाबूजी आप ठीक कहते हैं। बड़ा खराब वक्त आ रिया है।'' उसने सारी उँगलियाँ खोलकर हाथ हवा में नचाया, ''अब कोई इमान-धरम नई रिया। कौन हिन्दू? कैसा हिन्दू? कौन मुसलमान? कैसा मुसलमान? सब एक हो गए हैं।'' उसके स्वर में अफसोस का गहरा पुट है। मेरी भूख फिलहाल गायब हो गई लगती है, कम से कम सता तो नहीं रही।

रोहतगी इंकमैन भी पीछे नहीं छूटना चाहता। वह अपने उस्ताद की ओर गरदन मोड़कर कहता है, ''तुम्हारी कसम उस्ताद, अब तो बड़े-बड़े होटलों में गाय बनती है। मैं फलाँ होटल में पूरी गाय बनती देख आया हूँ। गया था अपने चाचा के साथ, वही जो पुलिस में है। क्या बुरा वक्त है!'' उसने बुरा-सा मुँह बनाया।

मैं बाकी प्रूफ बिना पढ़े ही लपेटने जा रहा था कि परदुमन आता दिखलाई दिया। उसके एक हाथ में खुली प्लेट और दूसरे में कागज में लापरवाही से लिपटी रोटियाँ हैं जो दोनों ओर से झाँक रही हैं। मेरे नथुनों में भुने मसाले और खमीरी रोटियों की मिली-जुली भभक घुस गई है। मन उकताने-सा लगा है। सब लोग चुप हो जाते हैं और नजरें परदुमन पर आ टिकी हैं। वह अभी भी इस सबसे लापरवाह-सा ही है।

अचानक ही बिना किसी पूर्व भूमिका के ही परमेश्वरीदयाल कह उठता है, ''क्यों बादशाओ सेहताँ बना रहे हो?'' उसके चेहरे पर एक बहुत ही कटु मुस्कान है किसी फिल्मी विलेन की-सी जो 'रेप सीन' शुरू होने के पहले चमकती है।

परदुमन को एक बार तो झटका-सा लगता है। वह अपने हाथ की प्लेट की ओर देखता है। रंगीन तरी के ऊपर दो-एक बड़े-छोटे टुकड़े नजर आ रहे हैं। फिर वह एक भारी-सी हँसी के साथ कहता है, ''अजी इस ते की सेत बणनी ए?'' वह हौले-हौले चलकर मेरे सामने आ बैठता है और किसी की परवाह किए बिना भकाभक खाना शुरू कर देता है। आज तो इसने मुझसे पूछा भी नहीं, 'बादशाओ रोट्टी-शोट्टी खाओ।'

वह कचर-कचर खाए जा रहा है—एकाग्रचित, इतने बड़े ग्रास कि उसके भिंचे गाल तक बीच-बीच में फूलकर गुब्बारे से हो जाते हैं। खाने में कोई विराम नहीं। भूखा कहीं का! साला जानवर! लगता है हौले-हौले मेरा मन मितलाने लगा है। मैं उसके खाने से अपने को बड़ा अन-ईजी महसूस करता हूँ जैसे मेरे अन्दर कोई लड़ाई-सी चल रही हो।

परमेश्वरीदयाल की ओर देखता हूँ। वह लगातार दो-तीन सूटें सिगरेट की लम्बी-लम्बी लेता है और बाकी सिगरेट को इतनी जोर से गली में फेंक देता है

मानो हथगोला फेंक रहा हो। उसके चेहरे की नसें एकदम तन गई हैं और आँखें लाल हो गई हैं—शायद इतनी तेजी से सिगरेट पीने के कारण। वह हौले से खाँसता है और उसके होंठ हिलते हैं, "क्यों बादशाओ तुसी वी लाहौर दे रहण वाले हो न?"

"ओ हो।" परदुमन ठंडे स्वर में जरा रुककर कहता है और फिर खाने में जुट जाता है। उसको लाहौर में कोई दिलचस्पी नहीं।

"कौन से मुहल्ले के?" दूसरा प्रश्न उछलता है।

परदुमन न जाने कौन-सा मुहल्ला बतलाता है, अपनी समझ में कुछ नहीं बैठता। बैठेगा क्या खाक। एक तो वैसे ही जनाब की आवाज सुभान अल्ला है और जो कोर-कसर थी वह इतने मोटे रोटी के गस्से ने पूरी कर दी। साला भूखा! क्या इसने कभी रोटी नहीं खाई होगी? देखो, इतनी मोटी रोटी थी दो मिनट भी नहीं लगे खाने में, हम तो एक घंटे में भी न खा पाएँ।

मुझे लगता है मेरे पेट में मरोड़ा उठ रहा है—भूख के कारण। बस अब और नहीं रुका जा सकता, एक पल भी नहीं, मेरा हाथ अपने आप ही सरककर टेबल की दराज में पड़े रोटी के डिब्बे की ओर जाने लगता है।

मदनलाल पूछता है, "क्यों भाई, आज खाना नहीं खाया अभी तक?"

"नहीं, बस खाता हूँ।" मैं हल्के स्वर में कहता हूँ।

परमेश्वरी परदुमन से पूछ रहा है, "यार त्वाडा उत्थे मकान कित्थे सीगा? मैं भी तो उसी मुहल्ले के साथ वाले मुहल्ले का हूँ। मैं तैन्नु कहीं देखिया नई।"

"पिपल दे पेड़ दे इस पासे।" परदुमन हाथ का इशारा कर समझाता है।

मैं अपनी भूख को रोकने के लिए उठकर घड़े के पास जाता हूँ और एक गिलास पानी निकालकर पीने लगता हूँ। तौबा कितनी गर्मी पड़ रही है। पानी साला ऐसा हो गया है जैसे चाय के लिए उबाला गया हो और फिर बिना पत्ती डाले किनारे रख दिया गया हो। लगा मैंने घड़े का नहीं नाली का पानी पी लिया है। तभी याद आता है अरे इस गिलास से तो परदुमन उल्लू के पट्ठे, कमीने की औलाद, भैंस खाने वाले ने भी पानी पिया होगा...।

मैं एकदम गली की ओर दौड़ता हूँ और ऊपर से ही पानी की आखिरी दो-एक घूँटों को, जो मुँह में शेष थीं, जोर से थूक देता हूँ जैसे पानी के साथ कोई कीड़ा ही मुँह में चला गया हो। एक घृणास्पद रोमांच सारे बदन में कँपकँपाहट पैदा करता है। लगता है शरीर का एक-एक बाल खड़ा हो गया है। मैं वापस अपनी सीट पर आ बैठता हूँ और परदुमन के अपनी रोटियाँ खत्म करने का फिर से इन्तजार करने लगता हूँ।

परदुमन ने अभी दूसरी रोटी से एक-आध टुकड़ा ही खाया है कि उसे खाँसी आ जाती है। वह उठता है और घड़े से औछ कर एक के बाद एक, दो गिलास पानी

पी जाता है। कुछ सामान्य होकर वह अपनी जगह को लौटता हुआ कहता है, "ए माई...कौन पाणी हैगा '...'। उथे 'माई...' इतना ठंडा होंदा-सी कि बर्फ दी कोई लोड़ ई नई।" वह डकार लेता है, 'ओम्...' और फिर से रोटी का टुकड़ा तोड़ता है।

अचानक जैसे परमेश्वरीदयाल को कोई सूत्र मिलता है। वह पूछ बैठता है, "ओए, तेरे परा दा नाम मनोहरी सी?" वह परदुमन की ओर उत्सुकता में कुछ झुक जाता है।

"आहो।"

"ओ यार वो मेरा याड़ी-सी। असी साथ ही पढ़े-सां, साथ ही रैंदे-सां।" वह कुछ रुककर फिर पूछता है, "ओ हुण कित्थे हैगा?"

"मर गया ए।"

"ऐं!" परमेश्वरी को झटका लगता है।

"कब?"

"दो साल हो गए ने।"

"एक बार ओ मुझे मिला था। इथे हिन्दुस्तान में, दिल्ली दे ई विच। मैंने पूछा तेरा काम कैसा चल रहा है, ते बोला–ठीक-ठाक है सब। सुना वो दारू दा धन्धा करदा सी?"

परदुमन ने हामी में सिर हिलाया।

"एक बार फड़या वी गया सी। दो साल दी जेल भी होई सी।"

"आहो, फड़ा गया सी।" परदुमन का ध्यान अपने खाने की ओर से हट गया था। वह बाहर की ओर गर्दन जरा ऊँची कर देख रहा था जैसे आकाश को ताक रहा हो। वह कहीं अतीत में खो गया था। अन्दर अचानक मेरे उसके प्रति संवेदना जगने लगी।

"ओ तो बड़ा हट्टा-कट्टा था। ओ मरा किस्तरां?"

'आपस दा कोई झगड़ा सी। उसी दे किसी साथी ने धोके नाल चाकू मार दित्ता।" परदुमन फिर चुप हो गया। कुछ देर परमेश्वरी ने भी कोई प्रश्न नहीं किया। धीरे-धीरे उसने रोटी तोड़ी और शोरबे में भिगोकर बड़े ही बेमन से मुँह में डाल ली। अब उसका मुँह बहुत ही धीरे-धीरे चल रहा था। पहले की-सी तेजी अब गायब हो चुकी थी।

अभी उसने दो ग्रास भी नहीं खाए थे कि परमेश्वरी ने फिर बेधा, "ओ शादी-शुदा-सी?"

"आहो।"

"किन्ने बच्चे सी?"

"छह।" रोटी का टूटा हुआ टुकड़ा परदुमन के हाथ में ही रह गया था।

"हुण कित्थे रैंदे ने, तेरे नाल?"

"आहो।"

फिर चुप्पी। परदुमन ने हाथ का टुकड़ा मुँह में डाल दिया था। मुझे लगा अब और रुकना मेरे बस का नहीं। मैंने भी अपना डिब्बा खोल लिया।

परमेश्वरी कहता है, शायद तनाव को कुछ देर के लिए कम करने को, "वाकई तेरे घर दे कोलों जो कुवाँ-सी उसदा पानी तो अमरत सी अमरत। साली बर्फ में लगी कोकाकोला दी बोतल भी की होएगी? अमरत जी अमरत?"

"छोड़ो जी उस गल नूँ अब की याद करणी ए। होगा साला अमरत, हुण तो जहर वी नई मिलदा ए।" परदुमन हल्की आवाज में कहता है।

पर इससे परमेश्वरी जरा भी हतोत्साहित नहीं होता। वह कहे जाता है, "यार मदन साडे शैर दे विच न जाणे किन्ने कुएँ सीगे। सारे के सारों का पाणी '...' लाजवाब था। पर इसके घर के सामने वाले कुएँ का पाणी तो बिलकुल अमरत था, वाकेई अमरत।"

परमेश्वरी थोड़ी देर को रुक जाता है और एक नई सिगरेट जलाता है। परदुमन खाने लगा है, फिर से बिना बोले, खोया-खोया सा।

परमेश्वरी परदुमन को खाने नहीं देना चाहता, फिर पूछ बैठता है, "इत्थे कित्थे रैंदे हो?"

"लाल कुएँ दे इलाके विच।"

"तेरी शादी हो गई?"

"नई।"

"किन्नी हो गई ए तेरी उमर।"

"ऐही कोई चालि साल।"

"तू हुण करेंगा कदों? कर ले माई शादी!"

"की करणी एँ हुण। माई...अपना तो गुजारा नहीं चलता है, बीबी-बच्चों को कैसे पालूँगा। इतनी महँगाई का जमाना।" फिर वह थोड़ा मुस्कराता है, "काम तो बीवी के बिना भी चल ही जाता है।"

मुझे लगता है अब शायद परमेश्वरीदयाल को कुछ पूछना बाकी नहीं रहा, सभी कुछ तो पूछ डाला है।

मैं भी पहला टुकड़ा तोड़कर आलू की सूखी सब्जी में लगा मुँह की ओर ले जाने ही को होता हूँ कि तभी परमेश्वरी की आवाज फिर सुनाई पड़ जाती है।

"ओए, तू कटड़े दा मीट खा लेता है?"

मेरा हाथ जहाँ का तहाँ ठहर जाता है। परदुमन थोड़ी देर अपलक उसे देखता है। उसकी आँखों की पलकें फिर हौले से काँपती हैं। नीली आँखों की रही-सही चमक भी धीरे-धीरे गायब हो जाती है, उसका चेहरा अचानक कठोर हो जाता है

पहले-सा, पत्थर की तरह और उसकी बिगड़े लाउडस्पीकर-सी आवाज फिर सुनाई देती है :

"आ हो! जो मिल गया सब चलदा है। की फरक पैंदा ए। जैसा बकरा वैसा कटड़ा।"

इन्दर सामने से मेरे मुँह को देखता है, मैं इन्दर के।

परमेश्वरी मालूम पड़ता है, उसे नंगा करने पर उतारू है, वह कहता है, "तुम तो ब्राह्मण हो?"

"हाँ, थे।" परदुमन भी हिन्दी में ही जवाब देता है।

"ब्राह्मण को तो यह शोभा नहीं देता। ऐ कोई गल नईं हुई ना। अपना धरम-करम नईं छोड़ना चाइदा।" परमेश्वरी बहुत उपदेशक वाले ढंग से कहता है।

परदुमन अभी जवाब भी नहीं दे पाता कि वह दूसरा प्रश्न कर बैठता है, "कटड़े दा मीट क्यों खाँदा है कि सस्ता हुँदा है?"

"आहो, सस्ता हुँदा ए, बहुत सस्ता।" परदुमन बहुत तेज आवाज में कहता है। मुझे लगता है, लड़ पड़ेगा। पर वह बैठा रहता है वैसा का वैसा। रोटी का शेष बचा हिस्सा उसके हाथों में खेल रहा है। शायद वह भूल गया है कि उसके हाथों में रोटी है। वह कहता जाता है, "क्या ब्राह्मण आदमी नहीं होता। मीट तो मीट है। बकरे का मीट दो-ढाई रुपया प्लेट मिलदा है और कटड़े का आठ-बारह आने। डॉक्टर माई...कैंदा है कि मीट खाओ, फल खाओ, अंडे खाओ, दूध पिओ, कित्थों पियो? ओए रोटी तो मिल जाए। राशन दी दुकान ते रोज लेन लगाओ, रोज माई...कैंदे ने खत्म हो गया। बाजार तो खरीदो तो बिक जाओ।" वह एक ही बात दुहराता है, जिसे अक्सर मैंने उसके मुँह से तब सुना है, जब वह अपने को बहुत असहाय महसूस करता है।

"तू बीमार है?" परमेश्वरी पूछता है।

"आहो।"

"की बीमारी?"

"टी.बी.।"

"तो किंग्सवे कैम्प अस्पताल में क्यों नहीं भर्ती हो जाता। महरौली में भी है।" वह बड़े सहज भाव से कहता है।

"हो तो सब कुछ सकदा है पर प्रा दे बच्चों नू रोट्टी कोण देगा?"

परमेश्वरी चुप है। हम भी चुप हैं, और चुपचाप ही, वैसे तो इधर-उधर अपनी चीजें ढूँढ़ रहे हैं, पर लगता है जैसे छिपने की जगह तलाश रहे हों।

वह रोटी फिर खाने लगता है और मैं भी। मुझे अब उसके मीट खाने से, यहाँ तक कि कटड़े के मीट खाने तक से घृणा नहीं उठती। मितली नहीं आती। सब कुछ सामान्य है। मैं एक के बाद एक रोटी खाए चला जाता हूँ, पर परदुमन ने उस टुकड़े

के बाद और नहीं खाया है। रोटी छोड़ दी है और उठकर बाहर चला गया है, शायद नल पर हाथ धोने। लंच खत्म हो रहा है। सब लोग अपने-अपने काम से लग गए हैं। अन्दर मशीन चलने लगी है, पर मशीन की आवाज के बावजूद एक सन्नाटा है। इंकमैन रोहतगी भी, जिसके चचा का रौब प्रेस के सारे साथियों पर है, चुप है और कम्पोजिटरों की आपस की होड़ भी ठंडी पड़ गई है। कोई भी काम नहीं कर रहा है, पर हर कोई काम में डूबने की कोशिश कर रहा है। सिर्फ परमेश्वरी चुप बैठा सिगरेट पिए जा रहा है। अन्ततः वह भी उठता है, एक जमुहाई लेता है और मदनलाल से हाथ मिला दुबारा आने का वायदा कर चला जाता है।

(1974)

कवायद

जैसे ही मैं कॉलेज के गेट पर पहुँचा 'फॉल आन' की कर्राती सीटी बजने लगी। वैसे यह जरूरी नहीं था कि कवायद कब शुरू होगी, वह कभी भी शुरू हो सकती थी और आज सुबह-सुबह ही हो गई थी। मैं दौड़ता हुआ मैदान में पहुँचा और अपनी निश्चित जगह में मफलर-कोट उतारकर जा खड़ा हुआ। कवायद शुरू हो गई : दाएँ-बाएँ, एक-दो, आगे बढ़, कदम-कदम मिलाए जा, धप्-धप्। धीरे-धीरे हमारा दल भी कम्पाउंड से बाहर निकल सड़क पर चल रहे लम्बे जुलूस के पीछे हो लिया। कवायद की शुरू-शुरू की भाग-दौड़ और जोशो-खरोश के कारण जिस ठंड व भूख को हम भूल गए थे, वह फिर सताने लगी। अब मैंने अपने अगल- बगल देखना शुरू किया। दाईं ओर का आदमी एक इतना पुराना और झीना-सा पायजामा पहने था कि उसकी सूखी टाँगें साफ नजर आ रही थीं। अजीब बात यह थी कि वह पायजामे को अपनी टाँगों से बड़े ही हास्यास्पद ढंग से सुतली से कसकर बाँधे था मानो कोई ग्रीक सैनिक हो। बाईं ओर का थके-थके चेहरेवाला आदमी बहुत ही घटिया किस्म की हवाई चप्पल में था। मैंने सोचा ये लोग छात्र नहीं हो सकते। कम-से-कम हमारे कॉलेज के तो वे हरगिज नहीं थे। सब लोग मेरे लिए अजनबी थे।

मैंने दाईं ओर वाले आदमी से पूछा, "हम कहाँ जा रहे हैं?"

"मुझे क्या मालूम!" उसने बिना गर्दन हिलाए कहा।

मैंने फिर पूछा, "परेड कब तक चलेगी?"

"पता नहीं।" उसने उसी अन्दाज में उत्तर दिया।

मैंने हिम्मत करके फिर पूछा, "कल हम कहाँ तक गए थे?"

"यहीं तक, जहाँ से आज चले।"

"मेरा मतलब यह है कि कल हम कहाँ से चले थे?" मैंने अपने को ठीक करते हुए पूछा।

"यहीं से।" और वह चुप हो गया।

मैंने दिल ही दिल में सोचा आदमी अजीब बेहूदा और मूर्ख है। कुछ रुककर मैं बाईं ओर वाले की ओर मुखातिब हुआ, "क्या ये लोग कुछ खाने को भी देंगे?"

प्रश्न पर पहले तो वह हौले से मुस्कराया, पर फिर उदास होकर बोला, "शायद दें।"

यानी वह भी इसी बात की आशा कर रहा था।

"कब तक?" मुझे उसका उत्तर सारी निराशा के बावजूद काफी उत्साहवर्धक लगा था।

"हो सकता है बारह या एक तक कुछ हो।"

यह समझते हुए भी कि इस जैसे भूखे आदमी के पास घड़ी क्या होगी मैंने पूछ ही लिया, "इस समय क्या बजा होगा?" दरअसल मुझे इस वातावरण में घुटन हो रही थी और भूख से कमजोरी-सी भी महसूस होने लगी थी, जिससे मैं चाहता था कि कुछ बातचीत होती रहे।

"यही कोई सात या साढ़े-सात।" उसने बिना विचलित हुए कहा। मैंने अन्दाज लगाया, यानी पाँच या छह घंटे बाद।

हम लोग फिर से भूख भुला अपने बेतरतीब पड़ते कदमों को मिलाने में लग गए। तभी अचानक दाईं ओर वाले ने जो इस बीच लगातार गम्भीर और चिन्तित लगता रहा था, मुझसे पूछा, "तुमने अपनी पैंट ठीक से तो कस रखी है न?"

"पैंट, हाँ! क्यों, पैंट," मैंने घबराकर कहा और अपनी पैंट की बैल्ट का एक छेद और कस लिया और फिर जोर-जोर से, "जै हो, जिन्दाबाद, हमारे नेता अमर रहें।" कहता हुआ पैर पटकने लगा।

यह कदम ताल और जै-हो, जै-हो, न जाने कब तक चला कि तभी चारों ओर अँधेरा छा गया। वैसे यह अपने में काफी आश्चर्य की बात थी, क्योंकि अब तक, जाड़ों की सुबह होने के बावजूद भी, सूर्य लगभग पूरी तरह निकल चुका था और मैं अपने पुराने बदरंग कोट को याद करने की मजबूरी से भी उबर चुका था। इसके अलावा एक तो धूप काफी असरदार थी और दूसरा भूख बहुत तेज सताने लगी थी इससे सारा ध्यान पेट पर केन्द्रित हो चुका था और ठंड-वंड के बारे में सोचने लायक कुछ बचा नहीं था। पर मुझे लगा अँधेरा काफी गहरा है और इसके साथ ही वह सारी आवाजें भी, जो अभी तक लगातार कानों में गूँज रही थीं, अचानक गायब हो गईं। तो क्या यह सूरज असली न होकर कोई बल्ब-वल्ब जैसी चीज थी जो अचानक बिजली फेल हो जाने के कारण बुझ गया है, और सारे माइक भी बन्द हो गए हैं। मुझे लगा मैं कागज जैसा हल्का हो गया हूँ। पहले तो शरीर हवा में तैरता रहा, फिर तेजी से गिरने लगा। टूटे जहाज की-सी तेजी से मैं गिरता ही चला गया, एक ऐसे ठंडे गुहर में जिसके निपट अन्धकार में बीच-बीच में लाल-लाल चिनगारियाँ-सी चिलमिला रही थीं, जिनसे उजाला होना तो रहा दूर, सारा वातावरण और भी डरावना होता जा रहा था।

मेरे कानों में हल्की-हल्की एक पतली सीटीनुमा आवाज लगातार आ रही थी जैसे रेडियो किसी ऐसे स्टेशन पर लगा दिया गया हो जिसके एनाउंसर—नमस्कार, कल

फलाँ-फलाँ समय पर मिलेंगे—कहकर चले गए हों। अचानक मुझे लगा जिस तरह मैं एकदम अँधेरे में फेंक दिया गया था, उसी तरह एक जगह जाकर गिर गया हूँ और अब गिरने की जगह घिसटता चला जा रहा हूँ, फर्श के समान्तर। अँधेरा धीरे-धीरे कम हो रहा था और मेरी आँखें अब कुछ देखने लगी थीं। क्या मैं किसी तिलिस्म में फँस गया हूँ, मैंने घबराकर सोचा। क्या कोई जादू हो रहा है? मैं कहाँ हूँ? क्यों घसीटा जा रहा हूँ? एक साथ कई सवाल मेरे दिमाग में उठने लगे। इस सबकी जाँच करने के लिए मैंने अपने दिमाग पर जोर देना शुरू किया।

हाँ तो मैं एक जुलूस में कवायद कर रहा था जिसमें लोग पागलों की तरह 'जय हो', 'जिन्दाबाद', 'हमारे नेता अमर रहें', आदि ऐसे ही कई नारे कई तरह से लगाए चले जा रहे थे। एक आवाज जो आकाश गुँजा रही थी माइकों से हमारे चारों ओर फैल रही थी और लगता था मानो कानों के पर्दे फट जाएँगे। बिना ज्यादा सोचे-समझे हम भी 'जय जो, जिन्दाबाद, अमर रहें' चीखने लगे थे, क्योंकि सभी यह कर रहे थे। आवाजें लगातार तेज होती जा रही थीं पागलपन की हद तक। जितनी तेजी से हम बोलते थे कि जगह-जगह खम्भों से लटके माइकों की आवाज हमसे और अधिक तेज आवाज की प्रत्याशा कर और जोर से चीखती थी।

यह सिलसिला कई घंटों से, बल्कि कई दिनों से चल रहा था और बढ़ता ही जा रहा था। पहले छोटी रिहर्सल हुई थी, फिर बड़ी, फिर ग्रांड, फिर फाइनल, फिर रिपीट और फिर रोज का तमाशा।

कई बार मैंने अपने आप से और अपने साथियों से सवाल भी किया था कि हम यह सब क्यों कर रहे हैं, किसी के पास इसका कोई जवाब नहीं था। हमने चाहा भी था कि जब माइक हमसे जय हो चिखवाना चाहें तो हम न बोलें पर चूँकि आवाज लगातार आती रहती थी और हमें बतलाया गया था कि ऐसा करना हमारे गले और फेफड़ों के लिए ही फायदेमन्द नहीं है, बल्कि हमारी जमीन, मकान, परिवार और यहाँ तक कि हमारे पिताओं और भाइयों की नौकरी व पैंटों के लिए भी फायदेमन्द है। ये बातें तर्क से परे हैं और इन्हें करना ही चाहिए। चूँकि ये बातें लगातार हमें बतलाई जा रही थीं और हमारे चारों ओर हर सैकंड दुहराई जा रही थीं—एक हजार इतने सौ इतने किलो हर्स अर्थात् इतने-इतने मीटर बैंड पर—इसलिए थककर हमने इनके बारे में सोचना बन्द कर दिया था और इन्हें दुहराना चालू रखा था। वैसे मैंने कई बार महसूस किया था कि यदि हम माइकों के नारों का जवाब न दें तो दिमाग भयानक रूप से बेचैन होने लगता था और अपने चारों ओर चीखते-चिल्लाते लोग उल्लू के पट्ठे नजर आने लगते थे। पर सबसे बड़ी बात यह थी कि दिमाग में कीड़ा रेंगता कि इन साले माइकों को नोचकर टुकड़े-टुकड़े कर डालें। इसलिए ज्यादा सुरक्षित यही लगता कि हम भी चिल्लाना, जैकारा लगाना जारी रखें।

मैं इतना सोच ही पाया था कि समझ में आने लगा कि मैं कहाँ हूँ। यह एक सुरंगनुमा ठंडा गलियारा था, चौकोर। मैं एक लम्बी तख्तनुमा किसी चीज पर लेटा था और चार पहियों की सहायता से यह फिसलता जा रहा था। बीच-बीच में हल्के पीले-पीले से मरियल बल्ब लगातार एक-सी दूरी पर जल रहे थे। मैंने उठने की कोशिश की पर मैं झटके से वापस तख्त पर आ गिरा। मुझे एक लाल कम्बल उढ़ा दिया गया था और मेरे हाथ शायद पीछे बँधे हुए थे। अब मुझे लगा मेरा सर तेजी से चकरा रहा है और भयानक दर्द से दिमाग की नसें फट रही हैं। हो सकता है बुखार भी हो। पीठ में भी तेज दर्द था जो तख्त के किसी छोटे-मोटे गड्ढे में गचका खाने के कारण रह-रहकर असहनीय हो जाता था और मुँह से कराह निकल उठती थी। मैंने कहा, जरा धीरे चलाइए। आश्चर्य कि वहाँ मेरी बात सुननेवाला कोई नहीं था। तख्त अपने आप सीधा रगड़ता चला जा रहा था। अजीब बात यह थी कि यहाँ भी वही आवाजें लगातार आ रही थीं जो बाहर कवायद में आती थीं। पहले मैंने सोचा शायद उन आवाजों की अनगूँज रही हों जो मेरे दिमाग में जम गई हैं, पर धीरे-धीरे यह जानने में ज्यादा कठिनाई नहीं हुई कि आवाजें यहाँ भी उतनी ही फ्रीक्वैंसी और उतने ही वॉल्यूम पर आ रही हैं, जितनी की कवायद के दौरान।

यहाँ वातावरण में एक हल्की-सी गन्ध भी थी। ऐसी गन्ध जो अक्सर अस्पतालों में हुआ करती है डिटाल, फिनाइल या इसी तरह के किसी रासायनिक घोल की और शायद अन्य दवाओं की भी। तो क्या मैं किसी अस्पताल में था? सारी बात समझते देर नहीं लगी। कवायद के दौरान भूख और थकान से मैं बेहोश हो गया था और इलाज के लिए अब अस्पताल में था। जिस पर मैं लेटा था वह तख्त न होकर स्ट्रेचर था।

तभी स्ट्रेचर-गाड़ी एक दरवाजे पर आकर हौले से रुकी। वहाँ सुरंगनुमा गलियारा खत्म होता था। बार-बार आश्चर्य की बात यह थी कि कहीं कोई आदमी नजर नहीं आ रहा था, सिवा उन आवाजों के जो उन्हीं फ्रीक्वेंसी पर वैसी की वैसी भेजी जा रही थीं। जहाँ स्ट्रेचर आकर रुका था, उसके सामने एक दरवाजा था, जो सफेद रंग के वार्निश से हाल ही में पोता गया लगता था। दरवाजे के ठीक ऊपर चौखट के बीचोबीच एक लाल चौड़ा-सा बल्ब जल रहा था। उसके साथ ही ऊपर लिखा था 'आपरेशन थिएटर फार माइनर आपरेशन्स।' यानी वह अस्पताल ही था। पर मुझे आपरेशन थिएटर में क्यों भेजा गया था, यह बात मेरी समझ में नहीं आई। सोचा, हो सकता है बेहोश होकर गिरने से हाथ की हड्डी खिसक गई हो या कमर में ही चोट-पाट जैसी कोई चीज हो गई हो, खैर जो हो, मेरा इलाज हो रहा था, यह सन्तोष की बात थी।

अचानक सफेद दरवाजा खुला, बिना किसी आवाज के एक खाकी वर्दी पहने आदमी ने स्ट्रेचर को अन्दर खींच लिया। मैंने उसके कोट पर लाल अक्षरों में कढ़ी इबारतों को, यह जानने की उम्मीद में कि मैं कौन से अस्पताल में हूँ, पढ़ने की

कोशिश की पर एक तो अक्षरों के छोटे होने और दूसरा उस आदमी के लगातार हिलते-डुलते रहने से कुछ नहीं पढ़ सका। स्ट्रेचर के अन्दर आते ही दरवाजा बन्द हो गया था और मेरी घबराहट कुछ बढ़-सी गई। अस्पताल तो मैं कई बार गया था पर बुखार, जुकाम, फ्लू या छोटी-मोटी चोट-पटक के लिए। इतना गम्भीर रूप से बीमार होकर कि स्ट्रेचर पर लाने की नौबत हो, किसी अस्पताल में आने का यह पहला मौका था। पर वहाँ सदा भयानक भीड़ हुआ करती थी बीमारों की, जबकि यहाँ आदमी ही नजर नहीं आ रहे थे। तो क्या मैं किसी सरकारी अस्पताल में न होकर प्राइवेट नर्सिंग होम में था। सोचकर मुझे थोड़ी खुशी हुई। चलो इसी बहाने अच्छी सेवा-सुश्रूषा और खाना-पीना तो मिलेगा, वह भी जुलूस वालों के खर्च पर। नेता लोग हमारा ध्यान रखते हैं।

इन्हीं सबके बारे में आश्वस्त हो जाने के लिए, मैंने उस आदमी से पूछा, ''मैं कहाँ हूँ?''

आदमी ने कोई जवाब नहीं दिया।

मैंने फिर पूछा, ''यह कौन-सा अस्पताल है?''

वह आदमी इस पर भी कुछ नहीं बोला और मुझसे कुछ दूर अपने काम में व्यस्त रहा। वह शायद कोई रजिस्टर ढूँढ़ रहा था।

कुछ रुककर मैंने अपना प्रश्न फिर दुहराया, ''यह कौन-सा अस्पताल है?''

इस बार वह मुड़ा। रजिस्टर के पन्ने पलटते हुए उसने कहा, ''कोई भी अस्पताल हो, क्या फर्क पड़ता है। अस्पताल तो अस्पताल ही है।''

मैं उससे बहस करना चाहता था कि अस्पताल-अस्पताल में अन्तर होता है, पर तभी मुझे अपने सर और कमर का दर्द याद हो आया। इसके साथ ही मैंने बहुत गहरे यह महसूस किया कि मैं एक बीमार हूँ।

इस बार वाईं ओर का छोटा दरवाजा खुला और कमरे में एक नए आदमी ने प्रवेश किया। यह आदमी सर से पैर तक सफेद कपड़ों में था और हाथों में उसने झीने रबर के दस्ताने पहन रखे थे।

डॉक्टर ने इशारे से पहले आदमी से कुछ पूछा। प्रत्युत्तर में उसने हामी में सर हिलाया। शायद कुछ कहा भी पर मैं सुन न सका।

''वेरी गुड अन्दर लाओ?'' डॉक्टर ने कहा और वह सामने के दरवाजे की ओर मुड़ा।

पहले आदमी ने तेजी से रजिस्टर में कुछ दर्ज किया और फिर जल्दी से रजिस्टर बन्द कर मेरी स्ट्रेचर-गाड़ी को डॉक्टर के पीछे-पीछे धकेलना शुरू कर दिया। यहाँ दिलो-दिमाग को बड़ा सुकून मिल रहा था, क्योंकि वे आवाजें, वे कान फाड़ने वाली आवाजें : जै हो, जिन्दाबाद, अमर रहें की एक सुरी आक्रामक आवाजें, यहाँ तीखी नहीं थीं।

कमरा अजीब-अजीब यन्त्रों और दवाओं से भरा हुआ था। यहाँ कुछ और लोग भी थे। उन लोगों ने मुझे उठाकर आपरेशन टेबुल पर लिटाया और मेरे हाथ खोल दिए गए। डॉक्टर ने कुछ लोगों को, जिनके मुँह सफेद कपड़े से बँधे थे, हिदायतें दीं और अपना मुँह भी बाँध लिया। उनमें से एक ने कोई चीज मेरे मुँह के सामने की और मुझसे दस तक गिनती गिनने को कहा। धीरे-धीरे फिर अँधेरा बढ़ने लगा। बाहर वाली आवाजें, जै हो, जिन्दाबाद, हमारे नेता अमर रहें की कान फाड़ देनेवाली आवाजें जो कुछ देर से बन्द हो गई थीं, स्वयं ही फिर मेरे कानों में गूँजने लगीं।

जब होश आया, मैंने स्वयं को आपरेशन थिएटर में ले जाए जाने से पूर्व के कमरे में पाया। जहाँ लगातार वही उबाऊ और एकसुरी आवाजें–जै हो, जिन्दाबाद, हमारे नेता अमर रहें...लगतार आ रही थीं। मेरा सर भन्ना रहा था और आँखें बोझिल थीं। उन्होंने मुझे कुछ खाने को दिया–कुछ दवा और कुछ मीठा पेट भरनेवाला– जिससे मेरी तबीयत तेजी से सुधरने लगी। अन्त में उन्होंने मुझसे जाने को कह दिया।

जैसे ही मैंने अपना कम्बल हटाया, मैं चीख उठा, ''डॉक्टर साब मेरी पैंट!'' और कम्बल को अपना नंगापन ढकने के लिए कमर से कसकर लपेट लिया। किसी ने भी मेरी बात की ओर ध्यान नहीं दिया और लगातार अपने काम में व्यस्त रहे। जैसे बहरे हों। मैं चीखता रहा, ''पर भाई मेरी पैंट तो दो, मेरी पैंट कहाँ है? पैंट के बिना मैं घर कैसे जाऊँगा?'' अचानक उस खाकी वर्दीवाले आदमी ने, जिसने मेरा स्ट्रेचर अन्दर खींचा था, एक झटके से कम्बल अलग कर दिया और मुझे बाजू से थाम स्ट्रेचर से नीचे उतार, गलियारे में खुलनेवाले दरवाजे की ओर बलात् ले जाने लगा।

मैंने गिड़गिड़ाकर कहा, ''भाई साहब मैं चला जाऊँगा पर मेरी पैंट तो दे दो। मैं बिलकुल ठीक हूँ। आप लोगों का मैं शुक्रगुजार हूँ पर मेरी पैंट तो दे दीजिए।'' मैंने बगल में रखी एक मेज को इस उम्मीद में कसकर पकड़ लिया कि वह मुझे बाहर न कर सके। उस आदमी ने मेरी बात का कोई जवाब देना मुनासिब नहीं समझा, बस मुझे बाहर धकेलने में लगा रहा। पर जब मैं टस से मस होता नजर नहीं आया और लगातार पैंट-पैंट चीखता रहा तो उसने एक भरपूर हाथ मेरी कनपटी पर ऐसा मारा कि मेरे दोनों हाथों से मेज अपने आप छूट गई और मैं फर्श पर जा गिरा। उसने फिर से मुझे बाजू से उठाया और बाहर की ओर ले जाने लगा। आतंक और असहायता से मेरी आँखों से आँसू निकलने लगे। मैंने आखिरी बार हाथ जोड़कर सिसकते हुए कहा, ''भाई साब, मेरी पैंट, मैं कैसे जाऊँगा?''

अब तक दरवाजा आ चुका था। उसने मुझे दरवाजे से बाहर कर दिया और कहा, ''बेकार का हल्ला मत करो। अब तुम्हें पैंट की कोई जरूरत नहीं है।''

(1976)

प्रतिचक्र

धीरे-धीरे लम्बा बरामदा पार करता हुआ मैं वहाँ पहुँचा। वार्ड में घुसने से पहले एक क्षण को ठिठका और फिर पहले से भी भारी कदमों से, लगभग घिसटता हुआ, उसकी ओर बढ़ चला। लगा साँस लेने में भी कठिनाई हो रही है। दिन भर का तनाव और उत्तेजना अपनी चरम सीमा पर पहुँच चुके थे। एक स्थान पर आकर कदम स्वयं ही थम गए। वह सर बाँधे सीधे लेटी हुई थी, आँखें बन्द किए। मैं कुछ देर यों ही खड़ा रहा, मुँह ताकता।

मैंने पुकारा, "रेखा!..."

उसने हौले से आँखें खोलीं और एक थकी-थकी सी मुस्कराहट उसके होंठों पर आकर रह गई।

दूध से भरा थरमस बगल के स्टूल पर रखते हुए मैं बुदबुदाया, "कैसी तबीयत है?" मेरी आवाज स्वाभाविक नहीं थी। एक-एक शब्द बोलने में कठिनाई हो रही थी। उसके पलंग के पीछे की खिड़की से डूबते सूरज की शक्तिहीन पीली किरणें आ रही थीं। वह कुछ नहीं बोली सिर्फ उसने अपना एक हाथ बगल में रखे पालने की ओर कर दिया। मैं अब तक उस ओर देखने का साहस नहीं जुटा पाया था। मैंने बलात् उस ओर देखा जहाँ 'वह' लेटा हुआ था। गुलाबी ओंठ, गोरा-चिट्टा चेहरा और भूरे बाल। एक ऐसा चेहरा जो कई दिन से लगातार मेरे दिमाग में घूम रहा था। पालने में लेटा 'वह' उससे केवल मिलता-जुलता ही नहीं था बल्कि वही था, शत-प्रतिशत वही। 'वह' बिलकुल चुप सो रहा था निश्चिन्त। मैंने धीरे-धीरे धुँधलाती नजर को उस पर से हटा लिया।

रेखा ने फिर आँखें बन्द कर ली थीं। दरअसल उसी दिन से–उस दिन तारीख 28 नवम्बर–ही मुझे लगने लगा था कि इसके साथ सबकुछ ठीक नहीं चल रहा है। मैंने कभी पूछा कुछ नहीं, देखा जाए तो कभी पूछने की हिम्मत ही नहीं जुटा पाया, पर सन्देह बना रहा। लेकिन मेरा सन्देह निराधार नहीं था। ज्यों-ज्यों दिन बीतते जाते मेरा शक बढ़ता जाता। मेरे अन्दर एक डर और घबराहट बढ़ती जाती। उसे खाना अच्छा नहीं लगता और उबकाई आती। वह खाते-खाते रुक जाती मानो कोई जबर्दस्ती खिला रहा हो।

मैं पूछता, "क्या बात है?" तो संक्षिप्त-सा उत्तर होता, "बस, अब नहीं खाऊँगी।"

मैं सिर्फ उसका मुँह देखता, बिना एक शब्द भी बोले। पर नजरें पूछतीं "क्यों, क्या हुआ तुम्हें?" और वह उठकर मुँह धोने चली जाती।

मेरी शंका अब शंका-भर नहीं रही थी। वह रूप ले रही थी। मैं बार-बार उसके शरीर को ध्यान से देखता। कई दिन दिल हुआ उससे कहूँ—चलो डॉक्टर के पास चलें और इस सबसे छुटकारा पा लें, पर कह नहीं पाया। न जाने कैसा अजीब-सा डर लगातार मुझे घेरे रहता। मस्तिष्क में द्वन्द्व चलता रहता। सोचता इसमें कुछ अस्वाभाविक तो है नहीं फिर घबराने की बात कहाँ है, और न ही यह किसी की नजरों में अनैतिक या असामाजिक कृत्य ही हो सकता है। मैं जानता हूँ हमने कहीं भी तथाकथित सामाजिक मूल्यों और परम्पराओं का उल्लंघन नहीं किया था, पर यह सब तर्क अचानक ही अर्थहीन हो जाते। फिर वही भय, वही घबराहट मुझे घेर लेती। मेरी हालत ठीक ऐसे कैदी की-सी हो जाती जिसे मृत्यु-दंड सुना दिया गया हो और अब असहाय, 'डैथ सेल' में अपने फाँसी पर चढ़ाए जाने की तिथि की प्रतीक्षा कर रहा हो। कोई बच निकलने का रास्ता नजर नहीं आ रहा हो, सिवाय इसके कि प्रतीक्षा करे।

मैं भी प्रतीक्षा करता था चुपचाप, उसकी गतिविधियों को देखता। वह स्वयं ही डॉक्टर के पास जाती। वैसे उसने मुझसे कभी यह नहीं कहा कि मैं डॉक्टर के पास जाती हूँ। शायद जरूरत ही नहीं समझी। उसे मालूम था कि मैं उसकी बीमारी खूब अच्छी तरह से जानता हूँ। कमरे में टेबुल के ऊपर कई दवाओं की शीशियाँ रखी रहतीं। वह विटामिन की रंग-बिरंगी गोलियाँ भी खा रही थी। इस सबके बावजूद भी उसका चेहरा पीला पड़ता जा रहा था। कमजोर तो वह पहले से ही थी, पर अब मुझे वह बहुत ही कमजोर लगने लगी थी, चेहरे पर एक-आध नीली नसें भी उभर आई थीं।

एक, दो, तीन, चार और इसी तरह पाँच, छह और सातवाँ महीना भी निकल गया। उसे चलने में भी कठिनाई होने लगी थी। मैं जहाँ तक होता उसे कभी कोई काम नहीं बताता। नहाने जाते समय मैं स्वयं अपनी बनियान और अंडरवीयर खोजता। इसमें मुझे कभी-कभी परेशानी होती पर मैं उससे कुछ नहीं कहता। यहाँ तक कि कभी पानी का एक गिलास भी नहीं माँगता। उसका शरीर धीरे-धीरे काफी बेडौल हो चुका था। नितम्ब आवश्यकता से अधिक भारी हो गए थे और पेट धीरे-धीरे अर्धवृत-सा आगे की ओर बढ़ता जा रहा था। वह पीछे की ओर को तन-सी गई थी—मानो किसी ने उसके गले में पीछे की ओर से एक रस्सी पैरों में कसकर बाँध दी हो। इसके बावजूद भी उसके चेहरे पर एक चमक होती पर मुझे वह बहुत असहाय और बेबस-सी नजर आती।

मैं लगातार सिर्फ दिन गिनता। एक-एक करके एक हफ्ता गुजर जाता और फिर पूरा महीना। मेरी घबराहट बढ़ती जाती। एक डर–अमूर्त डर मेरे चारों ओर छाता जा रहा था। एक अजीबोगरीब दुर्घटना की आशंका से लगातार त्रस्त रहता। मैं कभी नहीं जान पाया कि यह दुर्घटना किस ढंग की होगी। इसकी केवल शंका मात्र से ही मैं इस तरह ग्रस्त था कि आकार-प्रकार पर कभी सोच भी नहीं पाता था।

उसने स्वयं ही सब तैयारियाँ पूरी कर ली थीं। उसकी बड़ी बहन हमारे ही यहाँ रहने लगी। एक दिन उसने मुझसे कहा, "डॉक्टर ने बताया है लगभग एक हफ्ता और है।" यह सुन एक बार तो मैं बिलकुल काँप उठा। मेरा अनुमान ठीक होता जा रहा था। मैंने हिसाब लगाया। वही एक सप्ताह, जो डॉक्टर ने बतलाया था जो मेरे हिसाब से भी रह गया था। यहाँ तक कि मुझे दिन का भी अनुमान था। जिस दिन उसने यह सूचना दी उस दिन अगस्त की 17 तारीख थी, सन् 1968 और मैं निश्चिन्त था कि अगले सप्ताह 24 अगस्त का ही दिन होगा।

वह दिन भी ऐसा ही दिन था। ऐसी ही शाम–उदास, और असहाय। फर्क सिर्फ इतना था कि तब नवम्बर के अन्तिम दिन थे, काफी सर्दी हो चली थी और अब अगस्त का अन्तिम सप्ताह चल रहा है। गर्मी है–लिजलिजी गर्मी, छटपटाती दम तोड़ती गर्मी।

...लोग जा चुके थे, एक-एक करके। यहीं शहर में रहनेवाली रेखा की यही बहन सबसे बाद में गई। वैसे तो वह कह रही थी कि मैं कल चली जाऊँगी पर मैं जानता था कि वह रहना नहीं चाहती थी। दरअसल उसके बड़े लड़के की तबीयत ठीक नहीं थी। मैंने उससे कह दिया कि अब हमें किसी की जरूरत नहीं है। आप निश्चिन्त होकर चली जाइए। और वह बिना ज्यादा हील-हुज्जत के चली गई।

सारा दिन बड़ा खौफनाक रहा था–किसी दुःस्वप्न की तरह। मैं उस सारे घटनाक्रम को दुहराना नहीं चाहता था, पर रेखा, रह-रहकर उन्हीं सब बातों की याद दिला रही थी, जिन्हें मैं जी-जान से भूल जाने की कोशिश कर रहा था। उस दिन रेखा बहुत रोई थी। लगभग सारा दिन ही रोती रही थी और दो बार तो वह बेहोश हो चुकी थी। शाम को वह कुछ चुप हो गई, पर जब उसकी बहन गई तो उसने फिर रोना शुरू कर दिया। मैं उसे बड़ी मुश्किल से दरवाजे से अन्दर लाया और समझाता रहा–'जो होना था हो गया।' वह मेरे सीने से लगी न जाने कितनी देर सुबकती रही।

हम दिन भर काफी परेशान रहे थे। चूँकि पहली सारी रात भी हम सो न सके थे, मेरे सारे शरीर में दर्द हो रहा था। अजब-सा नशा चढ़ गया था, थकान का। मैंने उससे चलकर सो जाने को कहा। उसने सारे दिन कुछ भी खाया-पिया नहीं था, मैंने दूध ले लिया था थोड़ा-सा, बस। वह बिस्तर पर बैठकर भी रोए जा रही थी। मैं उसे जितनी सांत्वना देता वह उतना अधिक रो उठती। रात के बारह बज चुके थे। कमरे

में हल्की-सी पीली रोशनी जल रही थी जो वातावरण को और अधिक मायूस बनाए दे रही थी। सारा कमरा काट खाने को आ रहा था। मैंने उससे भी सो जाने को कहा और बत्ती बुझाकर अपनी चारपाई पर लेट गया। पर अन्धकार में भी उसकी सिसकियों की आवाज आती रही। कभी वह तेज हो जाती और कभी हल्की।

नींद वास्तव में मुझे भी नहीं आ रही थी पर मैं काफी देर इस तरह से पड़ा रहा मानो वास्तव में सो गया होऊँ। सोचा स्वयं ही सो जाएगी, पर वह चुप नहीं हुई। उसे अपने बिस्तर में अकेले नींद नहीं आ रही थी। अन्त में मुझसे रहा नहीं गया, मैं उठकर उसी के साथ लेट गया। मैंने उसका सिर अपने सीने से लगा लिया और एक हाथ से उसकी पीठ सहलाता रहा। धीरे-धीरे उसकी सुबकियाँ हल्की होती जा रही थीं। मेरी उँगलियाँ उसकी पीठ पर घूम रही थीं। मैं उसके ब्लाउज में लगे हुकों को अपनी उँगलियों पर महसूस कर रहा था। मेरी उँगलियाँ रह-रहकर उसकी ब्रा की कसी पट्टियों पर जा टकरातीं और मुझे उसको सहलाने में अजब-सी दिक्कत महसूस होती।

ऐसे ही न जाने कितना समय निकल गया। उसके बाजू जो मुझे घेरे थे; धीरे-धीरे कसते गए थे। उसकी गर्म-गर्म साँसें लगातार मेरे सीने से टकरा रही थीं। लगा सो गई है।...अन्दर तनाव व अजीब-सी बेचैनी बढ़ती जा रही थी। चाहता था कि उसकी पकड़ ढीली हो जाए, पर मुझे इस बात का भी डर था कि वह कहीं उठ न जाए। बीच-बीच में उसकी एक-आध सिसकी सुनाई पड़ जाती। गर्मी व जकड़ के कारण मैं अपने को सोने में असमर्थ महसूस कर रहा था। यही नहीं मेरे सर का दर्द बढ़ गया और एक अजीब घबराहट से मेरी कनपट्टियाँ फटाक-फटाक चलने लगीं। एक तनाव लगातार बढ़ रहा था–शरीर में, मस्तिष्क में। मुझे नहीं मालूम कैसे और कब मेरी उँगलियाँ उसकी नंगी पीठ पर नाचने लगीं और वह जाग गई। उसका मुँह मेरे मुँह से लगा हुआ था और वह बेताबी से मेरे चेहरे में अपनी उँगलियों से न जाने क्या खोज रही थी और उसने मुझे कसकर अपने सीने से लगा लिया। और इस बीच हम सब कुछ भूल चुके थे, सारे दिन को और एक दुखद व खौफनाक घटनाक्रम को।

फिर सब कुछ समाप्त हो गया। वह शान्त दूसरी ओर मुँह करके सो गई और मुझे भी एक झपकी आ गई, पर अचानक ही मैं हड़बड़ाकर उठ बैठा। एक भयंकर स्वप्न देखा था मैंने। मेरे एक हाथ में खंजर था और खंजर व मेरे हाथ खून से बुरी तरह लथपथ थे। सामने दो साल का बबलू तड़प रहा था। मैं पसीना-पसीना हो गया। मैंने एक सिगरेट जलाई, जिससे घबराहट कुछ कम हो जाए। घबराहट तो कम हो गई, पर दिन भर के जिस घटना-चक्र को मैं लगातार भूल जाने की कोशिश कर रहा था, वह सब एक फिल्म की तरह छोटे-छोटे विवरणों सहित मेरी आँखों के आगे नाचने लगा।

...सब अचानक ही हो गया था। पहली रात बबलू की तबीयत बहुत खराब हो गई थी। मैं सुबह ही डॉक्टर बुला लाया, पर कुछ न हुआ और दस बजते-बजते तक वह दम तोड़ गया था। केवल एक सप्ताह बीमार रहा था वह। टाइफाइड था। सारे पड़ोस के लोग हमारे यहाँ जमा हो गए थे और फिर दिनभर न जाने कौन-कौन लोग आते रहे, हमें समझाते रहे, संवेदना प्रकट करते रहे। रेखा बबलू के जूतों को सीने से लगा-लगाकर रोती रही। उसे ये लाल जूते बहुत पसन्द थे। कुछ ही दिन पहले लाई थी रेखा।

अचानक उसने पालने में अपना एक हाथ हिलाया। मैं हड़बड़ा गया। लगा, जान-बूझकर वह मेरी ओर को अपना हाथ हिला रहा है और अचानक ही वह जोर-जोर से रोने लगा कच्ची आवाज में। एक छाया जो लगातार पिछले नौ महीनों से मेरा पीछा कर रही थी, साकार हो उठी थी। मेरा वहाँ दम-सा घुटने लगा। मैंने रेखा से विदा ली और तेजी से चल पड़ा। मैं बार-बार मुड़कर देखता, कहीं बबलू अपना एक लाल जूता हाथ में लिये और एक पहने "पापा! पापा!" कहता मेरे पीछे तो नहीं आ रहा है। वह अक्सर ऐसा ही करता था।...

(1977)

शबरी शर्मा बीमार हैं

राजधानी एक्सप्रेस धड़धड़ाती चली जा रही है। खिड़की के शीशे से सिर टिकाए शबरी शर्मा पीछे की ओर तेजी से सरकती धरती, पेड़-पौधे और बस्तियाँ देख रही हैं। गाड़ी की तेजी से आज उन्हें घबराहट हो रही है। लग रहा है कि एक तेज अंधड़ चल रहा है, जो उन्हें धकेलता ले जा रहा है। उनके पैर जमीन से उखड़ गए हैं और वह अंधड़ की तीव्रता में छटपटा रही हैं। दिल्ली पहुँचने की अब कोई जल्दी नहीं है। यह सोचती हैं—गाड़ी थोड़ी हल्की चलती तो अच्छा रहता। यह उनमें एक नया ही 'डवलैपमेंट' है। पहले वह सदा तेज दौड़ना चाहती थीं—तेज, और तेज—और भी तेज! पर आज लग रहा है कि हर तेजी की एक सीमा होती है। अधिक तेजी से प्रायः दुर्घटनाएँ भी हो जाती हैं। तभी उन्हें लगा बाहर का दृश्य बदल रहा है। पेड़-पौधे, हरियाली, बस्ती गायब हो गई है और उनकी जगह छोटी-छोटी सूखी, पथरीली पहाड़ियों ने ले ली है। पहाड़ियों का सिलसिला जहाँ खत्म होता है, वहाँ रेतीले ढूहों का सिलसिला है और उसके आगे एक रेतीला पठार शुरू हो गया है—अनन्त।

तेज आँधी से रेत उड़ रही है और राजधानी एक्सप्रेस भाग रही है। वह घबरा गईं, कहीं दुर्घटना न हो जाए? धूल भरी आँधी में ड्राइवर को कुछ दीखता भी होगा? शायद रेल की पटरी पर रेत आ गई हो! अगर रेल उलट गई तो? और वह बुरी तरह तनावग्रस्त हो उत्तेजना में अपनी सीट से उठ खड़ी हुईं। उनके मुँह से चीख निकलती-निकलती रह गई। उन्होंने असहाय दृष्टि से चारों ओर देखा। कहीं कुछ नहीं था। उनके सहयात्री ऊँघ रहे थे या किताबों में खोए थे। बाहर सबकुछ सामान्य था। पेड़-पौधे, जमीन और बस्तियाँ सब यथावत् पीछे की ओर भाग रहे थे। शबरी शर्मा ने अपने मुँह का पसीना पोंछा और मुँह धोने बाथरूम की ओर चल पड़ीं।

जैसे ही उन्होंने नल से अंजुरी में पानी भरा, लगा अँगुलियाँ दर्द कर रही हैं। पानी से हाथ बाहर खींचकर उन्होंने दोनों हाथों की अँगुलियों को गौर से देखा तो पाया वे पूरी तरह से सीधी नहीं हो पा रही हैं। वह फिर घबरा गईं। आखिर क्यों उनकी अँगुलियाँ मुड़ती जा रही हैं? अचानक उन्होंने सामने शीशे पर देखा—उनका चेहरा सूखा, बुझा-बुझा-सा था। उसकी चिर-परिचित चमक कहीं गायब थी। उन्होंने और ध्यान से देखा। एक लाल धब्बा, जो पिछले कुछ दिनों से उनके दाएँ गाल पर

उभर आया था, अब भी वैसा ही जमा था। उनके घरेलू डॉक्टर ने कहा था, 'कुछ नहीं, 'आर्डिनरी रैश' है, यह ट्यूब लगाइए, ठीक हो जाएगा।' पर लगातार ट्यूब लगाने के बावजूद पिछले डेढ़ माह से धब्बा वैसा-का-वैसा ही था, बल्कि और भी ज़्यादा स्पष्ट हो आया था।

उन्हें अपने शरीर की बहुत चिन्ता रहती है। हो भी क्यों न! शरीर उनकी सबसे बड़ी सम्पत्ति रही है। इसका यह अर्थ नहीं कि वह बुद्धिमान नहीं हैं। निश्चय ही वह बुद्धिमान हैं, तभी तो उनकी सुन्दरता अधिक कामयाब हो सकी है।

उनकी विचार-शृंखला में विघ्न पड़ा। बाहर कोई न जाने कब से बाथरूम का दरवाजा खटखटा रहा था। वह हड़बड़ाती हुई निकलीं और सीट पर जा बैठीं और अभी-अभी देखे स्वप्न के बारे में सोचने लगीं। शायद वह सो गई थीं, पर आजकल इस तरह के सपने उन्हें अक्सर दिखलाई पड़ते हैं, पर क्या इन्हें सपने कहा जा सकता है? वह कब सो रही होती हैं, कब जाग, स्वयं उन्हें पता नहीं चलता। डॉक्टर ने उन्हें सोचने के लिए मना किया है, क्योंकि सोचते-सोचते अक्सर वह इतनी तनावग्रस्त हो जाती हैं कि उन्हें कुछ भी सूझता नहीं। उनके स्नायु अब और तनाव नहीं सह पाते हैं और वह लगभग अर्द्धमूर्छित हो पसीने से तर-ब-तर निढाल लटक जाती हैं। घर में हाहाकार मच जाता है। कोई उनके पैर सहलाता है तो कोई पंखा झलता है और कोई उन्हें चम्मच से पानी पिलाता है। रात-रात भर उन्हें नींद नहीं आती है। नशे और नींद की गोलियों के बावजूद। दर्द से सिर फटा जाता है। कुछ ही दिनों से हल्का-हल्का ज्वर भी रहने लगा है। शरीर का जोड़-जोड़ दुखता है, हड्डियाँ दर्द से ऐसे दपदपाती हैं, मानो कोई चाकू से कुरेद रहा हो। उनका लुभावना चेहरा बिगड़ता जा रहा है, मस्तिष्क ठीक से काम नहीं करता, जैसे अन्दर-ही-अन्दर कोई जहर फैल रहा हो, जो उनकी स्फूर्ति, चमक और जीवन्तता को खा रहा है। वह चिन्तित हैं कि ठीक ऐसे मौके पर जबकि कई समस्याएँ पहले ही चारों ओर से घेरे हैं, स्वास्थ्य को क्या होता जा रहा है? यदि वह स्वस्थ न रहीं तो इन सबका सामना कैसे करेंगी?

डॉक्टर ने कहा है कि वह 'हाइपर टेंशन' से ग्रस्त हैं। उन्हें ज्यादा सोचना नहीं चाहिए, बेहतर हो वह शहर से कहीं बाहर आराम करने चली जाएँ।

'राजधानी' किसी छोटे स्टेशन को रौंदती निकल रही थी। वह खिड़की के हल्के रंगीन शीशे से बाहर देखने लगीं : बाहर की भूरी, सूखी चीजें यहाँ तक कि बिना पत्तियों के सूखे पेड़ भी, हरे और लुभावने नजर आ रहे थे। चन्द मिनटों में ही स्टेशन पीछे छूट गया और लोहे-से-लोहे के टकराने की एकसुरी आवाज आने लगी।

अब उन्हें अफसोस होता है। क्यों इस झंझट में फँसी? पुराने दिन याद आने लगते हैं। पिछले चार-पाँच सालों में ही क्या से क्या हो गया है। आज कॉलेज के सारे लोग उनके खिलाफ हैं। प्रिंसिपल ने उन्हें 'चार्जशीट' दे दी है। मैनेजमेंट, सुना

है, कहता है कि ऐसी औरत जिसके बारे में इतनी सारी बातें कही जाती हों लड़कियों को क्या पढ़ाएगी और क्या बच्चे उससे सीखेंगे! क्लासों में छात्राएँ खुलेआम उनकी खिल्ली उड़ाती हैं। उन्हें याद आता है वह दिन, जब वह अर्से बाद कॉलेज जाने लगी थीं। अभी शायद दूसरा या तीसरा ही दिन हुआ था। चौथा घंटा बजा। उनकी बी. ए. फाइनल की क्लास थी। वह पहुँचीं और पढ़ाने लगीं। उन्हें लगा लड़कियों का ध्यान पढ़ने में नहीं है। सारी क्लास में अजीब-सी खुसर-पुसर चल रही है। उन्होंने एक-दो बार लड़कियों को चेतावनी भी दी, पर कुछ असर नहीं हुआ। खैर, वह पढ़ाती गईं और इसी बीच कुछ लिखकर समझाने के लिए वह ब्लैक-बोर्ड की ओर मुड़ी ही थीं कि क्लास में बड़े जोर का ठहाका गूँज उठा–लड़कियों की सम्मिलित हँसी किसी टाइम-बम की तरह फट पड़ी। उनकी आँखों ने पढ़ा–बड़े-बजि में वहाँ पार्टी के प्रादेशिक नेता का नाम लिखा हुआ था, जिनके साथ वह चुनाव के पूर्व तक घूमा करती थीं। जिन्दगी में उन्हें कभी भी इतने बड़े अपमान का सामना नहीं करना पड़ा था, जितना इन लड़कियों ने कर दिया था। उसके बाद वह कुछ बोल नहीं सकी थीं क्लास में, और चुपचाप रजिस्टर उठाकर भागती हुई स्टाफ-रूम में आकर बैठ गई थीं। वहाँ बैठे साथियों ने शायद उनसे कुछ पूछा, पर उन्होंने सुना नहीं।

थोड़ी देर बाद उन्होंने चपरासी को आवाज लगाई, "रामआसरे, एक गिलास पानी लाना।"

उनका गला सूख रहा था। कुछ क्षण तक पानी नहीं आया। उन्होंने फिर आवाज लगाई। रामआसरे अब भी न जाने कहाँ था, और तीसरी बार जैसे ही रामआसरे सामने आया, वह बेतहाशा बरस उठीं, "सुनाई नहीं देता तुम्हें! एक घंटे से पानी माँग रही हूँ।"

रामआसरे ने ठंडे स्वर में कहा, "ठीक है ला रहे हैं। अभी तो आप आई हैं।"

शबरी जी की इस तरह के उत्तर सुनने की आदत समाप्त हो चुकी थी। वह चिल्ला उठीं, "जबान लड़ाते हो। अभी आई हैं! जाओ, जल्दी पानी लाओ।"

रामआसरे भी अब ताव में आ गया, "ठीक है, जब हाथ का काम खत्म करेंगे तब लाएँगे।" और वह डाक लेकर स्टाफ-रूम के बाहर जाने लगा कि शबरी जी दहाड़ीं, "तेरी ये हिम्मत! दो कौड़ी का आदमी...।"

उन्होंने अभी अपना वाक्य पूरा नहीं किया था, रामआसरे ने दरवाजे से ही कहा, "हम दो कौड़ी ही के सही, पर आप कितनी कौड़ी की हैं? मेहनत करते हैं उसका खाते हैं, इज्जत नहीं बेची है...।"

इसके आगे कुछ भी बोल पाना शबरी जी के लिए सम्भव नहीं था। रामआसरे चला गया। स्टाफ-रूम में सन्नाटा छा गया। उन्होंने स्वयं को इतना असुरक्षित और असहाय कभी नहीं महसूस किया था। उन्होंने पर्स उठाया और हड़बड़ाती हुई कॉलेज-कम्पाउंड से ही बाहर हो गईं।

इसके बाद से रोज ही इस तरह की घटनाएँ होने लगी हैं। कभी किसी क्लास में तो कभी किसी क्लास में। उन्होंने नोट किया था कि उनकी साथिनें भी उनसे बोलने से कतराती हैं, वैसे शबरी जी और उनके बीच कोई ऐसा मुद्दा रहा भी नहीं था, जिस पर बातचीत हो सके। यही नहीं, अन्य क्लर्क, चपरासी और चौकीदार आदि भी उनकी अवमानना करने से नहीं चूकते और अन्ततः जब यह सब असहनीय हो गया, उन्होंने मेडिकल सर्टिफिकेट भेज दिया। वैसे तब तक वह शायद बीमार हो चुकी थीं। वह यह सब भरी आँखों से देखती रही हैं। यह क्या हो गया है? पहले तो ऐसा नहीं था।

निश्चय ही पहले ऐसा नहीं था। यह सब इस चुनाव के बाद से शुरू हुआ है, उनकी बीमारी से लेकर अपमान की ये घटनाएँ। दिल्ली वह अक्सर ही जाया करती थीं, पर इस बार के दिल्ली जाने और पहले के जाने में अन्तर है। पहले वह कभी टिकट लेने और कभी अपने राज्य के लोगों की ओर से कोई 'डेलीगेशन' लेकर उच्च स्तर के नेताओं को अपना समर्थन देने या मुख्यमन्त्री पद के किसी खास उम्मीदवार की ओर से सिफारिश करने पहुँची होती थीं, जबकि आज वह किसी विशेषज्ञ डॉक्टर से सलाह लेने जा रही हैं।

शबरी जी पाँच फुट छह इंच लम्बी हैं। औरतों की बात रही दूर, औसत हिन्दुस्तानी आदमी से भी कुछ लम्बी ही। नाक-नक्श सुन्दर। वैसे अभी उम्र भी क्या होगी, यही कोई सैंतीस-अड़तीस के आसपास, पर हाल ही तक वह पच्चीस-तीस से ज्यादा नहीं लगती थीं और इसीलिए अपने प्रदेश के तरुण-दल की जानी-मानी नेता थीं। उस दौरान भी शायद आपने उन्हें देखा होगा? क्या रौब था, क्या लावण्य, क्या आत्मविश्वास और क्या तेजी। उन दिनों की याद आज भी ताजा है। यद्यपि ये बातें कुछ ही महीने पूर्व की हैं, पर लगता है जैसे इतिहास हों। वह राज्य की इतनी शक्तिशाली महिला मानी जाती थीं कि अक्सर स्थानीय नेता अपनी फरियाद लेकर उनके पास आते और उनमें भी इतनी शक्ति थी कि वह राज्य के प्रमुख नेताओं से लेकर दिल्ली में किसी भी मन्त्री से सीधे फोन उठाकर बात कर सकती थीं। इस बार उम्मीद थी कि शबरी जी को निश्चय ही टिकट मिलेगा और वह केन्द्र में मन्त्री बनेंगी। पर यह किसी को अन्दाज नहीं था कि उन्हें टिकट तक मिलने की नौबत नहीं आएगी। वह आज भी सोचती हैं, काश! यह पार्टी न बनती, जनता ही इतनी नाराज न होती, वरिष्ठ नेता दल न छोड़े होते या स्वयं वह ही मौके से दल बदल गई होतीं...! अब सिर्फ सोचा ही जा सकता था। आज वह मीटिंगों में नहीं जातीं या यों कह लीजिए कि उन्हें कोई बुलाता नहीं। उनके पति दीनानाथ पत्रकार का पत्र अब विज्ञापन रहित हो गया है और स्थानीय अखबार उनके बारे में कुछ इस

तरह के तथ्य छाप रहे हैं–जिन्हें 'स्कैंडल' कहा जा सकता है–जैसे कि प्रदेश के पार्टी अध्यक्ष के साथ, या फलाँ मन्त्री या मुख्यमन्त्री के साथ उनके सम्बन्ध थे। या उन्होंने फलाँ-फलाँ कमेटी का इतना हजार रुपया दबा लिया है, या फलाँ-फलाँ प्लाट अपने नाम कर लिया है और फलाँ-फलाँ सज्जन को लाइसेंस दिलवाकर इतना-इतना रुपया खाया है। इस सबसे घबराकर उन्होंने कुछ वक्तव्य भी दिए, जिनमें उन्होंने भूतपूर्व मन्त्रियों आदि की कड़े शब्दों में आलोचना की। वह प्रदेश के पार्टी अध्यक्ष के बारे में भी वक्तव्य देने जा रही थीं कि तभी एक सज्जन उनसे आकर मिले। उन्होंने अपने को किसी अखबार का प्रतिनिधि बतलाया और एकान्त में बात करने की इच्छा प्रकट की। बातचीत के बाद से वह इतना घबरा गईं कि अगले दिन से उनकी तबीयत तेजी से बिगड़ने लगी और ऐसी बिगड़ी कि आज तक सँभलने में नहीं आई है। अब वह वक्तव्य नहीं दे पा रही हैं, इससे भी उनकी घुटन बढ़ गई है और साथ ही बातचीत का आतंक उन पर ऐसा छाया है कि कहीं ठीक से बैठ भी नहीं पाती हैं।

वह सदा से अति महत्त्वाकांक्षी रही हैं। शायद यही उनकी सबसे बड़ी भूल थी। अच्छे खाते-पीते घर की थीं वह। कभी किसी चीज की उन्हें कमी नहीं रही। उन्होंने समाजशास्त्र में प्रथम श्रेणी में एम.ए. किया था और उसके बाद उन्हें तत्काल ही स्थानीय महिला विद्यालय में लेक्चरर की जगह मिल गई थी।

उन्हें अपने इंटरव्यू का दिन न चाहते हुए भी याद आने लगता है। दो बजे से इंटरव्यू शुरू होना था और चेयरमैन साहब की गाड़ी उन्हें लेने दस बजे ही उनके घर आ गई थी। ढाई बजे चेयरमैन साहब के साथ ही गाड़ी में वह कॉलेज पहुँची थीं। उनका सारा बदन हल्की-हल्की टूटन महसूस कर रहा था। उनके पैरों में अजीब-सा दर्द था और मन ग्लानि से कुछ-कुछ खिन्न। इंटरव्यू के बाद उन्हें बतलाया गया था कि वह चुन ली गई हैं और नियुक्ति-पत्र कल उन्हें मिल जाएगा। यह सुनकर उनकी सारी ग्लानि व थकान जाती रही और पैरों का दर्द वह भूल गई थीं।

शुरू में शान्ति से दिन गुजर रहे थे, जो कुछ था वह सीमित था। ज्यादा बातें भी नहीं होती थीं, पर उनकी महत्त्वाकांक्षाएँ थमने को नहीं आ रही थीं। चेयरमैन साहब के सम्पर्क से ही वह स्थानीय नेताओं और फिर राज्य स्तर के नेताओं के सम्पर्क में आईं।

एक दिन चेयरमैन साहब ने, जो कि नगरपालिका के भी अध्यक्ष थे, उन्हें बतलाया कि राज्य के शिक्षामन्त्री आनेवाले हैं। वह घर पर एक विशेष दावत दे रहे हैं, जिसमें कुछ गिने-चुने लोग होंगे। दावत के प्रबन्ध का जिम्मा चेयरमैन साहब ने शबरी जी को सौंप दिया था। उन्होंने सारा काम बहुत ही मनोयोग से किया था और मन-ही-मन उन्होंने शिक्षामन्त्री से वर्तमान शिक्षा पद्धति पर बातचीत करने के लिए कुछ प्रश्न भी तैयार कर लिए थे। किसी मन्त्री से मिलने का उनका यह पहला मौका

था। वह कुछ 'नर्वस' भी थीं, पर शबरी जी को सबसे ज्यादा आश्चर्य शिक्षामन्त्री से मिलकर ही हुआ। बातचीत से उन्हें पता चल गया कि शिक्षामन्त्री का, और चाहे जिससे हो, शिक्षा से दूर-दूर तक कोई लेना-देना नहीं है। मन्त्री महोदय लगातार अंग्रेजी बोलने की कोशिश कर रहे थे और लन्दन, जेनेवा, न्यूयार्क के किस्से बतला रहे थे, जहाँ वह सरकारी खर्च पर घूमकर आए थे, पर तथ्य यह था कि उन्हें हिन्दी भी ठीक ढंग से बोलनी नहीं आती थी। बाद में शबरी जी को पता चला कि मन्त्री महोदय दस पास थे या नहीं, इसमें भी लोगों को शंका थी। इसी से उन्हें महसूस हुआ कि राजनीति बहुत आसान है। हर समय ऊँची-ऊँची बातें करो और सबसे अधिक सुविधाओं में रहो। उनकी दूसरी महत्त्वपूर्ण मुलाकात हुई थी प्रदेश पार्टी अध्यक्ष से, जिसने उनकी जीवनधारा को ही मोड़ दिया था।

उनका जाना-पहचाना चेयरमैन साहब का सजा-सजाया कमरा ही था। पंसारीनुमा, कोयले के रंग का, गोल मुँह वाला एक आदमी, जिसकी आँखें चिंपाजी की तरह छोटी-छोटी और नाक सुअर के थूथन-जैसी थी, सफेद झक खादी के कपड़ों में सजा चारों ओर से लोगों से घिरा था। उन्हें बतलाया गया था यह बहुत शक्तिशाली आदमी हैं। इनके इशारे से बहुतों के भाग्य बनते और बिगड़ते हैं। चेयरमैन साहब ने परिचय करवाया, "नेताजी यह हैं शबरी शर्मा...! बड़ी होनहार हैं। हमारे कॉलेज में पढ़ाती हैं...हैं....हैं...हैं। पालिटिक्स में आना चाहती हैं।"

शबरी जी ने मुस्कराते हुए हाथ जोड़ दिए थे। अध्यक्ष महोदय की छोटी-छोटी आँखें लाल हो चमकने लगी थीं। वह धोती में लिपटी अपनी टाँगों को घसीटते बत्तख की तरह शबरी जी की ओर इस तरह बढ़े थे, जैसे बाघ अपने शिकार की ओर, और तब शबरी जी अचानक सिहर-सी उठी थीं। शायद एक पल के लिए उन्होंने आँखें बन्द कर ली थीं कि तभी एक लिजलिजा हाथ उनके कन्धों पर आकर टिका था। अध्यक्ष महोदय कह रहे थे, "चेयरमैन साहब, तुम्हारी बहुत तारीफ करते हैं भई! हूँ तो बेटा, तुम क्या करती हो?"

'बेटा' शब्द सुनकर वह कुछ आश्वस्त हुई थीं और उन्होंने हौले-से जवाब दिया था, "पढ़ाती हूँ, समाजशास्त्र।"

"बड़ी अच्छी बात है। तुम पालिटिक्स में आना चाहती हो, यह जानकर खुशी हुई। हम तो चाहते हैं यंग-ब्लड आगे आए। तुम हमारी पार्टी ज्वाइन कर लो। ठीक है।" और उनका हाथ शबरी जी के एक कन्धे से दूसरे कन्धे तक फैल गया। शबरी जी को लगा था वह एक छोटी-सी चिड़िया की तरह हैं, जो किसी बाज के शक्तिशाली पंजे में जकड़ी फड़फड़ा रही हैं पर वास्तव में वह फड़फड़ाई नहीं बल्कि स्वयं ही बाज के पंजे के नीचे आ गई थीं।

वह पार्टी की सदस्य हो गईं। अध्यक्ष महोदय का वरद-हस्त उनके सर पर था और देखते-ही-देखते वह धीरे-धीरे राज्य की राजधानी, दिल्ली, कलकत्ता, बम्बई और

न जाने कहाँ-कहाँ आने-जाने लगीं। सब जगह वह जाकर स्टेट गेस्ट हाउसों में या थ्री स्टार होटलों में रहतीं और सरकारी गाड़ियों में यहाँ से वहाँ घूमतीं। वह देख रही थीं कि एम.पी., एम.एल.ए. ही क्या, मन्त्री तक उनसे कम पढ़े-लिखे हैं और उनके सामने कहीं नहीं ठहरते हैं। उन्होंने निर्णय ले लिया। बड़े-बड़े लोगों से सम्बन्ध बनाओ और अगला चुनाव लड़ो। पहले एम.पी., फिर उप-मन्त्री फिर राज्य मन्त्री और...और...और वह सुखद सपनों में खो जातीं।

इन्हीं दिनों की एक और घटना वह भूले नहीं भूलतीं। एक रात उन्होंने एक अजीब-सा सपना देखा था—वह एक जंगल के बीच से जान बचाकर भाग रही हैं और खूँखार भेड़ियों का दल अर्द्ध चन्द्राकार उनका पीछा कर रहा है। भेड़ियों की आँखें अँगारों की तरह जल रही हैं, उनकी जीभें बाहर लटकी हैं, जिनसे लगातार लार टपक रही है और उनके गलों से खौफनाक गुर्राने की आवाज आ रही है। भेड़िए यद्यपि उनके बहुत नजदीक दौड़ रहे हैं, पर वह उन्हें खा नहीं रहे हैं बल्कि उन्हें लगातार दौड़ा रहे हैं और रह-रहकर उनके कपड़ों को नोचते चले जा रहे हैं, जिससे वह लगभग अर्द्धनग्न-सी हो गई हैं। इसके बाद क्या हुआ उन्हें ठीक से याद नहीं। शायद वह दौड़ते-दौड़ते गिर पड़ी थीं और भेड़िए उन्हें नोचने लगे थे, पर अजीब बात यह थी कि जब वह खड़ी हुईं, तो यही नहीं कि उनको कहीं खरोंच भी नहीं आई थी, बल्कि, यद्यपि भेड़ियों की आँखें अब भी उनके चारों ओर अँगारों की तरह ही जल रही थीं, उनकी जीभें बाहर लटकी हुई थीं और उनसे लार टपक रही थी, वे सब-के-सब उनके चारों ओर पालतू कुत्ते की तरह दुम हिला रहे थे।

अब शबरी जी की घबराहट भी खत्म हो गई थी और उनमें इतनी हिम्मत भी आ गई थी कि बीच-बीच में वह उन्हें एक छड़ी से धमका भी रही थीं। सबसे ज्यादा आश्चर्य की बात यह थी कि उनके शरीर पर कपड़े की एक कतरन नहीं थी।

पर नींद में देखे सपनों को ज्यादा महत्त्व सफलता के लिए बढ़ते आदमी को नहीं देना चाहिए। उसके लिए जाग्रतावस्था में देखे सपने ज्यादा महत्त्वपूर्ण होते हैं। शबरी जी ने भी यही किया। उनका नेताओं-मन्त्रियों से मिलना-जुलना बढ़ता गया। वह अपने शहर से अधिकतर बाहर ही रहने लगी थीं। विमान से कभी दिल्ली हैं, तो कभी बम्बई।

और इसी बीच आपातकाल और चुनाव आए थे। छप्पर फाड़कर वह अपने प्रदेश की एक छत्र तरुण नेता हो गई थीं। शहर के सारे नेता, अधिकारी तथा संस्थाएँ उनसे काँपने लगी थीं और उनसे मिलनेवालों की भीड़ लगी रहती थी और इसी दौरान उनके प्रयत्नों से केन्द्र के प्रसिद्ध युवा नेता उनके शहर में आए थे। भरी सभा में उन्होंने शबरी जी की प्रशंसा की।

उनके साथ राज्य के मुख्यमन्त्री समेत कई अन्य मन्त्री थे, जिससे राज्य स्तर पर उनकी धाक और जम गई थी। बाद में कई मन्त्री उनके घर आए थे। मुख्यमन्त्री

ने उन्हें राजधानी बुलाया था, सरकारी गाड़ी भेजकर, और उनसे बहुत देर तक परामर्श करते रहे थे। वह राज्य महिला कल्याण बोर्ड की अध्यक्षा बन गईं। इसके साथ ही न जाने कितनी सरकारी, गैर-सरकारी समितियों की भी वह सदस्य हो गईं। अखबारों में उनके फोटो छपने लगे–कहीं वह मुख्यमन्त्री के साथ हैं, तो कहीं राज्यपाल, तो कहीं किसी केन्द्रीय मन्त्री का स्वागत कर रही हैं। इस सबका नतीजा भी सामने आने लगा। उन्होंने एक खूबसूरत-सी कार ले ली तथा उनके पति का 'तांडव' जो पहले सिर्फ साप्ताहिक था वह भी अनियमित, अब दैनिक हो गया–शहर का सबसे पहला दैनिक।

पर इस दौरान सबसे बड़ी बात यह थी कि उन्होंने एक संस्था खोली थी और इस संस्था की राज्य के कई एक शहरों में शाखाएँ भी स्थापित हुई थीं। राज्य सरकार की ओर से इसे बहुत मदद मिली थी और शबरी जी प्रयत्न कर रही थीं कि उन्हें विदेशों से भी सहायता मिले। उन्होंने अमेरिका, स्वीडन, नार्वे और कनाडा की कुछ स्वयंसेवी संस्थाओं से बातचीत चलाई थी। राज्य के स्वास्थ्य मन्त्रालय से तो उन्हें काफी बढ़ावा मिला ही था, कुछ विदेशी संस्थाओं ने भी उन्हें उपकरण, एम्बुलेंस और दवाएँ भेजी थीं। वह शीघ्र ही विदेशों के दौरे पर भी जानेवाली थीं। इस संस्था का नाम था 'परिवार-नियोजन बढ़ाओ समिति' और अब यही संस्थान उनके गले में मरे हुए साँप की तरह लटका हुआ था।

कुछ दिन से वह देख रही हैं कि उनके शहर और राज्य स्तर के अखबार कुछ इस तरह की बातें विस्तार से छाप रहे थे, जिसमें उन पर 'नियोजन' के नाम पर कई लाख रुपया हड़प जाने का आरोप था। कुछ अखबारों ने उनके विदेशों से धन प्राप्त करने के बारे में भी छापा था और एक ने तो उनका सम्बन्ध सी.आई.ए. से जोड़ दिया था। नतीजा यह हुआ था कि सी.बी.आई. ने उनके घर व दफ्तर में छापा मारा था और बहुत सारे कागजात कब्जे में कर लिए थे। कुछ गिरफ्तारियाँ भी की थीं। जैसे उनकी संस्था के एकाउंटेन्ट व सेक्रेटरी हिरासत में ले लिए गए थे।

शबरी जी को लगता है अब उनकी बारी है? प्रदेश-पार्टी अध्यक्ष और चेयरमैन साहब ने उनसे नाता तोड़ लिया था, जबकि संस्था में उनका भी उतना ही हाथ था। पर वे पुराने खिलाड़ी थे, उन्होंने कहीं कोई प्रमाण नहीं छोड़ा था–लिखित या अलिखित। शबरी जी को बलि का बकरा बनाया जा रहा था और वे लोग अपने को दूध का धुला साबित करने में लगे हुए थे। वह रह-रहकर महसूस करती हैं कि किसी भी क्षण, किसी भी पल वह हो सकता है, जिसके बारे में उन्होंने कभी सोचा भी नहीं था। उस दौरान कई लोग उनके इशारे पर बन्द हुए थे और अब जेल के बारे में जो समाचार आ रहे थे कि वहाँ बन्दियों पर किस तरह के अत्याचार होते हैं उन्हें पढ़कर शबरी जी बहुत ही आतंकित हो उठती हैं। क्या यह फूल जैसी काया और भँवरे-जैसा मन एक कोठरी में रह पाएगा–सारी

दुनिया से कटे भयानक एकान्त में। अपने शहर में उन्हें लगता है हर आदमी उनका दुश्मन है। उनका पीछा किया जा रहा है और उन्हें कभी भी गिरफ्तार किया जा सकता है।

भय, आतंक और निराशा के इसी दौर में उन्हें आशा की एक किरण दिखलाई पड़ी। यदि यह सिद्ध किया जाए कि वह किसी भयानक बीमारी से पीड़ित हैं तो क्या वह गिरफ्तारी से बच सकती हैं? जैसे कि यदि यह कहा जाए कि वह दिल की बीमारी से ग्रस्त हैं और किसी तरह का मानसिक तनाव या सदमा सहन नहीं कर सकती हैं तो क्या उन्हें छोड़ दिया जाएगा, इलाज के बहाने?

यह बात उन्होंने अपने डॉक्टर से पूछी। डॉक्टर ने कहा—यह सम्भव है, पर स्वयं उसने इस तरह के किसी काम में सहयोग करने से इनकार कर दिया। डॉक्टर ने उन्हें समझाया कि हाइपर-टेंशन की तो वह मरीज हैं ही यदि यह बीमारी बढ़ी तो 'हार्ट अटैक' और 'हार्ट फेल' होने में भी देर नहीं लगती। और इन्हीं सब तनावों के माहौल में उन्होंने निर्णय किया कि वह शहर के बाहर कहीं चली जाएँ। इसके अलावा यदि वह गिरफ्तार भी की जाएँ तो कम-से-कम अपने शहर में न हों। उन्होंने सारी योजना बनाई और अब वह दिल्ली को जा रही थीं।

शबरी शर्मा डॉ. वाई.आर. मेनन को कन्सल्ट करने जा रही हैं। डा. मेनन 'वर्ल्ड फेम' के कार्डियोलॉजिस्ट हैं। शबरी शर्मा भी तो किसी तरह की कोई कसर नहीं रखना चाहती हैं। वह चाहती हैं कि बस उनका इलाज हो जाए। इलाज यानी उनको सर्टिफिकेट मिल जाए, फिर चाहे पैसा कितना भी खर्च क्यों न हो। उन्होंने पिछले दो-ढाई साल में जो कुछ कमाया, उसे वह खर्च करने को तैयार हैं, बशर्ते कि उनकी खोई साख फिर जम जाए। वह फिर से अपने शहर में सिर उठाने लायक हो जाएँ। उनको जेल न जाना पड़े। अगर वह जेल चली गईं तो वह किस मुँह से अपने शहर में लौटेंगी, जहाँ उनकी इतनी प्रतिष्ठा थी, इतना सम्मान था, इतना रुतबा था। नहीं कुछ भी हो, कुछ तो करना ही होगा।

एक तरफ वह इलाज करेंगी और दूसरी तरफ केन्द्रीय सरकार में अपने राज्य के जो मन्त्री हैं उनके पैर पकड़ेंगी। जरूरत हुई तो वह चोटी के कुछ नेताओं से भी मिलेंगी और शासक दल के अध्यक्ष से भी अपनी फरियाद करेंगी। कुछ-न-कुछ तो करके ही जाएँगी। शबरी जी को स्वयं पर विश्वास है, अपनी योग्यताओं पर, अपने भविष्य पर। वह बहुत ही आशावादी किस्म की औरत हैं और हार मानना उन्होंने सीखा ही नहीं है।

आज शबरी जी का शाम सात बजे डॉक्टर मेनन से मिलने का समय तय है। उन्होंने अपनी योजना पर पूरी तरह फिर सोच लिया है कि वह डॉक्टर से क्या कहेंगी! धीरे-धीरे तैयार हो रही हैं वह। उन्होंने एक बार वह लेख फिर पढ़ लिया जिसमें दिल की बीमारी के कारण और 'सिम्टम्स' लिखे हैं। वह डॉक्टर को सीधे-सीधे कुछ नहीं बतलाएँगी। धीरे-धीरे उससे हेल-मेल बढ़ाएँगी और फिर डॉक्टर के कोई निर्णायक बात कहने से पहले ही बतला देंगी कि वह वास्तव में क्या चाहती हैं।

डॉक्टर के क्लीनिक से कोई दो-तीन फर्लांग पहले उन्होंने टैक्सी छोड़ दी और वह तेज कदमों से क्लीनिक की ओर चलने लगी हैं। उन्होंने घड़ी देखी अभी पन्द्रह मिनट बाकी हैं और वह किसी भी हालत में सात बजे से पहले वहाँ नहीं पहुँचना चाहती हैं जिससे उन्हें वहाँ बैठना न पड़े।

जब वह क्लीनिक पहुँचीं, सात से ऊपर हो चुका था। वह हाँफ रही थीं। उन्होंने रिसेप्शनिस्ट को अपना नाम बतलाया। भीतर जाने की अनुमति उन्हें मिल गई। शबरी जी ने थोड़ा रुककर साँस ली, पसीना पोंछा और डॉक्टर के केबिन की ओर बढ़ चलीं।

शबरी शर्मा ने देखा, डॉक्टर पैंतालीस-पचास के आसपास, आकर्षक व्यक्तित्व का खुशमिजाज आदमी है। साँवला अवश्य है, पर उस साँवलेपन में भी एक आकर्षण है। बातचीत में अद्भुत मिठास है।

वह आश्वस्त हो गईं, भाग्य उनके साथ है। यह आदमी अजेय नहीं हो सकता। वह आदमी को पहचानती हैं, शक्ल से पहचानती हैं, आखिर उन्होंने भी तो एक से एक घाघ देखे हैं जिन्दगी में। वह मात नहीं खा सकतीं।

डॉक्टर ने केस हिस्ट्री ली, फिर बी.पी. और उसके बाद उनको कुछ टैस्ट कराने के लिए अपने एक परिचित 'पैथोलॉजिस्ट' के पास भेज दिया, "परसों तक आप यूरिन, ब्लड और ई.सी.जी. करा लें फिर उसी दिन शाम को आ जाइए। तब तक ये गोलियाँ खाइए। घबराने की कोई बात नहीं, बहुत ही प्रारम्भिक मामला है। आप बिलकुल ठीक हो जाएँगी।"

डॉक्टर ने उनके हाथ में पर्चा थमा दिया और वह जाने के लिए खड़ी हुई तो सौजन्यता में डॉक्टर भी कुर्सी से खड़ा हो गया। यह ताड़ते उन्हें देर न लगी कि डॉक्टर उनके व्यक्तित्व से प्रभावित हो चुका है। अगला मरीज केबिन में आया और वह बाहर निकल आईं।

शबरी जी डॉक्टर के यहाँ से लौटते समय काफी आश्वस्त एवं निश्चिन्त थीं, उनकी सफलता का यह पहला पड़ाव था। चलो 'हार्ट डिजीज' है। यह तो 'तय' हो गया, आगे की आगे देखेंगे। चूँकि डॉक्टर उन्हें काफी मानवीय लगा, इसलिए भी वह काफी सहज हो गईं। उन्हें सिर्फ एक ही नींद की गोली खानी पड़ी और वह सारी रात बिना किसी दुःस्वप्न के सोती रहीं।

निश्चित किए गए दिन वह सारी रिपोर्ट लेकर ठीक पहले की तरह क्लीनिक से कुछ पहले ही टैक्सी से उतरकर पैदल पहुँचीं। नियत समय होने में अभी एकाध मिनट की देर थी। डॉक्टर अन्दर मरीज देख रहा था और रिसैप्शनिस्ट ने उन्हें बैठने के लिए कह दिया था। वह सोच रही थीं कहीं इनमें से किसी रिपोर्ट से भेद न खुल जाए कि तभी डॉक्टर ने उन्हें अन्दर बुलवाया।

डॉक्टर ने मुस्कराकर उनका स्वागत किया "कहिए मिस शर्मा!"

"मिस नहीं, डॉक्टर साब मिसेज।" शबरी जी ने मुस्कराकर डॉक्टर को टोका। उनकी आँखों में एक पल के लिए वही शोखी तैर गई जो कुछ समय पहले तक उनकी विशेषता रही थी।

"ओ सॉरी, आई एम वेरी सॉरी," डॉक्टर मुस्कराया, "लेकिन देखिए, इससे कोई अन्तर नहीं पड़ता। ऐलिजाबेथ टेलर को देखिए, कई बार विवाह कर चुकी हैं पर मिस ही रहती हैं। फिल्म-एक्ट्रेसों को छोड़िए अमेरिका के राष्ट्रपति कार्टर की मदर के नाम के आगे मिस ही लगता है–मिस लिलियन कार्टर?"

शबरी जी मुस्कराईं, "जी हाँ, सुना है अमेरिका के कुछ इलाकों में मैरिड औरतों के आगे भी मिस ही लिखा जाता है। फिर मैं तो पर्सनली माइंड नहीं करती। मिस रहने में जो चार्म है डॉक्टर साहब वह मिसेज होने में कहाँ?"

इस पर डॉक्टर ठठाकर हँसा था और शबरी शर्मा की यह एक बड़ी विजय थी। उनकी रही-सही घबराहट भी दूर हो गई और वह अधिक विश्वास से डॉक्टर का सामना करने के लिए जम गईं।

"कैसी हैं आप?" डॉक्टर तुरन्त ही सामान्य हो अपने काम पर लग गया "रिपोर्ट लाई हैं?"

"जी हाँ।" शबरी जी ने पर्स खोला।

"परेशानी तो नहीं हुई।"

"जरा भी नहीं?" शबरी जी मुस्कराईं और रिपोर्टों के कागज डॉक्टर के हाथ में पहुँच गए।

डॉक्टर ने रिपोर्टों को लेते हुए पूछा, "नींद तो ठीक से आई न!" और वह रिपोर्ट देखने लगा।

"जी हाँ, डॉक्टर साहब इधर कुछ ठीक है पर डॉक्टर साहब सर में लगातार दर्द रहता है, रात को बहुत बढ़ जाता है। इसके अलावा हल्का बुखार और जोड़-जोड़ दुखता है।" शबरी जी इस समय सच-सच बतला रही थीं, पर उन्हें लगा डॉक्टर उनकी बातें नहीं सुन रहा है। उसकी आँखें तन गई हैं। उसने एक बार अपना चश्मा ठीक किया और फिर से रिपोर्ट देखने लगा। अचानक डॉक्टर ने महसूस किया कि शबरी जी ने बोलना बन्द कर दिया है।

गम्भीर चेहरे से डॉक्टर ने पूछा, "क्या कहा आपने, सर दर्द रहता है...?"

"जी हाँ डॉक्टर साहब, रात को बहुत अधिक बढ़ जाता है जैसे सर फट जाएगा...?"

आगे की बात डॉक्टर ने शबरी जी के मुँह से छीन ली, "हल्का-हल्का बुखार भी रहता है?"

"जी हाँ?"

"जोड़ों में भी दर्द रहता है?"

"जी–हाँ?"

"हड्डियों में भी दर्द?"

"जी हाँ!" शबरी जी की समझ में नहीं आया क्या बात है कि डॉक्टर गम्भीर होता जा रहा है। हो सकता है वह वाकई 'हार्ट पेशेन्ट' हों, 'सीरियस' किस्म की।

डॉक्टर ने थर्मामीटर उनके मुँह में लगाया और इस बीच फिर से रिपोर्टों का मुआयना करने लगा। थर्मामीटर निकालकर डॉक्टर ने देखा।

"बुखार है, डॉक्टर साब?"

डॉक्टर ने स्वीकृति में सर हिलाया।

डॉक्टर ने शबरी जी से मुँह खोलने को कहा और टार्च से मुआयना करने लगा। उनके तालू में छोटे-छोटे घाव नजर आ रहे थे। फिर डॉक्टर ने गौर से उनके चेहरे को देखा– जिस दाग को शबरी जी ने पाउडर और क्रीम से दबा दिया था वह पसीने के कारण अब तक उभर आया था। डॉक्टर ने पूछा, "यह दाग कब से है?"

"कोई डेढ़ महीने से।"

"माई गॉड।" डॉक्टर ने कहा।

"डॉक्टर साब बात क्या है?" शबरी जी ने घबराकर पूछा।

"आपको यह बीमारी कब से है?"

"यही कोई दो-एक महीने से।"

"नहीं, पहले भी हुई होगी। तब आपने इसका इलाज करवाया था?"

"नहीं डॉक्टर साब। यह तो लोकसभा चुनाव के बाद से शुरू हुई थी।"

डॉक्टर ने धीरे-धीरे कहना शुरू किया, "नहीं, यह काफी पहले से है। अरे हाँ, यू आर अंडर रॉंग इम्प्रेशन। आप हार्ट की पेशेन्ट नहीं हैं...।"

"पर–" शबरी जी ने बात काटने की कोशिश की।

"असल में आपको दूसरी बीमारी है।"

"हाईपरटेंशन।" शबरी जी ने सामान्य तरीके से कहा।

"जी नहीं, प्राबेब्ली इट्स सम एस.टी.डी. ...आइ थिंक सिफलिस।"

"ह्वाट, डॉक्टर?" शबरी चीखीं।

“देखिए, घबराइए नहीं। लगता है आपको यह बीमारी लम्बे समय से है। किसी स्पेशलिस्ट को दिखला लीजिए...।” कुछ रुककर वह फिर बोले, “हो सकता है, मेरा अनुमान गलत हो, पर आप दिखला अवश्य लीजिए।”

शबरी जी अवाक् देखती रहीं।

“देखिए,” डॉक्टर ने कुछ रुककर आश्वस्त करनेवाले पेशेवर अन्दाज में कहा, “लगता है, अभी बात ज्यादा बिगड़ी नहीं। ठीक से इलाज होगा तो आप बिलकुल नार्मल हो जाएँगी। पर मुझे आश्चर्य है कि इतनी समझदार होने के बावजूद आपने इसे इतना बढ़ने क्यों दिया?”

“डॉक्टर, मुझे मालूम नहीं था।” शबरी जी ने किसी तरह से कहा और वह फफक उठीं।

(1977)

लाजवाब

बच्चीराम 'तहा'[1] की दुकानों से काफी दूर आ चुका था, दमे का शरीर होने के कारण उसका हाल खासा खराब हो चुका था, और अब एक कदम चलना नन्दादेवी की चोटी पर चढ़ने जैसा भारी हो गया था। पर उसके दिमाग में लगातार वही खबर उथल-पुथल मचाए थी, जिसे उसने पधान की दुकान के अखबार में पढ़ा था। गाँव का आधा ही रास्ता तय हो पाया था। उसके साथ आए लोग कहाँ के कहाँ निकल चुके थे और पीछे आते लोग बिना आपस में एक शब्द भी बोले निकल जाते थे। बच्चीराम के कन्धे पर शाम की गाड़ी से रामनगर से आए मोटर की कमानी के दो टुकड़े थे जो उसने अपने गाँव के एक ड्राइवर से हाथ-पैर जोड़कर मँगवाए थे। इनके भार ने उसकी हालत और भी बिगाड़ दी थी। बच्चीराम को अब अपनी व्यर्थ की बहादुरी पर पछतावा हो रहा था। चनिया की माँ ने उससे कई बार कहा था, "चनिया के बाबू बस हो गया, तुम्हारे वश का नहीं रहा अब तीन मील नीचे से लोहा-लंगड़ लाना। जब चनिया आ जाएगा उसे भेज देंगे।" पर वह माना नहीं था। अब चनिया क्या-क्या करेगा। न जाने जंगल से बक्कल्ल[2] लेकर कब लौटे उस पर घन-हथौड़ी भी चलाता है और सुबह उठते ही स्कूल के लिए दौड़ा-दौड़। नहीं-नहीं मैं चला जाऊँगा जरा घुमाई भी हो जाएगी, उसने सोचा था। वैसे तहा की दुकानों में जाना सैर जैसी हो ही जाती है। आसपास के गाँव के लोग इधर-उधर से पन्द्रह पैसे की अद्धी चाय पर दुनिया भर की कह-सुन लेते हैं तो कठोर और बंजर पहाड़ी जीवन की अगली सुबह का सामना करने की हिम्मत कुछ और जुट जाती है। कभी बच्चीराम अक्सर ही समय निकाल तहा की दुकानों में आ जाता था और शाम को मौका लगा तो एक-आद मछली भी मारकर या खरीदकर ले जाता था पर अब साँस की वजह से बहुत कम ही हिम्मत कर पाता है।

कभी दिल में आता इन टुकड़ों को यहीं-कहीं रखकर चला जाए, चनिया या उसकी माँ ले आएगी। पर इस लोहे को छोड़ पाना उसके लिए सम्भव नहीं हो पा रहा था। ऐसा लोहा कई दिन बाद हाथ लगा था। कमानी का लोहा मजबूत होता

1. घाटी।
2. चीड़ के पेड़ों की छाल।

है, दातुलों और हल के फाल के लिए लाजवाब। कुछ लोगों ने उससे अच्छे दातुलों की माँग की थी, पर यह बहाना था। वह खुद कई दिन से चाहता था कि अच्छा लोहा मिले तो जरा दिल से काम करे। ऐरे-गैरे लोहे को पीटने-ठोकने में मजा भी नहीं आता, पर अब हिम्मत नहीं रही थी। बक्कलों से लोहा तपाना मानो अपनी हड्डियाँ फूँककर लोहा तपाना है। उत्साह में उसने लोहा मँगा तो लिया था पर अब उसे कौन तपाएगा, कौन पीटेगा और कौन मोड़ेगा। है उसके शरीर में इतनी जान? फिर यह खेल किसके बल पर? तेरह साल के बच्चे के ही बल पर ना! इससे आगे उससे कुछ भी सोचा नहीं गया।

खानदानी लोहार है बच्चीराम। उसके पिता ने भी यही काम किया था, दादा ने भी और परदादा ने भी। पिता से ही उसने लोहारगिरी सीखी थी, यद्यपि वह चाहते थे कि उनका बेटा पढ़-लिख जाए और कोई ऐसा काम कर ले जिससे पूरी मेहनत के बदले पूरा पेट भी भरे। बच्चीराम को याद है कि हाड़-तोड़ मेहनत के बावजूद शायद ही कोई दिन ऐसा रहा हो जिस दिन उनके परिवार का पेट भर पाया हो। पिता से उसे विरासत में लोहारगिरी ही नहीं मिली, यह आधा पेट रहने की परम्परा भी मिली। सच बात तो यह थी कि वे लोग गरीबों के लोहार थे, इसलिए और भी गरीब थे। गाँव में खेती करनेवाले लोग वैसे जिंमीदार[1] कहलाते थे पर उनकी जमीन कहने भर को जमीन थी, फिर चाहे जितनी नाली[2] हो।

गाँव का नौला आ चुका था। यानी गाँव अभी भी मील भर था, सीधी चढ़ाई। शाम के झुटपुटे में गाँव की औरतें, बच्चे पानी से भरे फौंले[3] बाल्टियाँ और कनस्तर उठाए तेजी से घरों को लौट रहे थे। वह सोचने लगा देखो—विकास की कैसी-कैसी योजनाएँ नहीं चलीं, पटवारी-पेशकार, बी.डी.ओ., ए.डी.ओ., सहकारी बैंक, रासायनिक खाद न जाने कौन-कौन और क्या-क्या नहीं आया। कभी कहा गया गाँव में गूल[4] आनेवाली है, कभी सुना गाँव में पीने के पानी का नल लगनेवाला है, घर-घर पानी आ जाएगा। पर सब कुछ वहीं का वहीं रहा। उसने इधर-उधर जरा रुककर चढ़ी साँस के कारण आँख में भर आए पानी को पोंछकर देखा, शायद चनिया या उसकी माँ भी हो। पर कोई नजर नहीं आया। शायद पानी लेकर जा चुके हों। कोई होता तो एक लोहे का टुकड़ा ले जा देता। वह फिर चलने लगा।

पीछे से एक भारी पदचाप तथा साँसों की आवाज बढ़ती नजदीक आती जा रही थी। बच्चीराम मुड़ा। कोई आदमी घास का भारी बोझा लादे चला आ रहा था। एक तो साँझ का झुटपुटा ऊपर से घास से उस व्यक्ति का चेहरा कुछ इस तरह ढँका था

---

1. जमींदार।
2. जमीन का स्थानीय पैमाना
3. ताँबे और पीतल के गागर।
4. नहर।

कि धुएँ और आग की सतत् चमक से असमय खराब आँखों से, बहुत कोशिश के बावजूद भी, बच्चीराम उस घास वाले को नहीं पहचान पाया और सिर्फ उत्सुकतावश कि देखें कौन आ रहा है, वह वहीं खड़ा हो गया।

बिलकुल पास आकर घास वाले ने पूछा, "क्यों बच्चीराम कहाँ से दौड़?" तो वह जाना कि अरे ये तो तल बखई[1] का गुमान सिंह है। घास को साथ ही भीड़े पर टिका गुमान सिंह थोड़ी देर सुस्ताया और बिना ज्यादा कुछ कहे चलता बना। कभी खूब बोलने वाला गुमान सिंह अब बात करना तो दूर, आदमी से भी बचता है। अकेला-अकेला, अपने ही विचारों में खोया।

थोड़ी देर बाद बच्चीराम भी चल पड़ा, हौले-हौले। दिमाग में फिर कई तरह की बातें आने लगीं। बातें क्या बातों का सिलसिला, जैसे किसी उलझे धागे के गोले का सही सिरा हाथ आ जाए। अब देखो, क्या हालत हो गई इस बेचारे की। कैसी अजीब बातें चली थीं तब–फलों के बागों की बातें। विकास के लोगों ने कहना शुरू किया था, पहाड़ी जमीन खेती लायक नहीं है, यहाँ बाग लगने चाहिए–खुमानी, सेब, आड़ू, नाशपाती और भी न जाने क्या-क्या। आ गए कुछ लोग बातों में। इस गुमान सिंह ने, जिसके दो भाई दिल्ली में हैं, एक लम्बे-चौड़े टुकड़े पर 'विकास' का ऋण लेकर कमर-कमर गड्ढे खोद पेड़ लगाने शुरू कर दिए। पहाड़ी जमीन, एक-एक गड्ढा खोदने में एक-एक दिन लगा और चार-पाँच सौ पेड़ रोपे गए। बीच-बीच में विकास के अधिकारी आते, सलाह देते, कभी कोई खाद बताते, कभी कोई दवा बताते और चले जाते।

बाग लगने के कुछ दिनों तक गुमान सिंह बहुत बहकता फिरा, अब मेरा बाग लग गया है। पाँच-छह साल की बात ठहरी। पेड़ फल देने लगेंगे। बस खेती के झंझट से छुटकारा ही हो जाएगा। आराम से किसी मुसलिए[2] को ठेका दिया, आठ-दस हजार रुपए लिए और बैठे रहे। उसकी देखा-देखी कुछ और लोगों ने भी पेड़ लगाए, पर हाय री किस्मत! ठीक उसी साल वर्षा देर से हुई। एक-एक करके पेड़ सूखने लगे, ऊपर से उनमें पड़ी थी रासायनिक खाद। अब पानी कहाँ से लाएँ? पेड़ों को तो छोड़ आदमियों को ही पीने का पानी मिलना दूभर हो गया था। एक ही हफ्ते में सारे के सारे पेड़ ऐसे हो गए जैसे किसी ने आग लगा दी हो। गुमान सिंह की तो जैसे कमर ही टूट गई। पाँच-सात हजार के नीचे आ गया। विकास का ऋण भी नहीं चुका सका समय पर और हाल ही में उस चक्कर में एक महीने की कैद की सजा भी काट आया है। अब सर छिपाने से क्या होगा। अब फिर बातें चल रही हैं कि बिजली आनेवाली है, इस बार न जाने कौन जेल जानेवाला है! बच्चीराम ने काले होते जा रहे आकाश की ओर हताशा में सर उठाया और फिर गिरा लिया।

---

1. नीचे का मोहल्ला।
2. मुसलमान

यह पिछले तीस-बत्तीस साल ही कहानी है। अभी उसने होश सँभाला था कि सुना देश आजाद हो गया है। अब हमारा शोषण बन्द होगा। सबको समान अवसर मिलेंगे और हर कोई पढ़ सकेगा। गांधीजी ने पहले ही डूमों को हरिजन बना दिया था और अब छुआछूत कानूनी अपराध हो गया था। उसके बाद आए चुनाव। नेता लोगों ने ऐसे-ऐसे भाषण दिए कि उसके पिता ने बैलों की जोड़ी पर मुहर ही नहीं लगाई, एक अजीब आशा भी लगा दी। उन्होंने बचिया को तीन मील दूर के प्राइमरी स्कूल में पाटी और कमेट[1] का डिब्बा लेकर भेजना शुरू कर दिया। उन्होंने कहा जब सरकार ने इतना प्रबन्ध किया है तो हमें भी थोड़ी परेशानी उठानी ही चाहिए। उनको पता लग गया था कि हरिजनों को फीस नहीं देनी पड़ती, जरूरी हुआ तो वजीफा भी मिलता है और आगे चलकर उनके लिए सरकारी नौकरियाँ सुरक्षित कर दी गई हैं। अब वह, अगर जरा मेहनत करे, पटवारी तो रहा दरकिनार, कलेक्टर तक बन सकता है।

तड़के वह उठता। पाटी को पोतता और कमेट के डिब्बे में थोड़ा पानी मिलाता, बाज्यू से कलम बनवाता, दो बासी रोटी गुड़ की 'कटुक' और बिना दूध की काली चाय में भिगोकर खाता और घुटनों व चूतड़ पर टल्ली लगी पैंट सँभालता, अन्य लड़कों के साथ चल देता। स्कूल वैसे अच्छा नहीं लगता था उसे, क्योंकि अक्सर ही पंडितजी[2] चिड़चिड़ाए रहते और बिना कारण ही किसी भी लड़के को पीट देते थे। पंडितजी को पाँच कक्षाएँ एक साथ ही देखनी होती थीं और वह आते थे पाँच मील दूर के एक गाँव से। नतीजा यह होता कि अक्सर ही वह अपनी कुर्सी पर बैठे-बैठे ऊँघने लगते या स्कूल ही नहीं आते। जिस दिन पंडितजी नहीं आते लड़कों के मजे आ जाते, वह कभी रास्ते में हिसालू और किलमौड़े[3] खाते और कभी गधेरे[4] में हथवी लगा छोटी-छोटी मछलियाँ मारते, जिन्हें वह आग में भूनकर तुरत-फुरत खा जाते।

इस तरह डगमगाता-डगमगाता वह एक के बाद एक कक्षा पार करने लगा। अभी चार या पाँच में पहुँचा ही था कि उसको लगा चीजें गड़बड़ा रही हैं। रोटी अब कुछ और कम हो गई। गुड़ की कटुक आधी, उस पर अक्सर गायब। सच्चाई यह थी कि एक ओर महँगाई तेजी से बढ़ने लगी थी और दूसरी ओर बढ़ता परिवार था, उस पर उसकी किताब-कापियों ने बाज्यू की चूलें ढीली कर दी थीं। पर वह हिम्मत नहीं हारे थे। हाँ, अब उसे भी काम करना पड़ता। वह स्कूल से आकर शाम को पिता का हाथ बँटाता। कभी घन चलाता तो कभी धौंकनी। ऊपर से तीन मील स्कूल

1. तख्ती और लिखने के लिए इस्तेमाल होनेवाला सफेद रंग
2. अध्यापक
3. जंगली फल
4. पहाड़ी नाला

जाना और तीन मील आना। नतीजा यह हुआ कि कक्षा में अक्सर वह ऊँघने लगता और थकान से घर में पढ़ नहीं पाता था।

इस बीच एक ऐसी घटना घटी, जिसका उसके जीवन में दूरगामी प्रभाव पड़ा। वह थी प्रदेश के मुख्यमन्त्री जी का, न जाने कैसे, उनके गाँव से आठ मील दूर, भिक्यासैण आना। असल में मोटर तब उनके गाँव तक नहीं आई थी, इसलिए मन्त्री जी बेचारे भी वहीं रुक गए थे, जहाँ तक उन्हें सरकारी जीप आराम से ला सकती थी। वैसे यह भी क्या कम था कि वह इतने ऊबड़-खाबड़ और दूरदराज इलाके में आए थे। उनके आने की खबर गाँव-गाँव जंगल की आग की तरह फैल गई। जाने कैसी-कैसी तैयारियाँ होने लगीं। इस तैयारी में वह भी शामिल था। पंडितजी ने कहा कि पाँचवीं और चौथी कक्षा के बड़े-बड़े लड़के स्कूल की तरफ से मुख्यमन्त्री जी के स्वागत में जाएँगे। घोषणा से उसे बड़ी खुशी हुई, तब वह भी पाँचवीं में था।

उसके क्या आसपास के सभी गाँवों के लोग, मुख्यमन्त्री जी का भाषण सुनने पहुँचे थे। लगता था मानो सोमनाथ का कौतिक[1] हो रहा हो। कुछ गाँव नंगारा-निषाण लेकर आ रहे थे तो कुछ झोड़े[2] लगाते गाते-बजाते। रामगंगा की घाटी नंगारों की धमाधम और नरसिंह की तू-तू-तू से गूँज रही थी। बालक बच्चीराम इतना बड़ा जनसमूह जीवन में पहली बार देख रहा था। इलाके के सबसे कड़े कौतिक में भी इतने लोग नहीं आते, ऐसा कहते उसने लोगों को कई बार सुना। वह चकित था, आखिर मुख्यमन्त्री जी क्या होते हैं कि जिन्हें देखने, इतने गाजे-बाजे के साथ, इतना अपार जनसमूह उमड़ा हुआ था। यह बात उसने अन्य कई लड़कों के साथ, जो कि उसकी तरह चकित थे, अपने पंडितजी से पूछी। पंडितजी ने लड़कों को समझाया था, "मुख्यमन्त्री माने, प्रदेश के सबसे बड़े मन्त्री। बस समझ लो यहाँ के राजा।" पंडितजी को कोई और इससे सरल और प्रभावशाली शब्द नहीं सूझा कि कहते मुख्यमन्त्री जी जनता के सेवक होते हैं। तब शायद लड़के पूछ बैठते, सेवकों के लिए झंडियाँ-तोरण क्यों? नंगारा-निषाण क्यों? गीत-गुंजार क्यों? राजा की उपमा से सब ठीक बैठ रहा था–प्रजा, जनता, राजा, नेता–जो भी कहा जाए।

घंटों पहले जनता को मैदान में बैठा दिया गया। लाउडस्पीकर देशभक्ति के रिकार्ड सुना रहा था। बीच-बीच में, कोई छोटा-मोटा नेता खद्दर के कपड़े पहने गांधी टोपी लगाए कह उठता, "भाइयो, माननीय मुख्यमन्त्री जी बस पधारने ही वाले हैं। रास्ते में उन्हें कई जगह रुकना पड़ रहा है और चूँकि जनता के प्रेम को ठुकराना उनके लिए सम्भव नहीं है, इसलिए कुछ देर हो रही है। आप लोग शान्तिपूर्वक

---

1. मेला।
2. एक स्थानीय सामूहिक नृत्य।

बैठिए।'' आदि-आदि। पर भूख-प्यास और धूप से बच्चों का तो क्या, बड़ों का भी बुरा हाल था। किसी तरह, कुल मिलाकर छह घंटा लेट मुख्यमन्त्री जी की कार वहाँ पहुँची। उनके आगे पुलिस, जिलाधीश और भी न जाने किस-किस की गाड़ी थीं। पीछे भी कुछ गाड़ियाँ थीं, जिनमें जिले के आला अफसर, पार्टी के अन्य छोटे-बड़े, नेतागण व इलाके के प्रमुख व्यक्ति लदे थे। मुख्यमन्त्री जी के कार से उतरने से लेकर जब तक वह मंच पर नहीं पहुँच गए, 'मुख्यमन्त्री जी जिन्दाबाद' के नारे लगते रहे थे। फिर कुछ सम्मान पत्र पढ़े गए, कई छोटे-मोटे भाषण हुए और इसके पश्चात जवाहर कट पहने सोने के फ्रेम का चश्मा चढ़ाए हुए एक सज्जन जो मुख्यमन्त्री जी के बहुत ही निकट के लग रहे थे, भाषण देने खड़े हुए।

उन्होंने कहा, उनका नाम बच्चीराम को अब याद नहीं आ रहा है, ''भाइयो, मुख्यमन्त्री जी भारत की शोषित-पीड़ित जनता के वास्तविक प्रतिनिधि हैं। उनका जीवन बापू के आदर्शों का साक्षात उदाहरण है। अपने सादा जीवन तथा उच्च विचार के लिए वह उस समय से प्रसिद्ध हैं जबकि वह मात्र विद्यार्थी थे। अभी वह पढ़ ही रहे थे कि उन्होंने देश की पुकार पर अपना सबकुछ छोड़ दिया और आजादी के लिए जेल का वरण किया। शायद आप लोगों को ज्ञान न हो, मन्त्री जी एक निर्धन परिवार में पैदा हुए थे। उन्हें रोज गंगा पार पढ़ने जाना पड़ता था। घर में इतना पैसा नहीं था कि नाव वाले को धेला-आना रोज देते। आप लोगों को सुनकर आश्चर्य होगा,'' उस व्यक्ति ने कुछ नाटकीय ढंग से कहा, ''कि मन्त्री जी एक मील चौड़ी गंगा को रोज दो बार तैरकर पार करते थे।''

इस बात पर इतनी तालियाँ बजीं कि लगा कानों के पर्दे फट जाएँगे तथा 'मुख्यमन्त्री जी अमर रहें', 'मुख्यमन्त्री जी जिन्दाबाद' के नारों से ऐसा गगनभेदी कोहराम मचा कि बच्चीराम को लगा, कहीं आकाश ही न फट-फटा जाए।

यह सब उसने अपने कानों से सुना था—मन्त्री जी गरीब घर में पैदा हुए। अपनी मेहनत से आगे बढ़े। पैसे न होने से वह रोज एक मील चौड़ी गंगा तैरकर पार करते थे। बाप रे बाप! वह सोच नहीं पा रहा था कि कोई नदी इतनी चौड़ी भी हो सकती है? इसके अलावा वह यह भी नहीं समझ सका कि कोई बच्चा एक मील एक साथ कैसे तैर सकता है। पर जब कहा जा रहा था, मंच से, लाउडस्पीकर पर, तो गलत थोड़े ही होगा और वह भी मान गया था कि मन्त्री जी महान हैं।

इसके बाद मालाओं से लदे मन्त्री जी भाषण देने उठे थे। उन्होंने अपने गले से निकालकर कुछ फूलों की मालाएँ मंच के सामने ही बैठे धूप व भूख से कुम्हलाए बच्चों पर फेंकीं फिर जोर-जोर से हाथ हिलाया था। बच्चों में खलबली मची और माला की छीना-झपटी में कुछ बच्चों को चोटें भी आईं। मन्त्री जी के इस वात्सल्य पर एक बार फिर जोरों से तालियाँ बजी थीं और जब मन्त्री जी ने वरदान देने की मुद्रा में आकाश में हाथ उठाकर जनता को चुप होने को कहा तो लोग एकदम ऐसे शान्त

हो गए जैसे किसी ने रेडियो बन्द कर दिया हो। वह सफेद झक खादी में ऐसे दैदीप्यमान लग रहे थे जैसे अभी-अभी कोई देवदूत आकाश से उतरा हो और मुख्यमन्त्री जी ने जो कहा उसने बच्चीराम की जिन्दगी को ही मोड़ दिया। यद्यपि उसकी समझ में मन्त्री जी की बड़ी-बड़ी बहुत-सी बातें नहीं आ पाईं, पर वह यह तो समझ ही गया कि गरीबी आज किसी की राह में कोई रोड़ा नहीं है। हमें जो चाहिए वह है मेहनत, लगन और श्रद्धा। जिसमें यह तीनों हैं वह हिमालय की चोटी पर चढ़ सकता है। बड़े से बड़े समुद्र को लाँघ सकता है। वह क्या नहीं कर सकता। हम समाजवादी समाज के निर्माण के लिए एकजुट हो रहे हैं। हमें एक सुखद और खुशहाल भविष्य के लिए वर्तमान से टक्कर लेनी है। एक ऐसे भविष्य के लिए, जिसमें न कोई गरीब होगा, न अमीर। जिसमें महल नहीं होंगे पर झोपड़ियाँ भी नहीं होंगी। हम अपने देश में ऐसा रामराज्य लाना चाहते हैं, जिसमें कोई भूखा नहीं सोएगा। जिसमें कोई नंगा नहीं रहेगा। उन्होंने बच्चों की ओर, जो मंच के निकट ही आगे बैठे थे, इशारा करते हुए कहा था, ये बच्चे देश का भविष्य हैं। आनेवाले कल के निर्माता हैं, कर्णधार हैं। इन्हीं में से कई लोग आगे चलकर बड़े-बड़े वैज्ञानिक, डॉक्टर, इंजीनियर और नेता बनेंगे। हमें बहुत बड़े-बड़े काम करने हैं और इन सबके लिए हमें हजारों-लाखों लगनशील और देशभक्त लोगों की आवश्यकता है। तो बच्चो तुम्हें यह बातें सीखनी हैं। फिर उन्होंने कहा था, हम आपके सेवक हैं। आपने हमें अपना प्रतिनिधि चुनकर सेवा का जो मौका दिया उसको सार्थक करने में हम जी-जान से जुटे हुए हैं, पर आप लोगों को भी धैर्य से काम लेना होगा। निर्माण के इस महान कार्य में हमारा हाथ बँटाना होगा तभी हम सब आगे बढ़ पाएँगे।

बच्चीराम के कच्चे दिल में अनजाने ही यह सब बातें बहुत गहरे बैठ गईं कि उसे देश के लिए कुछ करना है। आगे बढ़ना है। गरीब होना कोई रुकावट नहीं है। धैर्य जरूरी है। सभा से लौटते हुए उसने ठान लिया कि वह आगे बढ़कर रहेगा और मुख्यमन्त्री जी की दी हुई उस प्रेरणा का ही प्रताप था कि वह किसी तरह गिरता-पड़ता पाँच से आठ कक्षा तक पहुँच गया था अन्यथा शायद वह पाँच भी पास न कर पाता। यह बात और है कि पाँच से आठ तक पहुँचने में पंडितजी के सिखलाए गणित के हिसाब से तीन की जगह पाँच साल लग गए और उसे पता भी नहीं चला कि हिसाब गड़बड़ कहाँ हुआ, क्योंकि लोग अब भी पाँच जमा तीन कहते ही आठ कहते हैं, पर सबसे बड़ी बात यह थी कि इसी प्रेरणा के रहते वह इंजीनियर बनने की बात सोच पाने की हिम्मत कर पाया था।...

यह सब सोचता वह दो-तीन फर्लांग और जा चुका था। उसने कमर पर हाथ रखकर गाँव की ओर देखा। दीया-बत्ती हो चुकी थी। टिमटिमाती रोशनियाँ आँखों में तैर रहे

पानी और पसीने के कारण उतराने-सी लगी थीं। बस अगले ही मोड़ पर पनचक्की थी जोशीजी की, उसने सोच लिया वहाँ तब तक बैठा रहूँगा जब तक घर से कोई आ ही न जाए।

ऐसा नहीं था कि वह निपट बेवकूफ था या उसकी समझ में कुछ नहीं आता था, पर शरीर तो शरीर ही था ना। बाज्यू सब समझते थे, पर करें क्या? कभी-कभी पंडितजी कहते, ''क्यों रे फीस माफ है तो इसका मतलब यह तो नहीं कि तू अंगद के पैर की तरह यहीं अड़ा रहेगा।''

अंगद का पैर जल्दी ही उखड़ गया। आठवीं में आते-आते उसके पिता के लिए और अधिक गृहस्थी की गाड़ी खींच पाना मुश्किल हो गया। उनका स्वास्थ्य भी ठीक नहीं रहने लगा। दमा लगातार उन्हें सता रहा था। अक्सर उसे स्कूल से नागा कर लोहारी का छोटा-मोटा काम करना पड़ता। पहले वह आठ-दस दिन स्कूल नहीं गया। फिर वह एक महीना और उसके बाद स्कूल जाना बिलकुल ही बन्द हो गया। यह सब इतने स्वाभाविक ढंग से हुआ कि स्वयं उसको कभी यह बात नहीं खटकी कि उसने स्कूल जाना छोड़ दिया है। मुख्यमन्त्री जी का उदाहरण उसे बहुत बाद तक कई बार उद्वेलित करता कि देखो उन्होंने कैसे पढ़ा और एक मैं हूँ।

घट आ चुका था पर वहाँ कोई नहीं था। वह वहीं सीमेंट के प्लास्टर वाली चौहद्दी पर बैठ गया। घट चल रहा था, हल्की संगीतमय आवाज-सा करता। तब जोशीजी कहाँ गए–शायद दिशा-पानी। इस घट से उसे प्यार था। जोशीजी होते तो बीड़ी-सिगरेट कुछ पिलाते और सम्भव हो तो चाय भी बन सकती थी। आते ही होंगे, सोचकर वह फिर उन्हीं बातों में खो गया।

बच्चीराम ने पिता का काम धीरे-धीरे पूरी तरह सँभाल लिया और दिल लगाकर ऐसा काम करने लगा कि थोड़े ही दिनों में उसकी कारीगरी की धूम मच गई। कोई चीज ऐसी नहीं थी जो उसके पास लाई जाए और वह सुधार न दे। कोई अपनी बिगड़ी बन्दूक लाता, कोई टूटी-फूटी पुरानी घड़ी। एक बार तो उसने एक बिलकुल कंडम ग्रामोफोन भी ठीक कर दिया था। यही कारण था कि लोग उसका सम्मान करते और कहते वह किसी इंजीनियर से कम नहीं है। उसकी कारीगरी का सबसे बड़ा कमाल था गाँव के ही नीचे गधेरे में लगी यह पनचक्की। जोशीजी की यह चक्की तब सिर्फ बरसात में ही चला करती थी और बाकी साल पानी की कमी के कारण बन्द रहती। एक बार उसने गधेरे की जाँच की। सारे साल गधेरे में कोई चार या छह इंच से ज्यादा पानी नहीं रहता था। उसने रामनगर से दो बालबियरिंग मँगाए और अपने घर पर ही लोहे और एल्युमिनियम का एक ऐसा हल्का फितणा[1] तैयार किया, जो बहुत ही कम पानी से घूमता था। इस तरह चौमासे की पनचक्की

1. प्रौपेलर।

बारहमासी हो गई थी। गाँव वालों को चार मील दूर रामगंगा की पनचक्कियों में अब नहीं जाना पड़ता और लोग उसके इस उपकार के लिए गुण गाते नहीं अघाते हैं। चाहे वह अपने गाँव का या आसपास के गाँव का इंजीनियर ही क्यों न हो गया हो, पर ये सब बातें उसे वास्तविक इंजीनियर कभी नहीं बना पाईं। वैसे उसका काम देखकर कोई भी कह सकता था कि यदि इसे ट्रेनिंग मिली होती तो गँवई गाँव का यह आदमी अच्छे-अच्छे इंजीनियरों से टक्कर ले सकता था। पर वह आज भी गाँव वालों के कुटले-दातुले ठोकता-पीटता किसी तरह अपने परिवार को पालता है। अब उसे याद भी नहीं पड़ता कि कब बाज्यू ने उसका ब्याह कर दिया, कब उसके पाँच बच्चे हो गए, कब बाज्यू स्वर्ग सिधार गए और कब स्वयं वह और उसकी पत्नी बूढ़े हो गए।

बूढ़े, हाँ! बूढ़े ही समझो। पचास-बावन में उसके पिता चल बसे थे। शायद दादा भी इसी उम्र में परलोक सिधारे हों। फिर जब यही परम्परा है तो क्या वह सौ साल जिएगा? पैंतीस-चालीस का वह हो गया है। दस-पन्द्रह साल जिन्दगी के और हैं, अब यह संध्या बेला नहीं तो क्या जवानी है? इस सब का उसे कोई गम नहीं है। गम है तो इस बात का कि देखो फीस माफ होने के बावजूद वह अपने चनिया को नहीं पढ़ा पाएगा। चौदह साल का चनिया घन चलाने लगा है और बहुत से छोटे-मोटे काम स्वयं ही कर देता है। उसे अपना बचपन याद आता है। उसने भी लगभग इसी उम्र में लोहारगिरी सीख ली थी और अब चनिया भी किसी दिन अचानक ही स्कूल छोड़ यह सारा भार अपने कन्धे पर ले लेगा। किशोर कन्धों पर इतना भार डालना उसे साल जाता है, पर यह सब कुछ स्वयं ही हो जाएगा, न चाहते हुए भी। उसका शरीर लगभग जवाब दे ही चुका है और एक दिन ऐसा बैठेगा कि खड़ा नहीं हो पाएगा। वही सब वह अपने बच्चों को विरासत में छोड़े जा रहा है, जो उसके पिता या दादा छोड़ गए—भुखमरी, गरीबी और हाड़तोड़ मेहनत।

पर आज उसकी समस्या कुछ और ही है। उसके दिमाग में आज घरेलू समस्या नहीं है और न है अपने धीरे-धीरे बढ़ रहे दमे की चिन्ता। पधान की दुकान में अखबार में उसने भूतपूर्व मुख्यमन्त्री की मृत्यु का समाचार पढ़ा था, जिसके कारण वह आज इतना उद्वेलित था। उसे मुख्यमन्त्री जी का फोटो पहचानने में देर नहीं लगी थी। वह वही मुख्यमन्त्री थे जिनको सुनने बचपन में वह आठ मील चलकर गया था। जिनकी प्रेरणा से उसने तीन क्लास पाँच साल में पार की थीं। उसने पूरी खबर पढ़ी। उनके मरने का बच्चीराम को वाकई अफसोस हुआ। देखो! कितने बड़े आदमी थे, देश के लिए बेचारों ने क्या नहीं किया, पर एक बात उसकी समझ में नहीं आ पाई कि मुख्यमन्त्री जी डूबकर कैसे मरे। समाचार में कहा गया था कि

भूतपूर्व मुख्यमन्त्री जी गंगा में नौका विहार कर रहे थे कि उनकी नाव उलट गई। अखबार में साफ लिखा था, नाव में बैठे अन्य दो लोग तो बच गए, पर भूतपूर्व मुख्यमन्त्री जी डूब गए। अखबार ने यह कहीं नहीं लिखा था कि मन्त्री जी इतने अच्छे तैराक होने के बावजूद क्यों डूबे? उसकी समझ में नहीं आ रहा था कि आखिर यह सब लिखा क्या है?

अचानक कहीं नजदीक से ही आवाज आई, ''बाज्यू होऽ ओऽऽ।'' और उसकी विचार-शृंखला को विराम लग गया।

''चनिया!'' बच्चीराम हड़बड़ाकर खड़ा हो गया।

असल में बच्चीराम को इस बात का कम दुख था कि मुख्यमन्त्री जी स्वर्ग सिधार गए, बल्कि उसका असली दुख यह था कि वह बचपन में दो मील रोज तैरा करते थे तो फिर डूबे क्यों?

क्या इस बात का जवाब बच्चीराम को कभी मिल पाएगा?

(1978)

समारोह

केबिन का दरवाजा खुलता महसूस हुआ। कोई आया। बिना गर्दन उठाए सिर्फ आँखें बहुत ही सरकारी ढंग से हिलीं। सुखीलाल? एक क्षण को आँखें आदतन प्रश्न बनीं। उसने नमस्कार की मुद्रा में हाथ उठाकर गर्दन झुकाई कि अफसरी की केंचुल चटक गई। गर्दन सीधी हुई और पीठ कुर्सी के सहारे जा लगी।

"अरे, सुखीलाल तुम! आओ, आओ!" मैंने तपाक से कहा, "कहो, कैसे हो?"

"कृपा है साब की," उसने दुबारा हाथ जोड़ दिए, "साब आप लोगों से विदा ले रहा हूँ। भूल-चूक माफ करिएगा।"

"भूल-चूक की क्या बात है। तुम बैठो न।" लगा उसे बैठाया जाना चाहिए, उसका दफ्तर का आखिरी दिन है। पर वह खड़ा ही रहा। मैंने जोर देकर कहा, "तुम बैठो तो सही! चाय पीकर जाना।" और घंटी बजा दी।

न कोई आया, न ही वह बैठा। हाथ दुबारा बटन पर पहुँचा। देर तक अँधेरे-से गलियारे में घंटी की आवाज किसी डरावनी फिल्म के 'साउंड ट्रैक' की तरह बजती रही; कहीं कोई नहीं था।...

"नहीं साब, परेशान न हों, चाय फिर कभी पी लूँगा।" उसके हाथ फिर जुड़ गए।

"अरे भई बैठो तो।" लगभग असहाय से स्वर में मैंने कहा।

"नहीं साब," उसने खड़े-खड़े ही कहा, "ठीक है।"

चपरासी साहब के सामने नहीं बैठ सकता, यह नियम उसे तब ही सिखा दिया गया था, जब अंग्रेज साहब हिन्दुस्तान चला रहा था और आज नौकरी से रिटायर होने के दिन तक सुखीलाल उसे निभा रहा था।

"ऐसा है साब, अभी कई लोगों से मिलना है, चाय फिर कभी पीऊँगा।"

पर मैंने उसकी नहीं सुनी। कैंटीन का नम्बर मिलाया और छूटते ही कहा, "मैं गुप्ता बोल रहा हूँ। जरा हमारे कमरे में एक हाफ सैट..." वाक्य पूरा भी नहीं कर पाया था कि उत्तर मिला, "साब आज चाय नहीं है।"

"क्यों?" मेरी आवाज स्वयं ही जरा कस-सी गई।

"आज पार्टी है साब, आपको तो पता ही होगा? क्या करें सारे लोग वहीं लगे हैं।"

ओह! आज पार्टी भी है, विदाई! अब याद आया।

"साब जिन्दगी भर आप लोगों की ही चाय पीते रहे हैं, फिर कभी सही। किसी दिन आपके घर ही आऊँगा?" वह मेरी परेशानी समझ चुका था।

मैंने तत्काल बात मान ली। "ठीक है किसी दिन घर आना, जरूर, हैं! ये दफ्तर तो बस..." और अपनी खीज छिपाने के लिए मैंने बातों का रुख मोड़ा, "रिटायरमेंट के बाद कहाँ रहने का इरादा है?"

जाने को उद्यत सुखीलाल ठहरा, "कहाँ जाएँगे, गाँव के सिवा!"

"वहाँ क्या जमीन-वमीन है?" यद्यपि उसके स्वर से डर-सा लगा था, फिर भी मैं पूछ ही गया।

"बस साब, क्या है, क्या बताएँ। एक पुश्तैनी झोंपड़ी है, जिसमें छोटा भाई रहता है। थोड़ी जमीन है, एक-आध बीघा, जिसमें खुद भाई की बसर नहीं है।...ये है कि एक झोंपड़ी और डाल लेंगे, सर छुप जाएगा। रही रोटी...कुछ पेंशन, कुछ मेहनत-मजूरी, किसी तरह चला लेंगे। फिर आप लोगों के आशीर्वाद से किसी दिन बेटा भी किसी लायक हो ही जाएगा।"

अब कुछ भी पूछ पाना न वाजिब था, न सम्भव। इतने साल के साथ के बावजूद उसके बारे में या तो बहुत कम जान पाया था, या जो जाना था, वह गैरजरूरी मान कभी दिमाग में नहीं रहा।

खयाल आया इसके तो कई बच्चे थे, "कितने बच्चे हैं, तुम्हारे?"

"दो लड़कियाँ ब्याह दी हैं। तीन अभी हैं। एक बेटा है।"

"कितना बड़ा हो गया?"

"यही कोई दस-ग्यारह का।"

जब मैं दफ्तर में आया-आया ही था, लोग सुखीलाल से मजाक किया करते, "अबे सुखी अब बुढ़ापे में तो ब्रेक लगा दे, क्यों धका-धक निकाले जा रहा है लौंडे पे लौंडा।" इस भौंड़े मजाक पर मैंने जब भी आपत्ति की, तो सुनने को मिला था, "साब! इसकी पाँच-छह लड़कियाँ हैं और बुढ़ापे में लौंडा हुआ है।"

लगातार सुखीलाल कहने में कुछ असुविधा-सी हो रही है। कागजों के अलावा दफ्तर इसे सुखी नाम से ही जानता था। चपरासी को चूँकि बार-बार पुकारना होता है—कभी पानी के लिए, कभी सिगरेट के लिए और यदा-कदा इक्की-दुक्की फाइल इधर से उधर ले जाने के लिए इसलिए इस सुविधाजनक नाम की ईजाद हुई होगी।

सुखी के हाथ फिर-से जुड़ गए, "साब गलती को माफ करिएगा," उसका गला भर-सा आया था, "हम अनपढ़-गँवार हैं, न जाने कितनी बार गुस्ताखी की होगी।" और वह झुक गया। उसकी आँखें बन्द थीं।

"नहीं! नहीं भई! क्या बातें करते हो! किस बात की गुस्ताखी! जो कट गई, कट गई। सब ठीक ही कट गई।" कह तो गया पर बाद में स्वयं अपने अन्दाज पर आश्चर्य हुआ। कैसे बोल रहा था, जैसे कोई उम्रदराज किसी बच्चे को समझा रहा हो। सरकारी तौर-तरीके न जाने कब से रग-रग में समा गए हैं। आदमी यहाँ अपनी उम्र, अनुभव या ज्ञान से नहीं, पद से जाना जाता है। दफ्तर के बाहर कोई कुछ भी हो सकता है, पर दफ्तर में चपरासी, क्लर्क, आफिसर है।

वह सब कुछ चुप सुनता रहा था। अन्त में मैंने कहा, "अभी तो यहीं हो, पार्टी में मिलेंगे।"

"हाँ साब! यहीं हूँ।" कहता हुआ नए सिरे से झुककर नमस्कार करता-करता वह केबिन के बाहर हो गया। उसका व्यवहार अक्सर मुगलिया दरबारियों की याद ताजा कर देता था।

मैं बन्द केबिन में बैठा-बैठा देख रहा था, सुखीलाल अपने दुबले-पतले शरीर को और भी कमजोर टाँगों के सहारे खींचता चला जा रहा है, मानो हाथ ठेला खींच रहा हो। कारीडोर के ठंडे और सख्त सीमेंटी फर्श पर हौले-हौले सुखी की प्लास्टिक की चप्पलों की सटर-सट्ट, सटर-सट्ट, दूर होती-होती विलीन हो गई। और यही आवाज मेरी आँखों के सामने इलेक्ट्रानिक तरंगों की तरह उसकी आकृति प्रोजेक्ट कर रही थी।

मैंने फिर से फाइल खोली। काम में दिल नहीं लगा। एक सिगरेट जला सोचने लगा। शायद 1969 या 70 की बात है। अभी दफ्तर में मुझे कुछ ही दिन हुए थे। एल.एल.बी. करके, सीधा लॉ असिस्टेंट लगा था। एक दिन यही सुखीलाल कोई फाइल लेकर आया और बोला, "साब, इस पर जरा घुघ्घी फेर दो, साब ने कहा है।"

उसका जरूरत से ज्यादा अनौपचारिक अन्दाज मुझे अच्छा नहीं लगा। साहब होगा इसका, मुझे क्या लेना-देना। वैसे भी मैं स्वयं को उन दिनों किसी से कम नहीं समझता था।

"ठीक है, रख दो।" मैंने ठंडे स्वर में कहा।

"नहीं साब अर्जेन्ट है।"

"हाँ, हाँ ठीक है।" कहते हुए उसके हाथ से फाइल लेकर बिना देखे ही मैंने एक ओर रख दी।

"साब रखनी नहीं है, जो करना हो, अभी कर दें।" खीजकर कहता हुआ वह फाइल उठाने लगा।

मुझे उसकी हरकत नागवार गुजरी। मैंने तुरन्त झपटकर फाइल वापस किनारे रख दी और दनदनाते हुए कहा, "गैट आउट।"

'गैट आउट' क्या कहना था, सुखीलाल चिल्लाने लगा, "चला आया कल का लौंडा, मुझे गेटौट कहता है। अरे जा तेरे जैसे साब बहुत देखे।"

मैं हल्ले से थोड़ा सहम-सा गया और इसी बीच बाज की तरह झपट, फाइल समेत वह कमरे के बाहर हो गया।

क्रोध और अपमान में आपे से बाहर मैं भी पीछे-पीछे एडमिनिस्ट्रेटिव आफिसर की ओर दौड़ा। लपककर तेजी से लिफ्ट का बटन न जाने कब तक दबाता चला गया। देर में होश आया कि लिफ्ट 'काम नहीं कर रही है'।

दो मंजिल ऊपर एडमिनिस्ट्रेटिव आफिसर के कमरे में सुखीलाल मौजूद था। मुझे हाँफता ही छोड़कर पहले उसने सुखीलाल को कुछ समझाकर और कुछ डाँटकर विदा किया। फिर मेरी ओर मुखातिब हो बोला, "देखिए गुप्ताजी मैं समझता हूँ, उसने बदतमीजी जरूर की होगी।" फिर उसने मुँह बिगाड़ा, "पर इनका कुछ किया नहीं जा सकता।" हवा में हाथों को घुमाकर उसने समझाना शुरू किया, "मान लीजिए 'डिसिप्लिनेरी एक्शन' लेते हैं। ज्यादा से ज्यादा 'वॉर्न' कर सकते हैं। पर उससे हो क्या जाएगा? 'प्रमोशन' होना नहीं है, इसलिए 'फ्यूचर' का प्रश्न नहीं है। चपरासी पहले ही है, 'डिमोशन' भी नहीं हो सकता। हाँ, ज्यादा हुआ तो एक-आध साल के लिए 'इंक्रीमेंट' रुक सकता था, पर पहले ही यह सीलिंग पर है। माना रुक भी जाता तो एक रुपया साल के इंक्रीमेंट से कौन-सी तोप चलने वाली थी।"

मेरी समझ में कोई बात नहीं आ रही थी। गुस्से में बौखलाया मैं सिर्फ चाहता था कि अपने से सीनियर के साथ ऐसी बदतमीजी की हिमाकत करने वाले के खिलाफ कुछ होना ही चाहिए। एडमिनिस्ट्रेटिव आफिसर हाथ नचा-नचाकर बोलता जा रहा था, "देखिए! सस्पेंड या टर्मिनेशन हो नहीं सकता, कत्ल तो है नहीं।"

नपुंसक गुस्से के कारण मुझसे बोला नहीं जा रहा था और मैं लगातार अपना पसीना पोंछ रहा था। अन्ततः अपनी रिवाल्विंग चेयर पर झूलते हुए उसने समझाया, "लुक यू आर ए यंगमैन! अभी बहुत नौकरी करनी है। 'मेक इट ए पाइंट' छोटे लोगों के मुँह कभी मत लगो। बेहतर यह है कि आप इनसे जितना दूर हो सके रहें। कीप डिस्टेंस! और फिर मि. गुप्ता अपनी इज्जत अपने हाथ, कीचड़ में पत्थर मारो अपने मुँह पर छींटे।"

कई दिन तक समझ में नहीं आया कि एक चपरासी की बदतमीजी के खिलाफ आखिर क्यों कुछ नहीं किया जा सकता। बाद में किसी ने समझाया, चपरासी का वेतनमान 70-1-80 ई.बी.-85 है। यानी 70 रुपए के मूल वेतन से एक चपरासी की जिन्दगी शुरू होती थी, जिस पर एक रुपए की सालाना दर से 80 रु. तक वृद्धि फिर 'एफिशिएंशी बार'। दूसरे शब्दों में अगर किसी ने कोई गुस्ताखी की हो तो उसको एक-आध साल के लिए तंग किया जाना, फिर अगले पाँच वर्ष तक वही एक रुपए

की चाल चलकर ठप्प हो जाना। और सुखी इन सब रोक-टोकों को पार करता हुआ 85 रुपए के उच्चतम मूल वेतन पर कभी का पहुँच चुका था।

इस घटना को शायद पन्द्रह दिन भी नहीं हुए होंगे कि अजीब बात हुई। सुबह-सुबह एक आर्डर आया कि हमारे वर्तमान चपरासी को बदल दिया गया है और उसकी जगह सुखीलाल को भेजा गया है। समझ में नहीं आया यह जान बूझकर किया गया है या अनजाने में हुआ है। जैसे ही सुखी के आने की बात बाकी सैक्शन वालों को पता चली, लोग अपनी शंकाएँ लेकर चले आए। उनका कहना था, सुखी दफ्तर देर से ही नहीं आता, आकर गायब भी रहता है। चूँकि उसे लेने को कोई राजी नहीं, इसलिए हम पर थोपा जा रहा है।

पहले तो मैंने उसके भेजे जाने का विरोध करने का निर्णय कर लिया था, पर न जाने अन्तस के किस कोने में अपमान की आग की कुछ चिंगारियाँ अभी भी शेष थीं, जो फौरन ही सुलगने लगीं। मेरी समझ में आ गया, यह जान-बूझकर किया गया है, अब अगर मैं मौका चूकता हूँ तो इससे बड़ी बेवकूफी क्या हो सकती है। सैक्शन का दूसरा सीनियरमोस्ट आदमी चूँकि मैं था, इसलिए मेरे और उसके बीच के तनावपूर्ण सम्बन्धों का चल पाना सम्भव नहीं था। चाबी अब मेरे हाथ थी।

पहला काम मैंने साहनी साहब से, जो उन दिनों 'लॉ ऑफिसर' यानी हमारे हैड थे, एक 'सर्कुलर' निकलवाया कि सैक्शन का कोई भी आदमी देर से न आए तथा अपनी सीट से बिना बतलाए गायब न रहे। यदि कोई देर से आता है अथवा किसी कार्य से कार्यालय के बाहर जाता है तो उसे इस सम्बन्ध में पहले लिखकर श्री गुप्ता यानी मुझसे अनुमति लेनी होगी।

शुरू के कुछ दिन वह गुमसुम रहा, मानो अपमान का घूँट पी रहा हो। मुझे उसके इस व्यवहार से भीतर ही भीतर एक अनोखी विजय का आभास होता। वह हर सम्भव समय पर आकर जो कहा जाता, करता। सिर्फ एक बात जरा बुरी लगती थी, जब भी देखो वह बैठा ऊँघ रहा होता।

ऐसे ही एक दिन किसी काम के लिए जब घंटी बजाई तो वह सो रहा था। लाख टन-टन करने पर भी, जब नहीं जगा तो किसी ने उसे झकझोरते हुए कहा, "अबे ओ सुखी, जरा कम चरस पिया कर।"

तब पता चला, वह दफ्तर में ही सिगरेटों में भरकर चरस पिया करता है। मेरे सामने सोते हुए पकड़े जाने तथा चरस वाली बात के खुलने से वह काफी खिसिया गया तथा कुछ सहमा-सहमा भी था। एक बार दिल में आया लिखकर दे दूँ कि दफ्तर में नशीली चीजों का सेवन गैरकानूनी है। पर मैंने इस बात को नजरअन्दाज कर जाना

ही उचित समझा। इसका ऐच्छिक असर भी हुआ। अब वह उतना गुमसुम और तनाव में नहीं रहता था तथा मेरे प्रति उसके व्यवहार में जो ठंडापन था, वह भी कम हो गया था।

उस दिन शाम को वह मेरे पास आकर खड़ा हो गया। शायद मैं काम का बहाना कर फाइलों में मुँह डुबोए था। वह खड़ा रहा। मैंने देखी की अनदेखी कर दी। काफी देर बाद उसने हिम्मत करके कहा, "साब!"

मैंने बिना गर्दन उठाए, "हूँ!" कहा।

"साब, मैं कल जरा देर से आऊँगा...बात यह है..."

मैंने वाक्य पूरा नहीं होने दिया, "ठीक है, ठीक है! जाओ!"

वह कुछ पल यों ही खड़ा रहा। मैंने सर उठाया। सुखीलाल मेज से एक कदम के फासले पर था। चिपचिपाती गड्ढे में धँसी आँखें, जिनकी कोरों पर सफेद-सी कीच जमी थी। कई दिन की खिचड़ी दाढ़ी। सरकारी सफेद खादी के कपड़े इतने मैले कि यह पहचान पाना ही असम्भव था कि इनका वास्तविक रंग कैसा रहा होगा? पसीने, सिगरेट और चरस की अजीब मिली-जुली गन्ध उस पर से लगातार उठती रहती थी, इसलिए सैक्शन वाले उससे खाने-पीने की कभी कोई चीज नहीं मँगवाते थे। बल्कि जब कभी, महीने में एक-आध बार वह धुले कपड़े पहने रहता तो मजाक का कारण बन जाता। मैंने हौले से मुस्कराकर कहा, "ठीक है, जाओ।" न मालूम उस मुस्कराहट का उसने क्या मतलब लगाया, पर मुझे शंका है कि उसमें किसी तरह की सद्भावना या सहृदयता रही हो।

फिर तो धीरे-धीरे सिलसिला ही चल पड़ा। कभी कहकर, कभी बिना कहे, वह देर से आने लगा। शायद उस दिन वह काफी देर तक नहीं आया था और उसकी सख्त जरूरत थी। पहले तो मैंने स्वयं को काफी रोके रखा, पर अन्ततः खीझकर पूछ ही डाला, "ये सुखीलाल ने रोज का क्या धन्धा बना रखा है?"

बस लोगों को इसी मौके की तलाश थी। "साहब, हम तो पहले ही कह रहे थे, यह आदमी किसी काम का नहीं है। आपने ही लिया। असल में आपकी भलमनसाहत का नाजायज फायदा उठा रहा है।"

एक ने कहा, "अरे साहब देर से क्यों न आए। घर में नई बहू बैठाए है। साले को अपनी बीबी से बहुत प्यार है इसलिए दोपहर तक उसी के साथ पड़ा रहता है। साहब बुढ़ापे का ब्याह ऐसा ही होता है। अब डर लगा रहता होगा कि कहीं शाम को घर लौटा तो पता चला, जोरू माल-मत्ता लेकर साफ हो चुकी है।"

मैं जब इस बात को मजाक समझकर हँसा तो वह समझानेवाले अन्दाज में बोला, "अरे साहब, अब आपको क्या बताएँ, इनकी जाति में तो यह आम बात है।"

जैसे ही वह आया मैंने पूछा, "क्यों भाई, इतने लेट कैसे हो गए?"

"साब अस्पताल गया था।"

"क्या हो गया है?"

"साब घरवाली की तबीयत ठीक नहीं है।" यद्यपि उसने बहुत ही मरे स्वर में यह बात कही थी, पर न जाने लोगों ने कैसे सुन ली।

कोई जोर-से बोला, "फिर बाल-बच्चा होनेवाला है क्या?"

अभी सुखी अपने बचाव में कुछ कहता कि सैक्शन में इतने जोर का ठहाका लगा कि वह घबराकर कमरे के बाहर हो गया।

जब वह लौटकर आया, लोगों ने मेरे ही सामने उससे कहना शुरू कर दिया, "अरे सुखी, कुछ शर्म-लिहाज भी होनी चाहिए। किसी चीज की अति भी ठीक नहीं होती। किसी की भलमनसाहत का इतना नाजायज फायदा उठाना ठीक नहीं है। वह तो गुप्ताजी ही हैं, जो तुझे सहन कर रहे हैं, हम होते तो देख लेते, तू लेट कैसे आता है?"

मैं जब कभी यह सुनता मेरे अहं को गहरी तुष्टि मिलती। इस तरह एक ओर मैं उसे हर रोज और अधिक दीन-हीन, कम से कम अपने आगे, बना रहा था और खुद बड़प्पन हासिल कर रहा था और दूसरी ओर मेरी इस विषैली दयानतदारी को वही क्या कोई भी कभी समझ नहीं पाया। आज तक वही मेरा आभारी नहीं है, लोगों की नजर में भी मैं बहुत ही दयालु और सज्जन व्यक्ति बना हुआ हूँ।

लंच के बाद अभी कमरा खाली ही-सा था कि वह सीधा आया और बोला, "साब, आप किसी डॉक्टर को जानते हैं?"

"क्यों, क्या बात है?" मैंने प्रश्न किया।

"साब असल में मेरी घरवाली लगातार बीमार रहती है। बच्चे छोटे-छोटे हैं, समझ में नहीं आता क्या करूँ?"

"क्या बीमारी है?"

"साब, हड्डी की कोई बीमारी है। पैर की हड्डी में टी.बी. कहते हैं। सारे इलाज करा लिए, पर कुछ होता नहीं।" उसने बड़े सामान्य ढंग से कहा।

"सी.जी.एच.एस. में 'स्पेशलिस्ट' को दिखलाओ न।"

"न जाने कितनी बार दिखला चुका हूँ साब। अब आपको क्या-क्या बतलाऊँ, कभी प्लास्टर लगाते हैं, कभी पट्टी। अस्पताल में असली दवाई होती नहीं, बाहर की लिख देते हैं और इतनी तनख्वाह है नहीं कि सारी दवाएँ खरीद लें। आज तो जमाना भी ऐसा ही है, जब तक सिफारिश न हो कोई ठीक से देख तक नहीं देता।" अपनी बात कहता-कहता वह थक-सा गया और एक लम्बी साँस लेकर, जैसे कि हवा में ऑक्सीजन की कमी हो गई हो, चुप हो गया।

न जाने मुझे क्या सूझी, पूछ बैठा, "क्या तुम्हारी दूसरी शादी है?"

"क्यों? आप भी क्या बात करते हैं साब! एक तो सँभल नहीं पाती। दूसरी...! हुँम!" और वह हँसने लगा, एक ऐसी हँसी कि मैं ही खिसिया गया।

"दवाओं में तो बहुत पैसा लगता होगा?" मैंने बात बदली, "खर्च कैसे चलाते हो?" पता चला कि वह थोड़ा इधर-उधर का भी काम करता है। उसने अपने सरकारी मकान का एकमात्र कमरा भी किराए पर उठा रखा था और खुद बरामदे को लकड़ी के पट्टों से बन्द कर उसमें रहता था। इसके अलावा वह कालोनी के बाबुओं तथा अफसरों की दूध की बोतलें भी पहुँचाने का काम करता था। सुबह वह चार बजे दूध की लाइन में लगता, फिर दूध बाँटता, इसके बाद बच्चों के लिए और अपने लिए खाना बनाकर दफ्तर आया करता, इसीलिए देर हो जाती।

मैंने पूछा, "क्या तुम्हारी घरवाली से कुछ नहीं हो पाता।"

"थोड़ा-बहुत किसी तरह कर लेती है। असल में उसकी टाँग साब मुड़ नहीं पाती है।"

अब समझ में आया कि सुखीलाल क्यों हर एक से उधार माँगने के लिए बदनाम है। क्यों हर तरह के सरकारी ऋण—प्रोविडेंट फंड, साइकिल एडवांस तथा त्यौहारों पर मिलने वाले एडवांस आदि लिये हुए है। क्यों उसकी वर्दी से गन्ध उठती रहती है और नई वर्दी तथा जूते कहाँ चले जाते हैं। उस दिन गहरे कहीं मुझे अपनी मनोवृत्ति पर भी शर्म आई।

हमारे सैक्शन में वह चार-पाँच साल रहा, जो स्वयं में रिकार्ड था और जब वह गया तब भी अपनी मर्जी से। हुआ यह कि डिस्पैच सैक्शन में एक जगह थी, चूँकि वहाँ बाहर का काम रहता था, सुखी ने वहाँ जाने का विचार किया था। बाहर जाने का बस आदि का जो किराया मिलता, उसको वह साइकिल में जाकर बचा सकता था और इस तरह एक-आध रुपए की अतिरिक्त आय कर सकता था। यद्यपि सैक्शन छोड़ने का उसे बहुत अफसोस था, पर पैसे की मार के आगे वह परवश था।

दफ्तर का माहौल अजीब-सा हो चला था। लड़की की शादी की-सी आवाजाही पर सरकारी तौर-तरीके से; नतीजा : इस दोगलेपन ने दफ्तर के फाइली बासीपन को तो तोड़ दिया था, पर इस विकृत माहौल में साँस लेने में भी कठिनाई-सी हो रही थी। हो सकता है इसका कारण हाल की सफाई के परिणामस्वरूप उड़ रही धूल रही हो, पर घुटन थी बड़ी बोझिल।

इधर सरकार के एक नए आदेश ने अवकाश ग्रहण के नियम में एक छोटा-सा परिवर्तन किया था, पर इसका परिणाम बहुत दूरगामी हुआ था। नए संशोधन के अनुसार अब कोई भी सरकारी कर्मचारी उस दिन अवकाश नहीं ग्रहण करता, जिस दिन उसे अट्ठावन वर्ष पूरे होते हैं, बल्कि अब यह उस महीने के अन्तिम दिन होता है। जैसे कि मल्होत्रा साहब और सुखीलाल ने अपने-अपने 58 वर्ष इस महीने की

क्रमशः 4 व 15 तारीख को पूरे कर लिए थे, पर वे दोनों एक ही साथ 30 तारीख को रिटायर हो रहे थे।

मल्होत्रा साहब हमारे डायरेक्टर हैं और इसीलिए आज की विदाई पार्टी विशेष महत्त्व की हो गई थी। वैसे भी हर डायरेक्टर की विदाई पार्टी, फिर चाहे वह पाँच साल आपके यहाँ रहा हो या एक, विशेष महत्त्व की होती है। चूँकि मिनिस्ट्री के सूत्रों से यह जबर्दस्त अफवाह थी कि डी.पी.सी. यानी 'डिपार्टमेंटल प्रमोशन कमेटी' किसी भी दिन बैठ सकती है और साल के समाप्त होने में सिर्फ दो महीने शेष थे, इसलिए जॉइंट डायरेक्टर तथा विभिन्न डिप्टी डायरेक्टरों को अपनी सी.आर. की विशेष चिन्ता थी। हर कोई डायरेक्टर साहब का दूसरे से बढ़िया कार्यकुशलता का व्यक्तिगत प्रमाणपत्र भी चाहता था, जिससे कि एक ही झटके में सबको पीछे छोड़ जाए।

पर सबसे महत्त्वपूर्ण बात यह सुनने में आई थी कि मल्होत्रा साहब ने ऐसी टिप्पस भिड़ाई है कि उनको 'वर्ल्ड बैंक' का 'एसाइनमेंट' मिल गया है और वह जल्दी ही नए पद का कार्यभार सँभालने बैंकाक जानेवाले हैं। इस तथ्य ने आग में घी का काम किया था। मुख्य बात यह थी कि जॉइंट डायरेक्टर मोटवाणी के रिटायरमेंट में भी एक ही साल बचा था और वह भी ऐसी ही किसी जगह की तलाश में थे। ऐसे में मल्होत्रा साहब के महत्त्व का द्विगुणित हो जाना स्वाभाविक ही था।

दफ्तर के सबसे बड़े हाल में, जहाँ कुछ नहीं तो चालीस-पचास आदमी बैठा करते हैं, सारा काम सुबह से ही बिलकुल बन्द-सा था। कुर्सी-मेजों के बिना हाल बड़ा अजीब लग रहा था। आठ-दस कुर्सियों की एक पंक्ति सामने थी, जिनके आगे तीन-चार लम्बी मेजें जोड़कर लगाई गई थीं। उन पर ऐसे ही विशेष अवसरों के लिए खरीदे गए चमचमाते स्वच्छ मेजपोश बिछे थे। मेज के बीचोबीच डायरेक्टर के कमरे वाले ब्रास के फूलदान में बहुत ही सुन्दर गुलाब सजे थे। गुलाबों की दाहिनी ओर एक अटैची और एक छाता सजा था और दूसरी ओर हाथियों का जोड़ा। जी हाँ, सफेद हाथियों का हाथी-दाँत का जोड़ा, जो ताजे कटे पेड़ का तना घसीट रहा था। दिल्ली के पद्मश्री दस्तकार के बनाए इन हाथियों की कीमत आँकना जरा मुश्किल काम था, पर अफवाह थी कि वह डेढ़ से दो हजार के आसपास था। उपहार का चुनाव स्वयं जॉइंट डायरेक्टर ने कई दिन सरकारी गाड़ी को सारे शहर में दौड़ाने के बाद किया था। आज स्वयं एक डिप्टी डायरेक्टर पार्टी का प्रबन्ध कर रहे थे। फूल मालाएँ कैसी होंगी, चाय कहाँ पर रखी जाएगी, सीनियर आफिसर्स के लिए कौन-सी क्राकरी होगी, नाश्ते में क्या होगा, सब कुछ उन्हीं का तय किया हुआ था।

विदाई समारोह चार बजे शुरू होना था, पर पौने चार पर ही हाल में तिल धरने की जगह नहीं है। चार बजे हैं। ठीक चार। मल्होत्रा साहब मुँह में पाइप अटकाए जॉइंट डायरेक्टरों, डिप्टी डायरेक्टरों तथा ऐसे ही कई सीनियर अफसरों से घिरे हाल

के दरवाजे पर नजर आ रहे हैं। हाल में सनसनी फैल गई है। कई हाथ एक साथ नमस्कार में जुड़े हैं। बदले में मल्होत्रा साहब का हाथ हवा में लहराया है। गोल्डन फ्रेम के पीछे से ही नजरों ने पूरी भीड़ का जायजा लिया और एक चौड़ी मुस्कराहट के पश्चात वापस वह साथ आ रहे लोगों से बातों में लग गए।

मल्होत्रा साहब और प्रमुख पदाधिकारियों के पदासीन हो जाने के जब काफी देर बाद तक सिर्फ खुसर-पुसर ही होती रही और कार्यवाही आगे बढ़ना तो रहा दूर, शुरू भी नहीं हुई, तो बाकी लोगों में भी बेचैनी बढ़ने लगी। पता चला सुखीलाल गायब है। एक ने कहा, कहीं सो गया होगा। दूसरा बोला, ''नहीं जी नहीं चरस की दम लगा रहा होगा।'' एक गुस्से भरा स्वर था ''अजी इस फोर्थ क्लास की पार्टी अलग ही होनी चाहिए! क्या बदतमीजी है।''

तभी ''आ गया, आ गया! अरे भई, कहाँ चला गया था!'' के साथ सुखीलाल का स्वागत हुआ। मल्होत्रा साहब को सुखीलाल ने दोनों हाथ जोड़ लगभग साठ डिग्री झुककर नमस्कार किया, फिर सारे दफ्तर ने साँस रोककर देखा, मल्होत्रा साहब अपनी कुर्सी से उठे। उन्होंने सुखी का हाथ थामकर बड़ी गर्मजोशी से हिलाया, उसके हाल-चाल पूछे। इस सबसे सुखी हतप्रभ रह गया। मल्होत्रा साहब ने उससे बैठने को कहा, पर वह वैसा का वैसा बुत बना रह गया। अन्त में उसे लगभग बलात् मल्होत्रा साहब की बगलवाली कुर्सी पर बिठला दिया गया।

अजीब नजारा था। एक ओर मल्होत्रा साहब थे, चुस्त लम्बे-चौड़े गोरे, ऐसे लाल कि पहले ही अमरीकन लगते हैं; फिर आज जिस सफारी सूट में वह थे, उससे हिन्दुस्तानी होने का जो थोड़ा-बहुत भ्रम हो सकता था, वह भी मिट चुका था।

बगल में हिन्दुस्तानी आदमी था, शत-प्रतिशत हिन्दुस्तानी, अपने अस्तित्व से ही शर्मिन्दा-सिकुड़ा-सिमटा और बेहद घबराया हुआ। वह एक सूती कमीज, जिसका गले तक का बटन इसलिए बन्द था कि अन्दर का बदरंग शरीर नाम का कंकाल नजर न आए, पहने हुए बैठा था। आज भी उसकी पैंट गँदली-सी सरकारी वर्दीवाली खद्दर की ही थी।

माल्यार्पण से कार्रवाई की शुरुआत हुई। मल्होत्रा साहब और सुखीलाल को स्वयं जॉइंट डायरेक्टर ने माला पहनाई। यह बात और है कि मल्होत्रा साहब की माला इतनी भारी थी कि अगर कहीं गलती से भी सुखीलाल के गले में पड़ जाती तो निश्चित तौर पर गर्दन टूट जाती।

औपचारिकता के बाद जॉइंट डायरेक्टर ने माइक सँभाला। एक-एक करके मल्होत्रा साहब के गुण सामने आने लगे। कितने मानवीय, सहृदय, समभाव, चाटुकारिता से नफरत करनेवाले, निर्भीक और मुँहफट–विस्तार से व सोदाहरण। पूरे पैंतालीस मिनट के बाद भी वह बोल रहे थे। श्रोता तो श्रोता, स्वयं मल्होत्रा साहब भी अपनी कुर्सी पर कसमसाते से लगने लगे थे।

किसी तरह वह रुके, तभी न जाने कैसे ध्यान आ गया कि सिर्फ मल्होत्रा साहब को ही विदाई नहीं दी जा रही है। वह सुखीलाल की तरफ घूमे। दर्शकों को देखा और होंठ फिर हिले। उनके स्वर में स्पष्ट परिवर्तन आ गया था। उन्होंने पहले सुखीलाल की सेवाओं का बखान किया। हम समझ गए यानी कि सेवा करना उसका जन्मजात कर्तव्य और सेवा करवाना आफिसरों का जन्मजात अधिकार।

उन्होंने और भी कहा, "सुखीलाल में बस एक बात की कमी है...।" वह क्षणभर को थमे। उनकी आँखें चमकी थीं जैसे अँधेरे में जानवरों की आँखें चमकती हैं, "अभी-अभी जैसा कि हमारी कार्रवाई शुरू होने में कुछ देर हुई और मल्होत्रा साहब तक को इन्तजार करना पड़ा, आप लोग शायद उसके कारण को नहीं जानते होंगे!" वह फिर रुके, कुछ नाटकीय ढंग से उन्होंने बात बढ़ाई, "कारण थे, हमारे सुखीलाल जी।" उनके स्वर में ऐसा कुछ नहीं था जो छिप पाता। वह बोलते गए। "हमने सोचा न जाने सुखीलाल कहाँ चले गए हैं। हमसे कोई भूल-गलती तो नहीं हो गई।" और इसके साथ ही उनके होंठों पर एक हल्की मुस्कराहट क्या फैली कि लोगों को सिग्नल मिल गया। प्रत्येक उपस्थित व्यक्ति हँस पड़ा। उन्होंने चुप रहने के लिए हवा में हाथ उठाया। "बड़ी ढूँढ़-खोज की तब कहीं पता चला कि दम मारने के चक्कर में वह हमें भूल ही गए हैं। आज तो कम-से-कम वह थोड़ा रुक सकते थे, फिर अब तो समय-ही-समय है और वह इन्हीं सब कामों में तो लगेगा, भई।" अब तक लोग हँसने लगे थे, पर वह चूँकि रुके नहीं थे इसलिए किसी को ज्यादा हँसने की हिम्मत भी नहीं हुई, "हम सुखीलाल को एक सलाह देना चाहते हैं।" उनकी कुर्सी बोलने लगी। हाल की दीवारें उसकी अनगूँज से इस तरह कम्पित हो रही थीं जैसे किसी रेडियो या स्टीरियो के स्पीकर का पर्दा काँपता है, "अब वह मानें या न मानें यह उनका काम है। वह बोतल-गोली से जरा दूर ही रहें तो बेहतर होगा, क्योंकि अभी उनकी काफी जिम्मेदारियाँ हैं, ऐसे में उन्हें फूँक-फूँककर कदम रखना चाहिए। वैसे मैं मानता हूँ," अपनी बात पर जोर देने के लिए वह जरा ठहरे, "कि इन जिम्मेदारियों को बढ़ाने में उनकी जिम्मेदारी कोई बहुत ज्यादा नहीं है, क्योंकि वह बेचारे भी क्या करते तब परिवार नियोजन का इतना जोर था भी नहीं और न ही दुर्भाग्य से इमरजैंसी उस दौर में आई।" इस बार लोगों ने कसर नहीं छोड़ी। ठहाकों से लगा छत फट जाएगी।

"अब मैं मल्होत्रा साहब से रिक्वैस्ट करूँगा कि वह हमें आशीर्वाद दें और वायदा करें कि उनका अमूल्य सहयोग और सलाह ही भविष्य में भी मिलती रहेगी।" और जॉइंट डायरेक्टर का भाषण समाप्त हो ही गया।

मल्होत्रा साहब समय पर ही आना नहीं जानते, हवा का रुख भी पहचानते हैं। वह जान गए कि मोटवाणी लोगों को जरूरत से ज्यादा सता चुके हैं। उन्होंने लोगों को सीधे-सीधे धन्यवाद दिया और कहा, "इस दफ्तर से उनको इतना गहरा लगाव है कि चाहे कहीं भी क्यों न रहें, इसे कभी भूल नहीं पाएँगे।"

यह संक्षिप्त भाषण काफी राहत देनेवाला था, इसलिए देर तक तालियाँ बजती रहीं। लोगों ने सोचा चलो भाषणबाजी समाप्त हुई और जैसे ही वे नाश्ते की ओर झपटने के लिए 'पोजीशन' बना रहे थे कि तभी सुखीलाल उठा और हाथ जोड़कर बोला, "अगर साब लोगों की इजाजत हो तो दो शब्द मैं भी अर्ज करना चाहता हूँ।"

"क्यों नहीं, क्यों नहीं?" मल्होत्रा साहब ने कहा, यद्यपि स्थिति ने नाटकीय मोड़ ले लिया था, इसके बावजूद लोगों में एक अजीब किस्म की बेचैनी थी, आखिर ये गँवार आदमी क्या कहेगा? जॉइंट डायरेक्टर करवट बदलने लगे थे। वह कभी सुखीलाल, कभी मल्होत्रा साहब और कभी लोगों की ओर देखते, पर हो क्या सकता था, सुखीलाल खड़ा हो चुका था और अब तक मल्होत्रा साहब के इशारे से माइक उसके आगे था।

"आप लोगों ने मुझ अनपढ़-गँवार को इज्जत बख्शी इसके लिए मैं आपका आभारी हूँ।" हाँ, यह सुखीलाल ही था, "महोदय मैं नाचीज हूँ। इसी दफ्तर में मैंने नौकरी शुरू की, यहीं रिटायर हो रहा हूँ। मेरे सामने कई साब लोग आए और गए। अब हमारे मोटवाणी साहब भी मेरे सामने आए थे। विद्वान आदमी थे क्लर्क होकर आए और इतनी उन्नति करके इस पद तक पहुँचे हैं, ईश्वर करे वह रिटायर होने से पहले डायरेक्टर हो जाएँ। पर हुजूर हम नाचीज तो नाली के कीड़े हैं, जहाँ थे वहीं लोट रहे हैं। हमारी गलतियों पर अगर आप जैसे लोग ध्यान देंगे तो हुजूर हमें सर छुपाने की जगह कहाँ रहेगी।"

वह कुछ रुका, फिर बोला, "गोली-बोतल साब हम जैसे छोटे लोगों की कमजोरी है और मैं उसके लिए आप सबके सामने शर्मिन्दा हूँ पर महोदय मैं आपसे वायदा करता हूँ कि जब जन्म के अड़तीस साल आप लोगों का आदेश मानता रहा तो क्या अब रिटायर होने के बाद इस पर अमल न करने की हिम्मत कर सकता हूँ। हुजूर, अगर छूटी नहीं तो कम तो करूँगा ही।" सारे हाल में मुर्दानी छा गई।

सुखीलाल मुड़ा और बिना किसी से कुछ कहे सीधा एक झटके में हाल से बाहर निकल गया। यद्यपि मेज पर रखा छाता व 'रेक्सीन' का सस्ता-सा सूटकेस पहले से कुछ अधिक ही चमचमाने लगे थे, पर सफेद हाथियों का जोड़ा कम-से-कम मुझे, नजर नहीं आ रहा था।

(1979)

हल

उम्मेदसिंह खेतों को पार करता हुआ जैसे ही गाँव में प्रविष्ट हुआ उसकी नजर सीधे भागुली के मकान के बाहर की भीड़ पर पड़ी। स्थिति की गम्भीरता के आभास मात्र ने उसे उद्वेलित कर दिया। पटांगण के भिड़े पर बैठे लोगों में एक हल्की-सी हलचल हुई। कोई उठकर उसके नजदीक आया और कुछ कहता हुआ, जो उम्मेदसिंह की समझ में बिलकुल नहीं आया, उसे सीधे सीढ़ियों से 'मलखन'[1] में ले गया।

कोने में शिबिया लिटाया हुआ था। एक मैली और बहुत ही पुरानी रजाई से, जिसकी रुई जगह-जगह गोला बन गई थी, उसे कसकर ढँका हुआ था। साथ ही गाँव की कुछ औरतों के बीच भागुली बैठी थी। भागुली ने सिर्फ एक बार उम्मेदसिंह की ओर देखा और फिर डॉक्टर हीराबल्लभ आर.एम.पी. को देखने लगी, जो इंजेक्शन लगाने की तैयारी कर रहा था। निहोनी के धीरे-धीरे होनी में बदलते जाने की सम्भावना से वातावरण इतना बोझिल था कि सामान्य शब्द भी कानों में इस तरह टकरा रहे थे जैसे आतंक से भरी कोई चीख। वह भी औरतों से थोड़े फासले पर बैठ गया। शिबिया की इकहरी साँस पूरे मलखन में इस तरह काँप रही थी जैसे रिकार्ड की सुई खाली लीक पर घर्र-घर्र करने लगती है। उम्मेदसिंह ने हौले से उसके माथे को छुआ। शिबिया ने कोई प्रतिक्रिया नहीं की। उसकी हालत ने उम्मेदसिंह को बेचैन कर दिया। भागुली के बच्चों में शिबिया उसे सबसे प्यारा था। दिल हुआ कहे, "शिबिया कैसा है रे?"

तभी भागुली ने कहा, "ओ शिबि, देख तेरे मामा आए हैं।" पर शिबिया की आँखों की पुतलियाँ कहीं थम नहीं रही थीं। भागुली का गला भर आया। डबडबा आई आँखों को उसने चुपके से पोंछ लिया।

इकहरी साँसों के बीच का अन्तराल बढ़ रहा था। शिबिया का साँवला रंग कुछ ज्यादा ही गहरा हो गया था। वह रोज की अपनी स्काउटिंग वाली गन्दी और जगह-जगह स्याही लगी खाकी कमीज ही पहने था। सदा काले रहने वाले उसके होंठ सूखे और कुछ सूजे-से नजर आ रहे थे। उम्मेदसिंह को यह तो पता था कि शिबिया

1. ऊपर की मंजिल।

भी गाँव के लड़कों की तरह ही बीड़ी-सिगरेट के सुट्टे लगाता है, जिससे उसके होंठ ही नहीं, दाँत भी बदरंग हो गए थे, पर बाएँ गाल का निशान उम्मेदसिंह आज पहली बार देख रहा था। आँख के ठीक बगल से नीचे जबड़े तक खिंचे इस निशान से पूरा चेहरा किसी ऐसे उम्रदराज आदमी-सा रूखा और कठोर लग रहा था जिसे बीमारी ने अजीब तरीके से विकृत और असहाय कर दिया हो।

निशान के बारे में वह अपनी जिज्ञासा दबा नहीं पाया। भागुली ने उसे किसी तरह बतलाया, "सुबह बैल लेकर जा रहा था..."

फौरन सब कुछ समझ गया उम्मेदसिंह। बच्चा ही तो है बेचारा! इसने अँधेरे में ही उठा दिया होगा। ऊँघता जा रहा होगा, कहीं गिर गया। उसे भागुली पर अचानक गुस्सा आ गया। कैसी निर्दयी है यह औरत! माँ है या दुश्मन! अरे, न बाहे जाते दो खेत तो कौन-सा प्रलय हो जाता। वैसे ही साली जमीन कौन-सा सोना उगल रही है। साले चौदह साल के बच्चे को ऐसे दौड़ाते हैं जैसे कोई अपने बैल को भी नहीं दौड़ाएगा। बाप साला हर समय हाय पैसा! हाय पैसा! करता फिरता है, ये नहीं कि हल ही 'बाने' आ जाता दो दिन के लिए। साली छुट्टी भी तो मिलती होगी, ऐसी भी क्या नौकरी ठहरी!

वह अभी सोच ही रहा था कि उसका ध्यान डॉक्टर की ओर गया, और विचार श्रृंखला वहीं ठहर गई।

इंजेक्शन देने के लिए शिबिया का हाथ सीधा करते हुए डॉक्टर कह रहा था, "नस में सुई लगा रहा हूँ। इसके बाद फौरन रानीखेत अस्पताल ले जाना होगा," बात उसी को लक्ष्य करके कही जा रही थी, "अब अगर यहाँ ग्लूकोस चढ़ाने का इन्तजाम हो जाता तो शायद..."

डॉक्टर की बात पूरी भी नहीं हो पाई थी कि शिबिया ने एक जोर की साँस ली और चुप हो गया। डॉक्टर ने हड़बड़ाकर इंजेक्शन एक ओर रखा और स्टैथस्कोप उठाकर कभी नाड़ी और कभी छाती टटोलने लगा। काफी उठक-पटक के बाद अन्ततः उसने कानों से स्टैथस्कोप की नलियाँ हटा लीं। शिबिया की एक ओर को लटक आई गर्दन को सीधा किया और स्थिर हो आई आँखों की पुतलियों को अँगुली से बन्द कर बाहर आ गया।

उम्मेदसिंह की समझ में कुछ नहीं आ रहा था, यह सब इतनी जल्दी कैसे और क्यों हो गया। जब घर से चला था तब उसे कल्पना में भी आभास नहीं था कि वह जहाँ जा रहा है वहाँ एक दुर्घटना सिर्फ उसी की प्रतीक्षा में है। उसने तो इतना भर सोचा था कि कोई बच्चा बीमार होगा और पैसे की किल्लत और अकेले होने की वजह से भागुली घबरा गई होगी।

कई घंटों बाद श्मशान से लौटते हुए उसने सारी बातें सिलसिलेवार समझने की कोशिश की थी। शिबिया सुबह हल लगाता था, दिन में घर के दूसरे छोटे-मोटे काम करता, और फिर रात को दो मील दूर जाकर, देर तक रामलीला देखता। ठंड बढ़ने लगी थी। कपड़ों के नाम पर स्काउटिंग की स्कूली खाकी कमीज और पैंट के अलावा एक कई साल पुराना बाप का उतारा स्वैटर भी था जो उसके शरीर पर सारे साल ऐसे झूलता रहता जैसे चिड़ियों को डराने के लिए बनाए गए बिजूका पर कपड़ा झूलता है। ठंड लगी होगी और उसने छाती पकड़ ली। ऐसे में डबल निमोनिया न होता तो क्या होता! उसका मन दुख से कुछ इस तरह बोझिल हो गया कि गाँव की चढ़ाई अन्तहीन और असम्भव-सी लगने लगी।

घर पर पता चला भागुली को रोते-रोते गश आ गया है। घंटे भर से होश नहीं है। पर घंटा काफी लम्बा साबित हुआ। अगले दो दिन तक वह लगातार बेहोश रही। जब कभी जरा भी होश में आती शिबिया को पुकारने लगती। भागुली की बेहोशी से घबराकर दूसरे दिन उसने डुँगरसिंह को तार कर दिया था। शायद कल-परसों तक आ पहुँचे। पर अब लगता है कि जैसे गलती हो गई हो। आज भागुली सुबह से काफी ठीक थी और बीच में एक बार होश आने पर काफी देर ठीक-ठाक बातें करती रही थी। डॉक्टर हीराबल्लभ आए थे। देखकर बोले, "ठीक है अब। चिन्ता की कोई बात नहीं। बस सोने की दवा दे रहा हूँ, शाम तक बिलकुल चंगी हो जाएगी।"

बीच में जब भागुली की तन्द्रा टूटी थी तो वह उसके पास जा बैठा था। धीरे-धीरे उसने ढाँढ़स बँधाना शुरू किया, "अब ऐसे कहीं चलता है भला। बाल-बच्चों का मुँह देख! हिम्मत हारने से जिन्दगी नहीं चलती है।"

वैसे भी गाँवों में बच्चों का मरना कोई असामान्य बात तो थी नहीं। स्वयं भागुली के ही न जाने कितने बच्चे मरे थे, पर उसके इस तरह बेसुध हो जाने से ही शायद लोग कुछ हैरान थे। रह-रहकर समझाते, अभी तो तेरे तीन बेटे हैं, उन्हें देख! फिर बच्चों का क्या है, जान बची चाहिए और हो जाएँगे, कौन-सी उम्र निकल गई है!

कहने को तो उम्मेदसिंह भी कह गया कि धीरज रखना चाहिए पर वह लोगों की इस तरह की बातों से स्वयं ही हिल जाता है। ठीक है, और पैदा हो सकते हैं पर चौदह साल का पाला-सैंता जवान-जवान बेटा तो नहीं मिल सकता। वह जानता था, शिबिया से भागुली को कितना प्यार था। वह उसका सबसे बड़ा बच्चा ही नहीं था, जाने-अनजाने परिवार का मुखिया भी हो गया था। दो साल पहले शिबिया ने उसी के सामने हल बाहना सीखा था और तब वह सब कुछ खेल-खेल में ही हो गया था।

उस दिन शिबिया ने मुश्किल से किसी तरह दो-तीन चीरे मारे थे और शाम तक उसके छोटे-छोटे हाथों में 'डम्फू' जैसे छाले पड़ गए थे पर अगले साल जब वह भागुली

का हल का काम निबटाने आया था तो अगली सुबह शिबिया उसके उठने से पहले ही बैल लेकर निकल चुका था और जब तक वह पहुँचा आधा खेत बाह चुका था। उसने दूर ही से देखा : पतला-दुबला मरियल-सा लड़का जिसका कद उठ नहीं पा रहा था, बैलों की तो बात रही दूर, हल के मूठ के पीछे ही छिप गया था, पर फिर भी न जाने कैसे और कब, बैल साधना सीख गया था। "रौ, रौ रे खैरा रौ! रौ रे चनिया, रौ!" बच्चे के मुँह से निकले शब्द सुबह के स्वच्छ और भीगे वातावरण में, जब धूप ओस मढ़े पेड़ों पर जगमगाती है, ऐसे गूँज रहे थे जैसे कोई तबले पर हौले-से यूँ ही थाप मार दे रहा हो–कच्चे हाथों की थाप–जो तबले से अधिक हाथों की कोमलता को वातावरण में भर देती है।

उम्मेदसिंह ने नजदीक पहुँचकर एक नजर खेत को देखा और शिबिया को गले लगा लिया था।

"क्यों रे, भारत का नक्शा बना रहा है क्या?" मामा ने भानजे के सर को थपथपाते हुए पूछा था। एक तो वैसे ही पहाड़ी खेत बाँका-तिरछा, ऊपर से आड़े-टेढ़े पड़े हल के चीरे। पर उम्मेदसिंह भाव-विभोर हो गया था, उस दिन। घर लौटकर उसने भागुली से कहा था, "भागुली अब अपने दुख के दिन खत्म समझ! ऐसा होनहार बेटा किसी-किसी के घर होता है।"

बड़ी खोटी किस्मत लेकर पैदा हुई ये छोकरी, उम्मेदसिंह सोचने लगा। डुँगरसिंह के घर की हालत कभी अच्छी नहीं रही। 'कड़माव'[1] की खेती और अकेला आदमी। हर साल वह जाड़ों से पहले ही नीचे 'देस' चला जाता है और फिर गेहूँ की कटाई तक ही लौट पाता है। न सास-ससुर न देवर-जेठानी, घर में भागुली खटती है। गाय, बैल, खेती और सब पर साल-दर-साल पैदा होते-मरते बच्चे। उम्मेदसिंह को ठीक याद नहीं कि भागुली के अब कितने बच्चे हैं। क्या तकदीर पाई इसने भी! सबसे छोटी बहन थी तीन भाइयों की। कुछ नहीं तो उससे पन्द्रह साल तो चौकस छोटी होगी और लगती कैसी है जैसे पचास लाँघ गई हो। पचास होने में तो अभी खुद उसे ही कुछ नहीं तो पाँच साल बाकी थे, पर किस्मत इसे ही तो कहते हैं। सारे भाई इसे कितना प्यार करते हैं। हर फसल में कोई न कोई बुवाई-कटाई निबटवा जाता है और डुँगरिया को कभी नहीं लगने दिया है कि वह अकेला है। बस पिछली बार ही से तो ऐसा हुआ था कि उनमें से किसी को हल के लिए नहीं आना पड़ा था। वैसे आए भी तो एक-आध दिन को। सच तो यह था कि जब तक कोई मामा पहुँचता शिबिया छोटे-मोटे खेत बाह चुका होता था और फिर नाम का ही काम रह जाता था।

बज्जर पड़े इस पहाड़ी खेती को! कितने करतब करो और कितने ही तरह के बीज बोओ, पर ढाक के वही तीन पात! शायद ही कोई साल ऐसा होता हो, जब

1. घाटी की न होकर ऐसी पहाड़ी खेती जो सिंचाई के लिए पूरी तरह वर्षा पर निर्भर होती है।

आराम से चार-पाँच महीने का अनाज निकल पाता हो। हर साल परदेस जाओ, बाल-बच्चों से दूर, लोगों की रोटी बनाओ, बर्तन-भाँड़े माँजो, कपड़े धोओ और फिर भी बच्चे भूखे-नंगे! धिक्कार है ऐसी जिन्दगी को। इस साली 'जिम्मेदारी' से तो गू खाना अच्छा!

क्या हुआ करती थी भागुली 'बोकिया'[1] जैसी! दो गट्ठा घास दो मील चढ़ाई पर एक साँस में ऐसे ले जाती थी जैसे कोई मछली पानी में तैर रही हो। और अब देखो, हर समय कमर बाँधे ऐसे कराहती रहती है मानो भिमुवा काटते हुए अभी-अभी ऊँची डाल से गिर पड़ी हो। खा गई ये साली आदमखोर जमीन, इसे जिन्दा खा गई। कैसी हँसमुख थी, आज देखो किस तरह चिड़चिड़ाती रहती है–कभी इस बच्चे को मार तो कभी उस बच्चे को मार! कैसे हो गई होगी ये इतनी कर्कशा और कठोर, उसे आश्चर्य होता है। जो कभी काम से घबराती नहीं थी, वही आज अपने ही आठ-आठ दस-दस साल के बच्चों से ऐसे काम लेती है जैसे 'गोरखा राज' में बेगार भी नहीं ली जाती होगी।

आज दोपहर भागुली से जब उसने कहा था, 'डुँगरसिंह को तार कर दिया है एक आध दिन में आ जाएगा।' और भागुली जब काफी देर कुछ बोली नहीं थी तो उसने सोचा, शायद अभी ठीक से होश में नहीं आ पाई है, पर जब भागुली ने गिनकर सिर्फ तीन शब्द कहे, 'चिट्ठी डाल देते!' तो उसे एक जबर्दस्त झटका लगा था। अब वह सोचने लगा था, डुँगरसिंह न आए तो अच्छा हो। कुछ ही देर पहले उसे पता चला था कि चार-पाँच दिन पहले ही डुँगरसिंह का मनीआर्डर आया था। उसे गए हुए भी तो कुछ ही रोज हुए हैं, अब पैसे कहाँ होंगे उसके पास। ऊपर से कच्ची नौकरी। आजकल नौकरी ढूँढ़ना कोई आसान काम है, एम.ए., बी.ए. तो टक्कर मारते-फिरते हैं। अपनी जल्दबाजी पर उसे कुछ अफसोस हुआ, पर वह भी क्या करता, अगर भागुली को ही कुछ हो जाता और कल को डुँगरसिंह कहता, मुझे बता तो दिया होता, तो क्या मुँह रह जाता उसका।

धूप तापते-तापते न जाने उसे कब झपकी आ गई थी। बसन्ती ने उठाया, "ममा चहा!"

गिलास सँभालते हुए उसने पहला सवाल किया, "कैसी है री तेरी इजा[2]?"

"ठीक है! चहा पी रही है।"

माँ के स्वस्थ होने की खुशी बसन्ती के चेहरे पर साफ झलक रही थी। पिछले तीन दिन का असामान्य वातावरण और तनाव बच्चों के लिए सबसे अधिक कष्टकर

---

1. मोटे ताजे बकरे जैसी।
2. माँ।

और नुकसानदेह सिद्ध हो रहा था। सबके चेहरे कुम्हला गए थे जैसे बिना पानी के पौधे! इस पर भी सबसे आश्चर्य की बात यह थी कि बच्चों ने सन्तुलन नहीं खोया था। ये 13 साल की बसन्ती चौबीसों घंटे अपनी माँ के आसपास छाया की तरह मँडराती रही थी। यद्यपि खाना आसपास से आ जाता था, पर कब मामा को चाय देनी है और कब हुक्का, बच्चे नहीं भूले थे।

धूप खिसककर पटांगण के बिलकुल नुक्कड़ पर पहुँच गई थी, जाने से पहले की बातचीत-सी करती। सामने के पहाड़ पर के पेड़ अन्तिम बार धूप के गले लग रहे थे। पीली धूप इस तरह झिलमिला रही थी जैसे आँखों में बलात रोके गए पानी की कतरन। उम्मेदसिंह उठकर चाय के गिलास के साथ नुक्कड़ पर ही पहुँच गया।

सामने सीढ़ियों पर रघुवा थैले को रस्सी से बाँधने में लगा हुआ था। मुँह तक भरे थैले को बाँधने में उसे काफी मेहनत करनी पड़ रही थी। काम खत्म कर उसने सीधे हाथ के बाजू से नाक साफ की और जैसे ही कमर सीधी की, नजर उम्मेदसिंह से जा मिली। वह हौले से मुस्कराया और बोला, "ममा तुम्हारे लिए बीड़ी लानी है?"

"कहाँ जा रहा है तू?" उम्मेदसिंह ने पूछा।

"घट[1] पिसाने! अभी आता हूँ।"

"घट? इस समय! बीड़ी तो लानी है, पर तू लौटेगा कब!" दो मील जाना और आना, फिर पहाड़ी पनचक्कियाँ जो घंटे भर में पाँच किलो अनाज न पीसें। "अरे नहीं इस समय नहीं जाना है घट-वट। आज की रोटी हो जाएगी या नहीं? नहीं तो किसी से ले ले, कल सुबह चले जाना?"

"है तो पर..." वह कुछ रुका।

"पर क्या?"

"कुछ नहीं मंडुवा है। इजा का कहना है कि...।"

"नहीं, नहीं ठीक है। मंडुवा है तो क्या हुआ? क्या मैं किसी दावत में आया हूँ।" उम्मेदसिंह झटके से उठ खड़ा हुआ और रघुवा के हाथ से गेहूँ का थैला ले अन्दर चला गया।

"क्यों भागुली कैसी है?" उम्मेदसिंह ने तनाव को नियन्त्रित कर दरवाजे से ही पूछा और थैले को वहीं किनारे रख दिया।

"ठीक हूँ, ददा।" कहते हुए भागुली बैठने का उपक्रम करने लगी और उम्मेदसिंह के मना करते-करते भी बैठ ही गई।

रघुवा पास ही आ खड़ा हुआ था, अपनी माँ के निर्णय की प्रतीक्षा करता। भागुली बाहर की सारी बातचीत सुन ही चुकी थी। "जाने दो ददा, आ जाएगा दिन डूबने तक!"

---

1. पनचक्की।

"अरे नहीं, तू भी क्या बात करती है, क्या मैं मंडुवा नहीं खा सकता। फिर आज भर की तो बात है, भेजना ही होगा तो कल भेज देंगे, सुबह।" वह भागुली को किसी तरह की ठेस भी नहीं पहुँचाना चाहता था।

"अभी चला जाता तो कुछ और भी ले आता। घर में न सब्जी है न तेल।" भागुली ने थके स्वर में कहा।

क्या समय आ गया है, उम्मेदसिंह सोचने लगा। इस साल ऐसा सूखा पड़ गया कि सारी बरसात खेतों से धूल उड़ती रही और सब्जियाँ तक भाभर की खरीदकर खानी पड़ीं। और साल कुछ मिर्ची बेच लेते थे, कुछ सब्जी हो जाती थी, इस साल मिर्ची भी नीचे की ही खरीदनी पड़ रही है। आखिर कोई करे भी तो क्या करे। जिसके एक-दो प्राणी दिल्ली लखनऊ में काम नहीं कर रहे, उनके पास तो सिवा 'रौ'[1] पड़ने के कोई रास्ता नहीं है।

उम्मेदसिंह को चुप देख भागुली ने कहा, "अच्छा चेला ऐसा करना, पधान के घट पर थैला रख देना और उनसे कह देना कोई आया तो भिजवा देंगे, नहीं तो सुबह ले आना। बाकी सामान अभी ले आना।"

रघुवा इस डर से कि मामा फिर न रोक लें, थैला उठाकर भाग छूटा।

रघुवा के चले जाने के बाद काफी देर चुप्पी छाई रही। अन्त में भागुली ने ही बात शुरू की, "ददा तुमको तो दिल्ली जाना होगा?"

उम्मेदसिंह हर साल जाड़ों में हल बाहने का काम पूरा कर नीचे की ओर चला जाता था। इस बार चूँकि खेतों में कुछ हुआ ही नहीं था इसलिए जुताई भी जल्दी ही शुरू हो गई थी। वह सोचे बैठा था कि काम निबटते ही चल दूँगा। वहाँ कुछ काम-धाम मिल गया तो ठीक, नहीं तो भाइयों के साथ दो-चार महीने रहकर लौट आऊँगा।

"तू मेरी चिन्ता न कर, कौन-सा लाम पर जाना है, चला जाऊँगा। तू बिलकुल आराम कर?" उम्मेदसिंह ने उसे समझाया।

भागुली कुछ देर चुप रही। फिर बोली, "वो आ ही जाएँगे एक आध दिन में, तार तो मिल ही गया होगा? अभी तो आधे खेत बाकी हैं।"

"तू चिन्ता न कर, कल से बाकी खेत शुरू करेंगे। अभी कौन-सी देर हो गई है, और साल तो इस समय काम शुरू ही होता था। हो जाएगा, सब हो जाएगा भुला[2]," भागुली के बीमार पीले चेहरे पर फैली चिन्ताएँ उससे सहन नहीं हो पा रही थीं। उसने फिर आश्वासन दिया, "सब हो जाएगा। अरे डुँगरसिंह नहीं आता, तो क्या तेरे खेत बिन बोए ही रह जाते। मैं तो हूँ, बो करके जाऊँगा।" और उम्मेदसिंह जेब से बीड़ी निकालकर सुलगाने लगा।

---

1. ऐसा स्थल जहाँ नदी गहरी हो जाती है।
2. छोटा भाई या बहन।

भागुली की आँखें फिर भर आई थीं। शायद खेतों की याद आते ही शिबिया उसके दिमाग पर छा गया था। पर उसने जल्दी ही स्वयं को नियन्त्रित कर लिया और कहने लगी, ''यह तो हर साल का ही रोना है दाज्यू! अब तुम भी अपना घर-बार छोड़कर कब तक लगे रहोगे।''

उम्मेदसिंह ने उसे बीच में ही टोका, ''अरे पगली, क्या बातें करती है। तेरे बच्चे बड़े हो रहे हैं, इतने होनहार हैं, एक-आध साल बाद ही देखना, सब ठीक हो जाएगा।''

अन्दर घुमड़ते आँसुओं से भागुली की आँखों के आगे धुँधला-धुँधला-सा छाने लगा था और काफी देर तक बोलना उसके लिए सम्भव न हो सका। बड़ी देर बाद अपने पल्लू से नाक साफ करते हुए उसने कहा, ''ददा, इस रघुवा को सिखा देना थोड़ा-थोड़ा। अब से सीखने लगेगा तो एक-आध साल बाद ठीक से बैल चलाने आ जाएँगे।''

उम्मेदसिंह कुछ नहीं बोला, सिर्फ बीड़ी के कश पर क़श मारता रहा। एक बार उसने भागुली की ओर देखा। उसका चेहरा अब बिलकुल सामान्य और शान्त नजर आया। वह फिर से लेट गई थी और उसी की ओर देख रही थी।

(1980)

खून

वे आहिस्ता-आहिस्ता फाटक की ओर बढ़ रहे थे। पीछे अस्पताल की आठ मंजिला सलेटी इमारत के दोनों कोनों के ब्लॉक इस अन्दाज में सामने को निकले थे, जैसे दानव अपनी भुजाएँ फैलाए, जो भी आए, दबोच लेने को खड़ा हो। लड़के के कन्धे पर लटके शान्तिनिकेतनी थैले में—साड़ी, ब्लाउज अन्दर के कुछ कपड़े, बची हुई दवाएँ व एकाध, जो उससे खाए नहीं गए, फल थे।

"देर कैसे हो गई?" लड़की ने पूछा।

"तुम्हें सुबह ही छुट्टी मिल गई थी क्या?" लड़के ने प्रत्युत्तर में प्रश्न किया।

"सुबह तो नहीं, पर ग्यारह बजे डॉक्टर ने जाने को कह दिया था।"

"तो तुमने बेड तभी खाली कर दिया था?" लड़के ने परेशान हो पूछा।

"हाँ, कोई नया मरीज आ गया था, जगह नहीं थी।" वैसे उसे दो दिन पहले ही छुट्टी मिल जानी थी, पर बुखार की वजह से रोक दिया गया था।

दिन बेहोशी में डूबते दिमाग-सा अँधेरे की ओर बढ़ रहा था। फरवरी के यद्यपि कुछ ही दिन बचे थे पर ठंड वहीं थी, जहाँ जनवरी के आखिर या बहुत हुआ तो फरवरी के शुरू में, हुआ करती है। अस्पताल की हद अब पार हो चुकी थी। सामने की व्यस्त सड़क की भीड़ दफ्तरों के छूट जाने के कारण काफी बढ़ गई थी। लड़का सोच रहा था इस समय बस मिलना तो नामुमकिन-सा है। और यह इतनी कमजोर है कि दौड़ना तो दूर रहा, चल भी नहीं सकती, उस पर सीट मिले न मिले। वह हिसाब लगाने लगा—स्कूटर-रिक्शा किया तो कितने रुपए होंगे? उसे लगा सिर्फ स्कूटर-रिक्शा में सात-आठ रुपए खराब करना वाजिब नहीं है।

बेहतर यह रहेगा कि कनाट प्लेस तक ही फोरसीटर में जाया जाए, उसने लगभग यह निर्णय कर लिया। वहाँ से बसें चूँकि शुरू होती हैं इसलिए सीट आराम से मिल जाने की पूरी सम्भावना रहती है। यद्यपि यह रास्ता सबसे सुविधाजनक था, पर वह कहीं अन्दर-ही-अन्दर कनाट प्लेस जाने से बचना भी चाहता था।

खामोशी से बचने के लिए उसने पूछा, "डॉक्टर ने क्या कहा, आने के बारे में?"

"आना होगा, 'फॉलो अप' के लिए, पन्द्रह दिन बाद। न जाने अभी और क्या करेंगे।" लड़की ने लम्बी साँस ली और मुड़कर अस्पताल की आठ मंजिला इमारत

को ऊपर से नीचे तक देखा। छठी मंजिल पर अपने वार्ड को उसने तत्काल पहचान लिया। लगभग सारी इमारत में रोशनी हो चुकी थी, उसे आश्चर्य हुआ—गाइनी-टू में अभी अँधेरा ही था। उस अँधेरे ने उसकी कमजोरी को बेइन्तहा बढ़ा दिया। वार्ड का ठंडापन अभी भी उसके शरीर में जमा हुआ था। अचानक बढ़ आई कँपकँपी को रोकने के प्रयास में उसने शॉल को कसकर लपेट लिया। उसका सर हौले-हौले भन्नाने लगा, जैसे फिर से ऑपरेशन टेबुल पर लेटी हो और 'एनिस्थीसिया' दिया जा चुका हो। एक, दो, तीन, चार...और उसे कुछ याद नहीं। वह पूरी तरह सहारे के लिए लड़के पर झुक-सी गई। लड़के ने चौंककर उसकी ओर देखा।

"तुम्हारी तबीयत तो ठीक है ना!" उसके स्वर में घबराहट थी।

"बिलकुल ठीक है।" लड़की ने अचानक बढ़ आई तन्द्रा से लड़ते हुए हल्के स्वर में कहा और फिर कुछ रुककर स्वयं को स्वस्थ सिद्ध करने के लिए पूछा, "तुम्हें देर क्यों हो गई?"

"सुनो, अभी हम अस्पताल ही में हैं, कुछ गड़बड़ हो तो चलो पूछ लें।" लड़का ऐसे में उसके स्वास्थ्य के बारे में कोई खतरा नहीं उठाना चाहता था।

"नहीं", वह मुस्कराई, "मैं बिलकुल ठीक हूँ।" और सीधी हो चलने लगी।

उस दिन जब उसे होश आया तो जबर्दस्त ठंड लग रही थी, सर में सैकड़ों सुइयों के एक साथ चुभो दिए जाने की-सी जानलेवा पीड़ा, और मितली-सी महसूस हो रही थी। जैसे-जैसे 'एनिस्थीसिया' का असर कम होता जा रहा था, पेड़ू के ठीक नीचे उठता दर्द तीखा हो, उसकी रीढ़ से चलता दिमाग में समा रहा था।

उसने एक बार फिर बीमार मानसिकता से उबरने का प्रयत्न किया और प्रश्न दुहराया, "तुम देर से क्यों आए?"

लड़के ने उसकी अभी-अभी की हालत को देखते हुए उसे बाँह से कसकर पकड़ लिया और सड़क पार करते हुए कहा, "असल में आज लेबर ऑफिस जाना था।...मैंने शायद कल तुमसे कहा भी था, हैं क्यों?"

लड़की ने 'हूँ' भर कहा और दाईं ओर देखने लगी।

"मैंने सोचा जल्दी ही काम हो जाएगा पर वहाँ बेमतलब की देर लग गई।" लड़के ने एक ही साँस में सफाई देनेवाले अन्दाज में बात पूरी की।

अब तक वे बस-स्टाप पर आ चुके थे।

"कुछ होने की उम्मीद है?" खड़े होते हुए लड़की ने पूछा।

"तुम जानती ही हो..." लड़के ने बात आधे में ही छोड़ दी।

उसे सामने खड़े फोरसीटर की ओर बढ़ते देख लड़की ने कहा, "सुनो, पैसे बरबाद न करो? अभी बस आ जाएगी।"

"तुम्हें इसमें कोई दिक्कत तो नहीं होगी?" लड़के ने अचानक ठिठककर कुछ सोचते हुए प्रश्न किया।

"दिक्कत, अब...? नहीं।" लड़की ने बिना उसकी ओर देखे उत्तर दिया। लड़के को लगा मानो किसी ने उसकी नंगी पीठ पर पूरी ताकत से एक कोड़ा मारा हो, जो शरीर के एक कोने से दूसरे कोने तक खाल नोचता चला गया।

फोरसीटर के पास आकर लड़की भी कुछ ठहरी। उसके पेट में ऐसा दर्द होने लगा मानो किसी तेज दुधारी औजार से कुरेदा जा रहा हो। फिर से 'सोडियम थाईपेंटीन' उसकी नसों में दौड़ने लगा। एक पल को लगा वह बेहोश हो गिर पड़ेगी कि तभी लड़के ने हाथ बढ़ाकर उसे सीट पर बैठा दिया।

फोरसीटर की स्टार्ट होने की आवाज ने ऑपरेशन टेबिल से वापस उसे सड़क पर ला दिया। उसने पूछा, "यह हमें कहाँ छोड़ेगा?"

"कनाट प्लेस!" लड़के ने कुछ झिझकते हुए उत्तर दिया।

"कनाट प्लेस?" लड़की ठिठकी। "कनाट प्लेस।" कुछ आतंक भरे स्वर में उसने दुहराया।

"वहाँ से हमें बस आसानी से मिल जाएगी।" लड़के ने लगभग असहाय स्वर में कहा।

असल में जबसे उन्हें दफ्तर से निकाला गया था दोनों ही कनाट प्लेस की ओर जाने से बचते। उन्हें यह तो मालूम था कि उन दोनों के विवाह की बात को आसानी से स्वीकारा नहीं जाएगा। पर यह पता नहीं था कि, एकाध को छोड़, सारा दफ्तर ही खिलाफ हो जाएगा।

जब दफ्तर से बात काफी फैल गई तो एक दिन रीजनल मैनेजर ने उसे बुलाकर चेतावनी वाले अन्दाज में कहा था, "देखो, मिस्टर इशरत खान! मैं इस तरह की बातें टॉलरेट नहीं करता। दफ्तर का भी कुछ 'डिकोरम' होता है। यह इश्क लड़ाने की जगह नहीं है।"

"बट सर।" वह कुछ कहना चाहता था, पर उसे बीच में ही टोककर रीजनल मैनेजर ने कहा था, "देखो तुम ऑफिस का 'एटमोसफीयर' बिगाड़ रहे हो। वैसे भी मैं यहाँ हिन्दू-मुस्लिम दंगा नहीं करवाना चाहता। 'यू मस्ट कीप इट इन माइंड दैट यू पीपुल बिलांग टु टू डिफरेंट कम्यूनिटीज।"

लड़की को अलग तलब किया गया..."देखो मिस लक्ष्मी, तुम हिन्दू हो और उस पर भी ब्राह्मण। तुम्हें एक मुसलमान लड़के से इस तरह के सम्बन्ध नहीं रखने चाहिए।" लक्ष्मी के पिता को भी समय रहते सारी बातें बतलाई गईं और उनको अपनी नाक और हिन्दुओं की इज्जत के बारे में सावधान कर दिया गया।

इस डाँट-डपट, चेतावनी, बहिष्कार, ताने और अन्य दबावों ने इशरत को मानसिक रूप से इतना त्रस्त कर दिया कि अक्सर अकेले में उसे लगता वह रो

पड़ेगा। नौकरी बदलना आसान नहीं था और भागकर कोई जा भी कहाँ सकता था। वैसे भी नौकरी उसके लिए काफी महत्त्वपूर्ण थी, सिर्फ इसीलिए नहीं कि बेरोजगारी के लम्बे दौर के बाद कहीं वह इस कम्पनी में आ सका था, बल्कि उसकी रोजी से दो पेट और जुड़े थे। कल को अगर उसे कुछ हो जाए तो उसकी विधवा माँ और छोटे भाई का क्या होगा, वह सोच नहीं पाता था। उसे लगा था एक ही रास्ता है। लक्ष्मी के साथ सम्बन्धों को आगे नहीं बढ़ने दिया जा सकता। उसने कोशिश की कि वह लक्ष्मी के बारे में सोचे तक नहीं, पर एक बार लक्ष्मी से साफ-साफ बातें कर लेनी चाहिए जिससे किसी तरह की कोई कटुता न रहे।

यद्यपि लक्ष्मी भी कमोबेश इसी निर्णय पर पहुँची थी, इसके बावजूद दोनों को एक-दूसरे का फैसला खला था। उस दिन वह सोच ही बैठा था—अगर वह मुसलमान नहीं होता तो कितना अच्छा होता! या लक्ष्मी ही हिन्दू नहीं होती तो यह झगड़ा भी न होता। शुरू की बात उसे याद हो आई। लक्ष्मी ने एक दिन उससे अचानक पूछा था, "माफ कीजिएगा खान साहब, ये इशरत का क्या मतलब होता है?"

"इशरत का मतलब वैभव!"

"वैभव! वाह बड़ा अच्छा नाम है आपका! तब तो आपको वैभव भी कहा जा सकता है।"

"क्यों? वैभव क्यों? इशरत क्यों नहीं?" उसने एक साथ कई प्रश्न कर डाले, "क्या आप मुझे हिन्दू बनाना चाहती हैं?" उसने कुछ तीखे अन्दाज में पूछा था।

"क्या शब्दों का भी धर्म होता है खान साहब?" लक्ष्मी मुस्कराई थी।

रह-रहकर याद आ रही बातें, पुरानी किसी चोट-सी टीसने लगी थीं। और पहली बार उसका मन धर्म और सम्प्रदाय के प्रति असीम घृणा से भर रहा था। क्या फर्क पड़ता है, वह सोचने लगा कि हिन्दू हो या मुसलमान, ईसाई हो या बौद्ध। लक्ष्मी की साहसिकता और दृढ़ता का वह कायल था और शायद यही कारण था जो उसे लक्ष्मी से जोड़े था।

एक दिन लक्ष्मी ने उसे बतलाया था कि उसके पिता उसको पढ़ाने के विरुद्ध थे। वह चाहते थे हायर सेकेन्ड्री के बाद ही लक्ष्मी का विवाह हो जाए। जहाँ तक नौकरी का सवाल था वह तो उन्हें बिलकुल मंजूर नहीं थी। लक्ष्मी बतलाने लगी, "मुझे औरत होकर रहना पसन्द नहीं है। हर समय चाहरदीवारी में बन्द, रोटी पकाओ और बरतन माँजो। सबसे बड़ी बात है एक-एक पैसे के लिए किसी-न-किसी के सदा मोहताज, कभी बाप-भाई के तो कभी पति-बेटे के।"

उसने पूछा था, "तो तुमने अपने पिताजी को कैसे मनाया?"

"उन्हें मानना पड़ा।" संक्षिप्त-सा उत्तर था।

"पर तुमने पढ़ा तो सिर्फ बी.ए. तक ही ना?"

"हाँ! आगे पिताजी से ली फीस पर पढ़ना मुझे अच्छा नहीं लगा।" अजीब-सा उत्तर था। वह कुछ रुककर फिर बोली, "तुम सोचते होगे मैं कुछ ज्यादा ही घमंडी हूँ, पर पिताजी की आर्थिक स्थिति भी ऐसी नहीं थी। वैसे भी वह एक भाई को इंजीनियरी करवा रहे थे और सच पूछो तो भाई को पढ़ाना उन्हें ज्यादा जरूरी लगता था।" वह कुछ मुस्कराई, "मैं आजकल पैसे बचा रही हूँ। एक साल और नौकरी करूँगी, तब एम.ए. करके पी-एच.डी. का इरादा है।"

कभी उसने भी बहुत पढ़ने के सपने देखे थे, इसलिए पढ़ाई को लेकर चर्चा, एम. ए. और रिसर्च टॉपिकों पर अन्तहीन खयाली पुलावों के सिलसिले, उनकी प्रिय बातचीत हो गए थे।

एक-दूसरे से न मिलने का निर्णय ज्यादा दिन नहीं टिक पाया था। यद्यपि उन्होंने विवाह करने की सोची भी नहीं थी, वे यह भी नहीं जान पाए कि उनके सम्बन्ध किस स्तर तक गहरे हो चुके हैं। पर इधर दफ्तर का वातावरण इतना दूषित और घुटन भरा हो गया था कि उनके सामने अपने अस्तित्व को लेकर ही सवाल उठने लगे थे।

एक दिन लक्ष्मी ने साफ कह दिया, "इशरत, मैंने फैसला कर लिया है। चुनौती का साथ मिलकर ही सामना हो सकता है, और अब करेंगे।"

"क्या मतलब?" वह थोड़ा सशंकित हो उठा था। उसकी घबराहट बढ़ गई।

"क्या तुम तैयार हो?"

"पर..."

"पर-वर कुछ नहीं। हाँ या ना में, जवाब दो।"

"थोड़ा समय दो। देखो जजबातों में..."

"मैंने सब कुछ सोच लिया है। मैं इस तरह नहीं रहना चाहती। अपने बारे में, जो कुछ करना है, उसका फैसला स्वयं मैं करूँगी। मुझे किससे मिलना है और किससे नहीं, यह मैं जानती हूँ। तुमने जो सोचना है सोच लो।" भावावेश और क्रोध से उसकी आवाज काँप रही थी।

उसकी समझ में नहीं आया हाँ कहता है तो क्या होगा और ना, तो वह क्या करेगी। पूछ पाने का साहस उसमें नहीं था। अन्ततः उसने कह दिया, "ठीक है।"

"तो इन्तजाम कर लो।" बिना किसी भावुकता से उसने कहा था और वह चली गई।

कनाट प्लेस आकर दिल हुआ कॉफी पी लें, पर पैसे!

उन्होंने बस ली। स्टैंड से घर को जोड़नेवाली अँधेरी गलियों को पार करते-करते लक्ष्मी की कमजोरी उस सीमा पर पहुँच गई, जब सिर्फ आत्मशक्ति के बल पर उससे लड़ पाना सम्भव नहीं रह जाता। बेहोशी के घाव पिड़ाने लगे थे। दर्द पेडू से उठता

हुआ सारे शरीर में जहर-सा फैल चुका था। कमरे में आते ही इससे पहले कि इशरत बिस्तर लगा पाता, वह यों ही दरी पर निढाल पड़ गई। दिन-भर बन्द रहने से कमरे में कुछ इस तरह की गर्मी थी जैसे अक्सर आलू के गोदामों में रहा करती है—बासी गन्ध, पर यह सब अच्छा लग रहा था। थोड़ा आराम मिलने के साथ घर लौट आने के सुरक्षा के भाव के सुख ने तनाव और दर्द को कुछ कम कर दिया। इच्छा हुई कि बढ़िया-सी चाय बनाकर इशरत को पिलाए। उसने उठना चाहा पर अब तक स्टोव की आवाज से कमरा गूँज रहा था।

इशरत ने हिलाया, "लक्ष्मी!" वह उठ बैठी। इशरत हाथ में कप लिये चिन्तित देख रहा था। वह हौले से मुस्कराई, "झपकी-सी आ गई थी...क्या कर रहे हो?" कप लेते हुए उसने पूछा।

"खिचड़ी की तैयारी। कैसा रहेगा?"

"हाँ ठीक है। मैं बनाऊँ?" वह जानती थी इशरत बहुत थका हुआ है। न जाने कहाँ-कहाँ दिन-भर मारा-मारा फिरा होगा।

"अरे नहीं। तुम देखती रहो।" वह मुस्कराया, शायद पहली बार और व्यस्त हो गया।

खिचड़ी अच्छी बनी थी, चाहते हुए भी वे ज्यादा खा नहीं पाए।

स्टोव बुझ चुका था, इसलिए चुप्पी कुछ ज्यादा ही अखरने लगी थी।

"क्या सोच रहे हो?" लम्बी चुप्पी को लक्ष्मी ने तोड़ा।

"कुछ नहीं यूँ ही।"

"यूँ ही क्या?"

"सोचता हूँ घर चले चलें कुछ दिन के लिए।"

"ठीक है, पर यहाँ की तारीखें कौन भुगतेगा?"

"यह भी समस्या है, पर बिना पैसे के यहाँ रह पाना भी कब तक सम्भव हो पाएगा?"

"तुम्हारे पास कितने पैसे हैं?"

"अभी थोड़े हैं। तुम चिन्ता न करो।" इशरत ने हँसने की असफल कोशिश की। वह अब तक बिस्तरा बिछाकर उसके पास ही बैठ गया था।

"बताओ।"

"यही कोई तीस, शायद पच्चीस।" इशरत का नकली आत्मविश्वास ढह गया।

"तब तो कुछ करना होगा।" वह कुछ रुकी, "कल मेरे ये कान के बेच देना।"

वह चुप रहा। आखिरी गहना। असल में उसने पहले ही अपनी घड़ी बेचने का फैसला कर लिया था, पर लक्ष्मी की बात ने उसे विचलित कर दिया। उसका गला भर आया। एक हाथ से लक्ष्मी को वह देर तक थपथपाता रहा, क्या दिया उसने लक्ष्मी को? न गाजा-बाजा, न धूमधाम, न कपड़ा, न गहना, एक तनाव भरे सन्नाटे के अलावा।

"फिर बन जाएँगे।" वह हौले से मुस्कराई, "तुम बड़े भावुक हो।" और उसके सीने में सर रखकर लेट गई।

अपने को नियन्त्रित करने के प्रयत्न में वह बहुत कुछ देर तक बोल ही नहीं पाया और जब तक कुछ सामान्य हुआ, लक्ष्मी को नींद आ चुकी थी। उसने हौले से उसका सर तकिये में रखा और बत्ती बुझा दी।

पिछली घटनाएँ उसकी आँखों के आगे रोज ही किसी बहुत ही डरावनी फिल्म की तरह घूमने लगती हैं। नींद अब अक्सर नहीं आती, सिर्फ बातें, बातें, बातें, घटनाएँ, घटनाएँ, घटनाएँ। उसका दिमाग किसी इस्पात मिल की धमन भट्‌टी की तरह धधकने लगा।

शादी करने पर वही हुआ जो होना था, दोनों को 'टर्मीनेट' ही नहीं कर दिया गया, बल्कि इशरत पर फाइलें चोरी करने का आरोप भी लगाकर पुलिस पीछे कर दी गई। वे दोनों, यहाँ से वहाँ, वहाँ से वहाँ, सारे शहर में छुपते फिरे। किसी तरह पुलिस का झगड़ा निबटा तो लेबर कोर्ट, लेबर ऑफिस और यूनियन के चक्कर शुरू हो गए। दफ्तर वाले लक्ष्मी का हिसाब करने को तो तैयार थे, जिसमें प्रोविडेंट फंड, ग्रेच्युटी और निकालने की एक महीने की तनख्वाह भी शामिल थी, पर इशरत को लिखकर देना था कि मुझसे गलती हुई और उसके लिए मैं माफी चाहता हूँ। दूसरे शब्दों में उसे अपनी चोरी स्वीकार करनी थी। यह बात उनमें से किसी को मंजूर नहीं थी और अब पिछले छह महीने से लेबर कोर्ट के रोज चक्कर पर चक्कर लग रहे थे। कभी मैनेजमेंट का वकील नहीं आता, तो कभी मैनेजर। कभी कोई बहाना, तो कभी कोई। आज इस कागज के लिए मोहलत तो कल उसके लिए। वे देख रहे थे कि उनकी सहनशक्ति और प्रतिरोध की परीक्षा नहीं ली जा रही है, बल्कि उसे तोड़ा जा रहा था। आज भी उसी नाटक के सिलसिले में वह लेबर ऑफिस गया था। धीरे-धीरे जो बचत थी वह लगभग खत्म हो चली थी और अब सवाल था कि कहाँ जाएँ।

अचानक लक्ष्मी अजीब-सी आवाज करने लगी। वह घबरा गया दरवाजे की झिर्रियों से अन्दर आ रही स्ट्रीट लाइट की रोशनी में उसने देखा, लक्ष्मी सोये में ही रुआँसी-रुआँसी-सी हो रही थी। उसने उसे हौले-हौले किसी बच्चे की तरह थपथपाया। रात काफी हो चुकी थी। सड़कों पर आवाज बिलकुल बन्द थी। इस सन्नाटे में माता के जागरण के भजनों की आवाज बहुत साफ कमरे में सुनाई पड़ रही थी।

दिमाग की भट्‌टी अभी जल रही थी, पिछले छह महीने में शायद ही कोई दिन ऐसा रहा हो जब वे भरपेट निश्चिन्त खा पाए हों। सुख की आशा में उलटे वे तेजी से भुखमरी के कगार पर पहुँच रहे थे और अब तो वह नौबत आ गई थी जब रोटी,

सादी रूखी-सूखी रोटी भी, सुनहरे ख्वाब में बदल जाती है। इसी बीच दो महीने पहले नई समस्या आ खड़ी हुई थी। एक अजीब समस्या। उसकी समझ में नहीं आ पाया था, क्या करे। लक्ष्मी गर्भवती थी।

क्या घर चले जाएँ? पर वहाँ जाने से क्या होगा? और अगर...पर तब, पहला बच्चा।

लक्ष्मी ने कहा कुछ भी कर लेंगे। कुछ-न-कुछ तो हो ही जाएगा। हो सकता था इस बीच कोई-न-कोई नौकरी मिल ही जाती, अगर माना बाबूगिरी न मिलती तो क्या वह मेहनत-मजूरी नहीं कर सकता था? वह अपने को रह-रहकर आज भी धिक्कार उठता है। पर हर बीतते दिन के साथ उनकी हिम्मत रेशा-रेशा बिखरती गई थी। भूख का साया शरीर धारण कर अब सीधे हाथ डालने लगा था। उधर समय किसी रेफरी-सा तटस्थ मुस्कराता सिर्फ निर्णय की घड़ी की प्रतीक्षा में था, जब वह लम्बी सीटी बजाकर खेल खत्म का सिगनल दिखा सके। एक-एक दिन मिलकर हफ्ते में बदल जाते और फिर महीने गिनना आशा के फलीभूत होने की प्रतीक्षा की जगह असहाय हो 'तब क्या होगा' की विडम्बना और अनहोनी 'ट्रेजेडी' के आतंक में जीना मात्र रह गए थे।

तभी लक्ष्मी हड़बड़ाकर उठ बैठी।

"क्या हुआ?"

"ये माँ, माँ कौन कर रहा है?" लक्ष्मी ने बीमार स्वर में पूछा।

"अरे माँ-माँ नहीं, जै माता की, जै माता की हो रही है। ये साले जगराते वाले हैं। क्या बेहूदगी है, सोने तक नहीं देते। सो जाओ, तुम सो जाओ।" उसका स्वर बेतरह कोमल हो उठा था।

पर वह उठकर बैठ गई। बीमार चेहरे पर दर्द के पंजे के गहरे निशान उभर आए थे।

"क्या हुआ?" इशरत ने चिन्तित हो पूछा।

"कुछ नहीं बाथरूम जाऊँगी।" वह दीवार का सहारा ले खड़ी हो गई।

"मैं आऊँ?" उसने पूछा।

"नहीं, ठीक है। मैं चली जाऊँगी।" लक्ष्मी ने धीरे-धीरे अपनी साड़ी सँभाली और बाहर को चल पड़ी। "सुनो जरा उस डिब्बे में कुछ पैड हैं, एकाध दे देना तो।" दरवाजे पर पहुँचकर उसने कहा, और खड़ी हो गई।

"क्यों क्या...?"

"शायद 'ब्लीडिंग' हो रही है।"

बल्ब के पीले प्रकाश में शब्द गूँजने लगे–किसी अन्धे कुएँ से लौटती आवाज से। वह एक झटके से खड़ा हो गया। चार दिन पहले, जब वह उसे दाखिल करवाने गया था, खरीदे सैनेटरी पैड के डिब्बे से बाकी बचे दो-एक पैड निकाल उसने लक्ष्मी को पकड़ा दिए और वहीं दरवाजे पर इन्तजार करने लगा। ठंड ऐसी कि समय ही जम गया। न जाने वह कब लौटी और कब वह पीछे-पीछे कमरे में आया।

लक्ष्मी ने आकर तकिए को दीवार से लगाया और सहारा लेकर पैर सीधे कर बैठ गई। फिनाइल और दवाओं की सीलन भरी अस्पताली गन्ध हौले-हौले फिर उसके दिमाग में भरने लगी।

"लेट जाओ", इशरत ने उसे कम्बल से ढकते हुए कहा। देर तक अपने ही शब्द उसके कानों में कुछ इस तरह बजते रहे, जैसे दूर कोई बड़बड़ा रहा हो, अपने आप।

"बत्ती बुझा दो।" लक्ष्मी ने थकी आवाज में कहा और आँखें बन्द कर लीं।

"तबीयत कैसी है?" स्विच ऑफ होने की आवाज के साथ ही अँधेरा छा गया। कुछ देर बाद धीरे-धीरे झिर्रियों से आते प्रकाश ने दोनों को आकार दे दिया। उसका प्रश्न पठार-सी खामोशी में कहीं खो गया। रात के सन्नाटे को माता के जगराते में गाए जा रहे गीत के स्वर इस तरह खौफनाक बना रहे थे जैसे पहाड़ों में, अँधेरी रातों में, गीदड़ का रोना घाटी को देर तक गुँजाता रहता है। इस खौफनाक आवाज से बचने के लिए उसका दिल हुआ कानों को बन्द कर ले।

इशरत ने हाथ से उसके सर को सहलाते हुए कहा, "सो जाओ लक्ष्मी।"

वह अब भी चुप रही।

हौले-हौले उसकी नाक सूँ-सूँ की आवाज से बजने लगी। ठंड तो नहीं लग गई होगी, इशरत ने सोचा। वह अपने पल्ले से देर तक नाक पोंछती रही।

उसे कुछ शक हुआ।

"लक्ष्मी? क्या हुआ लक्ष्मी? तुम रो रही हो?" और उसने दोनों हाथों में थाम उसका चेहरा देखना चाहा।

धीरे-धीरे सुबकियों के स्वर से कमरा भरने लगा।

"क्या हुआ, बोलो ना, क्या हुआ?" वह घबराया।

कोई बंध अब सक्षम नहीं था, भीतर की बाढ़ को थाम पाने में। एक ही झटके में सारे अवरोध बह गए। लक्ष्मी ने उसे कसकर पकड़ लिया और उसकी गोद में मुँह छिपा लिया। उसके रोने का स्वर बढ़ने लगा। वह उसे सहलाता रहा पर सांत्वना के दो शब्द भी नहीं जुट पा रहे थे। न जाने कब स्वयं ही लक्ष्मी ने रोना बन्द कर दिया। वह फिर से सीधी बैठ गई।

उसके होंठ फड़फड़ाए, "आया..." उसने कहने की कोशिश की, "आया कह रही थी..." उसका गला फिर रुँध गया।

"क्या कह रही थी...?" इस बार इशरत ने पूछा। वह आतंकित हो उठा था।

"तुमने ऐसा क्यों किया। पहला बच्चा..." उसकी आवाज फिर अटकी, "लड़का था...हमें ऐसा नहीं करना चाहिए था।" और वह सिसकने लगी हल्के स्वर में, जो एक लय में बदलने लगा था।

(1981)

उम्मीद

ऑफिस लगभग खाली हो चुका था। टप-टप-टप करती उसकी लम्बी पतली अँगुलियाँ तेजी से की-बोर्ड पर दौड़ रही थीं। बीच-बीच में लाइन के समाप्त हो जाने की पूर्व-सूचना के रूप में घंटी की आवाज फौलादी एकरसता को भंग कर देती थी। कभी-कभी यह फौलादी आवाज बड़ी अच्छी लगती है, जैसे उस समय अच्छी लग रही थी। वह बगल में रखी शार्टहैंड की कापी से लगातार बिना आँखें उठाए टाइप किए जा रही थी। बीच-बीच में मुझे देखकर धीरे-से मुस्कराती और फिर अपने काम में व्यस्त हो जाती। मैं अपनी आदत के अनुसार साथ जाने के लिए बैठा हुआ था—यह जानते हुए भी कि मैं और वह केवल दरवाजे तक ही साथ जा सकते हैं और वहाँ से वह धड़ाधड़ सीढ़ियाँ उतर जाएगी, मशीनगन से छूटी गोलियों-सी आवाज करती हुई, और मैं देर तक इसके सैंडिलों से उठनेवाली 'टाक, टाक, टाक' की आवाज सुनता रहूँगा, इसके चले जाने के बावजूद। और जब तक मैं कारीडोर में पहुँचूँगा, तब तक यह न जाने कहाँ पहुँच चुकी होगी।

मैं उसे सामने बैठा देखता रहा, काफी बेशर्मी से। कैसी है, मिस जोसेफ? अँगुलियाँ पतली-लम्बी। उन पर स्किन-कलर की नेलपॉलिश लगे लम्बे नाखून, बड़े चाव से सँवरे। मुलायम हाथ—मैंने छुए नहीं हैं, पर मैं महसूस करता हूँ कि ये मुलायम हैं। बॉब-कट बाल, रूखे-उड़ते। उसके बाल उड़कर अक्सर चेहरे पर आ जाते हैं और मेरा दिल करता है कि जाकर अपने हाथों से ठीक कर आऊँ। वह काफी परेशान हो उठती है अपने बालों से। सोचता हूँ वहीं उसकी मेज के बगल में एक कुर्सी लगाकर बैठ जाऊँ और जैसे ही उसके चेहरे पर बाल उड़कर आएँ, ठीक कर दूँ, जिससे उसे परेशानी न हो।

वह आखिरी पेज टाइप कर रही थी, बड़ी तेजी से। बॉस कह गया होगा—सुबह चाहिए। अर्जेंट लेटर है। टाइप करके रख जाना। मेरे दिल में फिर आया कि उठ खड़ा होऊँ, पर नजर वापस उस पर जा टिकी थी। मैं लगातार सूनी आँखों से उसे देखता रहा। एक बार यह अपनी दोस्त रिसेप्शनिस्ट नीना से कह रही थी, ये तैमूरलंग लगातार 'स्टेयर' करता रहता है। अचानक जब मैं वहाँ से गुजरा था, मुझे लगा था किसी ने मेरे नंगे बदन में 'हाई वोल्टेज' के दो तार लगा दिए हों और इतने जोर

का शॉक लगा हो कि मेरी चेतना-शक्ति ही लुप्त हो गई हो। मैं किसी प्रकार घिसटता हुआ आगे बढ़ गया था और निर्णय किया था कि अब कभी उसकी ओर नहीं देखूँगा। वाकई मैंने कई दिन उसकी ओर देखा भी नहीं। पर यह ज्यादा दिन चल नहीं सका, और मैं भी अपनी पुरानी आदत पर लौट आया। क्या करूँ, यह मुझे बहुत अच्छी लगती है। मैं मजबूर हूँ। वाकई मजबूर हूँ।

उसके कार्डिगन के सारे बटन खुले हुए थे और नीचे था 'डीप नैक' का ब्लाउज। उसने टाइपराइटर से कागज उतारे। मैं अपनी इच्छा के विरुद्ध उठ खड़ा हुआ। वैसे भी और अधिक रुकना बेकार था। सोचा, शायद कहेगी–एक मिनट रुको, मैं भी चलती हूँ। मैंने अपनी छड़ी उठाई और धीरे-धीरे दरवाजे की ओर बढ़ चला। सोचता रहा, अब कहेगी शायद कुछ, अब कहेगी कुछ। अजब-सी घबराहट मुझे महसूस हो रही थी और तभी आवाज आई थी, ''चल दिए क्या?''

मैंने मुड़कर देखा, वह मेरी ओर देख रही थी।

''हूँ!''

वह फिर अपने काम में लग गई। मैं एक पल रुका, इस उम्मीद में कि शायद कहे, जरा ठहरो, मैं भी चलती हूँ। पर उसने कहा कुछ नहीं और मैं आगे की ओर सरकने लगा। अब मेरे अन्दर उत्तेजना जैसी कोई चीज नहीं थी बल्कि उसकी जगह निराशा ने ले ली थी।

मैंने धीरे से काँच का दरवाजा खोला और बाहर हो गया। सीढ़ियाँ उतरने से पहले मैंने एक बार वापस काँच के दरवाजे के अन्दर देखा। वह मुझे देख रही थी। पर जैसे ही उसने देखा कि मैं मुड़कर देख रहा हूँ, उसने मेरी ओर देखना बन्द कर दिया। उसके चेहरे पर, मुझे लगा कि, क्रूर-सी मुस्कराहट है जैसी कि एक विजेता के चेहरे पर हो सकती है। एक चुभन-सी सारे शरीर में फैल गई मानो हजारों काँटे एक साथ चुभा दिए गए हों। मैं तिलमिला उठा, कुछ देर रुका और फिर धीरे-धीरे सीढ़ियाँ उतरने लगा। पैर में कुछ ज्यादा दर्द हो रहा था। अक्सर ठंड में दर्द बढ़ जाया करता है। मेरे उतरने से लकड़ी की भारी सीढ़ियों से ठाक-ठक-ठाक जैसी ही बड़ी भौंड़ी-सी आवाज हो रही थी। इस आवाज से मुझे घृणा है–असीम घृणा। पर यह घृणा ही मेरे जीवन का एक अंग है। कभी-कभी लगता है, यह घृणा न हो तो मेरा कोई अस्तित्व ही नहीं। लगता है, मैं घृणा को नहीं घृणा मुझे जीती है।

रुक-रुककर पैदा होनेवाले ये ठाक-ठक-ठाक के शब्द बड़ी देर तक गलियारे में गूँजते हैं और जब तक पहले शब्दों की गूँज-अनगूँज गलियारे में रहती है, मैं दूसरी सीढ़ी नहीं उतरता। अगर मैं लगातार सीढ़ियाँ उतरता जाऊँ तो ये शब्द और इनकी गूँज-अनगूँज, इतना भयंकर रूप धारण कर लेगी मानो कई सौ मेगावॉट के बम का विस्फोट मुझसे कुछ ही दूरी पर कर दिया गया हो–उससे मैं मर तो नहीं पाऊँगा, पर मेरे कानों के पर्दे फट जाएँगे और दोनों कानों से खून की अविकल धार बह उठेगी।

मैं चाहता हूँ कि यह आवाज कभी पैदा न हो, न लोगों को पता चले कि लँगड़ा आ रहा है या जा रहा है–जैसा वह अक्सर कहते हैं। मैं जब कभी एक भी सीढ़ी चढ़ता या उतरता हूँ, ऊपर बैठे लोगों को पता चल जाता है कि लँगड़ा आ रहा है या लँगड़ा जा रहा है। मैं भी चाहता हूँ, धड़ाधड़ उतर जाऊँ सारी सीढ़ियाँ, मशीनगन से छूटी गोलियों की तरह, पर सोचने ही से तो सब कुछ नहीं होता। सोचता तो मैं बहुत कुछ हूँ पर...

आखिर मेरी टाँग ऐसी क्यों हो गई? मैं ऐसा ही क्यों पैदा हुआ, एक टाँग कमजोर लेकर और उसी पर हाथ रखकर चलता-चलता बढ़ता गया हूँ। चुपचाप देखता आया हूँ कि लोग मेरी ओर या तो अत्यन्त दया से देखते हैं या मुझको देखकर हँसते हैं। मेरा मजाक उड़ाते हैं। मेरे साथ दोस्ती नहीं करते। मेरे साथ चलने में अपना अपमान समझते हैं। और तो और, मेरे घरवाले भी मुझे अपने साथ कहीं बाहर ले जाने से कतराते थे। इसी तरह मैं बड़ा हुआ हूँ, अकेला-अकेला। सबके साथ रहते हुए भी अकेला। मुझे सब लोगों से घृणा है, चिढ़ है–उनसे भी जो मेरे प्रति दया प्रदर्शित करते हैं और उनसे भी जो मेरा मजाक उड़ाते हैं।

अभी आधी सीढ़ियाँ भी न उतर पाया था कि मशीनगन से लगातार गोलियाँ निकलने लगीं। मैं रेलिंग पकड़कर एक ओर खड़ा हो गया। आदमी मशीनगन की गोलियाँ सुनकर ही बदहवास हो दौड़ने लगता है और गोलियाँ खाकर गिर पड़ता है। पर मैं न तो भाग सकता हूँ, न गिर ही पड़ता हूँ। हाँ, बदहवास जरूर हो जाता हूँ।

बिजली की तरह मिस जोसेफ 'हैलो' कहती हुई मेरे बगल से निकल गई और मैं प्रत्युत्तर में हैलो भी नहीं कह पाया। वह हँस रही थी। क्रोध से मेरे दिमाग की नसें तन गईं। वह हँस रही थी। मेरी असहायता पर। मेरे हाथ काँपने लगे और जैसे ही मैंने दूसरी सीढ़ी में पैर रखने के लिए छड़ी नीचे को की, मेरा सन्तुलन बिगड़ गया और मैं लड़खड़ा उठा। न जाने कैसे मेरे हाथ में तो रेलिंग आ गई, पर छड़ी दनदनाती हुई सारी सीढ़ियाँ लाँघकर नीचे जा गिरी।

मैं सँभल भी नहीं पाया था कि देखा जोसेफ वापस आकर छड़ी उठा रही है। शायद उसने भी छड़ी गिरने की आवाज सुन ली थी। मैं न जाने कैसी ग्लानि से भर उठा। अपनी असहायता की इतनी तीव्र अनुभूति मुझे पहले कभी नहीं हुई थी। दिल हुआ, चीखकर कहूँ, हाथ न लगाना, मैं अपने आप उठा लूँगा। पर मैं चीख भी नहीं पाया। गले से भर्राई हुई आवाज निकली, 'रहने दो...' बस लगा, कुछ और कहूँगा तो अवश्य रो पड़ूँगा। मेरे हाथ-पैर काँपने लगे। एक बार तो दिल हुआ कि वहीं सीढ़ी पर बैठकर रो लूँ। लगा और खड़ा रह पाना सम्भव नहीं रहा है। एक हाथ अपने कमजोर पैर के घुटने पर रखकर और दूसरे से रेलिंग पकड़, मैं उतरने लगा।

जोसेफ वहीं खड़ी कुछ देर मुझे देखती रही फिर अचानक तेजी से सीढ़ियाँ चढ़ने लगी। मैं जहाँ का तहाँ रुक गया। उसने मुझे आकर छड़ी पकड़ा दी। मैं कहना चाहता था, थैंक्स! पर गले से हल्की-सी अर्थहीन असहाय आवाज ही निकल पाई। मैंने उसकी ओर नहीं देखा और धीरे-धीरे फिर से सीढ़ियाँ उतरने लगा। वह तब तक वहीं खड़ी रही जब तक कि मैं तीन-चार सीढ़ियाँ उतर नहीं गया।

हम कारीडोर पर आ गए थे। अब वह मेरे साथ-साथ चल रही थी। मैंने अब तक अपने को काफी नियन्त्रित कर लिया था। सोचा, अगर वह हँसी थी तो क्या हुआ? लोग तो अक्सर ही मुझे देखकर भेद-भरी हँसी हँस देते हैं। स्कूल, कॉलेज और घर में, सभी जगह तो लोग मुझे लँगड़ा कहकर चिढ़ाते थे। अक्सर कोई-न-कोई साथी मुझे चपत लगाकर भाग जाता और मैं जब उसे मारने दौड़ता था तब सारे साथी तालियाँ बजा-बजाकर हँसते थे। मैंने कभी वे बातें इतनी गहरी महसूस नहीं कीं जितनी कि इसकी हल्की-सी यह मुस्कराहट। आखिर उसने ऐसी कौन-सी बात की जो मैं इस तरह पागल हो गया। मुझे अपनी कमजोरी पर शर्मिन्दगी महसूस होने लगी। अचानक मैंने उसकी ओर देखकर पूछा, "कौन-सी बस पकड़ोगी?"

"चलो, तुम कुछ बोले तो सही।" वह मुस्कराई। मैं भी जवाब में एक फीकी-सी हँसी हँस दिया। वह कुछ रुककर फिर बोली, "अभी घर नहीं जा रही, जरा घूमने का विचार है।" वह फिर रुकी। लगा, मेरी ओर देख रही है। "तुम क्या जल्दी में हो?" अब वह सड़क के उस पार देख रही थी। पौने छह बजने को थे। अँधेरा तेजी से बढ़ रहा था। दुकानों की बत्तियाँ और नियोन साइन जल उठे थे। शाम आवश्यकता से अधिक उदास थी। कुछ बादलों के हल्के-हल्के टुकड़े आकाश में ऐसे लग रहे थे जैसे पानी में आइस-क्यूब तैरा करते हैं।

एक बार दिल में आया कि कह दूँ—नहीं, मैं जरा जल्दी में हूँ, कुछ काम है, पर मुँह से निकला, "नहीं तो।"

"ठीक है, पहले एक चक्कर लगा लें।"

मैंने केवल सहमतिसूचक सिर हिला दिया।

हम दोनों धीरे-धीरे, कभी फिल्म की, कभी ऑफिस की और कभी घरवालों की छिटपुट बातें करते, कभी किसी रेडिमेड कपड़े की दुकान के आगे कुछ देर ठहरते या कभी कोई किताबों की दुकान के शो-केस में झाँकते, एक के बाद एक ब्लॉक को पार करते चले गए। हमने सारे कनाट प्लेस का एक चक्कर लगाया और वापस फिर अपने ऑफिस की सीढ़ियों के पास आकर ठहर गए। उसने अपनी घड़ी देखी और बोली, "और एक चक्कर लगाया जाए?"

मैंने कहा, "ठीक है।" और हम फिर चलने लगे।

लोग ईवनिंग-शो में जाने की तैयारी कर रहे थे। सिनेमा-हॉल के बाहर सिगरेटों के आखिरी कश हवा में तैर रहे थे। साथ खड़ी औरतें नजाकत से अपने बालों पर हाथ फेर लेती थीं या कोई एक शोख लट को सावधानी से बाकी बालों में खोंसने में व्यस्त थीं।

अचानक मुझे जोसेफ का ध्यान आ गया और मैं पूछ ही बैठा, "तुम्हें ठंड तो नहीं लग रही?"

"नहीं तो!" वह खिलखिला उठी।

मैंने पूछा, "इसमें हँसने की क्या बात है?"

"यों ही, एक बात याद आ गई।"

"क्या?" मैं उत्सुकता से उसकी ओर देखने लगा।

"मैं जब अपने दादा जी के साथ बाजार जाती थी तब वह ठीक तुम्हारी तरह ही पूछा करते थे कि ठंड तो नहीं लग रही? बड़ी ठंड है, भाई। कपड़े पहना करो। उन्हें सदा ठंड का डर लगा रहता था।"

"तुम तब भी ठीक से कपड़े नहीं पहना करती होगी। खैर साब, हमें तो ठंड महसूस हो रही है।" मैंने अपने कन्धे सिकोड़े, फिर जैसे अपने आपसे कह रहा हूँ, बोला, "कमाल होती हैं ये लड़कियाँ भी। न जाने कितनी गर्मी लगती है!"

वह फिर खिलखिलाई, "हीटर जलते हैं, हीटर! मिस्टर अजय, आया कुछ समझ में!"

मैं भी जरा मुस्कराया। बड़ी प्यारी लगी बच्चों की-सी मुक्त खिलखिलाहट। बड़ा प्यारा हँसती है यह। पर मेरा आश्चर्य कम न हुआ। उसने अपने कार्डिगन के बाजू ऊपर तक चढ़ा रखे थे और टाइट स्कर्ट में, जो लगभग मिनि ही थी, नीचे टाँगें भी नंगी थीं। मैंने ध्यान से उसके हाथों को देखा। कहीं भी ठंड से दाने नहीं उभरे थे। वह ठंड से लापरवाह चली जा रही थी।

हम दोनों काफी देर चुप रहे। लगा, सारे विषय चुक गए हैं। समझ में नहीं आ रहा था, क्या बोलूँ। पूछ बैठा, "क्यों जोसेफ, तुम्हारा कोई फ्रेंड नहीं है?"

उसने चौंककर मेरी ओर देखा और नजरें मेरे चेहरे पर गड़ा दीं। मुझे न जाने कैसे डर ने घेर लिया। मेरे चेहरे को देखकर वह बलात् मुस्कराई और बोली, "क्यों, तुम नहीं हो?" और एक बार फिर अपनी घड़ी पर नजर डाली।

मैं जरा सिटपिटा गया। अपने को नियन्त्रित कर फिर बोला, "नहीं, मेरा मतलब यह नहीं है।" मैं अचानक एकदम नर्वस हो गया। "क्या तुम्हारा कोई...वो...बॉय फ्रैंड नहीं है?" मैंने आखिरी शब्द झटके से कहे।

"हैं, मिलाऊँगी।" उसका चेहरा तटस्थ हो गया था। न जाने कैसी चुप्पी हमारे चारों ओर छाई रही।

मुझे लगा कि ठंड काफी बढ़ गई है। रंग-बिरंगे नियोन साइन जल-बुझ रहे थे। गहरी कालिमा छा चुकी थी। चहलकदमी भी बहुत कम थी, गर्मियों की साँझ-सी भीड़ नहीं थी। तभी वह बोली, "चलो, चलकर कहीं बैठा जाए!"

हम दोनों ने सड़क पार की और फिर कारीडोर में जा पहुँचे। वह कुछ सोचती हुई-सी बोली, "क्यों, अपनी गर्ल फ्रैंड के बारे में बतलाओ!"

मैं मुस्कराया, फिर बोला, "तुम जो हो।"

वह फिर खिलखिलाई। इससे वातावरण का भारीपन कुछ हल्का हो गया। फिर बोली, "नहीं, ऐसा नहीं, वैसी?"

मैंने हँसकर पूछा, "वैसी कैसी? गर्ल फ्रैंड है और वह तुम हो।"

वह जोर से हँसी, खूब जोर से। मुझे शान्ति हुई, चलो उदासी तो टूटी।

"मेरा मतलब है, वैसी जिससे तुम मैरिज कर सको–बिलवेड।"

मैं अचानक उदास हो गया।

"थी।" मैंने कुछ भारी आवाज में कहा।

"और अब नहीं है कोई?"

एक उदासी ने मुझे दबोच लिया। उसका भार मेरे ऊपर इतनी तेजी से बढ़ रहा था कि लगा, मैं इस भार से टूटकर बिखर जाऊँगा। सोचा, कह दूँ कि लँगड़े के साथ कौन शादी करने को तैयार होगा, पर कहा, "नहीं।"

हम फिर चुप हो गए। मैं इस चुप्पी से बेचैनी महसूस कर रहा था कि तभी वह बोल उठी, शायद वातावरण की गम्भीरता से घबराकर या मुझे कंसोल करने के लिए, "वाज शी नॉट लॉयल टु यू?"

मैं धीरे से हँसा, "नहीं, मैं ही 'लॉयल' नहीं हूँ किसी के लिए..."

"क्यों?" उसने मेरे मुँह की ओर देखकर पूछा। शायद उसे थोड़ा आश्चर्य हुआ था। मैंने अपनी बात का जवाब देना उचित नहीं समझा और शो-विन्डो पर लगी शर्टें देखने लगा। उसने अपनी घड़ी देखी और बोली, "आओ, एक कप कॉफी पी लें।"

मैं चुप रहा। लगा, मेरी टाँग का दर्द काफी बढ़ गया है। एक अजीब घबराहट भी बढ़ती जा रही थी। उसने घड़ी देखी। "क्या बजा है?" मैंने पूछा।

"सात।" उसने इधर-उधर देखते हुए कहा।

"क्या कहीं जाना है? जल्दी में तो नहीं हो?" मैंने पूछा।

"अरे नहीं, जल्दी में बिलकुल नहीं हूँ।" वह अचकचाकर बोली।

इस बीच हम सैलर रेस्तराँ के दरवाजे पर पहुँच चुके थे। वह रुकी और बोली, "चलो!"

मैं आगे-आगे हो गया। किसी डिस्कोथेक में जाने का यह पहला अवसर था। अन्दर काफी अँधेरा था और कोई बहुत तेज रेकॉर्ड बज रहा था। भीड़ काफी थी।

सामने ही 'फ्लोर' पर कुछ जोड़े तेजी से नाच रहे थे–हिलते-डुलते, कभी एक कदम आगे जाते, कभी एक कदम पीछे लौटते।

मैंने चारों ओर नजर दौड़ाई। कहीं बैठने की जगह नहीं थी। जोसेफ इधर-उधर देखती आगे बढ़ी कि तभी एक जोड़ा अपनी सीट छोड़ रहा था। उसने मुझे हाथ के इशारे से बुलाया।

हर बार रेकॉर्ड खत्म होता और लोग लौट आते। नए लोग अगले रेकॉर्ड के चालू होने तक 'फ्लोर' पर जा पहुँचते।

"क्या लोगे?" उसने पूछा।

"कुछ भी ले लो।" मैं फिर देखने लगा। देखते-देखते अचानक दिल में आया कि मैं भी जोसेफ का हाथ पकड़ूँ और नाचना शुरू कर दूँ। पर मैं जानता था कि नाचना तो रहा दूर, मैं बिना छड़ी के सीधे खड़ा भी नहीं हो सकता। न जाने कितनी देर बाद वेटर कॉफी लेकर आया। हम कॉफी पीने लगे। वह बीच-बीच में घड़ी पर नजर मार लेती थी। मुझे लगा कि उसका ध्यान नाच देखने में नहीं है। वह लगातार दरवाजे की ओर देख रही है। कभी-कभी मुझसे कुछ पूछपाछ लेती। मैं उत्तर देता। पर उसको मेरे उत्तरों में कोई दिलचस्पी नहीं थी। मैं फिर नाच देखने लगा। अचानक वह खड़ी हो गई और हाथ हिला-हिलाकर किसी को बुलाने लगी। मैंने मुड़कर देखा। सामने से एक लड़का चला आ रहा था।

"हैलो।" उसने कहा।

"यू आर लेट।" वह शिकायत-भरे स्वर में बोली।

लड़का मुस्कराया। बोला, "क्या बताऊँ, बस ऐसे ही थोड़ा उलझ गया था।"

"क्या हो गया था?" जोसेफ ने चिन्तित-से स्वर में पूछा।

"कुछ खास नहीं, आराम से बतलाऊँगा।" उसने फिर कुछ नहीं पूछा। साँवले-से उस स्वस्थ युवक ने चारों ओर देखा। पर उसे कहीं भी कोई खाली सीट नजर नहीं आई।

वह बोली, "इनसे मिलो, हमारे एकाउंटेंट..."

जोसेफ ने उस लड़के का क्या नाम बताया, मैं ठीक से नहीं सुन सका। उसने मुझसे हाथ मिलाया। मैंने औपचारिकता में कहा, "बैठो।"

वह बोला, "इट्स ऑल राइट, ऑल राइट।" और इसी बीच वह राउंड खत्म हो गया। लोग अपनी-अपनी टेबिलों की ओर लौटे। नया रेकॉर्ड बजने लगा और कई नए जोड़े 'डांसिंग फ्लोर' में जमा होने लगे।

"आओ, एक 'राउंड' हो जाए!" उसने जोसेफ से कहा।

वह उठी और जाते-जाते कह गई, "इफ यू डोंट माइंड।"

मैं केवल मुस्कराया। वे लोग भी नाचनेवालों में शामिल हो गए। मैं सिर्फ देखता रहा। वे एक-दूसरे को देखकर मुस्करा रहे थे। चारों ओर लोग एक-दूसरे में खोए मस्त

थे। लड़कियाँ मुस्करा रही थीं। लड़के उनकी आँखों में झाँक रहे थे। उन्हें अपने में समा लेना चाहते थे। शायद ही कोई अकेला बैठा ताक रहा हो। जो अकेले थे, वे भी कोई-न-कोई साथी खोज लेते थे। एक लड़की सामने टेबिल पर बैठी मेरा मुँह देख रही थी। वह काफी देर मुझे देखती रही। अचानक एक लड़का आया, कुछ बातें हुईं और वे दोनों भी नाचनेवालों में जा मिले।

मेरा पैर टीसने लगा था। मैंने वेटर को बुलाया। पेमेंट किया, छड़ी उठाई और धीरे-धीरे रेस्तराँ के बाहर आ गया। अन्दर के रेकॉर्ड और जोड़ों के थिरकते कदमों की आवाजें पीछे रह गई थीं।

(1982)

दुर्गन्ध

ये छोटी-छोटी बातें हैं, कौन नहीं जानता :

कि देश में गरीबी है,

कि देश में अन्धों की संख्या इतनी-इतनी है,

कि दुनिया के कुल कुपोषितों में हर तीसरा या चौथा या पाँचवाँ अपना देशवासी है।

कहाँ नहीं हैं ये बातें? अखबारों में, किताबों में, भाषणों में और सबसे बड़ी बात कि हमारी नजरों में। इस पर भी बहस रहती है—गरीबी क्या है? कितनी है? और कब कोई गरीब हो जाता है? गरीबी का माप पैसा है या रोटी? यानी कैलोरी है या आय?

डॉक्टर को यह सब बातें पता हैं। किस डॉक्टर को नहीं पता? उसने पढ़ा है यह सब या कहिए उसे पढ़ना पड़ा है। पर उसकी रुचि पी.एस.एम. (निरोधक और सामाजिक चिकित्सा) में कभी नहीं रही है। पॉलिटिक्स डॉक्टर का काम नहीं है। भुखमरी से कुपोषण, और कुपोषण से विभिन्न बीमारियाँ होती हैं। बल्कि भुखमरी ही सबसे बड़ी बीमारी है, उसे मालूम है। पर क्रान्ति उसका धन्धा नहीं है। हाँ, दवाएँ हैं उसके पास। विटामिन हैं, और हैं टॉनिक, जिनसे वह एक अच्छे डॉक्टर की तरह लोगों को बीमारियों से बचा सकता है। डॉक्टर वह इसीलिए बना है कि बीमारियों का इलाज कर सके। और वह करता है। 'हाउस जॉब' करने के बाद वह एम.डी. करेगा और स्पेशलिस्ट बनकर ज्यादा गहराई से बीमारियों का निदान करेगा (अब नहीं है जनरल प्रेक्टिस का जमाना!)।

खाना खाने के बाद (आज उसे जल्दी भूख लग आई थी) डॉक्टर—स्वयं को डॉक्टर कहलाना उसे बहुत अच्छा लगता है, इसलिए हम भी उसे डॉक्टर ही कह रहे हैं, फिर डिग्री उसके पास है ही, हम अहसान भी क्या कर रहे हैं—वापस ड्यूटी पर चल दिया। वह जानता है या यह कहिए मानता है कि प्रेक्टिस शुरू करने के दो साल के अन्दर ही वह काया पलट देगा। चिकित्साशास्त्र की नहीं, अपने घर की। कार डैडी के पास है, पर उसके लिए अपनी कार जरूरी है। रुकना चाहे एक और साल पड़ जाए, लेगा वह नई कार ही। विरासत में धुआँ उड़ानेवाला टीन का डब्बा उसे

नहीं चाहिए। रॉल्स रॉयस और फरारी की तो वह नहीं सोचता, पर हाँ मर्सडीज, टोयोटा और फॉक्सवाघन अवश्य दिमाग में रहे हैं। अब मारुति भी उसे पसन्द है और इसका मूल नाम ही उसकी जबान पर चढ़ा हुआ है। पर इस बार वह दुर्भाग्य से बुकिंग नहीं करवा पाया। दस हजार कुछ ज्यादा ही डिमांड थी। डैडी ने मदद नहीं की, वरना इसी बार बुकिंग करवा लेता और जब तक एम.डी. करता तब तक उसका नम्बर आ जाता। प्रेक्टिस पर गाड़ी का कुछ और ही असर पड़ता है। माना तब तक उसके पास इतने पैसे नहीं होते तो भी गाड़ी ब्लैक में बेच पच्चीस-तीस हजार कमा सकता था और वह डैडी के पैसे ब्याज सहित लौटा देता। पर वह किसी की सुनें तब न।

खाना खत्म करके डॉक्टर मैस से सीधा मेडिकल फीमेल वार्ड की ओर छत्तीस घंटे की इमरजेंसी ड्यूटी निबटाने निकल पड़ा। यद्यपि अभी सिर्फ चार ही घंटे हुए थे, पर उसकी नजर अगले बत्तीस घंटों के भी उस पार थी। ड्यूटी खत्म करते ही वह नहाएगा और तब तक स्वीटी आ जाएगी। फिर दोनों 'मूवी' जाएँगे।

पीपल के पुराने खड़खड़ाटी पत्ते न जाने कब के झड़कर बिखर चुके थे। उनका स्थान नए सुकुमार पत्तों ने ले लिया था। हवा के हर झोंके के साथ वे इस तरह डोल रहे थे, जैसे गुणग्राही संगीत की लय पर झूमते हैं। नए पत्ते भी इतने खूबसूरत होते हैं, यह उसे पहली बार पता लग रहा था। अपनी पारदर्शी हरीतिमा में उनकी हल्की ललछौंही रंगत नवोढ़ा की मुस्कान-सी रोमांचक हो गई थी। उसे लगा वह कवि होता जा रहा है। इस तरह की उपमा कौन दे सकता है! वह अपनी कल्पना पर मुग्ध हो उठा।

होस्टल से वार्ड तक का यह रास्ता और भी कई पेड़ों से सजा है। शहतूत के पेड़ के नीचे फर्स्ट या सेकंड ईयर की लड़कियाँ अधकच्चे फलों के लिए कूद-फाँद कर रही थीं। यों ही उसके दिमाग में आया कि स्वीटी को भी अधकच्चे शहतूत जरूर भाएँगे। उसने सोचा, कुछ शहतूत आज उसे भेंट कर दे, खुश हो जाएगी। उसकी याद आते ही डॉक्टर की अलसता कुछ कम हुई। यह मौसम भी बड़ा अजीब है। धीरे-धीरे बढ़ती गर्मी के साथ एक मादकता सारे वातावरण में फैलती रहती है, जो दवाओं, मरीजों और कारों से घिरे डॉक्टर को भी ग्रस रही थी।

असल में डॉक्टर के साथ एक और समस्या भी थी। आज 'नान-वेज' होने से उसने कुछ ज्यादा ही खा लिया था। मीट का वह शौकीन है ही। खाना उसकी कमजोरी रही है और अक्सर अच्छे खाने को देखकर वह कुछ ज्यादा ही उत्साहित हो जाता है। वह उसकी काया भी बतलाती है। देखा जाए तो खाना किसकी कमजोरी नहीं है। यह सारा संघर्ष अन्ततः किसके लिए है? आदमी को अच्छा खाना मिलना ही चाहिए, पर मिल कहाँ पाता है? यह कमबख्त मैसवाला अधिकांशतः ऐसा खाना बनाता है जिसको डंगर साले तक न खाएँ। इसलिए डॉक्टर मैस के बावजूद अक्सर

ही बाहर जाकर खाता है—होटलों में। पर्याप्त खाने से ही जुड़ा आराम है और डॉक्टर इस समय उसी का शिकार हो रहा था। उसकी इच्छा कमरे में जाकर लोट लगाने की हो रही थी। स्वीटी को भी बुला ले और फिर दोनों जमकर शाम तक सोते रहें। डॉक्टर का रोम-रोम एक मीठे दर्द से चटकने लगा।

पिछले पाँच साल से भी ज्यादा से वह यहाँ है, इस पर भी अस्पताल की गन्ध, जो वास्तव में दुर्गन्ध ही है, से वह तालमेल नहीं बैठा पाया है। दवा, गन्दगी, फिनाइल, सड़ते फल और मरीजों के पसीने की मिली-जुली भभक उसको सदा असहज कर देती है। उसने निर्णय किया हुआ है कि अगर वह कभी नौकरी करेगा तो ऐसे अस्पताल में, जो बिलकुल साफ-सुथरा हो, इस 'स्टैंडर्ड' गन्ध से मुक्त, जो देश के किसी भी अस्पताल में चले जाइए, आपका पीछा नहीं छोड़ती है। उसे लगने लगा है कि स्वीटी सही कहती है, उसे देश ही छोड़ना पड़ेगा। कहीं योरोप या अमेरिका चला जाएगा। जाना ही पड़ेगा। यह देश प्रतिभाओं का सम्मान कर ही नहीं सकता, वरना डॉक्टर खुराना जैसे लोगों को देश छोड़ना पड़ता? क्या डॉक्टर खुराना को अपने देश में रहते नोबेल पुरस्कार मिल सकता था? वह भी लगभग निर्णय कर चुका है। ई.सी.एफ.एम.जी. क्लीयर करने वह इसी साल लन्दन जा रहा है। उसे पूरा विश्वास है, वह पास भी हो ही जाएगा। वह 'आउटस्टैंडिंग स्टूडेंट' रहा है। उसकी अंग्रेजी का मुकाबला अच्छे-अच्छे नहीं कर सकते। अंग्रेजी उसकी मातृभाषा जैसी है। हिन्दी तो बस वह इतनी जानता है कि नौकर-चाकरों और मरीजों से काम निकाल ले। वह है भी लम्बा-चौड़ा और योरोपियनों जैसा ही गोरा-चिट्टा। छोटे कद के साँवले-सूखे हिन्दुस्तानियों से बिलकुल अलग। बस, जरा तोंद निकल रही है। अच्छी बात नहीं है—वह अभी मुश्किल से चौबीस का हुआ है। इससे स्मार्टनैस भी तो कम हो जाती है।

वार्ड में कोई विशेष काम नहीं था। कुछ डिस्चार्ज स्लिपें थीं और कुछ नए पेशेंट आ रहे थे। उसने साथी 'हाउस सर्जन' और 'इंटर्न' को लंच के लिए भेज दिया और खुद ड्यूटी-रूम में जम गया। उसे मजा आता है, सारा वार्ड जब उसके इशारे पर होता है। आज वार्ड में खाना शायद कुछ देर से बँट रहा था। बारह बजे तक तो निबट ही जाया करता है। इससे भी कुछ शान्ति थी। वरना पेशेंटों को अपनी ही तकलीफें याद आती रहती हैं। जरा एक झपटा-झपटीवाला माहौल था, जिसे बर्तनों की खटपट और भी अधिक कर्कश बना रही थी। पता नहीं साले कहाँ-कहाँ से भूखे चले आते हैं। डॉक्टर को इस सबसे बड़ी घृणा है। रोज खाने के समय हँगामा होता रहता है। उस खाने के लिए जिस पर कुत्ते साले भी मुँह लगाने से हिचकिचाते हैं। वाकई यह सच बात है। कुत्ते अक्सर ही यहाँ के खाने को सूँघते हैं और छोड़ देते हैं। उस बचे खाने की तलाश में रहते हैं जो मरीजों के घरों से आता है। ड्यूटी-रूम तक में उनका हल्ला इतना तेज सुनाई पड़ रहा

था कि वह बेचैन हो गया। डॉक्टर को नींद-सी आ रही थी, इसलिए उसकी इच्छा हो रही थी कुछ शान्ति रहे। काम तो निबट ही जाएगा, सोच उसने कुर्सी की पीठ से सर टिका आँखें बन्द कर लीं।

सम्भवतः डॉक्टर को नींद भी आ गई थी। जैसे कोई स्वप्न था, खौफनाक! एक लम्बा अन्तहीन वार्ड था, धुला-पुँछा, सफेद झक चादरों से सजे बिस्तरोंवाला, जिसके एक सिरे पर डॉक्टर खड़ा था और दूर कहीं सफेद चादर में लिपटी एक लाश थी। शेष कहीं कुछ नहीं था–एक रोने की आवाज के सिवा, जो कभी बिलकुल नजदीक और कभी बहुत दूर से आ रही थी। वह हड़बड़ाया। दृश्य तो स्वप्न ही था, पर आवाज यथार्थ से स्वप्न में आ रही थी।

कोई वार्ड में रो रहा था। उसे बहुत गुस्सा आया। यह कोई रोने का तरीका है। वह झपटकर वार्ड में आया। सिस्टर कहीं नजर नहीं आई। वह और भन्नाया। इससे पहले कि उसकी नजर पूरे वार्ड को जाँचती, आठ नम्बर के बैड की भीड़ पर अटक गई। यह देश ही तमाशबीनों का है। गुस्से और अधिकार से लबलबाते डॉक्टर ने तीन ही पग में सारी दूरी तय कर ली। उसने जबान खोली भी नहीं थी कि भीड़ छँट गई। उसे थोड़ा सन्तोष हुआ–लोग उसकी सत्ता मानते हैं। भीड़ के छँटते ही उसकी नजर अभी तक औरों की लम्बाई में खोई पतली-दुबली नर्स पर पड़ी। साथ ही उसने मरीज भी पहचान लिया। लगभग कंकाल-सी पतली-दुबली औरत थी वह। इतनी पतली कि लगातार डर रहता, कहीं भरभराकर बिखर न जाए। अनवरत बहते आँसुओं से ऐसा आभास हो रहा था, मानो कहीं दो गुफाओं से दो पतले- पतले सोते बह रहे हों। बीच-बीच में वह ऐसे साँस ले रही थी, जैसे गोताखोर लम्बी डुबकी के बाद हाँफते हैं। डॉक्टर को आश्चर्य हुआ, इतना रोने के बावजूद उसकी आँखें पीली ही थीं। डॉक्टर को याद नहीं आया, उसकी रिपोर्टों में क्या था, पर सम्भवतः उसका हीमोग्लोबिन पाँच प्रतिशत भी न रहा हो। यह कोई बड़ी बात भी नहीं थी। ऐसे लोगों पर आप सिर्फ आश्चर्य कर सकते हैं। शरीर किस तरह से निकृष्टतम परिस्थितियों में रहने का आदी हो जाता है। इतने कम हीमोग्लोबिन पर कोई योरोपीय एक दिन नहीं जी सकता। पर योरोपीय स्टैंडर्ड से इन लोगों को मापने का कोई अर्थ नहीं था।

डॉक्टर ने खुद इस औरत को एक हफ्ते पहले भर्ती किया था और इस हफ्ते में वह न जाने कितने मरीज देख चुका था। इस पर भी यह औरत डॉक्टर को याद रही थी। जब वह लाई गई थी या आई थी, तब लगभग अधमरी थी। उसकी नाड़ी तक छूने की डॉक्टर की इच्छा नहीं हो रही थी। सूखी कड़ी खाल काली पड़ी हुई। किसी तरह से एग्जामिनेशन पूरा हुआ था और डॉक्टर ने उसके कार्ड में बिना किसी पुनर्विचार के घसीट दिया था–'क्रानिक ब्रोंकेल अस्थमा विद जनरल डैबिलिटि'। यद्यपि वह अपनी कुरूपता के कारण ही अविस्मरणीय थी, पर एक मजाक हो गया था। डॉक्टर ने जब उससे उम्र पूछी थी, उसने शायद बीस-बाईस बतलाई थी। पर

डॉक्टर को अपने ज्ञान पर भरोसा था। औरत कम-से-कम तीस-बत्तीस साल की होनी चाहिए थी।

डॉक्टर ने ज्ञान की सर्वोच्चता स्थापित करने के लिए पुनः पूछा था, वही सवाल।

फिर भी वह बीस-बाईस से आगे नहीं बढ़ी थी।

"खैर", डॉक्टर मुस्कराया था और बगल में बैठी सहयोगी महिला डॉक्टर से उसने अंग्रेजी में कहा था (ऐसे मौकों पर अंग्रेजी की उपयोगिता से हम सब वाकिफ हैं ही), "ओह, आई फार्गाट दि गोल्डन रूल, इट्स अनजैंटलमैनली टु आस्क ए वूमैन अबाउट हर एज!" और वह हँसा था, एक बहुत ही भद्र हँसी।

पर उसे याद है, पेशेंट के चेहरे पर एक प्रतिरोध था, या हताशा भी हो सकती है। सम्भवतः उसे आभास हो गया था कि डॉक्टर उस पर हँस रहा है। क्या यह हो सकता है कि वह अंग्रेजी समझती हो, एक पल को डॉक्टर के दिमाग में कौंधा था। नहीं, ऐसा नहीं हो सकता था, यदि वह अंग्रेजी जानती तो अंग्रेजी में ही जवाब देकर डॉक्टर को हतप्रभ ही नहीं, अपनी बात पर विश्वास करने को मजबूर भी कर सकती थी। पर उसने कभी स्कूल का मुँह भी देखा होगा, इसमें भी शंका थी और इस शंका की सत्यता को प्रमाणित करने के लिए किंसी अनुभव या मेहनत की आवश्यकता नहीं थी। इसलिए अंग्रेजी के बावजूद स्पष्ट था कि पेशेंट को डॉक्टर का हँसना रुचा नहीं है। इस बात ने डॉक्टर का और भी मनोरंजन किया।

आज हफ्ते बाद भी डॉक्टर को उसमें कोई सुधार नजर नहीं आया। उसे याद आया, रजिस्ट्रार ने उससे उसी दिन कहा था, "व्हाट इज दि फन इन एडमिटिंग दिस वूमैन?"

"व्हाई?" डॉक्टर की समझ में नहीं आया था।

"क्रानिक है। एक-आध हफ्ते में कुछ नहीं होगा और अगर महीनों रखा तो ऐसे पेशेंटों से वार्ड भर जाएगा। हमारे पास बैड कहाँ हैं? बाकी पेशेंटों का क्या करोगे?"

डॉक्टर ने सर उठाया था। सामने मरीजों की अन्तहीन कतार थी जो एक पर एक गिरे जा रहे थे। रजिस्ट्रार की बातों में व्यावहारिकता ही नहीं, सच्चाई भी थी। इसके बावजूद डॉक्टर को लगा, जानते-बूझते किसी मरीज को मरने देना अनैतिक है–'मेडिकल इथिक्स' के खिलाफ। रजिस्ट्रार ने फिर कुछ नहीं कहा था।

अचानक डॉक्टर की नजर बैड नम्बर आठ के साथ खड़े तीसरे व्यक्ति पर पड़ी।

"आप यहाँ क्यों खड़ी हैं?" डॉक्टर ने कुछ सख्त स्वर में पूछा था, "जाइए अपने बैड पर?" उसने ढीठ की तरह खड़ी उस बुढ़िया को आदेश दिया था। वैसे भी बुढ़िया उसकी तौहीन कर रही थी। बाकी पेशेंट उसे देखते ही चले गए थे। इसे असर ही नहीं था।

बुढ़िया बैड से अजीब ढंग से सटी खड़ी थी। उसका दायाँ हाथ पीठ के पीछे था, मानो झुकी कमर को सहारा दे रहा हो। उसके चेहरे पर तमाशबीनी उत्सुकता

नहीं बल्कि एक विचित्र घबराहट थी, जो उसके झुर्रीदार चेहरे को और भी अधिक बूढ़ा और असहाय बना रही थी। उसके होंठ हौले-हौले काँप रहे थे, जिन्हें वह अपने पोपले मुँह में दबाकर चबाने का प्रयत्न कर रही थी।

"क्या बात है?" इस बार डॉक्टर ने इस उम्मीद में कि जब तक आठ नम्बर की पेशेंट जवाब देगी, बुढ़िया जा चुकी होगी, जरा जोर से पूछा, जिससे कि बुढ़िया को भी डॉक्टर के खराब मूड का जायजा मिल जाए।

डॉक्टर के कहने का इस बार भी कोई असर नहीं हुआ। वह लगातार उसी इकहरे स्वर में रोती रही।

"तुमने सुना नहीं? जाओ, अपने बैड पर।" डॉक्टर ने अपनी झल्लाहट बुढ़िया पर निकाली।

बुढ़िया किसी बहुत ही कमजोर पेड़ की तरह हिली और फिर जहाँ की तहाँ थम गई। वह कुछ कह रही थी या आदतन उसके होंठ हिल रहे थे, इसका अन्दाज डॉक्टर नहीं लगा पाया।

"अरे, क्या है यहाँ? लड्डू बँट रहे हैं क्या?" डॉक्टर की आवाज वार्ड के कोने-कोने को छूती हुई गूँज उठी।

"यह इसकी माँ है, डॉक्टर।" सिस्टर ने स्थिति स्पष्ट की।

"तुम्हारी बेटी है?" डॉक्टर कुछ ढीला पड़ा।

जवाब में देर तक बुढ़िया का सर काँपता रहा, जैसे आवाज गूँजती है–हाँ... हाँऽ...हाँऽ...हाँऽऽ...हाँऽऽऽ...हाँऽऽऽऽ।

"क्या हुआ इसे, क्यों रो रही है?" डॉक्टर ने नींद और अलसता के कारण भन्नाए दिमाग को भरसक नियन्त्रण में रख, हलके स्वर में पूछा।

बुढ़िया की ओर से भी कोई जवाब नहीं था।

डॉक्टर को लगा, कहीं कुछ गम्भीर है। सम्भवतः कोई हादसा हो गया है, जिसे सुनकर लड़की रोए जा रही है। ये बुढ़िया भी बेवकूफ है। यहाँ आकर ऐसी बात बतलाने की क्या जरूरत पड़ी होगी।

"क्या हुआ?" उसने इस बार और भी कोमल स्वर में पूछा।

फिर वही चुप्पी और अन्तहीन रुदन। डॉक्टर क्या फरिश्ता भी ऐसे में नियन्त्रण खो बैठता। और वही हुआ, "अरे, बोलेगी भी या रोए चली जाएगी!" इस बार डॉक्टर गरजा, "ये अस्पताल है! ज्यादा रोई तो अभी डिस्चार्ज कर दूँगा। घर जाकर रोना।"

धमकी काम कर गई। लड़की को मानो साँप सूँघ गया। हिचकियों के बीच उसकी आवाज सुनाई दी, "ये बुढ़िया..." आवाज फिर रुँधी, फिर भी उसने अपनी बात कह ही डाली, "ये बुढ़िया मुझे खाने भी नहीं देती।"

"क्या किया इसने?" उसके शब्दों और स्वर ने डॉक्टर को थोड़ा धक्का पहुँचाया। उसने बुढ़िया को देखा। वह अभी भी उसी तरह खड़ी थी, काँपते

होंठों को चबाती। डॉक्टर को बुरा लगा, माँ को इस तरह सम्बोधित करना। वह दूसरे ही संस्कारों का आदमी था, जहाँ माँ-बाप का सम्मान करना घुट्टी के साथ पिलाया जाता है।

"न जाने कब मरेगी ये बुढ़िया", लड़की रोते हुए कह रही थी। रोने से उसकी शक्ल और भी वीभत्स व डरावनी लग रही थी, "मेरा खाना खा जाती है।" वह फिर लम्बे मनहूस स्वर में रोने लगी थी, जानवरों की तरह। हतप्रभ डॉक्टर ने बुढ़िया की ओर देखा।

बुढ़िया का डर आतंक में बदल चुका था। उसका सर हौले-हौले काँपने लगा था, जैसे जूड़ी का बुखार चढ़ रहा हो। सर से पल्लू खिसककर पीछे की ओर लटक गया। सूखी, सफेद लटें ठूँठ पर जमी फफूँद-सी उभर आईं। बुढ़िया ने धीरे-धीरे अपना दायाँ हाथ, जो डर और बुढ़ापे से बराबर काँप रहा था, डॉक्टर के सामने लाकर खोल दिया।

डॉक्टर के सामने का सारा दृश्य धीरे-धीरे एक वीभत्स 'ऑडोविजुअल शो' में बदलने लगा। उसने देखा, मुचड़ी हुई दो रोटियाँ बुढ़िया के काँपते हाथ में कागज की पुड़िया की तरह स्वयं ही खुल रही हैं। रोटियों के बीच रखी तरीदार रंगहीन सब्जी, हथेली से रिसती, अब सामने फर्श पर भी टपकने लगी थी।

यह सब डॉक्टर की समझ के बाहर था। एक ऐसा दृश्य जो हर तरह से मानव-गरिमा और संवेदना पर आघात करता हो।

"डॉक्टर जी", अपनी शर्म से उबरते हुए बुढ़िया की घुटी-घुटी आवाज अब उस तक भी पहुँचने लगी थी, "मैं कहाँ जाऊँ?" कह वह रोने लगी थी, "मेरा कौन है? जो है यही है। दिन-भर इसी की टहल करती हूँ, रोटी कहाँ मिलेगी?" यह सब कहना बुढ़िया को ऐसा भारी पड़ गया था, मानो कई मील की चढ़ाई चढ़नी पड़ी हो अभी-अभी, एक ही साँस में। वह थककर फर्श पर धम्म से बैठ गई—शर्म और अपमान से दबी। उसने रोटियों को भी वहीं अपने सामने फर्श पर रख दिया और पल्लू से अपना मुँह ढाँप लिया था। बुढ़िया की रोने की घुटी-घुटी आवाज डॉक्टर के गले में किसी डाट की तरह फँसने लगी थी, धीरे-धीरे अपना कसाव बढ़ाती हुई।

"जहाँ भी जाए, यहाँ से चली जाए!" लड़की ने तत्काल हाथ हिलाते हुए इस तरह कहा था, मानो डॉक्टर को आदेश दे रही हो कि बुढ़िया को अभी सशरीर बाहर कर दिया जाए।

जैसे किसी ने भारी लाठी से सर पर वार किया हो, डॉक्टर को लगा, उसका दिमाग सुन्न हो रहा है। एक गाढ़े तेजाबी धुएँ ने उसकी आँखों को ढक लिया। गिरने से बचने के लिए उसने पलंग की रेलिंग को पकड़ लिया। और जब उसकी आँखों के आगे का धुआँ छँटा, पलंग पर एक कंकाल बैठा था और अचानक एक तीखी दुर्गन्ध उसे बेचैन करने लगी थी।

यह एक विचित्र कंकाल था, डॉक्टर के अब तक के देखे कंकालों से भिन्न। यद्यपि कंकाल के जबड़े कसे हुए थे, जैसे कि आम तौर पर होते हैं, इस पर भी वह रो रहा था—भयावह स्वर में जो उसके बन्द जबड़ों की दरारों से इस तरह फूट रहा था, जैसे किसी पुराने इंजन से भाप रिसती है। न ही डॉक्टर ने ताजिन्दगी कोई ऐसा कंकाल, देखा था जिसकी आँखों के कटोरों से आँसू निकलते हों। डॉक्टर ने चाहा, अपनी आँख-कान बन्द कर ले, पर उसके हाथ हिल नहीं रहे थे। उसके दिमाग ने उनका नियन्त्रण ही खो दिया था, पर वह भी इतनी जल्दी हार माननेवाला नहीं था। उसने खुद से जोर देकर कहा, नहीं यह 'एनॉटामी' की क्लास नहीं है, न ही अब वह 'स्टूडेंट' है। वह कब का पूरा डॉक्टर हो चुका है और यह फीमेल मेडिकल वार्ड है, यहाँ अस्थिपंजरों का क्या काम।

सम्भवतः इस संघर्ष ने डॉक्टर को कुछ शक्ति प्रदान की। कंकाल के रोने का स्वर अब नहीं आ रहा था। उसने धीरे-धीरे अपना हाथ उठाया और अपने मुँह के पसीने को पोंछा। वह सामान्य हो रहा था। उसने फिर से बैड को ध्यान ने देखा, पर कंकाल अभी भी वहीं था और हाथ हिला-हिलाकर डॉक्टर का ध्यान अपनी ओर खींच कुछ कह रहा था। धीरे-धीरे कंकाल की आवाज स्पष्ट होने लगी, "लुक एट मी, डॉक्टर, लुक एट मी।" कंकाल का हाथ अपने चेहरे को दिखाता हुआ कह रहा था, "आई एम हार्डली ट्वैंटि टू।" यह अंग्रेजी थी, स्पष्ट अंग्रेजी, "नो, डांट गो टु माई स्किन। आई एम डैफिसिएंट इन सम प्रोटींस, कार्बोहाइड्रेट एंड फैट। सम विटामिन्स लाइक ए, सी, बी-12, फालिक एसिड, थायमीन एंड आफकोर्स कैल्शियम एंड आयरन विल डू दि ट्रिक।"

"बट दैन, व्हाट यू हैव? यू लैक एवरी थिंग", डॉक्टर कहना चाहता था पर उसे याद आया, यह हो क्या रहा है—जादू-टोने सा। यह सब असम्भव है। तो क्या उसे 'हैल्यूसिनेशन' हो रहे हैं। क्या वह मानसिक रूप से अस्वस्थ हो गया है? उसके अन्दर की बेचैनी अब तक तूफान में बदल गई थी। पेट इस तरह बुदबुदाने लगा था, जैसे किसी ज्वालामुखी के अन्दर का लावा। उसने देखा, अचानक ही फर्श पर से दूसरा कंकाल इस तेजी से उठा, जैसे कठपुतली के खेल में नए पात्र का प्रवेश होता है। डॉक्टर ने देखा, इस कंकाल का एक हाथ पीछे है और दूसरा उसकी ओर परेशान करनेवाले अन्दाज में बढ़ रहा है। वह थोड़ा घबराकर पीछे को हटा। वैसे भी अब तक उस तीव्र दुर्गन्ध से उसका माथा फटने लगा था। क्या देखते-देखते ही माँ-बेटी का शरीर सड़ गया है? पर उसे याद आया, वहाँ माँस तो कभी था ही नहीं, सड़ा क्या? दुर्गन्ध उसके नथुनों को चीर रही थी अपने तेजाबी तीखेपन से। डॉक्टर की समझ में नहीं आ रहा था कि आखिर दुर्गन्ध आ कहाँ से रही थी। उसके अन्दर जबर्दस्त उबाल उठा। उसने फौरन ही अपने मुँह को हथेली से बन्द किया और टायलेट की ओर पूरी ताकत से दौड़ पड़ा।

दौड़ते हुए उसे लगा, दूसरा कंकाल, जो उसे छूना चाहता था, उसके पीछे आता हुआ कह रहा है, ''नो डॉक्टर, इट्स नो विचक्राफ्ट। आई आलसो नीड सम विटामिन्स एंड ए लिटिल ऑफ प्रोटीन्स, प्लीज।''

वाशबेसिन पर झुका डॉक्टर न जाने कब तक उलटी करता रहा। उसकी अंतड़ियाँ मुँह को आ रही थीं। सारा वार्ड डॉक्टर की वाक-वाक से ही नहीं काँप रहा था, बल्कि उस तीव्र और असहनीय भारी दुर्गन्ध से दब भी गया था, जिसे अब तक सिर्फ डॉक्टर ही महसूस कर रहा था। डॉक्टर ने बेसिन के दोनों नलों को पूरी तरह खोल दिया और अपने मुँह को हलक में हाथ डालकर खूब धो, नाक को रुमाल से बन्द कर लिया। पर दुर्गन्ध जैसे जम गई थी। अब तक वार्ड के ही नहीं, सारे अस्पताल के बीमारों ने भी अपनी नाकें बन्द कर ली थीं। आठ नम्बरवाली का रोना भी अब बन्द हो गया था, बदबू से बचने के लिए उसे भी नाक-मुँह को पल्लू से कसकर बन्द करना पड़ा था। यह दुर्गन्ध देश के सारे अस्पतालों में व्याप्त स्टैंडर्ड दुर्गन्ध की तो बात ही क्या, सड़ते शरीरों की दुर्गन्ध से भी कहीं अधिक असहनीय और अमानवीय थी।

यह अतिरिक्त कैलोरियों की गन्ध थी।

(1982)

आखिरी पहर

ठंड इस बार जल्दी आ गई है, उसने सोचा, नवरात्रों तक ठहर पाने का अब सवाल ही नहीं है। वैसे ऐसा भी हुआ है कि बरसात के साथ ही वे लोग लौटने पर मजबूर हुए हैं–जैसे परारके साल[1]! उसकी जिन्दगी में यह एक बार हुआ है, पर यहाँ जिन्दगी प्रकृति के ऐसे ही असामान्य व्यवहारों के उतार-चढ़ाव के विराम चिह्नों से ही तो बनी है, इन्हें कैसे भुलाया जा सकता है! जैसे क्या इस बार की ठंड और अँधेरा वह कभी भूल सकता है?

पिछले दस दिन से वर्षा थमने को नहीं आ रही थी–मानो वे किसी अजस्र धारा के नीचे बैठे हों। और ठंड ऐसी कि जाड़ों तक में कल्पना आतंक है। अकेलापन, अँधेरा और बियाबान बचपन से ही उसके साथी रहे हैं। पर इस तरह के अन्धकार–जब रात और दिन का ही अन्तर मिट जाए–और ठंड से उसका साबका पहली बार ही पड़ा था। प्रलय-सा टूट पड़ा था, साक्षात। तीन दिन से वे यहाँ पड़े, नदी के उतरने का इन्तजार कर रहे थे पर नदी जैसे उतरना ही भूल गई थी। एक भित्ता था वह न जाने कब का बह गया था। दूसरा रास्ता यह हो सकता था कि सुनढुँगावाला गधेरा पार कर वे नीचे बाईं ओर चले जाएँ। पर तब एक तो उधर रास्ता ही नहीं था। फिर न जाने कितनी दूर जाकर गाँव थे, इसका भी उन्हें अनुमान नहीं था। और अन्ततः आना तो उन्हें ऊपर को ही था। न ही वे पीछे को जा सकते थे, न बाएँ। दोनों ओर से बर्फीली चोटियों के अन्तहीन सिलसिले ने उन्हें घेर रखा था। इतने बिगड़े मौसम में वैसे भी कुछ समय के लिए ही सही, पीछे की ओर जाने का खयाल नहीं किया जा सकता था। वे बुग्याल छोड़कर नीचे को आए ही इसलिए थे कि वहाँ बे-मौसम की धुँआधार बर्फ पड़ने लगी थी। वरना इस समय तो वहाँ चमन बना रहने वाला ठहरा। फिर अब उधर जाने का मतलब भी नहीं रह गया था। इस बीच पड़ी बर्फ ने घास ही कहाँ छोड़ी होगी। और अगर जमीन का एकआध कोई टुकड़ा बिना बर्फ का बच भी गया होगा तो भी तो वहाँ घास सख्त होकर बेकार हो चुकी होगी।

1. पिछले से पिछले

यहाँ गनीमत थी कि जंगल घना था। इससे वर्षा की गति उतनी तेज नहीं लग रही थी, पर वर्षा और पत्तों की आपसी टकराहट का स्वर काफी तीव्र था, लगातार इस एकरस आवाज ने उसकी सुनने की शक्ति को ही अवसन्न जैसा कर दिया था। उसकी समझ में नहीं आ रहा था कि ये ग्वाँ-ग्वाँऽ बाहर की है या उसके कान ही किसी आन्तरिक गड़बड़ से बजने लगे हैं। आग धीरे-धीरे मन्द पड़ रही थी, उसकी हिम्मत के साथ ही हारती हुई। यद्यपि अँधेरे की सघनता से मध्यरात्रि का भान होता था, पर वह जानता था कि रात की अभी शुरुआत ही है–ठंड और आतंक से भरी हुई, एक अन्तहीन महारात्रि की।

उसने सूखी लकड़ी तलाशी, पर वे सब जो उन्होंने दिन भर बटोरी थीं, या तो बेहद गीली थीं या फिर बिलकुल कच्ची। उसे अपने पर खीझ उठी; इतनी वर्षा में सूखी लकड़ी की सोचना ही मूर्खता थी। पर इच्छाओं पर किसके लगाम लगी है! इतनी छोटी इच्छा पर भी कि लकड़ी सिर्फ सूखी होती, फिर चाहे दस मील से ही क्यों न लानी पड़ती। जो कुछ सूखी लकड़ी उन्होंने सँभालकर रखी थी वह तीन दिन पहले ही समाप्त हो चुकी थी। उसने बुझती लकड़ियों को थोड़ा फरकाया और किसी तरह आग को बनाए रखने का प्रयत्न किया। जो एकआध छिलपट्टे उसने आग के किनारे रखकर सुखाए थे पहले तो वे ही इस लायक नहीं थे कि ठीक-ठाक जल सकें, फिर अगर थोड़ा बहुत जल भी रहे थे तो उनसे ही भला कोई कितनी रात काट सकता था। अब सूखी-गीली किसी भी तरह की कोई लकड़ी जमा करने का सवाल नहीं रह गया था। इस तरह अब और खींच पाना असम्भव था, बस किसी तरह बच निकलने की सोचनी थी। 'इस तरह' यानी आत्मा को भी जमा देनेवाली ठंड में, खुले आकाश के नीचे, भेड़-बकरियों के साथ, अपनी नहीं, उनकी जिन्दगी बचाने। पर यहाँ आदमी और ढेबरों की जिन्दगी में अन्तर ही कहाँ था। उनकी जिन्दगी इन ढेबरों की जिन्दगी पर ही तो निर्भर थी। इसलिए उसे कोई भ्रम नहीं था कि वे जानवरों की जान बचाने का संघर्ष कर रहे हैं।

यकायक उसने महसूस किया, आग ठंडी पड़ने लगी है। धुँआ नहीं रह गया था–गीली और कच्ची लकड़ियों का आँखों को चुभोनेवाला वह धुआँ, जो उन चन्द एक लपटों की उम्मीद जिलाए रखता है जो जीने के उत्साह को बनाए रखने के लिए जरूरी होती हैं। उसकी समझ में नहीं आ रहा था कि करना क्या चाहिए। रोशनी में सिमटकर कुछ चिंगारियों में बदलने के साथ बाघ के सर्वोपरि आतंक ने उसे फिर घेर लिया। अगर दोनों एक-साथ आ गए तो? उसका रक्त-प्रवाह तेज हो उठा था और कनपट्टियाँ इस तरह आवाज करने लगीं मानो किसी बड़े सूखे पत्ते पर टप-टप करती बूँदें एक निश्चित अन्तराल पर पड़ रही हों। उसने महसूस किया उसकी पीठ पाले-पड़े बर्फ-सी जमकर पत्थर हो गई है, जैसे वह अब तक पँवालीधार की बर्फीली चोटी से पीठ सटाकर बैठा रहा हो। कल दिन-भर कुछ नहीं हुआ था, पर उससे पहले

पीछा करता बाघ एक-एक करके सात जानवर मार चुका था। अजीब बात यह थी कि सम्भवतः बाघ भी लगभग उन्हीं की तरफ फँस गया था। यद्यपि वे और बाघ एक-दूसरे के प्रतिद्वन्द्वी थे, पर उन दोनों का त्राण अन्ततः मौसम पर ही टिका था।

उसे खीझ उठने लगी, ददा[1] पर। पर इस तरह से ददा को दोष देना भी गलत था। उस समय तो वह भी कहीं यह सोचकर प्रसन्न था कि सब साले डरपोक हैं। अब तक सारे के सारे अनुवाल[2] सुरक्षित अपने-अपने जानवरों समेत पार जा चुके थे। सिर्फ वे ही फँसे रह गए थे और वह भी अपनी मूर्खता में। जाते समय सबने उन्हें समझाया था, पर वे नहीं माने थे। सम्भवतः अनुभव का भी अपना महत्त्व है और हर काम सिर्फ हिम्मत के ही बल पर नहीं किया जा सकता, यह उसकी समझ में आ रहा था। पर उनके टिके रहने के पीछे सिर्फ साहस या दिखावा ही नहीं था। तब दोनों भाइयों ने सोचा था कि मौसम एकआध दिन से ज्यादा खराब नहीं रहेगा और जब सब लोग निकल जाएँगे वे अपनी भेड़-बकरियों को आराम से चरा सकेंगे। पर जैसे उनके ग्रह ही खराब चल रहे थे। उस दिन से आज तक आँधी और पानी ने एक मिनट दम नहीं मारा था और अब भी लग नहीं रहा था कि वह जल्दी रुकने को है। अब जान के लाले पड़ चुके थे। पर खतरा उठाने का तो यह नियम ही है या इधर या उधर, उसने स्वयं को समझाया। अगर उनका अनुमान सही निकला होता तो क्या उन्हें इसका लाभ नहीं होता और क्या उन बाकी लोगों को, जो उधर सुरक्षित पहुँच चुके हैं, एक-डेढ़ महीने पहले निकल आने का अफसोस नहीं होता? फिर आखिर ढेबरों को कुछ खिलाना भी तो है उधर घर जाकर भी कौन-सी समस्या सुलझ जानेवाली है, वहाँ समस्या का दूसरा रूप होता है।

अँधेरा इतना घना था मानो आप रात नहीं, किसी अन्तहीन अँधी गुफा में फेंक दिए गए हों। उसने एक बार चारों ओर नजर दौड़ाई, कुछ शंका और कुछ प्रत्याशा में। कोहरा बहुत गाड़ा हो चुका था, धीरे-धीरे घी की तरह जमता। वर्षा की अन्तहीन टपटपाहट और हवा से रह-रहकर भीगे जानवरों की तरह अपने शरीर को तेजी से छटपटाते घने पेड़ों के नीचे अन्धकार की पर्तों को भेदती ढेबरों की आँखें बीच-बीच में किसी बिल्लौरी पत्थर-सी चमक उठती थीं। उसे लगा वे सब भी जैसे आसन्न खतरे से अनजान नहीं हैं। बल्कि कहीं एक आदिम डर इन जानवरों में भी समा गया है–अपनी जान को किसी भी तरह बचाए रखने का डर। और इस खतरे को पहचान लेने के बाद जैसे वे आँखें अपनी जान की सुरक्षा के लिए उससे प्रार्थना-सी कर रही थीं कि अब क्या होगा, कुछ करो। वह कर क्या सकता है अकेला! बिलकुल अकेला और निहत्था। अब ये दराती भी क्या कोई हथियार है। या फिर वही इतना बड़ा

1. बड़े भाई
2. चरवाहे

पहलवान होता कि शेर-बाघ से कुश्ती कर सकता। यहाँ तक कि कल से उनका कुत्ता भी कहीं गुम था और ददा के जर[1] के कारण वह मोती को ढूँढ़ने भी कहीं नहीं जा सका था। फिर डर भी तो बढ़ गया था। किसे पता था कि यह बाघ ही लगा हुआ है या कोई और भयानक जानवर है। शेर या चीता भी तो हो सकता था। अब तो उसे लगने लगा था कि हो न हो मोती भी उसी का शिकार हो चुका था। वरना लोहे के 'ग्याप'[2] वाले भोटिया कुत्ते को एरा-गैरा बाघ नहीं मार सकता है। वैसे भी मोती जैसा कुत्ता आस-पास किसी के पास नहीं था, इसलिए उसका अन्देशा अब विश्वास में बदलता जा रहा था कि यह कोई जबरजंड जानवर है। अजीब बात थी कि वह स्वयं उसे देख नहीं पाया था जब कि पहली भेड़ उसी से दस गज के फासले से वह दोपहर में मारकर ले गया था। वैसे भी उसने बाघ को आँखों से देखा ही कहाँ था, बस उसके बारे में सुना था।

आग के पूरी तरह बुझ जाने से पहले उसने सोचा थोड़ा तम्बाकू ही पी लूँ। उसने चिलम निकाली। तमकी थैली का मुँह ढीला कर बड़ी कंजूसी से इतना भर तम्बाकू निकाला जितने से धुँआ तम्बाकू का आभास देता रहे। असुरक्षा और अनिश्चितता ने उसे हर चीज के लिए शंकालु बना दिया था। कौन जाने कल क्या हो? न जाने कब आकाश खुले और वे कब तक फँसे रहें। यही शंका उसके दिमाग में लगातार छाई हुई थी। उसने सोचा ददा को भी एकआध सुट्टा लगवा दे जो वहीं उढ़्यार[3] में पड़ा हुआ था। उसे उठने में काफी परेशानी हुई। पाँव घुटनों के नीचे जैसे जम गए थे। ठंड ने पूरे शरीर को जकड़ लिया था। ददा च्वैंट[4] में लिपटा हुआ था। उसके नथुनों से निकलनेवाले खर्राटे बरसात और हवा से खड़खड़ाते पत्तों की आवाज के बीच, अपनी माँद में गुर्राते किसी हिंस्र पशु के होने का-सा आभास दे रहे थे। उसके दिमाग में फिर बाघ ने झपट्टा मारा। उसने थोड़ी तेज आवाज में कहा, "ददा! ओ ददा!" पर वह वैसे ही पड़ा रहा।

"ओ दादी हो!" उसके स्वर में घबराहट की जगह एक उत्तेजना थी जैसी लम्बी दौड़ में भाग लेने से पहले कोई प्रतियोगी महसूस करता है। रात उसके आगे एक चुनौती के रूप में थी–एक अनजाने बर्फीले दर्रे-सी, जिसे उसे बिना रुके पार करना था, पर जिसके बारे में वह यह नहीं जानता था कि वह कितना लम्बा है।

"ओ ददा!" इस बार उसने आवाज लगाने के साथ-ही-साथ ददा को झकझोरा भी। पर वह ऊँ! ऊँ करने के बाद फिर खर्राने लगा, जैसे कोई अचेतावस्था में पड़ा हो। उसे लगा, ददा को उठाना ठीक नहीं है। उसने च्वैंट के अन्दर हाथ डालकर ददा

---

1. ज्वर
2. बाघ से बचाने के लिए कुत्ते के गले में बाँधा जानेवाला लोहे का काँटेदार कवच
3. गुफा
4. स्थानीय ऊनी कंबल

का माथा छुआ। ददा के शरीर की तपिश ने उसके जमते हाथ को थोड़ा आराम पहुँचाया। दिल हुआ दूसरा हाथ भी ददा के माथे पर रखकर सेंक ले। उसके हाथ से ददा थोड़ा काँपा। शायद ठंडे हाथ ने ददा को भी आराम पहुँचाया हो। न जाने कितना जर होगा, उसके लिए अनुमान लगा पाना सम्भव नहीं था। इसे सोने ही दो, सोचकर वह लौट पड़ा।

वापस आकर पहले उसने बखुल को अपने चारों ओर कस लिया फिर च्वैंट को ठीक से नीचे बिछाया और अपनी जगह बैठ गया। वहाँ उन्होंने एक कामचलाऊ छप्पर-सा बना लिया था, जिससे कि रेवड़ के साथ रह सकें। बखुल के ऊपर उसने पंखी कसी और उससे कानों को भी कसकर बाँध लिया। बैठकर जैसे ही उसने दम मारा चिलम बुझ चुकी थी। उसे बड़ी खीझ उठी। उसने एक लकड़ी से राख खचोरी। एक चिंगारी नहीं थी। हाँ, राख जरूर गर्म थी। अगर दो आलू होते तो शायद अच्छे भुन जाते, उसने सोचा, पर चिलम का क्या होगा? तम्बाकू की हुड़क ने बेचैन कर रखा था। एक ही तरीका था कि वह अग्यिल[1] निकाले और नए सिरे से आग जलाए। पर फिर वही अनिश्चितता उस पर हावी हो गई। जरा-सी तो बुकिल[2] रह गई है। अगर वह भी खर्च कर दी तो आगे क्या करेंगे? उसने चिलम टटकाकर वापस रख ली।

इस साले धंधे को ही छोड़ देना चाहिए, उसने सोचा! कहीं मैदान को निकल जाएगा। या तो फिर मिलट्री में ही भर्ती हो जाएगा। पर वह पढ़ा तो था ही नहीं। खैर कुछ भी कर लेगा। कहीं बर्तन ही माँज लेगा पर अब इस तरह ठंड और बाघ के हाथों अपनी जान नहीं गँवाएगा। नहीं हुआ तो सड़क बनाने का काम ही कर लेगा। जब वह 12-14 साल का था तब पहली बार अपने पिता के साथ इधर आया था। वे लोग गर्मी के शुरू होने के बाद अपने-अपने रेवड़ों को लेकर धीरे-धीरे चले थे। तब उनके पास सौ के करीब भेड़ें थीं और इतनी ही बकरियाँ। ददा उससे पहले बाबू के साथ आता था, उसी की हिरस में वह भी आने की जिद पकड़ बैठा था। उस बार वे लोग उधर मर्तोली बुग्याल की तरफ गए थे। पर वह बीच में ही लौट गया था। बरसात में कोई राशन लेने आ रहा था, उसके साथ। उस बार भी शायद वर्षा कुछ ज्यादा ही हुई थी। या वह पहला मौका था जब उसने इतना खराब मौसम देखा था। बुग्यालों के पास दोपहर बाद धूप दिखलाई नहीं देती थी। खाती के बाद पिंडर के साथ-साथ तभी पहली बार उसने कुछ विदेशी देखे थे, बन्दर जैसे लाल। कोई बाल बढ़ाए, कोई दाढ़ी। पैंट पहननेवाली औरतें भी पहले-पहल तभी देखी थीं। उसे बहुत अच्छा लगा था। वे लोग उसे देखकर मुस्कराते थे कभी हाथ हिलाते थे। वह डर या झिझक के कारण हाथ भी नहीं उठा पाता था। पर वह सब उसे अच्छा

---

1. आग जलाने का पत्थर और लोहे का यंत्र
2. सूखी घास जो जल्दी चिंगारी पकड़ लेती है

लगा था। उनका मुस्कराना और हाथ हिलाना। जब तक वे लोग पिंडारी गल[1] के पास पहुँचे थे, उन्हें चलते-चलते 25-30 दिन हो चुके थे। वैशाख रहा होगा। बुग्याल हरी मखमली घास से गच्छ थे। बर्फ गले काफी समय हो चुका था। इस पर कई निर्घाम जगहों में उसने बर्फ देखी थी। उसे बड़ा मजा आया था, उस कमजोर बर्फ पर अपने पैरों के निशान बनाने में। उसके किरमिच के जूतों ने, जो बाबू ने चलने से पहले दस मील दूर भराड़ी से जाकर खरीदे थे, उस बर्फ पर छापामार कई निशान बनाए थे। उसने सोचा था, जब अगली बार आएगा, तब उन निशानों को फिर देखेगा।

दस साल का अन्तराल वह इस तरह फाँद गया, जैसे बन्दर देखते-देखते एक डाल से दूसरी डाल पर पहुँच जाते हैं। एक बार फिर से उसने किसी तरह आग जलाई। अभी से रात, ठंड और बाघ के गुर्राते आतंक में जीने से बेहतर अटक-बटक के लिए बचाए रखे आखिरी सूखे छिलपट्टों को भी, जो होगा देखा जाएगा, वाले अन्दाज में आग में लगा दिया। ये छिलपट्टे किसी सूखे ठूँठ से रास्ते में ददा ने निकाले थे। ददा की दूरदर्शिता का वह कायल था। ददा सदा उन बातों के लिए तैयार रहता था जिनका अनुमान भी कर पाना उसके लिए असम्भव था। यद्यपि उसमें और ददा में दो-एक साल का ही अन्तर था पर अनुभवों ने इस दूरी के अन्तर को चौड़ा कर दिया था। पिता की असामयिक मृत्यु के बाद से सारी जिम्मेदारी ददा के ही कंधों पर आ गई थी और जिस खूबी से वह उन्हें निभा रहा था उसने ददा को वास्तव में बड़ा साबित कर दिया था। सूखे ठूँठ के साथ उसने इस आशा में कि आग कुछ देर और चल जाएगी, थोड़ी कच्ची और गीली लकड़ियाँ भी लगा दी थीं। इससे धुँआ कुछ ज्यादा ही हो रहा था, फिर ठंड से धुँआ ऊपर को भी नहीं उठ पा रहा था और वह धुँए के तम्बू में घिरा अपनी आँखें पोंछता जा रहा था। आग के भड़कने से लकड़ियों के चटकने की आवाज आने लगी थी, जैसे लकड़ियों में और उसमें गप्प चल रही हो—दाज्यू के बारे में ही। वर्षा की झड़ी की पृष्ठभूमि में जलती लकड़ियों से चलता वार्तालाप एक सुखद अनुभव था।

अब तक की ज्वालाओं से उठनेवाली चमक और गर्मी ने, कुछ देर को ही सही, उसका ध्यान आसपास मँडराते आसन्न संकटों से हटा दिया। यही महीना था, कौन जाने क्या हुआ होगा। पहले उसका अनुमान था कि वह शायद तब तक घर पहुँच जाएगा, क्योंकि किसी-न-किसी को तो राशन लेने जाना ही था। उसने सोचा था वही निकल जाएगा इस बहाने। पर मौसम ने सारा कबाड़ा कर दिया था और राशन लेने जाने की नौबत ही नहीं आई थी। क्या पता क्या हुआ होगा—बेटा या बेटी, कौन जाने? गोपुली का चेहरा उसकी आँखों के आगे नाच उठा—आगे को तना पेट और पिछौड़े के पीछे छिपा चेहरा, उसकी आँखों में एक शरारती मुस्कराहट लगातार डोलती रहती थी। यह उसने कल्पना की थी क्योंकि आखिरी बार जब उसने गोपुली को देखा

1. हिमनद, ग्लेशियर

था तब सिर्फ हल्के से चिह्न थे। उसे ऐसा लग रहा था, मानो गोपुली को देखे एक युग बीत गया हो। किसी तरह वर्षा रुके और वे पार लगें। खाती पार करते ही वह सारे ढेबरे ददा के सुपुर्द करके चल देगा।

अगर ददा की तबीयत तब तक ठीक न हुई तो? क्यों नहीं होगी, थोड़ा ज्वर ही तो है। ऐसा ज्वर तो होता ही रहता है, उसने अपने को आश्वस्त किया। इसके अलावा और कोई रास्ता भी नहीं था। बहुत ज्यादा निराश वह अभी नहीं हुआ था और फिर नौजवान भी तो था। कुछ भी हो, ठंड ऐसी नहीं थी कि उसकी कामनाओं के घोड़ों को जमा दे। वह सीधा गोपुली के पास गोठ में जा पहुँचा। उसने हौले से उसे छुआ।

"ओ बाबा, तुम्हारे हाथ तो बर्फ हो रहे हैं।" गोपुली ने चमककर कहा था।

"और नहीं तो क्या होंगे?" वह हँसा था मन्द हँसी, कहीं कोई सुन न ले, "देख नहीं रही है, आ कहाँ से रहा हूँ। बस, समझ ले बर्फ ही पड़ रही थी।"

"हाई अच्छा!" गोपुली ने चिन्तातुर स्वर में कहा और उसके हाथ को अपने सीने से लगा लिया था। और देखते-ही-देखते उसका हाथ ही नहीं पूरा शरीर गरमा गया था। जैसे अभी भाई का हाथ छूने भर से उसका हाथ तप गया था। फिर धीरे-धीरे उसका हाथ स्वयं ही नीचे की ओर सरकने लगा और पेट पर आकर थम गया।

"क्या है?" गोपुली ने पूछा।

"तुम्हारा पेट?" उसे आश्चर्य हुआ।

वह इस बार खिलखिलाई थी, "यहाँ है मेरा पेट, मेरी बगल में सोया। देखोगे? अब कल सुबह देखना। अच्छा लाओ अपना हाथ लाओ, देखो! तुम्हारे हाथ ठंडे तो नहीं?"

"नहीं तो", उसने पूरे विश्वास के साथ कहा। ये औरतें बच्चों के मामले में कितनी सावधान हो जाती हैं, उसे आश्चर्य हुआ। इस पर भी गोपुली को यकीन नहीं हुआ। उसने उसके हाथ को अपने दोनों हाथों से देर तक सेंका और फिर अपनी दाईं ओर ले गई पर उसका हाथ लगने से पहले ही बच्चा रोने लगा था—हल्की-सी आवाज में। गोपुली ने उसका हाथ इतनी जोर से झटका कि वह हड़बड़ाकर उठ बैठा।

बच्चे के रोने से नहीं, बल्कि बकरियों की घबराई-घबराई मिमियाहट और बेचैनी ने उसे नींद के झोंके से उठा दिया था। अन्धकार जमकर अभेद्य हो चुका था। उसने इधर-उधर हाथ से झपझपाकर देखा। आग न जाने कब की बुझ चुकी थी। वर्षा अभी भी उसी रफ्तार से हो रही थी। वर्षा की आवाज के साथ मिलकर नीचे नदी का स्वर और भी कई गुना भयावह और एकरस हो चुका था, एकान्त और असहायता की पीड़ा को लगातार सघन व तीव्र बनाता। हवा भी इस बीच गुर्राने लगी थी जैसे कोई खूँखार जानवर आक्रमण से पहले क्रोध में अपना पंजा जमीन पर रगड़ता है। बकरियों और भेड़ों की मिमियाहट और बेचैनी बढ़ती जा रही थी। बादलों की रह-रहकर बढ़ती गड़गड़ाहट इस तेजी से आकाश के इस कोने से उस कोने तक फैलती, मानो हजारों कारतूसों से एक-एक पहाड़ को कई-कई जगह एक साथ उड़ाया जा रहा हो। पर

जानवर बादलों की गर्जन-तर्जन से तो नहीं ही घबड़ाए हुए थे। सो फिर बात क्या थी? और उसकी समझ में आ गया। यह वही डर था, जिसकी चिन्ता में स्वयं वह न जाने कब से त्रस्त था। बाघ के याद आते ही उसने अपनी दराती हाथ में ले ली। पर दराती से इस अँधेरे में क्या होने वाला था। बाघ पीछे कहीं से भी झपट्टा मारेगा और एक-न-एक जानवर उठा ले जाएगा। सुबह ददा कहेगा इस तरह तो हम बरबाद हो जाएँगे। और यह उसके लिए मरना हो जाएगा। ददा सोचेगा, वह सो गया होगा। पर वह सोया तो है ही और न जाने कितनी देर सोया। उसकी समझ में नहीं आ रहा था कि उसे क्या करना चाहिए। तत्काल उसका ध्यान एक बार फिर आग की ओर गया। फिर से उसने आग टटोली। आग तो छोड़ वहाँ गर्म राख भी महसूस नहीं हुई। बाघ को दूर रखने का सबसे बड़ा उपाय था आग, मगर अब आग जला पाना असम्भव था। उसने निर्णय ले लिया। होगा साला बाघ आखिर कर क्या लेगा! देखा जाएगा! उसे अपनी भुजाओं की मांस-पेशियाँ अचानक कसती महसूस हुईं। उसने फिर से दराती की पकड़ को मजबूत किया और खड़ा हो गया। यद्यपि एक बार उसका दिल हुआ ददा को उठा दे फिर ददा ने कहा भी तो था अगर कुछ हुआ तो मुझे उठा लेना पर उसे बीमार भाई को उठाना अनैतिक लगा। वह थोड़ा बढ़ा और उसने हूश्श्श की आवाज लगाई जिससे यदि बाघ हो तो आदमी की आवाज सुनकर आगे न आए। धीरे-धीरे उसने ढेबरों का एक पूरा चक्कर लगाकर उन्हें आश्वस्त कर दिया कि नहीं, अभी तुम्हारी मदद को कोई है। एक बारगी को जानवरों की बेचैनी वाकई कम हो गई और फिर से वर्षा की एकरसता और हवा की गुर्राहट बढ़ गई।

इससे उसे भी थोड़ा सन्तोष हुआ, सन्तोष ही नहीं बल्कि थोड़े से नैतिक बल ने उसे एक नए आत्मविश्वास से भर दिया। अब उसने महसूस किया कि वर्षा काफी कम हो चुकी है। इसने उसमें यह प्रत्याशा जगाई कि सम्भव है सुबह तक आकाश खुल जाएगा और अगर वर्षा न हुई तो ठंड भी स्वयं ही कम हो जाएगी। अब उसे भूख महसूस होने लगी। शाम उसने इस डर से बहुत ही थोड़ा खाया था कि कहीं ऐसा न हो कि वर्षा के कारण वे खाना बना ही न सकें। उसने कंडी में दबाकर रखी रोटियों की पोटली निकाली और धीरे-धीरे खाने लगा। फाफर की रोटी तक ठंड से पत्थर जैसी हो गई थी। भूख से उसकी यह भी इच्छा नहीं हुई कि गुड़ की डली ही होती, सब्जी की तो बात रही दूर। यहाँ तक कि उसे नमक तक याद नहीं आया, कहीं-न-कहीं जरूर मिल जाता। रोटी खा लेने के बाद उसे तम्बाकू की हुड़क लगी, अब उसमें इतना विश्वास आ चुका था कि वह अटक-बटक के लिए रखी बुकिल के इस्तेमाल की सोचने लगा। एक धूप निकली नहीं कि बुकिल की कोई समस्या नहीं रहेगी, वह जानता था। उसने अग्यिल पट्टी निकाली और बुकिल के कुछ रेशों को लोहे के टुकड़े के साथ जोड़कर डांसी पत्थर से रगड़ने लगा। अँधेर-कूप में पत्थर और लोहे की रगड़ से निकलकर चिंगारियाँ इस तरह से फैलने लगीं मानो प्रकाश के

गोले छूट रहे हों। बुकिल सम्भवतः कुछ गीला होने के कारण आग नहीं पकड़ रहा था। पर जब बुकिल ने आग पकड़ी तो पल भर को ऐसा लगा कि एक हजार सूर्य एक साथ प्रकट हो गए हों। उसकी आँखें मिचमिचा गईं। सारा जंगल, सारी घाटियाँ और सारे ऊँचे-ऊँचे पहाड़ प्रकाश में नाच उठे। सारे जानवर भी नींद से जैसे चौंककर जाग उठे। उनके जगते ही उस प्रकाश में उसने देखा कि प्राणों की ऊष्मा से तपकर उठी भाप धीरे-धीरे पेड़ों के बीच से होती हुई ऊपर बादलों की ओर जा रही है। उसने उत्साह में तेजी से कई दम मारे और अन्त में उसकी चिलम लम्बी लौ से छज उठी। वह उसे तब तक देखता रहा जब तक कि लौ वापस चिलम में न समा गई। उसका मन हुआ इस आग की कली को सहेजकर अपने बखुल के अन्दर, अपने हृदय के पास रख ले या कम-से-कम अपनी हथेलियों में छुपा ले, जिससे कुछ देर को ही सही, कुछ गर्मी उसके शरीर को मिल सके। वह आग के साथ देर तक अपनी इच्छाओं का खेल खेलता रहा। जब चिलम बुझ गई वह फिर से गोठ में जा पहुँचा, गोपुली के पास।

इस बार वह कैसे उठा उसे याद नहीं। सम्भवतः भगदड़ में किसी जानवर का पैर उस पर पड़ा था। नींद खुलते ही उनके नथुने अजीब तीखी और असह्य दुर्गन्ध से भर उठे। उसे समझते देर नहीं लगी कि बाघ बिलकुल नजदीक है। समय नहीं था। उसने दराती सँभाली और उस ओर झपटा जिधर उसे सबसे अधिक घबराहट और हलचल महसूस हुई। तभी अँधेरे में एक जोड़ी आँखें जो ढेबरों की आँखों से बिलकुल अलग थीं, पल भर को किसी पैशाचिक माया की तरह चमकीं। और उसी पल के लिए वह ठिठका, पर इसी के साथ उसके कानों में शिकार होते बकरे की मिमियाहट मौत से जूझते किसी आदमी के बदहवास आर्त्तनाद की तरह पड़ी। जैसे करंट छू गया हो। वह अपनी स्तब्धता से उभरा। ठंड से जकड़ा शरीर पल भर में इस फुर्ती से झपटा कि बाघ भी उसकी छलांग का अनुमान नहीं कर पाया। बाघ अब तक बकरे को पाँच-सात गज घसीट कर ले जा चुका था। इससे उसका वार ही खाली नहीं गया, उसका पैर भी सही नहीं पड़ा और इस हड़बड़ में हाथ से दराती छिटककर अन्धकार में कहीं जा पड़ी। इस उथल-पुथल से घबराकर बाघ ने अपना शिकार छोड़ दिया और अनचाहे ही अपने सबसे बड़े प्रतिद्वन्द्वी आदमी के रूबरू हो गया। बाघ की गुर्राहट और उसके नथुनों से उठती दुर्गन्ध इतनी तीव्र थी कि उसके लिए बाघ को और अधिक निकट रहने देना असम्भव हो गया। उसके दिमाग में क्रोध लोहार के आफर की तरह जलने लगा था। वह फिर उछला और इस बार उसका हाथ बाघ के गले में था।

नहीं, पर बाघ की शक्ति का उसने गलत अनुमान लगाया था। बाघ इस बार

गरजा ही नहीं, बल्कि उसने पूरे जोर से अपनी गर्दन हिलाई और इसके साथ ही वह हवा में घूम गया। पर इससे पहले कि बाघ उसे गिराकर दबोच लेता कि न जाने कैसे बाघ की पूँछ उसके हाथ में थी। यह उसके लिए आखिरी मौका था। वह जानता था कि अगर वह बाघ को न दबोच सका तो बाघ बकरी को तो छोड़ देगा, पर अब उसे नहीं छोड़ने वाला है। न जाने उसके हाथों में इतनी शक्ति कहाँ से आ गई थी। उसने पहले तो पूँछ को प्राण-पण से कसा फिर बिना समय खोए पूरा दम लगाकर इस तरह उमेठना शुरू किया, जैसे बैल की पूँछ उमेठी जाती है। घबराहट और असहायता में बाघ अपनी पूरी शक्ति से घूमा और उसी के साथ वह भी ऐसे घूम गया जैसे गोफन को पत्थर फेंकने से पहले घुमाया जाता है। पीड़ा से बौखलाया बाघ पूरी शक्ति से दहाड़ा भी, जैसे कई बादल एक साथ टकरा गए हों। पूरी घाटी ही उस दहाड़ से नहीं गूँजती रही, बल्कि हर पेड़-पत्ती उससे थरथरा उठी। इसके बाद क्या हुआ, उसे नहीं मालूम। सम्भवतः कुछ देर को वह बेहोश हो गया था। वह यह नहीं समझ पाया कि उसकी मूर्च्छा बाघ की दहाड़ के कारण रही अथवा बाघ ने अपनी पूँछ को छुड़ाने के प्रयत्न में उसे किसी पेड़ के तने से दे मारा था।

जब वह होश में आया दाज्यू उसे घबराहट में पुकार रहा था। ''हूँ'', उसने इस तरह से कहा था, जैसे कच्ची नींद से उठा दिया गया हो।

''कहाँ है तू?'' ददा ने पूछा था। उसकी आवाज रोआँसी हो गई थी।

''मैं यहाँ हूँ। बिलकुल ठीक हूँ।'' उसने ददा को ढाढ़स बँधाया, ''बकरियाँ तो ठीक हैं? उसने फिर पूछा। उसका सर अब भी भन्ना रहा था।

''मरने दे बकरियों को, तू ठीक है?'' बुखार से काँपती ददा की आवाज से उसे लगा कि वह अभी रो उठेगा।

ददा ने पास पहुँचते ही उसकी दोनों बाजुओं को कसकर पकड़ लिया। और देर तक चुप रहा। ददा का शरीर तप रहा था।

''तुझे अभी काफी जर है।'' उसने अपनी घबराहट को नियन्त्रित करते हुए कहा।

ददा ने तत्काल उसकी बात का कोई उत्तर नहीं दिया। सम्भवतः उसका गला फिर से रुँध गया था। न जाने कितनी देर वे दोनों इसी तरह खड़े रहे। अन्त में उसने काँपते–शायद ज्वर से या ठंड से अथवा शायद विह्वलता से–बड़े भाई को जाकर उसकी जगह पर बैठा दिया।

''तुझे डर नहीं लगा?'' ददा ने पूछा।

उसकी समझ में नहीं आया क्या जवाब दे। यद्यपि उसकी भन्नाहट कुछ कम हो चुकी थी, पर घबराहट से वह अब भी काँप रहा था।

''तूने मुझे क्यों नहीं उठाया?'' ददा ने फिर प्रश्न किया।

''मुझे पता कहाँ लगा?'' उसने थोड़ा झिझकते हुए कहा। वह जानता था कि ददा से ज्यादा साहसी वह नहीं है। ददा के सामने ऐसी कोई भी बात, जो किसी भी

तरह की वीरता का आभास देती हो, करना उसके लिए असुविधाजनक हो रहा था।

वे दोनों फिर से खामोश हो गए। वर्षा अब लगभग थम चुकी थी।

"वर्षा थम गई है, हो सकता है यहाँ भी बर्फ पड़ जाए, पर वर्षा शायद नहीं हो।" उसने कुछ उत्साह में कहा।

"ईश्वर ने चाहा तो कल नदी उतर जाएगी।" ददा ने लम्बी साँस लेकर कहा।

"तू सो जा।" उसने ददा को लेटाना चाहा। वह जानता था, ददा इस तरह हिम्मत हारनेवाला आदमी नहीं है, ज्वर ने उसे हिला दिया था। "तू सो जा", उसने फिर कहा, "उतर जाएगी नदी, कल तो उतर ही जाएगी।"

ददा अब भी चुप रहा। जैसे उसकी बात का कोई मतलब ही न हो। अब उसने महसूस किया कि वह बकरी जिसे बाघ नीचे तक घसीटकर ले गया था होश में आकर मिमिया रही है। यानी बाघ बकरी नहीं ले जा सका था। उसकी प्रसन्नता का ठिकाना नहीं रहा।

उसकी समझ में नहीं आया कि क्या किया जाए? हो सकता है बाघ वहीं कहीं घात लगाए बैठा हो। तब? वैसे भी वह गुस्से में तो होगा ही पर तब क्या वह बकरी को, जिसके लिए उसने अपनी जान लड़ा दी, अब बाघ के हाथ में जाने दे? वह काफी देर इसी द्वन्द्व में रहा और अन्ततः वह स्वयं को रोक नहीं सका। वह झटके से उठा और उसने ददा की दराती माँगी।

"क्या करेगा?" ददा ने दराती ढूँढ़ते हुए पूछा।

"जरा वो", उसने थोड़ा अटकते हुए कहा।

"क्या वो?" ददा सशंकित हो उठा।

"वो जरा उसे ले आता हूँ।" उसने कहा और ददा के मना करने से पहले तक तो वह बिना दराती के ही कूद चुका था।

बकरी के पास वह इस तरह से पहुँचा जैसे कोई जलते हुए जंगल में घुसता है। यद्यपि उसे लग रहा था मानो चारों ओर खूँखार बाघ किसी भी क्षण उस पर झपटने के लिए तैयार बैठे हैं पर उसके उत्साह में कमी नहीं थी। उसने बाघ को हरा दिया था। अपनी विजय ने उसमें वह तेजी भर दी थी, जिसके चलते घात में बैठे बाघों को वह मात दे सकता था। न जाने कब और किस फुर्ती से उसने बकरी उठाई और वापस अपनी जगह आ गया। बकरी की शायद गर्दन टूट चुकी थी, जिससे उसकी गर्दन ही नहीं लटक गई थी, वह खड़ी भी नहीं हो पा रही थी। कुछ भी हो, बकरी वापस उनके ही पास थी! यह उनकी जीत थी—जीत!

ददा पहले तो उसे गाली बकने लगा, साले मरने की ठाने हुए है तो मर जा, आदि-आदि और फिर रोने लगा। अपने उत्साह में उसकी समझ में नहीं आया इतने बड़े ददा को हो क्या गया है? वह हतप्रभ ददा को देखता रहा। किसी तरह ददा चुप हुआ और लेट गया था, सम्भवतः बेहोश हो गया था—बुखार में फिर से।

जब ठंड बहुत बढ़ जाती है तो उसे याद आया कि वर्षा नहीं होती। फिर सिर्फ बर्फ पड़ती है। और उसे लगा था ठंड के मारे सारी बर्फ बिना पड़े वातावरण में जैसी की तैसी ठहर गई है। इससे हवा ठोस हो गई थी। बर्फ-सी ठोस। उत्तेजना और घबराहट उसमें अब भी थी। उसने फिर से किसी तरह अग्यिल पट्टी निकाली और नए सिरे से बुकिल जलाकर चिलम भरी और हौले-हौले कश भरने लगा। रात अभी कितनी और बाकी है, वह अनुमान नहीं लगा पा रहा था। यदि आकाश साफ होता तो यह परेशानी न होती। तारों से अनुमान लगाया जा सकता था, पर रात भर में जितना कुछ घट चुका था, उससे वह यह अन्दाज करने लगा कि अब सुबह में देर नहीं हो सकती।

बाप रे! उसने क्या कर दिया था, अब उसकी समझ में आने लगा था। उसके दिमाग में बाघ का आतंक फिर से फैलने लगा। बाघ कभी आ सकता था इसलिए जरा-सी भी आहट के होते ही वह दराती की मूठ को कसकर पकड़ लेता था। फिर यह भी तो निश्चित नहीं था कि बाघ एक है या दो। कभी पेड़ों से कोई पत्ती या पानी की बूँद खड़खड़ाकर गिरती तो लगता बाघ ने झपट्टा मार दिया है।

उसकी इच्छा रह-रहकर होती कि काश वह थोड़ी आग जला पाता। यद्यपि पिछले कई दिनों से वर्षा हो रही थी और ऐसी स्थिति में जंगल से एकआध सूखी लकड़ी के टुकड़े भी बटोर पाना जरा मुश्किल काम था, पर अगर उजाला होता या रात होने के बावजूद आकाश साफ भर होता तो वह निश्चित रूप से कुछ जुगाड़ कर लेता। पर इस अन्धकार में, उसने सोचा, कुछ भी कर पाना सम्भव नहीं है। असल में वह अब तक घबराहट की जगह ठंड से लगभग काँपने लगा था। हो सकता था कि ठंड बढ़ गई हो पर इसके साथ यह भी कोई असम्भव नहीं था कि उसकी कँपकँपाहट का कारण बाघ रहा हो, जो उसके दिमाग से हटाए नहीं हट रहा था। अब क्या हो सकता है। जो होगा देखा जाएगा, उसने सोचा। हाँ, पर अगर आग होती तो वह अपने को ठंड और बाघ दोनों से बचा सकता था। बाघ को मारो गोली, उसने स्वयं से कहा, क्या यह ठंड सुबह तक उसे जिन्दा छोड़ेगी? बाघ साला तो एक ही झपाटे में काम कर देगा, पर ठंड तो धीरे-धीरे जमाकर बेरहमी से मारेगी। उसने निर्णय किया कि वह उठकर एकआध लकड़ी ढूँढ़ेगा और थोड़ी आग जला लेगा। चाहे जैसे भी होगा। यही तो होगा ना कि उसे सारी बुकिल जलानी पड़ेगी, जला देगा। यह ठंड छोड़ने वाली नहीं, वह यह नहीं मानना चाहता था कि बाघ नहीं छोड़ेगा, उसे उठना चाहिए; उसने सोचा और उठकर कुछ सूखे निंगाले ही जमा कर लेने चाहिए। फिर निंगाले दूर भी नहीं थे। वहीं कुछ कदम नीचे निंगालों की झाड़ियाँ थीं और सूखे निंगालों को भीगा होने के बावजूद जलाना ज्यादा कठिन नहीं होता है। एक बार आग जल जाने के बाद तो और लकड़ियाँ भी वह आसानी से जुटा लेगा और फिर निंगालों के साथ और भी लकड़ियाँ जलाई जा सकती हैं। सारी रात चैन से कट जाएगी। फिर

रात बची भी कितनी है, शायद आखिरी पहर चल रहा होगा। अगर आकाश घटाटोप नहीं होता, तो अब तक थोड़ा बहुत उजाला भी हो गया होता।

अचानक उसे लगा कुछ आहट-सी हो रही है, जैसे कोई जानवर झाड़ियों के बीच हौले-हौले सरक रहा हो। एकदम उसका सारा शरीर चौकन्ना हो गया। बाघ! उसके अवचेतन में बैठे आतंक ने चमककर कहा। अचानक सब कुछ जैसे जम गया--उसकी साँस तक। उसके कान उस आवाज को फिर से टोहने लगे। वह स्वयं को तैयार करने लगा, पर उसकी समझ में नहीं आ रहा था कि उसे करना क्या चाहिए? इस बार उसके अन्दर उस तरह का साहस नहीं रहा था। बाघ की ताकत को वह जान चुका था और यह भी जान गया था कि जिस चमत्कार के कारण पहले बच गया था वह बार-बार नहीं होने वाला है। अब उसमें एक विजयी दम्भ या आत्मविश्वास नहीं, बल्कि प्रतिद्वन्द्वी की शक्ति का अन्दाज होने के कारण घबराहट भर गई थी। यह उसने कैसे कर दिया। वह स्वयं चकित था। सम्भवतः अब वीरता और मूर्खता का अन्तर उसकी समझ में आ रहा था। कितनी पतली रेखा है दोनों के बीच।

देर तक कोई आवाज नहीं हुई। यहाँ तक कि उसके जानवर भी निश्चिन्त पड़े रहे, बिना किसी प्रत्यक्ष हलचल के। नीचे नदी का ग्वां-ग्वां करता पानी और जगह-जगह असमय फूटे पतनालों और स्रोतों की धाराओं की आवाज थी। काफी देर बाद बस एक पक्षी इस एकरसता को तोड़ता हुआ एक पेड़ से दूसरे पेड़ की डाल तक उड़ा। कोई उल्लू रहा होगा, भोजन की तलाश में। उसने फिर सोचा, अगर आग हो सके तो वह बाघ को दूर रख सकता है। इसके अलावा और कोई रास्ता नहीं था। रात, अचानक उसने महसूस किया, चाहे कितनी भी कम क्यों न रह गई हो, बाघ के लिए काफी थी।

मुझे कुछ करना चाहिए, उसने सोचा। पर अब तक उसे साँस लेने में भी कठिनाई होने लगी थी। हवा भी, उसे लग रहा था, जम गई है और उसकी श्वाँस-नली में बारीक स्फटिक रेशों में ठहरती जा रही है--बर्फ के फाहों-सी। इससे उसका खून जमने लगा था और अब उसके लिए उठ पाना भी सम्भव नहीं रहा था, जैसे उसके पैर कई-कई फीट गहरी बर्फ में धँस गए हों। ठंड के बढ़ने के साथ आग उसकी कामना में चुकती ढिबरी की तरह जलने लगी। उसने अपने घुटनों को मोड़कर उनमें सिर टिका लिया और धीरे-धीरे जमते रक्त से छन-छनकर ठंड बारीक-बारीक कणों में उसकी आत्मा में रिसने लगी थी।

वैसे जब ठंड आत्मा में प्रवेश कर जाए...।

(1985)

खिड़की

'अंगारे' और 'लपटें' को तो आप जानते ही हैं। किस्सा 'लावा' का है।

"ऐसा कैसे हो सकता है?" मन्त्री जी ने किस्सा सुनकर पूछा था।

"सर, ऐसा ही हुआ है।" गोपीचन्द गोयल, मालिक आदर्श मुद्रणालय ने अपने दोनों झुलसे हाथों को मन्त्री जी के सामने फैलाते हुए कहा था, "मैं बर्बाद हो गया हूँ।" उसने रुआँसा मुँह बनाया था और उसके बेटे ने जैसा कि उसे बतलाया गया था लालाजी की नाक साफ करने के बाद आँखें भी पोंछ दी थीं।

मन्त्री जी के दिमाग में गोपीचन्द गोयल के छह फर्मे के टाइप से भी कई गुना ज्यादा राष्ट्रीय महत्त्व की कई और बातें घूमने लगी थीं। यह गांधी-जवाहर का देश है, सत्य अहिंसा का–वह सोच रहे थे, इसके भविष्य को ध्यान में रखना सर्वोपरि है। हम–वह गांधीवादी परम्परा की देन थे–रहें न रहें, देश रहना चाहिए। अहिंसा परमो धर्मः।

पर यह सब गलत भी तो हो सकता है! लाला गोपीचन्द की बदमाशी!

"तुम्हारा बेटा शादी-शुदा है?" उन्होंने 18-19 साल के सफारी सूट पहने बेटे की ओर कुछ परखनेवाले अन्दाज में देखते हुए पूछा।

"हाँ, सर! आपके आशीर्वाद से एक पोता भी है।" लाला गोपीचन्द ने द्रवित होते हुए कहा। पोते के नाम से वह अक्सर गदगद हो उठते थे।

"बहू कहाँ है, तुम्हारी?" मन्त्री जी ने कुछ कड़े स्वर में लड़के से पूछा। लड़का सफारी सूट के अन्दर गुम हो गया।

लालाजी को भी लगा उनकी आवाज बन्द हो रही है।

मन्त्री जी ने प्रश्न फिर उतनी ही कड़ाई से दुहराया।

"है सर!" इस बार लालाजी को मन्त्री जी की नीयत के बारे में अन्दर उठती शंका सत्य जान पड़ी।

"अरे मैं पूछ रहा हूँ?" मन्त्री जी बिफर पड़े।

"ले आएँ सर?" लड़के ने घिघियाते हुए पूछा।

"ले कहाँ से आओगे?" मन्त्री जी भड़के, "स्वर्ग से?"

"नहीं, सर!" इस बार लालाजी बोले, "घर में है।"

अब मन्त्री जी ठंडे हुए। बाप-बेटे उनका मुँह ताकने लगे। मन्त्री जी की एक शंका का समाधान हो गया कि नहीं, मामला दहेज में बहू जलाने का नहीं है। तो क्या गोपीचन्द की बात सच है? तहकीकात आवश्यक थी, क्योंकि देश के भविष्य का सवाल था।

"पर शब्द तो कुछ रेखाएँ या चिह्न होते हैं।" वह गम्भीर हो गए।

"हाँ सर!" लालाजी की जान में जान आई।

"फिर यह कैसे हुआ? कुछ शब्दों के लिख देने मात्र से तो नहीं कुछ हो जाता।" मन्त्री जी कोई वैसे ही संस्कृति मन्त्रालय थोड़े ही देख रहे थे। उनकी तर्क-बुद्धि की धाक पर 'मार्निंग टाइम्स' के सम्पादक बिहारी लाल जैन ने प्रथम पृष्ठ पर एक सम्पादकीय तक लिखा था।

"सर! मैं बतलाता हूँ।" गोपीचन्द जी का विश्वास इस बीच काफी हद तक लौट आया था।

"हूँ!" मन्त्री जी ने सिगनल दिया और चिन्ताकुल कुर्सी पर लधर गए।

"सर! गलती की कम्पोजिटरों ने। अगर वे चुपचाप कम्पोज करे जाते तो ऐसा न होता। वे कम्पोज करे जावें थे, गैलोंगैल पढ़े जावें थे। जब पेज बनने लगे तो हमारे फोरमैन ने पहली बार नोट किया सर कि पूरा मैटर गर्माया-सा लगै है। पर उसकी समझ में यो नहीं आया कि ऐसा हो क्यों रहा है। अगला फर्मा बनाते-बनाते तो सर उसके हाथों में फफोले पड़ गए। तीसरे फर्मे को तो हाथ लगाना ही भारी पड़ गया। बस, यूँ समझो सर कि किसी तरह हाथों में कपड़ा लपेटकर काम चलाया। चौथे और पाँचवें को बाँधने की तो नौबत ही न आई। बस, इधर अक्षर जुड़ें, कविता बने उधर कसम जानो सर कि लालसुरख अंगारा बन जावें। रात को मैंने अजी खुद अपनी आँखों से देखा कि प्रेस का वो कोना जहाँ यू कम्पोज मैटर धरा था बस यूँ समझो कि लाल बलब-सा जल रहा था जैसा वो होवे है न माताजी की जोत में जले है जो। बस, सर वैसा।" और, लालाजी का स्वर पूरी नाटकीयता के साथ द्रवित होने लगा था, "जैसे ही किताब की कम्पोजिंग पूरी हुई", वह सुबके, "सब कुछ खाक हो गया, सर!" और फूट पड़े, "छह फर्मे का नया भरा टाइप बस, खाक हो गया।"

मन्त्री जी की सारी इन्द्रियाँ झनझना उठीं। ऐसी कविता जो सीसे को गला दे, वह गर्मी आदमियों से न जाने क्या करवाए—वह आगे सोच नहीं पाए। फिर भी, उन्होंने अपनी चिन्ता और बेचैनी को नियन्त्रण में रखते हुए तहकीकात जारी रखी, "पर तुम्हारे हाथ कैसे जले?"

लालाजी के बेटे ने उनके झट से आँसू पोंछे।

उन्होंने आखिरी सुबकी ली और बोले, "सर, मैं यू देखकर ही दहल गया कि देखो मेरा सौ किलो बिलकुल नया भरा टाइप गलकर पाणी-सा बह रहा है! बिलकुल सपना लगै था जी, मैं यू समझो बावला हो गया और सीसे को नंगे हाथों रोकने लगा।"

"तुमने पानी क्यों नहीं डाला?" मन्त्री जी ने पूछा।

"बस यू गलती हो गई।" लालाजी ने अफसोस में सिर हिलाया, "पर मैंने कहा न सर, कि सब देखते-देखते हो गया।"

उसके बाद काफी देर चुप्पी छाई रही।

"क्या नाम बतलाया तुमने?" मन्त्री जी की गम्भीर आवाज ने चुप्पी तोड़ी।

"लावा! सर लावा!"

"नहीं, कवि का?"

"सुमन्त श्रीवास्तव सर!" लालाजी ने जल्दी से कहा।

"अच्छा ठीक है! तुम्हारे पास कुछ है?"

लालाजी और बेटा फिर से मन्त्री जी का मुँह देखने लगे।

"मेरा मतलब प्रार्थनापत्र वगैरह से है," मन्त्री जी ने मुस्कराते हुए स्पष्ट किया। ऐसी स्थितियों में उन्हें बड़ा आनन्द आता था : साला मुझे घूसखोर समझ रहा है–वह अन्दर-ही-अन्दर ठट्ठाए थे।

"जी हाँ!" गोपीचन्द अपने बेटे की ओर मुड़ा था और बेटा अब तक बीड़ी न. 518 के रेक्सीन के बैग की जंजीर खोल चुका था।

प्रार्थना पत्र को मन्त्री जी के हवाले कर गोपीचन्द ने तीन-चार बार जापानी ढंग से उन्हें हाथ जोड़े।

"ठीक है!" मन्त्री जी ने उसी के सामने प्रार्थनापत्र पर कुछ लिखते हुए कहा, "आप जा सकते हैं। देखते हैं, क्या किया जा सकता है।"

गोपीचन्द के जाते ही मन्त्री जी ने सेक्रेटरी नागराजन आई.सी.एस. (आखिरी में से भी आखिरी) को बुलवाया और उनसे मन्त्रणा की। नागराजन की ट्रेनिंग अंग्रेजों के हाथों हुई थी। वह पाइप पीते हुए बड़ी देर तक सोचते रहे फिर बोले, "वैल, ऑल रॉइट सर! आइ विल हैंडल इट।"

मन्त्री जी भी यही चाहते थे। नागराजन को केस सौंपकर वह निश्चिन्त हो गए।

नागराजन का उपन्यास 'दि होलि सिटी' को पेंगुइन ने छापा था। यानी वह साहित्य को समझते थे। उन्होंने कई आदेश एक साथ दिए। पहला गोपीचन्द से सुमंत की पांडुलिपि मँगवाई, दूसरा गुप्तचर विभाग से सुमंत की फाइल और तीसरा उन्होंने ज्वाइंट सेक्रेटरी को बुलाकर तीन हजार रुपए की फैलोशिप शुरू करने के लिए फाइनेंस से तत्काल 'क्लियरैंस' लेने का निर्देश दिया।

सब आनन-फानन में हो गया। देश के भविष्य का जब सवाल हो तो फाइनेंस भी क्या उखाड़ सकता था।

अब पाठकों को यह बतलाना जरूरी नहीं है कि फैलोशिप का क्या हुआ? पर हाँ यह स्पष्टीकरण जरूरी है कि फाइनेंस ने जो राशि 'क्लीयर' की वह 36 हजार मात्र नहीं, एक लाख की थी, क्योंकि फैलो के लिए फर्निश्ड बँगला, शोफर समेत कार व ऊपरी खर्च–जिसमें घूमने, पीने और किताबों आदि की 'मिसलेनियस' मदें शामिल हैं, की भी व्यवस्था थी।

जैसा कि ऐसे में आमतौर पर होता रहा है और होता रहेगा, हिन्दी के कुछ मनचलों ने बड़ा तुफैल मचाया। सरकारी टुकड़ा! सावधान! खतरा है। वरिष्ठों ने आदतन इस अवसर को हाथ से न जाने दो, सोचकर घोड़े दौड़ाए, अपने-अपने क्षेत्र के जन प्रतिनिधियों से मन्त्री जी को फोन भी करवाया। कई ने रातों-रात नागराजन की किताब की समीक्षा, तो कई ने अनुवाद तैयार करा डाले, बल्कि छपा डाले। होनी पर हो के रही।

अच्छे लोगों से गन्दगी को दूर रखने के लिए ही तो इस तरह की रिसैटलमैंट कॉलोनियाँ बनाई गई थीं। बीस-बीस गज के प्लाटों पर बने ऊँचे-नीचे, बने-अध-बने-गिरे या पूरी तरह खड़े न हो सके। मकाननुमा दड़बे, गिंजाडू बच्चे का खेल से लग रहे थे। नालियाँ फफनकर गलियों में फैली हुई थीं। उन्हें क्या पता था कभी यहाँ भी आना पड़ेगा।

धूप तेज थी, जैसी बरसात में हुआ करती है। बन्द नालियों से उठती दुर्गंध की भभक, कार के बन्द शीशों को बेधती उनके नथुनों में जा घुसी। नागराजन ने इस तरह साँस रोकने का प्रयत्न किया, जैसे स्वीमिंग पूल में डुबकी ले रहे हों। नहीं-नहीं, गन्दगी में कोई कैसे डुबकी ले सकता है! इस उपमा से तो उन्हें कै हो जाएगी, यों कहिए जैसे रात की रेल-यात्रा में वह सुबह किसी शहर आने से पहले मल-मूत्र की दुर्गंध की भभक से बचने के लिए शवासन कर लेते थे। पर आजकल वह हार्ट के हल्के-से पेशेंट होने के बावजूद जहाजों से ही आते-जाते हैं।

पर ये जगह कवियों के लिए नहीं थी–इस साले कवि को भी क्या सूझी होगी जो यहाँ आ बसा। उधर अपनी ओर कहीं कोई सरवेंट क्वार्टर में रह लेता इससे तो बेहतर ही रहता, उन्होंने सोचा।

खैर चलो, कभी-कभी यह भी देखना चाहिए, नहीं तो पता कैसे चलेगा कि देश में हो क्या रहा है। 'फॉर ए चेंज नॉट बैड', उन्होंने सारे मामले को दार्शनिक पुट दिया।

कवि की गली में उनकी कार नहीं आ पाई। कार को रुकते ही बच्चों ने घेर लिया। इंटेलिजेंसवालों ने ड्राइवर को ऐसा नक्शा खींचकर दिया था कि नागराजन को उसने सीधे कवि के घर के सामने जा खड़ा किया।

"कार को देखते रहना!" उन्होंने ड्राइवर को हिदायत दी थी, "बच्चे हाथ न लगाएँ!" बच्चों की गन्दगी से उनके सिहरन दौड़ गई। सरकारी है तो क्या, बैठना तो उन्हीं को है। वह गन्दगी बर्दाश्त नहीं कर सकते।

सुमन्त पहले तो गड़बड़ा गया। उसकी शिव की-सी जटाएँ एकबारगी तो ताँडववाली भंगिमा में दसों दिशाओं में फैल गईं।

"नहीं, कदापि नहीं। इस कलम की कीमत नहीं लगाई जा सकती।" उसने नागराजन से कहा।

उसके तेज और दृढ़ता से नागराजन का विश्वास भी एकबारगी उसी तरह डगमगाया जैसे सुमन्त की जटाएँ लहराई थीं पर उनकी इंग्लैंड की ट्रेनिंग का मूल मन्त्र था, धैर्य मत खोओ।

"सोच लीजिए", लगातार पाइप पीते हुए कुछ कसे स्वर में उन्होंने कहा था, "अभी कोई जल्दी नहीं।"

जब से वह कॉलोनी में घुसे थे उनका जी लगातार पाइप सुलगाए रहने के बावजूद सीलन और बदबू से मितला रहा था इसलिए गुस्से और घबराहट में, जो उनके हारने की भी निशानी-से थे, वह कई अन्य तरीकों पर भी सोच गए।

साला जैसे सड़े माहौल में रहता है, वैसी ही सड़ी कविताएँ लिखता है, मन-ही-मन सोच, वह दम साधे लौटे और अपने बँगले में जाकर तीन-चार बार साबुन से नहाने और आधी बोतल यूडिकोलोन छिड़कने के बाद ही उन्होंने पहली साँस ली थी।

"गाड़ी को अभी सीधे वर्कशाप ले जाओ और अच्छी तरह धुलवाई करवाओ।" वह उतरते ही ड्राइवर को आदेश दे चुके थे इसलिए उनका दिल अब कुछ हल्का था कि कल सुबह धुली गाड़ी मिलेगी।

जैसा कि नागराजन ने सुझाया था कवि ने सोचा भी था, और जम के सोचा था। फिर पत्नी ने भी कवि से सोचवाया था और बच्चों ने भी सोचने के लिए प्रेरित किया था। और जैसा कि पत्नियाँ ऐसे मौकों पर अक्सर ही करती हैं, गायत्री ने भी अकाट्य तर्क दिया था कि यह तुम्हारी कविता का सम्मान है (पत्नी हिन्दी साहित्य में एम.ए. थी) कि यह तुम्हारी रचनात्मकता का मूल्यांकन है, कि यह तुम्हारी प्रतिभा ही है जिसने आखिर सरकार को मजबूर किया है कि तुम्हें स्वीकार करे।

कवि जी इस पर हँसे थे ठट्ठा कर एक लम्बी और मस्त हँसी। कवियोंवाली हँसी।

पर गायत्री रुकी नहीं थी। वह कवि की हँसी पहचानती थी। इस हँसी में खिल्ली नहीं थी, आक्रोश नहीं था, शुद्ध आनन्द भी नहीं था, बल्कि गर्व था, आत्ममुग्धता का अहंकार।

उसने कहा था फैलोशिप में यह शर्त कहाँ है कि तुम उनके कहे अनुसार लिखोगे। तुम्हारे पास समय होगा, सुविधाएँ होंगी। तुम जो चाहोगे लिख सकोगे। जो चाहोगे पढ़ सकोगे। और तुम्हें चाहिए भी क्या?

वाकई यह अपने आप में बहुत बड़ी छूट थी। जो मन आए, जो मन भाए लिखो। जो मन आए, जब तक चाहो पढ़ो-लिखो, लिखो पढ़ो, पढ़ो-लिखो, लिखो-पढ़ो...

सरकारी बँगला दिल दहला देनेवाला था, झाड़-फानूस और जामुन के पेड़ों की छाया में मेंहदी की झाड़ से घिरा। कवि जी के वातानुकूलित कमरे के सामने गुलमोहर का पेड़ था, जिस पर एक बावली (गाड़ियों के प्रेशर हॉर्न से पगलाई) कोयल वक्त-बेवक्त कुहका करती थी। क्या इसी शहर में प्रकृति इतनी सुहावनी भी है, यह सुमन्त जी कभी सोच नहीं पाए थे। छह कमरों के मकान में हर कमरे में टेलीफोन था पर सिर्फ ड्राइंग रूम में राष्ट्रपिता, राष्ट्रपति और मुख्यमन्त्री के मुस्कराते चित्र थे। सुमन्त ने उस ओर से मुँह ही मोड़ लिया। जो मेहमान आएगा स्टडी में ही आ जाएगा। एयरकंडीशंड स्टडी में जहाँ सारा क्लासिक साहित्य आबनूसी रैकों में सजा हुआ था। एक लेखक की सम्पत्ति और है भी क्या किताबों के अलावा, सुमन्त ने सोचा था। पर गायत्री को जगह-जगह लगे लाल-सफेद-काले फोनों ने बहुत आकर्षित कर लिया था। जिससे जब चाहो बात कर सकते हो—उसने सोचा था। पर गायत्री चूँकि कस्बई थी इसलिए फोन का ठीक उपयोग नहीं कर पाती थी। इसके अलावा उसका शहर में ऐसा कोई परिचित था भी नहीं जिसके पास फोन हो।

सुमन्त ने सबसे मुँह मोड़ लिया था—मकान, लॉन-पेड़, कोयल, कार, बैरा और बच्चे। वह स्टडी में प्रविष्ट हुआ तो बाहरी हवामान से अप्रभावित सतत सुखद और सह्य अनुकूलित वातावरण में पढ़ता चला गया था किताब-दर-किताब। न जाने कितने दिन बाद एक दिन अचानक पत्नी ने उसकी तपस्या भंग की थी।

"चलो जरा सामान ले आते हैं।" गायत्री ने कहा था।

"क्या चाहिए?" कवि जी डनलप की गद्दीवाली कुर्सी पर अधलेटे कुछ पढ़ रहे थे।

"आटा, चावल, मसाले और क्या?" पत्नी ने पत्नियों वाले अन्दाज में कहा, "क्या खाना नहीं खाओगे?"

"आज तक कहाँ से लाती थीं?" उन्होंने पूछा।

"चलो, तुम्हें याद तो आया।" पत्नी ने साहित्य की विद्यार्थी होने के बावजूद ताना मारा था।

सुमन्त कुछ झेंपे थे। वाकई उन्हें पहले पूछनी थी यह बात।

"आज तक कहाँ से लाती रहीं?" प्रश्न दुहराते समय उनका स्वर बहुत लसर-पसर हो गया था।

"नागराजन साहब इन्तजाम करवा देते थे। उन्होंने कहा था आपको किसी चीज के लिए डिस्टर्ब न करूँ।"

"नहीं, यह तो ठीक नहीं है। अब बतलाओ अब क्या चाहती हो?"

पत्नी असल में काफी ऊब गई थी, इसलिए सैर-सपाटे के मूड में थी और पति को राशन के बहाने साथ ले चलना चाहती थी।

कवि जी चूँकि एक जबर्दस्त पुस्तक से, जिसे वह आधी पढ़ चुके थे, जूझ रहे थे इसलिए उठना नहीं चाहते थे कि तभी लाल चमकता फोन उनके दिमाग में कौंधा था, "यहीं मँगा लेते हैं", कह उन्होंने डायरेक्टरी में से देखकर पंसारी का नम्बर डायल करना शुरू किया–987542।

वह अभी, हैलो कह भी नहीं पाए थे कि उधर से आवाज आई, "गुड नून मिस्टर सुमन्त।"

सुमन्त चकित हो गए। जानी-पहचानी-सी आवाज, किसकी हो सकती है। एक बारगी उन्हें यह भी भ्रम हुआ क्या लोग उन्हें इस कदर जानने लगे हैं कि आवाज मात्र से पहचान लें। उनकी समझ में कुछ नहीं आ पाया।

"माफ करिएगा, कौन साहब बोल रहे हैं?" उन्हें पूछना पड़ा था।

"मैं नागराजन।" उधर से उत्तर मिला था।

"सॉरी, मिस्टर नागराजन", उन्होंने बड़े अदब से कहा, "सॉरी, गलत नम्बर मिल गया लगता है। मैं तो पंसारी का फोन मिला रहा था।" एक्सचेन्ज की नहीं, तो प्रूफरीडिंग की गड़बड़ की सम्भावना से तो आप मुक्त नहीं हो सकते।

"नहीं, नहीं! परफैक्टली ऑल राइट, मिस्टर सुमन्त!" नागराजन बोले थे, "नम्बर ठीक है आप कहिए तो आपको क्या चाहिए?"

"यही कुछ आटे-दाल का चक्कर था!" सुमन्त मुस्कराए थे।

"लिखवा दीजिए!" नागराजन की गम्भीरता चकित करनेवाली थी।

कवि जी पशोपेश में पड़ गए होंगे, नागराजन चुप्पी से समझ गए थे।

"अरे आप भाभी जी को दे दीजिए।" उन्होंने कवि जी को सुझाया था और कवि जी ने महान असमंजस में डूबते-उतरते बिना चूँ-चाँ किए फोन गायत्री के हाथ में पकड़ा दिया था, जिसने उनके देखते-सुनते पूरी लिस्ट डिक्टेट करवा दी थी।

कुछ दिन बाद एक दिन कवि जी को फिर फोन करने की सूझी। इस बार उन्होंने अपने प्रकाशक से बात करनी चाही और नम्बर मिलाया 158746, उधर से फोन पर फिर वही पहचानी आवाज आई, "गुड मार्निंग मिस्टर सुमन्त। फरमाइए?"

"मैं अपने प्रकाशक से बात करना चाहता था, मिस्टर नागराजन। आई एम सॉरी आपको मिल गया।"

"नो, नो! इट्स परफैक्टली ऑल राइट, कहिए क्या बात करना चाहते हैं?"

"नहीं, मैं खुद कर लूँगा। कोई खास बात नहीं है।" सुमन्त ने कहा।

"अरे बोलिए, हम किसलिए हैं? आप आखिर नेशनल फैलो हैं। आप भला छोटे-मोटे प्रकाशकों से क्यों बात करेंगे?"

"मैं अपनी किताबों की बिक्री के बारे में जानना चाहता था। और हाँ," सुमन्त ने कहा, "'लावा' का क्या हुआ, यह उसने बतलाया नहीं।"

नागराजन कुछ देर बहुत शिष्ट हँसी-हँसते रहे, "आई एम सॉरी, मिस्टर सुमन्त। मैं आपको बतलाना ही भूल गया कि आपकी सारी किताबें खरीद ली गई हैं और हाँ, आपकी 'लावा' की स्क्रिप्ट को 'फोर्ड फाउंडेशन' ने एक लाख डालर में खरीद लिया है।"

"क्या?" सुमन्त की आवाज गले में मदारी के आखिरी गोले की तरह अटक गई।

"जी, हाँ! चैक आपके पास शाम तक पहुँच जाएँगे। पिछली चीजों को भूल जाइए, अब कुछ नया लिखिए ना!" नागराजन ने अपनी उसी शिष्ट हँसी के साथ कहा।

दो-तीन घंटे बाद जब सुमन्त इस धक्के से उभरे तो उन्होंने सारे मसले पर अपने दोस्त राजकिशोर से सलाह लेने की सोची। राजकिशोर जिस प्रेस में प्रूफ रीडर था उसका फोन नम्बर सुमन्त को याद था। उन्होंने मिलाया–871045

"गुड ऑफ्टर नून मिस्टर सुमन्त।"

आवाज पहचानते ही सुमन्त ने फोन काट दिया।

तभी ड्राइवर ने 'अंगारे' और 'लपटें' की रॉयल्टी का चैक व 'लावा' की स्क्रिप्ट की खरीद का 'अमेरिकन एक्सप्रेस बैंक' का डिमांड ड्राफ्ट उनके सामने रख दिया।

दिन डूबने लगा था। बरसाती शाम बहुत खुशनुमा होती है। पागल ही सही, कोयल भी बोल रही थी। सुमन्त को लगा कमरे में घुटन है। हवा में बासी गन्ध है। सिगरेट के धुँए और चाय-काफी के कपों से उठी भाप की फफूँद लगी गन्ध। उन्हें पसीना आने लगा। वह एयरकंडीशनर बन्द करना चाहते थे पर कम्पनी ने उसके ऑफ करने का प्रबन्ध किया ही नहीं था। वह मुड़े और खिड़की खोलने लगे जिससे डूबता दिन काँच के बगैर दिखलाई दे। कोयल की आवाज सीधे आ पाए। ताजी हवा उनके दमदमाते चेहरे को छू सके और उसे कुछ ठंडक महसूस हो।

"साहब! खिड़की न खोलें!" बैरे ने, जो चाय लेकर आया था, बहुत अदब से कहा।

"क्यों?" सुमन्त ने कड़े स्वर में पूछा।

"एयर कंडीशनर का वरना असर नहीं रहता।" बैरे ने स्पष्ट किया।

(1983)

जीना

एक-डेढ़ घंटे के एकान्त ने उसे सोचने का मौका दे दिया। कैसा तनाव रहा था सारे दिन, जैसे अपराध और पाप के दो मुँहे अजगर के आतंक में आप सब कुछ जल्दी-से-जल्दी निपटा देना चाहते हों। लोग थे—निकट के, वे भी इस तरह खुसपुसाते, मानो किसी अपराध में भागीदार हो रहे हों। यहाँ तक कि सप्तपदी के दौरान वह तेज-तेज चल रही थी गोकि अजगर नहीं दिखा पर उसकी साँसों का जहर वातावरण में लगातार फैलता रहा, जो अब भी बना है।

उमेश कहाँ चला गया होगा? उसे किस तरह सम्बोधित करेगी, उसकी समझ में नहीं आ रहा था। आज तक नाम लेकर बुलाती रही थी, जैसे छोटे भाई को। वह था भी छोटा, चाहे दो वर्ष ही क्यों न हो। एक तरह से जब तक उमेश नहीं आ रहा था तब तक वह उस धर्म-संकट से तो बची हुई थी जिसका उमेश के आते ही सामना करना था और अब तक के सामाजिक तथा भावनात्मक सम्बन्धों को दर-किनार कर स्वयं को नई तरह के शारीरिक और मानसिक सम्बन्धों के लिए प्रस्तुत करना था। किसी अनजान के साथ अनुष्ठानों की छाया में नए सम्बन्धों के लिए समर्पित हो जाना उतना कठिन नहीं होता होगा जितना कि एक परिचित के साथ रातोरात नए सम्बन्ध बनाना। जिन्दगी पहले भी कोई बहुत आसान नहीं रही थी, पर बदले में क्या यही सुखदतम समाधान रह गया था। आखिर संकट क्या है?

वह अगली-पिछली सारी घटनाओं पर नए सिरे से सोचने लगी, जैसे स्कूल के दिनों में किसी सवाल के गलत हो जाने पर सही उत्तर की तलाश में एक बार फिर से सारी प्रक्रिया से गुजरती थी।

उस दिन शनिवार था। 'तीसरा विशाल भगवती जागरण' वास्तव में विशाल हुआ था। इधर पुराने शहर में कहीं भी इतना बड़ा समारोह हुआ हो, कोई कह पाने की हिम्मत नहीं कर पा रहा था। यह बात लाला हरकिशोर गुप्ता जी के विरोधियों तक ने मानी थी। क्या भव्य मंडप बना, मानो शेरावाली साक्षात् उतर आई हों। गली में दूर तक लगी चमकीली झालर व ट्यूब-लाइटें और उनसे भी दूर तक गए लाउड स्पीकर।

सीमा को आश्चर्य होता था जब ससुर जी में इतनी व्यवस्थापकीय क्षमता है तो उसकी दुकान रसातल में क्यों चली गई?

ससुर जी के और उनके बीच सम्बन्ध कभी मधुर नहीं रहे थे। उन्होंने उसका कई तरह से अपमान किया था–बदसूरत है, छोटी जाति की है, बेशहूर है आदि। वह सब चुपचाप सहती रही थी। असल में लाला जी इस चक्कर में थे कि लड़का कहीं-न-कहीं तो जमेगा ही, फिर उसका विवाह करेंगे और तब बहियों के काम को बन्द कर कपड़ों का शो-रूम करेंगे। पर हरीश की 'लव मैरेज' ने उनके सारे मनसूबों पर पानी फेर दिया। लेकिन पत्थर की चट्टान से छाती पर से गुजरते वर्षों ने उन्हें आगे चलकर एहसास करा दिया कि यदि हरीश ने अपनी पूरी जिन्दगी में कोई सही काम किया है, तो इस बदसूरत, पर नौकरीपेशा औरत से 'लव मैरेज' का। यद्यपि उनका आक्रामक दृष्टिकोण समय के साथ न जाने कब का समाप्त हो गया था, पर सीमा उन बातों को भूल नहीं पाई थी।

लाला जी को विरासत में बहियों की एक अच्छी-खासी दुकान मिली थी, पर कुछ तो लाला जी सावन के अन्धे थे और कुछ समय इतनी तेजी से बदल रहा था कि उनकी समझ में नहीं आ पाया कि बहियाँ अब सजावटी होती जा रही हैं और रजिस्टर आ रहा है। नतीजतन देखते-देखते दुकान लँगड़ाने लगी। इस बीच जो नया मोड़ आया वह लाला जी का परमात्मा की तलाशवाला था। व्यक्तिगत जीवन की इस सारी उथल-पुथल से लालाजी को कभी इतनी फुर्सत नहीं मिल पाई कि बच्चों की ओर ध्यान दे पाते। लड़की का भाग्य अच्छा था कहिए कि मरने से पहले माँ किसी तरह उसकी शादी कर गई। पर लड़कों का कुछ नहीं हो पाया। बड़ा लड़का कई वर्ष पंजाब मैट्रिक के चक्कर में रहा, फिर उसे भ्रम हुआ कि नहीं मैं–उन दिनों के हीरो–राजेन्द्र कुमार से मिलता-जुलता हूँ इसलिए दो-तीन साल बम्बई गँवा आया। छोटा बेटा किसी तरह घसीटता-घसीटता बी.ए. कर गया, पर किस्मत कहिए कि लाख प्रयत्न के बावजूद एल.डी.सी. तक का टैस्ट पास नहीं कर पाया और अन्ततः कभी इस प्राइवेट कम्पनी में तो कभी उसमें क्लर्की करता रहा। तीस पर पहुँच गया है पर जम अभी भी नहीं पाया है। जो भी हो, छोटा लड़का कुछ कर तो रहा था, बड़े के बारे में तो कुछ भी कहना सम्भव नहीं था।

एक बार उसने सोचा, हरीश इस आयोजन को देखता तो शायद अपने पिता की तारीफ कर पाता। वह पहले तो घर ही नहीं आया, जब आया तो ऐसी स्थिति में ही नहीं था कि सीधा बैठ भी सके। शराब वह अक्सर पीता था पर आज उसे दो आदमी छोड़कर गए। जैसे उसने जानबूझकर यह सब किया हो। वह नास्तिक नहीं था, मन्दिर-वन्दिर जाता था, पर पिता के किसी भी काम में शरीक नहीं होता था।

हरीश के अन्दर अपने पिता के प्रति भरी घृणा सीमा की समझ में तब नहीं आ पाती थी। पर बाद में उसे लगा था कि हरीश के अन्ततः एक नाकारा और

असामाजिक तत्त्व बन जाने में ससुर जी की भूमिका को क्या भुलाया जा सकता है? अपने से आगे उन्हें शायद ही कभी कुछ नजर आया हो। वह अपने माँ-बाप के इकलौते बेटे थे और इस इकलौतेपन के बाहर उन्होंने कुछ भी देखने की कोशिश नहीं की।

किसी तरह उमेश और उसने मिलकर हरीश को उनके कमरे के बीचोबीच सुलाया था। उसने हरीश के जूते-मोजे उतारे, फिर जगह-जगह कीचड़ लगी कमीज उतारी और पंखा फुल कर दोनों जागरण में आ गए थे।

हरीश की दशा ने उसका दिल खिन्न कर दिया। यद्यपि ऐसा अक्सर नहीं होता था पर छठे-छमाहे हो ही जाता। हरीश का तमाशा बनना सीमा को अन्दर तक साल जाता। एक तरह से यह उसका अपमान था। लोग उसे देखते, अरे, बेचारी क्या करे। और वह मुँह दिखाने लायक नहीं रह जाती थी। उसके और हरीश के बीच दीवार तेजी से बढ़ रही थी। पहले वह उसके बगैर खाना नहीं खाता था। उसके इन्तजार में बस-स्टॉप पर खड़ा रहता और सुबह भी जब वह दफ्तर जा रही होती, उसे छोड़ने जाता। यह सिलसिला सालों चला। पिछले एक-आध साल में देखते-देखते सब समाप्त हो गया था। देखा जाए तो उसे भी हरीश का बेमतलब बस स्टैंड पर आना बुरा लगने लगा था। लोग भी ताने मारते। बात भी ठीक है, चौंतीस-पैंतीस का होने जा रहा था, पर काम के नाम पर बीवी को छोड़ना और लेने जाना। उसके साथ कहीं जाने में सीमा में पहले जो आत्मविश्वास रहता था वह भी चटकने लगा था। क्या कहेगी मेरा 'हस्बैंड' क्या करता है कभी चरस का काम तो कभी स्मगलिंग का छोटा-मोटा धन्धा।

कहीं जैसे कोई रास्ता नहीं रह गया था। सात साल के अन्तराल की खाई क्या पाटी जा सकती थी? फिर उसने खुद ही माँ-बाप, भाई-बहन के विरोध के बावजूद शादी की थी। कई बार सोचती तलाक लेकर किसी होस्टल में रह ले। तनख्वाह उसके लिए कम नहीं थी। वह सरकारी नौकर थी और रिटायर होने तक ऑफिसर हो जाना लाजमी था, फिर पेंशन, प्रोविडेंट फंड, ग्रेच्युटी वगैरह मिलाकर उसको इतनी सुविधाएँ मिल जाएँगी कि अगर कोई उसकी मदद ना भी करे तो भी वह आराम से जी सकती है--वह हिसाब लगाती। पर तलाक भी आसान तो नहीं था।

हरीश चोट खाए जानवर-सा--जैसे-जैसे उम्र बढ़ रही थी उसकी निराशा और हताशा भी बढ़ रही थी--हिंस्र होता जा रहा था। वह जानती थी हरीश भी अब सचेत हो चुका है कि पति के रूप में वह उसके आगे मान्य नहीं रहा है। सम्भवतः उसकी हार दोहरी थी, इसलिए उसकी हिंसा भी दोहरी थी, आत्म-पीड़न और दर्द भी दोहरा था। वह समझ गया था कि वह किसी के आगे बैठने लायक भी नहीं है। उसकी भाषा, उसके विषय, उसका सोचने का तरीका सब कुछ एक दूसरी दुनिया का हो गया है, जो उस दुनिया में कहीं फिट नहीं हो सकता, जिसमें सीमा उसे ले जाना

चाहती है। सीमा से उसे भी खिजलाहट होने लगी थी। पर यह उसका खुद का किया था। उसने सीमा को फाँसा था और आज उसे एक तरह से यह बात भी दुख पहुँचाती कि सीमा के प्रति वह अपराधी है। कई बार उसने सीमा के आगे प्रस्ताव रखने की सोची कि चलो अब अलग हो जाते हैं। मैं तुम्हें छोड़ता हूँ। तुम स्वतन्त्र हो। पर हिम्मत नहीं कर पाया यह सब कहने की। सम्भवतः इसलिए कि अब उसके जीने का आधार सीमा के आसपास ही सिमट चुका था और इस जीने की आवश्यकता के दबाव में ही वह उस द्वन्द्व का शिकार था जो उसके जीवन को ऐसे मोड़ पर ले आया था जहाँ उसे अपने बारे में, अपनी सार्थकता के बारे में सोचना पड़ रहा था।

साढ़े-बारह-एक के करीब वह घर को चली थी। जागरण पूरी उठान पर था। यद्यपि अगले दिन रविवार था पर सारे हफ्ते के काम निपटाने रहते हैं, इसलिए वह उठ आई थी।

उमेश बाहर जीने तक छोड़ गया था। वह महक रहा था। उस दिन शाम से ससुर जी उसके नजदीक नहीं आए थे, इसका मतलब यह है उन्होंने भी घूँट लगाई हुई होगी।

जीना अँधेरा था। उसे याद नहीं पड़ता इस जीने में कभी कोई बल्ब रहा भी हो। उसकी सैंडिलों से लकड़ी का जीना रात के सन्नाटे में कुछ ज्यादा ही आवाज कर रहा था। शायद हरीश उठा हुआ हो, सहारे के लिए लटकाई रस्सी से चढ़ते हुए उसमें एक आशा जागी धूमिल-सी, पर सहसा ही बुझ गई। पहले तो उठना ही सम्भव नहीं है, फिर अगर उठा भी होगा तो इतने नशे में कुछ कर पाने की स्थिति में होगा? अचानक उसे लगा वह स्वयं बहुत थकी हुई है, वर्षों से। ऐसी थकन जो खत्म नहीं होगी और उसे किसी भी तरह के उत्साह से वंचित कर देती है।

अभी दो-तीन सीढ़ियाँ रही होंगी कि कोई चिपचिपी चीज से उसकी सैंडिलें भर-सी गईं। क्या होगा—उसकी समझ में नहीं आ पाया। जल्दी से बाकी सीढ़ियाँ पार कर उसने कमरे का ताला खोला और दरवाजा ढकेलकर बिजली जला दी।

उसकी आँखें विस्मय से खुली-की-खुली रह गईं। उनके कमरे से निकलकर खून की मोटी धारा सीढ़ियों से नीचे उतर रही थी। जल्दी से उसने अपने कमरे का स्विच ऑन किया और एक चीख के साथ बेहोश होकर गिर पड़ी।

वे लोग याद नहीं रख पाए कि लोहे की भी उम्र होती है। चालीस साल पहले जिस कुंड़े पर पंखा लटकाया गया था, उसे जंग खा चुका था। दूसरे महायुद्ध के दौरान का पंखा बेमतलब भारी था। उस रात बिजली के उतार-चढ़ाव का एक-आध झटका भी कुंडा नहीं सह पाया। चलता पंखा सीधा सोते हरीश के सिर पर ऐसा पड़ा कि वह छटपटा तक नहीं पाया। सारी घटना इस अप्रत्याशित ढंग से घटी थी

कि सीमा को लग रहा था मानो वह इस सारे घटनाक्रम का एक अनचाहा पर आवश्यक अंग न होकर, तटस्थ दर्शक मात्र हो।

अब?

उसके दिमाग में यह प्रश्न मौत से जुड़े सारे अनुष्ठानों के दौरान घूमता रहा था।

वह कहाँ जा सकती है?

वापस पिता के यहाँ?

या अपने निजी जीवन की शुरुआत करे?

अथवा जिस परिवार में बहू बनकर आई वहीं रहे?

सम्भवतः कुछ दिन उसे रहना चाहिए। यह एक ऐसा विचार था जो उसे बहुत ही सांसारिक व व्यावहारिक लगा। उसका परिवार पिता के रिटायर होने के बाद गाँव चला गया था। उसे देखना था कि इस दुर्घटना की सूचना की उन पर क्या प्रतिक्रिया होगी। उसके बाद वह अपना रास्ता निर्धारित करेगी।

घरवाले आए, पर उनके पास कहने को कुछ नहीं था। लेकिन सबसे बड़ी बात यह हुई थी कि उसके ससुर जी का उसके प्रति दृष्टिकोण अचानक इतना बदल गया था कि उसका सारा मैल ही नहीं धुल गया बल्कि कई बार उसे लगा कि अब वह उनके अलावा किसी पर निर्भर नहीं रह सकती। दुख में शामिल होनेवाले से निकट क्या कोई हो सकता है? एक पल ऐसा नहीं होता था जब कि सीमा अकेली रह जाए। वह उसे रोने नहीं देते थे–"जो हो गया सो हो गया, बेटा।" वह कहते, "हमें भविष्य की ओर देखना चाहिए। उसका अन्नजल इतना ही था, वरना इस तरह दुनिया न छोड़ता।"

तेरहवीं को दस दिन हुए होंगे कि एक शाम वह बोले, "देखो बेटा, मैं बूढ़ा हूँ, कब तक चलूँगा, कह नहीं सकता। तेरे पिता भी बूढ़े हैं, उनके भरोसे भी गाड़ी नहीं चल सकेगी।"

वह चुप सुनती रही, बिना इस बात का अनुमान लगाए कि ससुर जी कहना क्या चाहते हैं। उसने उनकी ओर गौर से देखा।

वह थोड़ा रुक गए थे। शायद उसके देखने से एक क्षण को विचलित भी हुए हों। आत्मविश्वास बनाए रखने में जैसे कठिनाई हो रही हो।

"यह दुनिया बड़ी निर्दयी है।" उन्होंने थोड़े काँपते से स्वर में कहना शुरू किया, "अकेले, चाहे आदमी ही क्यों न हो, रह पाना बड़ा कठिन काम है। तू तो औरत है। अकेली औरत के लिए दुनिया लोहे की तपती चादर पर चलने की तरह है।"

उसने एक बार फिर उनकी ओर देखा, एक चौंकने-विस्मय से।

इस बार वह काफी देर तक रुके–नाला फाँदने के-से अनिर्णय-से। अन्ततः बोले, "मेरी और", उन्होंने विराम दिया, "तेरे पिताजी की भी यही राय है कि तेरे आगे अभी काफी दुनिया पड़ी है। और ऐसी स्थिति में जबकि इतनी लम्बी उम्र सामने हो,

अकेले खींच पाना, तू जानती है, कितना कठिन है। हम लोगों ने ज्यादा दिन नहीं रहना है।"

वह फिर रुके।

वह अगले वाक्य का इन्तजार करने लगी।

"किस्मत की लिखी को कौन मेट सकता है! मुझे देख! कौन है, मुझसे ज्यादा बदनसीब! पर अफसोस से क्या होनेवाला है। कर्मों का फल भोगना है, वरना बता, जिस बेटे ने कन्धा देना चाहिए था वह मेरे कंधे पर होता! क्या इसी दिन के लिए उसे गोद खिलाया था!" उनका गला रुँध गया और वह खिड़की के बाहर देखने लगे। काफी देर उसी तरह देखते रहे, शून्य में। फिर उन्होंने अपनी आँखें पोंछीं और वह धीरे-धीरे बुदबुदाए :

"न जायते म्रियते वा कदाचिन्नायं भूत्वा भविता वा न भूयः।
अजो नित्यः शाश्वतोऽयं पुराणों न हन्यते हन्यमाने शरीरे ॥"

"किसके लिए शोक करें?" उन्होंने न जाने किससे पूछा।

सीमा विह्वल हो उठी थी। उनका शोक भी कुछ कम नहीं था। उन्हें देख, उसने अपनी फूटती रुलाई पर काबू करते हुए खुद से कहा था, 'नहीं! तुझे रोकर इस बूढ़े के असीम दुख को और नहीं बढ़ाना है।'

"तू जानती ही है", वह बोल रहे थे, "मैं बीमार रहता हूँ, न जाने कब शरीर साथ छोड़ देगा। तुझे इस तरह अकेला-असहाय छोड़, क्या शान्ति से मर भी सकूँगा? मेरी आत्मा सदा भटकती नहीं रह जाएगी?" और उन्होंने आँखें बन्द कर लीं। देर तक सन्नाटा भाँय-भाँय करता रहा—बर्फीले तूफान-सा। उन्होंने अचानक प्रश्न किया, "क्या तू चाहती है मेरी आत्मा इस बोझ से मुक्त न हो?"

इस बार उससे रुलाई पर नियन्त्रण न हो सका। वह हौले-हौले सुबकने लगी।

"मैं क्या कर सकती हूँ?" उसने आन्तरिक पीड़ा से कहा।

"वह तो बेटा, मेरी समझ में नहीं आता, पर बेटा एक बात जानता हूँ, जो चला गया लौटकर नहीं आ सकता।" उन्होंने साँस ली थी, "बेटा! हम चाहते हैं, तू बीते को भूल, भविष्य की चिन्ता कर!" और वह चुप हो गए।

यद्यपि ससुर जी की बात मौके के लिहाज से सहज भाव से कही गई बात से अलग नहीं थी, पर कुछ ऐसा था, जो उसे बेचैन कर रहा था।

अब उसने नोट किया कि जो ससुर जी सदा उसे तुम कहते थे, न जाने कब से तू कहने लगे थे। इस नए सम्बोधन की गहराई तब वह आँक नहीं पाई थी और मन्तव्य समझने का प्रयत्न करती रह गई थी।

अगले दिन फिर वही सारा संवाद दुहराया गया था, फिर अगले दिन। उसके अगले दिन भी। उन्होंने सीमा पर दबाव डाला कि वह तत्काल दफ्तर जाना शुरू कर दे। और अगले सप्ताह उसने दफ्तर 'ज्वाइन' कर भी लिया था।

पहले दिन उमेश उसे छोड़ने आया था, फिर लेने भी आया। और उसके बाद हर सुबह, हर शाम लेने और छोड़ने आने लगा था। कई बार उसने सोचा था—कह दे तुम्हें आने की अब कोई जरूरत नहीं है, मैं आ जाऊँगी। पर अन्दर-ही-अन्दर वह अपने को कहीं कमजोर भी महसूस करती रही थी। उमेश को उसे लेने आना संवेदनात्मक स्तर पर उसे अकेला होने से एक स्तर पर बचा भी रहा था।

कुछ दिनों की चुप्पी के बाद ससुर जी ने फिर वहीं से बात शुरू की थी, "मैं बीमार रहता हूँ। न जाने कब बुलावा आ जाए। तुझे इस तरह अकेला-असहाय छोड़ मैं शान्ति से मर भी नहीं सकूँगा। क्या तू चाहती है मेरी आत्मा को शान्ति भी न मिले?"

"लाला जी आप मुझसे क्या चाहते हैं?" उस दिन हताश होकर उसने पूछ ही लिया था। ससुर जी उससे आखिर चाहते क्या हैं, घर से बाहर करना है? ठीक है, वह जाने को तैयार है, उसने तय कर लिया था।

"मैं चाहता हूँ तू नए सिरे से जिन्दगी शुरू कर।" वह कह गए।

"वह तो मैं कर रही हूँ।" उसने आश्वासन देनेवाले अन्दाज में कहा।

लाला जी ने न जाने इसका क्या अर्थ लगाया।

"वह तो ठीक है। पर मैं चाहता हूँ तुम विवाह कर लो।"

"क्या मतलब!" वह कुर्सी से खड़ी हो गई थी।

उन्होंने और बातें भी स्पष्ट कर दी थीं।

यह सुनकर ही वह आपे से बाहर हो गई थी।

"क्या बात करते हैं, वह लड़का जिसे मैं छोटे भाई की तरह मानती हूँ, उसके बारे में आप इस तरह की बातें कैसे कह रहे हैं?"

पर धीरे-धीरे सब शान्त हो गया था। सम्बन्ध अन्ततः बनाने होते हैं, अन्यथा उनका कोई अर्थ नहीं है। पिता के घर वह जा नहीं सकती थी। दुनिया के बारे में उसे बताया गया था वह बड़ी जालिम है। इसके अलावा एक विधवा के रूप में इस घर में भी उसका क्या था? किस आधार पर वह इससे जुड़ी रह सकती थी? हरीश न सही, उसकी कोई निशानी ही होती।

फिर उसके माता-पिता ने भी तो दबाव डाला था और अन्ततः उसे मानना पड़ा था कि सम्भवतः इससे बढ़िया रास्ता कोई और है ही नहीं।

सवाल तो सवाल होता है।

घटा के सवाल का उत्तर जोड़ से नहीं मिलता।

नवम्बर के शुरू की ठंड के बावजूद उसे पसीना हो आया। वह पलंग से उठी और कमरे में टहलने लगी।

क्या अर्थ है इस विवाह का? जब इससे उसे किसी तरह की सुरक्षा नहीं है, जिसका हव्वा दिखलाकर उसे घेरा गया, तो फिर उसने इसे स्वीकार क्यों किया?

जिन्दगी-भर यह सुनने के लिए कि पहले खसम की बरसी भी नहीं होने दी, अपने से छोटे देवर के साथ बैठ गई। क्या वह गाय है कि जब चाहे जिसके आगे बाँध दो?

किसे चाहिए सुरक्षा?

उसे?

ससुर जी को?

या उमेश को?

वह सोचती रही और घूमती रही—कमरे के इस कोने से उस कोने तक—तब तक जब तक कि जीने से उठती पदचाप ने उसकी विचारधारा भंग नहीं कर दी।

वह झपटी, दरवाजा बन्द कर सिटकनी चढ़ाई और बिजली बुझा दी।

पदचाप अब दस्तक में बदल चुकी थी।

(1983)

आवेदन करो

उस रात सौ साल का रिकॉर्ड टूट गया। आक्रमणकारी सेना से खूँखार बादलों ने कई घंटे पहले शहर घेर लिया था। शाम उस दिन हुई नहीं। हल्के बादलों वाली शामें कितनी खूबसूरत होती हैं। डूबते सूरज की किरणों से बादलों की ओट हुआ पश्चिमी क्षितिज 'ट्रांसपेरेंसी' में बन्द तस्वीर-सा सम्मोहक हो उठता है—पेड़ों और बनी-अधबनी बहुमंजिली इमारतों के पीछे। पर इस शहर में यह सब देखने-सुनने का वक्त है किसके पास! इसलिए सीधे रात के उतर आने से किसी को अफसोस नहीं हुआ, आश्चर्य भले ही हो रहा हो। इस शहर में कुछ भी हो सकता है इसलिए हम सभी अपने आश्चर्य अपने पास रखते हैं। एक बने-बनाए जवाब से बचने के लिए कि अजी आजकल क्या नहीं होता या इसका कारण यह है कि...। पर अगर आप आश्चर्य का कारण जान लें तो फिर उसका मजा जाता रहता है, इसलिए हम अपने अन्दर अपने आश्चर्य दबाए रहते हैं, कुछ पल के उस ऐंद्रिक शुद्ध आनन्द के लिए जो अन्यथा दुर्लभ है, शुद्ध शहद की तरह।

सौ साल पहले 1882 में जो वर्षा हुई थी उसके बारे में दूसरी सुबह कहीं जाकर अखबारों ने बतलाया, पर शाम ही लग रहा था कुछ टूटेगा जरूर—पेड़, पुल, सड़क, मकान, झोंपड़ी।

वह खिड़की से सटी चारपाई पर अपने अथाह आलस्य में झूल रहा था।

"खिड़की बन्द कर लो!" पत्नी ने दूसरे कमरे-कम रसोई से ही कहा था।

आँधी का वेग सड़क पर यूकिलिप्टस के पेड़ को ऐसे हिला रहा था जैसे शादियों में लोग शराब पीकर भांगड़ा करते हैं। खिड़की के रास्ते घुसकर हवा दूसरे कमरे में स्टोव से गली के शोहदों की तरह छेड़खानी कर रही थी। सब्जी शायद बन चुकी थी। रोटी डालते ही पत्नी उसे बुलाएगी। यद्यपि वह पत्नी की बुलाहट का इन्तजार करता है, पर वह खाट पर लेटा-लेटा ही जान जाता है कि कब पहली रोटी सिंकी है। गन्ध से नहीं, रोटी के फूलने से कमरे के वायुमंडल में जो दबाव पड़ता है उससे। वह गन्धों से परे हो चुका है। वर्षों से सिर्फ अजीब दुर्गंध उसके नथुनों में भरी रहती है—कागजों के सड़ने की-सी जो उसके हाथों से आती रहती है। तंगदस्ती में अचानक एक रोटी का भी फूल जाना उसकी साँस पर दबाव डालता है। और वह जान जाता है रोटी

सिंक गई है। पर यह दबाव बस पहली रोटी तक ही इतना तीव्र रहता है, उसके बाद सब सामान्य होता जाता है। और बार-बार की फूलती रोटियों के साथ साँस ताल-मेल बैठा लेती है।

धूल धीरे-धीरे पत्नी के सप्रयत्न सजाए कमरे को रौंद रही थी। कल सुबह जब पत्नी को कमरा साफ करना पड़ेगा तब वह उसे कोसेगी—कवि जी का क्या जाता है। वह तो हवा-पानी, धूल-धक्कड़ निहारेंगे और घर को मिट्टी से भरकर चलते बनेंगे।

'कवि' शब्द गाली की तरह है। वह कहीं से भी कवि नहीं है। उसने कभी कोई कविता नहीं लिखी। स्कूल-कॉलेज के दिनों में मजबूरी में पढ़ी कविताओं के अलावा उसने कभी कुछ पढ़ा हो, उसे याद नहीं पड़ता। फिर भी वह प्रतिवाद नहीं कर पाता।

बाहर आँधी का वेग बढ़ता जा रहा है और अचानक एक झोंका कार्निस पर वजह-बेवजह रखे कागजों को उड़ा देता है। अपने घोर आलस्य के बावजूद एक उड़ते कागज पर वह इस तेजी से झपटा, जैसे तितली पकड़ने बच्चा और उसे यूँ ही पढ़ने लगा। मुन्ना की चिट्ठी थी। पहले वाक्य ने ही उसकी तबीयत झक कर दी। उसने कई दफा कहा है इन चिट्ठियों को सँभाल कर न रखा करो। आते ही फौरन फाड़कर फेंक दिया करो जैसा वह करता है, पर फिर भी जहाँ देखो यही चिट्ठियाँ। डाक में और कुछ आता भी नहीं है, सिवा मुन्ना की चिट्ठियों के। वह हर चिट्ठी को आते ही बिना पढ़े फाड़कर फेंक देना चाहता है, पर किसी डरावनी फिल्म-सी ये चिट्ठियाँ अपने आतंक के बावजूद खेंचती हैं।

'भाई साहब अपना शहर भी बदल रहा है', मुन्ना ने लिखा था, 'जहाँ सड़कें थीं अब नालियाँ निकल आई हैं। नालियाँ सड़कें हो गई हैं। हमने नीचे की मंजिल ही छोड़ दी है। कोई रास्ता था भी नहीं। घर का गंदा पानी तक अब बाहर नहीं जाता अलबत्ता हम यदाकदा खिड़कियों के रास्ते आते-जाते रहते हैं। पर इधर घर लगातार सड़ांध से भरा रहता है। हम लोग निर्णय नहीं कर पा रहे हैं कि यह गन्ध आखिर है किसकी! अम्मा का कहना है बनौलिया[1] का पानी इतनी दुर्गंध नहीं मारता। बाबूजी भी इससे सहमत हैं। पर मेरा मानना है कि यह गन्ध उसी पानी की है जो पिछले कई वर्षों से नीचे की मंजिल में जमा हो रहा है। अम्मा इस पर अपने नाक की पट्टी खोलकर गुस्से में कहती हैं—'तुम सब बेवकूफ हो, ये सड़न तुम्हारे सर्टिफिकेटों की है।'

'क्या भाई साहब यह कारण हो सकता है? यहाँ मैंने कई बार अपने सारे सर्टिफिकेटों और डिग्रियों को सूँघकर देखा है। वे गल तो रहे हैं पर बदबू शायद...'

1. रसोई के बर्त्तन माँजने की जगह

मैंने उस पर उर्मिला से पूछा कि 'जीजी तेरा क्या कहना है?' वह पहले तो कई दिन चुप रही पर एक दिन जब मेरा अम्मा-बाबूजी से दुर्गंध को लेकर जबर्दस्त झगड़ा हो गया तो मुझसे रहा नहीं गया। क्या कोई आदमी बिना कारण निरपेक्ष रह सकता है? 'तटस्थ रहने की अनैतिकता असहनीय है' मैंने स्पष्ट कर दिया, तब कहीं वह बोली–'अनैतिकता का प्रश्न ही नहीं है, असल में मुझे कुछ महसूस ही नहीं होता।'

पर यह कैसे हो सकता है कि कोई कुछ महसूस ही करना बन्द कर दे। यह पहले तो ऐसी नहीं थी। मैं इस बात से कई दिन तक परेशान रहा कि आखिर यह उर्मिला जीजी इतना घबराती क्यों हैं? शायद घर में शान्ति बनाए रखने के लिए। क्योंकि हममें से कोई भी इस दुर्गंध के कारण सो नहीं पाता है और महीनों से लगातार जगे रहने के कारण हम अक्सर इतने चिड़चिड़ाए रहते हैं कि बिल्लियों-से आपस में लड़ने लगते हैं। पर नहीं, वह शायद झूठ नहीं बोल रही थी। उस दिन मैंने सुबह-सुबह उसे सूरज के ताजे प्रकाश में देखा तो मैं दंग रह गया। मैंने देखा, उर्मिला जीजी का चेहरा सपाट और ठोस होता जा रहा है। वहाँ कोई भाव नहीं था–किसी भी तरह का। तुम्हें ये क्या हो गया है, जब मैंने पूछा तो बोली, 'पता नहीं देखो तो! मुझे तो आजकल अपने चेहरे पर कुछ भी महसूस नहीं होता।' मैंने जब अँगुली से उसका चेहरा छुआ तो वह प्लास्टर ऑफ पेरिस-सा सख्त था, भोर की नमी से ठंडाया। उसके चेहरे पर मेरी अँगुली का निशान इस तरह उभर आया, जैसे पूस की सुबह खिड़की के काँच को छू दिया हो। क्या भाई साहब, यह सम्भव है कि कोई प्राणी देखते-देखते सफेद मिट्टी हो जाए?

'बाबूजी का कहना है पुश्तैनी मकान की लखौरी ईंटों से उड़ी धूल उसके कोमल चेहरे पर बैठकर जम गई है और आजकल बाबूजी एहतियातन जहाँ-जहाँ ईंटें भुर्र-भुर्रा आई हैं, कागज से भर रहे हैं।'

अन्त में उसने लिखा था 'भाई साहब, अब यह दुर्गंध मुझसे सही नहीं जाती। मैं वहाँ आना चाहता हूँ। हाँ, जीजी की चिन्ता न करना, अभी वह सिर्फ गले तक ही जमी है। अम्मा कल किसी तरह रस्सियों से उतरकर कहीं से ताबीज लाई हैं। ठीक हो ही जाएगी। फिर बाबूजी आगे के लिए एहतियात तो बरत ही रहे हैं।'

'आपका मुन्ना' के बाद उसने फिर लिखा था, 'पुनश्चः 'अगर हो सके, तब तक मेरे लिए 'खूब खेलो' का एक क्रिकेट विशेषांक और कपिल देव का एक 'ब्लो-अप' भेज देना।'

"सुनते हो!" पत्नी ने कहा, "कोई दरवाजा खटखटा रहा है एक घंटे से।" कमाल है, वह सोचने लगा, इस पत्नी के कान भी। स्टोव की भाँय-भाँय के बावजूद सुन लिया कि कोई खटखटा रहा है, और एक वह है। वह अपने को धिक्कारता धीरे-धीरे उठ गली की ओर खुलनेवाले दरवाजे की ओर बढ़ा।

"कौन?" दरवाजा खोलने से पहले उसने पूछ लेना उचित समझा।

"मैं!" बाहर से थकी-सी आवाज ने कहा।

क्या मुन्ना हो सकता है—एकबारगी उसके दिमाग में कौंधा। पर उसने तो 'तब तक' के लिए क्रिकेट विशेषांक माँगा था। यह मुन्ना भी अजीब है! इसकी हर चिट्ठी एक ही तरह की होती है और किसी में भी तारीख नहीं। अब भला कैसे पता चले कौन चिट्ठी कब आई! हो सकता है चिट्ठी पुरानी हो पर तब उसने विशेषांक भेजा ही कहाँ। असल में काहिल तो वह है ही पर जब भी वह 'खूब खेलो' खरीदने गया है, पता चला कि वह कभी का बिक चुका है। और अगला विशेषांक खरीदने के लिए उसे लाइन में लगना होगा। यह ठीक है कि यहाँ लोकतान्त्रिक व्यवस्था है और सब समान हैं, पर सारी रात अखबार के दफ्तर के बाहर क्रिकेट विशेषांक के लिए लाइन में लगना सम्भव भी तो नहीं है। आखिर वह शादीशुदा आदमी है।

वह निर्णय नहीं कर सका, पर 'मैं' के उत्तर के बाद 'मैं कौन?' पूछना उसे बेहूदा लगा और उसने दरवाजा खोल दिया।

'आप?' क्या मुन्ना इतना बदल सकता है? वह अनिश्चय में था। इसे क्या हुआ होगा? क्या कहीं झगड़कर आया है? वह उस आदमी की हालत देखकर घबरा गया था।

"मैं 20199843 हूँ।"

इतना खून कैसे हुआ होगा? क्या ऐसी हालत में जबकि किसी का सर इस बुरी तरह से कुचला हुआ हो और भेजा दिखलाई दे रहा हो, उसे अस्पताल नहीं जाना चाहिए!

"कौन?" वह खून से लथपथ आदमी को पहचान नहीं पा रहा था इसलिए पूछना मजबूरी हो गया।

"मैं 20199843 हूँ।'

"लेकिन..." वह घबराहट में कुछ अटका, "लेकिन यह नम्बर तो मुन्ना का है।" उसने कह ही दिया।

लगातार खून टपका रहे आदमी ने फिर कहा, 'नहीं! 20199843 तो मेरा पंजीकृत नम्बर है। आपने ही दिया था।'

अचानक सड़ांध बढ़ गई। उसने आत्महीनता में दोनों हाथ पीठ के पीछे कर मुट्ठी बन्द कर ली। (शायद अम्मा ठीक कहती हैं।) हाँ, उसी का दिया नम्बर है, तब मुन्ना का नम्बर भी आसपास ही होगा।

"तुम्हें कॉल लैटर आएगा। टाइपिंग टेस्ट तो तुमने पास कर लिया था न?"

"आपको पता है मेरा बैग कहाँ है?" उस 20199843 ने पूछा।

"बैग?" उसकी समझ में नहीं आया।

"बैग! उसमें 12 सौ रुपए थे, सामान के।"

"नहीं तो!" वह समझ नहीं पाया ये आदमी क्या कह रहा है।

"मेरा बैग जिसमें सौ-सौ के आठ, पचास के तीन, दस-दस के पन्द्रह और बाकी पाँच, दो और एक के नोट थे, सामान के लिए।"

"नहीं मुझे नहीं मालूम।" उसने आतंक में सर हिलाया।

"पर आप वहाँ थे तो?" रक्तरंजित ने कहा।

"कहाँ?"

"सुबह, उस भीड़ में।"

उसे अब याद आया उसकी मटमैली धारीदार पैंट के कारण, जो कमरे से आए प्रकाश के एक टुकड़े से चमक रही थी।

उसकी बस अचानक दफ्तर से दो किलोमीटर पहले रुक गई थी। ट्रैफिक आगे जाम था। मई के महीने की दस बजे की धूप। आलू के बोरों-सी ठस्सा-ठस्स भरी बस में ऐसे में कौन बैठा रह सकता था। फिर उसे तो सीट मिली ही नहीं थी। बस के जल्दी चलने के आसार नहीं थे। पहले खड़ी हुई सवारियाँ उतरीं, फिर बैठे हुओं में से भी कुछ लोगों ने सीट का मोह त्यागा और जब वह दफ्तर समय पर न पहुँच पाने की बेचैनी में सिगरेट सुलगा रहा था कि किसी ने कहा–एक्सिडेंट हो गया है। साइकिल सवार बस से टकरा गया है। काम पर जाते लोगों की भीड़ बसों के पेट से इस तरह निकलकर फैल गई थी जैसे चीटियाँ बरसात में निकल आती हैं। वह भी धीरे-धीरे चलकर वहाँ पहुँच गया था जहाँ भीड़ ने घेरा बना लिया था।

"मर गया है।" किसी ने कहा था।

"नहीं, अभी जान है।" दूसरे ने कहा।

"पर बचेगा नहीं।" तीसरे ने कहा।

"पुलिस आ गई है?" चौथे ने पूछा।

"देखते नहीं, सामने कौन है?" किसी और ने कहा।

"पर यह इस तरह खड़ी क्यों है?" पहले ने पूछा।

"एम्बूलेंस का इन्तजार है।" एक और ने कहा।

"पर एम्बूलेंस आएगी कैसे?" किसी ने फिर प्रश्न किया।

"ऐसे तो मर ही जाएगा।" उस आवाज ने जो मरने की घोषणा कर चुका था, फिर कहा।

"पर इन्हें इसे ले जाना चाहिए।" एक और ने कहा।

"यह काम पुलिस का नहीं है।" किसी और ने कहा।

"क्यों जी ट्रैफिक कब खुलेगा?" उसने निश्चिन्त खड़े सिगरेट पी रहे सिपाही से पूछा था।

"जब एम्बूलेंस आएगी।" सिपाही ने कहा।

"एम्बूलैंस कब आएगी?" उसने कुछ हैरान हो पूछा।

पुलिसवाला इस पर झल्ला उठा था, "देखते नहीं क्या, ट्रैफिक किस कदर जाम है। एक तो मर ही रहा है, क्या तुम चाहते हो दो-एक को एम्बूलैंस कुचल दे, अरे, जब ट्रैफिक चलेगा एम्बूलैंस भी आएगी। अजीब बेवकूफ मिल जाते हैं।"

वह सकपका गया था सिपाही के जवाब और लोगों की सम्मिलित हँसी से, जो उसकी भद्द पर उनको आई थी। हँसी से मची खलबली के कारण भीड़ में पड़ी दरार से उसने एक पल को सड़क पर पड़े आदमी का पैर देखा था जो मटमैले धारीदार पतलून के पहुँचे से ढका था। तो, क्या यह वही होगा सुबहवाला। उसने सोचा पर वह निश्चय नहीं कर सका, क्योंकि उसने सड़क पर पड़े उस आदमी का चेहरा तो रहा दूर, एक पैर तक पूरा नहीं देखा था। और वह वहाँ से सरककर वापस अपनी बस के नजदीक जा पहुँचा था और वहीं बस की छाया में ही खड़ा हो गया था—सोचता हुआ कि अपने देश का कुछ नहीं हो सकता। देश के बारे में वह तभी सोचा करता था जब अक्सर व्यक्तिगत तौर पर बहुत तंग हो जाता था। न जाने कब तक वह खड़ा रहा सोचता हुआ-अन्तहीन बातें, अन्तहीन प्रतीक्षा में ट्रैफिक के चलने की। इसी बीच पुलिस ने भीड़ को न जाने कब हटा दिया था और न जाने कैसे गाड़ियाँ धीरे-धीरे सरकने लगी थीं! वह भी लपककर अपनी बस में चढ़ गया था।

अगर यह सुबह की बात कर रहा है तो वही होगा, उसे विश्वास-सा होता जा रहा था, क्योंकि इस बीच जबर्दस्त गड़गड़ाहट के साथ चमकी बिजली ने उसकी खून में सनी, जगह-जगह रगड़ लगकर फटी पैंट को उजागर कर दिया था।

"वर्षा पड़ेगी।" उसने अपने आपसे कहा।

"आप कुछ बता सकते हैं?" रक्तरंजित आगंतुक ने फिर पूछा।

"लेकिन तुमको 'कॉल लैटर' क्यों नहीं आया?" उसने भी प्रश्न किया।

"आपके दफ्तर ने मुझे बतलाया था कि पिछले से पिछले जाड़े एक लैटर मेरे नाम चला था!"

"फिर?" उसने कुछ उत्साहित हो पूछा।

"पर मिला नहीं, शायद, ठंड के कारण रास्ते में कहीं जम गया।"

"ठंड!" उसने दुहराया, "ठंड!"

आगंतुक चुप रहा।

"मैं इस बार देखूँगा।" उसने भरोसा दिया।

"पर जब तक ठंड पिघलेगी नहीं, वह आ नहीं सकता। इसीलिए मैं अपने रुपयों को ढूँढ़ रहा हूँ। आप बता दीजिए न आप वहाँ थे।"

"लेकिन वहाँ तो बहुत लोग थे।" इस बार वह कुछ चिढ़ गया, "मैं ही था क्या वहाँ?"

"मैं सबसे पूछ रहा हूँ जितने भी लोग वहाँ थे, सबसे ही तो पूछ रहा हूँ।" रक्तरंजित ने थके स्वर में कहा।

"पर क्या सबूत है कि तुम्हारे पास इतने पैसे थे ही?" उसने पूछा और दिल-ही-दिल में इस आशंका पर विचार करने लगा कि यह आदमी कहीं अपना फूटा हुआ सर दिखाकर शरीफ लोगों को ठग तो नहीं रहा है?

"चाहो तो मुझसे कुछ पैसे ले लो।" उसने पिंड छुड़ानेवाले अन्दाज में कहा और बिना कुछ सुने मुड़कर अन्दर की ओर रुपए लेने चल पड़ा। कितने रुपए उपयुक्त रहेंगे, निर्णय करने में उसे कुछ सेकेंड लगे थे। आखिर चोट तो लगी है ही, यह सोच वह पाँच का नोट लेकर लौटा।

बादलों की गड़गड़ाहट तेज हो चुकी थी। आकाश अन्धा उजाड़ था। मकान, सड़कें और खम्भे अपने लट्टुओं समेत उनकी टकराहट की कौंध की चमक में थर्रा उठते थे, पर रक्तरंजित नजर नहीं आ रहा था। ऐसी हालत में आखिर गया कहाँ होगा, वह कुछ सोच में पड़ गया और दो कदम आगे बढ़कर उसने खोजने की कोशिश भी की, पर कहीं कोई नहीं था।

'चलो अच्छा हुआ, चला गया। इतने खून-खच्चर आदमी से किसी समझदार आदमी को इतनी देर बात भी नहीं करनी चाहिए। पुलिस-फौजदारी के चक्कर में कौन पड़े।' उसने मन-ही-मन सोचा। बूँदा-बाँदी शुरू हो गई थी जो दो कदम की दूरी तय करने तक वर्षा में बदल गई। उसने जल्दी से सिटकनी चढ़ाई और वापस चारपाई पर पसर गया। नींद के पहले झोंके के साथ उसे याद आया—क्या नम्बर 20199843 अभी तक अस्पताल नहीं गया होगा?

सुबह कमरे के फर्श पर पैर के छापों से वह दहल गया था। खून के छापे, जो बाहर से आए थे और चारपाई पर जाकर खत्म हो रहे थे।

पत्नी ने बहुत मुश्किल से रगड़-रगड़कर कई बाल्टी पानी से उन्हें मिटाया। तब कहीं वह चारपाई से उतरा। गनीमत रही पत्नी को बाहर साफ नहीं करना पड़ा, क्योंकि उसी रात सौ-साल का रिकॉर्ड टूटा था और वर्षा बाहर टपके खून के आखिरी निशान तक धोकर ले गई थी।

उस रात 'मार्निंग टाइम्स' में शिफ्ट इन्चार्ज सक्सेना थे।

जब 'सिटी एडिशन' का फ्रंट पेज उन्होंने छोड़ा, तब तक न यू.एन.आई. और न पी.टी.आई. के 'टिकर' पर वर्षा के बनाए रिकॉर्ड की खबर आई थी। आती भी कैसे वर्षा तब तक थमी नहीं थी। हाँ, जहाँ तक वर्षा का सवाल था, उस पर उन्होंने

चार कालम का डबलडैकर हैडिंग लगाया—'शहर में भारी वर्षा, कई इलाके डूबे।' पेज छोड़ने के बाद वह वहीं मेज पर सो गए थे, क्योंकि ट्रांसपोर्ट विभाग ने उन्हें बताया था कि जो गाड़ियाँ पहली शिफ्टवालों को छोड़ने गई थीं, लौट नहीं पाई थीं।

पिछले सौ-साल में ऐसा नहीं हुआ था, यह पी.टी.आई. ने मौसम विभाग के हवाले से अगले दिन दोपहर बतलाया। मई 1909 में 24 घंटे में चार सेंटीमीटर पानी पड़ा था जो तब तक का रिकॉर्ड था। पर मई के उस दिन 24 घंटे में 12 सेंटीमीटर रिकॉर्ड-तोड़ पानी पड़ा और तापमान 25 डिग्री सेल्सियस पर जा पहुँचा, यानि न्यूनतम से 6 डिग्री कम। क्या कम होता है इतना गिरना?

और इस सब गिरावट के बारे में 'मार्निंग टाइम्स' अगले दिन छाप पाया था। सक्सेना जी का उस दिन वीकली ऑफ था। फिर भी रिपोर्ट दो कॉलम में वर्षा के तीसरे दिन भी फ्रंट पेज पर छपी थी।

और उसी दिन उनके सिटी-रिपोर्टर की पुलिस के जनसम्पर्क अधिकारी द्वारा दी सूचना के आधार पर तीसरे पेज पर चार-पाँच लाइन की तीन वाक्यी रिपोर्ट छपी थी। कुँवर सिंह नाम 28 वर्षीय युवक चौराहे पर सिटी बस से टकरा गया था। पुलिस ने उसे तुरन्त अस्पताल पहुँचाया और वहाँ चार घंटे बाद उसकी मृत्यु हो गई। ग्रैजुएशन के कई साल तक बेरोजगार रहने के बाद उसने गत वर्ष एक सूत्र मिलने पर खोंमचा शुरू किया था। इसका उद्‌घाटन प्रधानमन्त्री ने किया था।

रिपोर्ट में कहीं नहीं लिखा था कि उसका रोजगार कार्यालय का पंजीयन नम्बर 20199843 था।

उसने कुछ देर सोचा फिर मुन्ना को तार दिया...।

(1983)

बच्चे गवाह नहीं हो सकते?

पहले 18 मार्च, सन् 1984 से पूर्व का किस्सा।

मूल तर्क वैसे यही था कि बच्चे तो आखिरकार बच्चे ही हैं। उनका मन रखना ही पड़ता है वरना पिता हुए न हुए बराबर ठहरा। वैसे भी सप्ताह में दो दिन आपके बच्चे एक के बाद दूसरे घर से दुत्कारें जाएँ, यह कोई बाप—अगर वाकई बाप है, तो कैसे सह सकता है! फिर बच्चे भी कम नहीं, तीन-तीन। यानी अपमान भी तिगुना और वह भी इन अनपढ़ चतुर्थ श्रेणी कर्मचारियों से! कोई 38 नम्बर से मुँह लटकाकर आए तो कोई 102 से रोता हुआ और कोई 35 नम्बर से गालियाँ बकता हुआ।

तर्क दूसरा भी था। वह था आहूजा का। एक दिन आहूजा ने बिशन दत्त से पूछा, "अरे पंडत, बड़ा अखबार पढ़ता रहता है, जरा एक बात तो बता?"

बिशन उसके अखबार क्या, अक्षर-विरोध तक से परिचित था सोचा यों ही रोज का मामला होगा इसलिए सिर्फ 'हूँ' कहकर रह गया।

"ये मच्छलीवाले फारम रेलवे-लाइनों के नजदीक ही क्यों बनाए जाते हैं?" आहूजा ने सवाल दाग दिया।

बिशन को अपने अखबार-प्रेम और जी.के. पर बड़ा नाज था। वह बतला सकता था कि पिछले साल भारत में कितनी टन मछली समुद्र से और कितनी टन नदियों से पकड़ी गई थी। वह यह भी बतला सकता था कि इसमें से कितनी हमने खाई और कितनी विदेश भेजी गई। पर इस रेल की लाइन और मछलियों के अन्तर सम्बन्धों की ओर तो उसका ध्यान गया ही नहीं था।

"इसलिए कि", उसे चुप देखकर आहूजा बोला था, "रेल की आवाज से मछलियाँ तेजी से इधर-उधर भागती हैं और फटाफट बढ़ती हैं, समझे बेटा।"

वह विस्मित रह गया था। आहूजा का प्रश्न ब्रह्मास्त्र साबित हुआ था।

आहूजा बोल रहा था, "एक और प्रश्न पूछूँ?" उसने बिशन की खामोशी को स्वीकृति मान लिया, "डायनासोर के सबसे बड़े अंडे कहाँ पाए गए हैं?"

"अफ्रीका!" ब्रह्मास्त्र की मूर्च्छा से संघर्ष करते हुए बिशन ने तुक्का लगाया।

"नहीं बेटा, रआ द इशा में।"

बिशन दत्त की हिम्मत नहीं हुई कि पूछे ये साला रआ द इशा कहाँ हुआ?

"इसे कहते हैं आम के आम गुठली के दाम," आहूजा ने उसे ध्वस्त करते हुए भाष्य किया, "एन्टरटेनमेंट का एन्टरटेनमेंट और नॉलेज की नॉलेज।"

आहूजा से मात खाने के बाद वह 'अभी बहुत हो गया अब कुछ करना चाहिए।' वाली मानसिकता में पहुँचा ही था कि दो दिन बाद 102 नम्बर के क्वार्टर की खिड़की का आखिरी शीशा, हताशा कहें या गुस्से में, बिशन दत्त के 11 वर्ष के बड़े बेटे रघुवा के पत्थर के सामने आ गया। खोपड़ा झनझनाया बिशन का। नतीजतन उनके और 102 नम्बरवालों के बीच जो शाब्दिक फौजदारी हुई कि बाकी मोहल्लेवाले उनको खदेड़कर रिंग रोड पर छोड़ आने को उतारू हो गए।

102 नम्बरवालों का तर्क था, "चलो खिड़की का काँच टूटा (सरकारी था—यह इसमें निहित है), अगर कोई और चीज टूट जाती तो?"

यद्यपि इस 'तो' की कल्पना मात्र से उसकी आत्मा काँप-काँप उठती पर चूँकि वे लोग 'तो' पर ज्यादा जोर दे रहे थे इसलिए वह भी बार-बार काँप-काँप जाती आत्मा के बावजूद, जरा जोर से, 'तो क्या होता?' कहे जा रहा था।

सच्चाई यह है कि अगर उस दिन रविवार न होता तो सम्भव था किसी-न-किसी का काम तमाम हो ही जाता। और इस 'तो' के कारण कम-से-कम वह कहीं मुँह दिखलाने लायक नहीं रह गया होता। पर क्योंकि लोगों को और खुद 102 वालों को भी फिल्म देखने की हड़बड़ी थी इसलिए मामला जल्दी रफा-दफा करवा दिया गया और उसका सम्मान बच गया। अब देखिए, बड़े आदमी की बड़ी बात! 'हैव' और 'हैव नाट्स' में यही तो अन्तर होता है। 35 नम्बरवालों ने 102 नम्बरवालों को डाँटकर चुप रहने को कहा और वे चुप भी हो गए। 68 नम्बरवाले सारे बच्चों समेत उसे अपने घर जबर्दस्ती फिल्म दिखलाने ले गए और मध्यांतर में उसे एक पूरा कप चाय भी पिलवाई। इस पर भी निर्णायक घड़ी तो आ ही गई थी। चाय पीते-पीते ही उसने फैसला कर लिया कि अरे बिशनयां तू भी आदमी का नहीं कुत्ते का बच्चा होगा अगर अगले इतवार तक अपने ही घर पर फिल्म न देखे।

अगला सप्ताह वाकई चुनौती साबित हुआ। रात भर में उसने रणनीति निर्धारित कर ली थी कि कल दफ्तर पहुँचते ही पहला काम प्रोविडेंड फंड से एडवांस के लिए एप्लाई करने का होगा। फिर आहूजा के साथ चावला इलेक्ट्रॉनिक्स से जाकर किस्तों की बात तय करेगा तब कहीं घर लौटेगा। जब खुदी बुलन्द हो जाए तो फिर रह क्या जाता है! सारे दिन दफ्तर में उसने कोई काम नहीं किया सिवा किस्तों और मॉडलों की जानकारी हासिल करने के। उसने उसी शाम एकाउंटेंट वर्मा को खाने पर बुलवाया और खाना शुरू होने से पहले ही तीसरे पेग के साथ ही हामी उगलवा ली कि एडवांस हर हालत में शनिवार से पहले ही मिल जाएगा।

वर्मा ने भी वचन निभाया और इस तरह वह, उस रवि से, चतुर्थ श्रेणी के उन सरकारी कर्मचारियों से, जिनकी कालोनी में बाबू होने के बावजूद, चोरी-छिपे रहने के लिए वह अभिशप्त था, अपमानित होने से मुक्त हो गया।

हाथ में आते ही बिशन दत्त ने पूजा के चढ़ावे की-सी निष्ठा से पूरे-के-पूरे दो हजार चावला इलेक्ट्रॉनिक्स में जमा करवा दिए और शेष की गारंटी के लिए आहूजा ने जहाँ-जहाँ भी जरूरी था हस्ताक्षर कर दिए। गाढ़े समय में क्या कोई दुश्मन का मुँह ताकता है। असल में रविवार के एक दिन पहले ही उसके घर 36 इन्ची डीलक्स मॉडल आ पहुँचा था। यह बात और है कि बाकी दो हजार के लिए वह गारंटी के कारण पच्चीस महीने बिना नागा 'चावला इलेक्ट्रॉनिक्स' में सौ रुपया जमा करवाता रहा।

सौ की चावला की और 50 की प्रोविडेंड फंड की किस्त ने मिलकर आठ सौ रुपए की तनख्वाह साढ़े छह सौ कर दी। ऐसे में कहाँ कटौती होती है, हम सभी जानते हैं। एक तो पुरानी बीमारी, ऊपर से पाँच प्राणियों का परिवार, जिसमें ज्यादा बच्चे। पत्नी दूध पीने की सीमा से लगातार बाहर रही थी, इसलिए दूध बिशन का ही कटा। यदा-कदा के मौसमी फल भी अब गैर-मौसमी से बेगाने हो गए और सब्जियाँ कौर को हलक में अटकाने लगीं।

दसवीं किस्त के बाद की और ग्यारहवीं से पहले की बात है कि बिशन दत्त की पुरानी खाँसी फिर से उभर आई। जब तक हल्की रही वह सरकारी डिस्पेंसरी जाता रहा।

तेरहवीं किस्त के दिन उसे बुखार भी था। उसी रात खाँसी बहुत बढ़ गई। अब डॉक्टर के चक्कर भी बढ़ गए। उस दिन जब वह चावला इलेक्ट्रॉनिक्स जा रहा था उसकी टाँगें कुछ काँपीं थीं। 'ओवर ऑल' कमजोरी है, उसने सोचा, कुछ विटामिन-बी काम्प्लैक्स के इंजेक्शन लगवा लूँ। पर सोचते-सोचते दो और किस्तें निकल गईं। सरकारी डॉक्टर से वह कुछ भी कहते डर रहा था। अगले महीने तक उसकी हालत इतनी बिगड़ गई कि उसके लिए बीमारी छिपाए रखना असम्भव हो गया। अब डॉक्टर के पास जाना खतरनाक हो गया था, इसलिए बन्द कर दिया। बीच में छह महीनों में पन्द्रह-पन्द्रह दिन करके वह एक महीने की छुट्टी ले चुका था। उसे विश्वास था, यों कहिए कि अनुभव था कि इस बार डॉक्टर 'स्पुटम' के टैस्ट के बाद एक्सरे को कहेगा। अभी चार साल पहले तो वह छह महीने मेडिकल छुट्टियाँ काट चुका था। अगर इस बार यह नौबत आई तो आधी तनख्वाह भी नहीं मिलेगी। फिर बच्चे कहाँ जाएँगे? मान लो—उसने सर्वोपरि चिन्ता की—बच्चे गाँव चले भी जाएँ तो चावला का क्या होगा? उसके लोग कहीं तीन हजार आठ सौ रुपया देने के बाद भी उनका सेट ले गए तो? वह सिहर उठा था।

रुपया घटता गया। सात से छह हुआ, छह से पाँच, पाँच से चार, फिर तीन, दो, एक और वह मुक्त हो गया। पूर्णतः मुक्त—संविधान में मिले सारे अधिकारों से लैस देश के किसी भी स्वतन्त्रता-सम्पन्न नागरिक की तरह।

ठीक 12 तारीख सोमवार के दिन उसने अन्तिम किस्त चुकाई। मंगल को वह पिछले रिकॉर्ड के साथ सरकारी डॉक्टर के पास पहुँचा। यद्यपि इसकी कोई खास जरूरत नहीं थी, डॉक्टर ने देखते ही कह दिया था। इस पर भी शुक्रवार 16 तारीख को 'स्पुटम' और एक्सरे रिपोर्ट की दो दिन की खानापूरी के बाद डॉक्टर ने उसे फौरन उसी दिन भर्ती होने का आदेश सुना दिया। वह इस बात के लिए लगभग तैयार था भी! वरना और क्या करता। जब जान पर बनी होती है असम्भव-से-असम्भव निर्णय भी आनन-फानन में हो जाते हैं। पर 17 की होली थी और 18 मार्च का रविवार। चित्रहार की तो चलो कोई बात नहीं, वह तो शाम को हुआ ही, पर अपने, यानी पूरी तरह अपने, टी.वी. सैट पर, बिना किसी उधार के भार के, इस रविवार की फिल्म तो देख ही लूँ, न जाने कितने दिन एडमिट रहना पड़े—उसने सोचा था।

होली उसने ज्यादा नहीं खेली। वह जल्दी थक गया! वैसे भी वह क्लास फोर से 'डिस्टेंस' बनाए रखता था। फिर उस दिन उसे ज्वर भी था। पिछली रात खाँसते-खाँसते ही कटी थी। बलगम कुछ ज्यादा ही रक्ताभ हुआ जा रहा था।

अब 18 मार्च का किस्सा।

सारे दिन वह काफी ठीक रहा। ज्वर रहा भी होगा तो महसूस नहीं हुआ। सम्भवतः आनेवाली फिल्म के लिए वह कुछ ज्यादा ही उत्साही था।

फिल्म अच्छी थी या सम्भवतः इसलिए अच्छी लगी कि वह अपने को बिलकुल हल्का महसूस कर रहा था, जैसे उसकी साँसों पर से कोई भारी बोझ हट गया हो। वह एक बार भी नहीं खाँसा। मजा आ रहा था। परकीया प्रेम ही तो असली प्रेम होता है। क्या गाना था! अमिताभ ने ठुमका लगाया कि उसके पैर स्वयमेव ही थिरकने लगे थे '...चुनरवाली' सुनते ही।

मध्यान्तर हुआ।

विज्ञापन आने लगे। बीच में कुछ-न-कुछ जरूर आएगा, उसे मालूम था, इसलिए वह बैठा रहा। आहूजा से जी.के. में हारना नहीं है, अगली बार न जाने किस के अंडों के बारे में बात कर बैठे। रघुवा भी जमा रहा, वह विज्ञापनों का विशेष शौकीन है। विज्ञापनों के संसार का भी तो एक अपना ही आकर्षण है।

पहले चाय का विज्ञापन आया। क्या पत्नी है, बिशन ने न चाहते हुए भी रघुवा की माँ से तुलना करते हुए सोचा। फिर आई उसे चाय की याद। गोकि वह इधर कम चाय पी रहा था, पर आज उसने सोचा चाय होनी ही चाहिए—एक कप गर्म जायकेवाली, जो उसके फिल्म के आनन्द को और भी गहरा बना दे। उसने बैठे-बैठे ही रसोई में खुदुर-बुदुर कर रही रघुवा की माँ को चाय की फरमाइश सुना दी।

अब पर्दे पर बिस्कुटों की बारी थी। रघुवा के मुँह में पानी आ गया, अनजाने ही। आना ही हुआ बच्चा ठहरा। कहने की बात हुई '...मत ललचाए जी।'

फिर सेनेटरी नैपकीन से सुरक्षित लड़की मुस्कराई। लड़की क्या बस बला थी। बिशन दत्त का रोम-रोम हाथ-घड़ी के पैंडुलम की तरह देर तक काँपता रहा।

जब साइकिलों का रेला आया तो रघुवा खड़ा ही हो गया। उसने सोचा, कहे–पापा मेरे लिए एक साइकिल...पर उसकी हिम्मत नहीं हुई।

सम्पूर्ण खाद्य 'शक्ति' का विज्ञापन साइकिलों के ठीक पीछे था, जैसे साइकिल चलाकर थके-हारे लड़के-लड़कियों को कह रहा हो–'शक्ति एक सम्पूर्ण खाद्य है, थके हारों के लिए, दूध में डालिए और पी जाइए।''

''दारा सिंह'', रघुवा ने सीट पर उछलते हुए कहा। गंजी में डौले चमकाते हाथों में 'शक्ति' का डिब्बा लिए हुए, बिशन ने देखा, वाकई दारा सिंह था। बाप का सपना किस हद तक बेटे का भी हो जाता है! बिशन की समझ में नहीं आ रहा था। कभी उसने भी विश्वविजेता पहलवान बनने का सपना देखा था, उन दिनों शायद ही कोई फ्री-स्टाइल कुश्ती उससे देखने से बची हो। खुद उसने गली-मोहल्लों में कितनी फ्री-स्टाइल कुश्तियाँ लड़ी होंगी, अब याद नहीं।

दारासिंह के पीछे पृष्ठभूमि से कोई कह रहा था :

'शक्तिशाली, हृष्ट-पुष्ट और
चुस्त-दुरुस्त बनने का राज
'शक्ति! शक्ति! शक्ति!'
आपके लिए जरूरी सभी आवश्यक विटामिनों और प्रोटीनों से युक्त।
विश्व प्रसिद्ध अमरीकी कम्पनी के सहयोग से बना
एक सम्पूर्ण खाद्य!
'शक्ति' अपनाइए, दारा हो जाइए...'

अभी अन्तराल की टिढिंग हुई भी नहीं थी कि बिशन ने देखा, वैसा ही एक हाथ, जैसे उसके हाथ नहीं हो पाए थे, अचानक डिब्बे समेत उसकी ओर आ रहा है–लो तुम भी पीना 'शक्ति', दारा अट्टहास करता हुआ कह रहा था।

''नहीं, नहीं, मुझे नहीं चाहिए'', बिशन दत्त ने लगभग चीखकर दोनों हाथों से उस हाथ को रोकना चाहा था। सिर्फ घबराहट में कि न जाने कितने दाम का हो। यह सब चीजें उसके अनुमान से परे थीं।

अब यह कहना तो अनुचित होगा कि दारा सिंह मजाक के मूड में था। नहीं-नहीं किसी भी तरह के मूड पर किसी को क्या आपत्ति हो सकती है, पर मजाक का भी

तो स्तर होता है। कुछ भी हो, बिशन से थोड़ी देर हो गई। हाथ सीधा उसके सीने पर डिब्बे समेत पूरे जोर से पड़ा। दारा का हाथ आप जानते ही हैं।

टिढिंग के बाद रघुवा ने एक विदेशी कार को अपनी आँखों से रुकते देखा। उसमें से जो आदमी निकला वह चीते-सा फुर्तीला था, उम्दा कपड़ों में सजा। वह आदमी रघुवा ने देखा था, बिजली की तेजी से घूमा था। उसने न जाने कब, अपने कोट की किस जेब से, रिवाल्वर निकाली थी और न जाने कब दाग दी थी–ढिशूँऊँऽऊँऽऊँऽढाँस्ऽस्ऽऽस्! आवाज के साथ ही टी.वी. का पर्दा विभिन्न किस्म के रंगों व डिजाइनों से भर गया, यह अनुमान रघुवा अपने सादे सैट पर भी लगाने से नहीं चूका था, उन रंगों का अनुमान जिनमें एक सुर्ख लाल रंग भी जरूर रहा होगा। पर रिवाल्वर के मुँह से, रघुवा ने, हल्का धुआँ उठते स्पष्ट देख लिया था। धुआँ देखने के लिए रंगीन सैट की आवश्यकता नहीं होती।

ओऽओऽऽओऽऽआक! की भयंकर कराह भी रघुवा ने ही सुनी थी। नहीं, यह टेलीविजन से नहीं आई थी। पर्दे पर उस समय तक एक नया ही खुशनुमा विज्ञापन चलने लगा था–जिन्दगी को और भी सुन्दर बनाने का। पर पर्दे से बाहर जो हो रहा था, वह अविश्वसनीय था। रघुवा देख रहा था, किसी फिल्म के स्लो मोशन शॉट की तरह अपनी पूरी विकरालता और बारीकी में उसके पापा बिशन दत्त अपनी छाती दबाए हुए सेमल के फूल के रुओं-से हवा में थोड़ा-सा उछले थे और उसके बाद धप्प से फर्श पर औंधे मुँह जा पड़े थे। जब वह घट रहा था, रघुवा को लगा था कि वह अपने पापा को रोक सकता है हवा में ही, गिरने से पहले, पर वह इतने आतंक में था कि उसकी सारी इन्द्रियाँ स्तब्ध हो चुकी थीं।

जब तक वह आपे में आया फर्श पर से खून की धारा बहते हुए रसोई घर की ओर जाने लगी थी। आवाज रघुवा की उस समय भी बन्द थी, जैसे किसी ने कसकर गला पकड़ लिया हो। यह कैसे हो सकता है? उसकी समझ में नहीं आ रहा था। लेकिन...

हाँ, गोली चलते उसने देखी थी–अपनी आँखों से।

(1984)

ये है चिड़ियाघर

उन दिनों काफी ठंड पड़ रही थी। न्यूनतम तापमान कभी-कभी गिरकर तीन डिग्री सेंटीग्रेड तक पहुँच जाता था, जैसे उस रात।

जेबरा अफ्रीकी महाद्वीप के पूर्वी, दक्षिणी और केन्द्रीय भागों में पाया जानेवाला एक खूबसूरत जानवर है। यह दो मीटर से 2.4 मीटर तक लम्बा और 1.2 मीटर से 1.4 मीटर तक ऊँचा होता है। इसका वजन साढ़े तीन सौ किलोग्राम तक होता है। इस पर भी यह 64.4 किलोमीटर प्रति घंटे की रफ्तार से दौड़ सकता है।

जहाँ तक इसकी खूबसूरती का सवाल है, उसके बारे में शंका नहीं है।

यहाँ तक कि ब्लैक एंड व्हाइट फोटुओं में भी यह बच्चों को आकर्षित करता है। इसीलिए उस दिन यानी शुक्रवार को जब सुबह रिंकू ने अखबार में प्रधानमन्त्री की जगह जेबरे की फोटो देखी तो वह बहुत प्रसन्न हुई। जेबरा तना हुआ जमीन पर पड़ा था।

फोटो छपने के दूसरे दिन रविवार को आपने पढ़ा होगा कि हरेकृष्ण कौल का एक व्यक्ति जाँच आयोग बैठा दिया गया है, जो मामले की पूरी जाँच करेगा।

असल में रिंकू ने जिस जेबरे की फोटो देखी, वह 29 घंटे पहले मर चुका था। शुक्रवार को तीन बजे सुबह।

मैं घटनाक्रम संक्षेप में बयान कर देता हूँ।

जैसा कि उन दिनों दिल्ली में बहुत ठंड पड़ रही थी। हथिनी गौरी जो सालाना जलसे में भाग लेने अपने महावत कुट्टीस्वामी के साथ तिरुपति से आई थी, रात को ठंड, जो तीन सेंटीग्रेट पर थी, सहन न कर सकी और बहक गई। ठंड से पगलाई गौरी ने गड़बड़ में जंजीर तोड़ी और सारे चिड़ियाघर का चक्कर लगाकर झाड़ियों की दीवार फाँद जेबरे के हाते में जा घुसी। इसके बाद क्या हुआ, कुछ कहा नहीं जा सकता, जैसे कि क्या वह जेबरे को बाहर कर खुद वहाँ घुसना चाहती थी और जेबरा अपने घर और अधिकार की रक्षा करता हुआ शहीद हो गया था या अफ्रीकी जेबरे को एशियाई हाथी नहीं सुहाया था और उसने कुछ कह दिया था, जिससे हथिनी

बिगड़ गई थी अथवा हथिनी यों ही मस्ताई हुई थी और उसने आनन्द में जेबरे को हलाक कर दिया था।

कुछ भी हो, जेबरा सुबह मरा हुआ मिला था और अखबार नाराज थे। चिड़ियाघर का निदेशक उस समय कहाँ था? कहाँ था महावत कुट्टीस्वामी? ऐसा जेबरा क्या बार-बार मिलता है? अखबारों से ही हमें, और आपको भी पता चला होगा कि जेबरा वी.वी.आई.पी. था अन्यथा इतनी शालीन मौत कैसे मरता! वेरी-वेरी इम्पोर्टेंट बीस्ट–अत्यन्त महत्त्वपूर्ण पशु। इसे अमेरिका के राष्ट्रपति ने हमारे पहले प्रधानमन्त्री को भेंट किया था। अब सवाल है, अफ्रीकी जेबरा अमेरिका कैसे आया? तो दोस्तो अफ्रीका की हर चीज, यहाँ तक कि आदमी भी, जिस तरह अमेरिका पहुँचे उसी तरह जेबरा भी पहुँचा होगा और दस पीढ़ी से अमेरिका ही में था। शनिवार को 'मार्निंग टाइम्स' ने अपने फ्रंट पेज सम्पादकीय में लिखा, 'ये जेबरा कोई आम जेबरा नहीं था। इक्वास क्वागा प्रजाति का था जिसके बारे में कहा जाता है कि इसका अन्तिम वंशज 1883 को एमस्टरडम के आर्टिस चिड़ियाघर में मरा था। जहाँ तक सवाल अफ्रीका के जंगलों का है, वह तो 1860 तक ही धुल-पुँछ गए थे।

'मार्निंग टाइम्स' की यह खोज-खबर अपने आपमें सनसनी थी। प्रश्न था जिस जाति का अन्तिम जेबरा क्रमशः 1860 और 1883 को समाप्त हो चुका था, वह 1983 की उस रात तक अपने चिड़ियाघर में क्या कर रहा था? चूँकि टाइम्स की विश्वसनीयता असंदिग्ध थी, इसलिए उसके अगले दिन सभी अखबार सहमत थे कि यह खून है खून। खून का बदला खून। लाओ कुट्टीस्वामी! लाओ डायरेक्टर!

जाँच आयोग ने गम्भीरता से जाँच की–दिल्ली से एमस्टरडम तक। और नीदरलैंड के ही लीडन शहर के 'रिजक्स म्यूजियम वॉन नेच्यूरलिजके हिस्टोरी' में एक मरा हुआ इक्वास क्वागा जेबरा देखा और माना कि 'मार्निंग टाइम्स' सही ही नहीं था, बल्कि सांस्कृतिक क्षति भी वाकई अतुलनीय थी।

रिपोर्ट ने स्पष्ट किया, यद्यपि जेबरा दस-बारह के झुंड में रहनेवाला जानवर है, पर बुढ़ापे में यह एकान्तवासी भी हो जाता है। इसी सन्दर्भ में आयोग ने इस महत्त्वपूर्ण बात की ओर भी ध्यान दिलवाया कि जेबरा उत्सुक प्रकृति का होता है इसलिए इस प्रजाति के जेबरे बीसवीं शताब्दी का मुँह नहीं देख पाए।

ठंड से पगलाया हाथी जब जेबरे के बाड़े में घुसा तो जेबरा पहले तो उसे देखने आया (अपनी उत्सुक प्रकृति के कारण) और दूसरा बूढ़ा होने के कारण (एकान्तवासी) हाथी उसे नहीं सुहाया। वैसे भी हाथी एक तो बदसूरत और दूसरा गंदा था और जेबरा अफ्रीकी होने के बावजूद सुन्दर ही नहीं था, बल्कि कई पीढ़ी योरोप-अमेरिका में भी रह चुका था। उसने हाथी की इस बेजा हरकत का विरोध किया, पर जब जेबरे को लगा कि हाथी बदतमीजी पर उतारू है तो वह 47 से.मी. की दुम दबाकर दौड़ा–पूरी तेजी से। लगभग आप समझिए 55 कि.मी. की रफ्तार पर और दीवार से जा टकराया।

आयोग ने हथिनी गौरी को सभी आरोपों से बरी करते हुए इस आरोप को खारिज कर दिया कि मामला हत्या का है। उसने सेना के डॉक्टरों द्वारा किए गए पोस्टमार्टम की रिपोर्ट के हवाले से कहा कि दीवार से टकराने से उसके उदर, जिगर और फेफड़ों पर चोट आई जिससे थोड़ी ही देर बाद वह 'इन्टरनल हैमरेज' अर्थात् आन्तरिक रक्तस्राव से मर गया। स्पष्ट था कि जेबरे को इस बुढ़ापे में उतनी तेज नहीं दौड़ना चाहिए था, जितना कि उसके पूर्वज 1859 तक दौड़ते रहे थे।

आयोग ने आगे कहा, उस रात ठंड चूँकि तीन नहीं दो डिग्री सेंटीग्रेड तक पहुँच चुकी थी इसलिए निदेशक से यह प्रत्याशा करना कि वह चिड़ियाघर का ध्यान रखता, अमानवीय है। पर कुट्टीस्वामी, जो वहाँ मौके पर था और जिसकी यह जिम्मेदारी भी थी कि हाथी की देखभाल करे, कर्तव्य पालन की जगह सो गया था और हद तो यह हुई कि हाथी के ठंड से चिंघाड़ने के बावजूद नहीं उठा था। रिपोर्ट ने स्पष्ट किया था कि अगर महावत चौकस होता और जरा समझदारी से काम लेता तो हाथी की ही ठंड दूर नहीं कर सकता था, बल्कि अपने को भी गर्म रख सकता था। हाथी के खाने के लिए पड़े घासपात को थोड़ा प्रयत्न करने से जलाए रखा जा सकता था और इस तरह इस महान राष्ट्रीय सांस्कृतिक क्षति को रोका जा सकता था।

यह स्पष्ट सिद्ध हो रहा था कि दोष कुल मिलाकर महावत का था। जो उस रात, जब गौरी ठंड से चिंघाड़ रही थी, कहीं पड़ा सो रहा था।

आयोग की इस विस्तृत और तार्किक रिपोर्ट में बस एक प्रश्न रह गया था कि कुट्टीस्वामी अब कहाँ है?

देखिए, हरामी कुट्टीस्वामी की गैरजिम्मेदारी, साला, उस घासपात को, जिसे जलाकर हाथी की ठंड दूर कर सकता था, खुद अपने लिए इस्तेमाल कर रहा था।

पर क्या बेईमान का भी भला होता है कभी? ऊपर ईश्वर किसलिए है।

आयोग ने मौके की जाँच, सोमवार यानी जेबरा मरने के दो दिन बाद ही की थी और वहीं, जहाँ हाथी घटना से पहले बँधा था, उसी घास के नीचे, जिसे जलाकर गर्मी पाई जा सकती थी, कुट्टीस्वामी को पाया।

चूँकि कुट्टीस्वामी की पोस्टमार्टम की रिपोर्ट में कुछ विशेष नहीं था, इसलिए उसका उल्लेख मैं भी नहीं कर रहा हूँ।

पुनश्चः सब जानवरों के लिए वातानुकूलित दड़बोंवाली सिफारिश अब तब आपको भी पता चल ही गई होगी, आखिर इतना महत्त्वपूर्ण कमीशन था।

खैर जानवरों को ज्यादा ठंड और गर्मी से बचाने की राष्ट्रीय नीति तो होनी ही चाहिए–इधर मौसम भरोसे के काबिल नहीं रहा है।

(1984)

बेल

खिड़की के साथ लगी वह बुन रही है। महिलाओं के लिए सुरक्षित सीटों में, ड्राइवर की ओर से पहली सीट पर बैठी। इतने अन्तराल के बाद भी उसी सीट पर, दस साल पहले के फोटोग्राफ में थम गए 'पोज' की तरह।

पर फोटोग्राफ के बाहर का समय नहीं रुका है। शादी और मेरा पहला बेटा इसी शहर में हुए। सन् 77 में नागपुर तबादला हुआ। दूसरा बेटा और बेटी वहीं की उपज हैं। इसके साथ ही एक सप्ताह की छुट्टी के पश्चात् सरकारी तौर पर मैंने ऑपरेशन की घोषणा की। इस बीच और बहुत कुछ हुआ। जैसे बाबूजी भी नहीं रहे। बहन की हमने जैसे-तैसे शादी कर दी और छोटे ने प्रेम-विवाह कर लिया। और शरीर ने मेरा साथ दिया है। समय बीतते क्या देर लगती है! बड़ा लड़का चौथी कक्षा में पहुँच गया है। कान्ता इधर बीमार रहने लगी है। थक जल्दी जाती है और जब देखो चिड़चिड़ाती रहती है। खून की कमी बतलाते हैं डॉक्टर। यूँ तो थोड़ा बहुत परिवर्तन किसमें नहीं आता, पर कांता की तुलना में मुझे कुछ भी नहीं हुआ है।

इसके बावजूद एक थकावट-सी जरूर रहती है, जैसे सब कुछ पुराना होता जा रहा हो या घसीट रहा हो। खानापूरी करने का हिसाब कहिए। कभी-कभी रिटायरमेंट तक का हिसाब लग जाता है। एक प्रमोशन तो और हो ही जाएगा। न भी हो, पेंशन अब क्या कम हुआ करती है? लड़के तब तक पढ़-पढ़ा कर 'सैटल' हो ही जाएँगे। लड़की की वैसे भी क्या चिन्ता। बस एक बेटी है। उसका विवाह रिटायरमेंट से पहले ही कर दूँगा, फिर शान्ति ही शान्ति है।

आप सरकारी बाबू के इस हिसाब-किताब पर हँस सकते हैं। पूछ भी सकते हैं शान्तिपूर्ण रिटायरमेंट का क्या करेंगे? पर तब हम जैसे सामान्य आदमी की जिन्दगी में और है भी क्या। मैं ही क्या मेरे जितने भी संगी-साथी हैं इसी यात्रा के यात्री हैं, जिसका मार्ग 'कंडक्टेड टूर' की तरह पूर्व निर्धारित है और हमारे पास चाहते हुए भी दूसरा मार्ग अपनाने का कोई और चारा नहीं है। मेरे सारे बचपन और जवानी के साथी अब या तो गंजे हो रहे हैं या सफेद। लड़कियाँ! कभी की सहपाठी-सहयात्री प्यारी-प्यारी सुकुमार स्वप्निल आँखोंवाली लड़कियाँ जो परियों-सी कल्पना में नाचती रहती थीं, मोटी थुल-थुल माताओं में बदल गई हैं। नए लोग

आ रहे हैं पर जितने नए लोग आते जा रहे हैं उतना ही अपने बीतते जाने का अहसास बढ़ रहा है।

सेक्रेटेरियेट जानेवाली तब हमारे मोहल्ले से वह एकमात्र बस थी, जो सुबह-शाम चला करती थी। मैं दो वर्ष से सुबह नौ बजकर दस मिनट पर उस बस में हुआ करता था। पहली बार 1972 में देखा था उसे। अजीब बात थी लड़की होने के बावजूद, हम बस में चलनेवाले लड़कों का कुछ दिन उसकी ओर ध्यान ही नहीं गया। वह बहुत मासूम-साँवली-दुबली थी, कुपोषण की-सी शिकार आम निम्न-मध्यवर्गीय लड़कियों-सी थी। बिलकुल बच्ची। कानों के ठीक ऊपर लटकती दो कसी हुई चोटियाँ बनाए, जो नारियल के तेल में चमचमातीं। उसकी वह चोटियाँ आज भी मेरी स्मृति में यथावत झूलती हैं। कांता वैसी चोटियाँ अब बेबी की बनाती है। जिनके बनाने से पहले और बाद में बेबी देर तक रोती रहती है। जब कभी बेबी की चोटियाँ मेरे सामने बनती हैं मेरा और कांता का झगड़ा हो जाता है। मैं पूछता हूँ क्या थोड़ी ढीली चोटियाँ नहीं बनाई जा सकतीं? कांता कहती है, उछल-कूद करेगी और चोटियाँ खुलने में मिनट नहीं लगेगा। मेरे पास और भी काम हैं, क्या दिन भर इसी की चोटियाँ बनाती रहूँ? वह सही है। मैंने देखा है अगले दिन सुबह तक बेबी की एक भी लट चोटी से बाहर नहीं होती। कुछ भी हो, सम्भवतः कोई भी लड़की स्वयं अपनी चोटियाँ इतनी कसी, जैसे रस्सी बँटी गई हो, नहीं बना सकती। वह बलात् स्कूल जाते बच्चे-सी असहज लगती थी तब। वैसे उसमें नोटिस लेनेवाली कोई बात थी भी नहीं, सिवा उसके स्कूली बच्चे-से अनमनेपन के। इसलिए हो सकता है कि जब हम लोगों ने उसकी उपस्थिति के प्रति सजगता महसूस की तब तक उसे आते हुए एक-आध महीना हो चुका हो।

जैसा कि आमतौर पर करते थे, पहले हम लोग हँसे थे—लगता है सरकार आजकल बच्चों को भी बाबू बनाने में लगी है। इस पर शायद किसी ने बतलाया था 'कम्पैशनेट ग्राउंड' है। इससे पहले स्कूल के अलावा भी कभी वह कहीं अकेली गई होगी, सोचा नहीं जा सकता था। सारी यात्रा वह एक बेचैन चुप्पी में काटती। एक-आध बार वह कोई फिल्मी पत्रिका भी लाई थी पर पढ़ने में उसकी विशेष रुचि नहीं थी शायद, इसीलिए पत्रिका जल्दी ही उसकी किसी सहयात्री के पास होती। पर उन जाड़ों में उसे काम मिल गया—अपनी लम्बी बेचैन चुप्पी को भरने का। वह स्वेटर बुनने लगी थी। नहीं, ऐसे नहीं। अब तो वह कहीं-कहीं देखती रहती है पर उसकी सलाइयाँ नहीं रुकतीं, जैसे उसके हाथों का उसके बाकी शरीर से कोई मतलब न हो। तब उसकी आँखें अपनी सलाइयों में होतीं। जो ऐसे चलतीं जैसे अन्धे सड़क पार कर रहे हों। बीच-बीच में वह अपनी नाक भी साफ करती जाती थी, जो अत्यधिक एकाग्रता के कारण कभी-कभी टपकने को हो आती थी। वह ऊन भी पुरानी थी,

जिसमें सहारे के लिए एक सूत की डोर लगाई गई थी। उसके बाद से मैंने उसे कभी खाली नहीं देखा। बाद में उसके हाथों में सलाइयों के अलावा, कुरोशिया और प्लास्टिक की शटल भी आने लगी थी। बीच-बीच में, मुझे याद है, फैशन के मुताबिक वह प्लास्टिक के तारों से भी कुछ बुना करती थी—टोकरी, पर्स और भी न जाने क्या-क्या! बुनना उसे बहुत भाया था मानो! इसलिए आते-जाते लगातार वह बुनती रहती थी-मौसम के हिसाब से कभी स्वैटर तो कभी बेल! अजीब लगता है अब भी उसे बुनता देखकर। वह बुनती जाती है धागों का एक खूबसूरत जाल जिसमें सुन्दर-सुन्दर पैटर्न उभरते जाते हैं, पर जैसे इनसे उसका कोई सम्बन्ध नहीं है। उसके हाथ चलते रहते हैं। वह एकटक कभी बस के अन्दर के शून्य को ताकती है और कभी बस के बाहर से शून्य में उसकी निगाहें टिक जाती हैं, जो बस से चलने के बावजूद जहाँ की तहाँ अटकी रहती हैं। कई बार भ्रम होता है—लड़की है या एकरस चलने को अभिशप्त कोई यन्त्र। जब कभी साँस लेने को रुकती है या डोर के उलझ जाने पर झल्लाती है, तब प्राणों का अहसास होता है।

पर उन दिनों न तो शून्य ही इतना अन्तहीन था न ही एकरसता इतनी यान्त्रिक। अपनी सारी प्रारम्भिक उदासी और अनमनेपन के बावजूद उसकी आँखें एक किशोर कौतुक से जगमगाती रहती थीं। तब वह देखी हुई चीजों को भी फिर-फिर देखती थी। आज की तटस्थता और थकन से तब मेरा न तो कभी सामना ही हुआ और होता भी तो मैं इन्हें पहचान न पाता। सम्भवतः तब हमारे लिए थकन और तटस्थता का अर्थ बुजुर्गी और गम्भीरता रहा होगा। क्योंकि तब उसे बुनते-बुनते साँस लेने नहीं रुकना पड़ता था। तब उसकी डोर उलझती भी नहीं थी पर अक्सर उसकी डोर का गोला फुदककर सीटों के नीचे कहीं दूर छिप जाता था शरारती बच्चे-सा और हम सबको रोमांचित भी करने लगा था। वह इस पर भी झल्लाती नहीं थी, बल्कि कभी-कभी शायद मुस्करा देती थी।

चीजें जब बदल रही होती हैं तब कुछ विशेष महसूस नहीं होता। पर जब बदल जाती हैं तब यह कल्पना भी मुश्किल हो जाती है कि उनका पहला स्वरूप क्या रहा होगा। उसमें भी बदलाव इसी तरह आया था। सबसे पहले चोटियाँ बदलीं। थोड़ा ढीली होने के अलावा उनकी तेल की, आँखों को चुभनेवाली चमक भी कम हो गई। धीरे-धीरे उसका स्थान एक रेशमी मुलायम चमक ने ले लिया। उसने शैंपू से सर धोना शुरू कर दिया होगा, मैंने अनुमान लगाया था। वह धीरे-धीरे युवती में बदल रही थी और चोटियों का स्थान लेनेवाले जूड़े ने उसे वयस्कता प्रदान करने में महत्त्वपूर्ण भूमिका निभाई थी। पहले दिन जब उसने चूड़ीदार पहना तो हम लोग कुछ-कुछ स्तब्ध रह गए थे। अब उसकी शलवार-कमीज सूती नहीं रह गई थी। चाहे दो जोड़ी ही सही, वह टैरीकाट पहनने लगी थी। उसमें एक अलग ही शोभा होती है। कपड़े का भी तो फर्क पड़ता है आखिर व्यक्तित्व बनाने में।

जिस साल उसने पहली बार साड़ी पहनी मैंने अपना पहला सूट सिलवाया था। वह साड़ी के साथ जूड़े में 'मैच' करता फूल लगाने लगी थी। मैंने टाई बाँधना भी उसी साल सीखा—सूट से मैच करती या 'कंट्रास्ट' वाली टाई। अब जब भी कभी वह नहीं आती बस खाली-खाली लगने लगती थी। हम सभी एक-दूसरे से पूछते, "क्या बात है 'कल्लो' कहाँ है?"

मैंने ही उसे कल्लो कहना शुरू किया था। उस दिन वह नीली साड़ी पहने थी। नीला ही जरी की बाजूवाला ब्लाउज। उसके चौड़े साँवले माथे पर ठीक बीचों-बीच एक नीला चाँद जमा था। पूर्णमासी का-सा सम्पूर्ण। मैं दहल गया था। और उसी दिन मैंने यह भी जाना था कि टीका भी नीला हो सकता है।

हो सकता है भ्रम भी हो रहा हो, उन्हीं दिनों मैंने देखा था वह अपनी तारतम्यता में कनखियों से कभी देख भी लेती है। बीच-बीच में शायद मुस्कराती भी हो। ऐसा होने लगा था कि मैं अक्सर सीट छोड़कर ऐसी जगह खड़ा हो जाता जहाँ से उस ध्यान मग्न, बड़ा-सा टीका लगानेवाली योगिनी को देख सकूँ। एक के बाद एक आयाम मेरे आगे खुल रहे थे। पहले उसके खुरदरे हाथों की अँगुलियों के नाखून रंगे थे, फिर पैरों के। धीरे-धीरे उसके हाथ-पैरों का खुरदरापन घटता गया था और बाद में तो उसके पैरों तक के पंजे सस्ती रेक्सीन की सैंडिलों तक में बहुत खूबसूरत लगने लगे थे। बिना किसी बिवाई के, कोमल और स्वच्छ।

मुझे कहना चाहिए था, उसी दिन, जिस दिन वह नीली साड़ी और नीली बिन्दी लगाए थी। उस दिन उसने सिर्फ देखा भर नहीं था कनखियों से, बल्कि वह एक बार ऊन के गोले के फुदक जाने पर खिलखिलाई भी थी। फुदकना ऐसी कौन-सी हँसी की बात है! सम्भवतः उसे पता था। मैं नहीं जानता ऐसा कैसे हो सकता है कि कोई कल्लो नीले रंग की साड़ी और नीली ही बिंदी में इतनी खूबसूरत लगे।

सन् 1975 में मेरा विवाह हुआ था और मैं 77 की गर्मियों में चला गया। अब लौटा हूँ, फिर उसी मुहल्ले में अपने पुश्तैनी मकान में आ गया हूँ।

वह अभी भी बुन रही है। पर इस बुनने में योगियों की-सी एकाग्र चित्तता नहीं है। न उसके साँवले रंग में अब वह कांति। जैसे फोटो का रंग पहले पीला पड़ता है फिर उसकी चमक जाती रहती है और अन्ततः वे सारे रसायन जो समय को पकड़े होने का भ्रम बनाए हुए थे उखड़ने लगते हैं—यों। वह अब भी लड़की है पर ऐसी लड़की जो अपने बिना प्रेस किए ब्लाउज में औरत होने का अहसास भी कराती है। अब वह साड़ी ही पहनती है पर उसकी बिंदी गोल पूर्णमासी के चाँद-सी नहीं रही है। वह भोर के तारे-सी एकरंगी हो घटती जा रही है। वह मोटी नहीं हुई है पर उसके बाल कहीं-कहीं सफेद और जर्जर हो गए हैं। यह भी कोई तटस्थता है। बाल देखभाल

माँगते हैं। इन्हें डाई करना होता है। शैंपू करना पड़ता है। मैं एक हफ्ते से इसी के साथ आ-जा रहा हूँ, पर उसने एक बार भी मेरी ओर नहीं देखा है। कनखियों से भी नहीं।

इस बीच यहाँ घर की ओर से कई बसें चल पड़ी हैं, सेक्रेटेरियेट के लिए। लोग भी बढ़ गए हैं पर हम उसी समय के यात्री हैं, जो नौ बजकर कुछ मिनट पर शुरू होता है और दस बजते-बजते खत्म हो जाता है। शाम जो पाँच बजे शुरू होता है और मेरे स्टॉप के आने तक खत्म हो जाता है। हम बस में नहीं, समय में यात्रा करते हैं। क्या मैं इतना बदल गया हूँ कि वह मुझे पहचान न रही हो। थोड़ा मोटा ही तो हुआ हूँ, थोड़े बाल पक रहे हैं, बस! हाँ दो दाढ़ें भी गिर गई हैं पर मुँह के अन्दर क्या हुआ है, कौन जानता है। थोड़े से मोटापे और दो-चार पके बालों के कारण ही कोई आपको सिर्फ छह साल के अन्तराल पर ही पहचानने से इनकार कर सकता है?

सम्भवतः अब वह कहीं देखती ही नहीं है। उसके होंठ पपड़ाए-से रहते हैं, पर ठंड में तो ऐसा हो ही जाता है। कुछ लगाना पड़ता है। उसके हाथ पहले से भी तेजी से चलने लगे हैं। अब तक आखिर वह बुन क्या रही है, मैं समझ नहीं पाता हूँ।

मेरी ओर देखना होगा! मैं इतने साल बाद फिर इस शहर में लौटा हूँ। तुम्हारे शहर में। क्या हाल है? इतना तो पूछा ही जा सकता है! हम पाँच साल सहयात्री रहे हैं और पाँच साल कम नहीं होते।

बस खाली होने लगी है। समय की आज की यात्रा खत्म हो रही है। बस तीन स्टॉप और हैं। वह मेरे बाद उतरेगी, सम्भवतः अन्तिम स्टॉप पर। अजीब बात है वह शुरू से आखिरी स्टॉप तक की यात्रा करती आ रही है, मैं बाद में चढ़ता हूँ और पहले उतर जाता हूँ। मेरा घर, मेरा दफ्तर उससे पहले है।

मैं खँखारता हूँ।

वह बुनती रहती है। बाहर के उन्हीं रास्तों की ओर देखती, जिन्हें हम 1972 से देखते आ रहे हैं।

"क्या बुन रही हैं?"

वह चुप रहती है। उसकी पलकें हौले-से काँपती हैं, किसी अंदेशे में।

"क्या बुन रही हैं?" मैं दोहराता हूँ।

पहली बार उसकी आँखें शून्य से बाहर आती हैं। मैं धक्क रह जाता हूँ। उसके माथे पर सलवटें बनने लगी हैं और पूरे चेहरे पर एक जाला बढ़ रहा है, समय की मकड़ी का, हल्का झीना पर अब यह उतना अदृश्य भी नहीं है कि पता ही न चले। उसका रंग लगभग स्याह हो गया है। यह तो साँवली थी। हो सकता है सर्दियों की तेजी से बढ़ी आ रही साँझ के कारण लगता हो। देखिए ना, आजकल बत्तियाँ कितनी जल्दी जल उठती हैं। इस ड्राइवर साले को अन्दर की बत्तियाँ जलानी चाहिए, इतने

अँधेरे में आखिर कोई कैसे बैठ सकता है? पर ये लोग यात्रियों को तो जैसे आदमी समझते ही नहीं। नहीं, यह अब भी साँवली ही है। इतनी काली तो हर्गिज नहीं ही है। सुबह फिर देखूँगा, ध्यान से।

''बेल!'' फिर कुछ रुककर उसने पूछा, ''आप...?''

और एक शब्द पूरा एक अन्तहीन सवाल हो गया है जिसके उत्तर के लिए पूरा एक महाभारत लिखा जा सकता है। मेरा अपना महाभारत जो मैंने कई-कई मोर्चों पर कई-कई रूपों में लड़ा है। पर पात्र तो पात्र ही होता है। मुझे लगता है मेरे जबड़े स्वयं ही कसते जा रहे हैं और मुट्ठियाँ पसीज रही हैं। पर समय और अनुभव बहुत कुछ सिखा देता है।

''अब तो बहुत बड़ी हो गई होगी?'' मैंने उसके प्रश्न को काटते हुए मुस्कराने की कोशिश की है, अनुभव के काँइयापन से।

''कौन? उमा?'' उसने चौंककर पूछा। ''नहीं!'' उसने चैन की साँस ली, ''उसकी तो शादी हो गई है।''

''नहीं!'' किस उमा की बात कर रही है, मुझे नहीं मालूम। ''मैं बेल की बात कर रहा था!'' मैंने स्पष्ट किया।

''ओह!'' उसने एक पल को पलकें मूँदीं, ''नहीं'', फिर स्पष्ट किया ''मैं छोटी-छोटी बेलें बुनती रही हूँ।''

अब भी एक स्टॉप बाकी था।

''आप...?''

उसने फिर कोशिश की अपना उत्तर पाने की। इसलिए मैंने उठते हुए भी उसके प्रश्न को प्रश्न से काटा, ''पर इतनी बेलें...?''

उसने कुछ कहा था, ''चाहें तो आपके हिस्से की बेल...'' या ऐसा ही कुछ, जो मैं ठीक से नहीं सुन सका हूँ। मेरा स्टॉप आ गया है। वैसे भी गेयर बदलती गाड़ी के इंजन की घरघराहट और ब्रेकों की चीख में सुना भी क्या जा सकता है! इसलिए बहुत सम्भव है, उसने कुछ भी न पूछा हो। वह सदा से बोलती भी तो बहुत कम है।

(1985)

होम वर्क

कमला से फोन पर बात हो गई है। पिछले तीन-चार दिन से इसी ऊहापोह में था कि उसे कैसे बुलाऊँ। कल खुद उसका फोन आ गया। कई दिन से उमा लगातार कह रही थी कि भाई साहब कमला को बुला ही लो, एक बार मिल लेगी। डर सबको है कि बाबू से भविष्य में बात भी कर पाएँ या नहीं। फिर वह रहती भी दूर है। वैसे अब ही उनकी बात समझ पाना कौन-सा आसान रह गया है, पर उन आवाजों का आप कुछ-न-कुछ अर्थ लगा ही लेते हैं। यद्यपि यह आवाज वह आवाज नहीं है, जिसे हम होश सँभालने से सुनने के आदी रहे हैं, जो हमारी स्मृति में, रिकॉर्डों में अंकित स्वरों-सी सुरक्षित है और जरा-सी भी हलचल से बज उठती है। पर अजब बाबू सामने होते हैं तब हम एक दूसरे ही यथार्थ से साक्षात्कार कर रहे होते हैं और वह होता है रोबीले व गम्भीर स्वर के एक दिन अचानक ही बिगड़े हुए रेडियो-सी अर्थहीन, अनर्गल और थकानेवाली आवाज में बदल जाने का। इस पर भी वह होती तो बाबू की ही आवाज है—हमारे बाबू की आवाज।

मैंने उसे बता दिया, हालत में यद्यपि कोई गिरावट जैसी नहीं है पर सुधार भी नहीं कहा जा सकता। ऑपरेशन तो होना ही है, कब, बस यही निर्णय बाकी है। तू आ जा। मैंने स्पष्ट ही कह दिया।

"हो सका तो सुबह, नहीं तो कल शाम जरूर पहुँच जाऊँगी।" मैं उस बेचैनी को डेढ़ हजार कि.मी. दूरी के बावजूद उसके चेहरे पर पढ़ सकता था। पर एक गलती हो गई। मैं कहना भूल गया कि माँ से न कहे कि वह बुलाने पर आई है और वह भी जहाज से। माँ घबरा जाएगी। वह और कुछ कह सकती है कि सरकारी काम था या कोई कॉन्फ्रेंस थी।

"कल से नवरात्रियाँ शुरू हो रही हैं।" माँ की आवाज ने अचानक जैसे मुझे चोरी करते पकड़ लिया हो। वह मुझे एकटक देख रही थी। मैं एक पल को अचकचा गया।

"क्या?"

"चैत की नवरात्री", माँ ने स्पष्ट किया, "पंडित को बुला लेना, पाठ करवाना है।"

ओह, चैत की नवरात्री शुरू हो रही थी। सब कुछ मेरी समझ में आ गया। पाठ तो हमारे यहाँ सदा ही होता था, पर इसकी जिम्मेदारी या कहना चाहिए यह विभाग बाबू का था।

बात थोड़ी अजीब है, पर हमारे लिए यह सामान्य था। पूजा-पाठ को बाबू जितनी गम्भीरता से लेते थे, माँ उतनी ही तटस्थता से। जब कभी भी हमारे यहाँ कोई पूजा-पाठ होता माँ को जरूर गालियाँ पड़तीं। असल में माँ कई वर्ष बाद भी यह नहीं सीख पाई थी कि एक पूजा में क्या-क्या सामग्री लगती है। कभी माँ पंच-पात्र भूल जाती तो कभी पंचामृत। कभी तांबूल के लिए कांड होता तो कभी सुपारी या कपूर के लिए। बाद में लड़कियों ने यह सँभाल लिया था पर माँ के लिए यह सब झमेला ही रहा। मुझे कई बार लगता है कि इसके मूल में माँ की पृष्ठभूमि ही थी। माँ ब्राह्मण से पहले एक किसान की बेटी थी, जिसका उसे बहुत घमंड था। वह अक्सर कहा भी करती, अरे मैं किसान की बेटी हूँ। यह उसका 'पैट' मुहावरा था और इसका वह इस हद तक इस्तेमाल करती थी कि हम लोग उसका मजाक ही उड़ाने लगे थे। और इससे पहले कि वह कहे कि मैं किसान की बेटी हूँ, हम खुद ही कह दिया करते थे कि कोई मखौल थोड़े ही है, माँ किसान की बेटी है।

बाबू के साथ मामला सदा उलटा ही रहा है। उनके लिए किसान की पृष्ठभूमि असभ्य होने का पर्याय रहा है। माँ को वह गँवार कहा करते थे। यद्यपि हमारी जड़ें गाँव ही में हैं और दादा जी तक हमारा मुख्य व्यवसाय खेती ही रहा था पर बाबू ने गाँव से एक बार जो नाता तोड़ा तो कभी किसी तरह का सम्बन्ध नहीं रखा, सिवा वहाँ के लोगों को अपना मुवक्किल बनाने के।

"ऐसा करना", माँ ने अपनी धीमी पर स्थिर आवाज में कहा, "पूरे नौ दिन के पाठ का इन्तजाम करना।"

"किसका पाठ करवाना है?"

माँ ने एक बार तो कुछ असमंजस में मेरी ओर देखा फिर वह समझ गई, बोली, "मेरे विचार से तो दोनों ही करा दें।"

"पर..." मैं कुछ अटका फिर मैंने कह ही दिया, "पर ऐसा न हो कि दोनों पाठ एक साथ न होते हों।"

माँ कुछ देर मौन रही, दुविधा में सोचती फिर बोली, "इसमें कुछ दोष तो नहीं होता होगा।"

मैं थोड़ा मुस्कराया, एक असहाय-सी मुस्कराहट।

"पूजा ही तो है, क्या दोष होता होगा! तू दोनों ही करवा दे। वैसे पंडित बतला देगा।"

"बाबू हर साल क्या करवाते हैं?" मैंने पूछा।

मेरे सवाल ने माँ को एकदम हतप्रभ-सा कर दिया। किसी तरह माँ ने स्वयं को नियन्त्रित किया और रुक-रुक कर बोली, "अब इस समय तो मुझे कुछ ठीक से याद नहीं पड़ रहा है।"

मैं चुप हो गया। एक हद तक यह सम्भव भी है कि माँ को कुछ याद ही न हो। जिस मानसिक स्थिति से वह गुजर रही थी उसमें कुछ भी याद न आना कोई बड़ी बात नहीं। पर यह सच था कि माँ को कभी भी पूजा-पाठ ने आकर्षित नहीं किया था और वह बाबू के साथ के चालीस वर्षों के दाम्पत्य-जीवन के बावजूद अपने को बदल नहीं पाई थी। वह आज भी एक किसान की ही बेटी थी, जिसके लिए त्यौहारों से अधिक महत्त्वपूर्ण मौसम का बदलना था। मेरा दिल भर आया। एक असीम दृढ़ व्यक्तित्ववाली महिला ने किस तरह अपना जीवन एक ऐसे माहौल में बिताया था, जो उसके स्वभाव से जरा भी मेल नहीं खाता था। तो क्या माँ अपने जीवन पर—क्या इसे व्यर्थ गए कह सकते हैं—कभी इस रूप में सोचती होगी?

अगले दिन कमला आ गई। और उसने पूजा का झंझट सँभाल लिया। इस पर भी माँ ने मुझे चकित कर दिया। जितनी बारीकी और सहजता से उसने पूजा की, शायद बाबू भी क्या करते होंगे। पहले दिन नववर्ष मनाया गया। माँ ने पंडित जी से पूरे वर्ष का भविष्य पढ़वाया। फिर बाबू का भविष्य पढ़ा गया, जिसे हम सब लोग साँस रोककर सुनते रहे। हो सकता है शायद ज्योतिष ही सही सिद्ध हो जाए। आखिर ज्योतिष कोई कोरी गप्प तो नहीं है, आखिर हमारे पूर्वज इतने मूर्ख तो नहीं थे। इतने सारे लोग, इतने सालों से, कोई यों ही तो इस पर विश्वास नहीं करते चले आ रहे हैं?

आदमी की सबसे बड़ी चिन्ता क्या है? सम्भवतः अपने भविष्य को जानने की। भविष्य का दूसरा नाम नियति भी है। अक्सर अपनी अनुमानित नियति के यथार्थ से बचने के लिए भी हम इसका प्रयोग करते हैं। दीवार पर लिखी अपनी नियति की कठोरता को झुठलाने के लिए भी हम इस विद्या का सहारा लेते हैं। यह मेरी समझ में उस समय नहीं आ रहा था। कहावत है न कि उम्मीद का ही दूसरा नाम जिन्दगी है, इसलिए भी उम्मीद करने में कोई बुराई नहीं थी। मेरी बात छोड़ो। मैं यह अनुमान नहीं लगा पा रहा था कि पंडित रामदत्त जोशी का पतरा सम्वत्सर 2042, बहुधान्य वर्ष का जो भविष्य बतला रहा था, माँ पर उसकी क्या प्रतिक्रिया हो रही होगी। हम लोगों ने बीच-बीच में कई बार माँ को कनखियों से देखा। माँ के चेहरे से कुछ अनुमान लगा पाने की आशा में, पर हम या कम-से-कम मैं सफल नहीं हुआ। माँ का चेहरा उतना ही निरपेक्ष था जितना वह सत्यनारायण की कथा या विष्णु सहस्रनाम अथवा चंडी पाठ के समय हुआ करता था। माँ, मुझे याद है, उन्हें मजबूरी में सुना अवश्य करती थी पर अपने चेहरे पर कभी भी यह एहसास नहीं आने देती थी कि वह सुनना नहीं चाहती। पर सदा उसका ध्यान कहीं और होता और अक्सर ही

बीच-बीच में वह हम बच्चों को हिदायत दिया करती, जा, जरा दाल देखना तो या कभी कहती देखना आग तो नहीं बुझ गई, जरा एक लकड़ी लगाना या दूध का ध्यान रखना, चला न जाए आदि। पर वह यह सब बातें इस सफाई से कहती कि बाबू को आभास तक नहीं हो पाता कि इसका ध्यान कहीं और है। माँ का चेहरा आज भी वैसा ही था। इसमें हम दो अनुमान लगा सकते थे–एक तो यह कि माँ का ध्यान इस समय भी कहीं और था यानी बाबू पर ही लगा हुआ था। दूसरा, वह मान रही है कि सब सामान्य है और चूँकि बाबू इस बार यह सब नहीं कर पा रहे हैं, इसलिए वह कर दे रही है। दूसरी बात से मुझे थोड़ी शान्ति हुई।

शाम को माँ ने कहा, ''लड़कियों को भिटौली देनी है। तू ऐसा करना दोनों के लिए एक-एक साड़ी ले आना।''

''मेरे पास पैसे हैं, बाद में जरूरत होगी तो तुझसे ले लूँगा'', मैंने कहा पर वह नहीं मानी, ''नहीं, यह तेरे बाबू के पैसे हैं, इन्हीं से लानी है।''

लगा माँ यह नहीं चाहती कि सरिता यह कहे कि सास अपनी बेटियों को साड़ियाँ दिलवा रही है। मुझे बुरा लगा, माँ सरिता से इतना डरती है क्या? दिल हुआ माँ से पूछ लूँ, पर माँ की सहजता और गम्भीरता को देखते हुए हिम्मत नहीं हुई। हो सकता है, फिर मैंने अपने दिल को समझाया कि यह सब बाबू की ओर से ही होता हो। वैसे भी मैंने उमा को दिल्ली में होने के बावजूद कभी भिटौली नहीं भेजी थी। ना ही मुझसे किसी ने कहा ही था। मैं तो यह भी नहीं जानता कि माँ कभी भिटौली भिजवाती भी है या नहीं। पर बाद में, उमा ने बतलाया कि माँ हर साल उसे भिटौली पर नकद पैसे भिजवाया करती थी, बस। जहाँ तक कमला का सवाल था, उसकी भिटौली बनती ही नहीं थी। वह तो सिर्फ विवाहित लड़कियों को ही दी जाती है। पर माँ का कहना था कि अब चूँकि कमला भी दूर रहती है, इसलिए उसे भी ससुराल गया ही मानो।

''बम्बई में है इसकी ससुराल?'' मैंने माँ से मजाक किया।

माँ भी थोड़ा मुस्कराई।

''ठीक ही है'', मैंने फिर कहा? ''आखिर इसने विज्ञान से तो विवाह कर ही लिया है। इसे भी कुछ मिलना ही चाहिए।''

गोकि हम बीच-बीच में माँ से मजाक कर लेते थे पर घर के सारे वातावरण में उदासी और गम्भीरता इस कदर बैठ गई थी, जैसे पहाड़ों में जाड़ों में बादल छा जाते हैं। यहाँ तक कि बच्चे भी फुसफुसाकर बोलने लगे थे, जबकि उनसे शायद ही किसी ने कुछ कहा हो। माँ ने जो भी बतलाया था हम ले आए थे–फुँदने, चूड़ियाँ, साड़ी, मिठाई आदि।

पूरी नवरात्री के दौरान लगने लगा था कि बाबू की तबीयत में अब निश्चित सुधार है। अन्ततः मानो पूजा ही असर कर रही हो। नवमी के दिन दुर्गा का

आखिरी पाठ किया गया और माँ ने बहुत ही विस्तार से कन्या जिमाई। पर जब हम शाम को अस्पताल पहुँचे, स्थिति बिलकुल बदल चुकी थी। बाबू को 'इंट्रावेनस ग्लूकोज' दिया जा रहा था। वह हौले-हौले कराह रहे थे। दो दिन की दाढ़ीवाले चेहरे को पीड़ा ने विकृत कर दिया था। वैसे भी 'कीमो थैरेपी' ने उन्हें सुखा दिया था और उनके घुँघराले बाल देखते-देखते झड़कर ताल में बदल गए थे। कमला ने कई बार उनसे बात करने की कोशिश की, पर उन्होंने कोई प्रतिक्रिया नहीं की। वह किसी को पहचान नहीं पा रहे थे। सम्भवतः उन्हें कोई 'पेनकिलर इंजेक्शन' लगाया हुआ था। मुझे आश्चर्य हुआ, माँ जब सुबह अस्पताल से आई थी तो उसने इस बारे में कुछ क्यों नहीं बतलाया? क्या माँ बाबू की बिगड़ती हालत नहीं पहचान सकी थी या दिन-ही-दिन में हालत इतनी बिगड़ गई थी? यह सही है माँ सारी पूजा के दौरान अन्यमनस्क-सी रही थी। अन्यथा उसके व्यवहार से किसी गम्भीर घटना का अन्दाज नहीं लगाया जा सकता था। उसने बच्चों को दो-दो रुपए दिए और सबके सर पर ऐसे हाथ फेरा था जैसे कोई दुआ माँगता है और तब जाकर मुझसे बहुत सामान्य तरीके से कहा, "डॉक्टर तुझे याद कर रहा था।"

डॉक्टर के सन्देश ने मुझे तभी बेचैन कर दिया था, इस पर भी मैं यह नहीं पूछ पाया कि खैरियत तो है? वैसे भी माँ के चेहरे पर उस समय किसी तरह की घबराहट या बेचैनी नहीं थी। नहीं, पर ऐसा नहीं हो सकता कि बाबू की बिगड़ती हालत माँ से छिपी रह गई हो। सच तो यह है कि वह बाबू में होने वाले सूक्ष्म-से-सूक्ष्म परिवर्तन को भी, डॉक्टरों से पहले पहचान लेती थी।

ड्यूटी पर जो हाउस-सर्जन था देखते ही बोला, "आपको डॉ. बक्शी ने फौरन मिलने को कहा है।"

डॉ. बक्शी हमारी प्रतीक्षा कर रहे थे, "कहाँ थे आप, मैं आपको सुबह से ढूँढ़ रहा हूँ", उन्होंने बिना किसी भूमिका के कहना शुरू कर दिया, "डोनर्स का इन्तजाम कर लीजिएगा।"

"क्या जीभ में ही फैला है फिर से, डॉक्टर साहब?" मैंने बेचैन हो पूछा।

डॉक्टर ने एक मिनट मेरा मुँह देखा फिर बोला, " 'टोटल ग्लासैक्टॉमी' तो होगी ही, गले की भी तो कुछ 'लिंफनाड्स' निकालनी होंगी।"

यानी बाबू की रही-सही जीभ भी नहीं रहनेवाली थी। मेरा दिल खराब हो गया। एक अजीब-सी घबराहट ने मुझे घेर लिया था।

कमला ने कुछ देर बाद बड़ी मुश्किल से पूछा, "पर यह हुआ कैसे, डॉक्टर साहब? कल तक तो वह बिलकुल ठीक थे।"

डॉक्टर एक असहाय मुस्कान के बाद बोला, "देखिए बहन जी, यही तो हम नहीं जानते, अगर यही पता चल जाता तो फिर बीमारी का इलाज ही न हो जाता।"

सम्भवतः कई चीजों का कोई जवाब नहीं है, विज्ञान के पास भी। उन्हें सिर्फ स्वीकार करना पड़ता है। अन्तर यह है कि व्यक्तिगत जिन्दगी में जहाँ आदमी हार मान लेता है, उसकी यही हार सामूहिक रूप में पूरे मानव-समाज के सामने एक चुनौती का रूप धारण कर लेती है।

जब हम डॉक्टर से मिलकर लौटे माँ झुकी हुई बाबू से कुछ बात करने का प्रयत्न कर रही थी। वह हमारे बाद आई थी। सम्भव है बेहोशी में वह कुछ बड़बड़ाए होंगे जिसे माँ समझने में लगी हुई थी। बाबू की कराह बढ़ गई थी। वह कभी-कभी गर्दन भी पटकने लगे थे। शायद इंजेक्शन का असर कम हो रहा था। मैं वापस डॉक्टर के पास गया। उसने आकर एक बार सरसरी नजर से बाबू को देखा और अपने आप से कुछ कहता हुआ चला गया। थोड़ी देर बाद नर्स ने फिर से इंजेक्शन लगाया। उस रात हम लोग भी माँ के साथ अस्पताल ही रहे।

ऊपरी तौर पर अनुमान लगा पाना कठिन हो, पर स्पष्ट था कि माँ ने परिस्थिति से समझौता कर लिया है। इसके अलावा रास्ता भी क्या था। यथार्थ का ज्ञान यदि एक सीमा तक स्थिति का सामना करने में मदद करता है, तो दूसरी ओर हमारी सीमा का भी भान करा देता है और इस तरह एक तटस्थता से भर देता है, जिसे दार्शनिक दृष्टिकोण भी कह सकते हैं। इतने लम्बे और भव्य जीवन का खेल सिर्फ आठ महीनों में इतना अधिक त्रासद और दारुण हो चुका था कि स्वयं मैं कई बार मन-ही-मन प्रार्थना करने को मजबूर हुआ था। व्यर्थ में दुःख झेलते जाना कौन-सी बुद्धिमत्ता है, मैंने कई बार अपने से तर्क किया है। आखिर एक व्यक्ति के जीवन को कब तक खींचा जा सकता है? मनुष्य क्या है? प्रकृति की इस व्यवस्था की एक छोटी इकाई ही तो ना? हो सकता है यह इकाई अन्य की तुलना में कहीं अधिक जोरदार हो और महत्त्वपूर्ण भी, पर है तो इकाई ही, जिसका अपना एक निश्चित उद्‌देश्य और नियत समय है। क्या यह यथार्थ नहीं है कि अपने जीवन के लिए निर्धारित भूमिका तय कर लेने के बाद हम सब निरर्थक हो जाते हैं? बाकी सब तो बहाना मात्र है।

शुरुआत में वह एक सफेद तिल से थोड़ा बड़ा-सा था। खुद माँ ने ही एक दिन सुबह-सुबह बाबू से पूछा, ''अरे! तुम्हारी जबान में यह क्या हो रहा है?''

बाबू ने जीभ को दाँत पर घिसते हुए कहा, ''न जाने क्या है?'' और वह चाय पीने लगे थे।

''दर्द तो नहीं है?'' माँ ने फिर पूछा था।

''नहीं दर्द नहीं है? ठीक हो जाएगा।''

माँ को भी थोड़ा सन्तोष हो गया कि चलो दर्द नहीं है। माँ बाद में कहा करती, मुझे क्या पता था कि दर्द का न होना इतना खतरनाक होता है।

दाग जल्दी ही बढ़ा। फिर दर्द भी रहने लगा। जब बाबू को खाना खाने में मुश्किल होने लगी तब कहीं वह डॉक्टर के पास गए और डॉक्टर ने 'बॉयोपसी' के

बाद उन्हें फौरन यहाँ भेज दिया था। उसके बाद चला अस्पतालों का सिलसिला। आते ही न जाने कितने किस्म के टैस्ट किए गए—एच.बी., टी.सी., डी.सी., बी.टी., सी.टी., डब्ल्यू.आर. और ई.एस.आर.। असल में डॉक्टर अपनी खाना-पूरी कर रहे थे। एक दिन उन्होंने वही कहा, जिसकी आशंका में हम इतने दिन से त्रस्त थे। साथ ही उन्होंने फौरन ऑपरेशन भी सुझा दिया और आधी जीभ निकाल दी। इस तरह बाबू बिना जीभ के आठ महीनों से खींच रहे हैं। ऑपरेशन के बाद, जैसा कि डॉक्टरों ने कहा था, वह लगभग ठीक हो गए।

सफल ऑपरेशन के बाद भी एक-दूसरे ही बाबू सामने थे—असहाय और बिना आवाज। वह कुछ कहना चाहते, हम कुछ समझते थे। माँ को बाबू की नई भाषा समझने में एकाध दिन से ज्यादा नहीं लगा। सम्भवतः माँ भाषा की जगह बाबू की जरूरतों को इतनी अच्छी तरह समझती थी कि उसे अनुमान लगाते देर नहीं लगती कि कब उन्हें क्या चाहिए।

कुछ दिन में ही बाबू घर जाने की रट लगाने लगे। यहाँ, दिल्ली में, उन्हें घुटन महसूस होती थी, पर इस बार वह और भी अधिक बेचैन हो उठे थे, अपने मकान और कस्बे को देखने के लिए। सम्भवतः उनमें डर बैठ गया था कि अगर उन्होंने देर की तो वह अपने घर और शहर को फिर नहीं देख पाएँगे।

चले तो वह गए पर लौटे जल्दी ही, लगभग तीन महीने में ही। वैसे भी अब वहाँ बाबू को कोई न कोई संकट घेरे रहता था और माँ को इन सबसे अकेले निपटना काफी मुश्किल पड़ता था।

इसके साथ ही फिर से खून देने का सिलसिला चला। टैस्ट पर टैस्ट हो रहे थे और एक बार फिर वही त्रासद प्रक्रिया शुरू हो गई थी।

सारी रात दर्द से बाबू इस तरह छटपटाते रहे, जैसे कोई मूक जानवर। दो-दो, तीन-तीन घंटे बाद उन्हें पैथेडीन दिया जाता रहा। ऑपरेशन सुबह नौ बजे ही शुरू हो जाना था और सम्भवतः ज्यादा चलना नहीं था। रात बिना किसी झंझट के कट चुकी थी। निश्चित रूप से माँ थक गई थी पर घर जाने का सवाल ही नहीं था। इस तरह के किसी सुझाव से भी उसे जो क्लेश होता वह उस थकान से कहीं अधिक घातक था, जो माँ को रात भर न सो पाने से हो रहा था। वैसे भी ऑपरेशन के निपट जाने के बाद वह ज्यादा निश्चिन्त होकर घर जा सकती थी और कुछ देर आराम भी कर सकती थी। पर न जाने क्यों ठीक ऑपरेशन से पहले डॉक्टरों ने बाबू की एक बार जाँच की और थोड़ी देर बाद हमें बतलाया गया आज ऑपरेशन नहीं होगा।

कारण जो भी रहा हो, मैंने सोचा माँ को पहले थोड़ी देर के लिए घर भेज देना चाहिए, फिर पता लगाऊँगा कि ऑपरेशन क्यों स्थगित कर दिया गया है। मैं एक

बार पहले ही किसी डॉक्टर की तलाश में सारे विभाग में घूम चुका था पर कहीं कोई मिल नहीं रहा था। यहाँ तक कि 'हाउस सर्जन' और 'रजिस्ट्रार' तक का पता नहीं था। सम्भवतः सब लोग ऑपरेशन में लगे हुए थे। पर माँ कारण जानना चाहती थी और काफी बेचैन थी, इसलिए मुझे कहना पड़ा कि डॉक्टरों का कहना है कि तत्काल ऑपरेशन की जरूरत नहीं है।

"लेकिन कल तो वह डॉक्टर कह रहा था कि ऑपरेशन करेंगे।"

"हाँ, कल वाले डॉक्टर को ऐसा लगा था, पर आज सबने मिलकर जाँच की थी न, उसके बाद उनका यह विचार बना।"

माँ ने यह तो देखा ही था कि कई डॉक्टर सुबह आए थे और अब उस बेचारी को क्या पता कि उनमें से कितने रजिस्ट्रार थे, कितने हाउस-सर्जन थे और कितने 'इंटर्न' थे।

उसे मेरी बात पर विश्वास-सा करना ही पड़ा। उसने धोने के कपड़ों के साथ एक कापी और एक जिल्द लगी किताब भी अपने थैले में डाली और कमला के साथ घर चली गई।...

दो-एक घंटे बाद जब कमला माँ को छोड़कर लौटी तब मैं घर को चला।

"माँ कहाँ है?" मैंने पहुँचते ही पत्नी से पहला प्रश्न किया।

"अन्दर कमरे में।" कह सरिता खाना लगाने लगी।

यद्यपि खाने की इच्छा बिलकुल नहीं थी पर मैं नहीं चाहता था कि घर में बेमतलब का हल्ला-गुल्ला मचे। मैंने तय किया जितना खाया जाए खाऊँगा और फिर माँ को उठाकर समझाऊँगा। वैसे मेरी भी हिम्मत माँ के नजदीक जाने की नहीं हो रही थी। समझ में भी नहीं आ रहा था कि किस तरह से बात शुरू करूँगा और वह किस तरह की प्रतिक्रिया करेगी!

खाना खाकर मैंने धीरे से भीतरवाले कमरे में झाँका, देखूँ, माँ क्या कर रही है? वह लेटी-लेटी कोई किताब देख रही थी।

"माँ।" मैंने हौले से कहा! वह इतनी तन्मय थी कि उसे आभास ही नहीं हुआ कि कमरे में कोई आ गया है।

"माँ।" जब मैंने थोड़ा जोर से पुकारा तब कहीं वह हड़बड़ाई और उठकर बैठ गई।

"सोई नहीं।" मैंने हाथ से उसे लेटे रहने का इशारा किया।

"सोई थी थोड़ा।" उसने मेरा मन रखने के लिए कह दिया।

"क्या देख रही थी?" मैंने मुस्कराने की कोशिश की।

"यों ही, बच्चों की पुरानी किताब थी।"

बिस्तर पर पड़ी किताब पर मेरी नजर स्वतः ही अटक गई। दूसरी कक्षा की एक बहुत ही फटी किताब थी। समझ में नहीं आया कि माँ के हाथ वह कहाँ से लगी होगी। बेबी की किताब होने का सवाल ही नहीं था, वह छटी कक्षा में है। हो सकता है टिंकू की पिछले सालवाली कोई किताब हो, अब तो वह भी तीसरी में है।

सम्भवतः माँ को कभी अक्षर-ज्ञान रहा होगा, पर मेरी याददाश्त में माँ कभी पढ़-लिख नहीं पाती थी। जिस जमाने में वह पैदा हुई थी, आज से साठ-पैंसठ साल पहले, उस जमाने में पढ़ाई का चलन था ही कहाँ। फिर माँ आई भी गाँव से थी, वह भी पहाड़ी गाँव से, जहाँ आज भी मीलों पैदल जाना पड़ता है। बाबू ने शुरू में माँ को पढ़ाने का थोड़ा-बहुत प्रयत्न किया था, पर कहा जाता है, माँ ने अक्षर-ज्ञान के आगे कुछ भी सीखने से इनकार कर दिया। यह तो मुझे भी याद है कि जब कभी बाबू माँ पर बिगड़ते, यह कहते नहीं चूकते थे कि हुड्ड-गँवार न जाने कहाँ से गले पड़ गई। मैं जब थोड़ा बड़ा हुआ तो मुझे माँ का यह अपमान बहुत अखरता था। जब कभी भी मैंने माँ से कहा था, माँ तुझे मैं एक हफ्ते में पढ़ना-लिखना सिखा दूँगा तो माँ हँसते हुए कहती, अरे छोड़ तू कहाँ लगेगा मेरे पीछे। और मौके के अनुसार, जा पढ़ या जा खेल कह देती। अजीब बात थी कि बाबूजी का कहा माँ कभी गम्भीरता से नहीं लेती थी। बल्कि साफ कहती, अरे बकने दे, बकनेवाले का मुँह कौन पकड़ सकता है। यह वह सिर्फ तब कहती जब बहुत गुस्से में होती। देखा जाए तो बाबू के कहने में कभी कोई गम्भीरता होती हो इस पर मुझे बाद में शक होने लगा था। सच यह था कि माँ को कोसने का बाबू का यह एक बहाना था! चूँकि कुछ बोलना होता था वह बोल देते थे। बाद में मेरी समझ में आया कि जब माँ मुझसे कहती, तू कहाँ मेरे पीछे लगेगा, तो एक सीमा तक इसका तात्पर्य यह होता था कि तेरा बाप तो हार गया, अब तू ही क्या कर लेगा। यह बात न तो अपने ठेठ हुड्ड-गँवारपन की अजेयता की महानता दर्शाने के लिए कहती थी और न ही मुझे छोटा सिद्ध करने के लिए। बल्कि यह वह बाबू के ही बड़प्पन को सिद्ध करने के लिए कहती थी। यानी जो काम बाबू नहीं कर सके और कौन कर सकता है, वाला अन्दाज रहता। और एक तरह से वह मुझसे पढ़कर बाबू को छोटा नहीं सिद्ध करना चाहती थी। पर माँ ने इस कमी को दूसरी तरह से पूरा किया था।

एक बार की बात है, शायद माँ कहीं गई हुई थी, किसी के यहाँ नामकरण या मुंडन में। वहाँ कुछ देर हो गई। इस बीच बाबू कचहरी से लौट आए थे। कुछ देर उन्होंने माँ का इन्तजार किया। पर जब उनसे रहा नहीं गया तो उमा से चाय बनाने को कह दिया। उमा और कमला दोनों ने मिलकर बड़ी सावधानी से डरते-डरते चाय बनाई। मैं फुटबॉल खेलने जाने की तैयारी कर रहा था। बाबू बाहर बरामदे में बैठे अखबार देख रहे थे। उन दिनों वहाँ दिल्ली के अखबारों के डाक-एडीशन तक शाम को पहुँचा करते थे। उमा जब चाय लेकर पहुँची, मैंने बगल के कमरे से

उन्हें कहते सुना, "रख दे बेटा।"

बाबू ने एक घूँट भरी और कप को प्लेट समेत बाहर क्यारियों में फेंक दिया। उन दिनों क्यारियों में भिंडी लगी हुई थी। इसे हमने लगाया था, पर इसकी वास्तविक देखभाल माँ ही किया करती थी। शहर में इतने वर्ष बीत जाने के बावजूद माँ के गाँव के संस्कार नहीं गए थे और वह घर के काम से बचा समय बागवानी में ही लगाती थी। एक बार तो हमारे यहाँ एक गाय भी रखी हुई थी और आउट हाउस में माँ ने गौशाला बनाई हुई थी। बाद में माँ ने ही गाय बेच दी। दूध को लेकर माँ आदतन दूधवाले से लड़ा करती। कभी कहती दूध में पानी है, कभी कहती हीक आ रही है और कभी कहती खीस ले आया है। मैंने एक दिन, इस झिकझिक से तंग आकर माँ से कहा, माँ गाय पाल लेते हैं। मेरी बात का उमा और कमला दोनों ने समर्थन भी किया। माँ बोली, "अरे गाय पालना कोई आसान काम है, उसे देखेगा कौन?"

"हम देखेंगे।" हम सबने मिलकर कहा। वैसे भी हम काफी बड़े हो चुके थे। मैं उन दिनों ग्यारहवीं में था और उमा आठवीं में, यहाँ तक कि कमला भी छठी में आ चुकी थी। निश्चित रूप से हम माँ का हाथ बँटाने की स्थिति में थे।

"तुम नहीं जानते, जानवर का कितना काम होता है। एक आदमी से भी ज्यादा काम होता है। गाय पालना मखौल नहीं है।" और उसने हमारी बात टाल दी।

उस समय तो हम लोग चुप हो गए थे कि भई होता होगा, बड़ा कठिन काम जानवर पालना। पर आज मुझे यह बात आश्चर्यजनक लगती है। जब हम लोग बच्चे थे तब माँ ने गाय पाल रखी थी, कि गाय, बच्चेवाले के घर के लिए जरूरी है और जब हम हाथ बँटानेवाले हो गए तो माँ के लिए गाय पालना कठिन काम हो गया था। तो क्या माँ थक गई थी गाय पालने से? असल में बात यह थी कि माँ नहीं चाहती थी कि हम लोग अपना समय गाय-वाय के चक्करों में खराब करें–यह बात मेरे बहुत देर में समझ में आई।

बात उस दिन की हो रही थी। बाबू ने कप ही नहीं फेंका उसके साथ ही उमा को जो डाँटना शुरू किया, यही नहीं कि वह रुका ही नहीं, बल्कि मुड़कर, बाबू के प्रिय विषय, माँ पर आ गया कि हुड्ड गँवार माँ की बेटियाँ क्या बनेंगी आदि-आदि। जब माँ आई उस समय तक उनका गुब्बार कुछ थम गया था। बाबू ने मेरा भी मूड खराब कर दिया था और फिर जिस तरह से उन्होंने उमा को लताड़ा था हममें से कोई भी उसको सहन नहीं कर सकता था।

देहरी में पैर रखते ही सबसे पहले माँ मुझसे ही टकराई, "तू गया नहीं?"

मैं चुप रहा।

"क्या बात है? लड़ाई हुई उमा से?"

"नहीं!" मेरे और उमा के बीच उन दिनों खूब युद्ध हुआ करता था, इसलिए

मुझे बोलना पड़ा।

"तबीयत तो ठीक है ना?" माँ की बेचैनी बढ़ती जा रही थी।

"ऐसे ही आज तबीयत नहीं थी!" मैंने माँ को टाल दिया।

बाबू अभी भी चुप थे, शायद स्थिति का जायजा ले रहे थे। हम भाई-बहनों की एकता से भी वह थोड़ा घबरा गए लगते थे।

उमा अन्दर रो रही थी। "क्या हुआ री?" माँ ने बहुत ही बेचैन स्वर में पूछा। वह बताने की जगह और जोर से रोने लगी।

जब वह बड़ी देर कुछ नहीं बोली और न ही कमला ने कुछ बतलाया तो बाबू से नहीं रहा गया। वह अखबार लिए खुद ही अन्दर जाकर बोले, "मैं बतलाता हूँ। होना क्या था। तुम्हारी लाड़ली से चाय बनाने को कहने की गलती कर दी। चाय के नाम पर जो बनाया कोई मुँह में नहीं रख सकता। इतनी बड़ी हो गई है, लड़की की जात है, कुछ सीखेगी भी या नहीं?"

उसके बाद जो हुआ वह मैंने अपनी जिन्दगी में पहली और आखिरी बार देखा। माँ किसी बाघ की तरह झपटी, "लड़की जात है तो क्या उसने ठेका ले रखा है चाय बनाने और खाना बनाना सीखने का? यह लड़कियों की जिम्मेवारी है कि जानें घर के मर्द किस तरह की चाय पीते हैं, किस तरह का खाना खाते हैं? तुमने कभी अपने बेटे से भी कहा कि चाय बना? कौन बड़ा है इन दोनों में यह औरत का काम है न कि वह खाना बनाना भी जाने और बच्चे पालना भी। फिर अगर आदमी दो-चार अक्षर पढ़ा-लिखा है तो भी औरतों को पढ़ना-लिखना आना चाहिए, क्यों? वरना तो वह हुड्ड-गँवार है। खबरदार, जो मेरी बेटी से भविष्य में कभी कुछ कहा। मैं जनम भर तुम्हारी गुलामी करती आई हूँ, क्या यह काफी नहीं है?"

बाबू के लिए यह जरूरत से कुछ ज्यादा ही साबित हुआ था। स्वयं मेरे लिए यह आश्चर्यजनक था, क्योंकि माँ लड़नेवाली औरत कभी थी ही नहीं। वह सदा से ही बाबू की बहुत इज्जत करती थी। बाबू कुछ बोलते तो भी वह कभी कोई जवाब नहीं देती थी। फिर वह बाबू की पढ़ाई और ज्ञान का ऐसा लोहा मानती थी कि बचपन में हमसे कहा करती थी, पूरी बिरादरी में तुम्हारे बाबू जितना पढ़ा-आदमी आज भी नहीं है। उसने ऐसा कैसे कह दिया, यह आज तक मेरी समझ में नहीं आ पाया है। क्या अपने अनपढ़ होने का एहसास माँ को सदा इतना सालता रहा था या पढ़ा-लिखा न होने के कारण होनेवाला अपमान इसके मूल में था। कुछ भी हो, बाबू के लिए यह काफी गम्भीर चेतावनी साबित हुआ। उसके बाद भविष्य में उन्होंने कभी न तो उमा को किसी काम के लिए कहा और न ही माँ को हुड्ड-गँवार। यहाँ तक कि नशे में भी वह इस बात को नहीं भूलते थे।

यह सही है कि माँ का सपना बेटियों ने पूरा किया था। पर माँ को अब

सम्भवतः अपने पढ़े न होने की कमी महसूस होने लगी थी। बाबू के साथ लम्बी बातचीत कठिन होती जा रही थी। वह जो कहते उसे अक्षरशः समझ पाना असम्भव था, इसलिए अक्सर वह अपनी बात समझाने के लिए लम्बे-लम्बे नोट लिखने लगे थे। और माँ उन्हें उलट-पलटकर असहाय देखती या किसी और से पढ़वाती थी। वह हर बात को, जो बाबू लिखते, जानना चाहती थी फिर चाहे उससे माँ का कुछ लेना-देना हो या न हो। यह निश्चित हो चुका था कि यह कठिनाई कम नहीं होने वाली है, बढ़ भले जाए, इसलिए माँ की बेचैनी का बढ़ना भी लाजमी था।

मैं घर क्यों आया था? पर अब मेरी हिम्मत वह सब बतलाने की नहीं रह गई थी। मेरे दिमाग में कमला के साथ हुआ संवाद घूम रहा था।

"तुम डॉक्टर बक्शी से मिले थे?" कमला ने अस्पताल पहुँचते ही पूछा था।

"हूँ।" मैंने कहा।

"क्या कह रहा है?" उसने चिन्तित स्वर में पूछा।

मैं अब भी चुप रहा।

"क्यों, क्या कह रहा था?" उसके स्वर की बेचैनी अब एकदम स्पष्ट थी।

"उसका कहना है?" मैंने रुक-रुककर कहना शुरू किया, "उसका कहना है अब ऑपरेशन का भी कोई फायदा नहीं है।"

"नहीं, नहीं मैं उन्हें बम्बई ले जाऊँगी। वहीं इलाज करवाऊँगी हाँ, टाटा इंस्टीट्यूट ऑफ कैंसर रिसर्च में मेरे एक कुलीग का भाई डॉक्टर है। कैंसर का वहाँ से अच्छा इलाज सारे देश में और कहीं नहीं होता।" और उसका गला रुँध गया।

मैंने बाबू की ओर देखा था। दर्द से उनका हड्डियाँ निकल आया चेहरा विकृत हो चुका था। उनकी अध-खुली आँखों की स्थिरता मेरे शरीर में अजीब-सी सिहरन पैदा कर रही थी। उनके दोनों होंठ बीच से खुले थे और उनमें से दर्द और बेहोशी की हालत में एक अजीब-सी घरघराहट पैदा हो रही थी।

मेरी समझ में नहीं आ रहा था, कमला को कैसे समझाऊँ। बड़ी देर चुप रहने के बाद मैंने कह दिया, "डॉक्टरों की सलाह है कि हम उन्हें घर ले जाएँ। मैं सोचता हूँ," मैंने कहा, "चूँकि वह अन्त समय में अपने ही शहर में रहना चाहते थे, हमें उन्हें वहीं ले जाना चाहिए, शायद उन्हें वहीं शान्ति मिले।"

"नहीं," वह रोने लगी। मौत की कल्पना मात्र से उसे दहशत हो रही थी, "मैं उन्हें नहीं मरने दूँगी, हमें कोशिश करनी चाहिए। तुम मुझे डॉक्टर के पास ले चलो, मैं उससे पूछना चाहती हूँ।" और वह खुलकर रोने लगी।

"क्या पूछना चाहती हो? यही न कि क्या इन्हें बम्बई ले जाएँ? वह क्या कहेगा,

तुम जानती ही हो।" थोड़े अन्तराल के बाद मैंने उसे फिर समझाया, "डॉक्टर का कहना है कि उनकी हालत तेजी से बिगड़ रही है और अगर हमने देर की तो फिर ले जाना भी सम्भव नहीं रहेगा। वैसे भी उनकी मिट्टी खराब करने से क्या लाभ! तू रोना बन्द कर, तुझे माँ को समझाना है। कल ही हम उन्हें ले जा रहे हैं।"

लेकिन कमला ने माँ को यह सब जाकर बतलाने से इनकार कर दिया। अन्ततः मैंने निर्णय किया कि मैं खुद ही जाऊँ और बाकी तैयारी भी करूँ।

मैंने न जाने कैसे, धीरे-धीरे डॉक्टर की कही सारी बात माँ को समझा दी।

माँ की अँगुलियाँ उस पुरानी किताब को इस तरह टटोलने लगीं जैसे कोई अन्धा चीजों को महसूस करने का प्रयत्न करता है--उनके आकार-प्रकार और रंगों को जानने के लिए! मैं देर तक उसकी प्रतिक्रिया का इन्तजार करता रहा। वह कुछ नहीं बोली।

अचानक न जाने कहाँ से दौड़ती हुई बेबी कमरे में आई। उसने 'दादी', कहा और मुझे देखते ही बाकी बात तत्काल दबा ली।

बेबी के एक शब्द-मात्र ने माँ की सामान्य होने में मदद की। "आ," माँ ने उसे अपने पास पलंग पर बैठने का इशारा करते हुए कहा और पूछा, "खतम हो गया री तेरा काम?"

"हाँ दादी, आज होम वर्क बिलकुल थोड़ा-सा था।" बेबी ने प्रसन्नचित्त बतलाया।

"मैंने भी तेरा काम कर लिया है।" माँ जबरन मुस्कराई।

मैंने एक बार डरते हुए माँ को देखा, वह बेबी को देख रही थी यद्यपि उसके चेहरे पर अभी भी वही मुस्कराहट थी, उसकी आँखों में निराशा साँझ की तेजी से घिर रही थी। पर बेबी की आँखों में आश्चर्य की चमक थी, किसी रहस्य के अचानक उद्घाटित हो जाने की-सी। गोकि इस उद्घाटन से वह खुश थी, इस पर भी उसकी आवाज में झिझक थी, निश्चित न हो पाने की कि इसके पीछे वास्तविकता क्या हो सकती है?

"देखो पापा," उसकी आँखों में दुविधा अभी भी झाँक रही थी, "दादी कितना अच्छा लिखती है।" और वह माँ के झोले में कापी ढूँढ़ने लगी।

माँ अभी भी एकटक उसे देख रही थी। मुझे लगा मेरी टाँगें काँप रही हैं। कापी ढूँढ़ने में बेबी को काफी समय लग रहा था, मैं बाहर आ गया।

(1985)

मोहेंजोदड़ो

मैं कुछ कहना चाहता हूँ। नहीं, कहानी कहने का मुझे शौक नहीं है। ऐसा भी विश्वास नहीं है कि कहानी कोई उदाहरण बन सकती है। कहानियों से आज तक न कोई सुधरा है और न ही सुधरनेवाला है। अन्यथा 'महाभारत', 'रामायण', 'इलियड' और 'वॉर एंड पीस' इतने व्यर्थ न साबित होते। सारा साहित्य एक तरह से पाप-मुक्ति का अनुष्ठान है, इसलिए होता रहेगा। दुनिया का अपना तरीका है बनने और बिगड़ने का और इस तरीके में, जो उपलब्ध प्रमाण हैं उनके अनुसार कह सकते हैं कि कोई व्यवधान न तो आया है, और अगर यही लक्षण रहे तो न आएगा। आप इसे निराशावाद भी कह सकते हैं। पर मेरे लिए है यही सच्चाई। वैसे भी अगर यह कहानी है तो, अजीब कहानी है–अतार्किक और यथार्थ से कटी। इस तरह की कहानी में सुननेवाले की क्या दिलचस्पी हो सकती है, यह मैं जानता हूँ। पर आपको इसे इसलिए सुन लेना चाहिए कि यह सत्य घटना है। पर सत्य होना रोचकता का प्रमाण तो नहीं होता और न ही किसी कहानी की मूल शर्त। कोई भी कहानी जब तक आपका उससे कोई सीधा सरोकार न हो, किसी में कैसे रुचि पैदा कर सकती है?

क्या आप बता सकते हैं कि सन् 1945 की छह अगस्त को क्या हुआ था? आप मुझ पर टीवी के 'क्विज' कार्यक्रमों का असर कह सकते हैं। अब इस असर से बचा भी तो कैसे जाए! पर मेरा सवाल अपनी जगह है। सन् 45 में सम्भव है आपके माँ-बाप का विवाह भी न हुआ हो या आप भी मेरी ही तरह तब तीन माह का भ्रूण रहे हों, अपनी माँ के गर्भ में सुरक्षित और निश्चिन्त। मैं पहेलियाँ नहीं बुझा रहा हूँ। वह शताब्दी की भयानकतम घटना थी। सम्भवतः मानव इतिहास की। आदमी की नृशंसता और वहशीपन का नया कीर्तिमान।

जैसे आज तक यूरिको नहीं जानती कि उस दिन क्या हुआ था, उसी तरह कल तक मुझे भी नहीं पता था कि उस दिन क्या हुआ था। सम्भवतः अगर मैंने यूरिको के बारे में नहीं जाना होता और इत्तफाकन मेरा और उसका जन्म दिन एक ही न होता, तो क्या आप समझते हैं मैं उस विभीषिका के सामान्य ज्ञान के महत्त्व से ऊपर उठ पाता? सन् 1946 की 15 अगस्त को मैं पैदा हुआ था, और उसी दिन, सम्भवतः ठीक उसी समय, यूरिको हातानाका भी पैदा हुई। यद्यपि हम एक ही समय और एक

ही दिन पैदा हुए थे, इस पर भी हमारे भविष्यों का निर्धारण छह महीने पहले ही हो गया था, छह अगस्त 1945 को।

हजार तो छोड़, कुछ मील दूर होनेवाली घटना भी एक सीमा से अधिक हमको प्रभावित करने में असमर्थ रह जाती है (हो सकता है एक तरह से यह अच्छा ही हो अन्यथा हम तो जगह-जगह के दुखों से ही मर जाएँ)। मैं कैसे अपवाद हो सकता हूँ? अन्तरालों की, वह चाहे समय के हों या दूरी के, सबसे बड़ी विशेषता यही है कि वे हमें हर तरह के हादसों से पीड़ित होने से बचा लेते हैं। पर हादसों की अपनी ही प्रवृत्ति है। वह है स्वयं को दोहराने की, किसी प्राकृतिक फैनोमिना-सी, इसलिए गड़बड़ सिर्फ यही है कि हमारी सुरक्षा की भी सीमा है।

बचपन में मैं एक कमजोर और बीमार बच्चा था। बीमार और डरपोक। मेरी लम्बी-लम्बी बीमारी के दौरों में माँ महाभारत और पुराणों की कहानियाँ सुनाया करती थी। राक्षस और दैत्यों के बारे में तभी से विचित्र और भयावह धारणाएँ बन गईं। उनका आतंक आज भी यथावत है। पर जहाँ तक रामचरितमानस का सवाल है, वह बीमारी के बावजूद सुनने को मिलता था। कारण था माँ का रामायण-प्रेम। माँ की पतली और सुरीली आवाज में तुलसी का कृतित्व रोज सुबह, आम उत्तर भारतीय परिवारों की तरह, हमारे घर भी गूँजा करता था। जैसे-जैसे मैं बड़ा हुआ और स्वस्थ रहने लगा, माँ की आवश्यकता कम पड़ती गई। साथ ही रामचरितमानस और महाभारत से नाता टूटता गया। यद्यपि अधिकांश मानस के अंश अब स्मृति में से धुल-पुँछ गए हैं पर कुछ टुकड़े बने हुए हैं–काकरोचों की तरह अँधेरी दरारों में।

मैं पहले ही कह चुका हूँ, हूँ मैं मूलतः डरपोक। ऐसा नहीं है कि 'मानस' महान रचना नहीं है पर मेरी सहमति की सीमा है। मूलतः मेरी आपत्ति उन प्रसंगों को लेकर थी, जहाँ तुलसी ने अपनी प्रतिभा भयानक और वीभत्स का वर्णन करने में लगाई है। इसका एक और अर्थ भी है। यद्यपि उम्र के साथ मैं शारीरिक रूप से बेहतर होता गया, पर कायरपन से नहीं उबर पाया। डर क्या छोटी बीमारी है? मेरी मसें फूटने लगीं थीं, तब भी मैं सिनेमा नहीं जाता था। माँ आदतन पौराणिक फिल्में देखती थी–भक्त प्रह्लाद, देवता, नागलोक आदि। इनके आधे शेर-आधे आदमी, नाग, जो जब चाहते आदमी का रूप ले लेते और दैत्य, जब आँखें तरेरते, मुझे पेशाब आने लगती।

मैं उन प्रसंगों को याद नहीं करना चाहता। ऐसा हो ही नहीं सकता, यही मेरा मानना रहा था। मैं 'मानस' की बात कर रहा हूँ। किसी भी साहित्यिक रचना में दर्शाई गई हर घटना को यथावत नहीं लिया जा सकता, यह कौन नहीं जानता, फिर कवि

कल्पना का क्या भरोसा। कहावत है न, जहाँ न जाए रवि वहाँ जाए कवि। इस पर भी प्रश्न ही नहीं, असहमति भी बनी रही। क्या ऐसा सम्भव है? मैं सबसे पूछता रहा हूँ—जैसा कि तुलसीदास ने लिखा है :

"भयउ निमिष महं अति अँधियारा। वृष्टि होइ रुधिरोपल छारा।"

क्या यह एक तरह का सेंसेशलिज्म नहीं है? सम्भवतः हर सफल साहित्यिक कृति के लिए एक सीमा तक यह सेंसेशलिज्म आवश्यक भी कहा जा सकता है। यानी तुलसीदास भी इन लटकेबाजियों से बचे नहीं रह सके थे। आखिर हैं तो वह भी एक सफल लेखक ही न। माँ हर बार 'मानस' खत्म कर उसे नए सिरे से पढ़ने लगती थी। पर अजीब बात यह थी कि जब भी मैं सुनता, वह पढ़ रही होती :

"नभ चढ़ि बरष बिपुल अंगारा..."

दिल होता अपने कान बन्द कर लूँ। मैंने कई बार सोचा, माँ से कहूँ, तेरा यह लंका-कांड कब खत्म होगा? पर यह तो था नहीं कि माँ लगातार लंका-कांड पढ़ रही हो, इसलिए ऐसी बेहूदी बात पूछने का भला कोई अर्थ था। जुगुप्सा पैदा करने वाले इन प्रसंगों से मैं बचना चाहता था, पर कुछ दिन बाद मैंने पाया अगर मैं कान बन्द भी कर लूँगा तो भी ये मुझे सुनाई देने लगे हैं। तब समझ में आया, ये चौपाइयाँ मेरे दिमाग में अनचाहे ही रिकार्ड हो चुकी हैं।

हम लोग कब्र नहीं बनाते। समाधियाँ कभी सन्तों की होती थीं, अब नेताओं की बनती हैं। हमारी परम्पराएँ भिन्न हैं। मैं सामान्य आदमियों की बात कर रहा हूँ। सिर्फ श्राद्ध होता है हमारे यहाँ, इसलिए हमें—मुझे और मेरी पत्नी को—हर रविवार कब्रिस्तान नहीं जाना पड़ता। हम साल भर में उन्हें याद कर सकते हैं, जो कभी थे। और फिर जो मर गए उन्हें हर वक्त याद करने का अर्थ?

साल हो रहा है।

अक्टूबर इसी तरह खत्म हो रहा था। रामलीलाएँ हो चुकी थीं। पात्रों की दस दिन की लीला और बीस दिन की रिहर्सल की थकान लगभग मिट चुकी थी। मोहल्ले के बच्चे वास्तविक लोगों को पौराणिक नामों से पहचानने लगे थे। हर साल की तरह राम और रावण ही उनके प्रमुख प्रिय पात्र थे। अनिल ने रावण चुना था। और वह लगातार उसी रोल में घूम रहा था। दशहरे के दिन की उसकी लकड़ी की तलवार यद्यपि तब तक टूट चुकी थी, पर मूँछें अभी भी उतनी ताजा थीं, जितनी कि दशहरे के दिन रही होंगी। मुझे अपने बेटे की नकली मूँछों पर बड़ा मजा आता था। मर्दानगी के प्रति उसके जबर्दस्त लगाव का मैं कायल हो चुका था। यह लड़का वीर बनेगा, मैंने एक रात अकेले में उसकी माँ से कहा था। वह सिर्फ मुस्कराई भर थी और करवट बदलकर सो गई। उसकी मुस्कराहट की चमक अँधेरे में इस तरह कौंधी जैसे किसी गुफा में टॉर्च। मैं भाव-विभोर था, इसलिए कह नहीं सकता उस मुस्कराहट में खुशी थी या व्यंग्य। मैंने लेटे-लेटे ही निर्णय किया था कि

अनिल को एक बढ़िया तलवार ला दूँगा। होगी वह नकली, पर लगेगी बिलकुल असली जैसी।

अगले दिन ही वह हादसा हो गया।

हुआ यह कि अनिल ने अपने छोटे भाई अरुण के पेट में वह पुरानी तलवार भोंक दी। छोटे की किस्मत कि तलवार ने पेट नहीं फाड़ा, बाकी सब कुछ कर दिया। जब हमने अनिल को डाँटा तो वह कहने लगा, बाबूजी रावण तो अपनी तलवार चलाएगा ही, अब बचना तो आपका काम है न! छोटा लगभग अधमरा हो चुका था। उस समय गुस्सा तो बहुत आया, पर बाद में छोटे को डॉक्टर के पास ले जाते हुए मुझे लगा कि बात तो भाई गलत नहीं है। अरुण कई दिन तक दर्द से ही नहीं कराहता रहा, बल्कि इतना आतंकित हो गया कि उसने अनिल के डर से स्कूल ही जाना छोड़ दिया। उस समय मुझे लगा था कि छोटे का आतंक आधारहीन है। हमने उसे कई तरीके से समझाया, पर उसका आतंक नहीं गया। पर जल्दी ही समझ में आ गया कि छोटे का डर निराधार नहीं था।

मुश्किल से दो-एक दिन गुजरे होंगे, एक शाम जब मैं घर लौटा, कोहराम मचा हुआ था। हाथ-पैर बँधा रावण एक कोने में पड़ा गुर्रा रहा था। उसकी माँ गुस्से में पगलाई हुई थी। बिना किसी भूमिका के कहने लगी, ''तुम्हारा बेटा राक्षस है और रावण ही बनेगा।''

मैं हँसा था, ''रावण बनने से कोई रावण थोड़े ही हो जाता है।''

''सिर्फ राक्षसों के लिए रावण आदर्श होता है और तुम्हारा बेटा राक्षस बनेगा, अपने स्वार्थों के लिए दूसरों की हत्या करनेवाला।''

जितना क्रोध उसकी माँ के स्वर में था, लगभग उतनी ही घृणा से अनिल ने कहा, ''तुम्हारा बेटा विभीषण बनेगा।''

''विभीषण रामभक्त था। धार्मिक आदमी था, राक्षस नहीं।'' उसकी माँ ने जवाब दिया था।

''हर-दगाबाज दुश्मन के लिए आदर्श व्यक्ति होता है।'' अनिल ने कहा था।

माँ-बेटे के संवाद पर मुझे बहुत हँसी आई थी। यद्यपि मैंने मामला रफा-दफा करवा दिया, पर उसकी माँ ने उसे माफ नहीं किया। बात छोटी भी नहीं थी।

अनिल ने कुछ किया था, जिसका सुराग अरुण ने माँ को दिया था। माँ ने अनिल के कान खेंचे और बदले में अनिल ने छोटे के पेट में दुबारा तलवार मारी थी। इस पर माँ ने उसकी जमकर धुनाई ही नहीं की, बल्कि उसकी टूटी तलवार भी फेंक दी और रस्सी से बाँधकर तब तक के लिए उसे डाल ही दिया था जब तक कि वह अपने किए पर नहीं पछताता और माफी नहीं माँग लेता। पर वह टस से मस नहीं हुआ और बँधा रहा। अन्ततः मुझे उसे बिना माफी माँगे ही छुड़वाना पड़ा था। अहं और दम्भ उसमें आश्चर्य की हद तक बढ़ गया था।

अक्टूबर की आखिरी रात और नवम्बर की पहली सुबह के बीच की बात रही होगी। इस कांड के ठीक दो दिन बाद घटना ने नया ही रूप ले लिया। सोए-सोए मेरे कानों में वही चौपाई बजने लगी थी, जिससे मैं बचता रहा था :

नभ चढ़ि बरष बिपुल अंगारा, महि ते प्रगट होहिं जलधारा।
नाना भाँति पिसाच पिसाची, मारू काटु धुनि बोलहिं नाची।
बिष्टा पूय रुधिर कच हाड़ा, बरषई कबहुँ उपल बहु छाड़ा।
बरषि धूरि कीन्हेसि अँधियारा, सूझन आपन हाथ पसारा।

मैं हड़बड़ाकर आँख मलता उठा था। बाहर वाकई अँधेरा था। 'बचाओ-बचाओ', 'मारो-मारो' की पृष्ठभूमि में ही मैंने पत्नी से पूछा, "क्या सबेरा नहीं हुआ?"

"सबेरा तो कब का हो चुका है, देख नहीं रहे हो यह धुआँ है।"

"तुम्हारा मतलब है, नवम्बर की शुरुआत हो चुकी है?" मेरी शंका बनी हुई थी।

"हाँ, आग लग गई है।" पत्नी ने उदास स्वर में कहा था। पर वह चिन्तित क्यों नहीं थी, वह मैं जान नहीं पाया था। अचानक उसने पूछा, "महीने से क्या अन्तर पड़ता है?"

"हाँ, महीने से क्या अन्तर पड़ता है।" मैंने दोहराया था। अगस्त भी तो वर्षा का महीना हुआ करता है न?

इस बार वह कुछ नहीं बोली। उसकी देखा-देखी मैं भी सक्रिय हो गया था। आग वाकई खतरनाक होती है। हमने दावानल में फँसे पक्षी की तरह अपने बच्चे समेटे। अनिल नहीं था। हम छटपटाए थे और बाट जोहने लगे थे। आग अब भी नजर नहीं आ रही थी, पर धुआँ बढ़ता जा रहा था। अजीब धुआँ था पिघले शीशे की तरह ठोस और गर्म। और इस अन्धे धुएँ में साँस नली बन्द होती जा रही थी, मानो कोई अपनी एक-एक साँस के लिए लड़ रहा हो। मेरे दिमाग में फिर से तुलसी की पंक्तियाँ आने लगी थीं, वही डरावनी और वीभत्स पंक्तियाँ : *बरषि धूरि कीन्हेसि अँधियारा, सूझन आपन हाथ पसारा।*

ये क्या हो रहा है? क्या राम-रावण युद्ध फिर से लड़ा जा रहा है? इस में चूँकि आग कहीं नजर नहीं आ रही थी, इसलिए कहा नहीं जा सकता कि धुआँ आ कहाँ से रहा है। पर धुआँ अपने साथ जो गन्ध फैला रहा था, वह अमानवीय थी। न लकड़ियाँ जल रही थीं और न ही कोई ईंधन। अजीब बात थी कि यह गन्ध उन इष्ट-मित्रों की याद दिला रही थीं जो कभी रहे थे। यह बीते हुए लोगों की मृत गन्ध थी जो पश्चाताप और अतीत को साथ लेकर आई थी। मैं नहीं जानता क्या हो रहा था, पर जो भी हो रहा था वह हर चीज को बीत जाने की उदासी की रिक्तता से भर रहा था। मुझे अपने पिता की याद आने लगी थी, किसी चीज–प्रिय और निजी के–शेष हो जाने की। एक अन्तराल के आ जाने की गन्ध। पिता की याद के साथ मुझे श्मशान याद आने लगा। वही मुर्दा-गन्ध थी तीखी और बिना किसी सामग्री की।

और मुझे लगा मेरी साँस के साथ बारीक-बारीक रेशों-से धागे नथुनों से श्वास नली में फँसते जा रहे हैं। मैंने रेशों से छुटकारा पाने की कोशिश की पर, वे ओर-छोर से परे थे। कहीं अन्दर जैसे अन्तहीन कलियोंवाला कोई करघा चल रहा हो या अनगिनत कोये एक साथ खुलते जा रहे हों। अन्दर के करघों का शोर अचानक बढ़ने लगा, मानो उनकी गति किसी ने बहुत तेज कर दी हो। मैंने घबराकर रेशों को वैसे ही छोड़ दिया जैसे वे थे–लहराते हुए, किसी तालाब की काई से। पर शोर था कि थमने को नहीं आ रहा था। शोर मेरे अन्दर था या बाहर, मैं निर्णय नहीं कर पा रहा था। मैंने बेचैनी में बाहर झाँका। वही धुआँ था, जिसकी आग कहीं नहीं थी और फिर भी जैसे उस धुएँ के साथ सब कुछ जल रहा था। जलने की चड़चड़ाहट के बीच भारी मशीनों की आवाज बढ़ रही थी। जैसे कोई भारी कदमों से सूखे पत्तों को कुचलता चला आ रहा हो।

अचानक चट्टान की तरह खिसककर शोर एक झटके से दरवाजे पर आ खड़ा हुआ। मैंने घबराकर दोनों कानों से हाथ ढक लिए। जब हाथ हटाए तो बड़े जोर से दरवाजा भड़भड़ा रहा था। दरवाजा खोला तो अनिल था एक आक्रामक हुजूम के साथ, जो उसके इशारे पर बाहर ही ठहर गया था।

"तुम?" मेरी खुशी का पारावार नहीं था। मैं कृतज्ञ था–एक कायर पिता।

"हाँ मैं!" उसके स्वर ने मेरे अन्दर वैसा आतंक पैदा कर दिया जैसा बचपन में राक्षस की भूमिका करनेवाले पात्र कर दिया करते थे। तुम्हारी आवाज को क्या हो गया है? मैं पूछना चाहता था, पर उसके हाथ की असली तलवार के आगे हिम्मत नहीं कर पाया। क्या किसी बच्चे की आवाज रातोरात इस तरह बदल सकती है? क्या होगी इसकी आयु! मैंने जल्दी-जल्दी अन्दाज लगाया था। कुछ भी हो अभी वह उस उम्र में नहीं पहुँचा था जब लड़कों की आवाज चौंकानेवाली तेजी से बदलती है।

वह रावण के साथ था–असली रावण का अभिनय करने वाले के साथ।

"तुम कहाँ थे?" मैंने पूछा।

"जब देश और जाति पर संकट होता है तब युवकों को बाहर निकलना ही पड़ता है।"

"क्या मतलब?" मैंने लगभग चीखकर कहा। रावण की आवाज सुनते ही मैं आपे में नहीं रह पाया। प्रश्न मैं अपने बेटे से पूछा रहा था और जवाब दे रहा था यह रावण की औलाद।

"चीखिए मत।" यह अनिल था, मेरा बेटा, जो बहुत ही ठंडे और निर्मम स्वर में बोल रहा था जैसे कोई अपने मातहत को डाँट रहा हो। क्या यह वही बेटा है जो दो दिन पूर्व तक मेरी एक आवाज पर पेशाब कर देता था।

"क्या मैं अपने बेटे से कुछ पूछ नहीं सकता?" इस बार मैंने खून का घूँट पीकर सीधे रावण से ही प्रश्न किया था।

"यह देश का मामला है।" हिकारत से रावण ने कहा था, "ऐसे में कौन किसका बेटा कौन किसका बाप। आपको पता नहीं, देश संकट में है। इन बातों का फैसला करने का आज समय है किसके पास!"

"हर आवारा और उच्चके से मुझे देश के बारे में नहीं सीखना है।" मैंने भी जवाब दिया था।

"देश के बारे में आप किसी भी उस आदमी से सीख सकते हैं, और आपको सीखना होगा, जो देश को लेकर चिन्तित है।"

"तो आप वह आदमी हैं।" मैंने व्यंगात्मक लहजे में कहा।

"आपका बेटा भी।" रावण ने उतने ही विश्वास से जवाब दिया।

"तुमने जनम भर न पढ़ा न लिखा और अब इन लड़कों को भी वही सिखाना चाहते हो जिनके तुम नेता बने नजर आ रहे हो।" मैं चीखा।

"गांधी जी ने क्या किया था? 1942 में क्या हुआ था? क्या तब बच्चों ने देश के लिए स्कूल-कॉलेज नहीं छोड़े थे? पढ़ के ही ऐसा क्या होनेवाला है।"

"पढ़ना उचक्कों का काम नहीं है। तुम्हें क्या पता पढ़कर क्या होता है। तुमने पढ़ा होता तो इतने वर्षों से तुम रावण नहीं बन रहे होते।"

"राम बन गए होते! क्या फर्क है राम और रावण में?" वह व्यंग्य से हँसा था।

"यह अन्तर तुम नहीं समझ सकते। रावण को अभिनीत करनेवाले के लिए राम भी बस एक पात्र ही होता है। बेवकूफ रावण, राम पात्र नहीं, एक आदर्श है, जिसे हमें जीना होता है और रावण एक ऐसा पात्र है जिससे हमें बचना है।"

यह सुनकर वह हँसा ठठाकर, "हा, हा, हा, आदर्श, हा, हा, हा, किसने मना किया है, जियो आदर्श को। पर आदर्श कैसा यह जान लो। एक ऐसा आदर्श जो दूसरे की औरतों की नाक काटने को एक महान कार्य मानता है, क्यों?"

"औरत नहीं छिनाल औरत।" मैंने कहा।

वह फिर हँसा, 'हा, हा, हा' के अट्टहास में, "कैसी औरत? छिनाल औरत! कौन करेगा फैसला छिनाल कौन है? कुछ भी हो यह देश हमारा भी है और आप जैसे लोगों के कारण संकट में है। हमें इसकी रक्षा करने से कोई नहीं रोक सकता!"

"बकवास मत करो!" मैं भी चीखा, "साली सरकार क्या मर गई है जो देश-रक्षा की जिम्मेवारी तुम सरीखे गुंडों के हाथ आ गई है।"

"क्या होती है सरकार? क्या आकाश से आती है और फिर मान लो है भी तो क्या हमें अपनी नागरिक जिम्मेदारियाँ भी नहीं पूरी करनी हैं। जब देश और जाति पर संकट होता है सबको मिलकर काम करना होता है। सबको कुर्बानियाँ करनी होती हैं। तुम्हें पता है इस समय हमारे समाज पर क्या संकट आया हुआ है? धर्म पर क्या संकट आया हुआ है? हमारे नेताओं को किस तरह हलाल किया जा रहा है, आप

जैसे अन्धे इन बातों को नहीं देख सकते। आपको सिर्फ अपनी चिन्ता है। मेरा क्या होगा! मेरी बीबी का क्या होगा? मेरे बच्चों का क्या होगा?"

"हाँ, हाँ ठीक है। अगर तुम्हें देश की इतनी ही चिन्ता है तो यहाँ क्या कर रहे हो। जाओ, बचाओ न देश को।" कौन, मुँह लगे सोचकर पिंड छुड़ाने के लिए मैंने कहा था।

इस बार रावण के अट्टहास ने उस सर्वव्यापी अन्धी नारकीय आग की चड़चड़ाहट को ग्रस लिया। उस अट्टहास में गाड़ियों के भारी-भारी इंजनों का शोर इस तरह बिला गया जैसे दूध में शक्कर। और इसी अट्टहास के बीच मैंने चीख सुनी थी, एक दर्दनाक चीख, जो अपनी पीड़ा के कारण आत्मा को बेध देती है। कहाँ से आ रही थी वह चीख मेरी समझ में नहीं आ रहा था। पर चीख थी पहचानी हुई। मैंने बाहर झाँककर देखने की कोशिश की। चीख पृथ्वी की कक्षा में छूट गए किसी टूटे उपग्रह-सी लगातार चक्कर लगा रही थी, उस गहरे अन्धकार में भी, जो पिघले शीशे-सा गर्म और गाढ़ा था।

और तभी मैंने देखा था कि वे लोग जा रहे थे देश को बचाने। वे लोग अपने पीछे वह चीख छोड़ गए थे जो लगातार वायुमंडल में घूम रही है, किसी घायल पक्षी की तरह आज भी। मैंने देखा था उन भारी इंजनवाली गाड़ियों के काफिले की अन्तिम गाड़ी में अनिल चढ़ा था। रावण के हाथ का सहारा लेकर किसी वीर की तरह। उसने हाथ भी हिलाया था। फिर वह मुस्कराया था मुझे देखकर। उस अन्धकार में भी मैंने देखा था किसी टोले की तरह वह हाथ अन्धकार में चमका था।

उसी चमक में मैंने जाना था कि उसके चेहरे पर असमय ही दाढ़ी उग आई है और उसकी मासूमियत कहीं खो गई है। सम्भव है वह अनिल न भी रहा हो, क्योंकि मेरी आँखों के आगे चीख थी, इसलिए चीजों को मैं साफ नहीं देख पा रहा था। फिर अँधेरा भी था। पर अलविदा में उठाए गए उसके हाथ से झरते रक्त-कणों को मैंने सिर्फ देखा ही नहीं था अपने चेहरे पर भी महसूस किया था। और गाड़ियों के उस भयावह कान-फोड़ शोर में भी मैंने सुना था, उसने विभीषण कहा था, हाँ विभीषण ही कहा था...।

उस दिन यूरिको की माँ वहीं थी, जिस दिन 'लिटिल बॉय' (कितना विचित्र और कुत्सित है यह नाम--क्या आदमी की विकृति का कोई अन्त हो सकता है) नामक अणुबम के विस्फोट ने कुछ ही मिनटों में एक जीते-जागते शहर को मुर्दों के टीले में बदल दिया था। यहाँ तक कि सबसे सुरक्षित जगह माँ के गर्भ में भी यूरिको नहीं बची थी। पिछले चालीस वर्षों में लिटिल बॉय किस तरह अपने शिकारों को तड़पा-तड़पाकर खाता रहा है, यह सब दस्तावेज है। अन्ततः रेडियो विकिरण से ग्रस्त

यूरिको की माँ हड्डी के मैरो कैंसर से दिसम्बर, 1978 में मर गई। इससे पहले उसने जो पीड़ाएँ सहीं उन्हें अलग से बताकर मैं आपका समय बर्बाद नहीं करना चाहता।

पर मैं आपको 39 वर्षीय बच्ची (मेरी छोटी बेटी से भी छोटी) के बारे में कुछ और बतलाने से स्वयं को रोक नहीं पा रहा हूँ। शायद आप लोगों को पता हो यूरिको आज भी तीन वर्ष के किसी भी बालक से कुछ ज्यादा नहीं समझती। वह माइक्रोसिफैली है यानी बहुत ही छोटा दिमाग लेकर पैदा हुई थी। ऐसा दिमाग जो कभी बढ़ नहीं पाता। हर रविवार यूरिको अपने पिता के साथ माँ की समाधि पर जाती है। समाधि के पत्थर पर कुछ देर वह कान लगाकर सुनने की कोशिश करती है फिर अपने पिता से कहती है, 'कान-कान!'

यानी?

यानी माँ कुछ कह रही है।

हम सबकी तरह उसका पिता भी समझदार है। मरे हुए आदमी नहीं बोलते। भले लोग पिशाच भी नहीं बनते। भले लोगों की आत्माएँ भी नहीं भटकतीं, बदला लेने के लिए।

पर मान लो अगर कभी मरे हुए लोग बोल ही उठे? वे लोग जो निहत्थे थे और निर्दोष थे और मासूम भी, तब वे क्या कहेंगे?

क्या आप भी यह मानते हैं कि हमें उस दिन की प्रतीक्षा करनी होगी जब निर्दोष और मासूम लोग बोलेंगे, अपनी कब्रों से?

(1985)

मुकाम

डैवलपर में तैरते पेपर-सा आकाश न जाने कब का गहरे बादलों से भर गया था। चलते समय दूर-दूर तक बादलों का नामो-निशान नहीं था। वर्षा अब किसी भी क्षण हो सकती थी, पर उन्हें वैसी चिन्ता नहीं रही थी, जैसी वह दिल्ली में आनन्द को दिखला रहे थे। अगर इसी समय वर्षा होने लगे तो भी डर की कोई बात नहीं थी। कुछ ही घंटों में वह घर पहुँचनेवाले थे। फिर पिछली बरसात ही में तो उन्होंने छत की लगभग सारी चादरें बदली थीं। इस पर भी अगर कहीं चू ही रही होगी तो पहुँचते ही ठीक करवा लेंगे। उनकी चिन्ता एक तरह से बिलकुल गलत भी नहीं थी। नए-से-नए मकान के भी खंडहर होने में देर नहीं लगती, उनका मकान पचास साल पुराना तो था ही। ऊपर से पिछले आठ महीने से बन्द पड़ा था। वह चाहते हुए भी इस बीच नहीं आ पाए थे। हाँ, उनकी सन्तुष्टि के लिए एक बार आनन्द के कहने पर महेश जरूर चक्कर मार गया था। यह सच है कि आनन्द ने उन्हें जोर देकर रोका था, पर अगर वह निर्णय ही कर लेते तो किसी से रुकनेवाले नहीं थे। उनके न आने के पीछे उनकी थकन थी। वह इस जगह के मोह से स्वयं को मुक्त करना और जीने के दूसरे बहाने तलाशना चाहते थे।

ये लड़के भी विचित्र हैं। दो जन के लिए सालभर में एक चक्कर मारना ही मुश्किल काम हो गया है। क्या किसी मकान की सालभर में एक चक्कर मारकर देखभाल की जा सकती है। उन्हें लगता है, लड़के मकान को जैसे ही मौका लगा बेचने के चक्कर में हैं। वे दिल्ली में अपने लिए फ्लैट खरीदना चाहते हैं, जिससे पहाड़ की ओर आने की जिम्मेदारी से भी मुक्त हो जाएँ। इन सालों की समझ में मकान और फ्लैट का अन्तर कभी नहीं आएगा। उन्होंने बड़े चाव से पैंतीस वर्ष पूर्व खरीदा था, यह मकान। किसी शिकार-प्रेमी अंग्रेज ने बनवाया था इसे। ढलवाँ टीन की छतवाला यह बँगला बड़ा नहीं था, पर था बहुत सुन्दर और खुला-खुला–लगभग एक एकड़ जमीन से घिरा। पीछे सर्वेंट क्वार्टर भी था। समय के साथ-साथ जब सारे बच्चे इधर-उधर बस गए और इस मकान में वह और आनन्द की माँ रह गए, उन्होंने एक डोटियाल (नेपाली) को सर्वेंट क्वार्टर में रख लिया। वर्ष पर वर्ष जाने कब निकल गए।

पार्वती की मृत्यु के बाद उन्हें लगा था, अब मकान में अकेले रह पाना सम्भव नहीं है। बच्चों ने भी समझाया था, "पिताजी, हमारे होते आप यहाँ अकेले क्यों रहेंगे भला। अकेला रहना कितना कठिन है? कौन आपके लिए खाना बनाएगा, कौन आपकी देखभाल करेगा?"

कठिन से तात्पर्य खतरनाक से था। वह उस समय गुमसुम रहे थे। सब कुछ जानते-समझते। बस पार्वती से असन्तुष्ट थे वह। सोच रहे थे, इस तरह नहीं छोड़ना चाहिए था उसे। कम-से-कम इतना खड़ा-खड़ी तो नहीं ही। उनका प्रिय मकान ही उनके लिए अचानक एक आतंक हो गया था। हर दीवार, हर खम्भे, यहाँ तक कि हर पत्थर और पेड़-पौधे से पार्वती बोल रही थी। और इस तरह हर पल स्मृतियों की मरीचिका में भटकना मानसिक रूप से बहुत ही हताश करनेवाला और पीड़ादायक था। इसलिए वह क्रिया-कर्म के निबटते ही आनन्द के साथ चले आए थे।

प्रारम्भ में बच्चों के बीच उन्हें काफी शान्ति मिली थी, पर धीरे-धीरे उनकी समझ में आ गया कि नहीं, इस दुनिया में वह आरोपित हैं या कह लीजिए अतिरिक्त हैं। यह एक अलग ही संसार था। उनके लिए बिलकुल अपरिचित और अनजान, जहाँ हर व्यक्ति की अपनी एक दुनिया थी। सुबह से जो अफरा-तफरी मचती, रात कहीं जाकर थमती और तब तक किसी के पास इतनी शक्ति नहीं रह जाती कि दूसरे से दो शब्द भी बिना मतलब के बोल सके। सुबह सबसे पहले बहू दौड़ती, वह पढ़ाती है, फिर बच्चे स्कूलों को खदेड़े जाते। उसके बाद आनन्द भागता था। आनन्द और उनकी जो थोड़ी-बहुत बातचीत हो पाती, वह समय बताने के लिए चलते विविध भारती कार्यक्रमों के बीच ही हो पाती थी। कई बार उनकी इच्छा होती, रेडियो बन्द कर दें, पर वह जानते थे, इसका परिणाम यह होगा कि आनन्द को समय का अन्दाज नहीं रहेगा और देर हो जाएगी फिर उसे स्कूटर तेज चलाना पड़ेगा। सुबह की कहानी का पटाक्षेप शाम को यथायोग्य होता, जब सब लौट आते तो टेलीविजन के चारों ओर जमा हो जाते, जैसे जाड़ों में पहाड़ में लोग आग के चारों ओर इकट्ठा होते हैं। उन्हें कई बार लगा है, सम्भवतः टेलीविजन ही वह ऊर्जा है जो इन लोगों के दैनिक जीवन के ठंडेपन को तपाए रखने में सहायक हो रही है।

उनकी निराशा चहुँमुखी थी। सबसे अधिक बच्चों से उन्हें शिकायत थी। कहाँ तो उन्होंने सोचा था कि बच्चों में दिन कटते देर नहीं लगा करेगी, पर यह समझते उन्हें समय नहीं लगा कि न तो बच्चों को उनके पास आने की फुर्सत है और न ही एक सीमा से अधिक वह स्वयं ही बच्चों का साथ निभा पाने में समर्थ है। सारे प्रयत्नों के बावजूद उनके और बच्चों के बीच की दूरी घट नहीं पाई थी। जिस तरह पार्वती अपना बड़प्पन बरकरार रखती हुई भी बच्चों के साथ हिलमिल जाती थी, उनके लिए यह सब सम्भव नहीं हो पा रहा था। न जाने वह क्या गुण था जो बच्चों के लिए दादी कभी दूर की चीज नहीं रही थी। यह सही है कि वह परगना अधिकारी कभी

थे, पर वे सब बातें बीत चुकी थीं। जब भी वह बच्चों के पास गए हैं, उन्होंने अपने सारे मुखौटे उतार दिए थे, पर बच्चे थे जैसे किसी षड्यन्त्र के तहत उन्हें नीचा दिखा रहे थे। क्या बच्चों को सिखाया जा रहा था? पर तब उन्होंने किसी का बिगाड़ा क्या था, जो उनसे इस तरह बदला लिया जाता।

खैर जो भी हो अतिरिक्त होकर जीना उन्हें स्वीकार नहीं था, इसलिए उन्होंने तय किया कि अपनी उपादेयता उन्हें स्वयं ही तलाशनी है। शुरू में कुछ दिन उन्होंने बच्चों को पढ़ाने की कोशिश की। पर बच्चे जो-जो विषय जिस-जिस तरह पढ़ रहे थे, उन तौर-तरीकों से वह बिलकुल अपरिचित थे। अब 70 साल की उम्र में 'पहाड़ों' की जगह 'टेबुल' याद करवाना उनके वश का नहीं था। और भी कई चीजें थीं इसी तरह की, जिन्हें अगर वह पढ़ाना चाहते थे तो उन्हें स्वयं पहले पढ़नी थीं और इतना धैर्य व सामर्थ्य अब उनमें रह नहीं गए थे। इसलिए उन्हें जल्दी ही दूसरा तरीका ईजाद करना पड़ा था।

उन्होंने प्रस्ताव रखा कि क्यों न बच्चों को सुबह वह स्कूल छोड़ आया करें और दोपहर ले आया करें। सुबह छह बजे के निकले बच्चे गिरते-पड़ते दो-ढाई बजे कहीं घर आकर लगते थे। भूखे-प्यासे, कुम्हलाए बच्चों को देखकर उनका मन खिन्न हो जाता। यह साली भी क्या पढ़ाई हुई कि जान ही ले ले। हमने भी तो पढ़ा है। तीन-तीन मील पैदल जाया करते थे, पर इस तरह की पीड़ा नहीं सहनी होती थी कि आज बस खराब हो गई तो कल ट्रैफिक जाम और परसों बस ही निकल गई। ऊपर से झस-झस अलग कि कहीं बच्चों को तो कुछ नहीं हो गया होगा।

आनन्द ने पूरी बात भी नहीं सुनी, बहुत ही गैर-जिम्मेदाराना तरीके से पहले ही कह दिया, "आप कहाँ परेशान होते फिरेंगे, छोड़िए इस चक्कर को।"

"इसमें परेशानी की क्या बात है?" उन्होंने कहा था, "मुझे कौन-सा पहाड़ तोड़ना है। अरे यार, दिनभर भी तो बैठा ही रहता हूँ। चला जाऊँगा दो कदम। इसी बहाने समय भी कट जाएगा और बच्चे भी जल्दी आ जाया करेंगे।" शुरू से ही वह तुनकमिजाज रहे थे और जवाब सुनने के भी आदी नहीं थे। खीझे वह जरूर, पर उन्हें सीमा का लगातार भान था। वह खूब अच्छी तरह जानते थे, यहाँ उनकी बात का क्या अर्थ है, इसलिए उनकी आवाज ने नियन्त्रण नहीं खोया।

आनन्द ने बहुत ही नियन्त्रित पर दृढ़ स्वर में उत्तर दिया था, "ऐसा है पिताजी कि यह हल्द्वानी या नैनीताल तो है नहीं कि एक-आध मील का मामला हो और आदमी टहलता हुआ चला जाए। यह हुई दिल्ली। रश्मि का स्कूल यहाँ से कम-से-कम दस किलोमीटर की दूरी पर तो होगा ही और कार्तिक का तकरीबन आठ। फिर दोनों स्कूल अलग-अलग दिशा में हैं। दिल्ली की बसों का आपको अन्दाज नहीं है। अगर आप स्कूटर चला सकते तो चल जाता। ऐसे में होगा यह कि बच्चे डी.टी.सी. की बसों के चक्कर में और देर से पहुँचेंगे।"

कोई और समय होता तो वह चीख उठते, "हाँ, हाँ मालूम है, यह दिल्ली है, लन्दन या न्यूयार्क नहीं है। मैं यहाँ तब आया था जब तू पैदा भी नहीं हुआ था।" पर तभी उन्हें याद आया था कि आनन्द अब चालीस साल का है और यह दिल्ली चालीस साल पहलेवाली दिल्ली नहीं रह गई है। कुछ चीजें जरूरत से ज्यादा तेजी से बदलती हैं। तब इस बदलाव से तालमेल बैठा पाना हर एक के लिए सम्भव नहीं रह जाता। अब वह भी तो वह नहीं रहे जो चालीस साल पहले थे। इस बीच जो आपाधापी, भीड़-भाड़ और उजड्डता इस शहर ने अपनाई है, वह अकल्पनीय है। क्या आज यहाँ किसी का लिहाज रह गया है? क्या इस शहर की बसों में कोई बूढ़ा, बच्चा और औरत सम्मान से और सही-सलामत चल सकता है? ड्राइवर-कंडक्टर की बात छोड़ो, क्या यहाँ का तथाकथित सूटेड-बूटेड आदमी किसी तरह के संस्कार से परिचित है? उन्हें न चाहते हुए भी मानना पड़ा था कि आनन्द कहीं ठीक ही कह रहा है। वह इस तरह के माहौल में दो-दो बच्चों के साथ किस तरह यात्रा करेंगे? इस पर भी आनन्द का स्वर उन्हें अवांछित लगा था। यह बात और तरीके से भी तो कही जा सकती थी—यह हल्द्वानी नहीं है—क्या मतलब है इस बात का?

इसके बाद उन्होंने इस सम्बन्ध में कोई बात नहीं की।

लेकिन अचानक ही उन्हें एक और तरीका मिल गया, मन बहलाने का। सुबह वह आठ-नौ बजे नाश्ता करके बिना नागा कोई अखबार ढूँढ़ने निकल पड़ते। ऐसा नहीं था कि घर में अखबार न आता हो और न ही ऐसा था कि वह अखबारों के बड़े भारी प्रेमी ही हों। पर उन्हें खेल मिल गया था। पटरी पर लगे किसी अखबारवाले की दुकान पर नजर डालते। जब उन्हें यकीन हो जाता कि दुकान में आज 'एक्सप्रेस' नहीं है तो पूछते, "अरे भाई। एक्सप्रेस है क्या?"

जवाब वह जानते ही थे कि क्या होगा, इस पर भी अखबारवाले से चर्चा करते, "कुछ ज्यादा कॉपियाँ लाया करो। आजकल अच्छा निकल रहा है।"

यही कहानी वह अगली दुकान पर दोहराते। जो अखबार नजर नहीं आता उसी की पूछताछ करते, दुकानवाले से। अगर वह व्यस्त न होता तो थोड़ा बतियाते और आगे बढ़ जाते। इस तरह वह कभी 'टाइम्स', कभी 'स्टेट्समैन', कभी 'जनसत्ता' तो कभी 'नवभारत टाइम्स' ढूँढ़ते मीलों निकल जाते और जब थककर चूर हो जाते तो अन्तिम दुकान से कोई-सा भी अखबार खरीदकर चले आते।

पर समय काटने का यह तरीका भी कोई बहुत कारगर साबित नहीं हो रहा था। असल में इस प्रक्रिया में वह थक बहुत जाते थे और अक्सर रात को पैरों के दर्द के कारण हाय-हाय करने लगते थे। तभी एक नया सिलसिला शुरू हो गया। अचानक ही उन्होंने महसूस किया कि वह बाजार में हर तरह की चीजों के भाव पूछने लगे हैं। घर आकर वह बहू से पूछते, फलाँ चीज किस भाव लाई हो? बहू के उत्तर पर अक्सर ही उनकी टिप्पणी होती, अरे वहाँ तो एक रुपया कम में मिल रही है या

पचास पैसे ज्यादा है। इस तरह देखते ही देखते वह दिल्ली के भावों के विशेषज्ञ हो गए। एक बार मजाक में महेश ने उन्हें सुझाव दिया कि पिताजी, अगर आप कहें तो मैं आपको 'स्टेट्समैन' में कॉलम लिखने में लगा सकता हूँ, वहाँ मेरा एक दोस्त काम करता है।

"क्या मतलब?" उनकी समझ में मजाक नहीं आ पाता था।

"ये बाजारवाला कॉलम।" उसने गम्भीर होकर कहा, "आप तो अखबारवालों की भी कमियाँ बता देते हैं।"

उन्होंने उस समय हँसते हुए ही जवाब दिया था, "अरे जा रहने दे, तेरी सिफारिश की नौबत अभी नहीं आई है।" पर गुस्से को वह छुपा नहीं पाए थे।

उसी पल, दिल ही दिल में उन्होंने तय किया कि आगे से वह लड़कों के आगे इस तरह की कोई बात नहीं करेंगे। साले मजाक उड़ाते हैं। लुटाओ, अगर तुम्हें पैसा ही लुटाना है तो, मेरा क्या जाता है। असल में बुरा उन्हें यों लगा था कि इस महेश के बच्चे की बात पर आनन्द भी हँसने लगा था। वह आनन्द को काफी गम्भीरता से लेते थे। यदि महेश ने यह बात कहीं अलग से कही होती तो सम्भवतः उन्हें इतना बुरा न लगा होता। आखिर बड़ा बेटा न सही, बड़ा भाई होने की भी तो कोई जिम्मेदारी होती है। कहाँ तो महेश को डपटना चाहिए था, कहाँ खुद ही हँसने लगा। हमारे भाई आज भी हमारे सामने बोलने की हिम्मत नहीं कर सकते।

उन्होंने बाजार जाना ही छोड़ दिया। आँखें साथ नहीं दे पा रही थीं, इसलिए ज्यादा पढ़ भी नहीं पाते थे, इस पर भी उन्होंने कोशिश की कि कुछ-न-कुछ पढ़ते रहें। टेलीविजन और किताबों ने एक सप्ताह में ही आँखों में दर्द कर दिया। बल्कि लाल भी कर दीं। इस पर अगले ही सप्ताह उन्हें डॉक्टर के पास ले जाना पड़ा और ज्यादा पढ़ने की मनाही हो गई।

अब यह स्पष्ट होने में कसर नहीं रही कि वह बिलकुल अकेले ही नहीं, अवांछित भी हो गए हैं। इस तरह का पहला झटका उन्हें आज से 15 वर्ष पहले लगा था, जब वह 35 साल की नौकरी के बाद रिटायर हुए थे। तब भी रातोरात उनकी दुनिया में बदलाव आया था। यद्यपि काफी अरसे से वह अपने को उस दिन के लिए तैयार कर रहे थे, इस पर भी वह उस धक्के को सँभाल नहीं पाए थे। वे सारी चीजें जो घंटा-भर पहले तक उनकी थीं, बेगानी हो गई थीं। इसने उनकी आर्थिक स्थिति में ही अन्तर नहीं पैदा किया था, शहर के एक महत्त्वपूर्ण आदमी से अचानक उन्हें घटाकर एक सामान्य आदमी बना दिया था। पर उस जलजले के घाव समय के साथ भर गए थे।

यह दूसरा झटका था, जिसके घावों के भर पाने की गुंजाइश अब नहीं रह गई थी। पार्वती का न रहना पहले उन्हें लगा, एक व्यक्तिगत स्तर का दुख है। पार्वती के साथ उनके सम्बन्ध एक तरह से शुद्ध आत्मिक ही थे। बहुत अधिक भौतिक

निकटता ही अन्ततः एक आत्मिक निकटता में बदल जाती है, ऐसा उन्हें लगने लगा था। उन्हें स्वयं पता नहीं चला था कि पार्वती कब आत्मिक जरूरत में बदल गई थी। शुरू में तो वह पार्वती पर बिगड़ते ही इस बात के लिए पछताने लगते थे कि मेरी क्या मत मारी गई थी, जो तुझ जैसी औरत से शादी के लिए 'हाँ' कर बैठा। यद्यपि यह पुरानी बातें हैं, पर यह भी सच है कि बहुत बाद तक वह इसी तरह पार्वती पर बिगड़ा करते थे। रिटायरमेंट के बाद एक अर्से तक तो वह किसी आदमखोर बाघ से कम नहीं थे। पर पार्वती सब कुछ इस तरह निभा ले गई, जैसे कोई चिड़चिड़े बीमार बच्चे की तीमारदारी करता है। उन्हें विश्वास है कि पार्वती न होती तो वह अब तक जीवित ही न होते। यह उसी का प्रताप है कि वह जीवित हैं और बदले हुए यथार्थ की चुनौती का सामना करने में भी किसी हद तक सफल रहे हैं। आज उन्हें याद नहीं कि वह कभी परगना अधिकारी भी रहे थे।

पार्वती के न होने के दुख को उन्होंने सोचा था चुपचाप ही सह जाएँगे। पर पार्वती के न होने के भौतिक अन्तर की तो वह कल्पना ही नहीं कर पाए थे। पार्वती थी तो उनके लिए खालीपन की कोई समस्या ही नहीं थी। सुबह वह पूजा करते थे, फिर क्यारियों में चले जाते थे। आकर वह पौधों के समाचार पार्वती को बताते जाते और रेडियो के समाचार भी सुनते जाते थे। पार्वती की दवा के बहाने बाजार का एक चक्कर मारने से पहले वह दुबारा चाय पीते और छड़ी उठाकर चल देते थे। अगर डॉक्टर के यहाँ थोड़ी भीड़ हुई तो कभी पहले ही, वरना दवा लेने के बाद, साह जी के यहाँ एकाध बाजी शतरंज खेल आते थे। लौटने तक पार्वती उनका खाने पर इन्तजार कर रही होती, भोजन के बाद वह बेटे-बेटियों को चिट्ठी-पत्री लिखने बैठते। इसी बीच दिल्लीवाले अखबार आ जाते और अखबार देखते-देखते ही वह झपकी ले लिया करते। चाय के लिए जब पार्वती उन्हें उठाती, अखबार दूर मेज पर तह किया हुआ रखा होता। शाम अक्सर बगीचे में कटा करती थी। गाहे-बगाहे उनका कोई परिचित भी आ जाता था।

उन्होंने सोचा था, अपना दुख किसी को नहीं बतलाएँगे। वैसे भी अब जिन्दगी है कितनी, कट ही जाएगी। बेटे-पोतों के साथ समय निकलते देर नहीं लगेगी। पर जिन्दगी का हर दिन अपने-आप में कितना महत्त्वपूर्ण और चुनौती-भरा होता है, यह उनकी समझ में अब आ रहा था। और उनके लिए यह भी स्पष्ट हो रहा था कि जिन्दगी को दूसरों के बहाने नहीं काटा जा सकता। इसलिए अन्ततः वह लौट रहे थे, अपनी दुनिया को जहाँ उनका परिवार है। जिसमें मोती है। जिसमें नीबू और कटहल के पेड़ हैं। जिसमें आम का भी एक पेड़ है। जिसकी शोहरत दूर-दूर तक है, वहाँ लिली, डालिया, गुलाब, सूरजमुखी, गेंदा, रात की रानी आदि न जाने कितने फूल हैं, जो रह-रहकर मुस्कराते रहते हैं। मोती के साथ उन्होंने अत्याचार ही तो किया है। वह उनके बगैर खाना भी नहीं खाता था और वह उसे छोड़कर चले आए थे।

वह विकल हो उठे। नहीं, अब मैं आ रहा हूँ। मैंने सबको छोड़ दिया है। मेरा वहाँ कोई नहीं है। बस मैं आ रहा हूँ। उनका गला भर आया।

दूर उनके शहर से वर्षा आ रही थी। उसी तेजी से उनकी बस भी वर्षा से मिलने जा रही थी, बादलों के विशाल व अन्तहीन तोरणों से गुजरती हुई। शकुन, उन्होंने दिल ही दिल में सोचा। बस की गति, उन्हें लगा लगातार तेज हो रही है। धीरे-धीरे वह उड़ने लगे, एक अलौकिक मार्ग से, जहाँ शीतल समीर बह रही थी, जो उनकी सारी निराशा और थकावट को देखते ही देखते जज्ब कर गई थी। उन्होंने देखा, बादलों ने पृथ्वी को अपनी काली पारदर्शी साड़ी के आँचल में लपेट लिया है। कुछ ही पल बाद उन्हें लगा, कोई छेड़खानी कर रहा है। पानी की हल्की-हल्की फुहारें उनके चेहरे को भिगोने लगी थीं।

बस की गति वर्षा ने न जाने कब की आधी कर दी थी। सहयात्रियों ने एक के बाद एक खिड़कियाँ बन्द कर ली थीं। उन्हें न वर्षा का भान था, न बस की गति का, वह तो बस उड़ रहे थे। सामने मोती आ रहा था—दौड़ता हुआ, उनके स्वागत के लिए और आकर उनके गले से लिपट रहा था।

"हाँ, हाँ ठीक है", वह कह रहे थे, "अभी बात करते हैं।"

मोती मान नहीं रहा था और कूँ-कूँ कर उनसे लिपटता ही जा रहा था। "अरे भाई अभी आया हूँ, जरा साँस ले लूँ, अब कहीं नहीं जाऊँगा, यहीं रहूँगा तुम्हारे साथ। सच कहता हूँ, कहीं नहीं जाऊँगा। चाहे कुछ हो जाए।" और उन्होंने आवाज लगाई थी, "बहादुर देखना जरा इस मोती को।"

भीगती धरती की सौंधी गन्ध किसी नशे की तरह उनकी शिराओं में फैलने लगी थी। उनके नथुने गीले आम के पेड़ की गन्ध से भर गए। उन्होंने जोर की साँस ली। यह उनके आम के पेड़ की ही गन्ध थी। ऐसा कलमी आम इलाके में किसी का नहीं था। वह इस गन्ध को हजारों आमों के बीच भी पहचान सकते थे।

एक गर्म शरीर के भीगने की मादक महक स्मृति के वर्षों से बन्द पड़े किसी कोटर से अचानक निकल भीगती धरती की सौंधी गन्ध में मिल, उन्हें अनावश्यक रूप से उद्दीप्त करने लगी थी। किसी ने उनकी खिड़की भी अन्ततः बन्द कर दी थी, पर उनके शरीर का दायाँ भाग अब तक बिलकुल भीग चुका था। वह शरीर पोंछना चाहते थे, पर हाथ हिलाने की भी इच्छा नहीं हो रही थी। उन्हें डर था, जरा भी हिलने-डुलने से उनकी अनुभूति और संवेदना का संसार कहीं छिन्न-भिन्न न हो जाए। ठंडा-ठंडा अच्छा लग रहा था। वह यों ही पड़े रहे। शायद इस ठंड ने ही उनकी निद्रा तोड़ी थी। कितना अच्छा सपना था। वह वहाँ पहुँच गए थे, जहाँ पार्वती भौतिक रूप में एक तरह से अब भी विद्यमान थी।

वह मोती के लिए बेचैन हो उठे। आठ दिन का था, जब दो साल पहले पार्वती उसे न जाने कहाँ से ले आई थी। शुरू में ही उसने बड़ी आफत मचाई थी। रात-रात

भर सोने नहीं देता था। एक रात वह पार्वती पर बेतहाशा बिगड़ पड़े थे, ''फेंको साले को, क्या टीं-टीं करता रहता है।''

''शिबो, बिना माँ का बच्चा है, बेचारा'', पार्वती भी बिगड़ पड़ी थी, ''अब रोएगा नहीं तो क्या करेगा? अगर बहुत परेशानी हो रही है तो सुबह उठते ही सबसे पहले इसे ही देकर आऊँगी। मैं ही क्यों पाप कमाऊँ, कहीं मर गया तो नरक में भी मुझे जगह नहीं मिलेगी।''

पार्वती का वह नाराज होना उन्हें कुछ अनावश्यक-सा लगा था। 'अब मैंने कोई गम्भीरता से कहा था', वह सोचकर मुस्कराए। उन्हें याद आया, सुबह-सुबह ही उन्होंने देखा था कि वह पिल्ले को फिर से रुई की बत्ती से दूध पिलाने में लगी हुई है। पर वह उनसे एक शब्द भी नहीं बोली थी। आठ बजे के समाचार सुनकर वह रोज की तरह ही बाजार चले गए थे। सम्भव है और दिनों से कुछ पहले ही चले गए हों। जब वह लौटे, नियम के विपरीत पार्वती रसोई में थी। बरामदे में बैठा पिल्ला अधखुली आँखों से दुनिया को समझने का प्रयत्न कर रहा था। उन्हें थोड़ा सन्तोष हुआ था।

''पार्वती'', उन्होंने वहीं दरवाजे से आवाज लगाई और जब तक वह आती, थैले में से बोतल निकाल ली थी और आते ही उसके हाथ में यह कहते हुए थमा दी, ''इससे दूध पिलाया करो।''

दूध की बोतल के गत्ते के बाहरी आवरण पर छपा बच्चा हौले-हौले मुस्करा रहा था। ''चलो खाना खा लो।'' कहकर पार्वती ने उनके हाथ का थैला भी ले लिया।

भात परोसते पार्वती ने पूछा था, ''क्यों हो, आजकल कुत्ते के बच्चे को भी बोतल से दूध पिलाते हैं?''

''अरे, बच्चा तो बच्चा ही हुआ न,'' उन्होंने कहा था, ''फाहे से भला इस साले के पेट में क्या जाता होगा। इसीलिए तो टाँय-टाँय करता है।''

''हाँ, यह तो तुम ठीक ही कह रहे हो,'' पार्वती ने उसी गम्भीरता से कहा था, ''पर एक दूध का डिब्बा भी तो लाना था, साथ में।''

''डिब्बा क्यों? अरे यही भैंस का दूध पिला देना।''

''भैंस का दूध नहीं पचा तो? बच्चा ठहरा।'' और वह हँसने लगी थी। तब उनकी समझ में आया कि उनकी मजाक उड़ाई जा रही है।

वही अल्शेसन अब इतना बड़ा हो गया था कि उसके होते किसी की हिम्मत दिन-दोपहर भी उनके अहाते में घुसने की नहीं होती थी और उन्हें गेट पर 'कुत्ते से सावधान' की तख्ती लगानी पड़ी थी।

''अच्छा हुआ तुम आ गए, यह मोती बहुत रोया करता है।'' अरे, यह पार्वती कहाँ से आ गई। वह उसकी आवाज सुनकर दंग रह गए। उन्होंने तो आवाज बहादुर को लगाई थी। वह कहती जा रही थी, ''इतने दिन बाहर न रहा करो, बच्चों का रोना देखा नहीं जाता।''

अपराधबोध से वह दब-से गए। समझ में नहीं आ रहा था क्या कहें? वह बरामदे में ही ईजीचेयर पर बैठ गए। बाहर वह रहना नहीं चाहते थे, पर कई बार मजबूरी कुछ ऐसी हो जाती है कि आदमी को वही काम करना पड़ता है जो वह नहीं करना चाहता। साथ के खम्भे को पकड़े पार्वती वर्षा देखने लगी थी। हरे गच्छ पेड़ इस तरह सिहर रहे थे, जैसे ठंडे पानी से नहाते बच्चे। वह भी वर्षा का आनन्द लेने लगे। फुहारों से उठती नन्ही-नन्ही बुँदियाँ यदाकदा उन्हें भी छू जा रही थीं। अचानक उन्होंने गौर किया कि पार्वती अपने 42 साल पुराने गोटे-किनारीवाले घाघरे-पिछौड़े में कुछ ज्यादा ही सजी-धजी खड़ी है। घाघरा-पिछौड़ा इस तरह जगमगा रहा था, जैसे अभी-अभी दर्जी के यहाँ से लाकर पहना हो। हर साँस के साथ पार्वती की नथ इस तरह काँप रही थी, जैसे अन्दर की ऊर्जा और उत्साह बतलानेवाली कोई सुई हो।

आखिर मामला क्या है? वह पूछना चाहते थे, जो इतना बनी-ठनी हो? ब्याह-शादी, तीज-त्यौहार आखिर क्या जो ऐसा है?

पर पूछने से पहले उन्होंने दिमाग पर जोर डाला, अन्दाज लगाने की कोशिश में, बाद के तानों से बचने के लिए कि अरे, इतना भी नहीं जानते...

अचानक बस बीच सड़क में ब्रेक की चीख के साथ रुकी। कोई जानवर आ गया था शायद। झटके ने उन्हें सीट से ही लुढ़का दिया। लपककर लोगों ने सँभालने की कोशिश भी की थी, पर देर हो चुकी थी...

वैसे ऐसा नहीं था कि उन्होंने स्वयं को गिरता महसूस न किया हो, पर थोड़ी देर बाद ही उन्हें लगा था कि अब गिरने की जगह वह हवा में तैर रहे हैं, जैसे अचानक ही किसी ने उलझे पैराशूट की सही डोरी खोल दी हो। तभी एक परिचित हाथ ने उनका हाथ थाम लिया और फिर बिना प्रयत्न वह उड़ने लगे थे।

(1986)

ऐसा तो नहीं होगा...

उसकी घबराहट एक हद तक लड़की का मनोरंजन भी कर रही थी। वह उसके प्रति लड़के के लगाव और तज्जन्य चिन्ता के साथ ही साथ, कहीं कायरता भी जतलाती थी। पर किसी अच्छे प्रेमी की तरह ही लड़की भी इस ओर ध्यान नहीं देना चाहती थी। वह हर सम्भव गम्भीर थी। मामला ही ऐसा था। लड़की का पूरा भविष्य ही इससे जुड़ा था। समाज में उसकी स्थिति और इससे भी कहीं अधिक सार्वजनिक नैतिकता और मूल्य के प्रश्न थे। खतरा लड़के को भी था, पर उस हद तक नहीं। यद्यपि वह यह सोच भी नहीं सकता था, पर चाहे तो कभी भी सारे मामले से वह हाथ झाड़ सकता था। वह प्रेमी था, कायर और अवसरवादी नहीं। प्रेम में लोग मिट जाते हैं, बावरे हो जाते हैं, यह वह भी जानता था और किसी भी स्थिति के लिए तैयार था। यह उसका पहला प्रेम था, और वह इसे अन्तिम भी मानता था।

"तुम इतने दिन कहाँ थे?" लड़की का सवाल तिलमिला देनेवाला था। उसकी ईमानदारी पर शंका कर, पूरे व्यक्तित्व पर ही प्रश्नचिह्न लगा रहा था।

उसने अपने को किसी तरह नियन्त्रण में रखते हुए भरसक सहज स्वर में कहा, "ऐसा था", पर अन्दर की घबराहट और तनाव के कारण वह अनचाहे ही अटक गया।

"कैसा था?" लड़की के स्वर में निहित व्यंग्य ने उसके तनाव को और बढ़ा दिया। पर वह बिगड़ा नहीं। ऐसा नहीं था कि वह बहुत ही संयमी प्रकृति का मृदुभाषी व्यक्ति हो और प्रेमिका, जो भी कहे, चुपचाप सुन लेता हो। वह अक्सर ही नाराज होता रहता था और सड़क पर चलता-चलता ही लड़की पर बिगड़ने लगता था। यह लड़ाई एक बार इस हद तक भी बढ़ी थी कि लड़की को सार्वजनिक स्थल तक में उसे नियन्त्रण में रखने के लिए अन्तिम हथियार रोने का इस्तेमाल करना पड़ा। एक बार तो रात को नौ बजे, दिल्ली जैसे शहर में, वह गुस्से में लड़की को अकेला छोड़कर चला गया था। यह बात और है कि जब आधे घंटे बाद उसे होश आया तो वह चलती बस से कूदकर वापस वहाँ पहुँचा था जहाँ लड़की को अपने विकराल गुस्से में छोड़ आया था और उसे वहाँ न पाकर बदहवास टैक्सी से होस्टल को भागा था। अगर चौकीदार के मिलने में देर हुई होती तो वह बहुत सम्भव था कि प्रेमिका की तलाश

में दीवार फाँद होस्टल के प्रतिबन्धित क्षेत्र में घुस गया होता। और कौन जाने जब तक कुँवारियाँ उस अवांछित तत्त्व के सहयोगी चरित्र को पहचान पातीं, वह एक-आध हड्डी-पसली तुड़वा चुका होता। खैर, जो नहीं हुआ, अच्छा ही हुआ, पर जो हुआ वह यह कि मान-मुनव्वत में उसकी आखिरी बस निकल गई और रात्रि-सेवा की पहली बस के बावजूद जब वह घर पहुँचा, एक बज रहा था और माता-पिता ही नहीं, पूरा मुहल्ला सड़क पर खड़ा था। कुछ लोग उसके माता-पिता की हौसला अफजाही कर रहे थे और व्यावहारिक किस्म के लोग पुलिस और अस्पतालों में खोज के लिए भेजे जानेवाले दस्तों के सदस्यों का नामांकन कर चुके थे। यद्यपि तात्कालिक तौर पर मामले ने गम्भीर मोड़ नहीं लिया, पर उसकी माँ की साँस की चिरन्तन बीमारी अगले दिन तक इतनी बढ़ गई कि दो सप्ताह उसे और उसके पिता को मिलकर रोटी बनानी पड़ी थी। और प्रेम का पहला सबक वह सीखा था–झगड़ा चाहे जितना हो, प्रेमिका को रास्ते में कभी मत छोड़ो।

गुस्सा चाहे न करे, पर व्यंग्य पर लड़की का लगभग एकाधिकार था। अक्सर उसके व्यंग्य हिंसक भी हो जाया करते थे। वह अपनी सीमा जानती थी, इसलिए हिंसा जरा देख-भालकर करती थी। मामला अगर कुछ ज्यादा ही बढ़ता नजर आता तो फौरन बात सँभालने को कह देती, तुम तो जरा-सी बात पर नाराज हो जाते हो। मैंने तो ऐसा गुस्सेबाज आदमी ही नहीं देखा।

इस पर वह अन्दर ही अन्दर फूल जाता था। यह उसकी मर्दानगी और पारिवारिक परम्परा से जुड़ा मामला था। और वह फक्र से कई बार का सुनाया किस्सा कि मेरे दादा जी इतने गुस्सेबाज थे कि उन्होंने अपने अंग्रेज अफसर को रूलर से पीट दिया था, फिर से सुना देता। साथ में कह देता कि हम लोग गलत बात नहीं सहन करते, फिर चाहे वह अपने बाप की ही क्यों न हो।

पर इस समय वह जैसे उसकी परीक्षा ले रही थी या देख रही थी कि प्रेमिका होने के नाते उसकी अधिकार सीमा का क्षेत्र कहाँ तक फैला हुआ है। वह किस सीमा तक जा सकती है। ऐसे मौके लड़की के हाथ कभी-कभी ही आते थे। वह सब सह रहा था। और कोई उपाय भी नहीं था। मामला ही ऐसा था। वह स्वयं अगर लड़की की जगह होता तो इतनी बात पर तो सम्भव है, लड़की का मुँह ही न देखता। क्रोध वैसे ही उनका पारिवारिक आभूषण था और इससे बड़ा कारण क्रोध के लिए और कोई हो भी क्या सकता था। पर लड़की के बहु-आयामी प्रश्न उसे इस तरह भेद रहे थे, जैसे भीष्म का शरीर भेदा जा रहा हो।

लड़की की कटुता वैसे जायज भी थी। वे एक ही दफ्तर में थे, सिर्फ सैक्शन भर का ही तो अन्तर था, इस पर भी लड़के के छुट्टी पर होने के बारे में उसे सबसे अन्त में पता चला था। यह भी कोई बात हुई! लड़के पर उसका अधिकार सर्वोपरि था। अपने अधिकार का अतिलंघन वह आसानी से सहने को तैयार नहीं थी। लड़की

ने आते ही "मैं तुम्हारी क्या लगती हूँ।" कहकर जैसे उसे बाँध दिया था–प्रेम और मर्यादा के बन्धन से। और अब वह इस तरह से फँस गया था कि वास्तविक बात तक ठीक से नहीं रख पा रहा था।

"फोन पिताजी ने किया, मैं कर ही नहीं पाया। इसलिए तुम्हें पता नहीं लगा। दो दिन बाद ही लौटना था। तुम्हें पूछ तो लेना चाहिए था।"

"एक हफ्ते में अब दो दिन होने लगे हैं!" लड़की आज तैयार होकर आई थी।

"हफ्ता कैसे हो गया? सोमवार को तो मैं तुमसे मिला ही था। मंगल सुबह-सुबह ही जाना पड़ा। आज इतवार ही तो है।"

"हफ्ते में और कितने दिन होते हैं?"

"कमाल है", उसने कुछ चुप होकर कहा, "पाँच दिन तो हुए। वे लोग तो कल भी नहीं आने दे रहे थे। कह रहे थे, रविवार की रात को चले जाना।"

"तो रुक जाते, हफ्ता तो पूरा हो जाता।"

इसके बाद देर तक लड़के की बोलने की हिम्मत नहीं हुई। उसकी समझ में नहीं आ रहा था कि कैसे बतलाए कि जाना मजबूरी थी। बहन का सन्देशा था, बीमार है। माँ ने फौरन भेज दिया। असल में, अगर वह सोमवार को आधे दिन दफ्तर से गायब नहीं रहता तो उसी दिन पता चल जाता। दिन में माँ ने पड़ोसियों के यहाँ से फोन करवाया था। उस समय वह डॉक्टर की तलाश में गया हुआ था। अभी तो उसे लड़की को उस दिन की भी रिपोर्ट देनी थी कि प्राइवेट डॉक्टर बहुत पैसे माँग रही है। इस पर भी उसका भरोसा नहीं किया जा सकता। दूसरा रास्ता यह था कि वे किसी सरकारी अस्पताल या स्वयंसेवी संस्था में जाएँ। पर वह सारी प्रक्रिया बहुत ही अपमानजनक और दूसरी तरह के खतरों से भरी थी। एक सिरदर्द तो यह था कि वह दक्षिण भारतीय थी और लड़का उत्तर का। लोगों को समझने में देर नहीं लगती थी कि मामला क्या हो सकता है। उसके बाद अपने देश में तो फिर शायद ही कोई ऐसा आदमी मिले, जो आपको किसी भी रूप में शरीफ मानने को तैयार हो जाए। लड़की स्वयं एकाध नर्सों को जानती थी जो उसके साथ ही रह रही थीं, वह उनसे किसी भी तरह की मदद, कम-से-कम इस मामले में नहीं लेना चाहती थी। बल्कि वह तो सरकारी अस्पतालों से भी इसीलिए बचना चाहती थी कि वहाँ कोई अपने इलाके की परिचित नर्स ही न टकरा जाए।

जहाँ तक लड़के का मामला था, उसका एकमात्र सलाहकार और हमराज वही दोस्त था, जिसके कमरे में छिप-छिपकर गाहे-बगाहे मिलने का परिणाम वे फिलहाल भुगत रहे थे। रोज-रोज वहाँ पहुँच पाना न तो उनके लिए ही सम्भव था और न दोस्त के लिए ही। जहाँ तक उनका सवाल था, उन्हें किसी भूमिगत क्रान्तिकारी की तरह छिपते-छिपाते वहाँ पहुँचना होता था और दोस्त को अड़ोसी-पड़ोसियों के अलावा मकान मालिक की चिन्ता लगातार सताए रहती थी। इतना खतरा भी दोस्त इसलिए

उठा लिया करता था क्योंकि एक तो वह खुले दिमाग का था और दूसरा हर खुले दिमागवाले की तरह ही उसकी भी एक कमजोरी थी और वह थी शराब, परिणामस्वरूप उसे पैसों की जरूरत अक्सर पड़ती ही रहती थी और वे दोनों मिलकर यह भार किसी तरह उठा लिया करते थे।

कोई चारा नहीं रह जाने पर जब उसने दोस्त को समस्या बताई तो सारी उदारता के बावजूद दोस्त ने उसे लम्बा-चौड़ा भाषण पिलाया था। सबसे ज्यादा वह उसकी मूर्खता और अव्यावहारिकता पर नाराज हुआ था। भुगतो अब! करो शादी! उसने इस तरह कहते हुए बात खत्म की थी, जैसे शादी न होकर कोई सजा पूरी करनी हो। कुछ भी हो पर उसने मदद की थी, जगह-जगह के डॉक्टरों के यहाँ जाकर पूछताछ करने में।

''दीदी कैसी हैं।'' लड़की ने अपने सम्बन्ध उसके सारे परिवारवालों से उसी तरह जोड़ रखे थे जिस तरह से लड़के के थे।

''अब ठीक है।'' लड़के को उसके सामान्य होने से चैन की साँस आई।

''क्या हो गया था?''

''सीढ़ियों से फिसल गई, और पैर की हड्डी तोड़ ली।'' वह धीरे-धीरे बतलाने लगा।

''तुम तो ऐसे कह रहे हो, जैसे वह जानबूझकर फिसल गई हों।'' लड़की ने कुछ व्यंग्य से कहा।

''इसमें तार करने की न जाने क्या जरूरत थी'', उसने लड़की की बात की ओर ध्यान ही नहीं दिया, और कहता गया, ''सबको डरा दिया। जीजाजी बोले, मैं तो तुम्हारी बहन को मना कर रहा था, पर तुम्हारी बहन को हम पर विश्वास नहीं था। बोली, नहीं मेरे घरवालों को बुलवाओ।'' लड़के के स्वर की खीज स्पष्ट थी।

''तुम नहीं समझ सकते।'' लड़की ने जिस तरह से उसकी बात को काटा, उसने लड़के को चकित कर दिया।

''क्या नहीं समझ सकता?'' लड़के ने कुछ तने स्वर में पूछा।

''तुम नहीं समझ सकते। तुम लड़की नहीं हो। उनकी आत्मा मायके में होती है। अपने अपने ही होते हैं।''

''मैंने क्या कर लिया, सिवा दौड़ने के?'' उसे बेमतलब की औरतोंवाली भावुकता अच्छी नहीं लग रही थी, ''उसे ठीक होने में तो समय लगेगा ही। मैं कोई डॉक्टर हूँ?''

''भाई तो हो। तुम्हारे आने से उसे सन्तोष हुआ होगा। उसने अपने को अकेला नहीं समझा होगा। डॉक्टर ही तो सब कुछ नहीं होता। अगर दुख में अपने ही न हों तो फिर ऐसे अपनों का कोई क्या करेगा!''

"उसका पति तो था वहाँ।" लड़के को उसकी बातें अजीब लग रही थीं।

"ऊँ!" लड़की ने बहुत ही उपेक्षा से कहा, "क्या विवाह होने के बाद लड़की का अपने परिवार से कोई सम्बन्ध ही नहीं रह जाता? पति, कैसा पति? वह पति जो साल भर पहले उसे जानता भी नहीं था। तुम क्या समझते हो शारीरिक सम्बन्धों के होते ही अन्य किसी तरह के सम्बन्धों की जरूरत ही नहीं रह जाती?"

लड़का सन्नाटे में आ गया। लड़की परोक्ष रूप से कहीं अपने और उसके सम्बन्धों पर टिप्पणी कर रही थी। उसका दिल हुआ, कह दे कि अगर ऐसा है तो ठीक है, तुम अपने यहाँ रहो, मैं अपने यहाँ। पर कुछ कहने की जगह उसका दिमाग पुनः उसी समस्या पर आ गया था जिससे बचने का रास्ता ढूँढ़ना आवश्यक था। कल सारी रात बस में वह सारे विकल्पों के बारे में सोचता रहा था। चार सौ किलोमीटर तक सिर्फ एक ही बात एक तरह से। अब वह तैयार हो चुका था, किसी भी स्थिति का सामना करने को।

"चलो, बाहर चलते हैं।" लम्बी चुप्पी के बाद लड़के ने कहा। होस्टल के रिसैप्शन में उसे घुटन होने लगी थी। वह वहाँ वैसे भी सहज नहीं रह पाता था। यहाँ वह एक प्रेमी के रूप में होता था--किसी तरह का कोई असामाजिक-सा काम करता हुआ, एक अवांछित व्यक्ति। लोग उसे ही ताक रहे हैं, वह लगातार महसूस-सा करता रहता। आती-जाती लड़कियाँ उसी को देखकर चुहल कर रही हैं। शुरू-शुरू में लड़की के साथ बाहर चलते हुए भी यही समस्या घेरे रहती थी। वह डरता भी था कि किसी दिन कहीं कोई परिचित ही न देख ले, उन्हें साथ-साथ सड़क पर चलते-चलते। अगर कभी लड़की गलती से भी उसका हाथ पकड़ लेती तो वह बेचैन हो जाता था।

"कहाँ चलोगे, यहीं बैठते हैं थोड़ी देर।" लड़की को उसकी बेचैनी बेमतलब की लग रही थी।

"नहीं, चलो! यहाँ गर्मी बहुत है।" लड़का लगभग खड़ा हो गया।

"पाँच मिनट तो बैठो, मैं तैयार तो हो लूँ।" लड़की ने बिना उठे ही कहा।

"नहीं, ऐसे ही चलो", लड़के को एक-एक मिनट भारी हो रहा था, "ठीक हो रहा है। ऐसे ही चलो।"

"नहीं, मैं ऐसे नहीं जाऊँगी। मैंने सुबह से बाल तक नहीं बनाए हैं", उसने अपने धुले बालों के मोटे-से जूड़े व कपड़ों की ओर इशारा करते हुए कहा, "और इन कपड़ों में तो हरगिज नहीं, ये मेरे घरेलू कपड़े हैं।"

लड़के ने एक नजर देखा। सलवार-कमीज में उसका गदराया शरीर उभर आया था। लम्बी वह थी ही, इस पोशाक में और भी लम्बी लग रही थी। पर उम्र जैसे उसकी घट गई थी। चिरपरिचित सौम्यता और गम्भीरता की जगह एक किस्म की अल्हड़ता और कैशोर्य उसके पूरे व्यक्तित्व से फूट रहा था। साड़ी में एक-दूसरा ही व्यक्तित्व होता था, अपनी अल्हड़ता और कैशोर्य को दबाए एक गरिमामय युवती

का। उसने कई बार चाहा था कि वह इस पोशाक में भी उसके साथ निकले। उसके कई बार कहने पर लड़की ने यह पोशाक बनवाई थी, पर जब उसने पहनकर चलने का आग्रह किया तो वह कभी सहमत नहीं हुई थी। जब लड़के ने बहुत आग्रह किया था तो एक बार उसने मजाक में कह ही दिया, पहन लूँगी पर तब तुम्हें ऊँची हीलवाले जूते लेने होंगे। और यह मजाक काफी साबित हुआ था। वह उसके सामने घट जाता है, इस बात के प्रति वह सदा के लिए सजग हो गया।

लड़के को बात माननी पड़ी। इस समय वैसे भी उसकी मानसिक स्थिति ऐसी नहीं थी कि किसी भी बात पर अड़ सके। पर लड़की के तैयार होने को जाते ही समस्या ने उसे पूर्ववत् घेर लिया। थोड़ी देर तो वह वहीं बैठा सोचता रहा, सिगरेट पीता। हर जगह साहस की जरूरत थी, अस्पताल जाना हो या विवाह करना हो। विवाह करना यद्यपि आसान नहीं था उसके लिए भी, पर लड़की की स्थिति को देखते हुए उसकी अपनी समस्या लगभग कुछ नहीं थी। यही नहीं कि लड़की का परिवार इस विवाह का विरोध करेगा, सो तो करेगा ही, पर इससे भी बड़ी बात यह थी कि उसके परिवार की आर्थिक स्थिति अच्छी नहीं थी और भाई-बहन पढ़ रहे थे। उसके सहारे की भी जरूरत थी, यह स्पष्ट था। वरना कौन अपनी लड़की को इतनी दूर भेजता। वह भी न तो अपने नैतिक दायित्व से इस तरह छूट सकती थी और न ही छूटना चाहती थी। यद्यपि वह इस बात के लिए तैयार था कि लड़की अपने परिवार की सहायता यथावत् करती रहे, पर लड़की के साथ ही साथ वह भी जानता था कि शादी के बाद अगर लड़की के परिवार ने लड़की से सम्बन्ध नहीं तोड़ा तो भी निश्चित था कि वे उसकी मदद नहीं स्वीकारेंगे।

लड़की को आने में देर लग रही थी और उसके लिए बैठना असम्भव होता जा रहा था। अन्ततः वह उठा और बाहर आ गया। रविवार के कारण सड़क पर ट्रैफिक नहीं के बराबर था। उसकी समझ में नहीं आ रहा था कि उनके लिए कौन-सा रास्ता सही है। जो भी हो, लड़की का निर्णय ही अन्तिम होना चाहिए, सारा मामला तो उससे जुड़ा है, सोच वह लौट पड़ा।

जब वह वापस होस्टल पहुँचा, लड़की गेट पर खड़ी थी। अब वह साड़ी में थी। उसका जूड़ा करीने से बँधा था और उसने आदतन कुछ ज्यादा ही पाउडर लगा रखा था। अपने साँवलेपन के प्रति वह कुछ अतिरिक्त रूप से सजग रहती थी। विशेषकर अपने प्रेमी की तुलना में उसे कुछ ज्यादा ही जरूरी लगता कि वह कम साँवली लगे। पर लड़के को उसका यह पाउडर थोपना कभी भी अच्छा नहीं लगता था। पाउडर से उसका गहरा रंग और अधिक स्पष्ट ही नहीं हो जाता था, बल्कि उसका साँवला-सलोना लावण्य भी कम हो जाता था। वह कई बार झल्लाता था, पर लड़की बाज नहीं आती थी। पाउडर आज भी लड़के को चिढ़ाने के लिए काफी था। पर लड़के का आज उस ओर ध्यान ही नहीं गया।

"कहाँ चले गए थे?" लड़की ने पूछा।

"ऐसे ही घूम रहा था।"

"तुम यहाँ बैठ नहीं सकते, क्यों?" लड़की ने कुछ चिढ़े स्वर में कहा।

"यहाँ मुझे अजीब लगता है। दम-सा घुटता महसूस होता है।"

"क्या अजीब बातें करते हो।" लड़की झल्ला गई।

"नहीं, मैं सच कह रहा हूँ। लगता है, जैसे मैं किसी जेल के दरवाजे पर बैठा होऊँ। यह बहुत बड़ा जेलखाना ही तो है।"

"और मैं कैदी हूँ?" लड़की ने मुस्कराकर पूछा।

"तुमने इतनी देर क्यों कर दी।" लड़का गम्भीर था। लड़की के उसकी बात न समझ पाने के कारण उसने बेहतर समझा कि इस विषय पर बात ही न की जाए।

"मैंने टाइम लगा दिया या तुम्हें ही ध्यान नहीं रहा कि तुम कितनी दूर निकल गए हो। मैंने सोचा, महोदय कहीं भाग ही तो नहीं गए।" वह फिर फॉर्म में आ गई थी।

"तुम कैसी बातें कर रही हो! तुम्हें क्या हो रहा है!" लड़के की सहनशीलता ने इस बार जवाब दे दिया, "हाँ, मुझसे गलती हो गई है, अब चाहो तो मेरा सर कलम कर लो, पर इस तरह की बातें मत करो। क्या तुम मुझे इतना कायर समझती हो कि मैं भाग लूँ। तुमने मुझे समझ क्या रखा है, कमीना! बेईमान! जानवर! कि मेरी रुचि सिर्फ शारीरिक सम्बन्ध तक थी।"

"मैं तो मजाक कर रही थी। आई नैवर मैंट इट।" उसने लड़के का हाथ पकड़कर अपने हाथ में लेने का प्रयत्न किया। पर उसने उतनी ही तीव्रता से हाथ अलग कर लिया। इस बार वह मुस्कराई भी! "मैंने कहाँ कहा कि तुम्हीं ने गलती की है। मैंने तो नहीं कहा कि तुमने कोई गलती की है। अगर तुम दोषी हो तो मैं क्या बच सकती हूँ।"

"पर तुम्हारी बातों से तो लगता है, जो कुछ हुआ है, मेरी वजह से हुआ है और मैंने ही किया है।"

"इसमें क्या झूठ है!" और वह खिलखिला उठी। जब तक उसकी हँसी रुकती, लड़का उससे जानबूझकर कुछ कदम आगे निकल चुका था। उसकी बात लड़के की गम्भीरता को छू भी नहीं पाई थी। वह ग्लानि से सराबोर था और उस क्षण को ही कोस रहा था, जब वह लड़की से मिला था।

लड़की ने लपककर उसकी बाँह पकड़ ली और कहने लगी, "मैं जानती हूँ, तुम मुझे छोड़ नहीं सकते," उसके स्वर में इस बार किसी भी तरह की शरारत या हल्कापन नहीं था। जो वह कह रही थी, पूरे विश्वास से कह रही थी, "तुम पर मुझे पूरा भरोसा है।"

लड़के ने फिर से बाँह छुड़ा ली। उसे सड़क पर यह उच्छृंखलता अच्छी नहीं लग रही थी।

"मैं तुम्हारी बाँह थामना चाहती हूँ, तुम हो कि मुझे दूर कर रहे हो।" मजाक करते हुए उसने फिर से लड़के की बाँह थाम ली थी। लड़की प्रेम की उदात्तता में थी, इसलिए उसे कोई रोक नहीं सकता था। लड़का भी बाँह नहीं छुड़ा पाया, इस डर से कि कहीं वह इसका भी कोई और अर्थ न लगा ले।

वे धीरे-धीरे चल रहे थे। लड़की उसकी बाँह दोनों हाथों से थामे लगभग झूलती-सी चल रही थी। प्यार की ऊष्मा ने लड़के की घबराहट, ग्लानि और निराशा को कम कर दिया था। वह सामान्य होता जा रहा था। पहले उसने अपनी सोमवार की गतिविधि के बारे में बतलाया, वह कहाँ-कहाँ गया था, किस-किस डॉक्टर से मिला और अन्त में जो डॉक्टर मानी, वह कितना ज्यादा पैसा माँग रही थी। हर आदमी मजबूरी का फायदा उठाना चाहता है।

लड़की चुप रही।

फिर उसने सरकारी अस्पतालों के बारे में बतलाया।

लड़की इस पर भी चुप ही रही।

लड़का अनुमान नहीं लगा पाया कि क्या सोच रही होगी। अब तक वे कॉफी हाउस पहुँच चुके थे।

कॉफी पीते हुए उनकी बातचीत का विषय लड़के की बहन और उसका परिवार ही रहा, जिसे लड़की ने देखा तक नहीं था। लड़के के परिवार, उसके शहर, और उनकी आदतों को जानने में लड़की की गहन रुचि थी। वह किसी को न जानते हुए भी सबको जान गई थी। इसलिए वह सारी बातचीत का पूरा-पूरा आनन्द उठा रही थी। कॉफी हाउस में, जहाँ वे लोग अक्सर ही आते थे, लड़का किसी भी तरह से परेशान नहीं लगना चाहता था। वह भरसक प्रयत्न कर रहा था कि सामान्य रहे और इसलिए वे सामान्य नजर भी आ रहे थे।

बाहर आते ही लड़के ने पूछा, "क्या करें?"

"किस बारे में?" लड़की ने इतनी मासूमियत से पूछा, मानो कुछ जानती ही न हो।

"किस बारे में?" हतप्रभ लड़के ने उसके शब्द दोहराए और खीजकर खुद ही खुलासा कर दिया, "अस्पताल के बारे में, और किस बारे में।"

"मैं नहीं जाऊँगी।" लड़की का लहजा बहुत ही निर्णयात्मक था।

"ठीक है, प्राइवेट के यहाँ चले जाएँगे।" लड़के ने मामले को समाप्त मानते हुए कहा।

"नहीं!" लड़की ने उसे निश्चिन्तता की एक साँस भी ठीक से नहीं लेने दी। लड़के को लगा, लड़की ने शायद कुछ और ही तय कर रखा है। वह अब उसे अन्तिम निर्णय पर पहुँचा ही देना चाहती है। वह चुपचाप सोचता रहा। फिर धीरे-धीरे बोला, "हाँ, है तो वह खतरनाक ही।"

"नहीं, यह बात नहीं है।" लड़की ने तत्काल उसकी बात का खंडन कर दिया।

"तो फिर?" मामला लड़के की समझ से बाहर होता जा रहा था।

"मैं कैथोलिक हूँ। यह नहीं कर सकती।"

लड़का इस बार वाकई चकरा गया। कहीं मजाक तो नहीं कर रही है। नहीं, पर वह गम्भीर थी। किसी तरह उसने सारा साहस जुटाया। यह दुनिया की सबसे महत्त्वपूर्ण बात थी, जिसे कहने से वह अब तक बचता रहा था, "तो ठीक है, हम शादी कर लेते हैं।"

बात पूरी करते ही उसे लगा, दुनिया अपनी धुरी पर डोल गई है और इस दोलन से लड़की सँभल नहीं पा रही है और सहारे के लिए उसकी ओर हाथ बढ़ाने ही वाली है।

हिलना तो रहा दूर, वह एक शब्द तक नहीं बोली।

लड़के को आश्चर्य हुआ, इतनी बड़ी बात पर भी प्रतिक्रिया नहीं। सम्भव है स्तब्ध हो गई हो। उसने लड़की को प्रेरित करने का प्रयत्न किया, "बोलो न, चुप क्यों हो?"

"क्या बोलूँ?" लड़की ने लम्बी साँस लेकर ठंडे स्वर में कहा।

"शादी के बारे में। अब कुछ तो करना ही होगा।" लड़का उसके व्यवहार से अवाक्-सा था।

"तुम जानते तो हो, शादी कैसे कर सकती हूँ।" लड़की ने बहुत ही सहज भाव से कहा।

"तो क्या नीना गुप्ता बनने का इरादा है?" लड़का उसके ठंडेपन से अब तक खीज चुका था।

"इसमें बुराई है?" लड़की ने हल्की-सी मुस्कान के साथ पूछा।

"मुझे नहीं पता, किसमें बुराई है और किसमें अच्छाई। जो जी में आए, करो। तुम मर्जी की मालिक हो।"

"...और मुझे छोड़ दो, क्यों?" लड़की ने जोड़ा।

"जी हाँ, छोड़ दो मुझे! छोड़ दो! बहुत हो गया अब यह ड्रामा।" इस बार लड़के को भयंकर गुस्सा आ गया।

"तो तुम स्वतन्त्र हो मेरी ओर से, तुम्हें कोई बन्दिश नहीं है। जो मैंने किया है, उससे मैं कैसे बच सकती हूँ।" लड़की ने बात इतने सहज ढंग से कही थी कि असामान्य हो गई थी।

कोई और मौका होता तो लड़का गुस्से से आपा खो बैठता। इस समय भी यद्यपि यह हो क्या रहा है, उसकी समझ के बाहर था, फिर भी उसने अपना सन्तुलन नहीं खोया, पर भरसक कटुता से बोला, "तुम जो चाहे करो, पर मैं अनाम बाप नहीं बन सकता। तुमने समझ क्या रखा है। मैं क्या तुम्हें साँड़ नजर आता हूँ।"

लड़की का दिल हुआ, उसके गले से लिपट जाए, पर वह मुस्कराई तक नहीं और बिना उसकी ओर देखे ही बोली, "पर यह तो मेरा मामला है।"

"क्या मतलब? मेरा मामला है। मुझसे तुम्हें कुछ लेना-देना नहीं है?" वह थोड़ा रुका पर लड़की के उत्तर की प्रतीक्षा किए बिना ही आदेशात्मक स्वर में बोला, "अपने घरवालों से बात करो, वरना मुझे पता दो। मैंने तय कर लिया है, जो भी हो, हम शादी करेंगे।"

"होना क्या है, लड़का या लड़की। इसमें किसी से बात करने का क्या तुक बैठता है।" इस बार लड़की अपनी हँसी दबा नहीं पाई।

लड़का इस पर भी सहज नहीं हो सका। उसे लगा, लड़की को यह मखौल इसलिए सूझ रहा है क्योंकि उसे मालूम है कि जो भी हो, यह उल्लू का पट्ठा अपने-आप मामले को सुलझाएगा।

"ये बेहूदे मजाक बन्द करो", उसने लड़की को डपटते हुए कहा, "और बोलो, करना क्या है?" जबकि वह इतना बड़ा बलिदान करने जा रहा था, वह चाहता था, लड़की मौके की नाजुकी के हिसाब से ही गम्भीर रहे।

"क्या बोलूँ?"

"फिर वही। अरे बताओ न, करना क्या है?" लड़के का आग्रह बढ़ रहा था।

वह अचानक गम्भीर हो गई, "मैंने कहा न, मैं शादी नहीं कर सकती।"

"जिन्दगी भर ऐसे ही रहने का इरादा है, क्या?" उसने कुछ चिढ़े स्वर में पूछा।

"ये मैंने कब कहा।" लड़की हौले से बोली।

"क्या मतलब?"

लड़की चुप रही।

"यानी मुझसे नहीं करना चाहतीं, क्यों?"

लड़की अब भी चुप ही रही।

"है न यही बात?" लड़के ने जोर देकर दोहराया। अविश्वास से उसकी आवाज थरथराने लगी थी।

लड़की ने किसी तरह का न प्रतिवाद किया, न ही हामी भरी।

"तुम बोलती क्यों नहीं," लड़के की आवाज ऊँची होती जा रही थी, "तुम मुझसे शादी नहीं करना चाहतीं, है न यही बात?" उसे आशा नहीं थी कि लड़की यह भी नहीं कहेगी कि नहीं, मैं तुम्हीं से शादी करना चाहती हूँ, पर...

"इसमें नाराज होनेवाली बात नहीं है", लड़की ने समझाने की कोशिश की, "मैं अपने समाज से बाहर शादी नहीं कर सकती। ये बड़ा मुश्किल काम है, मेरे लिए। बल्कि असम्भव।" उसने बात समाप्त करते हुए लड़के का हाथ थामना चाहा था।

लड़का छिटककर दूर खड़ा हो गया। उसके नीचे से धरती खिसकने लगी थी। वह बहुत कुछ कहना चाहता था—मर्दाना गालियों में, लड़की की अनैतिकता पर।

लेकिन इसी बीच गड़गड़ाता हुआ आकाश टूटकर उसके सर पर गिरने लगा था और अपनी चेतना को, शक्ति को और सन्तुलन को सँजोए रखना उसके लिए असम्भव होता जा रहा था।

"अरे, सुनो तो", लड़की ने पसीना-पसीना हो आए लड़के को बाजू से सँभालते हुए कहा, "मैं तो मजाक कर रही थी। तुम इतने सीरियस हो गए।" वह आतंकित हो गई थी और घबराहट में समझ नहीं पा रही थी कि उसे कहना क्या चाहिए।

लड़का कुछ बोल नहीं रहा था, पर वह जिस तरह बदरंग होता जा रहा था, उससे लग रहा था, मानो किसी को दिल का दौरा पड़ रहा हो।

लड़की को लगा, वह किसी भी समय गिर सकता है। उसने लड़के को सँभालना चाहा, पर लड़के ने उस दशा में भी बची-खुची शक्ति बटोरकर उसके हाथ को अलग कर दिया। लड़की रुँआसी हो आई थी, "हे ईश्वर, तुम्हें क्या हो रहा है? मजाक भी नहीं समझते। सुनो तो...।"

वह सुन नहीं रहा था। अपमान, मोहभंग, निराशा और अस्वीकार के अन्धकूप में गिरते हुए उस तक किसी की आवाज नहीं आ रही थी।

लड़की को मालूम था कि वह उसे प्यार करता है, पर इस कदर प्यार करता है, यह उसकी कल्पना के बाहर था। मजाक में ही कहीं उसे कुछ हो न जाए, वह बेहद डर गई थी। अपने हाथों में लेकर वह लड़के के दोनों हाथों को सहलाने लगी। इस बार लड़के में अपने हाथ अलग तक कर लेने की शक्ति नहीं रह गई थी। अपनी त्यक्तता में वह स्तब्ध और हताश था–जहाँ का तहाँ खड़ा।

आते-जाते लोग उन्हें देखने लगे थे। लड़की दोहराती जा रही थी, जैसे किसी रिकार्ड की सूई अटक गई हो, मैं मजाक कर रही थी! मैं मजाक कर रही थी! मेरी बात तो सुनो, मैं मजाक कर रही थी! और उसके हाथों को किसी बीमार की तरह सहलाती जा रही थी। फिर न जाने उसे क्या सूझा, उसने कई बार एक-एक करके लड़के के दोनों हाथों को चूमा और उससे चलने का आग्रह किया।

होंठों के स्पर्श ने अन्धकूप में गिरते हुए प्राणों को रोक दिया। वह धीरे-धीरे वापस आने लगे। उसकी स्तब्धता टूट चुकी थी और कदम में हरकतें हुई थीं।

"देखो, समझो!" लड़की का स्वर प्रेम, ममत्व और भावावेश से काँप रहा था, "अब कहीं भी जाने की जरूरत नहीं है।" वह लगभग फुसफुसाहट में बोल रही थी। पर लड़का सब कुछ साफ-साफ सुन रहा था, "सब सामान्य हो गया है। प्रेगनेन्सी थी ही नहीं। तुम्हें समझ लेना चाहिए था।"

"तुम ऐसा मजाक कर क्यों रही थीं।" अन्ततः किसी तरह उसकी आवाज निकल पाई थी।

"मैं तुम्हारा इम्तहान ले रही थी। देखूँ, तुम क्या कहते हो।" वह थोड़ा रुकी और जोड़ा, "तुम मुझे बहुत प्यार करते हो, है न!" और उसका गला भर आया।

सम्भव था कि वह इस समय मजाक कर रही हो, पर यह मजाक सत्य से बहुत दूर नहीं था, इसका अहसास लड़के को लगातार था, इसीलिए उस पर इतना घातक असर हुआ था।

"तुम झूठी हो! तुमने मेरी जान ले ली थी।" लड़के ने कहा।

"नहीं, मैं झूठी नहीं हूँ।" और बड़ी देर तक वह बोल नहीं पाई, "मैं तुम्हें बतलाने जा रही थी। तुम्हें नहीं पता, इस बात से खुद मुझे कितना 'रिलीफ' मिला है। ऐसी बात मैं तुम्हें नहीं बतलाती भला। पर मैं तुमसे नाराज थी। तुम भी तो मुझे बतलाए बिना गए थे।"

"यू आर ए ब्लैकमेलर।" लड़का चुप नहीं रह सका।

लड़की ने मुस्कराने की कोशिश की पर बोली कुछ नहीं। असल में, लड़की के लिए वह सारा मामला इतना सीधा नहीं रह गया था और अपने को लेकर ही संशय की एक छाया उसके दिमाग में कहीं जन्म ले चुकी थी। बोझ के न होने से जन्मा संशय था यह, जो बीच-बीच में भी उसे बेचैन करता रहा था। वह आश्वासन के अक्षर चाहती थी, पर याचना के शब्द नहीं जुटा पा रही थी और इसीलिए सब कुछ टलता रहा था।

"क्या तुमने कुछ किया?" अन्ततः लड़के ने ही एक लम्बी चुप्पी के बाद पूछा।

"नहीं, मैं क्या करती। तुम्हारे बिना मैं क्या कर सकती हूँ। खुद ही सब ठीक हो गया। चलो, ईश्वर ने मदद कर दी। हम 'ह्यूमिलिएशन' से बच गए।" लड़की ने क्रॉस बनाया।

लड़के ने भी एक पल को आँखें बन्द कर लीं, मानो ईश्वर को वह भी धन्यवाद दे रहा हो। पर वह कान पकड़ रहा था, मन-ही-मन। अचानक ही वह सारी चिन्ताओं से मुक्त हो गया था। अब वह किसी भी बात को लेकर परेशान नहीं था। इस बात को लेकर भी नहीं कि लड़की के मन में उसे लेकर अभी भी निश्चिन्तता नहीं है। अपनी आदत के विरुद्ध उत्साह में न जाने कब उसने लड़की के कन्धे पर अपना हाथ रख दिया था और एक तरह से वह उसे अपने शरीर से सटाए हुए चल रहा था। प्रेम का वह सार्वजनिक प्रदर्शन लड़की के लिए भी नया था, पर उसे अच्छा लग रहा था। हाँ, हम प्रेमी हैं, जैसे वे सबको, सारी दुनिया को बतला देना चाहते थे। देखते रहें, जिसे जो भी देखना है। कर लें जो भी करना है।

न जाने कब वे पार्क में आकर बैठ गए थे। सबको ठेंगे पर रखकर वह उससे और भी सट गई थी। उसके शरीर की ऊर्जा उसे ऊष्मित कर रही थी। उसकी साँसों की आवाज मृदंग की तरह बज रही थी। उसकी धड़कनें वह गिन सकती थी। उनका अन्तर मिट रहा था। वे एक-दूसरे के लिए साँस लेने लगे थे।

न जाने वे कब तक ऐसे ही बैठे रहे एक-दूसरे के पसीने की धुँध में खोए कि अचानक उनके सामने चलना सीखता एक बच्चा अपने उत्साह में डगमगाता, और जब तक लड़की अपनी दुनिया से बाहर आ पाती, गिर पड़ा।

वह अचानक ही यथार्थ में लौट आई। और इससे पहले कि बच्चे की माँ झुक तक पाती, लड़की ने लपककर उसे उठा लिया। बच्चे को वह अवांछित मदद नहीं भायी। उसने अपने को छुड़ाया और आगे बढ़ गया।

माँ आभार में मुस्कराई और, "बहुत शैतान है," कहती हुई बच्चे के पीछे निकल गई।

लड़की बच्चे की अदा से मुग्ध कुछ देर उसे डगमगाता, पर हर सम्भव तेज बढ़ता देखती रही। उसकी आँखें न जाने कब की लड़के से अलग हो गई थीं। यद्यपि अभी भी वह लड़के से सटी थी, पर अब लड़के का हिस्सा नहीं थी। वह लड़के से आगे निकल गई थी। फिर से एक अलग व्यक्तित्व हो, वह अपने में सिमट गई थी। उस चिन्ता ने, जो कुछ देर पहले पूरी तरह कहीं पृष्ठभूमि में बिला गई लग रही थी, मौका ताकते व्याघ्र की तरह उसे दबोच लिया था।

कहीं ऐसा तो नहीं होगा कि माँ बनने की सामर्थ्य ही उसमें न हो—का प्रश्न उसे फिर कचोटने लगा था।

वह सोचना नहीं चाहती थी, पर यह चिन्ता उसके अस्तित्व को लेकर थी, उसके औरत होने से जुड़ी, इसलिए वह छूट नहीं पा रही थी। उसकी समझ में नहीं आ रहा था कि वह इसे लड़के को भी बतलाए या नहीं? और अगर बतलाती भी है तो क्या यह उचित होगा? बतलाने पर भी क्या वह समझ पाएगा?

लड़की ने उसके चेहरे से टोह लेनी चाही, आखिरी बार किसी निर्णय पर पहुँचने से पहले। लड़का इतना सटा बैठा था कि उसकी ओर देखने के लिए लड़की को अपनी पूरी गर्दन घुमानी पड़ी। नजर मिलते ही वह मुस्कराया। उसके चेहरे पर सन्तोष की अलौकिक आभा थी। लड़का चिन्तामुक्त हो चुका था और अत्यन्त प्रसन्न था।

और वह उसे प्यार करती थी।

(1990)

टुंड्रा प्रदेश

यह होटल भी उतना ही भव्य और विशाल है। और जगमगाता हुआ। और वहीं, जहाँ ऐसी चीजों को होना चाहिए। शहर के उसी हिस्से में, सुबह हमें जहाँ बसें छोड़ जाती हैं, शाम ले जाती हैं।

यह लड़का भी वहीं आ खड़ा होता है, अपनी, साइकिल के पहियेवाली, विरासती ठेली के साथ–थोड़ा होटल से हटकर बस स्टॉप से सटा, जाड़े की मेवा, करारी भुनी मूँगफली बेचता।

विज्ञापन तो आपने भी देखा है। यहीं तो आज रात पिछले वर्षों की तरह, सान्ता क्लॉज पर विश्वास करनेवाले बच्चों की संख्या में, कई हजार का इजाफा होने जा रहा है। इस अँधेरी रात की सनसनाती ठंड में, सान्ता छिपकर नहीं आ रहा है, बल्कि हजारों-हजार वाट-शक्ति के बल्बों की चकाचौंध में, जगमगाती अपनी टुंड्रा जेबों में भरा प्यार वह सरेआम बाँटेगा–विश्वास की ओर बढ़ते बच्चों को, और विलीन हो जाएगा होटल के तहखाने में।

पर यह लड़का तब तक चला जाएगा। सम्भव है, सान्ता इसीलिए बाहर नहीं आएगा। बहुत सारे अच्छे बच्चे क्रिसमस कैरोल–'साइलेंट नाइट, होली नाइट'–गाते हुए उसे होटल में ही मिल जाएँगे। ठीक है, लड़का छोटा है, पर है अविश्वासी। बिना निर्मल चित्त, भला कोई कैसे कुछ पा सकता है। चालू भी है। बहुत जल्दी, बहुत सांसारिक हो गया है। व्यवसाय के इतने सारे गुर सीख गया है। भूख के सताए जब आप ड्यूटी से लौट रहे हों और रोज की ही तरह बस का कहीं नामो-निशान न हो तो इस 14-15 साल के पिद्दी-से छोकरे से खरीददारी करके देख सकते हैं। एक रुपए में खेल बुरा नहीं है। न भी हुआ मनोरंजन, मूँगफली तो तौलकर ही मिलेगी। जिस सफाई से वह आग की हँडिया के ठीक नीचे गरमागरम मूँगफली निकालकर कागज के थैलों में भरता और ऊपर से दो दाने रूँगे के लुभाने को भी डालता है, वह आपका दिल खुश किए बगैर नहीं रहेगा। मुस्कराता तो शायद वह देखा नहीं गया है, पर उसकी आवाज में अभी भी वही मिठास है, जिसके लिए लोग बचपन को याद करते हैं। वो आवाज जो कानों के रास्ते आपके हृदय में, आपाधापी के कारण, कहीं दब-से गए वात्सल्य भाव को झकझोरकर जगा देगी और अगर परिवार गाँव में हुआ तो आप

वहाँ जाने का अगली पहली के लिए तय कर लेंगे। गाँव दूर हुआ तो खत तो कम-से-कम अगली डाक से छोड़ ही देंगे। अगर आप सौभाग्यशाली हैं, परिवार साथ ही है तो आप आश्वस्त होकर कि यद्यपि यह लड़का प्यारा है, पर आपसे इसका कुछ लेना-देना नहीं है, आपका लड़का तो इस समय घर में बैठा 'होम वर्क' कर रहा होगा या अभी-अभी कपिलदेव बनने की महत्त्वाकांक्षा लेकर खेल के मैदान से, वही सफेद कैप पहनकर लौटा होगा, जो आपको पिछले महीने उसे लाकर देनी पड़ी थी। कुछ मूँगफली उसके लिए भी खरीदने से आप बाज नहीं आ पाएँगे। आपका सोचना भी अपनी जगह सही है कि आजकल के लड़के मेवे और मूँगफली में किसी तरह का घपला नहीं करते। आप कहे जाइएगा कि मूँगफली जाड़े की मेवा होती है, इस पर, अगर उसने वह मुस्कान नहीं मारी जिसका अर्थ होता है–होती होगी–और वह मूड में हुआ तो उसकी स्वाभाविक मुस्कान भी आपको सन्देश दे जाएगी कि ये बच्चोंवाली मजाक तो न ही करें, पापा। आजकल के बच्चे चुइंगम पसन्द करते हैं। नूडल्स और हैमबर्गर ही उन्हें भाते हैं, ये बताने की बातें तो हैं नहीं। टी.वी. तो आप भी देखते हैं। सब जानते-बूझते आप 'रिस्क' लेते हैं तो समझिए, यह इस मूँगफलीवाले का ही कमाल है।

शरारती हनुमान ने जैसे आज फिर सूरज ग्रस लिया था। बहुत जोर लगाने के बावजूद तापमान, खड़ी दोपहरी भी, 15 डिग्री के ऊपर नहीं जा पाया था। ठंड, रात कहाँ पहुँचेगी, का अनुमान ही पीड़ाजनक था। बादलों के अलावा दोपहर तक कोहरा भी शहर की छाती पर चढ़ा रहा। समय पर ठेली लगती भी तो कैसे। शाम किसी उधार वसूलनेवाले-सी असमय ही आ धमकी। लड़के की समझ में नहीं आया, दिन आखिर निकला ही कब था, जो इस तरह डूब गया।

वह चिन्ता में था। शहर ही जैसे खाली हो गया था। कोई मानवभक्षी घूम रहा था, सड़कों पर। जान बचाते लोग तहखानों में लुके-छिपे थरथरा रहे थे। हर पल, गाढ़े होते जा रहे कोहरे में, इक्का-दुक्का घबराया आदमी या अपनी ही हैड लाइटों के विद्रूप और सिकुड़े संसार में रेंगने को अभिशप्त, किसी भटकी आत्मा-सी कोई गाड़ी नजर आ जाती थी। कोहरे के मायावी जाल से निकलने के लिए छटपटाते लोग भागे चले जा रहे थे। आतंक माँ तक पहुँच गया था। बहुत ठंड है, घर आ जा, छोटा सन्देश लाया था। स्वेटर के ऊपर, पिता के कोट के कालर, गले पर पिन थे और सर पर बुनी टोपी व उसके ऊपर माँ की साड़ी के एक टुकड़े से कानों के कसे होने के बावजूद, वह महसूस कर रहा था, मानो दिमाग के सिवा उसके शरीर का कोई और भाग रह ही नहीं गया है। उसका शरीर कोहरे में भीगते ठूँठ में बदल गया है। उसने हँडिया की आग को थोड़ा बढ़ाने की कोशिश की। इससे उसके हाथ तक गर्म नहीं

हो पाए। जितना ईंधन वह लाया था, वह ठंड के कारण कब का स्वाहा हो चुका था। शरीर की कम्पन रुकने को नहीं आ रही थी। घर जाने में भलाई थी, पर इतनी कम बिक्री में वह घर कैसे जा सकता था। उसने सोचा, बस एकाध ग्राहक ही चाहिए। पचास-पचास करके सौ ग्राम भी मूँगफली और बिक जाए तो काम बन जाएगा। तब उसके पास एक सम्मानजनक राशि होगी और दिन-भर बैठना भी सफल माना जाएगा।

"बस चलते हैं", उसने छोटे भाई से कहा, "तू तब तक खेल ले।"

छोटा अपना पहिया लेकर आया था। न जाने कहाँ से उसके हाथ यह घिसा साइकिल का टायर लग गया था। वह बड़े भाई के बड़प्पन और विशाल-हृदयता से छोटे को पहिया चलाता देखता रहा। एक बार भी उसका दिल नहीं हुआ कि वह भी खेल ले। खेल भी कैसे सकता था—उसे तो बिक्री करनी थी। और ग्राहक का भला कोई भरोसा होता है, मौत की तरह, न जाने कब आ जाए। अम्मा ने, उसे धन्धे का यह मूल मन्त्र, कई-कई बार कई तरह से, समझाया हुआ है। और मौत से वह डरता था, उसके बापू को ही ले गई थी, देखते ही देखते। इसलिए लापरवाही ठीक नहीं। वह बापू की गलती दोहराना नहीं चाहता। उससे पहले वह भी छोटे की तरह ही छोटा था। गुल्ली-डंडा खेलता, चहकता, स्कूल जाता और कभी-कभी ऐसे ही, कहीं से हाथ लगा, पहिया भी चलाता। ये मौत के उनकी दहलीज लाँघने से पहले की बात है। वह उसी क्षण वयस्क हो गया था। चार सदस्यों के परिवार का मुखिया।

छोटा क्षण-भर में अपने लहर-बहर करते पहिए को हाँकता विलीन हो गया और देर तक नजर नहीं आया। फिर वह लम्बे-लम्बे अन्तराल पर प्रकट होता और गायब हो जाता। इस तरह छोटे ने कई चक्कर लगाए। एक बार विचार आया, दौड़कर वह भी एक चक्कर लगा आए, थोड़ी गर्मी आ जाएगी—बस इसलिए। पर मन नहीं माना। उसे ग्राहकों का इन्तजार था। बड़े खेल-कूद में नहीं लग सकते। बच्चों के भरोसे भला दुकान छोड़ी जा सकती है। उसने अपने को सँभाल लिया। आग को जलाए रखना मुश्किल हो रहा था। इस बार जब छोटा लौटा तो उसने आदेश दिया, आग जलाने को कुछ तिनके-विनके बीन लाए।

छोटे को विचार जँचा नहीं, पर आदेश की अवहेलना करने की भी उसकी हिम्मत यकायक नहीं हुई।

"माँ ने कहा था, घर आ जाना।" उसने कुछ मरे स्वर में विरोध-सा किया।

"हाँ चलेंगे", उसने छोटे की बात काटते हुए कहा, "तू जरा जा तो।"

छोटे के पास चारा नहीं रहा तो उसने पहिया कन्धे पर लटकाया और डंडी को किसी दरोगा की तरह हिलाता निकल पड़ा और देर तक भटकता रहा।

वह स्वयं बढ़ते कोहरे में सड़क पर आँखें गड़ाए रहा—ग्राहकों की प्रतीक्षा में। हर बार उसे लगता कि इस बार तो कोई आ ही गया है—उधर बिजली के खम्भे की

ओर से, जहाँ रोशनी तक ठंड और अँधेरे में दबकर आसपास ही एक वृत में सिकुड़ गई थी। पर हर बार यह भ्रम साबित हुआ था। कोहरे के पर्दे के पीछे कुछ होता जरूर था, पर आता कोई नहीं था। जैसे मंच पर मुख्य पर्दा तो बहुत देर पहले उठा दिया गया हो और सामने जानबूझकर कोई नहीं आ रहा हो लेकिन पृष्ठभूमि में लगातार कुछ-न-कुछ हो रहा हो, जिसकी स्पष्ट छायाएँ दर्शक की उत्सुकता को पागलपन की हद तक भड़का रही हों। यह सब उसकी समझ के बाहर था—एक अन्तहीन-अर्थहीन नाटक या जादू-सा कुछ। कोई आता तो है, पर जब फासला दो कदम का रह जाता है, तब कहाँ गायब हो जाता है? हो सकता है, उस अदृश्य आगंतुक को मूँगफली की दरकार ही न होती हो। वह कोई और चीज तलाशता आता हो। यह असम्भव भी नहीं था, अक्सर ठंड में लोग बीड़ी-सिगरेट तलाश रहे होते हैं। पर किसी को तो आकर पूछना चाहिए था। वह जबर्दस्ती मूँगफली तो नहीं बेच देता। न वह ऐसा करता है, न ही कर सकता है। ग्राहक इतना शरीफ भी नहीं होता है। उसने कई बार सोचा है, इस मूँगफली के धन्धे से बेहतर सिगरेट-बीड़ी का काम है। पर उसके साथ पान भी होना चाहिए और इसके लिए बहुत पैसा चाहिए। इसके अलावा, अम्मा का कहना था कि बच्चे के हाथ से पान कोई नहीं लेता। इसलिए वह, समय के गुजरने और शरीर के बढ़ने की प्रतीक्षा में मूँगफली बेच रहा था।

लगा, कोई आ रहा है। इस बार वह कुछ ज्यादा चौकन्ना हो गया। मानव आकृति-सी उसकी ओर बढ़ रही थी। उसने साँस थाम ली। कोहरे की परत को चीरता हुआ, एक आदमी बस उभरने ही वाला है और कहनेवाला है, अरे देना लड़के, सौ ग्राम मूँगफली। उसके कान खड़े हो गए थे और हाथ स्वयं ही कागज के लिफाफे की ओर लपकने को इस तरह तैयार था, जैसा सौ मीटर के धावक, दौड़ शुरू होने के इशारे की प्रतीक्षा करते हैं। कोहरे का एक सैलाब उसे सहलाता-सा निकल गया। उसके चारों ओर ठंड की एक और पर्त बढ़ गई। कोहरे की चादर में जैसे एक बड़ा-सा सुराख निकल आया था। लैम्पपोस्ट की रोशनी में सड़क का टुकड़ा चमका। वहाँ कोई नहीं था। उधर खम्भे के पार से फिर कोहरा बढ़ता हुआ रोशनी की सेंध को पाटने लगा था। देखते-देखते फिर से खम्भा अपने जलते बल्ब समेत, किसी डूबते जहाज के मस्तूल-सा, पृष्ठभूमि में समा गया। एक बेरंग अँधेरे ने फिर से उसे घेर लिया था। ठंड में डर मिलने लगा। उसकी समझ में नहीं आ पाया कि उसके भ्रम का कारण यह कोहरा ही है, जो हल्की हवा से, धीरे-धीरे बढ़ता आता है। फिर वही प्रक्रिया शुरू हो चुकी थी। उसके अन्दर का हल्का-सा आतंक गहराने लगा। यह विश्वास-सा होने के बावजूद कि कोई उसके साथ बेमतलब खिलवाड़-सा कर रहा है, वह नई प्रत्याशा से, एक बार फिर चौकन्ना हो उठा। स्थिति स्पष्ट होने में इस बार समय नहीं लगा। न ही इस बार किसी ने उसके साथ किसी तरह का कोई मजाक ही किया। उसने देखा, छोटा पहिए को कन्धे में लटकाए कोहरे को चीरता प्रकट हो रहा है। इस पर

भी उसे प्रसन्नता ही हुई। कोई तो आया। छोटा ही सही। अपने दोनों भरे हाथों में छोटा कुछ तिनके, कुछ कागजों के टुकड़े और पत्ते समेटे था।

छोटे ने सारा सामान, मूँगफलियों से कुछ अलग, किनारे पर रख दिया। उसने चुनकर लकड़ी के सूखे-सूखे तिनके और सिगरेट की एक डिब्बी को टुकड़े-टुकड़े कर, सावधानी से हँडिया में लगाया। राख में कहीं दबी पड़ी आग इतनी मन्द थी कि कागज तक को पकड़ पाने में समय लग गया। बहुत फूँक मारने और दो नए लिफाफों की बलि चढ़ाने के बाद कहीं, एक लौ दमकी। अभी वह ठीक से साँस भी नहीं ले पाया था कि लौ वापस हँडिया में इस तरह खो गई, जैसे कोई चूहा बाहर मँडराते आसन्न खतरे को भाँप, फौरन ही गर्दन समेट बिल में खो जाता है। उसने फिर फूँक मारी। फिर से लौ दमकी और फिर से वहीं समा गई। ऐसा क्यों हो रहा है, वह जानता था। फिर भी उसने वह प्रक्रिया कई बार दोहराई, पर हर बार आग हँडिया की सुरक्षित चहारदीवारी से बाहर जाने को तैयार ही नहीं हुई। इससे उसका चेहरा ही नहीं दमक उठा, बल्कि शेष शरीर भी, जो इधर जमने का-सा आभास देने लगा था, कुछ हरकत में आ गया। पर हाथ अभी भी बर्फ ही बने रहे। वह छोटे पर खीझा, "अरे कैसे तिनके लाया! जरा सूखे-से, देखकर लाता!"

छोटे ने कोई जवाब नहीं दिया। बड़े की जिद उसकी समझ के बाहर थी। एक बार उसने सोचा, याद दिला दे, माँ ने घर आने को कहा है, फौरन! पर बड़े का मूड देखकर चुप ही रहना उसे बेहतर लगा। छोटा अभी तक पहिए को कन्धे में डाले-डाले ही आग का इन्तजार करता खड़ा था और जैसे ही बीच-बीच में लौ भभक उठती थी, वह भी तत्काल अपने हाथ अड़ा देता था। बात ठंड की ही नहीं थी, आखिर इस आग में उसकी भी तो भूमिका थी। जब उसे लगा, आग का जलना थोड़ा कठिन-सा ही है और ठंड लगातार बढ़ती हुई उसके हाथ-पाँवों को सुन्न करती जा रही है, उसने कन्धे से पहिया निकाला और हाँकता हुआ कोहरे में गुम हो गया। एक और भी खतरा था। भाई का मिजाज तेजी से बिगड़ने लगा था और वह न जाने कब उससे कह देता कि जा फिर से सूखे-सूखे कागज ला, ठीक से ढूँढ़कर। छोटा इस पचड़े में और नहीं पड़ना चाहता था। क्या सूखे- सूखे कागज और तिनके ढूँढ़ना इतना आसान काम था। यद्यपि वर्षा नहीं हुई थी पर सुबह-शाम के कोहरे ने ही जैसे सारी चीजों पर लगातार पानी की फुरहरी छोड़कर, सब कुछ नमी और सीलन से भर दिया था। और आज तो कोहरे ने हद ही कर रखी थी। पर उसे मजा आ रहा था। उसे लगता था, पिक्चर के किसी दृश्य की तरह, इस कोहरे के मध्य से, अभी कोई लड़की उभरेगी, अपनी चमकीली पोशाक में, और नाच-नाचकर पूरे शहर को भर देगी। तब सब कुछ जगमगा उठेगा। उसने यों ही कई बार कोहरे को काटा, हवा में हाथों को तलवार की तरह भाँजते हुए। कोहरे के वातावरण को चीरते हुए निकलने में कुछ और ही आनन्द था। हर बार जब घने कोहरे से निकल वह हल्के कोहरे के बीच

पहुँचता और वहाँ जो दृश्य खुलता, उसे लगता, मानो वह एक नई ही दुनिया की तलाश कर बैठा है–एक जादुई दुनिया की, जो सिर्फ कल्पना में ही सम्भव होती है। वह अपने चारों ओर चकित-सा देखता, अपने-आप ही प्रसन्न होता और आगे बढ़ जाता, कुछ और तलाशने। वह कब तक दौड़ता रहा, उसे कुछ पता ही नहीं चला। अन्ततः जब वह थककर चूर हाँफने लगा, उसे भाई की याद आई। अब तो घर चल ही पड़ना चाहिए। माँ नाराज हो रही होगी। भाई भी अब तैयार हो गया होगा। कितनी देर हो गई है, अब तक न जाने कितने ग्राहक आ गए होंगे। वह वापस लौट पड़ा। थकने के बावजूद उसकी गति कम नहीं हुई।

कोहरे और अपनी गति के कारण उसे पता नहीं चल रहा था कि वह कितना रास्ता तय कर चुका है। पर जैसे-जैसे वह आगे बढ़ता जा रहा था, वैसे-वैसे एक विचित्र और परेशान करनेवाली गन्ध भी बढ़ती जा रही थी। बहती नाक और सतत् रहनेवाले जुकाम के बावजूद उसे लगा, इस असहनीय गन्ध से उसकी नाक ही न कहीं फट जाए। उसने अभी नाक सिकोड़ी ही थी कि वह भाई की ठेली के सामने था। उसने अपने स्वेटर की बाजू से नाक पोंछी। अपनी आँखों पर उसे विश्वास नहीं हुआ। ठेली के नीचे, जमीन में रखी हँडिया से, आग की लपटें इस तरह निकल रही थीं, जैसे कोई नल पानी के दबाव से फट पड़ा हो। लपटों के ऊपर से होता हुआ काला धुआँ, कोहरे की चादर को और घना बना रहा था। पर उस आकर्षक आग के बावजूद, वहाँ वही गन्ध थी, जिसने उसे कई गज दूर से ही परेशान कर रखा था। छोटे को आश्चर्य-सा हुआ कि भाई बिना किसी असुविधा के आग सेकने में इस तरह कैसे लगा है, मानो कहीं कुछ हो ही नहीं रहा हो, जबकि तब तक उसका मन मितलाने भी लगा था।

"हाथ सेंक ले।" बड़े ने कहा।

"अम्मा ने कहा था, जल्दी आ जाना।" उसने पहिए को अपनी टाँगों के बीच अटकाकर चलाने की डंडी को काँख में दबाते हुए कहा।

"बस चलते हैं", बड़े का अन्दाज आश्वासन देनेवाला था। स्पष्ट था कि वह अभी भी चलने के मूड में नहीं था। आग ने उसके अन्दर कहीं उम्मीद और हिम्मत बाँध दी थी, "बस, एक ग्राहक और आ जाए, फिर चलते हैं।"

सवाल अब सिर्फ पचास ग्राम की और बिक्री का था और उसके साथ ही वह अपने लक्ष्य–दस की संख्या पर पहुँच जानेवाला था। आज के लिए यही काफी था। यह बात उसने छोटे को नहीं बतलाई कि वह सिर्फ एक और रुपए की बिक्री का इन्तजार कर रहा था। सब कुछ जानना छोटों के लिए जरूरी भी तो नहीं होता।

"अम्मा ने कहा था, बड़ी ठंड है।" छोटे ने दोहराया।

"तू तब तक बस एक और चक्कर मार आ, फिर चलेंगे।"

छोटा तत्काल उठ खड़ा हुआ।

"जरा हाथ तो गर्म कर ले।" बड़े ने उसे रोकने की कोशिश की।

"ये क्या है?" छोटे ने अन्ततः कह ही दिया, "बहुत बदबू आ रही है।"

"रब्बर है", बड़े ने तटस्थ भाव से कहा, "एक टुकड़ा मिल गया था। साइकिल के पहिए का टुकड़ा। कागज गीले हैं। फिर वह जल्दी जल भी तो जाते हैं। लकड़ी कहीं है नहीं। जो बुरादा लाया था, वह कब का खत्म हो गया है।"

छोटे ने भी कुछ देर तापने की कोशिश की। टायर तेजी से जल रहा था। और ज्यादा देर नहीं चलनेवाला था। उस बदबू में बैठकर गर्म होने से बेहतर छोटे को चक्कर मार आना लगा। तब तक निश्चित था कि रब्बर का टुकड़ा जलकर भस्म हो जाएगा और छोटे को उम्मीद थी कि तब भाई चलने में देर नहीं करेगा।

पहिया घूमा और पीछे-पीछे छोटा भी धुँध के मायालोक में खो गया।

रब्बर उस चिर-प्रतीक्षित ग्राहक के आने से पहले ही जलकर राख हो गया। बड़े लड़के ने बुझती आँच को जलाए रखने का कुछ देर तो प्रयत्न किया, पर आँच ने उसका साथ देने से साफ इनकार कर दिया। अब लौट जाने के अलावा कोई और रास्ता नहीं रह गया था। ठंड जैसे उसकी हिम्मत के साथ प्रतिद्वन्द्विता कर रही थी। कोहरा षड्यन्त्र का भागीदार था। वह हार के कगार पर था। दस रुपए का आँकड़ा ठंड के उस बियाबान में ऊष्मा, अस्तित्व और उसके सम्मान की मरीचिका में परिणत हो गया था। माँ कुछ नहीं कहेगी, वह जानता था, पर नौ रुपए में क्या होता है! इन नौ में मैंने क्या कमाया होगा? उसने तुरन्त हिसाब लगा दिया--छह-सात की तो मूँगफली ही हो गई होगी। बचा क्या? दो रुपए, बहुत हुआ तो तीन। तीन रुपयों में तो एक आदमी की एक टाइम की रोटी नहीं हो पाती। जब वह बतलाएगा, नौ ही रुपए की बिक्री हुई है सारे दिन में, तो भी माँ कुछ नहीं कहनेवाली है। वह कभी कुछ कहती ही नहीं है। फिर आज दो बजे दोपहर तक तो कोहरा ही छाया रहा था। बहुत जल्दी हुआ तो वह बारह बजे के करीब आया होगा। उसके पास घड़ी नहीं है, पर अन्दाज तो किया ही जा सकता है। उसके आने के बाद दिन डूबने में देर ही कितनी लगी थी। कोहरे ने भी लौटने में देर नहीं लगाई। ठंड बहुत बढ़ गई है, उसने अपने-आप से कहा। नौ रुपए और दस रुपए में अन्तर ही कितना होता है? एक रुपए से ही कौन-सा फर्क पड़ जाएगा। पर नौ रुपए लेकर वह कैसे लौट सकता है। आज तक क्या कभी वह इतने कम पैसे लेकर घर गया है। साल भर पहले जब वह बिलकुल नौसिखिया था, तब भी उसकी कमाई दस के नीचे नहीं गई थी। हो सकता है, नौ और दस के बीच में सिर्फ एक की संख्या का अन्तर होता हो, पर यह अन्तर आँकड़े के सिर्फ दोहरा हो जाने का ही नहीं था, बल्कि उसके पूरे व्यक्तित्व को एक चुनौती की तरह था।

वह उठा, इस आशा में कि हो सकता है, कोई टायर का टुकड़ा हाथ लग जाए। उसने उस इलाके के कई चक्कर मारे, जहाँ पहला टुकड़ा मिला था। पर सड़क

अचानक इस तरह साफ थी, मानो अभी-अभी झाड़ू लगाया गया हो। बस-स्टैंड के आसपास जितने भी मूँगफली के छिलके पड़े थे, उसने एक-एक कर बटोरे और वापस आग जलाने में लग गया। आग से अधिक धुआँ उठा। छिलकों से काम नहीं चल रहा था। ऐसे ही लौटना पड़ेगा, निराशा उसे जकड़ती जा रही थी। तभी न जाने कहाँ से छोटा प्रकट हुआ, अपना पहिया हाँकता और ठीक उसके सामने आकर रुका।

''चल।'' छोटे ने दबाव देते हुए कहा।

अचानक उसे कुछ भी सुनाई देना बन्द हो गया। उसकी सारी ज्ञानेन्द्रियाँ जैसे उसकी दृष्टि में केन्द्रित हो गई थीं। वह सिर्फ पहिया देख रहा था—छोटे का पहिया, जो रब्बर का था। उसे गर्मी महसूस होने लगी, उस ऊष्मा की, जो पहिए के उसकी कल्पना में जलने से, मिलने लगी थी। वृत्ताकार जलता पहिया, सूर्य का-सा रूप धारण कर, ठीक सर के ऊपर आकर, ठहर गया था और उसकी गर्मी ने सारे कोहरे को देखते ही देखते काट दिया था।

पर यह सम्भव नहीं है, वह वापस उसी कोहरे और ठंडे माहौल में लौट आया। छोटा तो तूफान मचा देगा। वह बहुत देर सोचता रहा, किस तरह वह छोटे को यह समझा सकता है। वह समझ भी पाएगा, यह भी सन्देहास्पद था। उसे कोई तरकीब नहीं सूझ रही थी, जो सहज हो और प्रभावशाली भी।

''अब चल न'', छोटे ने दोहराया, ''माँ ने कहा था, जल्दी आना।''

वह अब भी चुप ही रहा।

''चल न!'' छोटे के लिए उसकी चुप्पी असह्य होती जा रही थी।

वह स्थिर नजरों से छोटे को देखता रहा। इस देखने ने छोटे को विचलित कर दिया। इसलिए वह बात दोहरा नहीं पाया।

लम्बे अन्तराल के बाद अचानक बड़ा धीरे-धीरे इस तरह बोला, जैसे बहुत जोर लगाना पड़ रहा हो, ''बात सुन।'' उसने छोटे को बैठने का इशारा भी किया।

छोटा थोड़ा नजदीक आ गया, पर बैठा नहीं। उसे पूरी शंका थी कि बड़े ने उसके लिए कोई काम निकाल दिया है। अपना बैठा-बैठा आग सेक रहा है और मुझसे कहता है, लकड़ी बीन ला, सूखी-सूखी! कहाँ से लाऊँ मैं लकड़ी। उसकी खीझ बढ़ने लगी थी। बेकार ही आया। घर पर ही रहता इससे तो। एक तो बुलाने आया, ऊपर से काम बता रहा है।

पहिया चलाने का शौक खींच लाया था उसे। इस बहाने माँ ने निकलने दिया था, वरना दरवाजे पर भी पैर नहीं रखने दे रही थी। अच्छी जान मुसीबत में फँस गई थी उसकी, न बड़ा खुद चल रहा था, और न ही उसे जाने दे रहा था।

''बात सुन'', बड़े ने दोहराया। वह अपना दिमाग बना चुका था, ''आज असल में बिक्री नहीं हुई है'', उसने धीरे-धीरे नाटकीय ढंग से कहना शुरू किया, ''और माँ के पास आजकल पैसा नहीं है।''

छोटा चुपचाप खड़ा-खड़ा सुन रहा था। बात खत्म कर बड़ा भी चुप हो गया और छोटे की प्रतिक्रिया के इन्तजार में मुँह ताकने लगा। छोटे की चुप्पी कुछ लम्बी साबित हो रही थी। छोटे के दिमाग में क्या चल रहा है, बड़े के अनुमान से भी यह परे था।

छोटे के अन्दर का बच्चा धीरे-धीरे बिलाने लगा था और उसकी जगह एक समस्याग्रस्त वयस्क लेता जा रहा था। बड़ा चूँकि उससे समान स्तर पर बात कर रहा था, इसलिए उसका भी दायित्व हो गया था कि कुछ जिम्मेदारी दिखलाए।

"इसलिए सोच रहा हूँ कि कुछ देर और रुक जाएँ।" बड़े ने उसी अन्दाज में बात आगे बढ़ाई।

"एक चक्कर और मार आता हूँ।" छोटे ने तत्काल अपना सहयोग प्रस्तुत किया।

"वो तो ठीक है, पर ठंड बहुत है, बैठूँगा कैसे?"

"और लकड़ियाँ बीन लाऊँ?" छोटे ने विकल्प सुझाया।

"कहाँ से लाएगा, लकड़ियाँ?"

छोटा भी चुप हो गया। लकड़ियाँ एक तो नजर नहीं आ रही थीं और थीं भी तो इस तरह गीली कि जलने में दिक्कत कर रही थीं।

"अच्छा, ऐसा करते हैं, कहीं से टायर ले आते हैं।" छोटू ने नया सुझाव इतने विश्वास से प्रस्तुत किया कि भाई को मानने के अलावा कोई रास्ता ही नहीं रहेगा।

"कहाँ से?" बड़े ने तत्काल पूछा, जैसे इसी के इन्तजार में हो।

"जहाँ से तू लाया था।" छोटे ने सहज भाव से कहा।

"वहाँ कुछ नहीं है", बड़े का स्वर बर्फ से भी ठंडा था, "मैं सब देख आया हूँ।" कहकर बड़ा फिर चुप हो गया।

छोटा देर तक सोचता रहा, किसी वैकल्पिक रास्ते के बारे में, पर लगा सारे रास्ते बन्द हैं।

"फिर क्या करें?" छोटे ने हथियार डाल दिए।

"एक ही रास्ता है।" बड़ा लम्बी चुप्पी के बाद ऐसे बोला, मानो बहुत विचार के बाद किसी नतीजे पर पहुँचा हो।

"क्या?" छोटा आसन्न संकट को पहचान नहीं पाया।

"तू अपना पहिया दे दे, मैं तेरे लिए दूसरा ला दूँगा।" इस बार बड़े ने देर किए बिना सफाई से बात स्पष्ट कर दी।

"पहिया!" छोटे का मुँह कुछ क्षण को बन्द होना भूल गया। उसकी जमती अँगुलियाँ स्वयमेव पहिए पर कस गईं। यह उसकी कल्पना के परे था कि भाई इतना क्रूर और असम्भव प्रस्ताव भी रख सकता है।

"मैं तेरे लिए दूसरा ला दूँगा।" बड़े ने खड़े होते हुए दोहराया।

"नहीं!" छोटे ने जोर से सर हिलाते हुए कहा और एक कदम पीछे हट गया। उसे लगा, बड़ा उसे पकड़ लेना चाहता है।

बड़े को लगा, शायद छोटा भाग जाना चाहता है। पर वह भागा नहीं, बल्कि जैसा का तैसा खड़ा रहा। बड़े का धीरे-धीरे हाथ तो बढ़ा, पर ठेली की ओर। गल्ले में से सारे पैसे निकाल, अपने हाथ में रख, छोटे के सामने लाते हुए बोला, "दिन-भर की यह बिक्री है। इनसे क्या होता है?"

"माँ कुछ नहीं कहेगी," उसके स्वर की निराशा ने छोटे को डरा दिया था, "माँ ने कहा था, जितने की भी बिक्री हो, वापस आ जाना। जल्दी आना। चलते हैं, चल!"

"पर पैसे नहीं हैं न, घर का खर्च कैसे चलेगा!" बड़े के स्वर की चिन्ता, हिला देनेवाली थी। छोटा चुप खड़ा रहा। उसकी समझ में कुछ नहीं आ रहा था। धीरे-धीरे उसका गला रुँधने लगा था। अवश्यम्भावी पूरी विकरालता में सामने खड़ी थी। उसका विरोध न जाने कहाँ खो गया था। वह रो तक नहीं पा रहा था। अपने रुदन की करुणा से वह किसी को भी हिला सकता था। वह उसका सबसे प्रभावी और अन्तिम हथियार था। पर किसी अभिशप्त योद्धा की तरह वह ठीक समय पर उसका इस्तेमाल ही भूल गया था, जैसे। चक्का अचानक हल्की धप्प की आवाज करता, स्वयं ही उसके हाथों से छूट, रथ के टूटे पहिए की तरह जमीन पर जा गिरा। वह पूरे वेग से चीत्कार करना चाहता था। वह झपटकर अपने पहिए को अपनी सुरक्षा के घेरे में ले लेना चाहता था। पर वह पंगु हो गया था। अशक्त और चेतनाहीन! स्तब्ध!

बड़े ने इस तरह की प्रक्रिया की आशा नहीं की थी। बहुत देर तक वह स्वयं हतप्रभ छोटे को देखता रहा। छोटा रोएगा तक नहीं, यह अकल्पनीय था। हो सकता है, अब रोए, उसने सोचा। छोटा वैसे ही खड़ा रहा, बुत बना। बड़े की हिम्मत नहीं हुई कि पहिए को उठा ले। पहिया अचानक किसी पालतू जानवर-सा उसके समक्ष पड़ा था, जिसके वध का अमानुषिक, नृशंस और अपरिहार्य कार्य, उसके हाथों सरअंजाम होना था। यह अधर्म उसी के हिस्से लिखा था।

छोटे के सामने कोहरा अचानक इतना सघन हो गया था कि कदम-भर की दूरी पर खड़ा भाई और पहिया अदृश्य हो गए। दुख और असहायता की पीड़ा ने उसे जमा दिया। न जाने कब तक वह वैसे ही खड़ा रहा, कोहनियों से फटे स्वेटर में। उसके कानों पर बँधे साड़ी के टुकड़े ने मानो उसे हर आवाज से काट दिया था। न जाने कैसे और कब वह होश में आया।

"बैठ जा।" बड़ा कह रहा था।

छोटा इस पर भी नहीं हिला। ठंड और दुख की मिली-जुली अनुभूति से वह जम गया था। दो-एक बार बुलाने के बाद, बड़ा भी चुप्पी मार गया। पहिया तेजी से जल रहा था—न जाने क़ब से, अपनी पूरी दुर्गन्ध के साथ, काला धुआँ उगलता, जो कोहरे के कारण ऊपर न जा पाने से, उन्हीं दोनों के आसपास मँडराने लगा था। इस पर भी छोटे को न तो धुआँ लग रहा था और न ही किसी तरह की दुर्गन्ध आ रही थी। बीच-बीच में बहती नाक को ऊपर को खींचने से जो आवाज निकल रही थी, वह

बड़े को डरा दे रही थी। क्या छोटा रोने लगा है? हर आवाज के साथ वह गौर से छोटे को देखने का प्रयत्न करता था। पर हर बार छोटा वैसे का वैसा खड़ा नजर आता था। धीरे-धीरे उसके अन्दर एक अजीब घबराहट घुमड़ने लगी। शायद उसने ठीक नहीं किया। हो सकता है, छोटा अभी उसके डर से नहीं रो रहा है। पर माँ के पास जाकर तो वह रोएगा ही। तब माँ, उसी का पक्ष लेगी। कहेगी, मैंने उसे तुझे बुलाने भेजा था, तूने उसका पहिया जला दिया। अब वह किससे खेलेगा, बच्चा बेचारा।

हर समय खेलता ही तो रहता है। मैं क्या जानूँ किससे खेलेगा। बड़ा अपने को समझाने का प्रयत्न करता रहा। पहिया फिर मिल जाएगा। घिसा हुआ टायर ही तो था। इस ठंड में मैं और कर भी क्या सकता था। फिर मैंने कोई शौक में तो जलाया नहीं। मैं कह रहा हूँ, नया ला दूँगा। सुबह ले आऊँगा। और क्या करूँ!

एक रुपए से ही जो कौन-सा पेट भर जाता। बेचारे बच्चे का खिलौना जला दिया—माँ छोटे का ही पक्ष लेगी। तू किसी की सुनता नहीं है। बहुत जिद्दी है। कहकर सम्भव है, वह खुद भी रोने लगे।

बड़े ने पहिए की ओर देखा। वह पूर्ववत ठंड को चुनौती देता जल रहा था। कुछ नहीं तो अब तक पाँच-छह इंच जल भी चुका था। न जाने अचानक क्या हुआ। वह झपटा और पहिए को आग से अलग कर जमीन पर पटक-पटककर बुझाने लगा। आग थी कि बुझने को ही नहीं आ रही थी। उसने ठेली को रोकने के लिए लगी ईंट निकाली और जलते सिरों को तब तक कुचलता रहा, जब तक कि वह बुझ नहीं गया। लपटें तो थम गईं, पर धुआँ लगातार उठ रहा था। उसने आसपास से मिट्टी उठाई और पहिए के धुआँ छोड़ते दोनों सिरों को ढक दिया। सफलता अन्ततः मिल ही गई।

बुत बना छोटा देख रहा था। किसी चीज से जैसे उसका कुछ लेना-देना न हो। बड़े ने जमीन से हँडिया उठाई और रब्बर के बचे हुए जलते कणों को हाथ से ही निकालकर इस फुर्ती से फेंका, मानो अपराध के सारे निशान मिटा देना चाहता हो। सब कुछ वह यान्त्रिक गति से करता गया। आंशिक रूप से जले उस पहिए को मूँगफली के ढेर के दूसरी ओर रख, ठेली को रोकने के लिए लगी दूसरी ईंट भी निकाल और छोटे से सिर्फ, "चल!" कह, ठेली धकेलने लगा।

छोटे के शरीर को हरकत में आने में समय लगा। धीरे-धीरे अपनी स्तब्धता से उबरता पीछे-पीछे घसिटता वह सोचने लगा, बेमतलब इसने पहिया जला दिया। पहले चल पड़ता। अब कौन-सा ग्राहक आया।

बड़े ने मुड़कर देखा, छोटा काफी पिछड़ चुका था। उसने रुककर आवाज लगाई, "आ, बैठ जा।"

छोटे की समझ में नहीं आया कि वह क्या कह रहा है। न उसके पैरों की गति बढ़ी, न ही वह कुछ बोला। जब वह एकदम नजदीक पहुँचा तो बड़े ने इशारा करते हुए कहा, "बैठ जा।"

छोटा पास आकर स्थिर खड़ा हो गया।

"बैठ जा, न!" बड़े ने दोहराया।

बड़े के स्वर में आत्मीयता, प्रेम और आग्रह इतना जबर्दस्त था कि छोटा इनकार नहीं कर सका। अभी वह उचकने की सोच ही रहा था कि बड़े ने उसे उठाया और देखते ही देखते ठेली में बैठा दिया। इस अचानक बैठने से ठेली जोर से हिली, छोटे ने घबराकर दोनों ओर से कसकर पकड़ ली।

छोटे के दोनों पैर अब ठेली की हत्थियों के बीच में थे, बड़े के बाजुओं के घेरे में। ठेली फिर से सरकने लगी थी। वह इतना बड़ा भी नहीं था कि सिर्फ तीन वर्ष छोटे को आसानी से धकेल ले जाए। ताकत अब काफी लग रही थी, जिससे उसका मुँह छोटे के घुटनों के लगभग समानान्तर हो गया था। छोटे को उसकी साँसें लगातार अपने घुटनों पर पड़ती महसूस हो रही थीं और उनकी गर्मी से वह असहज होता जा रहा था।

थोड़े अन्तराल के बाद, अपनी जल्दी-जल्दी चलती साँसों के बीच, बड़े ने रुक-रुककर कहना शुरू किया, "मैं कल तेरे पहिए को सिलवा दूँगा। बस थोड़ा-सा ही छोटा होगा।"

छोटा सुन रहा था। कोहरे के बीच से हौले-हौले निकलती एक गाड़ी की भारी आवाज और कुछ अपनी चढ़ी साँस के कारण बड़ा लगातार नहीं बोल पा रहा था। छोटा स्थिर उसे देख रहा था। बड़ा गर्दन झुकाए, लगातार पीछे को सरक रही कोहरे की नमी से चमकती, सड़क पर नजरें गड़ाए था। यहाँ तक कि अपनी बात की प्रतिक्रिया जानने के लिए भी उसने गर्दन नहीं उठाई थी।

वह फिर बोला, सम्भवतः छोटे के कुछ न बोलने से या स्वयं अपने प्रस्ताव की व्यर्थता के कारण, "अगर ठीक नहीं हुआ तो मैं तुझे दूसरा पहिया ला दूँगा।"

वह रुका, इस आशा में कि छोटा अवश्य पूछेगा, कहाँ से? पर छोटा जैसे बोलना भूल गया था। वह स्वयं ही अनपूछे प्रश्न का उत्तर देने लगा, "चाहे जहाँ से भी लाकर दूँ, लाकर दूँगा।"

छोटे को इस तरह मुँह उलटाकर बैठना अजीब-सा लग रहा था। कोहरे की मोटी चादर के पीछे से झाँकते पेड़, मकान और यदाकदा आसपास से रेंगकर निकलती गाड़ियों की बैक-लाइटों की लाल रोशनियाँ, इन्द्रजाल की तरह महसूस हो रही थीं। वह इस विचित्र यथार्थ से तालमेल नहीं बैठा पा रहा था।

"मैं तुझे पैसे दे दूँगा", बड़े ने चुप्पी को अविश्वास मान प्रस्ताव को, जितना हो सकता था, ठोस बनाया, "दो रुपए! तू जाकर खुद ले आना। बस, जरा मौसम बदलने दे। जिस दिन बिक्री होगी, एकआद दिन बाद, तुझे रुपए दे दूँगा।"

ठंड से दबी-दबी जानी-पहचानी गन्ध महसूस होने लगी थी। नाला सामने था। पुल के लिए हल्की-हल्की चढ़ाई शुरू भी हो चुकी थी। अब उन्हें दूर नहीं जाना

था। लगभग एक किलोमीटर के बाद, उनकी बस्ती शुरू हो जाती थी, नाले से बिलकुल सटी।

बड़े की साँसों की तेज होती रफ्तार साफ सुनाई देने लगी थी। फिर भी वह बोल रहा था—साँसों के लम्बे-लम्बे विरामों से भरे वाक्यों में, "माँ, मुझे पैसे दे देगी। जिस दिन बिक्री अच्छी होगी, उस दिन माँगूँगा। माँ ने मुझे फिल्म देखने को पैसे देने का भी वायदा किया है। अलग से नहीं दिए तो वह दे दूँगा", उसने किसी तरह अपनी बात पूरी की, "तू पहिया खरीद लेना।" और पूरे जोर से ठेली धकेलने लगा। चढ़ाई बढ़ती जा रही है, यह बड़े की चाल भी बताने लगी थी।

छोटे ने, जैसे अब भी उसकी बात नहीं सुनी थी। पर बड़े की साँसों के बढ़ते स्वर ने, जो अब लगभग धौंकनी की तरह चल रही थीं, छोटे को बेचैन करना शुरू कर दिया था। अचानक ही उसने अपने पैरों को बड़े के दाएँ बाजू के बाहर किया और बिना किसी सावधानी के ठेली से कूद पड़ा। उलटी दिशा के कारण वह स्वयं को सँभाल नहीं पाया और सड़क पर लगभग गिरता-गिरता बचा। पर इससे पहले कि बड़े की समझ में कुछ आता, वह अपने पैरों पर था और बड़े के साथ-साथ चलता ठेली को धकेलने में हाथ बँटा रहा था।

कुल चार-पाँच किलो मूँगफली की ठेली एक क्षण में फूल-सी हो गई थी।

बड़े ने उसकी ओर देखा और भरपूर मुस्कराया।

छोटे ने मुस्कराहट की उस ऊष्मा को महसूस किया। बड़े की सहलाती नजरों को भी। उसने बहती नाक ऊपर को की और उसकी नजरें घने कोहरे में खो गईं।

पुल शुरू हो चुका था। कुछ कदमों के बाद ढलान था।

(1990)

'...कुंजरो वा!'

वर्षा पर्याप्त हुई थी उस साल। जंगलात के डाकबँगले की तरह, पहाड़ रातोरात हरियाली से पुत गए थे। ठंड भी इसलिए समय से कुछ जल्दी आती लगी थी। घाटी में भी, जहाँ आसपास के पहाड़ों पर बसे गाँवों से आधी ठंड पड़ती है, सुबह-शाम स्वेटर आवश्यक हो गया था।

उस साल न सूखा पड़ा था, न बाढ़ आई थी। गर्मी समय पर आई थी, समय पर गई थी। हाँ, ठंड, जैसा कि मैं कह चुका हूँ, थोड़ा पहले जरूर आई, पर देर तक शायद नहीं रही थी। फिर भी उस साल को मात्र इसलिए याद नहीं किया जा सकता। सामान्यधर्मिता, चाहे वह हमारी जैसी तुनकमिजाज प्रकृति की ही क्यों न हो, वैसे भी अपने-आप में यादगार बनने के लिए काफी नहीं होती। असल में यह वह साल था, जब वे लड़के, जिन्हें समाज का भविष्य कहा जाता है, मिसाल बनने की जगह मशाल बनने लगे थे। मशाल भी ऐसी जो मात्र धुआँ करती है और 'फ्लाई बाई वायर' विमानों का एक यात्री मंगोल इंजन पर आदिकालीन आर्य रथ का ढाँचा बैठा जहाँ-तहाँ दौड़ाने लगा था। वर्तमान देखते-देखते भुतहा गया था। मुर्दों के टीले हरकत में आए थे और विगत के गर्त से निकल एक के बाद एक खेत योद्धा, कमर बाँध, चारों दिशाओं में फैल गए थे।

फिर वही हुआ, जो होना था...

यह उसी साल की बात है जिसे पंचांगों में विक्रमी सम्वत् 2047 और शक सम्वत् 1912 के नाम से जाना जाता है। चाहें तो उसे ईसवी सन् एक हजार नौ सौ नब्बे कह सकते हैं।

तो अक्टूबर का महीना था।

उस शाम, गुमान सिंह का मन काम से बिलकुल उचटा हुआ था। उसकी नजर, न चाहते हुए भी, सड़क के पार खेतों से घूमती-घामती पहाड़ चढ़ती, पगडंडी के उस मकान पर बार-बार जा ठहरती थी, जहाँ पिछवाड़े अख्तर की कोठरी है। सामने की ओर इसी मकान में, एक पखवाड़े पहले अचानक एक दिन ही बन्द हो

गई, कसाई की दुकान है। सुलेमान इस तरह इतनी लेनदारी छोड़कर कहाँ गया? क्यों गया? कब गया? ये सवाल थे, जो बाजार-भर में चील-कौव्वों की तरह चक्कर मार रहे थे। चालीस-पचास दुकानों के इस मासी बाजार का एकमात्र कसाई वही था, इसलिए 'सिकार' खाने के शौकीन पहाड़ियों के लिए यह कम असुविधा का कारण नहीं बन गया था। पर अपनी असुविधा का खामियाजा वसूलने का उन्होंने एक काँठी तरीका ढूँढ़ निकाला था—सुलेमान की मजाक उड़ाने का। "गधे के सिर के सींगों की तरह क्या जो गायब हुआ होगा यह सुलेमान?" कोई एक कहता और फिर उसके साथ सब मिलकर हो-हो हँसने लगते, मानो ऐसी नायाब बात कही गई हो जिसे आज तक किसी ने सुना ही न हो। मज़ाक को इस बुरी तरह दोहराया गया कि एक ही हफ्ते में भोथरा गया, तब नया मजाक गढ़ा गया, "अरे, कहीं ब्या-ह्या करने चला गया होगा! कुछ पता ठहरा इन मुसलियों का! चार ब्या की तो कानूनी इजाजत हुई। जो न करें वही थोड़ा हुआ।" माहौल ही ऐसा हो चला था कि यह मजाक खूब जमा।

सच पूछा जाए तो सुलेमान इतना अचानक भी नहीं भागा था, जितना कि बाजारवाले जतला रहे थे। अख्तर से पूछा जाता तो सम्भव है, सही-सही उत्तर मिल जाता, पर सच्चाई जानने की इच्छा थी किसमें?

और अख्तर भी किसी को क्यों बतलाने जा रहा था कि सुलेमान ने उससे कहा था कि मियाँ ये पहाड़ी अब वे पहाड़ी नहीं रह गए हैं। इस जंगल में कुछ हो गया तो घरवालों को कई बरस तो पता भी नहीं चलेगा।

"नहीं, ऐसा नहीं हो सकता!" अख्तर ने प्रतिवाद किया था। इस तरह की बात सुनना तक उसके लिए असह्य हो रहा था।

"जमाना बदल गया है," सुलेमान ने उसके प्रतिवाद की ओर ध्यान नहीं दिया था, "किसी का भरोसा नहीं रहा है। मैं नहीं कहता, लोग अच्छे नहीं थे। जब थे, तब थे। ये सुबह-शाम की मीटिंगें, ये डंडे, ये त्रिशूल, ये खुखरियाँ अचानक क्यों निकल आई हैं? कुछ बता सकते हो? आखिर किसके लिए हैं ये? यहाँ है कौन, तुम्हारे और मेरे सिवा?"

उसने उत्तर की कुछ देर प्रतीक्षा की, पर चूँकि उसे विश्वास था कि अख्तर के पास उत्तर नहीं है, वह फिर बोला था, "पिछले डेढ़-दो महीने से सुबह से लेकर शाम तक ये लाउडस्पीकर से क्या बजता रहता है? अरे भई, बनाओ अपना राम मन्दिर जहाँ बनाना है, चौबीस घंटे जहर क्यों उगलते हो?"

"नहीं, फिर भी ऐसा नहीं हो सकता।" यद्यपि अख्तर अन्दर तक हिल गया था, पर इतनी आसानी से वह अपनी आस्थाओं को छोड़ने को तैयार नहीं था।

सुलेमान ने उसकी बात पर ध्यान ही नहीं दिया, "तुम तो मियाँ दिनभर यहाँ रहते नहीं हो, जिस दिन कुछ होगा, मुमकिन है, हाथ ही न आओ। हो भी अकेली

जान। जंगल और पहाड़ों के चप्पे-चप्पे से वाकिफ हो, कहीं को भी भाग लोगे। पर मैं कहाँ जाऊँगा? इन जंगलों को मैं तो नहीं जानता। जानता भी होऊँ तो भी कितने लोगों को लेकर भागूँगा? छोटे-छोटे तीन बच्चे हैं, बीवी है...। यह खतरा मैं कैसे उठाऊँ, बताओ?"

यद्यपि यह सही था कि अख्तर मुँह अँधेरे ही टट्टू लेकर निकल पड़ता है और दिन डूबने तक ही लौट पाता है, पर वह नहीं समझ पा रहा था कि आखिर बाजार में उसके पीछे ऐसा क्या होता रहता है कि अपना जमा-जमाया काम-धन्धा ही छोड़कर भागना पड़े? लेकिन वह चुप मार गया था। ये बातें महीना-भर पहले की होंगी, पर आज वह उसी सुलेमान की बन्द दुकान के दरवाजे से पीठ लगाए बैठा था--दो-एक डोटियालों (नेपाली मजदूरों) से घिरा।

लम्बे-लम्बे डग भरती रात के अन्धकार में इनकी आकृतियाँ 'नेगेटिव' की छायाओं में बदलती जा रही थीं, जिन्हें सप्रयत्न देखना पड़ता है। बढ़ते सन्नाटे में इक्का-दुक्का रेडियो-सेटों की रिरियाहटें इस तरह डूबने लगी थीं, जैसे मदद के लिए भरपूर चीखने के बाद, कोई रेत-कच्छ में दफ्न हो जाता है।

बाजार में बचे-खुचे लोग भी यथासम्भव तेजी से लौट रहे थे। गर्मियों के चहल-पहलवाले दिन तो थे नहीं, जब कोई-न-कोई, कहीं-न-कहीं मिल ही जाता है। सर्दियाँ यद्यपि दूर थीं, पर दिन कुछ जल्दी ही डूबने लगा था। पहाड़ी रास्ते और कृष्ण पक्ष की रातें, कुल मिलाकर असुविधा का ही कारण बनते हैं।

अख्तर बहुत कम बोल रहा था। रोने की भी आवाज नहीं थी। कभी-कभी बस गला भर आता था। तब उसकी चुप्पी के अन्तराल और लम्बे हो जाते थे। सब कुछ डोटियालों की समझ के परे था। किंकर्तव्यविमूढ़ता में सान्त्वना के शब्द भी हरा गए थे। औपचारिकता सम्भवतः उनके हिस्से में आती भी नहीं थी।

"मुन्ना ने किसी का क्या बिगाड़ा था?" अख्तर का स्वर इतना मन्द था कि सामने बैठी आकृतियों के भी पल्ले नहीं पड़ रहा था, पर उसकी यातना अपनी पूरी सघनता में उन्हें महसूस हो रही थी।

"सुलेमान होता तो शायद ऐसा न होता", उसका आत्मालाप जारी था, "नसीमन अपने बच्चों के साथ उसकी भी देखभाल कर दिया करती थी। वह मुन्ना को एक मिनट अपनी आँखों से ओझल नहीं होने देती थी। खुदा उसे बरकत दे। बच्चों ने भी उसे कभी पराया नहीं माना था। या अल्ला!" थोड़ा रुक, वह फिर कहने लगा, "देखो न, बच्चों के बगैर कैसा सुनसान हो गया है। सारा बाजार जैसे काट खाने को दौड़ रहा हो।"

वास्तव में झींगुरों की आवाज बढ़ती रात के साथ अकेलापन, उदासी और हताशा बढ़ा रही थी। सुलेमान की बात मान ली होती तो यह दिन न देखना पड़ता। उसे अपने ऊपर गुस्सा आने लगा। जिद की भी हद होती है। अपने को जरूरत से

ज्यादा समझदार समझना कितना खतरनाक साबित होता है, वह अब महसूस कर रहा था। वह अपने को धिक्कारने लगा था और रह-रहकर उसका दिल कर रहा था कि दीवार पर सर पटक ले।

अन्ततः सामने बैठे गुमान सिंह के लिए स्वयं को रोक पाना असम्भव हो गया। यद्यपि न अब अख्तर नजर आ रहा था, न उसे घेरे बैठे डोटियाल, पर इधर ग्राहक भी नहीं थे कि गुमान सिंह का ध्यान बँटा रहता। उनके और सुलेमान की दुकान के मध्य सिर्फ सौ वाट के बल्ब की रोशनी का विस्तार था, जो डामर की सड़क पर दूसरे छोर तक किसी लावारिस जानवर की तरह पसरा पड़ा था। यह प्रकाश न जाने किस कारण अख्तर से एक दूरी बनाए हुए था। इस पर भी गुमान सिंह की आँखें लेजर किरणों की तरह सब कुछ पार कर ठीक वहीं जाकर रुक रही थीं, जहाँ अख्तर था। जो वह बोल रहा था, गुमान सिंह के कान, किसी अत्यन्त संवेदनशील वायरलैस-सेट की तरह, सारी दूरी और हल्ले के बावजूद, जैसे सब सुन रहे थे। मानो कुल-देवी अवतरित होने लगी हो। उनके अंग बरबराने लगे थे। उनकी भुजाएँ फड़फड़ाने लगी थीं। ये म्लेच्छ! ये म्लेच्छ, तेरे हाथ घाट लगाना चाहता है, कोई उनके कानों में कह रहा था। साला अपने को समझता क्या है! दो कौड़ी का घोड़िया, न जाने कब से बक-बक किए जा रहा है, उन्होंने अपने-आप से कहा और एक ही छलाँग में सड़क लाँघ सीधे अख्तर के सामने जा खड़े हुए। उनके हाथ में गदा नहीं थी, वरना उस राक्षस का सिर फट जाता। उनके हाथ में त्रिशूल भी नहीं था कि उस असुर को तत्काल भेदकर हवा में लटका देते। पर असुर अपने दुख में ही खोया हुआ था। उस राक्षस की अपनी ही पीड़ा इतनी गहन थी कि उसने देखा ही नहीं कि उसके आगे कौन अवतार आ खड़ा हुआ है। वह कितना बाल-बाल बचा है! यहाँ तक कि उसे घेरे बैठे मजदूरों को भी गुमान सिंह के आने का आभास नहीं हुआ।

"ये क्या हो रहा है?" गुमान सिंह ने अन्ततः पूछ ही लिया। अख्तर जैसे नींद से जागा। एक भयावह सपने के आतंक से। रोशनी की पृष्ठभूमि में वह गुमान सिंह को यक-ब-यक पहचान नहीं पाया। उसे लगा, वह आवाज, जो कई दिनों से उसे एक पल चैन से बैठने तक नहीं देती और जिसने सुलेमान को इस हद तक आतंकित कर दिया था कि वह रातोरात भागने पर मजबूर हुआ था, साकार-सामने आ खड़ी हुई है। उसकी चीख गले में घुटी रह गई। आतंक में वह काँपने लगा।

असल में गुमान सिंह की आवाज में जो जनाना पुट था, वह किसी भी तरह की सौम्यता या माधुर्य की जगह एक विकृति लिए था और यह पुट, अगर डरावना नहीं भी कहें तो भी उसकी आवाज को कर्णकटु तो बना ही देता था। पर इस समय हजारों बार की सुनी यह आवाज, पिछले कुछ दिनों से लाउडस्पीकर से निकल-निकलकर कानों में बूँद-बूँद पिघले शीशे-सी गिरनेवाली एक और आवाज में

गड्ड-मड्ड होकर अख्तर को मौत की आवाज-सी भयावह और खौफनाक लगने लगी थी। उसे याद आया, शायद इसीलिए सुलेमान कह रहा था कि यह आवाज ऐसा अहसास कराती है, मानो कोई मेरे पूरे परिवार का फातेहा पढ़ रहा है। नहीं, अख्तर को लगा, यह फातेहा नहीं, उससे भी कहीं आगे, बेगुनाहों की मौत का फैसला और उसे लफ्जों में ही सरंजाम करने का तरीका भी है। अचानक ही जैसे लफ्जों के वे जाने-पहचाने जहर-बुझे तीर चारों दिशाओं से चलने लगे थे :

"देख्खो वीर जवान्नो अपने खून पर यह इलजाम न आए,
माँ न कहे कि मेरे बेटे बख्त पड़ा तो काम न आए।"

"मेरे हिन्दू भाइयो, सारे विश्व पर दया करनेवालो, पशु-पक्षी, जड़जंगम को अपने गले लगान्ने वाल्लो, आस्तीन में पलते साँपों को दूध पिलाते हो, साँपों को...साँपों को, साँपों को, साँपों को, साँपों को, साँपों को, साँपों..." और आगे जैसे टेप में यही एक शब्द था–साँपों को, साँपों को।

कौन साँप? कैसे साँप? अख्तर कई दिन से यही समझने की कोशिश करता रहा था, पर समझ में कुछ नहीं आया। उसकी बेचैनी और घबराहट बढ़ने लगी। गुमान सिंह इतनी देर क्या कहते रहे थे, अख्तर ने कुछ भी नहीं सुना। उसकी इस स्तब्धावस्था ने गुमान सिंह को हिला-सा दिया। उनकी गदा, उनका खड्ग और उनका त्रिशूल कहीं बिला गए। उन्होंने घबराकर अख्तर को कन्धे से पकड़ा और झिंझोड़ दिया।

"अब उठ!" उन्होंने झुँझलाकर कहा, "दो बखत एक हो रहे हैं। दिया-बत्ती कर। यहाँ पड़ा-पड़ा क्या बड़बड़ा रहा है! ऐसा करने से आ जाएगा, तेरा बकरा वापस। एक और पाल लेना। बकरा ही तो था।"

अब कहीं अख्तर की समझ में आया कि वह लाउडस्पीकर से बोलनेवाली औरत की नहीं, गुमान सिंह की आवाज है। समझते ही अख्तर सुबक-सुबककर रोने लगा। रोने ने गुमान सिंह की आवाज की तल्खी कुछ कम कर दी।

"वह बकरा नहीं था, ठाकुर साब!" वह किसी तरह बोला, "वह मेरा बेटा था! मेरा मुन्ना!"

उसकी बात की अतार्किकता, उसके स्वर की गहन पीड़ा में दब गई। एक पल को गुमान सिंह हिल गए, पर उन्होंने तत्काल अपने को नियन्त्रित कर लिया, "क्या बातें कर रहा है तू भी? बकरा तो बकरा ही हुआ। वह आदमी का बेटा कैसे हो सकता है? चल उठ! अपना काम कर।" उन्होंने अख्तर को फिर उठाने की कोशिश की।

अख्तर उठ नहीं सका। बैठे-बैठे ही कहने लगा, "बेटा, तो वही है न महाराज जिसे आप बेटा मानते हैं। मैंने भी मुन्ना को अपना बेटा माना है। वही मेरा बेटा है। पिछले जनम से हमारा रिश्ता है। उसे कोई कैसे मिटा सकता है? आपका तो

आँखों देखा है, वह साँझ को तब तक एक दाना नहीं खाता, जब तक मैं न आ जाऊँ। मेरे बगैर वह सो नहीं पाता है। मैंने उसे बच्चे की तरह पाला है। मैं ही उसकी माँ हूँ। मैं ही उसका बाप हूँ। ऐसे प्राणी को आप बकरा कैसे कह रहे हैं!''

''अब तू कुछ भी कह, था तो वह बकरा ही।'' यद्यपि गुमान सिंह कह गए, पर अब उनकी आवाज में न तो पहले जैसा आत्मविश्वास ही रहा था, न ही भरोसा। अख्तर की बात में कहीं कुछ था, जो गुमान सिंह को गहरे कुरेदने लगा था।

''ठाकुर साब, इस घोड़िए की बात का गलत मतलब न लगाना। मेरा भेजा ठिकाने नहीं है। कुछ गलत हो तो आपकी जूती मेरा सर! पर महाराज इस दुनिया में सब कुछ मानने पर ही तो है। मानने पर ही तो पत्थर भगवान हो जाता है। न मानो तो कुछ भी नहीं है। कुछ गलत तो नहीं कहा मैंने?'' अख्तर ने अपने दोनों हाथ जोड़ दिए थे।

गुमान सिंह स्तब्ध थे। उनके पास कोई जवाब नहीं था। अख्तर ने गर्म लोहे पर चोट की थी। वह सोच भी नहीं सकते थे कि ये घोड़िया इस तरह की बात भी कर सकता है।

''जैसी तेरी मर्जी,'' उन्होंने हारकर कहा, ''पर आज तीसरा दिन है। न तू कुछ खाता है, न पीता है और न ही आराम करता है। इस तरह मजदूर आदमी का गुजर नहीं चल सकता। मजदूर क्या, कोई भी इस तरह नहीं रह सकता। धैर्य तो अन्ततः हमें आदमी का भी करना ही होता है।''

''धैर्य! धैर्य तो तब करूँ, जब मुझे मालूम हो वह है कहाँ? न जाने कैसा होगा? मेरे बगैर खाता भी नहीं है। इस तरह तो भूख से तड़प-तड़पकर ही मर जाएगा।'' उससे आगे नहीं बोला गया।

गुमान सिंह की एक बार तो इच्छा हुई, साफ कह दे, भूखा तो तब मरेगा न जब ज़िन्दा होगा। पर वह बोलते-बोलते कहने लगे, ''अब होता तो मिल ही जाता। तू गाँव-गाँव तो ढूँढ़ आया है। क्या मालूम किसने कहाँ बेच-बाच दिया हो। तेरा ही कोई भाई-बिरादर ले गया होगा।'' वह कुछ अटके फिर अपने को सुधारते हुए बोले, ''मान लो कोई नहीं भी ले गया होगा, तो भी आजकल एक बाघ सुना यहाँ घूम ही रहा है।'' और इस तरह गुमान सिंह ने एकबारगी तो कह ही दिया कि बकरा अब नहीं भी हो सकता है।

''नहीं ठाकुर साब, ऐसा तो नहीं है कि मैं खा ही नहीं रिया हूँ। इन लोगों ने मुझे रोटी खिलाई, कल भी और आज भी।'' उसने नेपाली मजदूरों की ओर इशारा करते हुए कहा।

''अरे साब, ये क्या खाया!'' मजदूरों में सबसे बड़े रामबहादुर ने सिर हिलाते हुए कहा, ''बस, रोता रहता है, बच्चों की तरह। अब क्या करेगा? जो होना था, हो गया।''

"यही तो समझा रहा हूँ मेट, मैं इसे इतनी देर से। यह माने तब न।" रामबहादुर की बातों ने उसकी कुछ हौसला अफजाई की।

"खुदा इनको तरक्की बख्शे, बड़े अच्छे लोग हैं। तीन दिन से लगातार मेरे साथ घूम रहे हैं। आजकल ऐसे इंसान कहाँ हैं?" अख्तर अपनी रौ में बोलता गया।

"अरे दाई, कैसी बात करता है! अब मिल जाता तो कुछ किया होता।" दूसरे डोटियाल ने उसकी बात को काटते हुए कहा। उसके स्वर में किसी तरह की औपचारिकता नहीं, एक वास्तविक मायूसी थी।

"नहीं, ऐसा नहीं है, मेट! नहीं मिला तो मेरी तकदीर, आप लोगों ने तो कोई कसर नहीं छोड़ी। तीन दिन से चार आदमी मेरे साथ भटक रहे हैं, यह कोई कम बात है। मेहनत-मजदूरी करनेवाले लोग इस तरह डोलते रहेंगे तो खाएँगे कहाँ से? मैं आप लोगों का शुक्रगुजार हूँ। मेरा यहाँ है कौन? मैं मरते दम तक आप लोगों के अहसान को नहीं भुला पाऊँगा।"

"अरे दाई, आदमी ही तो आदमी के काम आता है। आप भी कैसी बातें करते हो। अगर कल को हमको जरूरत पड़ेगी तो आप नहीं आओगे? हम भी तो परदेस में पड़े हैं।" रामबहादुर ने असहमति में सर हिलाते हुए कहा।

गुमान सिंह को लगा, अब उनके लिए यहाँ खड़े रह पाना असम्भव है। उन्हें लगा, मेट रामबहादुर ही न कहीं पूछ बैठे, दाई, तुमको तो मालूम ही होगा, क्या हुआ है? बता क्यों नहीं देते, क्या मिलनेवाला है इसकी आत्मा को दुख देकर!

"ईश्वर है," रामबहादुर कह रहा था, "जिस राणी (रंडी) के चेले (बेटे) ने यह काम किया होगा, उसके सामने आएगा, जरूर आएगा।"

गुमान सिंह बिना कुछ कहे पलटे और अपनी दुकान की ओर चल पड़े। रामबहादुर की आवाज पीछा करती रही, "वह बकरा नहीं था, अख्तर का बेटा था। किसी ने उस पर खुखरी चलाई होगी तो अपने बेटे पर चलाई होगी। जिसने उसका मांस खाया होगा, आदमी का मांस खाया होगा। जानते-बूझते जिस राक्षस ने यह कुकर्म किया, उसका भला नहीं होगा।"

गुमान सिंह का दिल हुआ, कान बन्द कर लें। रामबहादुर का गला ही घोट दें। एक अजीब किस्म का डर उन्हें सताने लगा। कहीं इस साले की बात वाकई सच्ची न हो जाए। यह हाय किसी दुर्घटना में ही न बदल जाए और कहीं अगर यह कटुवा वाकई भूख से मर-मरा गया, तो समझो इसका जिन्न पीछा नहीं छोड़ेगा। क्यों वह इस चक्कर में पड़े होंगे, उन्हें अफसोस होने लगा।

उन्होंने तेजी से दुकान बन्द की और उसी उद्विग्नता में लपकते हुए शिवदत्त की दुकान पर पहुँचे। वह भी लगभग दुकान समेट ही रहे थे। गुमान सिंह की अन्यमनस्कता की ओर ध्यान दिए बिना शिवदत्त बोले, "क्या बात! आज दुकान जल्दी बन्द कर दी?"

“अब टैम हो ही गया ठहरा।” गुमान सिंह ने थके स्वर में कहा।

“क्यों? कुछ ढीले-से लग रहे हो?” शिवदत्त का अब ध्यान गया कि गुमान सिंह सामान्य-से नहीं हैं।

“कोई खास बात नहीं है।” वह बोले, पर उनकी चिन्ता छिपी नहीं रह सकी।

“कल मीटिंग है।” शिवदत्त जी ने गुमान सिंह के प्रिय विषय पर बात शुरू करने की कोशिश की। सामान्यतः गुमान सिंह का उत्साह बढ़ाने के लिए यह काफी होना चाहिए था। पर गुमान सिंह, आश्चर्यजनक रूप से, अविचलित रहे। शिवदत्त भी अब तक दुकान बन्द कर चुके थे। दोनों बिना कुछ बोले, नदी की ओर चल पड़े।

गुमान सिंह की असामान्य चुप्पी असहनीय होने लगी थी। शिवदत्त ने फिर कहना शुरू किया, “अब फैसला कर ही लेना चाहिए कि यहाँ से कितने और कौन-कौन स्वयंसेवक शिलान्यास के लिए जाएँगे। हम ज्यादा-से-ज्यादा पाँच-छह जन भेज सकते हैं। इन बाजारवालों से अंट-शंट काम के लिए जितना चाहे खर्च करवा लो, भगवान के नाम पर साले पैसे को दाँत से दबाने लगते हैं। राम-मन्दिर का काम पुण्य का ही कार्य नहीं है, हमारी संस्कृति और धर्म भी इससे जुड़ा है। पर कोई समझे तब न। हमारी कौम दिन-पर-दिन गड्ढे में क्यों जा रही है? जैसे सब मरे हुए हैं। मुसलमानों को देखो। सिक्खों को देखो! अपने धर्म के लिए मर मिटने को तैयार रहते हैं। हम हैं कि हाथ से दमड़ी नहीं छूटती।”

गुमान सिंह इस पर भी ‘हूँ, हाँ’ से आगे नहीं बढ़े।

“क्या हो गया है आज तुम्हें, ठाकुर?” शिवदत्त ने अन्ततः सीधे-सीधे पूछ लिया।

गुमान सिंह ने इस पर भी जैसे ध्यान नहीं दिया, बल्कि शिवदत्त की मन्दिरवाली बात भी अनसुनी कर कुछ फुसफुसाते से स्वर में बोले, “इस साले का होगा क्या, कुछ समझ में नहीं आ रहा है!”

“किसका?” शिवदत्त की भी समझ में नहीं आया, वह कह क्या रहे हैं।

गुमान सिंह ने उसी दबे स्वर में कहा, “अरे, इसी साले अख्तर का?”

“क्यों, क्या हुआ उसे?”

“मुझे तो लगता है, वह यों ही बिना खाए-पिए मर जाएगा।”

“मरता है तो मर जाए, साला! कल का मरनेवाला आज मरे। हमें क्या लेना-देना।” शिवदत्त ने लापरवाही दिखलाने की कोशिश की।

“तीन दिन से उसने कुछ नहीं खाया है। मर गया तो पाप ही नहीं लगेगा पंडित, उसकी अतृप्त आत्मा प्रेत बनकर इस बाजार को छोड़ेगी नहीं।” गुमान सिंह की आवाज इतनी गम्भीर और डरावनी हो गई थी कि शिवदत्त भी काँप गए। वैसे भी पहाड़ी लोग, भूत-प्रेत, झाड़-फूँक से यों ही पीड़ित रहते हैं, उस पर यह बला।

"तीन दिन से नहीं खाया?" शिवदत्त ने अविश्वास से पूछा। उनकी आत्मा में डर किसी सूक्ष्म पैने हथियार की तरह चुपचाप उतरता गया।

"ये ठीक नहीं हुआ, मुझे बार-बार लगता है।" कहकर गुमान सिंह फिर से लम्बी खामोशी में डूब गए।

गुमान सिंह की चुप्पी किसी अनाम आतंक की तरह बढ़ने लगी थी। शिवदत्त बेचैन हो गए। उन्होंने अपने डर को किसी तरह एक पल को झटककर कहा, "हमने क्या किया? जिसने किया वह जाने। हमें किस बात का पाप लगेगा?"

"कहता है कि वह बकरा नहीं, मेरा बेटा था! रामबहादुर कह रहा था, जानते-बूझते जिसने किया होगा ये पाप, उसके सामने आएगा। वह अख्तर का बेटा था, जिसने उस पर खुखरी चलाई होगी, उसने अपने बेटे पर खुखरी चलाई होगी। जिसने उसका मांस खाया होगा, उसने आदमी का मांस खाया होगा। उसका भला नहीं होगा।" फिर कुछ रुककर जोड़ा, "ऐसा लगता है, रामबहादुर को सब कुछ पता चल गया है।"

यद्यपि ये बातें कहीं शिवदत्त के अन्दर घर कर गए भय को बढ़ा रही थीं, इस पर भी उन्हें, बकरे को बेटा मानने की बेतुकी बात, समझ में नहीं आई। वह हँसते हुए बोले, "कमाल है ठाकुर, तू भी कैसी बातें करता है। अब बकरा तो बकरा ही हुआ। अरे, मानने से क्या बकरा आदमी हो जाएगा। वो तो उस साले रामबहादुर को नहीं मिला, मिलता तो क्या वह अपनी माँ का खसम छोड़ देता? साला बड़ा हमदर्द बन रहा है", उनका डर अब गुस्से में बदलने लगा था, "और उस साले कटुवे से पूछो, वो खुद क्या जैनी बाबा है? क्यों पाला था बकरा? अरे, ईद की कुर्बानी हम देते हैं? नाटक करता है।"

गुमान सिंह पर किसी बात का जैसे कोई असर ही नहीं हो रहा था। बोले, "अख्तर कह रहा था, सब कुछ मानने पर ही तो है। पत्थर भी तो तभी भगवान कहलाता है, जब हम उसे मानते हैं।"

"हरामी की औलाद, साला घोड़िया, हमें धरम-करम की बातें सिखलाता है," शिवदत्त और भड़क उठे, "साले को नदी में फिंकवा दो। लड़कों को इशारा-भर करने की देर है। ये साले हैं ही आस्तीन के साँप। इनके साथ होना ही ऐसा चाहिए। हमारे साले नेता ही खस्सी हैं, पाकिस्तान भी दे दिया, फिर भी हमारी छाती पर इन्हें बैठाया हुआ है। जाएँ साले वहाँ पाकिस्तान, वहाँ जाकर समझाएँ अपनी माता बेनजीर भुट्टो को धरम-करम।" शिवदत्त को अब बड़बड़ाने की जरूरत नहीं थी। वैसे नदी भी आ गई थी। पानी की आवाज के साथ 'नेगी रेडियोज' के यहाँ से लाउडस्पीकर पर फिर से वही कर्कश आवाज आने लगी थी :

'देखवो वीर जव्वान्नो अपने खून पे यह इलजाम न आए...'

"ये साले नेगी को भी न जाने क्या सूझता रहता है। आव देखेगा न ताव, लगा देगा कैसेट।" गुमान सिंह किसी तरह का हल्ला नहीं चाहते थे। विशेषकर इस समय यह आवाज बेहद अखरनेवाली थी।

रिवाड़ शुरू हो गए थे, दोनों अलग-अलग दिशाओं की ओर बढ़ गए।

जब गुमान सिंह निपटकर सड़क पर पहुँचे, शिवदत्त पहले से ही पैरापेट पर बैठे थे। देखते ही बोले, "यार गुमान, मेरे दिमाग में एक बात आई है।"

गुमान सिंह ने कोई उत्सुकता नहीं दिखलाई। इस समय वह शिलान्यास, मन्दिर, धर्म और हिन्दुत्व की रक्षा आदि किसी भी विषय पर कुछ नहीं सुनना चाहते थे। उन्हें आभास-सा था कि शिवदत्त और कुछ नहीं, कल की मीटिंग को लेकर ही कुछ कहेंगे।

उनकी चुप्पी से शिवदत्त कुछ हतोत्साहित हुए। बाजार की ओर बढ़ने के साथ लाउडस्पीकर की आवाज बढ़ती जा रही थी। साध्वी के शब्द बाजार को इस तरह बाँध रहे थे, जिस तरह कोई तान्त्रिक भयावह मन्त्रोच्चार कर अपनी कुटिल महत्त्वाकांक्षाओं के लिए शहर-दर-शहर मन्त्रविद्ध किए जा रहा हो। गनीमत थी कि कैसेट अब समाप्ति की ओर था। और यह गुमान सिंह ही क्या, बाजार का हर व्यक्ति जानता था। कई दिनों से कैसेट इस तरह बज रहा था, सुबह-शाम, रात-दिन, हर तरह के बन्धन से मुक्त कि सबको लगभग पूरा-का-पूरा याद हो गया था। अब सिर्फ "मन्दिर वहीं बनाएँगे। जय सियाराम," कहने की देर थी और कैसेट ने बन्द हो जाना था, पर इससे पहले ही शिवदत्त बोल उठे, "ऐसा है गुमान सिंह कि जो हो गया सो हो गया। हमने-तुमने तो यह किया नहीं," वह कुछ रुके। सम्भवतः उनको अपने शब्दों पर ही पूरा विश्वास नहीं हो रहा था, "अब जोश में लौंडों-मौंडों ने जो किया, उसका कोई क्या कर सकता है?"

वह कुछ रुके। गुमान सिंह अब भी कुछ नहीं बोले। कहने का कोई अर्थ था भी नहीं। जो हुआ था, चाहे वह जिस भी परिस्थिति में हुआ हो, क्या उन लोगों की जानकारी में नहीं हुआ था? लड़कों ने जब मुन्ना मारा, तब क्या उनके दिमाग में सिर्फ 'सिकार' खाना रहा था? 'जय सियाराम' और 'हर-हर महादेव' के नारे नहीं लगाए गए थे? क्या वे सब लड़के उस दल के नहीं थे, जिसे वे इतने दिन से संगठित और प्रेरित करने में लगे हुए हैं? क्या जब वे मुन्ना को मार रहे थे, मात्र बकरे को मार रहे थे? कौन लाया था ये कैसेट? किसके कहने पर ये बज रहे थे। किसने उकसाया था उन स्कूली लड़कों को रात-दिन—मन्दिर-मन्दिर करके?

गुमान सिंह को लगा, उनका सिर चकरा रहा है। उनकी इच्छा हुई, शिवदत्त की बाजू का सहारा ले लें। किसी तरह उन्होंने स्वयं को सँभाले रखा। शिवदत्त भी इस दौरान चुप थे, मानो किसी अदृश्य शक्ति के चलते उन दोनों के मस्तिष्क, एक ही तरंग-गति पर, एक-सी बातें सोच रहे हों।

"मेरा एक सुझाव है।" अन्ततः उन्होंने कह ही दिया।

गुमान सिंह सुनते रहे।

"जिस-जिसके घर हिस्सा भेजा गया, वे सब बाजार के रेट से पैसा दे दें। दस किलो के करीब रहा होगा। इस तरह से चार-एक सौ रुपए बन जाएँगे। तब इस आदमी का मुँह अपने-आप बन्द हो जाएगा।"

गुमान सिंह को बात ठीक लगी। बोले, "ऐसा करते हैं, पाँच सौ ही कर देते हैं। क्यों?"

"वैसे तो दस किलो का भी मुश्किल ही से रहा होगा, पर चलो ठीक है, पाँच सौ ही कर देते हैं, उसमें क्या है?" उन्होंने भी उदारता दिखलाई, कम-से-कम इस बहाने गुमान सिंह बोले तो थे।

"ये कल ही करना होगा," गुमान सिंह ने जोर देकर कहा, "सुबह ही!"

"इतनी जल्दी कैसे होगा? लड़कों से तो पूछना होगा। कुछ आसपास के गाँवों के भी हैं। वो तो स्कूल-टाइम पर ही आएँगे। तब तो पता चलेगा, कितने लोगों में हिस्सा-बाँट हुआ। हाँ, शाम तक हर हालत में हो जाएगा। इसकी मेरी गारंटी हुई, बस!" शिवदत्त ने अपनी ओर से उन्हें पूरी तरह आश्वस्त करने की कोशिश की।

गुमान सिंह कुछ सोचते रहे। उनकी चिन्ता थी कि अगर यह शाम को हुआ तो अख्तर शाम तक फिर भूखा रहेगा और उन्हें यह बात किसी तरह स्वीकार नहीं हो पा रही थी। एक रास्ता यह हो सकता था कि सुबह वह सारे पैसे अपनी जेब से दे दें और बाद में लोगों से लेते रहें। पर शिवदत्त जी को यह बेमतलब की जल्दी लगी। उस स्थिति में मुमकिन था कि कुछ लोग बाद में अपने हिस्से के पैसे ही न दें। यह खतरा कुछ कम भी नहीं था। आखिर व्यापारी आदमी थे, पैसे को लेकर सावधान रहना उनकी दूसरी प्रकृति बन गई थी। फिर शिवदत्त की यह बात भी ठीक थी कि दोपहर में मीटिंग तो होनेवाली है ही। उसी में यह भी निश्चित कर लेंगे। जो कहेगा, मैं अभी नहीं दे सकता, वह कम-से-कम पंचायत के सामने जबान तो दे देगा।

इस विचार से गुमान सिंह का मन कुछ हल्का हुआ। इसके अलावा कोई रास्ता था भी नहीं। घर आकर उन्होंने खाना खाया और लेट गए। पर नींद नहीं आई। ज्यों-ज्यों रात बढ़ती जा रही थी, उनकी चिन्ता बढ़ रही थी। उन्हें मालूम था कि पिछली रातों की तरह अख्तर आज भी टॉर्च लेकर गली-गली घूमेगा और हर घर के आगे-पीछे चक्कर लगा-लगाकर, कई-कई बार, मुन्ना को आवाज लगाएगा। उसे विश्वास नहीं है कि मुन्ना अब नहीं रहा है। वह सोच ही नहीं सकता कि बाजार के लोग नियोजित ढंग से, इस तरह की हरकत भी कर सकते हैं। आखिर बाजार के सभी दुकानदारों का वह काम करता है और आसपास का कौन-सा ऐसा गाँव है, जहाँ वह कभी गया न हो, जिसका उसने काम न किया हो? बेशक, पहाड़ी थोड़ा नखरे और बेमतलब की छुआ-छूत का हिसाब करनेवाले होते हैं, यह वह पिछले दस वर्षों में खूब जान गया था, पर इस तरह से असहिष्णु और आक्रामक कभी नहीं थे।

वह आज तक, जब भी, जिस किसी भी गाँव में पहुँचा है, लोगों ने उसे गले न लगाया हो, पर न तो कभी दुतकारा, न ही कभी घृणा की नजर से देखा था। जिससे जो बन पड़ता, कर देता था—कोई उसे पानी पिला देता, कोई खाना खिला देता और कोई जेठ-बैसाख की तपती दोपहरी में पैर पसारने की जगह दे देता था। अभी दो ही साल पहले की बात है। ऊपर जौरासी के नजदीक वह अचानक बीमार पड़ गया था। गाँववालों ने चार दिन तक, जैसी भी बन पड़ी, उसकी देखभाल की थी। उसे दवा दी थी। सुबह-शाम रोटी दी थी। अब वह कैसे मान ले कि वही सब लोग, सिर्फ एकाध महीने में ही, इतना बदल सकते हैं। नहीं, सिर्फ परेशान करने की मंशा से किसी शोहदे ने मुन्ना को यहीं-कहीं छिपा रखा है। और मुन्ना जैसे ही उसकी आवाज सुनेगा, चाहे सात ताले में बन्द क्यों न हो, बोल उठेगा। तब अख्तर उसी समय, जिसके घर से आवाज आएगी, उस आदमी के पैर पकड़ लेगा, देखिए! मुन्ना ने आपका क्या बिगाड़ा है! इसे छोड़ दीजिए। जो भी गलती है मेरी है। जो चाहे सजा दें, मुझे मंजूर है। कहें तो मैं इसकी कीमत चुकाने को तैयार हूँ, पर इसे छोड़ दें।

देर तक गुमान सिंह को नींद नहीं आई। उठकर वह एक बार बाहर भी आए। उनकी रिहाइश दुकान के ऊपर की मंजिल में ही है। बरामदे से बहुत ध्यान से देखने पर कहीं वह समझ पाए कि अख्तर शाम से वहीं-का-वहीं बैठा है। अँधेरे में उसकी बीड़ी किसी थके जुगनू की तरह रुक-रुककर चमकती थी। उनका मन हुआ, एक बार जाकर अख्तर को फिर समझाएँ, पर हिम्मत नहीं जुटा पाए और वापस लौट गए।

न जाने कब आँख लगी और कितनी देर वह सोते रहे कि उन्होंने सुना किसी ने जोर से पुकार लगाई है। वह अभी समझ नहीं पाए थे कि कौन किसको पुकार रहा है कि भीतर के कमरे से, जहाँ बच्चे सोए थे, दरवाजा ठेलता किसी बकरे का सर-कटा धड़, दौड़ता हुआ निकला और बाजार की ओर जाने के लिए सीढ़ियाँ लाँघने लगा। उसके पैरों में बँधे घुँघरुओं की आवाज शवयात्रा के घड़ियालों-सी बज रही थी। ताजा कटे धड़ से किसी बरसाती नाले की भयावहता से फूट रहे खून के फव्वारे ने उनके मकान की कोई वस्तु, कोई कोना ऐसा नहीं छोड़ा था जो रंग न गया हो। वह आतंक में काँपने लगे। कुछ देर वह चिल्लाते रहे, खून! खून! फिर न जाने क्या हुआ कि उनकी घिग्घी बँध गई और नींद टूट गई।

वह हड़बड़ा उठे। बाहर वाकई अख्तर जोर-जोर से आवाज लगा रहा था—मुन्ना! मुन्ना! रात के सन्नाटे में घाटी में आवाज गूँजकर कई गुना अधिक मर्मांतक चीत्कार में बदल रही थी। वह पसीने-पसीने हो गए।

मुन्ना-मुन्ना का स्वर धीरे-धीरे कम होता गया और अन्त में असहाय रुदन बन गया। रोना सुबकियों में बदला और सुबकियाँ गुमान सिंह सवेरा होने तक सुनते रहे।

ऐसा नहीं था कि अख्तर का रोना सिर्फ गुमान सिंह ही सुनते रहे हों। सारा बाजार जान गया था कि वह रात-रात भर किस तरह मुन्ना को तलाशता है और थककर फिर किस तरह रोता रहता है। इसलिए अगले दिन दोपहर, जब दल की मीटिंग हुई, किसी ने भी शिवदत्त के प्रस्ताव का विरोध नहीं किया। शाम चार बजे तक, पाँच तो नहीं पर साढ़े चार सौ रुपए जमा हो गए। लोगों की हरकतों को देखते हुए फिर भी ज्यादा ही थे। गुमान सिंह को विशेष शान्ति मिली। पैसा तो बड़ी-बड़ी पीड़ाओं पर मरहम लगा देता है, वह अच्छी तरह समझते थे। उन्हें विश्वास हो गया कि अख्तर अब शान्त हो जाएगा। फैसला हुआ कि शिवदत्त, गुमान सिंह और बनवारी लाल मारवाड़ी मिलकर अख्तर से बात करेंगे। उसे समझाएँगे और पैसे दे देंगे।

आदेश पाते ही पूरी वानर सेना दसों दिशाओं में दौड़ पड़ी--जहाँ कहीं हो, जैसी भी दशा में हो, अख्तर को हाजिर किया जाए! अपने सारे नव अर्जित अनुशासन और प्रतिबद्धता के बावजूद लड़कों को अख्तर का कहीं पता नहीं चला।

कोई साढ़े पाँच-छह बजे शाम के करीब, अन्ततः गुमान सिंह को ही अख्तर अपनी दुकान के सामने से गुजरता हुआ नजर आया। उसकी दाढ़ी बढ़ी हुई थी और बाल इस तरह फैले थे, मानो अभी-अभी किसी से झगड़कर आया हो। तीन-चार दिन में ही इस आदमी का क्या से क्या हो गया था। उसकी धँसी आँखें और कंकाल बन आया चेहरा, शाम के झुटपुटे में गुमान सिंह को और भी भयानक लगा। ये साला जरूर मरेगा, उद्विग्नता में उनके लिए एक पल भी बैठ पाना भारी हो गया। अख्तर अभी अपने ठीए पर पहुँचा भी नहीं होगा कि वह, दुकान जैसी-की-तैसी छोड़, शिवदत्त की ओर लपक लिए। आनन-फानन में शिवदत्त और बनवारी लाल समेत वह सुलेमान की दुकान पर जा पहुँचे। उन्हें देख, अख्तर ने उठने की कोशिश की, पर गुमान सिंह ने उसे कन्धे से पकड़कर रोक दिया।

बात की शुरुआत मारवाड़ी ने ही की। वैसे भी वह शाकाहारी थे, इसलिए खाने में तो कम-से-कम उनका कोई हाथ नहीं था। और बाकी बातों में कोई नैतिक अड़चन थी भी नहीं। सवाल था, क्या संगठन की बात करना बुरी बात है? और क्या अपने धर्म की रक्षा करना और अपने अधिकारों के लिए लड़ना बुरी बात है?

उनकी अन्तर-आत्मा औरों की अपेक्षा अकलुषित थी।

"अरे भाय्या अख्तर, के हाल बणा रखा है तूने ये अपना? अब हमसे तो ये देखा नहीं जाता। अरे, दुख का भी कोई डौल होवे है। तू तो गजब ही कर गया है, मेरा यार। तुझे बहुत दुख है, हम जानते हैं। हमें भी दुख है। पर भाय्या, इस संसार में धीरज जैसी भी कोई चीज होवे है। शान्ति राख, शान्ति।"

"धीरज ही रख रहा हूँ, लालाजी।" अख्तर ने जितना सम्भव हो सका, संयम बरता।

"हाँ, धीरज राख! समझदारी का काम कर। खा-पी। बहुत हो गया। आखिर आदमी चला जावै है, तो भी तो सबर ही रखना पड़ै है?" फिर कुछ रुककर जोड़ा, "और वह तो बकरा था।"

बनवारी लाल का इतना कहना था कि अख्तर का फिर से गला भर आया।

"नहीं, लालाजी, वह बकरा नहीं, मेरा बेटा था।" उसने किसी तरह से कहा।

"बेटा भी था, तो भी धीरज तो रखना ही पड़ै है।" उन्होंने समझाने की कोशिश की।

"धीरज भी तो तब रखूँ पता पड़े कि आखिर उसे हुआ क्या?"

"अगर ऐसी बात है, तो भी धीरज़ रखना चाहिए। जिन्दा होगा तो मिल ही जावेगा। आज नहीं तो कल मिलेगा, ठीक है न। मिलेगा जरूर। चल उठ!" कह लाला जी ने उसे उठाना चाहा। उन्हें इस तरह से तर्क करने में जरा भी परेशानी नहीं हुई कि बकरा जिन्दा भी हो सकता है।

इस बार अख्तर बोला नहीं, शायद उसके पास कोई जवाब नहीं था।

लालाजी इससे थोड़ा प्रोत्साहित हुए। उसके कन्धे पर हाथ रखकर बोले, "जा, अपना मुँह-हाथ धो, खा-पी और काम देख। और हाँ, बाजारवालों ने तेरे लिए यह पैसा इकट्ठा किया है। उनसे, तू जानता ही है, तेरा दुख नहीं देखा जा रहा है। साढ़े चार सौ हैं। तू एक और बकरा ले ले।" और उन्होंने सारा रुपया इस तरह से सबको दिखलाते हुए उसके हाथ में रखने की कोशिश की, जिस तरह से मन्त्री लोग सरकारी अनुदान बाँटते हैं। पर पैसा देखते ही अख्तर छिटककर इस तरह दूर जा खड़ा हुआ, जैसे करंट लग गया हो।

अख्तर के छिटकने ने तीनों को चौकन्ना कर दिया। उनके कान इस तरह से खड़े हो गए, मानो वे शिकारी कुत्ते हों और अगर अख्तर ने जरा-सा भी भागने का प्रयत्न किया तो दबोच लेंगे।

"अरे, ले ले न!" अचानक कई स्वर एक साथ उस पर दबाव डालने लगे।

"ले, ले भई ले ले! क्यूँ सबको दुखी करै है!" लालाजी ने अन्ततः झुँझलाना शुरू कर दिया।

अख्तर मना करता रहा। वो सब दबाव डालते रहे। दबाव के साथ-साथ धीरे-धीरे भीड़ भी बढ़ती ज़ा रही थी। अब तक लगभग सारा बाजार इकट्ठा हो चुका था।

किसी ने समझाया, "भय्या, मान जाओ। इसमें कोई बुराई नहीं है। आदमी तक का खामियाजा पैसों में ही दिया जाता है। बीमा कम्पनियों का क्या काम है? जहाज गिर जाए, रेल टकरा जाए या बस उलट जाए, सरकार आखिर करती क्या है? भय्या खोए हुओं का भी खामियाजा पैसा ही है। इसलिए बेहतर यही है कि पैसे ले लो। उसे भूल जाओ और नया बकरा पालो।"

अख्तर इस पर भी चुप रहा, यद्यपि अन्दर ही अन्दर समझ रहा था कि लोग उसे छोड़नेवाले नहीं हैं। पैसे लेने की बात उसके लिए अकल्पनीय थी, पैसे, वह भी मुन्ना की एवज में? पर उसे साफ दिख रहा था कि बच निकलने का अब रास्ता नहीं रहा है। इसी बनवारी लाल, इसी गुमान सिंह और शिवदत्त आदि का, जो उसे चारों ओर से घेरे हुए हैं, वह काम करता है। वह आखिर इन सबसे किस हद तक सम्बन्ध बिगाड़ सकता है? माना अभी प्रेम से कह रहे हैं, पर कब तक यह सौजन्यता बनी रहेगी, कुछ भरोसा नहीं था। फिर वह बिलकुल अकेला था। इन लोगों का गुस्सा खतरनाक भी हो सकता था। सब मिलकर उसे कभी भी भागने को मजबूर कर सकते हैं। और वह जाना नहीं चाहता था। उसे इस जगह से प्यार हो गया था। अब उसके लिए कोई और घर रह भी नहीं गया था।

तभी किसी ने कहा, "देखो, ऐसा है कि यह खामियाजा नहीं है। तुम तो मानते हो न कि वह अभी जिन्दा है। जब मिल जाएगा, पैसे लौटा देना। किसी और भले काम में लग जाएँगे, उसमें क्या है!"

वह अभी भी बिना हिले-डुले, दोनों हाथ पीठ-पीछे बाँधे खड़ा था, मानो कुछ सुन ही न रहा हो। यद्यपि तर्क के स्तर पर बात ठीक हो सकती थी, पर उसे विश्वास किसी भी बात का नहीं हो रहा था। न लोगों की इस भलमनसाहत का और न ही सुलेमान से सुनी, देखते-ही-देखते इन लोगों के आततायियों में बदल जाने की बात का। सब कुछ अजीब था, समझ से परे। पिछले चार दिन के तनाव ने उसे थका दिया था। मन और मस्तिष्क, वह दोनों से टूट रहा था। ऊपर से इतने सारे लोगों का दबाव।

"हाँ, यह बात सही है। यह सही है।" कई आवाजें एक साथ सुनाई दीं; तभी लपककर लाला जी ने उसका हाथ पीछे से खींचा और जबर्दस्ती पैसे मुट्ठी में रख दिए। वह इतना कमजोर कैसे हो गया था, यह उसकी समझ में नहीं आया। ढीली मुट्ठी में नोट बिजली के खम्भे में उलझी पतंग की तरह अटके हुए थे। वैसे, उसकी सहज बुद्धि भी कहीं उससे कह रही थी कि व्यावहारिकता इसी में है कि अब कुछ और न कहे। फिलहाल भीड़ से छुटकारा पा ले।

लालाजी ने एक बार उसकी पीठ फिर थपथपाते हुए कहा, "अरे, हम कोई गैर थोड़े ही हैं। जा, भाय्या जा! अपना हाथ-मुँह धो! खाना-वाना खा!" और अपनी दुकान का रास्ता लिया। बात भी सही थी, वे कोई गैर थोड़े ही थे, आखिर उन लोगों की दुकानों का सामान दूर-दराज के गाँवों तक पहुँचाने में अख्तर की भूमिका कम है?

दरअसल समय भी ऐसा था कि ज्यादा देर तक अब अख्तर के चक्कर में नहीं रहा जा सकता था। आसपास के गाँवों से सौदा-पत्ता लेने आए लोग जाने लगे थे और अब किसी दुकानदार का इन्तजार करनेवाले नहीं थे। यह बात चूँकि सभी

दुकानदारों पर लागू होती थी, इसलिए भीड़ के छँटते देर नहीं लगी। इस पर भी लौटते हुए लालाजी गुमान सिंह से थोड़ा फुसफुसाते हुए यह कहना नहीं भूले कि, "बस, अब शान्ति समझो!"

और उस रात शान्ति रही थी। किसी ने अख़्तर को मुन्ना को खोजते, आवाज लगाते और अन्ततः छाती पीट-पीटकर रोते हुए न देखा, न ही सुना। उस रात गुमान सिंह को भी किसी सपने ने नहीं जगाया। कुल मिलाकर उस रात न बाजार के किसी गो़द के बच्चे को भूख लगी और न ही बहुमूत्र के रोगी किसी अधेड़ को पेशाब। यहाँ तक कि उस रात शायद सियार भी नहीं बोले।

अगली दोपहर भी शान्ति रही। पर शाम चार बजे गुमान सिंह दौड़ते हुए फिर शिवदत्त के यहाँ पहुँचे। उन्होंने वहीं से लाला बनवारी लाल को भी आवाज लगाई। दोनों को लेकर गुमान सिंह वापस अपनी दुकान लौटे। वहाँ तख़्ते पर बैठा हुआ अख़्तर फौरन खड़ा हो गया। इस समय वह न बदहवास नजर आ रहा था, न ही गन्दा। उसकी दाढ़ी बनी हुई थी। नहा-धोकर उसने कपड़े भी बदल लिए थे। हाथ जोड़कर उसने सबको एक साथ ही नमस्कार किया।

"क्या बात हो गई?" बनवारी लाल ने बिना औपचारिकता के थोड़ा सख़्त आवाज में जानना चाहा।

"कुछ नहीं, बस एक छोटी-सी गुजारिश है।"

"क्या?" इस बार शिवदत्त ने प्रश्न किया।

अख़्तर थोड़ी देर सोचता रहा, उसकी समझ में सम्भवतः नहीं आ रहा था कि अपनी बात कैसे रखे। परेशानी इसलिए भी बढ़ गई थी कि उसे लग रहा था कि गुमान सिंह अब तब सबको बात तो बता ही चुके होंगे। इसलिए उससे पूछा यह जा रहा है कि वह ऐसा कर क्यों रहा है?

"ऐसा है पंडित जी कि अब मुन्ना नहीं रहा।" उसने किसी तरह कह ही दिया।

"ये इलहाम कैसे हुआ?" बनवारी लाल का स्वर तथावत सख़्त था।

"यूँ समझो कि..." वह थोड़ा रुका। नजरें नीची कीं और बोला, "मैंने सपने में देखा।"

"और मान लिया?" बनवारी लाल ने चिढ़े स्वर में कहा।

पर गुमान सिंह सुन नहीं पा रहे थे कि बनवारी लाल कह क्या रहा है। जो वह सुन रहे थे, वह थी एक जिबह होते बकरे की कराह। और सर-कटे धड़ की भगदड़। उन्हें बढ़ती साँझ की ठंड में पसीना आने लगा था। अजीब बात थी कि कुछ यही सब शिवदत्त को भी महसूस हो रहा था।

अख़्तर ने बनवारी लाल के प्रश्न को अनुत्तरित छोड़ दिया।

"और तूने मान लिया?" लालाजी ने प्रश्न दुहराया।

अख्तर इस बार भी नहीं बोला। उसे लालाजी के स्वर की आक्रामकता खलने लगी थी। लालाजी ने थोड़ी प्रतीक्षा की। फिर बोले, "तो अब तू चाहवै क्या है?"

अख्तर ने लम्बी चुप्पी के बाद शिवदत्त को सम्बोधित करते हुए बोलना शुरू किया, "मैंने ठाकुर साब से कहा है..."

उसने गुमान सिंह की तरफ देखा। गुमान सिंह अब भी कुछ कहने-सुनने की स्थिति में नहीं थे। जब कोई प्रतिक्रिया नहीं हुई, तो वह फिर बोला, "मैंने ठाकुर साब से अर्ज की थी, जो होना था सो हो गया...।"

"अरे, तो क्या हुआ, तुझे पैसे दिए ही हुए हैं। आखिर लोग पले बकरे को भी तो खावें ही हैं न। जा, एक बकरा और पाल ले। के लगै है बकरा पालने में। चारों ओर जंगल ही जंगल है।" बनवारी लाल ने सारे मामले को व्यावहारिक धरातल पर ला खड़ा किया।

"नहीं!" अख्तर की गर्दन धीरे-धीरे हिलने लगी थी, "अब मैं किसी मोह-माया में नहीं पड़ना चाहता। बड़ी खराब चीज है..." उसने बहुत ही सन्तुलित ढंग से अपनी बात रख दी।

इस बार बनवारी लाल की भी समझ में नहीं आया कि मोह-माया के पक्ष में क्या कहें।

अख्तर के अन्दर अब विश्वास जग चुका था। उसने बनवारी लाल की ओर अपनी बन्द मुट्ठी बढ़ाते हुए कहा, "मैं चाहता हूँ अब आप इसे रख लें।"

"अरे भई, क्यों? ये तेरे लिए हैं। देख, बाजारवालों ने कितने प्रेम से जमा किए हैं। इस तरह से दूसरों के दिल को नहीं दुखाते। इससे अब तू दूसरा बकरा खरीद ले।"

"नहीं, अब नहीं!" उसने एक असहाय मुस्कान के साथ पर दृढ़ स्वर में कहा।

"हम इसका क्या करेंगे? ये तेरे लिए हैं। समझा करते हैं।" बनवारी लाल ने दबाव जारी रखा।

अख्तर थोड़ी देर चुप रहा, फिर बोला, "आप समझदार लोग हैं, जो ठीक लगे, इस पैसे को उस काम में लगा लें।"

"तू ही बता, आखिर किस ठीक काम में लगावें?" बनवारी लाल पैंतरे बदलते रहे, "क्या हो सकता है, वह ठीक काम..."

अख्तर कुछ देर सोचता रहा, फिर हौले-हौले कहने लगा, "मेरी ख्वाहिश, बल्कि गुजारिश है, यह पैसा किसी अच्छे काम में लगे।"

"अरे भाय्या बता भी, किस अच्छे काम में?"

अब तक उसने मन बना लिया था। बोला, "उससे अच्छा काम भला क्या हो सकता है, जिस काम के पीछे आप लोग इतने दिनों से लगे हुए हैं।"

"कौन-सा काम?" बनवारी लालजी की भृकुटियाँ अचानक तन गईं। आखिर यह किस ओर इशारा कर रहा है? वह चौकन्ने हो गए।

"राम जी का मन्दिर बनाने का!" अख्तर ने सहज भाव से कहा, "इससे अच्छा काम क्या हो सकता है?" और प्रतीक्षा में उनकी ओर देखने लगा।

अचानक जैसे सन्नाटा छा गया। जो जहाँ था, वहीं जम गया। किसी की समझ में नहीं आया, अब क्या किया जाए?

एक बार फिर उसे समझाने का प्रयत्न हुआ, पर जब अख्तर किसी कीमत पर मानता नहीं लगा तो बनवारी लाल ने मरे मन से पैसे ले लिए और आदत के मुताबिक गिनने लगे–सौ-सौ के दो नोट, एक पचास का। बाकी दस-दस के नोट। यह यान्त्रिक ढंग से गिऩते ही जा रहे थे कि लगा, उनके हाथ चिपचिपाने-से लगे हैं और गिनती खत्म होने से पहले ही वह चीख उठे, "साले कटुवे, ये खून लगे नोट मन्दिर के लिए देकर उसे अपवित्र करना चाहता है! कमीने!"

"ये वो नोट हैं ही नहीं! हो भी नहीं सकते!" वह बिना पूछे स्पष्टीकरण देने लगे थे, "वो बिलकुल साफ नोट थे। हरामजादे! कहाँ से लाया ये नोट? ले जा!" और घृणा व जुगुप्सा से नोट सड़क पर फेंक वह बदहवास अपने हाथों को देखने लगे।

"नहीं, लालाजी, मैं ऐसी गुस्ताखी कैसे कर सकता हूँ! क्या मुझे खुदा का खौफ नहीं है? मैं कसम खाकर कहता हूँ, ये वही नोट हैं।" लालाजी की बातों ने अख्तर को हतप्रभ कर दिया था। वह ऐसा कह कैसे रहे हैं, यह उसकी समझ में नहीं आ रहा था।

"तो मैं क्या झूठ बोल रहा हूँ? ये देखो, ये क्या है? कहाँ से आया ये?" घबराहट में वह लगभग चीखने लगे थे।

अख्तर की समझ में नहीं आ रहा था कि यह हो क्या रहा है? असमंजस में कभी वह शिवदत्त को, कभी गुमान सिंह को और कभी बनवारी लाल के काँपते शरीर को देखता रहा।

स्तब्ध गुमान सिंह और शिवदत्त देख रहे थे कि बनवारी लाल के पंजे वाकई खून से रंगे हैं। अख्तर ने भी इस बीच अपनी हथेलियाँ खोलकर सबके सामने कर दी थीं। कायदे से अब उन दोनों की बारी थी। पर उनकी हिम्मत नहीं हुई कि अपनी हथेलियाँ भी खोलकर दिखा दें कि वे अख्तर की तरह हैं या नहीं...

(1991)

उस गोलार्द्ध में

वह उतना ही चुस्त और बना-ठना था, कोल्ड-स्टोरेज में कभी रखे गए फल की तरह कि पन्द्रह वर्षों का अन्तराल उसे छू-भर पाया था।

''कैसी हैं आप?'' अपने विशिष्ट अन्दाज में वह बोला। उसकी हल्की मुस्कराहट का सम्बन्ध मिलने की प्रसन्नता का ही द्योतक नहीं था, बल्कि कहीं हल्के किस्म का एक सुरूर भी लिए था, जैसा फिल्मों में नायिका के रूप को देखकर अक्सर नायक की आँखों में कौंध उठता है। वह अभिव्यक्ति जितनी सहज नजर आती है, उतनी ही आसानी से अर्जित की जा सकती हो, यह सम्भव नहीं लगता।

'वाह, क्या बात है!' के इस तत्त्व ने माया को गद्‌गद कर दिया था। इसमें शक नहीं कि माया भी किसी हद तक, समय के बनैले जानवर को दाँव देने में सफल, कही जा सकती है।

''मैं तो ठीक हूँ, आप बतलाइए आप कैसे हैं?'' प्रफुल्लित माया ने भास्कर का स्वागत किया।

''आप देख रही हैं न!'' उसने दोनों हाथों से अपने शरीर की ओर इस तरह इशारा किया, मानो स्वयं को प्रस्तुत कर रहा हो।

उसमें अद्‌भुत किस्म का आकर्षण सदा से रहा था, जो इस बीच उसके बालों के कहीं-कहीं थोड़ा-बहुत उड़ जाने के बावजूद, बना हुआ था। यह आकर्षण इतना प्रबल हुआ करता था कि अक्सर पुरुष भी उसको नोटिस किए बिना नहीं रह पाते थे। वह गोरा नहीं है, पर उस साँवलेपन में चोल मूर्तियों-सा खिंचाव है। वह लगभग छह फुटा है, सत्यजित राय-सा भव्य। हर बंगाली की तरह ही फुटबाल का विकट प्रेमी। कॉलेज की टीम का वह कई वर्ष कप्तान रहा। जहाँ तक याद पड़ता है, कुछ दिन वह बॉक्सिंग भी करने लगा था। उसके सधे बदन को देख मैं पूछे बिना नहीं रह पाया, ''अभी भी बॉक्सिग करते हो?''

''इस उम्र में बॉक्सिग?'' वह जोर से हँसा, ''मुझे मोहम्मद अली समझ रखा है!''

''तुम्हारी 'फिटनेस' को देखते हुए लगता है, मोहम्मद अली को सावधान रहना चाहिए।'' मैंने उसी लहजे में कह दिया। मुझे अन्दर ही अन्दर कहीं खुशी भी हुई कि उम्र ने इसे भी अपनी सत्ता का थोड़ा ही सही, अहसास तो करा ही दिया है।

कुछ पल को ही सही, विगत की मायावी चादर ने वर्तमान को जैसे ढँक लिया। स्मृतियों की लिफ्ट का किसी ने कहीं बटन दबा दिया था। उस सरसराहट की कम्पन हम अपनी शिराओं में महसूस करने लगे। पन्द्रह वर्षों के अन्तराल की परतों में गहरे दब गई उस सुन्दर सभ्यता की ओर हम लौट रहे थे। और देखते ही देखते स्मृतियों के अवशेषों की वह बस्ती सोन-एट-लुमियर-सी प्रकाशवान और जीवन्त हो उठी थी।

वह पन्द्रह साल पहले की दुनिया थी। तब यह हमारा शहर था। गोल मार्किट की इसी साफ-सुथरी, खुली-खुली सरकारी कॉलोनी के अंग्रेजी नामवाले मुहल्लों में हमारा बचपन बीता था। तब इस तरह के बहुमंजिले मकान न के बराबर हुआ करते थे। यद्यपि मेरे और भास्कर के पिता अलग-अलग मन्त्रालयों में थे, पर उनमें प्रगाढ़ दोस्ती थी। हमें यही दोस्ती विरासत में मिली थी। हम एक ही स्कूल से निकल साथ-साथ एक ही कॉलेज की एक ही कक्षा में पहुँचे थे। पढ़ने-लिखने में भी दोनों समान रूप से सामान्य थे। पर वह अपनी एक्स्ट्राकैरिकुलर एक्टिविटीज के कारण कॉलेज का हीरो था और मैं कुछ हद तक कहा जा सकता है, उसकी दुम।

प्रेमी वह लड़कपन से था। मैं कासिद। उससे मैंने और कुछ सीखा हो या न सीखा हो, लड़कियों से बात करना जरूर सीख लिया था और उसी की देखरेख में एक जबर्दस्त प्रेम कर मारा था। माता-पिता के ही पुण्यों का फल होगा कि मैं सम्मानजनक ढंग से पास ही नहीं हुआ, कॉलेज से निकलते ही मुझे अच्छी-खासी नौकरी भी मिल गई। पर दुर्भाग्य मेरा कहा जाएगा कि दिल्ली छोड़कर सुदूर असम जाना पड़ा। जाते-जाते मैंने अपने प्रेम को अंजाम पर पहुँचा दिया और पत्नी सहित नए शहर में पदार्पण किया।

भास्कर घूमता-फिरता तो कई लड़कियों के साथ रहा, पर शादी की माता-पिता की पसन्द से, कलकत्ता जाकर। वह अपने फुटबाल के बल पर किसी पब्लिक अंडरटेकिंग में लग गया और टीम की मैनेजरी करता-करता फिलहाल विजिटिंग कार्ड के मुताबिक, मैनेजर पी.आर. के पद को सुशोभित कर रहा था।

माया एक के बाद एक प्रश्न पूछती रही—अंकल-आंटी कैसे हैं? तुमने मकान कहाँ बनाया है? फलाँ लड़की कैसी है? फलाँ के कितने बच्चे हैं? वह लड़का कहाँ चला गया है? फलाँ-फलाँ ने शादी की या नहीं? मार दुनिया-भर के नाम आज भी उसकी स्मृति की फ्लापी में सुरक्षित थे। यही नहीं, जिन लड़कों को भास्कर नाम से पहचान नहीं पा रहा था, उनके चेहरे-मोहरे, चाल-ढाल तक का वह सही-सही हवाला दे रही थी। कॉलेज उसके दिमाग पर वीडियो-कैसेट में रिकार्ड किसी प्रसंग की तरह था, सिर्फ वी.सी.पी. चलाने-भर की देर थी।

कॉलेज-प्रसंग के बाद उसे भास्कर के परिवार की सुध आई थी। तुम्हारी पत्नी कहाँ है? कितने बच्चे हैं? क्या नाम है? वह धीरे-धीरे पूछने लगी थी।

उसका विवाह हमसे लगभग दो वर्ष बाद हुआ था। इस बार पहली मुलाकात पर जब मैंने बच्चों के बारे में पूछा था तो हल्की-सी चुप्पी के विराम से वह बोला था, ''एक बेटा है।''

मुझे खटका था, मानो परिवार के बारे में बात करने से कतरा रहा हो। फिर भी औपचारिकता पूरी करने के लिए पूछ ही लिया था, ''तुम्हारी पत्नी कैसी हैं?''

''ठीक है।'' उसने भरसक संक्षेप में कहा था।

माता-पिता के बारे में कहने लगा, ''पापा का देहान्त हुए पाँच साल हो गए हैं। माँ ठीक हैं।''

''तुम्हारी पत्नी तो कहीं काम करती थीं न?''

''बैंक में।'' उसने याद दिलाया।

''उनकी बदली तो दिल्ली हो गई थी?'' मुझे कुछ याद-सा आया था।

''हाँ, पर इधर फिर कलकत्ता ट्रांसफर हो गई है।'' उसने मुस्कराते हुए सूचित किया था।

''अरे, तुम्हें तो दिक्कत होती होगी।'' मुझसे कहे बगैर रहा नहीं गया।

''हाँ, थोड़ी होती तो है।''

मैंने फिर से अफसोस जताने की कोशिश की, पर वह तटस्थ भाव से मुस्कराता रहा। फिर मिलेंगे के वायदे के साथ अन्ततः हम विदा हुए थे। यद्यपि ऊपर से ऐसा कुछ भी नहीं हुआ था, पर उस मुलाकात से मेरा मन कुछ खराब-सा हो गया था।

पर आज, माया के प्रश्नों के उत्तर, वह सहजता से दे रहा था। हो सकता है, उस दिन जल्दी में रहा हो, इसलिए विभाजित मानसिकता में थोड़ा अन्यमनस्क लगा हो। कुछ भी हो, दस-बारह साल बाद मिले बचपन के दोस्त का उस दिन का व्यवहार सामान्य तो नहीं ही था। उसने मेरे परिवार के बारे में एक शब्द नहीं पूछा था। माता-पिता की बात तो रही दूर, उसने माया तक के बारे में कोई जिज्ञासा नहीं दिखलाई थी। मैंने उसे घर आने का निमन्त्रण दिया जो उसने स्वीकार कर लिया, पर अपनी ओर से एक बार भी आने को नहीं कहा।

पर शायद हफ्ता भी नहीं बीता था कि उसका फोन आ गया।

''माँ ने तुम्हें सपरिवार बुलाया है। अगले संडे आ जाओ।'' उसने लगभग आदेशवाले अन्दाज में कहा था। लगा, वह अभी भी मुझे कॉलेज के दिनों की अपनी पूँछ ही समझ रहा है। कुछ भी हो, उसके अधिकार में प्रेम भी था और पिछला वास्ता भी।

मैंने जल्दी ही आने का वायदा किया, पर चाहते हुए भी हम जा नहीं पाए। इसी बीच मनीष का जन्मदिन आ गया और माया के विकट आग्रह पर मुझे, विशेष निमन्त्रण देने, उसके दफ्तर जाना पड़ा।

मनीष ने इतने सारे बच्चे न जाने कहाँ-कहाँ से इकट्ठा कर रखे थे। हंगामा शुरू हुआ तो रुकने को नहीं आया। बच्चों ने गाया, नाचा। कई तरह के 'क्विज' के खेल खेले और तरह-तरह के 'जोक्स' सुनाए।

मेरी समझ में यह बात बहुत देर बाद आई कि भास्कर का बच्चों के साथ कोई तालमेल नहीं बैठ रहा है। यहाँ तक कि औपचारिकता में भी उसने किसी बच्चे से नहीं पूछा कि तुम्हारा नाम क्या है? या तुम कौन-सी कक्षा में पढ़ते हो? बेतरह ऊबा हुआ वह बच्चों की कारगुजारियाँ देखता रहा। बहुत हुआ तो एकाध बार मजबूरी में मुस्कराया होगा।

केक कटते ही गुब्बारे फोड़ने के लिए जो धींगा-मुश्ती हुई, भास्कर को बच्चों को अपने ऊपर गिरने से रोकने के लिए हाथ से अलग करना पड़ा। बच्चों का उछलना उसे पसन्द नहीं आया। किसी तरह खाना-पीना शुरू हुआ। पर ठीक से समाप्त भी नहीं हो पाया था कि बच्चे गायब होने लगे। यहाँ तक कि अदिति भी नजर नहीं आई। कमरे में बचे मनीष, मैं और भास्कर।

दूसरे कमरे से टेलीविजन से जब जोर-जोर की आवाजें आने लगीं, तब समझ में आया, नौ बज रहे हैं। धारावाहिक का समय हो गया है।

मोनू यानी मनीष नहीं गया तो अपनी नई कार के कारण। वह कारों का बेहद शौकीन है। उसके मामा ने बम्बई से सोनिक कार भेजी थी, जो पुलिस-कारों की तरह सायरन भी बजाती थी। उसने कार जो चलाई तो कूँ-काँ ने कमरा सर पर उठा लिया। उस कूँ-काँ से जितना मोनू प्रसन्न हो रहा था, हम उतने ही बेचैन। भास्कर की कसमसाहट ने तो मुझे डरा ही दिया। लगा, कहीं उठकर ही न चल दे। मैंने लपककर मोनू की कार उठा ली और स्विच ऑफ़ कर कार समेत उसे बगल के कमरे में, अदिति के पास छोड़ आया।

मैंने सोचा, अब कुछ भास्कर के लिए भी होना चाहिए। जो अद्धा मैं विशेष तौर पर लाया था, खोलने की अभी सोच ही रहा था कि माया ने न जाने कैसे भाँप लिया। तेजी से काम समेटते हुए लगभग चेतावनीवाले अन्दाज में बोली, "आज कोई भी ऐसा-वैसा कार्यक्रम नहीं होगा। उसकी जगह मैं आप लोगों को ऐसी चाय पिलाने जा रही हूँ, जो आपने कभी पी नहीं होगी।"

"तुम इसकी शाम खराब करने पर क्यों तुली हुई हो," मुझसे रहा नहीं गया, "मैं बता दे रहा हूँ, इसे पसन्द नहीं आएगी कोई चाय-वाय। अजीब आसवों जैसा तो स्वाद है। ऐसा करते हैं, बीयर खोल लेते हैं बस, गर्मी हो रही है।" मुझे याद आ गया कि पिछले हफ्ते लाई एक बोतल पड़ी है!

यह सच है कि मेरी इच्छा एकाध घूँट लगाने की थी, पर भास्कर की बोरियत इतनी जबर्दस्त थी कि मेरे दिमाग से हट नहीं रही थी। बेहतर यही था कि वह चल पड़ता। पर आश्चर्य था कि वह जाने का नाम ही नहीं ले रहा था। हो सकता है, अगला भलमनसाहत में मारा जा रहा हो। रोका भी हम ही लोगों ने था।

वह मेरी बात पर फीकी-सी हँसी हँसा, फिर माया से बोला, ''ठीक है, आज तुम्हारी चाय ही सही। देखते हैं, कौन-सी चाय पिलाती हो।''

वह अचानक तुम पर उतर आया था। उसने जोड़ा, ''जान लो, पिछले बारह वर्षों में शायद यह मेरी पहली शाम होगी, जो शुद्ध चाय पर निकलेगी।''

''इस उपकार के लिए मैं तुम्हारी आभारी हूँ, पर अभी तो रात बाकी है। घर जाकर तुम क्या करो, कौन जाने?'' माया मौका नहीं चूकी।

वह जोर से हँसा, ''क्या तुम मेरी ख्याति से परिचित हो?'' और इससे पहले कि हममें से कोई कुछ कह पाता, बोल उठा, ''नहीं, नहीं! मैं आज चाय के सिवा कुछ नहीं पियूँगा। मेरा इतना विश्वास किया जा सकता है। बनाओ, चाय बनाओ। तुम्हारी चाय ही देख लेते हैं।''

''कोरिया की चाय है।'' माया का उत्साह देखने लायक था, ''मेरी एक सहेली के हस्बेंड बिजनेस के सिलसिले में गए थे। वह लाए। एक पैकेट मुझे भी दिया है।''

''खाक पैकेट दिया है! सालों से पिया नहीं गया होगा, सोचा इन्हें ओबलॉइज कर दो। बिजनेसवाले मित्रता के लिए ऐसे समर्पित नहीं होते, जैसा तुम उन्हें बना दे रही हो।'' मुझे मन ही मन खीझ उठ रही थी। मैं अपने को रोक नहीं पाया।

माया मेरी बात पूरी तरह अनसुनी कर रसोई की ओर लपक ली।

चाय आने में समय नहीं लगा। उसकी फुर्ती और तेजी आज भी बनी हुई है। जितना वह अपनी फुर्ती के लिए जानी जाती है, मैं उतना ही लद्धड़ किस्म का आदमी रहा हूँ।

माया भी साथ आ बैठी। चाय से ही चर्चा शुरू हुई। वह चुस्की ले-लेकर तारीफ करता रहा। विशेषकर उसके हल्के कसैले स्वाद पर वह फिदा लग रहा था। चाय नीबूवाली थी। मुझे लगा, पत्ती कुछ ज्यादा ही गिर गई है। जितनी तारीफ वह कर रहा था, उससे शक होने लगा। जनसम्पर्क का माहिर आदमी है। वैसे भी महिलाओं में उसकी शाश्वत लोकप्रियता का एक बड़ा कारण यह तारीफे-बयाँ भी तो रहा है।

तारीफ ने आग में घी का काम किया। माया ने उसके लिए नया निमन्त्रण जारी कर दिया, ''खाना खाकर जाना है। बस, आधे घंटे की बात है। छोले तैयार हैं, पूरियाँ उतारने में दस मिनट नहीं लगेंगे। तुम लोग तब तक बात करो, मैं खाना लगाती हूँ।''

उसने पहले हल्का-सा विरोध किया, फिर मान गया।

फिर से पुराने दिन, पुराने दोस्त और नौकरी के झमेले शुरू हो गए और पुराण कथाओं की तरह जुड़ते चले गए।

अचानक वह बोला, ''तुम तो यार, पूरे पिता हो गए हो। इतने सारे बच्चों को किस तरह से सँभाल रहे थे, मैं तो दंग रह गया।''

मैंने हँसकर कहा, ''बच्चों के साथ रहते-रहते आदत पड़ गई है। तुम देख ही रहे हो, अदिति बारह साल की हो गई है। आठवें में मनीष लगा है। बीस जन्मदिन

तो मैं मना ही चुका हूँ। अब भी अगर बच्चों को 'टॉलरेट' नहीं करूँगा तो कहाँ जाऊँगा। माई डीयर, मजबूरी का नाम पूर्ण पितृत्व भी होता है।''

वह मुस्कराया, पर उस मुस्कराहट में एक विचित्र-सी तटस्थता थी। स्पष्ट था, मेरी बात ने उसे विशेष प्रफुल्लित नहीं किया है। वह थोड़ी देर सोचता रहा। मैंने उस चेहरे को पढ़ने की कोशिश की। वहाँ कुछ नहीं था। स्थिर समुद्र की तरह। हाँ, उसकी नजरें सामने डाइनिंग टेबुल पर थीं, जिसमें मनीष के बर्थ-डे प्रजेंट रखे हुए थे। कुछ देर नजरें स्थिर रहीं, फिर धीरे-धीरे जैसे एक-एक चीज को तौलने लगी थीं। अचानक जैसे पकड़ा गया हो, उसने नजरें हटाकर मेरी ओर देखा। मैं लगातार बेवकूफों की तरह उसे ही देख रहा था। मैं भी हड़बड़ाए बिना नहीं रह पाया।

उसने विचित्र-से स्वर में कहा, ''मैं बच्चों को ज्यादा 'टॉलरेट' नहीं कर पाता हूँ।''

समझ में नहीं आया, यह उसकी सफाई है या मेरी भर्त्सना।

उसने स्पष्ट किया, ''असल में, बच्चे बड़ा उत्पात मचाते हैं। हम लोग उन्हें बिगाड़ भी बहुत देते हैं। मैं अब 'डिस्टरबेंस' पसन्द नहीं करता।''

कुछ अपराधी-से भाव से मैं सब सुनता रहा। लगा, वह मेरी खिल्ली ही उड़ा रहा है। वह रुक-रुककर बोल रहा था, जैसे शब्दों का चुनाव सावधानी से कर रहा हो। उसने जोड़ा, ''असल में मेरी एकान्त में रहने की आदत हो गई है। इसलिए ज्यादा हल्ला-गुल्ला सहा नहीं जाता।''

क्यों नहीं, बीवी-बच्चे अगर दो हजार मील दूर रहेंगे तो अकेले रहने की ही तो आदत पड़ेगी—मैं मन ही मन उसे कोसने लगा। साला, अपने-आपको न जाने क्या समझता है। इकलकट्टू बन्दर कहीं का। इससे पहले कि मुँह से कुछ तल्ख निकल आता, मनीष रोता हुआ आ पहुँचा।

''क्या हुआ?'' मैंने अपने स्वभाव के खिलाफ सख्त स्वर में पूछा। वैसे ही मैं भास्कर के सामने घरेलू जानवर हो गया था, यह लड़का रही-सही कसर भी पूरी करने पर उतारू था। मैंने चोर नजर से उसकी ओर देखा, वह एकटक मनीष को ही देख रहा था। मनीष उसकी नजर से थोड़ा झिझककर जहाँ-का-तहाँ खड़ा रह गया था। उसका चश्मा नाक पर नीचे तक खिसक आया था। दिन-भर की थकन और रोने ने उसके चेहरे को बेरंग कर दिया था। मेरे स्वर की सख्ती गायब हो गई। मैं भूल गया कि हम बाप-बेटों के अलावा भी वहाँ एक तीसरा बैठा है, जिसके लिए मैं जुगुप्सा का पात्र होता जा रहा हूँ।

''क्या हुआ?'' मैंने भरसक सहज होकर पूछा।

मनीष चुप ही रहा।

अचानक मुझे भास्कर की आवाज सुनाई दी, ''इसे अभी से चश्मा लग गया है?''

"हूँ!" मैंने एक असहाय मुस्कान के साथ उसकी ओर देखा। वह अब भी मनीष ही को देख रहा था। भास्कर का यह देखना ही मनीष के लिए असुविधाजनक हो रहा था। भास्कर के चेहरे से कुछ भी अनुमान कर पाना असम्भव था। पहले तो मुझे लगा, वह मनीष को अभी से चश्मा लग जाने की दुर्दशा पर तरस खा रहा है। फिर लगा, नहीं भास्कर का देखना, सम्भवतः मनीष को देखना-भर नहीं है।

"क्या हुआ? क्या झगड़ा कर लिया है?" मैंने भास्कर को दिमाग से हटा मनीष को पुचकारा।

"दीदी चिढ़ा रही है।" वह बोला।

"क्या कह रही है?"

"कह रही है, अच्छा हुआ पापा तेरे लिए साइकिल नहीं लाए।" और वह सुबकने लगा।

"क्या कह रहा है?" भास्कर की समझ में नहीं आ रहा था।

मैंने उसकी बात का जवाब देने की जगह, उठकर मनीष को अपने पास खेंच लिया और उसका चश्मा ठीक करते हुए समझाने लगा, "देखो, तुम अभी छोटे हो। घर में जगह नहीं है। सड़क पर साइकिल चलाने में खतरा है। तुम्हें पता है न, परसों निखिल कैसे साइकिल से गिर गया था और उसे चोट लग गई थी। तुमसे तो वह बड़ा भी है। यह तो अच्छा हुआ, कम चोट लगी, हाथ-पैर टूट भी सकते थे।"

मनीष थोड़ी देर चुप रहा। लगा, मान गया। पर बोला, "लेकिन निखिल तो सड़क पर चला रहा था।"

"तुम कहाँ चलाओगे?"

"पार्क में।" उतने तत्काल उत्तर दिया। वह मेरी सारी शंकाओं के समाधान के लिए तैयार था।

"पर चोट तो पार्क में भी लग सकती है।" मैं मुस्कराया।

"नहीं पापा, पार्क में तो मिट्टी है। घास भी है। वहाँ चोट नहीं लगती।"

मैं हँस पड़ा, "तुम सिर्फ पार्क में ही साइकिल चलाओगे, मैं इसे कैसे मान लूँ?"

"मैं प्रॉमिस करता हूँ", उसने उतने ही विश्वास से कहा, "आप भी प्रॉमिस करो।" और अपना हाथ आगे बढ़ा दिया।

मैंने हाथ मिलाते हुए कहा, "ठीक है, मैं भी प्रॉमिस करता हूँ। पर अभी नहीं, थोड़े दिन के बाद ला दूँगा।"

"नहीं, अभी।" उसने जिद की।

"अच्छा, अगले महीने, जब तनख्वाह मिलेगी।"

"पक्की प्रॉमिस?" उसने एक बार और वायदा लेने की कोशिश की।

"पक्की जी, बिलकुल पक्की प्रॉमिस।" मैंने उसका हाथ लेकर जोर से हिलाते हुए कहा, "पर अब तुम जाओ। वहीं खेलो और झगड़ा मत करना।"

वह चलने को हुआ, पर अचानक रुक गया। बोला, ''पापा, आज कितनी डेट है?''

मैं हँसा, ''तुम बताओ, आज कितनी डेट है? आज तुम्हारा बर्थ-डे है?''

वह कुछ झेंपकर मुस्कराया, ''अरे हाँ, आज थर्टीन जून है।'' फिर नीची गर्दन किए-किए ही पूछने लगा, ''अब कितने दिन और हैं पापा, अगले महीने में?''

''बस, सेवंटीन दिन हैं'', मैंने समझाया, ''जल्दी ही महीना खत्म हो जाएगा।''

''सेवन जीरो सेवंटीन?'' उसने कुछ आश्चर्य से पूछा।

''नहीं, वन सेवन सेवंटीन'', मैं हँसा, ''एक महीने में सिर्फ थर्टी डेज होते हैं।'' मैंने पीठ थपथपाकर उसे समझाया और वापस भेज दिया।

वह दरवाजे तक गया, पर फिर लौट आया।

''पापा दीदी अगर चिढ़ाएगी फिर?''

''नहीं चिढ़ाएगी। कह देना पापा मेरे लिए अगले महीने जरूर साइकिल लाएँगे। उन्होंने प्रॉमिस किया है।''

इस बार मनीष वाकई लौट गया।

''सॉरी, यार भास्कर, तुम्हें बेमतलब बोर कर दिया'', मनीष के जाते ही मैंने माफी माँगी, ''तुम देख ही रहे हो, बच्चों के झमेले ही ऐसे होते हैं।''

वह कुछ नहीं बोला, औपचारिकता में भी नहीं।

मैंने बात बदलने के लिए कहा, ''तुम्हें क्या लगता है, इस बार राष्ट्रपति चुनाव में क्या होगा?''

''देखो, क्या होता है?'' उसने बात बढ़ने ही नहीं दी। उसका मन उचट चुका था, पर बैठना मजबूरी थी। समझ में नहीं आ रहा था कि किस तरह इसकी बोरियत कम हो।

''तुम्हारा बेटा तो अभी बारह साल का नहीं हुआ होगा?'' उसने अचानक प्रश्न किया।

''नहीं तो, सात ही तो पूरे किए हैं। आज आठवें में लगा है।'' मुझे उसके प्रश्न पर थोड़ा आश्चर्य हुआ। अभी उसके सामने ही तो जन्मदिन मनाया गया था। उसने पूछा भी था, कितने साल का हो गया है आज? यह इतना अन्यमनस्क कैसे हो गया, समझ में नहीं आया।

''आई एम सॉरी, मैं तुम्हारी बेटी के बारे में पूछ रहा था।'' उसने स्वयं को सुधारा।

''हाँ, वह तो तेरह साल की हो गई है। आठवीं में है।''

''इसे रुलाया मत करो'', उसने बात बदल दी, ''वैसे ही आँखें कमजोर हैं।''

मैं अभी कुछ कहता कि उसने प्रश्न कर दिया, ''कौन-से स्कूल में पढ़ता है?''

''यहीं एक स्कूल है, पड़ोस में। स्कूल क्या, तुम जानते ही हो, पब्लिक स्कूल के नाम पर ठगी है।'' मैंने खिन्न मन से कहा।

''किसी अच्छे स्कूल में क्यों नहीं भर्ती करते? तुम्हारे बगल में ही सेंट कोलम्बस है। अगले सेशन में वहीं ट्राई करो।''

''अच्छे स्कूलों में भर्ती करना आसान है क्या? मैं तो चाहता हूँ पर करूँ कैसे? ये दिल्ली है। हम जैसे आदमी की यहाँ कोई औकात है?''

''कोशिश करनी चाहिए, सब हो जाता है।'' वह लगातार बड़े विचित्र अन्दाज में बोल रहा था। मुझे उसकी तटस्थता से चिढ़ होने लगी। मैं जानता हूँ, वह सदा ऊपरी टीम-टाम में जोर दिया करता था। पर मुझसे क्या दिखावा, क्या मैं इसके बैकग्राउंड को नहीं जानता? होगा साला मैनेजर पी.आर., मैं भी तो भारत सरकार का क्लास-वन ऑफिसर हूँ।

मैंने थोड़ा व्यंग्य से कहा, ''यार, तुम यह बात माया से न कह देना। वह पहले ही मेरी जान के पीछे पड़ी रहती है कि मैं कोशिश नहीं करता। रही-सही कसर भी पूरी हो जाएगी।''

इस बार वह मुस्कराया।

''तुम तो किसी-न-किसी को जानते होगे। तुम्हारे तो बड़े कांटेक्ट्स हैं।'' मैंने जोर मारते आत्मसम्मान को ताक में रख, लगभग प्रार्थनावाले अन्दाज में कहा।

''देखूँगा।'' कह, वह फिर चुप हो गया।

मैं सोच ही रहा था कि आगे क्या कहूँ, मनीष पैर पटकता हुआ फिर आ धमका।

''पापा, देख लो मानती नहीं है। फिर चिढ़ा रही है। कहती है, पापा तेरे लिए साइकिल नहीं लाएँगे। ऐसा प्रॉमिस तो वह कई बार कर चुके हैं।''

''ये लड़की बड़ी शैतान है। अच्छा तुम यहीं खेलो।'' कहकर मैंने उसे रोक लिया।

सौभाग्य से उसने कार को अलग रख दिया और मैकेनो जैसी कोई चीज उठा ली, इस तरह थोड़ी शान्ति हो पाई।

अब तक माया खाना लगाने लगी थी। मैंने उसका हाथ बँटाने की कोशिश की। ''तुम भास्कर को दिलासा देते रहो, खाना लग जाएगा।'' कहकर उसने हम दोनों की एक ही वाक्य में खिल्ली उड़ा दी। मैं चुप बैठ गया।

खाने की टेबल पर माया ही नहीं, अदिति भी आ गई। भूख किसी को थी नहीं, खाना जल्दी ही खत्म हो गया। हम फिर बातों में लग गए। माया ने चुटकियों में जूठे बर्तन समेटे। चीजें ठीक-ठाक कीं और साथ आ बैठी। दोनों भाई-बहनों में समझौता हो गया था। वे जन्मदिन के उपहारों का हिसाब लगाने में जुट गए थे।

माया ने प्रश्नों का नया सिलसिला शुरू कर दिया था। मुझे उकताहट ही नहीं हो रही थी, थक भी बहुत गया था। फिर सुबह दफ्तर था। बच्चों ने एक-एक करके जमीन पर खिलौने सजाने शुरू कर दिए थे। आजकल कितने खूबसूरत खिलौने आने लगे हैं, मैं अपने को रोक नहीं सका और बच्चों के पास जा बैठा। वे बतलाने लगे,

कौन-सा खिलौना किसने दिया है, हमारे पास कौन-सा नहीं है और अगली बार कौन-सा लाना है।

मैं बच्चों की दुनिया में रमता जा रहा था कि सुना माया पूछ रही है, "तुम्हारी श्रीमती कब आ रही हैं? अब तो दर्शन करवा दो।"

वह चुप रहा। मेरे कान चौकन्ने थे। मैं भी उस बंग-सुन्दरी को देखने की हसरत कई वर्षों से मन में छुपाए था।

कुछ इन्तजार के बाद माया ने अगला प्रश्न करना ही उचित समझा।

"तुम्हारा बेटा कौन-सी कक्षा में है?" उसका सवाल था।

कुछ अन्तराल से इस बार वह बोला, "शायद सिक्स्थ में। सिक्स्थ में ही होना चाहिए।"

माया हँसी, "सिक्स्थ में होना चाहिए, क्या मतलब? तुम्हें नहीं मालूम कि तुम्हारा बेटा कौन-सी कक्षा में है?"

वह कुछ देर तक माया को देखता रहा, फिर हौले से मुस्कराकर बोला, "हाँ, लगभग ऐसा ही है।"

"क्या मतलब?" माया के स्वर में अभी भी मजाक का पुट था।

"तुम्हारे मजे हैं, यार। बीवी ने तुम्हें बिलकुल खुल्ला छोड़ रखा है।" मुझसे बोले बिना नहीं रहा गया।

उसने मेरे मजाक का जवाब नहीं दिया। उसका चेहरा सख्त-सा हो गया था। मुझे लगा, गलती हो गई है। भलामानुस मजाक सह नहीं पाता।

"मतलब यह है कि", भास्कर माया को जवाब दे रहा था, "मैं पिछले लगभग डेढ़-दो साल से उससे मिला नहीं हूँ।'

हम दोनों हतप्रभ उसको देखने लगे। माया ने फिर भी पूछा, "किसको नहीं देखा?"

"बेटे को।" उसने तत्काल कहा, "असल में", इससे पहले कि कोई कुछ कह पाता, वह बोल उठा, "असल में हमारा तलाक हो गया है।"

"कैसे?" अवाक हम दोनों ने लगभग एक साथ प्रश्न किया। हमने उसकी पत्नी को देखा नहीं था, पर सुना था कि वह बहुत सुन्दर और शिष्ट है। किसी ऊँचे परिवार से।

"क्या बताऊँ कैसे?" उसके स्वर में किसी तरह की भावुकता नहीं थी। वह जैसे तैयार होकर ही आया था, "विवाह के साल-भर बाद ही झगड़ा शुरू हो गया था। तुम पूछोगे झगड़ा क्यों होता था तो मेरा उत्तर होगा, यह आज तक मेरी समझ में भी नहीं आ पाया है। किसी भी बात पर हो जाता था। और चलता रहता था। इसी बीच अनुराग का जन्म हो गया। इससे कुछ शान्ति हो गई। सोचा, लड़कपन के दिन खत्म हो गए हैं। अब हम माँ-बाप बन गए हैं। पर इस बार जो झगड़ा हुआ तो रुका

नहीं। अब हमारे बीच झगड़े का एक नया और बहुत ही 'इमोशनल' कारण और पैदा हो गया था—वह था, हमारा बेटा। उसे लेकर खींचातानी चरम पर पहुँचने लगी। यहाँ तक कि माँ भी पार्टी हो गई। आखिर दादी थी। एक दिन शाम को मैं घर पहुँचा, एक स्लिप मिली—'मैं जा रही हूँ।—केतकी।' वह अपने बेटे के साथ कलकत्ता चली गई थी। बिना किसी से कुछ कहे। उसने न जाने कब अपना तबादला करवा लिया था। बस।"

"फिर किसी ने कोशिश नहीं की?" माया ने पूछा।

"फिर? नहीं। फिर हम कोर्ट में ही मिले", वह इतने तटस्थ भाव से बता रहा था, मानो किसी और की कहानी सुना रहा हो, "और देखते-देखते दस साल निकल गए। उसने जितना हो सकता था, परेशान किया। मैं यहाँ से कलकत्ता पहुँचता, पता चलता, अगली तारीख लग गई है। केतकी का एक भाई वकील है। तुम जानते हो, वकालत का पेशा कैसा होता है। मानवीय पीड़ाओं और यन्त्रणाओं का कारोबार है। उन्होंने हर हथकंडा अपनाया। मेरे वकील को भी फोड़ लिया था। जितना हो सकता था, उतना पैसा उसने खींचा। मैं जानते हुए भी कुछ नहीं कर सका।"

"क्या वह तलाक नहीं चाहती थी?" माया का प्रश्न था।

"नहीं, ऐसी बात तो शायद नहीं थी। उसे मेरे साथ रहना किसी भी कीमत पर गवारा नहीं था। और मुझे भी नहीं था।"

"तुम दोनों लगता है, एक-दूसरे के लिए अजनबी ही रह गए।" माया ने कुछ-कुछ फिल्मी अन्दाज में जोड़ा।

"नहीं, शायद उलटा हुआ था", वह मुस्करा रहा था, "हम एक-दूसरे को जरूरत से ज्यादा समझ गए थे।"

मैंने मुड़कर देखा। उस हँसी में पहली बार हल्की आत्मवेदना थी।

"उसे ऐसा नहीं करना चाहिए था।" मैंने बच्चों के बीच से ही कहा।

वह मेरी बात पर भी मुस्कराया। मैं अनुमान नहीं कर सका कि वह क्या महसूस कर रहा होगा।

"असल में हमने एक-दूसरे को दुश्मन बनाने में कोई कसर नहीं छोड़ी।" उसने मेरी ओर देखा। मैं लगभग असमंजस की स्थिति में था, आखिर यह कहना क्या चाहता है, समझ में नहीं आ रहा था।

"आई स्टिल रिस्पैक्ट हर", उसने कहा, "शी इज ए वूमैन ऑफ ग्रिट एंड करेज।" वह मुस्कराया और जोड़ा, "शायद हम रिस्पैक्ट ही उन लोगों की करते हैं जो दबंग और साहसी होते हैं। कुछ भी हो, वह सही मायने में एक साहसी औरत है। आत्मविश्वास से लबालब भरी हुई। सही मायनों में 'लिबरेटेड'। और मैं? मैं अपने भारतीय पुरुष के दम्भ का शिकार रहा, और हूँ।"

"नहीं, ऐसा तो नहीं है।" माया ने सान्त्वना के स्वर में कहा। वैसे भी माया ही क्या, मेरी भी सारी 'सिपैथी' भास्कर ही के साथ थी। और जब कोई स्वयं ही इतनी निर्ममता से अपने को तौल रहा हो, उसके खिलाफ कहने को रह ही क्या जाता है?

"असल में", वह फिर बोलने लगा था, मानो माया की बात सुनी ही न हो, "बहुत ज्यादा साहसी लोग, आत्ममुग्ध किस्म के होते हैं। उनमें सहिष्णुता की जगह हर किस्म की चुनौती स्वीकार करने की बेचैनी भरी होती है। एक किस्म का दुस्साहस कह सकते हैं। पर मेरे खयाल से जिन्दगी एक अन्तहीन 'एडवेंचर' नहीं है। इसकी मर्यादा को चुनौती देना एक सीमा के बाद अपने अस्तित्व को ही खतरे में डालने जैसा है।"

मैं निर्णय नहीं कर पाया, यह बात वह किसके लिए कह रहा है। क्या वाकई अपने लिए?

"यही हमारे सम्बन्धों के बनने-बिगड़ने का सार कहा जा सकता है। उसने जो किया, अपने अधिकारों के लिए किया। मैंने जो किया, एक पुरुष के सम्मान को बचाए रखने के लिए किया।"

"आखिर पुरुष ही तो पुरुष जैसा व्यवहार करेगा।" मैंने उसके समर्थन में यों ही कह दिया।

मेरी बात को नजरअन्दाज करते हुए वह बोला, "अन्ततः किसी की हार नहीं हुई। वी विंडिकेटेड अवर स्टैंड्स अपोजिंग इच अदर।" और वह जोर से हँस पड़ा।

"समय के साथ सब ठीक हो जाएगा।" मैंने सान्त्वना देनी चाही। उसकी हँसी की पीड़ा मेरे लिए असहनीय हो रही थी। बेचारा भास्कर!

"कोई अच्छी लड़की देखकर शादी कर लो।" माया ने सलाह दी।

माया की बात को अनसुनी करता हुआ वह बोला, "तुम ठीक कह रहे हो। टाइम इज द ग्रेटेस्ट हीलर। असल में, समय के साथ कुछ हद तक सब ठीक हो ही गया है। हम अपनी-अपनी दुनिया में हैं। पर हम पेड़ नहीं हैं कि इस पतझड़ के बाद फिर से बसन्त आएगा। सब कुछ हरा-भरा हो जाएगा। नहीं, ऐसा नहीं है। बीता समय अंग-भंग की तरह है। उसकी क्षतिपूर्ति नहीं हो सकती। स्थितियों के साथ समझौता ही किया जा सकता है। अगर रहना है तो स्थितियों के मुताबिक ढलना होता है। अपनी कमी को स्वीकार करना होता है। अहं और आक्रामकता जिन्दगी नहीं हैं। मैं भी कोशिश कर रहा हूँ।"

वह किसी क्लासिक नायक की तरह लग रहा था, जिसकी त्रासदी स्वयं उसके उदात्त चरित्र में छिपी होती है। माया और मेरे पास कहने को जैसे कुछ बचा ही नहीं रह गया था, हम उसका मुँह देखने लगे। चुप्पी खिंचने लगी और असहनीय हो गई।

मनीष के जम्हाई लेने से मुझे ध्यान आया, बच्चों को सो जाना चाहिए।

"चलो, बच्चो! सोने का टाइम हो गया है। कल स्कूल भी जाना है।" मैंने उन्हें उठाते हुए कहा।

मनीष ने माया की ओर देखा। मैं समझ गया, वह कल स्कूल नहीं जानेवाला है। माया ने कहा होगा, छुट्टी कर लेना। अदिति फौरन भाँप गई। बोली, "पापा, अगर मनीष स्कूल नहीं गया तो मैं भी नहीं जाऊँगी।"

"अच्छा, देखेंगे। सुबह की बात सुबह होगी। फिलहाल चलो।" मैंने उन्हें उठाते हुए कहा।

माया का स्वर सुनाई देने लगा था, वह भास्कर से पूछ रही थी, "तुम्हारा बेटा अब कितना बड़ा होगा?"

बच्चे उठ गए। मैंने दोनों के कन्धों में हाथ डाल दिए थे। वे मेरे बाजुओं के सहारे लगभग झूलते चल रहे थे।

"ग्यारह का। बस, बारह में लगने ही वाला है।" वह कह रहा था।

कमरे से बाहर होते-होते माया का प्रश्न सुनाई दिया, "डेट ऑफ बर्थ क्या है?"

मैंने उत्तर नहीं सुना।

बच्चों को सुलाकर लौटने में मुझे समय लगा। माया के प्रश्न अभी खत्म हुए नहीं लग रहे थे, या वही इतने लम्बे उत्तर दे रहा था, कह नहीं सकता। पर वह पूछ रही थी, "क्या तुम अनुराग से मिलने जाते हो?"

मैं सोफे पर ठीक उसके सामने जा बैठा।

पूरी सिचुएशन टी.वी. की देर रात दिखाई जानेवाली किसी विदेशी फिल्म-सी गम्भीर और टैंस हो गई थी।

माया ने दोहराया, "अपने बेटे से तो मिलते होगे?"

"सिगरेट है?" उसने अचानक पूछा।

"पिओगे?" मैंने जेब से सिगरेट की डिब्बी निकालते हुए पूछा। वह सिगरेट नहीं पीता था।

"कभी-कभी पी लिया करता हूँ।" उसने सिगरेट लेते हुए कहा।

वह धीरे-धीरे कश लेने लगा। उसकी नाक और मुँह से धुआँ रिस-सा रहा था। माया उत्तर की प्रतीक्षा में लगातार उसे देख रही थी। मुझे लगा, किसी भी क्षण वह फिर सवाल दुहराएगी कि भास्कर बोल उठा, "नहीं!"

"नहीं!" माया ने अविश्वास में दुहराया, "तुम अपने बेटे से मिलने नहीं जाते?" वह यकीन ही नहीं कर पा रही थी, "बिलकुल नहीं?"

"बिलकुल नहीं।" उसने बहुत ही शान्त स्वर में कहा।

माया अवाक् उसका मुँह देखने लगी।

"वह उसी का बेटा था, और है," भास्कर उतने ही शान्त स्वर में समझाने लगा, "अगर मैं चाहता तो भी वह मुझे मिलनेवाला नहीं था। तुम ही सोचो, दो हजार मील दूर कोई कितनी बार जा सकता है, चाहे अपने बच्चे के लिए ही क्यों न हो। वह चाहती नहीं है कि मैं उससे मिलूँ भी। और कोर्ट के ऑर्डर के बावजूद उसने मुझे अनुराग से मिलने नहीं दिया था। तुम इसे 'इमोशनल ब्लैकमेल' भी कह सकते हो। और इससे पहले कि हारकर मैं उसकी बात मानता, मैंने स्वयं ही लड़के से दावा छोड़ दिया। नहीं छोड़ता तो दस वर्ष और दिल्ली-कलकत्ता के बीच धक्के खाने पड़ते। उन्होंने सब कुछ किया भी इसीलिए था। फिर झगड़े के लिए कुछ बचा ही नहीं। कोर्ट ने आदेश दिया कि मैं एकमुश्त सैटेलमैंट के लिए बच्चे के नाम बीस हजार रुपए दूँ। मैंने कहा, मैं पचास हजार देने के लिए तैयार हूँ। इस पर जज ने कहा, आप चाहें तो इस राशि को दो किस्तों में साल-भर के अन्तर पर दे सकते हैं। वह मुझे और भी समय दे सकता था, पर मैंने माँगा नहीं। वह आखिरी दिन कोर्ट में नहीं थी। हाँ, अगले दिन ट्रेन चलने से पाँच मिनट पहले उसका भाई अनुराग को मुझसे अन्तिम बार मिलवाने लाया था। बच्चा मुझे इस तरह देख रहा था, मानो मैं उसका पिता नहीं, कोई अपराधी होऊँ। दिल्ली आकर एक हफ़्ते के अन्दर मैंने पचास हजार का ड्राफ्ट भेज़ दिया। इस तरह से कहानी खत्म हो गई।"

उसने सिगरेट ऐश-ट्रे में कुचली और खड़ा हो गया। साढ़े ग्यारह हो रहे थे। हमने उसे और नहीं रोका। माया को उठने में देर लगी। जैसे किसी अदृश्य बोझ से मुक्त होने का प्रयत्न कर रही हो।

किसी तरह उठकर वह दरवाजे तक आई और वहीं विदा ले ली। मैं नीचे छोड़ने गया।

गाड़ी स्टार्ट करते हुए भास्कर को याद आया, "माँ ने तुम्हें सपरिवार बुलाया है। आप अब कृपा करके वायदे बन्द कीजिए। अगले संडे पहुँच जाना, समझे। वह तुमसे मिलने को बेचैन हैं।"

"ठीक है, आते हैं।" मैंने आदत के मुताबिक तत्काल मान लिया।

उसने गाड़ी मोड़ी और देखते ही देखते मुख्य सड़क पर गायब हो गया।

लौटा तो माया ड्राइंगरूम से सामान हटाने में लगी हुई थी।

मैंने हाथ बँटाना चाहा। बोली, "कपड़े बदल लो। रात हो गई है। छोटी-मोटी चीजें हटा रही हूँ, बाकी सुबह देख लेंगे।"

मैं ठीक से कपड़े बदल भी नहीं पाया था कि वह काम निपटाकर सोने के कमरे में पहुँच चुकी थी।

मैंने लेटते हुए कहा, "इस बेचारे के साथ बहुत बुरा हुआ है।"

वह साड़ी उतारने में इस तरह लगी रही, मानो कुछ सुना ही न हो।

मैंने दुहराया, "उसने इसे कहीं का नहीं छोड़ा।"

माया ने गाउन पहनते हुए कहा, "तुम्हें लगता है, मामला इतना सीधा-सादा रहा होगा?"

मेरी समझ में उसकी बात नहीं आई।

"लड़की का पक्ष तो हम नहीं जानते न। क्या पता, उसे क्या कहना है?"

माया की बात सुनकर मैं थोड़ा सकपका गया। मैंने सँभलकर कहा, "वह सिर्फ उसे ही दोष तो नहीं दे रहा है। वह तो कह ही रहा है, गलती दोनों ओर से हुई।"

माया थोड़ी देर चुप रही, फिर बोली, "तुम देख रहे हो, यह कितना दम्भी आदमी है। उस औरत को आखिरी समय भी अपमानित करने में इसने कोई कसर नहीं छोड़ी।"

मैं चुप रह गया। उसकी न्यायसंगतता ने मुझे चकित कर दिया था।

"बच्चे से पैसे के बल पर पिंड छुड़ाने के पीछे क्या मंशा काम कर रही है? इसने मुकदमा क्यों लड़ा? उसे परेशान करने को ही न?" माया प्रश्न कर मेरा मुँह देखने लगी।

"हूँ!" मैं उसकी समझ पर दंग था।

"वह औरत तो बच्चे के कारण सारी जिन्दगी के लिए बँध गई न। इसका क्या गया? यह अपने बीते दस वर्षों का रोना रो रहा है। उसका तो भविष्य भी इसने 'सील' कर दिया है। लड़के के साथ वह कहाँ जाएगी? यह खुद शादी करने जा रहा है और दिखलाने को नारी-पुरुष सम्बन्धों को तत्त्व-चिन्तक की मुद्रा में विश्लेषित कर रहा है।"

"तुम इसके साथ कुछ ज्यादती कर रही हो", मैंने मुस्कराकर स्थिति को सामान्य बनाने के लिए कहा, "तुम्हें कैसे पता, यह शादी करने जा रहा है? तुमसे कह रहा था?"

"क्यों, तुम्हें उसकी बातों से नहीं लग रहा है? वह क्या कह रहा था, अगर रहना है तो स्वयं को स्थितियों के मुताबिक ढालना होता है। क्या बात है! क्या मतलब हुआ इस बात का, बता सकते हो? वह तो कहो उस लड़की का भाई वकील था और मुकदमा कलकत्ते में लड़ा गया, नहीं तो यह उसे पागल कर देता। जब नहले पर दहला मिलता है, तब औकात का पता चलता है। यह सारा दर्शन उसी का नतीजा है।"

मेरी हँसी ने उसे और भड़का दिया।

"मुझे इस आदमी के सारे नाटक में एक भयानक दम्भी आदमी का चेहरा छिपा नजर आ रहा है। तुम हँस रहे हो, मैं इसे अच्छी तरह जानती हूँ। ऊपर से चाहे जितना

सौम्य, आकर्षक, आदर्शवादी और सभ्य लगे, अन्दर से उतना ही असहिष्णु, स्वार्थी और हृदयहीन है। इसने जिस तरह से शिखा को धोखा दिया था, तुम शायद वह भूल रहे हो। लगता है, जैसे उसकी हाय इसे खा गई है।''

''कौन शिखा?'' मैं याद नहीं कर पाया।

''अरे, वही लड़की, जिसके साथ यह कॉलेज के दिनों में घूमा करता था। बाद के भी कई वर्षों तक यह उसे टहलाता रहा। दो बार कहते हैं 'अबार्शन' की नौबत आई। जब शादी का समय आया तो मातृ-भक्त बालक कलकत्ता जाकर शादी कर आया।''

''पर वह भी तो बंगाली ही थी?'' मुझे लड़की एकदम याद आ गई।

''मामला बंगाली होने न होने का नहीं था'', माया समझाने लगी, ''असल में, शिखा से इसका दिल भर गया था। फिर तब वह कोई काम भी नहीं कर रही थी। और जिससे शादी की, वह सुन्दर ही नहीं, बैंक में उन दिनों पी.ओ. थी। अब तो मैनेजर-वैनेजर कुछ हो गई होगी। समझ गए न सारा खेल?''

''ओ, आई सी! तो यह बात थी। यह तो बड़ा चालू निकला।'' मेरे लिए माया की बात से सहमत होने के अलावा, रास्ता ही नहीं रहा था। मैं उसके सामने लगभग बेवकूफ सिद्ध हो रहा था। भास्कर का बचपन का साथी मैं था, पर उसे समझा माया ने बेहतर था। वैसे भी अब तक मैं इतना थक चुका था कि बेमतलब के इस भास्कर-कांड को और खींचने की शक्ति नहीं रह गई थी। वह इसके बाद भी कुछ कहती रही, पर मैंने सुना नहीं।

मुझे नींद आने में देर नहीं लगती है।

फिर से कई हफ्तों तक चाहते हुए भी हम भास्कर की माताजी से मिलने नहीं जा पाए। बीच में उसने फोन पर याद भी दिलवाया। मैंने वायदे किए, पर कुछ-न-कुछ ऐसा होता रहा कि जाना टलता गया।

उस रविवार हम ठीक से उठे भी नहीं थे कि भास्कर आ धमका।

''मैं तुम्हें लेने आया हूँ, ऐसा मुझे आदेश है। कोई बहाना नहीं चलेगा। तुम्हें नाश्ता भी वहीं करना है। बस, अब उठो और चलो।'' उसने अपनी मंशा बिना लाग-लपेट के जाहिर कर दी। बचने का मौका ही नहीं था। उसका वश चलता तो वह हमें नहाने भी नहीं देता। जल्दी के चक्कर में वह मनीष को खुद ही तैयार करता रहा। यहाँ तक कि मनीष को जूते भी उसी ने पहनाए। एक घंटे में तो उसने हाँककर हम सब को गाड़ी में बिठा दिया।

बच्चे उसके साथ फ्रंट सीट पर जम गए। गाड़ी अभी कुछ ही दूर गई होगी कि उसने पूछा, ''मोनू, तुम्हारी साइकिल का क्या हुआ?''

मनीष का ध्यान सरकती गाड़ी से बदलते दृश्यों की ओर था। उसने भास्कर की बात को गम्भीरता से नहीं लिया। बोला, ''पापा लाएँगे!'' और बाहर देखने में मशगूल हो गया।

''अभी 'सेवंटीन डेज' पूरे नहीं हुए?'' उसने मनीष को छेड़ा।

यह नई बात थी। वह बच्चों से इस तरह कैसे बोल रहा है, मुझे आश्चर्य हुआ। हो सकता है, मैंने सोचा, औपचारिकता निभा रहा हो। मैं मुस्कराता हुआ उन दोनों के बीच के संवाद सुनने लगा।

''नहीं, 'नैक्स्ट मन्थ' होंगे।'' मनीष के इस जवाब को सुनकर वह जोर से हँसा। मुझसे भी हँसे बिना नहीं रहा गया।

''अरे भई, तब से तो कई 'नैक्स्ट मन्थ' हो चुके हैं। लगता है, पापा की 'प्रॉमिस' में कुछ गड़बड़ है।''

''नहीं, पापा लाएँगे।'' मनीष ने इतना-भर कहा और आती-जाती गाड़ियों को देखने में ही लगा रहा।

''मुझे तो नहीं लगता।'' भास्कर ने उसे छेड़ना जारी रखा।

मैंने माया को देखा, वह 'टैंस' होती जा रही थी। स्पष्ट था कि भास्कर की बातें उसे सुहा नहीं रही हैं। वह उसके खिलाफ हो चुकी थी और अब निश्चित था कि जो काम वह सहज भाव से भी करेगा, माया उसमें अतिरिक्त अर्थ लगाएगी।

मनीष ने फिर दुहराया, ''नहीं, पापा ने 'प्रॉमिस' किया है।''

आगे का मोर्चा अदिति ने सँभाल लिया। बोली, ''पापा ने कहा है, जरूर लाएँगे। अभी वह छोटा भी तो है। छोटी साइकिल लानी पड़ेगी। अगले साल वह बड़ा हो जाएगा। तब साइकिल बेकार हो जाएगी।''

''अरे वाह, ये लड़की तो बहुत समझदार है।'' भास्कर हँसा।

''लड़कियाँ अक्सर समझदार ही होती हैं।'' माया अचानक बोल पड़ी।

भास्कर ने मुड़कर माया को देखना चाहा, पर वह ठीक उसके पीछे बैठी थी।

और एक चुप्पी-सी छा गई।

''पापा कभी झूठ नहीं बोलते'', अदिति को शायद लगा था कि उसकी बात पूरी नहीं हो पाई है। वह कहती गई, ''इसके 'नैक्स्ट बर्थ-डे' पर लाएँगे। फिर मेरे भी काम आ जाएगी।''

माया ने हँसकर जोड़ दिया, ''मेरे बच्चों को अपने पिता पर विश्वास है।''

उसके स्वर में छिपे व्यंग्य ने मुझे हिला दिया। मैंने माया के पैर पर हाथ रखकर अपनी असहमति जता दी।

वह अदिति को देखकर हौले से मुस्कराया और दत्तचित्त कार चलाने में लग गया।

थोड़ी देर गाड़ी ऐसे ही चलती रही, सन्नाटे में। अचानक भास्कर ने फिर अदिति से प्रश्न किया, ''तुमने क्या कहा, कब लाएँगे?''

''अगले बर्थ-डे पर।'' अदिति ने तत्काल जवाब दिया।

यह आखिरी सवाल था जो उसने बच्चों से किया। फिर लगभग घर पहुँचने तक हम लोगों के बीच कोई विशेष बातचीत नहीं हुई। मुझे लगा, माया ने उसका मूड खराब कर दिया है। हाँ, बच्चे आपस में जरूर बतियाते रहे।

वह डी.डी.ए. के फ्लैट में रह रहा था। दुमंजिल में खड़ी माँ को मैं पहचान गया। मैंने वहीं से हाथ हिलाया।

घर में घुसते ही हमें नाश्ते के लिए डाइनिंग टेबुल पर बैठा दिया गया। थर्मोस्टेट के कटोरदानों में बन्द सारा नाश्ता हमारी प्रतीक्षा में था। खाने के साथ ही माँ की पूछताछ शुरू हो गई। माँ से मिलकर माया का तनाव जाता रहा। वह इस बीच बहुत बुढ़ा गई थीं। चलने-फिरने में भी उन्हें तकलीफ हो रही थी। यद्यपि कामवाली लड़की थी, पर माया ने सारा काम देखते ही देखते अपने कब्जे में कर लिया। भास्कर ने मदद करने की कोशिश की, पर माया ने उसे हाथ भी नहीं लगाने दिया।

बच्चों के लिए कई तरह की मिठाइयाँ, आइसक्रीम और फल पहले ही लाकर रखे हुए थे। उन्होंने खूब खाया-पिया और मस्ती की। धीरे-धीरे ही सही, माँ काम में लगी रहीं। दिन में उन्होंने मछली खुद बनाई। उन्हें देखकर मन ही मन तकलीफ हो रही थी। बुढ़िया बहुत अकेली हो गई थी। भास्कर उनका एकमात्र पुत्र था और उसके साथ यह हादसा हो गया था। एक बेटी थी, वह कहीं विदेश ब्याही थी।

रात का भी खाना खाकर हम वहाँ से चले। माँ ने हमसे आते रहने का कई बार अनुरोध किया था। हमने भी उन्हें बार-बार दिलासा दिया कि अब हम आते रहेंगे। मना करने पर भी माँ ने भास्कर को हमें घर तक छोड़ने भेजा।

जैसी कि उम्मीद थी, माँ चाहती थीं कि हम भास्कर का किसी तरह विवाह करवा दें। बावजूद इसके कि माया चिढ़ी हुई थी, उस रात हम देर तक सोचते रहे कि इस मामले में किस तरह से मदद की जा सकती है।

अगले एक-डेढ़ माह भास्कर से फिर मुलाकात नहीं हुई। पर माया ने लड़की ढूँढ़ने का अभियान छेड़ दिया था। वह बीच-बीच में बतलाती रहती—फलाँ-फलाँ लड़की तो है, पर जरा छोटी है। या फलाँ लड़की उम्र में तो ठीक है, पर है देखने की कुछ नहीं। इस बीच भास्कर ने भी मिलने का प्रयत्न नहीं किया।

उस दिन भी मैं रोज की तरह समय पर ही घर पहुँच गया था। बच्चे बाहर पार्क में खेल रहे थे। कपड़े बदलकर सुबह का अखबार अभी फिर से देखना शुरू भी नहीं किया था कि ताबड़तोड़ घंटी बजने लगी। मैंने सोच लिया, बच्चों में लड़ाई हो गई है। मनीष मियाँ शिकायत करने चले आ रहे हैं। दरवाजा खोला तो वह तो था ही, साथ में अदिति भी खड़ी थी। वे दोनों हाँफ रहे थे। उन्होंने कुछ पूछने का मौका नहीं दिया। सम्मिलित स्वर में कहने लगे, "अंकल आए हैं।"

"अरे, कौन अंकल?" माया ने चाय का कप मेज पर रखते हुए कुछ तीखे स्वर में पूछा। मेरी भी समझ में नहीं आ रहा था कि आखिर वे किस अंकल के लिए इतना उत्तेजित हो उठे हैं।

"जिनके यहाँ हमने मछली खाई थी।" मनीष बोला।

मुझे हँसी आए बिना नहीं रही। उस दिन मछली में इसे बहुत काँटे लगे थे।

इस बीच अदिति को नाम याद आ गया था। उसने पूरा जोर लगाकर कहा, "भास्कर अंकल आए हैं।"

"वो गाड़ी में साइकिल लाए हैं।" मनीष ने उतने ही जोर की आवाज में कहा। वह उत्तेजना से लगभग काँप रहा था।

"क्या? साइकिल?" माया ने समझने की कोशिश की, और खिड़की की ओर लपकी। उसके साथ मैंने भी झाँका। भास्कर गाड़ी की छत से पीले रंग की छोटी-सी साइकिल उतारने में लगा हुआ था। स्पष्ट था, साइकिल मनीष के लिए है।

माया ने विस्मय से मुझे देखा। मेरे मुँह से निकला, "ये आदमी तो बड़ा अजीब है।"

मुझे यह हरकत रुची नहीं। मन ही मन मैंने निर्णय कर लिया, साइकिल की कीमत अभी चुकता कर दूँगा, फिर चाहे बच्चों की गुल्लक तोड़नी पड़े या उधार माँगना पड़े।

"तुम चले जाओ।" माया ने मुझे उसकी मदद करने का इशारा किया।

मेरे पीछे-पीछे मनीष और अदिति आए। जब तक हम नीचे पहुँचे, वह साइकिल उतार चुका था।

"तुम ये क्यों ले आए?" मैंने कहा।

वह हँसा, "तुम्हारे लिए नहीं है। वैसे यह बात सही है कि मैं सिर्फ लाया हूँ, भिजवाई माँ ने है। उस दिन बच्चों को कुछ दे नहीं पाई थीं न।" फिर मनीष से बोला, "आओ चलो, ट्राई करते हैं।"

"नहीं!" मैंने मनीष को रोक दिया, "पहले अंकल को चाय पीने दो!" बच्चे झिझक गए।

"तुम चाय बनवाओ, मैं तब तक आता हूँ।" वह चलने को तैयार नहीं था। साइकिल चलाने के लिए वह बच्चों से भी ज्यादा उतावला हो रहा था।

"नहीं, तुम ऊपर चलो," मैंने जिद पकड़ ली, "साइकिल यहीं रहने दो। बच्चे देखते रहेंगे।"

उसने मेरी ओर देखा और चल पड़ा। वह भाँप गया कि उसका साइकिल लाना मुझे खला है। और मैं चाहता भी यही था।

कमरे में पहुँचते ही माया हमें प्याले थमा, बिना ज्यादा औपचारिकता के अन्दर चली गई। मुझे लगा, यह भी भास्कर को जता देना चाहती है कि बहुत ज्यादा दिखावा हमें पसन्द नहीं है। हम अपनी जिन्दगी में बाहरी हस्तक्षेप पसन्द नहीं करते।

चाय खत्म भी नहीं हुई कि वह साड़ी बदल, पर्स सँभालती हुई, प्रकट हुई।

''अभी आ रही हूँ'', कहते हुए वह बाहर को लपकी और कहती गई, ''मार्किट तक जा रही हूँ। भास्कर, तुमने जाना नहीं है।''

''नहीं, नहीं, मैं यहीं हूँ।'' उसने भी उसी अन्दाज में माया को आश्वस्त कर दिया।

चाय खत्म कर हम नीचे आए और साइकिल लेकर बच्चों समेत पार्क में आ पहुँचे। यद्यपि साइकिल में दोनों ओर 'सपोर्ट' देनेवाले छोटे पहिए लगे हुए थे, इस पर भी मनीष के लिए उसे सँभाल पाना आसान नहीं हो पा रहा था। हाँ, अदिति को चलाने में ज्यादा समय नहीं लगा। सिखलाने का यह सिलसिला तब तक चलता रहा, जब तक कि माया ने आवाज देकर ही नहीं बुला लिया।

आगे-आगे बच्चे थे और उनके पीछे भास्कर। मैं चूँकि साइकिल लेकर सीढ़ियाँ चढ़ रहा था, इसलिए थोड़ा समय लगा। कमरे में घुसते हुए मैंने सुना, मनीष पूछ रहा है, ''मम्मी, केक लाई हो? किसका बर्थ-डे है?''

साइकिल किनारे रख, मैं मुड़ा और दंग रह गया।

सेंटर टेबुल वाकई केक से सजा था। फेनिल क्रीम में रुपि छोटी-छोटी रंग-बिरंगी मोमबत्तियाँ इन्तजार कर रही थीं। माया बच्चों को कागज की चमकीली टोपियाँ पहनाने लगी थी। उसने हमें भी एक-एक टोपी पकड़ा दी। अन्तिम टोपी अपने सिर पर अटका वह मोमबत्तियाँ जलाने लगी। मैं स्वयं ही गिनने लगा था—एक, दो, तीन, चार, पाँच, छह, सात, आठ, नौ, दस, ग्यारह और बारह।

अदिति से नहीं रहा गया। वह अपनी माँ के साथ सटकर खड़ी हो गई। उसने पहले शायद मन ही मन उस चाकलेटी इबारत को पढ़ा, फिर जोर से बोली, ''मम्मी, यह क्या लिखा हुआ है? हैप्पी बर्थ-डे टु अनुराग?''

माया ने मुस्कराकर हामी में सिर हिलाया।

मैंने देखा, भास्कर स्तब्ध-सा, किनारे पर ही खड़ा रह गया है। टोपी उसके हाथ में हौले-हौले झूल रही थी, मानो जगह की तलाश में बेचैन हो। रंग-बिरंगी मोमबत्तियों ने उसके स्तब्ध चेहरे को आलोकित कर दिया था। धीरे-धीरे उसकी आँखों की सजल मणियाँ जगमगाने लगी थीं। वहाँ भी कोई लड़का था, शायद। साइकिलवाला लड़का।

माया मनीष के हाथ में चाकू पकड़ा चुकी थी। मैंने भी अपनी टोपी पहन ली। रब्बर का पतला धागा चुभने-सा लगा। मेरे हाथ उठे, पर ठोढ़ी तक आने की जगह, बीच में ही रुक गए।

अब किसी भी क्षण, हमें ताली बजानी थी।

(1992)

क्या कहना है जटायु?

दुर्गन्ध अमानवीय थी। धुएँ के साथ धरती को ग्रस आकाश को बढ़ती। आग कई घंटों से लगी हुई थी। उस तपिश से दिसम्बर की वह ठंडी रात असहनीय हो गई थी। कब दंगा शुरू हुआ और कब घर जलने लगे, वह ठीक-ठीक अनुमान नहीं लगा पाया। रात-भर के आतंक, अन्देशे और क्षोभ के बावजूद, तड़के उसे झपकी आ गई थी। जब वह उठा, खौफनाक आवाजों का सिलसिला जारी था। एक तरफ आतंक और असहायता में चीखती-चिल्लाती आवाजें थीं, तो दूसरी ओर घृणा, क्रोध और बदले की भावना से भभकते लोग अपने-अपने ईश्वरों का आह्वान करते, एक-दूसरे की हत्याएँ कर रहे थे।

वह बेचैन था--एक खिड़की से दूसरी खिड़की पर जा-जाकर झाँकने का प्रयत्न करता। उसका दम घुट रहा था। सिर्फ इसलिए नहीं कि धुएँ ने जैसे पूरे संसार को ढक सारी प्राणवायु को सोख लिया हो, बल्कि इससे भी बड़ी घुटन इस वहशी मोहल्ले में फँस जाने की थी। मामी और सुनीता ने मिलकर सारे घर की किलेबन्दी कर दी थी, मामाजी अपनी 'डिस्क' के 'डिसलोकेशन' की पीड़ा की कराह के बीच-बीच में उन्हें निर्देश देते जा रहे थे--ऐसा करो, ऐसा न करो आदि-आदि। गर्मी और दुर्गन्ध के कारण उसकी इच्छा हो रही थी कि सारी खिड़कियाँ-दरवाजे खोलकर बाहर निकल जाए। पर जैसे ही वह किसी भी खिड़की या दरवाजे की ओर बढ़ता, कोई-न-कोई उसे टोक देता था और उसे चुपचाप वापस अपनी सीट पर आकर बैठना पड़ता था।

मामाजी सुनीता को लेकर बेकदर चिन्तित थे। वह उससे यह भी कह चुके थे कि सुनीता को किसी तरह यहाँ से निकाल, अपने घर ले जाए। उनके इलाके में कोई खतरा नहीं था। सरकारी कॉलोनियों में दंगे होते भी कहाँ हैं, पर प्रश्न वहाँ तक सुरक्षित पहुँचने का था और यह कम बड़ा प्रश्न नहीं था। फिर मामाजी को सम्भवतः उसकी क्षमता पर ज्यादा भरोसा भी नहीं था, इसलिए बात नहीं बढ़ी।

मामाजी ने पूछा था, "तुम्हारी कॉलोनी में कितने मुसलमान हैं?"

वह सोचता रहा था, पर उसे एक भी मुसलमान याद नहीं आया।

इस पर मामाजी ने खुद ही कहा, "सरकारी नौकरियों में मुसलमान हैं ही कहाँ, जो वहाँ होंगे। उन्हें तो करखनदारी के सिवा और कुछ आता ही नहीं है।"

उसने हामी में सिर हिलाया था। मामाजी गलत कैसे हो सकते थे!

"पर यहाँ देख रहे हो न, अगली गली छोड़कर उन्हीं का मोहल्ला है। कभी भी, कुछ भी हो सकता है। मैं अब इस मोहल्ले में नहीं रहूँगा। मकान बेच दूँगा। तब भी किसी झोपड़ी में रह लेंगे, पर यहाँ नहीं रहेंगे।" कहकर मामाजी फिर कराहने लगे थे।

उसे याद आया, पिछली बार जब दंगा हुआ था, मामाजी तब भी लगभग यही बातें कहा करते थे। उसकी माँ ने भी भाई का समर्थन किया था और भाई-बहन ने मिलकर कई तरह के मीजान बैठाने की कोशिश की थी, पर मकान बदलना इतना आसान नहीं था। वह भी मामाजी जैसे आय-वर्ग के आदमी के लिए। उन्होंने प्राइवेट कम्पनियों में जिन्दगी बिताई थी और आज भी वहीं कहीं घिसट रहे थे। पेट काटकर बचाई रकम और गाँव की जमीन को बेचकर कई वर्ष पहले किसी तरह यहाँ जमीन का एक टुकड़ा खरीद लिया था और कई किस्तों में यह मकान बनाया था। तब यह कॉलोनी 'एपरूव्ड' भी नहीं थी। पर दशा इसकी आज भी वैसी ही है। पतली-पतली बेतरतीब फैली गलियों के मकड़जाल में रहना, उसे किसी जंगल में रहने से भी बुरा लग रहा था। नालियों में रुके पानी और ड्राई शौचालयों की मिली-जुली हल्की दुर्गन्ध सदा माहौल पर छाई रहती थी, जिससे यह अनुमान लगाना ही कठिन हो जाता था कि यह मोहल्ला भी उसी शहर का हिस्सा है, जिसमें वह रहता है। पर आज तो इससे भी बढ़कर एक दुर्गन्ध थी, जिसे मामाजी तक महसूस कर रहे थे। वह कई बार पूछ चुके थे, "आखिर यह दुर्गन्ध है कैसी?"

प्रश्न उसका भी तो यही था, जिसका जवाब खुद उसकी समझ के बाहर था। यह ठीक है कि मकान जल रहे थे, पर यह दुर्गन्ध मकान जलने की नहीं हो सकती थी। मकान तो कुल मिलाकर लकड़ी-पत्थर का ही होता है, जिसमें दैनिक जीवन का सामान रहता है। उनके जलने से ऐसी दुर्गन्ध कैसे उठ सकती है? यह जल क्या रहा होगा, वह बार-बार अपने से प्रश्न पूछ रहा था। उसका जी मितला रहा था और सर इस तरह घूम रहा था, मानो किसी हिंडोले में उसे बिना रुके पूरी रफ्तार से घुमाया जा रहा हो। वह किसी तरह से यहाँ से निकल जाना चाहता था, पर रास्ता था कि सूझ ही नहीं रहा था।

मामाजी ने न जाने कहाँ से, कब का, दो हाथ लम्बा एक सरिया निकाल अपने पलंग से सटाकर रख लिया था। वह रह-रहकर उसे छूते और आश्वस्त हो जाते थे। पास ही सुनीता बैठाई हुई थी। मामाजी लड़की को किसी भी कीमत पर नजरों से ओझल नहीं होने दे रहे थे, वह यह कल शाम से ही देख रहा था। एक पिता की चिन्ता थी यह—एक असहाय और बीमार पिता की चिन्ता। कल मामाजी ने उसे भी जाने नहीं दिया था। उस समय वह निकल सकता था। उसकी सुरक्षा की चिन्ता तो थी ही, मामाजी खुद भी दो औरतों के साथ, जिनमें से एक उन्नीस साल की थी,

अपने को अकेला और असुरक्षित महसूस कर रहे थे। अगर कुछ हुआ तो? यह सवाल मामाजी उससे कई बार पूछ चुके थे। इस 'तो' का क्या जवाब हो सकता था।

तब तक तो पुलिस आ जाएगी, वह फिर कहते थे। वह समझ नहीं पाता था कि यह सवाल है या उनकी कामना। पर वह देख रहा था कि हर बार इस सवाल के बाद उनका हाथ सिरहाने से लगी छड़ पर जाता और उसे कसकर पकड़ लेता था, मानो जब तक पुलिस आएगी, तब तक वह इसी हथियार से परिवार की रक्षा करते रहेंगे। यह बहुत सम्भव था कि पुलिस बम्बइया अपराध फिल्मों की तरह तभी पहुँचे, जब सारा खेल खत्म हो चुका हो।

"तुम देख रहे हो, हमारे पास कुछ नहीं है," मामाजी अफसोस में कह रहे थे, "उन लोगों के घर-घर में हथियारों का जखीरा है। सुना, हर गली में कम-से-कम एक ए.के. फोर्टी सेवन है। उससे एक सेकेंड में कितनी गोलियाँ निकलती हैं?"

सवाल उससे ही किया गया था, पर वह कुछ बता नहीं पाया था। मालूम तो होना चाहिए था, उसे अफसोस हुआ, यह जी.के. का सवाल है। पिछले महीने ही तो उसने आई.ए.एस. मेन के पेपर दिए हैं। अगर पूछ लिया होता तो? अभी भी इंटरव्यू में पूछा जा सकता है। उसके पेपर इतने अच्छे हुए हैं। 'रिटन' में 'क्वालिफाई' होना लगभग निश्चित है।

"उग्रवादियों से इनका सम्बन्ध है," मामाजी फिर कहने लगे थे, "पाकिस्तान से हथियारों की रैगुलर सप्लाई है। ऐसे में हम क्या कर सकते हैं।" वह कुछ देर सोचते रहे थे, आतंक और असुरक्षा की अथाह बाढ़ में डूबते-उतराते, फिर प्रश्न दुहराया था, "पुलिस तो आएगी न?"

"हाँ, आएगी, आएगी क्यों नहीं।" इस बार उसे कहना पड़ा था। मामाजी की असुरक्षित मानसिकता ने उसे चिन्तित कर दिया था। दिलासा के दो शब्दों में कोई बुराई नहीं थी। फिर पुलिस को कभी-न-कभी तो आना था ही।

उसे अब अफसोस होने लगा था। न जाने किस घड़ी वह यहाँ आया था। माँ ने इसलिए कहा था कि रविवार का दिन है, आराम से मिल आएगा। सुबह क्रिकेट के चक्कर में नहीं पड़ा होता तो कब का लौट गया होता। पापा का स्कूटर तो मिल ही रहा था, वह निश्चिन्त रहा। पर शाम होना घातक सिद्ध हुआ था। जाड़े के दिन, अँधेरा होने में समय नहीं लगा। हालचाल पूछकर वह लौटने को तैयार हो ही रहा था कि आस-पड़ोसवाले चेतावनी देने लगे थे और यहीं से मामाजी की घबराहट बढ़ी थी।

अब उसे बड़े जोर की उबकाई आने लगी थी। उबकाई उसे लगातार आ रही थी, पर वमन नहीं हो पा रहा था। सारे दिन उससे कुछ भी खाया नहीं गया था। इस अमानवीय दुर्गन्ध के साथ, न जाने क्या-क्या उसके भीतर जम गया था–विषैला, घृणित और विकारी अपशिष्ट। वह किसी भी तरह निकल जाना चाहता था। पर दिन

में दंगा कम होने की जगह बढ़ गया था। पुलिस जैसे कहीं थी ही नहीं। हाँ, भागती गाड़ियों के सायरन की क्षीण-सी पृष्ठभूमि से आती आवाजें, मामाजी को और भी बेचैन कर देती थीं। "पुलिस बस आ गई समझो," वह कहते, पर सायरन की आवाज बढ़ने की जगह धीरे-धीरे कहीं दूर क्षितिज में विलीन हो जाती थी। मामाजी इन्तजार करते-करते फिर से कराहों में डूब जाते थे। वह न जाने कितनी दर्दमार गोलियाँ इस बीच खा चुके थे, पर कहीं कोई असर ही नहीं था, सिवा उस अन्तराल के, जब वह किसी सायरन की आवाज के बाद पुलिस की प्रतीक्षा में होते थे।

पुलिस कहाँ थी, कोई नहीं जानता था। यहाँ सिर्फ अफवाहें थीं–आगजनी की, हत्याओं की, बलात्कारों की, घृणा की और अमानवीय बर्बरताओं की।

यह दुर्गन्ध कैसी है, वे निर्णय नहीं कर पा रहे थे कि तभी पड़ोसी प्रकट हुआ था।

"यह गन्ध मकानों के जलने की ही नहीं, आदमियों के जलने की है।" उसने जोर देकर कहा था।

"जिन्दा?" मामाजी ने पूछा था।

"क्या आप महसूस नहीं कर रहे हैं?"

"हाँ, कर तो रहा हूँ। पर ऐसा सोच नहीं सकता।" मामाजी ने कुछ आतंक में कहा था।

पड़ोसी हँसा था, "क्या मोहल्लों में मरे हुओं को जलाया जाता है? श्मशान आखिर किसलिए हैं?" उसके स्वर में व्यंग्य का हल्का पुट था।

"पर कैसे?" मामाजी की कल्पना से यह परे था।

"क्या आपको रब्बर के भी जलने की गन्ध नहीं आ रही है?" पड़ोसी ने पूछा था।

"क्या मतलब?"

"टायर डालकर!" उत्तर था।

"यह तो ठीक नहीं हो रहा है।" इस अमानवीयता की कल्पना मात्र से मामाजी की कराह निकली थी–लम्बी और मर्मांतक, और उसके बाद एक क्षण को भी रुक नहीं पाई थी।

"आपको पता है, इन्होंने हमारे साथ क्या किया था?" उस स्वर ने बहुत ही तल्खी और क्रोध से पूछा था, "ट्रेन की ट्रेन लाशों से लदकर आई थीं। तुम भूल सकते हो, हम कैसे भूल जाएँ?"

"नहीं, नहीं, यह ठीक नहीं है।" मामाजी ने किसी तरह फिर भी अपनी असहमति दिखलाने की कोशिश की थी।

"क्यों? ठीक क्यों नहीं है?" क्या हमें अपने वतन से बेदखल नहीं किया गया था? क्या एक हजार साल से बार-बार मन्दिर नहीं तोड़े जाते रहे हैं? आज तक जहाँ मस्जिद थी वहाँ क्या था?"

"मन्दिर की बात और है", मामाजी ने अपने निकट पड़ोसी को समझाते हुए कहा था, "मन्दिर बनवाइए, पर पाँच सौ साल पुराना बदला आज तो नहीं लिया जा सकता न। मेरे परदादा या उनके भी परदादा के द्वारा किए गए खून के लिए आप मुझे तो फाँसी नहीं चढ़ा सकते न। यह किसी सभ्य समाज की निशानी नहीं है।"

"तो मन्दिर कैसे बनेगा? हमें सिद्ध करना होगा, हम मरी हुई कौम नहीं हैं। इन सबको यहाँ से निकालना होगा, जैसे हमें निकाला गया था। वैसे आपसे निवेदन है कि हमारे लिए एक ही महात्मा गांधी काफी था। पहले आप हमें उसके किए सत्यानाश से ही निपट लेने दीजिए। आपका शान्ति-पाठ बाद में भी हो सकता है।"

मामाजी के दर्द ने उनकी सारी शक्ति सोख ली थी। बहस उनके वश की नहीं थी, वह भी ऐसे लोगों से जो किसी की सुनने को तैयार नहीं थे।

मामाजी की कराह से पड़ोसी जल्दी ही उकता गया। आज जब शौर्य की जरूरत है, लोग कायरता की बात कर, कराहते बिस्तरों में पड़े हैं–वह सोचने लगा था।

"तुम बाहर क्यों नहीं आ रहे हो?" अचानक उस पर नजर पड़ते ही पड़ोसी उसे धिक्कारता हुआ बोला था, "जवान आदमी हो। यही तो मौका है कुछ करने का। जवान अगर इस तरह घरों में घुसे रहेंगे, चूड़ियाँ पहनकर तो हो गया। तभी तो वे हमारे सर चढ़े हैं। चलो, आओ मेरे साथ।" पड़ोसी ने उसका हाथ पकड़कर लगभग खींचते हुए कहा था। उसे लगा था, मानो उस आदमी में कोई दानवीय शक्ति हो, जो उसको इस तरह खींच ले गई थी। मानो वह बाईस साल का युवा न होकर यों ही झटक दिया जा सकनेवाला कीड़ा-मकौड़ा हो।

मामाजी की समझ में कुछ आ पाता, इससे पहले ही मामी ने लपककर उसे अपनी ओट कर लिया था। वह लगभग चीखती हुई बोली, "हमें नहीं बनाने अपने बच्चे हत्यारे। अगर ऐसी ही जवाँमर्दी सूझ रही है तो चले जाओ सियाचिन। किसी भले काम में भी आएगी ये मर्दानगी या सिर्फ दंगे में ही लगी रहेगी। कोई भला काम ही कर दो। जाओ, जरा इनके लिए किसी डॉक्टर को ही ले आओ। देख रहे हो कैसे तड़प रहे हैं कल से।"

"हाँ, हाँ अभी लाता हूँ, आंटी जी। किसी को पकड़कर लाता हूँ।" कहकर पड़ोसी बाहर निकला ही था कि वह उसके पीछे लपका और पड़ोसी को गली के मोड़ पर पकड़ लिया।

"ऐसा है,..." उसने कहना चाहा।

"क्या बात है?" पड़ोसी ने सोचा, शायद उसकी बातों से लड़का प्रभावित हो गया है।

"ऐसा है कि मैं यहाँ कल से फँस गया हूँ। खतरे के कारण मामा-मामी मुझे जाने नहीं दे रहे हैं। वहाँ पापा और मम्मी परेशान हो रहे होंगे।"

"तो?" पड़ोसी की भृकुटियाँ तन गई थीं।

डर के कारण उसने अपनी नजर जमीन में गड़ा ली। पड़ोसी के आग्नेय नेत्रों से चिंगारियाँ बरस रही थीं। इस पर भी उसने किसी तरह कह ही दिया, "क्या आप मुझे मुहल्ले से बाहर छोड़ देंगे?"

उसने देखा, पड़ोसी की आँखों से घृणा बरसने लगी थी। उसे लगा, हो सकता है, पड़ोसी उस पर आक्रमण ही न कर दे। वह डरकर दो कदम पीछे को खिसका। डर से उसके हाथ स्वयं ही नमस्कार में बँध गए थे।

पड़ोसी ने कुछ देर उस भिखारी को देखा, फिर जैसे थूक रहा हो, कहा, "तू तैयार रहना। इस समय जरा जल्दी है। कुछ और इन्तजाम भी करने हैं। लौटकर आता हूँ, तब छोड़ दूँगा।" पड़ोसी इस सर्दी में भी सिर्फ एक कमीज पहने था, जिसके बटन जानबूझकर खुले छोड़ दिए गए थे। निश्चय ही उसका शरीर कसरती था। उसने अपने भगवे पटके को एक बार फिर से कसा और गली में किसी समुराई डाकू की-सी आत्महन्ता, आत्ममुग्धता और मदान्धता में चूर, कहीं खो गया।

वह मुड़ा और अपनी शर्म में घर की ओर इतनी तेजी से भागा, मानो समुराई हत्यारा उसी के पीछे हो। घर में घुसकर वह दरवाजे से लगकर खड़ा हो गया। दरवाजा इस तरह काँपने लगा था, मानो रिक्टर पैमाने पर सात के अंक का भूचाल आ रहा हो—पूरी गड़गड़ाहट के साथ। वह और भी घबरा गया। क्या समुराई दरवाजा भड़भड़ा रहा है या दंगई आ पहुँचे हैं? उसने फौरन चिटकनी लगानी चाही थी, पर उसके हाथ इतनी बुरी तरह काँप रहे थे कि चिटकनी लगी ही नहीं। इस प्रक्रिया से उसे यह तो पता चल गया कि दरवाजे पर कोई नहीं है, बल्कि स्वयं उसका सारा शरीर ही जूड़ी के ताप से ग्रस्त रोगी की तरह काँप रहा है। ठंड में भी वह पसीने से नहा रहा था।

वह आतंक था। जैसे अभी-अभी एक हिंस्र पशु, एक बर्बर जानवर से उसका सामना हुआ हो। वह आदमी के रूप में भेड़िया था या भेड़िए के रूप में आदमी? 'गोइरनिका' चित्र के विकृत शक्लोंवाला दानवीय पशु-सा वह प्राणी यथार्थ से परे सिर्फ कल्पना में ही हो सकता था। सम्भवतः खौफनाक सपने के उस आतंक और अपनी विवशता व दयनीयता के अहसास ने उस भेड़िया-नर की, गोइरनिका के उस काल्पनिक प्राणी की, मामाजी के पड़ोसी उस भक्त की बर्बरता को हजार गुना विस्तार दे दिया था। मानो कोई कनखजूरा अपने आकार में हजार गुना बढ़कर अपनी सारी विकृति और बीभत्सता के साथ एक आतंककारी दानवीय रूप में बदल गया हो।

वह शाम तक इस आतंक से उबर नहीं पाया। यही नहीं, उसने उम्मीद भी छोड़ दी थी। न जाने कब तक अभी यहीं रहना था। शाम तेजी से बढ़ रही थी और उसकी उम्मीद उसी रफ्तार से कम होती जा रही थी। रात से जलते मकानों से अब धुआँ ऐसे निकल रहा था, जैसे भीतर ही भीतर सुलगते ईंटों के सैकड़ों भट्टों की चिमनियाँ एक साथ धुआँ उगल रही हों। सूरज असमय ही ग्रस गया था। धुएँ-भरे सलेटी

आकाश के तम्बू के किनारों पर, भस्म होते मकानों की अन्तिम लपटें शरीर पर लगे चीरे के घाव-सी चमक रही थीं।

उसे लग रहा था, वह किसी दिशाहीन सलेटी रेगिस्तान में खो गया है, तभी दरवाजा खटखटाया था।

आतंक और आशंका से सारा घर काँप उठा।

"कौन है?" दर्द के बीच से, पूरी शक्ति लगाकर ही सही, मामाजी ही अन्ततः पूछ पाए थे।

"अरे, खोलो दरवाजा! मैं हूँ!" पड़ोसी का स्वर गूँजा।

मामी ने दरवाजे की झिर्री से यह कहते हुए कि शायद डॉक्टर आ गया है, झाँका।

"क्या बात है?" मामी ने उसे अकेला देखकर दरवाजा खोले बिना ही पूछा।

"अरे इस लड़के को जाना नहीं है?" पड़ोसी ने कुछ घृणा, कुछ हेकड़ी और कुछ अपमानजनक लहजे में चिड़चिड़ाते हुए कहा।

"तू जाएगा?" मामी ने उससे सवाल किया था।

"माँ चिन्ता कर रही होगी।" उसने दबे स्वर में कहा था।

मामी ने दरवाजा खोल दिया था।

उसने दस्ताने चढ़ाकर हैल्मेट बाँध लिया था। पर पड़ोसी ने उसे स्कूटर नहीं चलाने दिया। उसे अपने पूरे जिरह-बख्तर के साथ पीछे बैठना पड़ा था। उसने मुड़कर देखा। मामाजी के मकान की सारी खिड़कियाँ-दरवाजे बन्द थे। हो सकता है, सुनीता और मामी किसी झिर्री से झाँक रही हों, उसने अपने को सान्त्वना दी, पर तब तक स्कूटर कई मोड़ मुड़ चुका था। वे न जाने कौन-कौन-सी कच्ची-पक्की गलियों से होते हुए जा रहे थे। वह अपने कोट और स्वेटर के बावजूद डर और ठंड की मिली-जुली सिहरन से काँप रहा था। इन ऑक्टोपक्स की-सी भुजाओंवाली गलियों की चपेट से बाहर हुए बिना वह निश्चिन्त नहीं हो सकता था। धुएँ से धुँधलका गाढ़ा होता जा रहा था, जिसे गलियों का सँकरापन बढ़ा रहा था। उसकी मितलाहट तो हवा से कुछ कम हो गई थी, पर दुर्गन्ध यथावत् पीछा कर रही थी।

"कैसी अजीब दुर्गन्ध है?" अन्ततः उसके मुँह से अनचाहे ही निकल गया।

"विजय की!" पड़ोसी का उत्तर था।

"विजय की दुर्गन्ध?" उसने आश्चर्य से दोहराया।

"क्या कहा तूने, दुर्गन्ध? तेरा दिमाग ठीक है? यह विजय की गन्ध है। एक हजार वर्ष बाद कहीं यह गन्ध उठ पा रही है। इसी अश्वमेध यज्ञ की पूर्णाहुति की है यह गन्ध। और सुन, विजय की हर गन्ध ऐसी ही होती है–इतनी ही तीव्र और कायरों के लिए असहनीय। उसमें सब कुछ होता है।"

"सब कुछ?"

"हाँ, सब कुछ", पड़ोसी बोलता रहा, "दंड-बलिदान, खून-पसीना, क्रोध-घृणा, प्रेम-वासना, हत्या-आत्महत्या, निर्माण-विध्वंस–सब कुछ। इन सबका ही प्रतिफलन है विजय। और वह विजय जो हजार साल बाद मिली हो, उसमें तो ये तत्त्व और भी सघनता से होंगे ही। होने भी चाहिए। यह शुरुआत है। इस आर्यावर्त की शुद्धि यों ही नहीं होनेवाली है। दुर्गन्ध! तुम्हारी समझ का फेर है। जब तुम अपने धर्म, अपनी जाति, अपने राष्ट्र के प्रति प्रेम का सही अर्थ जान लोगे, तब यही गन्ध चन्दन और पुष्पों की गन्ध में बदल जाएगी।"

पड़ोसी की वक्तृत्व-शक्ति का उसे लोहा मानना पड़ा था। वह पेशेवर भाषणबाज लग रहा था। चीख-पुकार के बढ़ते कोलाहल ने पड़ोसी की आवाज ही नहीं, स्वयं उसका ध्यान भी बँटा दिया था, वरना वह उसे और भी कुछ समझा रहा था। वे एक चौराहे पर पहुँच रहे थे, जहाँ गलियाँ खत्म हो रही थीं और सामने एक खुली-सी सड़क थी।

स्कूटर के धीमा होने के साथ ही धुँधलके में कई छायाएँ नजर आने लगी थीं। उसकी घबराहट फिर बढ़ने लगी थी। आखिर ये लोग कौन हो सकते हैं? यहाँ क्या कर रहे होंगे?–एक साथ कई आशंकाओं ने उसे घेर लिया। तेजी से मानव-आकृतियों में बदलती वे छायाएँ हँस रही थीं–मदमस्त पागलों की तरह। इन हालातों में भी लोग हँस सकते हैं, उसे आश्चर्य हो रहा था। स्कूटर के इंजन के बन्द होने पर उसने महसूस किया, उस विकराल हँसी के बीच कहीं रोने का भी एक क्षीण-सा स्वर है। उसकी घबराहट फिर बढ़ गई।

पड़ोसी ने उसे स्कूटर थमा, आँखें मटकाते हुए कहा, "दो मिनट तू भी मजा ले ले, फिर चलते हैं।"

"मुझे घर जाना है..." उसने पूरी दयनीयता से कहा।

"अरे चले जाना, मैंने तेरा क्या करना है। जनखों की हमें वैसे भी कोई जरूरत नहीं है। जरा देख तो ले, हो क्या रहा है, या यों ही चुगद बना रहेगा जिन्दगी-भर।" उसे अपमानित करता हुआ पड़ोसी भीड़ की ओर बढ़ चला था।

पन्द्रह-बीस आदमियों ने उसका स्वागत करते हुए कहा, "गुरुजी, ऐसी जबरदस्त चीज हाथ आई है कि आप भी मान जाएँगे।"

पड़ोसी जैसे-जैसे बढ़ता जा रहा था, भीड़ उसे इस सम्मान से रास्ता दे रही थी, मानो कोई जनरल मौके पर आया हो। कुछ कदम बाद ही वह भीड़ के घेरे के अन्दर था। क्षण-भर को हँसी-ठट्ठा बन्द हुआ और कराह का एक असहाय स्त्री-स्वर स्पष्ट हो उभरा।

वह इतने जोर से काँपा कि स्कूटर का हैंडिल छूटता-छूटता बचा।

पड़ोसी ने अचानक ही मुड़कर उसकी ओर इशारा करते हुए कहा, "यहाँ आ, ओए!"

स्कूटर को किसी तरह स्टैंड पर लगाते हुए उसने मन ही मन कहा, "हे ईश्वर!" पर उसे मालूम था, इस समय ईश्वर से अधिक शक्तिवान मामाजी का पड़ोसी है। उसने अपने मनों वजनी हो गए पैरों को घसीटना शुरू किया। उत्सुक भीड़ ने उसके लिए जगह ही नहीं बनाई, बल्कि चुप भी हो गई थी। वे समझ गए थे, खेल में मजेदार मोड़ आनेवाला है।

चीखते-चीखते कराह बन गया स्वर एक बार फिर स्पष्ट हो गया। वह भीड़ की हद में घुसने से पहले झिझका ही था कि पड़ोसी के बलशाली हाथ ने उसे खींचकर आगे कर दिया। अब वह एक लड़की के ठीक सामने था, जिसे दोनों ओर से दो आदमी गिरने से बचाए रखने के लिए बाजुओं से सँभाले हुए थे। घुटनों पर गिरी हुई लड़की का निर्जीव सिर एक ओर इस तरह लटक गया था, मानो उसे सूली पर टाँक दिया गया हो। बीच में से चीर दी गई कमीज टूटे डैनों की तरह लड़की के दोनों कन्धों पर झूल रही थी।

लड़के ने आँखें झुका लीं।

पड़ोसी ने कड़कती आवाज में लड़की को आदेश दिया, "ऐ, उठ!"

लड़की बिना हिले-डुले कराहती रही।

"उठ!" इस बार वह दूने वेग से गरजा।

लड़की सिहरी। उसकी अनवरत चलती सिसकियों में एक क्षण का विराम आया और फिर यथावत् चलने लगीं।

अब? वह सोच भी नहीं पाया था कि पड़ोसी की भरपूर लात लड़की के मुँह पर पड़ी। लात का धक्का इतना जबर्दस्त था कि लड़की का हाथ थामे स्वयंसेवक गिरते-गिरते बचे। लड़की की चीख से वातावरण देर तक काँपता रहा और सिर इस तरह लटक गया, मानो जिबह किए जानवर की गर्दन सूत-भर के मांस के टुकड़े से जुड़ी रह गई हो। निश्चित था, लड़की होश खो बैठी है। सिसकियाँ तक बन्द हो गई थीं।

वह काँप ही नहीं रहा था, आतंक और अमानुषिकता के नंगे नाच से उसका पेशाब वास्तव में निकलने लगा था।

पड़ोसी को भी आभास हो गया था कि लड़की बेहोश हो चुकी है। उसने बढ़कर चोटी से पकड़ लड़की के सिर को पीछे की ओर खींचा। अब लड़की का मुँह सबके सामने था। उसकी पुतलियाँ फैल चुकी थीं और नाक-मुँह से खून की धारा बह रही थी। लड़के ने ऐसा त्रासद दृश्य किसी अपराध-फिल्म में भी नहीं देखा था। उसकी इच्छा हुई, दोनों हाथों से अपनी आँखें बन्द कर ले। तभी पड़ोसी की आवाज कानों में पड़ी। दया की तन्द्रा लड़के को ग्रस पाती, इससे पहले ही टूट गई।

"देख!" उसके लिए आदेश था।

और उसे देखना पड़ा था, काँपती नजरों से—लड़की के नाक-मुँह से रिसते हुए खून की धार उसकी ठोड़ी से टपक-टपककर उसकी सफेद ब्रेसरी को रँग रही थी।

लड़की का गला ही नहीं, पेट तक का सारा शरीर नजर आ रहा था। अकल्पनीय लोमहर्षक दृश्य था। लड़की की दशा देख उसे लगा, वह स्वयं बेहोश हो जाएगा। लड़की सुनीता की उम्र की ही होगी। बहुत हुआ तो एकाध साल इधर-उधर। उसके भीतर कोई जोर-जोर से कहने लगा था—इस लड़की की मदद की जानी चाहिए। इसका मुँह पोंछा जाना चाहिए। इसकी मरहम-पट्टी होनी चाहिए। इसका सम्मान अभी भी बचाया जाना चाहिए। पर उसके हाथ, उसका शरीर, उसका पूरा मस्तिष्क जैसे नियन्त्रण खो चुके थे। आतंक और कायरता के बर्फ में वह पूरा-का-पूरा जम गया था। उसे लगा, उसकी रुलाई फूटनेवाली है, पर रोने का साहस भी उसमें नहीं था।

"है न जोरदार माल?" पड़ोसी ने लड़की की बेहोशी की जरा भी चिन्ता किए बिना, उसकी ब्रेसरी से एक स्तन बाहर निकालकर लड़के को दिखलाते हुए मुस्कराकर पूछा।

पड़ोसी के व्यवहार से भी अधिक उसकी मुस्कराहट ने लड़के को सुन्न कर दिया था।

"अरे, हाथ लगाके देख न यार!" पड़ोसी खिलखिलाया।

इस विकृत हँसी के कर्णभेदी धमाके ने उसे और भी पत्थरा दिया।

"चूतिए, हाथ लगाकर देख!" कहते हुए पड़ोसी ने खेल-खेल में ही उसके सर पर इतने जोर की धौल जमाई कि वह लड़की के ऊपर गिरता-गिरता बचा।

"लगा हाथ!" पड़ोसी चिंघाड़ा। पड़ोसी वाकई क्रोध में था या आनन्द में, उसकी समझ के बाहर था। वह धौल के झटके से ही सँभल नहीं पाया था कि उसके चूतड़ पर लात पड़ी।

"साले, कायर! मादरचोद, लगा हाथ! खस्सी कहीं के। साले, तू है किसका बीज? अपने बाप का तो नहीं लगता।" पड़ोसी उसे भरपूर गाली बके जा रहा था।

"गुरुजी किसी कटुवे का लग रहा है।" भीड़ में से एक स्वर उभरा था।

उसने घबराकर हाथ बढ़ाया और इससे पहले कि लड़की को छू पाता, उसकी अँगुलियाँ खून से भरने लगीं। वह हाथ हटाने जा ही रहा था कि पड़ोसी ने लपककर उसका हाथ बलात् लड़की के पूरे सीने पर घुमा दिया।

"गुरुजी आज इस साले की नथ इसी बहाने उतार देते हैं।" सुझाव आया। कई लोग एक साथ हा! हा! करते हँसने लगे। लड़की की सिसकियाँ इस बीच फिर शुरू हो गई थीं। शायद होश में आने लगी थी।

वह आतंक से देख रहा था कि उसका दायाँ हाथ लड़की के खून से सराबोर था। रुमाल से उसने कसकर रगड़ा, पर खून एक्रेलिक पेंट की तरह, पूरी हथेली पर जमकर चमकने लगा था। लगा, अब यह खून शायद कभी छूट नहीं पाएगा। परेशान हो, वह बावले की तरह हथेली को जमीन पर रगड़ने लगा।

"मजा आ जाएगा, गुरुजी, वीडियो का भी इन्तजाम है," नया स्वर उभरा था, "एक बार का ही मामला है, फिर खुद ही झिझक खुल जाएगी।"

"हाँ, ये ठीक रहेगा", पड़ोसी को आइडिया पसन्द आया, "उतारो साले की पैंट।" आदेश देने में उसने देर नहीं लगाई।

"नहीं, नहीं!" लड़के ने भरपूर चीखकर कहा और उठकर भागने की कोशिश की, पर तब तक कई हाथों ने उसे दबोच लिया था। वे राक्षसों की तरह अट्टहास कर रहे थे और उसकी छटपटाहट का इस तरह आनन्द ले रहे थे, जैसे बिल्ली शिकार से पहले चूहे को मजा ले-लेकर नचाती है। वह फिर से पूरी शक्ति बटोरकर चीखा था, "भाई साब, ये क्या हो रहा है! मुझे छोड़ दीजिए! मुझे घर जाना है!" कभी-न-कभी तो पुलिस आएगी ही। ये सब पकड़े जाएँगे। वीडियो कैसेट भी पुलिस के हाथ लगेगा। ये तो गुंडे हैं। मैं भी पकड़ा जाऊँगा—बलात्कार के जुर्म में। मुझे कोई नहीं बचा सकेगा। बलात्कार में नहीं भी पकड़ा गया तो भी दंगा करनेवालों में तो नाम आ ही जाएगा।

कहाँ तो कलेक्टर बनने के सपने देख रहा था। कितनी तो मेहनत की थी। कैरियर चौपट हो जाएगा। जिन्दगी-भर सरकारी नौकरी नहीं मिलेगी। जरा-सी पुलिस रिपोर्ट कहीं का नहीं छोड़ेगी। कई तरह के भयों से घिरा, असहायता में वह जोर-जोर से रोने लगा।

"छोड़ दो इसे। यह बहनचोद, घर जाकर अम्मा का दूध पिएगा।" एक भरे-पूरे जवान आदमी के दहाड़ मारकर रोने की बेहूदगी ने पड़ोसी को उसके प्रति घृणा से भर दिया था। वह बकता गया, "मैंने कहा नहीं, यह साला खस्सी है। मरने दो साले को।"

आदेशानुसार उसे छोड़ दिया गया। वह अपनी पैंट सँभाल ही रहा था कि अचानक एक हाथ लपका और उसकी पैंट की फ्लाई को टटोलता हुआ कहने लगा, "वाकई गुरुजी, आप सही कह रहे हैं, यहाँ कुछ है ही नहीं।"

फिर से सब लोग हो-हो कर हँसने लगे थे। उसने हाथ जोड़कर पड़ोसी से कहा, "भाई साब, मुझे जाने दीजिए। मैं अपने-आप चला जाऊँगा।" और वह बेतहाशा सिसकने लगा था। वे लोग उसका रोना देख, बच्चों की तरह ताली बजा-बजाकर हँसने लगे थे।

"नहीं! अभी ठहरो। मैंने आखिर जबान दी हुई है। मैं तुझे छोड़ूँगा। पर तू साले इतना डर क्यों रहा है? क्या हम तेरी...। चोप्प!" पड़ोसी अन्ततः गुस्से में दहाड़ा था।

वह चुप नहीं हुआ, बल्कि उसके रोने में लड़की की सुबकियों का स्वर ही कहीं गुम हो गया।

"अबे, तू आखिर चाहता क्या है?" पड़ोसी का चिल्लाना जारी था।

"मुझे जाने दीजिए।" काँपते हुए जुड़े हाथों के साथ सुबक-सुबककर वह कह रहा था। विभिन्न किस्म की आशंकाएँ उस अधमरे जानवर को चील-कौवों की तरह नोचने लगी थीं।

रोता हुआ वह इतना दयनीय हो गया था कि इस बार पड़ोसी का स्वर भी बदले बिना नहीं रहा, "ओ भइया!" वह भरसक सामान्य स्वर में समझाने लगा, "मैंने वायदा किया है। मैं तुझे तेरे घर तक छोड़कर आऊँगा, तू बस चिन्ता न कर।"

इस बार पड़ोसी की बात का उस पर वाकई असर हुआ। यद्यपि रोने का स्वर कम हो गया, पर उसकी सुबकियाँ जारी रहीं।

"गुरुजी, इसे थोड़ा रोने दो। अभी बच्चा है बेचारा", भीड़ में से कोई मजे ले-लेकर कह रहा था, "फिलहाल दौड़ शुरू करवा दो। थोड़ा खेल-तमाशा देखेगा, तब कहीं मजबूत बनेगा।"

वे सब लोग जिस तरह उसकी भद्द पर रस ले-लेकर हँसे जा रहे थे, उसने लड़के को और भी दयनीय बना दिया था।

"शूटिंग शुरू होनी चाहिए। लड़की होश में आ गई है। इस लौंडे का तमाशा बहुत हो चुका।" ये दूसरा स्वर था।

"खड़ी हो जा री", उसे रोता छोड़ पड़ोसी लड़की को चेतावनी देने लगा था, "सुन ले। अगर बचना है तो भाग। हम तुझे एक मौका दे रहे हैं", वह कह रहा था, "जितनी जोर से भाग सकती है, भागना। तेरे भागने के ठीक पाँच मिनट बाद हमारे स्वयंसेवक भागेंगे। इस बीच भाग ली तो तेरी किस्मत। पकड़ में आ गई तो तेरा खुदा भी तुझे नहीं बचा सकेगा।"

और उसने आदेश दिया, "छोड़ दो इसे!"

दोनों आदमियों ने लड़की के हाथ छोड़ दिए। लड़की ने फौरन कमीज के पल्लुओं को, दोनों हाथों से छाती पर कस लिया। वह सर झुकाए, घुटनों के बल इस तरह बैठी रही, मानो नर-बलि पर आस्थावालों के हाथों, वध किए जाने की नियति को स्वीकार कर चुकी हो।

"उठ!" किसी ने जोर से कहा।

पड़ोसी ने दुहराया, "उठ! उठती है या यहीं शुरू हो जाएँ?"

धमकी ने काम किया। वे कहीं भी कुछ भी कर सकते थे, इसमें शक नहीं था। दोनों हाथों से अपनी फटी कमीज को शरीर पर लपेटे, वह रोती हुई खड़ी हो गई।

"आखिरी बार बता रहा हूँ। तीन तक गिनती गिनूँगा। उसके बाद घड़ी देखकर पाँच मिनट मिलेंगे। भाग सकी तो तेरी किस्मत, हमारी जिम्मेदारी खत्म।"

तभी वीडियो कैमरेवाला लपका और इससे पहले कि लड़की कुछ समझ पाती, उसकी कमीज को पीछे से एक झटके में ऊपर से नीचे तक चीरकर दो टुकड़े करता, हँसकर बोला, "अरे, इसे क्यों पकड़े हुए है, इससे तो तू भाग नहीं पाएगी।"

झटके से लड़की का सन्तुलन ही नहीं बिगड़ा, 'हाय' की हल्की चीख-सी भी निकली। अब कमीज उसके कन्धों से खिसक जाने पर चिपके बाजुओं पर झूलने लगी थी। कोई एक हाथ फिर बढ़ा। इस बार उसकी ब्रेसरी का हुक टूटा और पीठ

की त्वचा ठंड में पाला पड़े तलइया की सतह-सी चमकने लगी। उसकी रीढ़ की माला और पसलियों के ढाँचे की हड्डियाँ जिस तरह एक-एक स्पष्ट नजर आ रही थीं, उससे लड़की के कमजोर शरीर का साफ अन्दाज हो जाता था। लड़की ने हया बचाने की कोशिश की तो कई हाथों ने एक साथ गुर्राते हुए उन चीथड़ों को भी नोच दिया।

इससे बढ़िया मौका क्या हो सकता था। कैमरेवाले ने लपककर पोजीशन बनाई और कैमरा चालू कर दिया। जिस अटपटे तरीके से वह कैमरा चला रहा था, लड़के को लगा, निश्चित रूप से यह इसका नहीं हो सकता। कहाँ से आया होगा, इसका अनुमान लगाना उस माहौल में कोई कठिन काम नहीं था।

पड़ोसी का हाथ हवा में झंडी की तरह उठ चुका था। बन्द मुट्ठी से तर्जनी अँगुली चेतावनी की तरह निकली हुई थी। खेल शुरू होने जा रहा था। समय देखकर वह गिनती गिनने लगा, "एक, दो, और तीऽऽऽइऽऽइनऽऽ।"

"अरे, अरे, गुरुजी! क्या कर रहे हो। सलवार तो रह गई।" कोई भीड़ में से चीखा था। अभी तक असमंजस में खड़ी लड़की ने यह सुना नहीं कि उसके पैरों में बिजली आ गई।

"अरे, पकड़ो-पकड़ो!" कैमरेवाला ऐसे निरीह स्वर में चिल्लाने लगा, जैसे कोई उचक्का उसका कैमरा लेकर भागा जा रहा हो। फिर अचानक स्कूटर को देख चीखा, "लाना यार, जरा अपना स्कूटर तो लाना।"

लड़का सोच भी नहीं पाया था कि क्या करे कि गुरुजी गरजे, "नहीं, कोई नहीं हिलेगा। स्कूटर में तो कतई नहीं, यह बता दे रहा हूँ। हमने वचन दिया है। यह हमारी संस्कृति के विरुद्ध है। बस, चार मिनट का और इन्तजार है! धैर्य रखो! जो होना था हो गया।"

और इस तरह कैमरामैन के ड्राइवर बनने से उसकी जान बच गई।

"अरे, महाराज, मेरा तो शॉट ही रह गया।" कैमरेवाले के स्वर में खीझ के साथ-साथ जबर्दस्त अफसोस था।

"अरे, मनमोहन देसाई की औलाद, ले लेना शॉट, बन्दर के हाथ अदरक की गाँठ क्या आ गई, पनसारी ही बना जा रहा है। दो मिनट चुप कर। मैं बार-बार अपनी जबान नहीं बदलता। जो कह दिया सो कह दिया। सब तैयार रहो। देखें किसके हाथ आती है।"

स्पष्ट था कि पड़ोसी खेल के नियमों के प्रति ओलंपिक के रैफरी-सा सतर्क है। बात भी सही थी। यहाँ तो मामला ओलम्पिक खेलों से भी ज्यादा गम्भीर था। वहाँ किसी की जान तो दाँव पर नहीं लगी होती। वह सेकेंड का भी हेर-फेर नहीं चाहता था, इसलिए फिर से पूरी सावधानी के साथ कल ही हाथ लगी जापानी स्टॉप वाच के डायल पर, डिजिटल अंकों को तेजी से बदलता देखने लगा। पर बीच-बीच में वह

प्राण-पण से भागती लड़की की टोह लेने से भी नहीं चूक रहा था। वह सिर्फ रैफरी ही नहीं, खिलाड़ी भी तो था।

कैमरेवाले ने कुछ देर भागती लड़की को पीछे से फिल्माया, फिर उकताकर अफसोस में सिर हिलाता बोला, "अगर इस समय लड़की के सामने होता तो मजा आ जाता। जैसे सुबह के शॉट हैं। अद्‌भुत आए हैं।" इसके साथ ही उसने कैमरा बन्द कर दिया। कुछ रुककर फिर बोला, "गुरुजी एक बात बता दे रहा हूँ", उसके स्वर में चेतावनी के साथ खीझ भी थी, "वहाँ कोई कुछ नहीं करेगा। उसे लाना यहीं होगा। या जब तक मैं न पहुँच जाऊँ, सब रुके रहेंगे।"

कैमरेवाले की बात सुन इस बार पड़ोसी घड़ी से ध्यान हटाए बिना सहमति में सिर्फ मुस्कराया।

लड़का सकते में था। आखिर हो क्या रहा है? आत्म-चिन्ता और आतंक से फालिज मारे दिमाग की समझ से सब कुछ बाहर था।

लड़की के रोने का स्वर अब या तो सुनाई नहीं दे रहा था या बन्द हो चुका था। सम्भवतः उसकी आँखों में अभी भी आँसुओं का कोई गुब्बार बचा रह गया था। शाम के झुटपुटे और वातावरण पर लगातार छाए धुएँ के धुँधलके में जान बचाकर भागती लड़की, किसी प्रेतात्मा-सी धुआँ-धुआँ होती नजर आ रही थी। दूर होती लड़की की जिजीविषा ने अचानक उसे, चकमक पत्थर की चिंगारी-सी, क्षीण ही सही, पर विश्वास और प्रेरणा की चमक से भर दिया। शाबाश! और तेज, और तेज—वह आप ही आप बुदबुदाने लगा था।

घड़ी प्रकाश की गति से दौड़ने लगी थी। पड़ोसी का हाथ झंडे-सा फिर से आकाश की ओर उठ चुका था। सेकेंड ही रह गए थे। हाथ के नीचे गिरते ही, दो दर्जन शिकारी कुत्ते, जिनके गलों से निकलती गुर्राहटें उनके नापाक इरादों को आम कर रही थीं, उस घायल और असहाय प्राणी को फाड़ खाने के लिए भाग छूटे थे। एक बर्बर कोलाहल के साथ पीछा शुरू हो गया था।

जैसे बिजली का धक्का लगा हो, उसने देखा, वे सब चौपायों में बदल गए हैं। उनके पेट में छिपे रक्तभक्षी दाँत ड्रैकुला दैत्य के दाँतों से देखते-देखते ही बाहर निकल आए हैं। आगे बढ़ने के साथ-साथ उनकी गुर्राहटें हिंसक होती जा रही हैं। उसका दिल डूबने लगा। यद्यपि लड़की एक-डेढ़ कि.मी. आगे निकल चुकी थी, पर जिस दानवीय गति से वे भाग रहे थे, उससे इस दूरी के पटने में समय नहीं लगनेवाला था।

मौका है, तभी तो उसने महसूस किया था। उस अमानवीय खेल में, वे सारे लोग इतने मशगूल हो चुके थे कि उसकी ओर किसी का ध्यान अभी कुछ देर जानेवाला ही नहीं था। यहाँ तक कि कैमरेवाला भी अपना कैमरा उसके सुपुर्द कर भाग लिया था। शायद उसे अपने साथियों पर भरोसा ही नहीं था।

ये भेड़िए पगलाए हुए हैं। भाग ले, इससे बढ़िया मौका मिलनेवाला नहीं है, कोई अन्दर से बार-बार कह रहा था। यह निश्चित था कि जब वे लोग लड़की को पकड़कर लाएँगे—और पकड़ेंगे जरूर, इसीलिए इन्होंने उसे ऐसी दिशा में दौड़ाया है, जहाँ न तो कोई शरण मिल सकती थी और न ही वह नजरों से बाहर हो सकती थी—तब अपने परपीड़क मनोरंजन के लिए उसका भी इस्तेमाल करेंगे। जो होगा, वह कल्पना कर सकता था। वे उसकी पूरी फिल्म बनाएँगे। वह काँपने लगा। इस नए डर ने उसे पड़ोसी के आतंक से मुक्त कर दिया। उसे अपने पर ही आश्चर्य हुआ। आखिर ये मामाजी का पड़ोसी है कौन? मैं इससे इतना डर क्यों रहा हूँ? मैं अब तक यहाँ हूँ क्यों? वह बिजली की तरह लपका। स्कूटर स्टार्ट किया और दौड़ पड़ा—उसी दिशा में, जिस ओर लड़की के पीछे भेड़िए भाग रहे थे।

पकड़े जाने का खतरा तो था, इस पर भी वह अच्छी तरह समझ रहा था कि वह उतना असुरक्षित भी नहीं है। जब तक वे लोग उसे पहचान पाएँगे, वह कहीं-का-कहीं निकल चुका होगा। वैसे भी यह सम्भव नहीं था कि लड़की को छोड़, वे उसका पीछा करने लगें। फिर वह स्कूटर में है। और हुआ भी वही। भीड़ को पीछे छोड़ने में समय नहीं लगा। मोड़ और दूरी के कारण ओझल-सी हो गई लड़की, उसे फिर नजर आने लगी थी।

भेड़ियों के झुंड और लड़की के बीच की दूरी ज्यों-ज्यों घट रही थी, उनके हाँफने की आवाजें, परपीड़क, विकृत, कामुक गुर्राहटों में बदलती जा रही थीं। लड़की काफी दौड़ चुकी थी और अब थकने लगी थी। उसने मुड़कर देखा था। एक अपमानजनक, बेपर्दा, खौफनाक मौत के रूप में बढ़ती भीड़ ने उसे और भी आतंकित कर दिया। एक बार फिर से पूरी शक्ति बटोरकर लड़की प्राण बचाने के अन्तिम प्रयास में लग गई थी।

लड़की तक पहुँचने में स्कूटर को मुश्किल से एक आध मिनट लगा होगा। वह सप्रयत्न लड़की की ओर देखने से बचता रहा और उसे पार भी कर गया। स्कूटर की हैडलाइट बन्द थी और इंजन की आवाज खूँखार गुर्राहटों में दब-सी गई थी। इस पर भी सम्भवतः लड़की ने उसे आता हुआ ही नहीं देख लिया था, बल्कि पहचान भी लिया था।

वह अभी कुछ मीटर ही निकल पाया होगा कि भीड़ के उस आक्रामक हल्ले और इंजन की आवाज के बावजूद, उसने सुना, "बचाओ! भाईजान बचाओ!"

वह कुछ सुनना नहीं चाहता था। उस पल, उसकी इच्छा हुई, वह बहरा हो जाता। वह रुका नहीं, पर जितना बढ़ता गया, मदद के लिए निकला वह आर्तनाद उतनी ही तीव्रता से उसके कानों को भेदने लगा।

"भाईजान, बचाओ! बचाओ! भाईजान, बचाओ! बचाओ!..." जैसे कोई पूरी ताकत से ठीक उसके कान में चिल्लाए चला जा रहा था। उसने कानों को बन्द कर

लेना चाहा। उसे लगा, वह पागल हो जाएगा। पर वह आवाज उसकी आत्मा को, हजारों नेजों से एक साथ हो रहे प्रहारों की निर्ममता से, भेदने लगी थी।

अन्ततः उससे रहा नहीं गया। पूरी रफ्तार से भागते हुए स्कूटर से उसने मुड़कर देखा। न जाने कैसे लड़की जमीन पर गिर गई थी। आशंका में उसके स्कूटर की गति स्वयं ही कम हो गई। हे ईश्वर, उसके मुँह से निकला। दुबारा मुड़कर देखने तक लड़की उठकर फिर भागने लगी थी। उसने देखा, इस बार लड़की का हाथ उसकी ओर मदद के लिए बढ़ा हुआ था। लड़की की एकमात्र उम्मीद अब उसी पर थी। वहाँ और कोई था भी तो नहीं। यहाँ तक कि कोई मकान भी नजदीक नहीं था, जो थे भी, उनके दरवाजे न जाने कब से बन्द थे।

लड़की का बढ़ा हुआ हाथ, लगा अब किसी भी क्षण उस तक पहुँच जाएगा और उसका कोट पकड़ लेगा। उसने आतंक में स्कूटर के एक्सीलेटर को पूरी ताकत से घुमाना चाहा, पर स्कूटर था कि बढ़ने का नाम ही नहीं ले रहा था। वह घबरा गया, कहीं लड़की वाकई स्टैपनी से लटक तो नहीं गई होगी।

धिक्कार है! अचानक अन्दर से एक आवाज ने उससे कहा। धिक्कार है, तुझे साले! तेरे आदमी होने को धिक्कार है! वह तड़प उठा। एक बिजली-सी कौंधी। स्कूटर हल्का हुआ। वह तेजी से घूमा, जैसे सर्कस का करतबी मौत के कुएँ में मोटरसाइकिल घुमा रहा हो, और लड़की की ओर चल दिया। पलक झपकते ही वह लड़की के पास पहुँच, वापस घूम चुका था। लड़की ने भी देर नहीं की। झपटकर किसी तरह चलते स्कूटर में आ बैठी। स्कूटर बुरी तरह हिला पर उसने सँभाल लिया और इससे पहले कि कोई कुछ समझ पाता, पूरी रफ्तार से भागने लगा था। भेड़ियों के झुंड की गुर्राहटें एक अमानुषिक हताशा में बदल, कुछ दूर तक ही उनका पीछा कर पाईं।

गुर्राहटें यद्यपि पीछे छूट गई थीं, पर डर लगातार साथ था। सन्नाटे में डूबी सड़क पर मीलों दिशाहीन भागने के बाद कहाँ वह आश्वस्त हो पाया कि अब वह भीड़ किसी भी तरह उन तक नहीं पहुँच सकती। साथ ही उसे महसूस हुआ कि उसके हाथ-पैर काँप रहे हैं। धुआँ और दुर्गन्ध मानो सारे शहर पर एकसार फैली हुई थी। धुएँ की जलन से उसकी आँखों से लगातार पानी निकल रहा था। लड़की के रह-रहकर सुबकने की आवाज आने लगी थी। उसने मुड़कर देखना चाहा कि लड़की का कन्धा चमका, तब उसे याद आया, लड़की ने कुछ नहीं पहन रखा है। वह सोचने लगा, क्या करे? पलटकर लड़की को देखने की उसमें हिम्मत नहीं थी। अपराध-भाव से वह गड़ा जा रहा था। अचानक एक किनारे को स्कूटर धीमा करते हुए उसने लगभग फुसफुसाहट में कहा, ''घबराना मत।''

स्कूटर के रुकते ही उसने फुर्ती से कोट के नीचे पहना पूरी बाहों का स्वेटर उतारा, लड़की को दे दिया और स्कूटर फिर से दौड़ने लगा।

कुछ देर चुप्पी छाई रही। इस बार लड़की ने पूछा, "आप कहाँ जा रहे हैं?"

"घर!" उसने अचकचाकर कहा।

"मेहरबानी करके मुझे मेरे घर छोड़ दीजिए!" लड़की ने किसी तरह रुक-रुककर विनती की थी।

"क्या उधर जाना ठीक रहेगा?" उसके स्वर में आशंका थी।

सिवाय रोने के लड़की के पास जवाब नहीं था।

"उधर जाना खतरनाक है।" उसने स्पष्ट करने की कोशिश की और जोड़ा, "तुम्हें पुलिस स्टेशन छोड़ देता हूँ, क्यों?" वह नहीं चाहता था कि उसकी मंशा पर किसी भी तरह की शंका की जाए।

"नहीं, नहीं!" लड़की घबराकर और भी जोर से रोने लगी थी।

उसने समझाने की कोशिश जारी रखी, "मेरे घर चलो, दंगा खत्म होते ही मम्मी-पापा तुम्हें छोड़ जाएँगे।"

उसकी भलमनसाहत से वाकिफ होने के बावजूद लड़की के अन्दर कहीं एक विशाल दरार बन गई थी–अविश्वास और आशंका की। उसकी सारी आस्थाएँ कब की ध्वस्त हो चुकी थीं और विश्वास मर चुका था। आदमी जानवर से भी बदतर होता है, वह कब्र में भी अब नहीं भूल सकती थी। उसमें कहीं किसी तरह की दुविधा नहीं बची थी। अपने लोगों के बीच, अपने जलते मकान की चहारदीवारी में भस्म हो जाना, मारा जाना, उसे प्राण-रक्षा की सम्भावना के लालच में किसी गैर पर विश्वास करने से बेहतर लग रहा था। पर यह कहने की हिम्मत उसमें नहीं थी। लड़का उसे यहीं पर उतारकर जा भी सकता था। फिलहाल इसी तिनके का सहारा था। फिर शैतानों का क्या भरोसा था, न जाने कब कहाँ से आ जाएँ। वैसे भी, वह समझ रही थी, यह अपने लोगों का मोहल्ला नहीं है। असमंजस में वह सिर्फ रो ही सकती थी।

लड़की के रोने ने उसे बेचैन कर दिया था। स्कूटर की गति धीमी करते हुए वह बोला, "मैं तो इस इलाके से वाकिफ नहीं हूँ।"

एक अधनंगी लड़की को लेकर घर जाने में कहीं-न-कहीं उसे भी झिझक-सी आ रही थी। न जाने घरवाले क्या कहें, भरोसा नहीं था। उसके पापा ऊँचे दर्जे के सरकारी कर्मचारी ही नहीं, पहुँचे हुए भक्त भी थे। पुलिस, कोर्ट, कचहरी–कौन बेमतलब भुगतता रहेगा। इसके अलावा, मामाजी के उस खूँखार पड़ोसी का डर भी कम नहीं था। गुस्से में न जाने क्या कर बैठे, बेमतलब की अदावत, और भी तरह-तरह की शंकाएँ उसे कचोटने लगी थीं।

"तुम अगर कोई रास्ता जानती हो या कोई ऐसी जगह, जहाँ खतरा न हो, मैं तुम्हें वहीं छोड़ देता हूँ।" उसका विश्वास लौट रहा था और बुद्धि ने समस्या के हर पहलू को समझना शुरू कर दिया था। लड़की को इस तरह छोड़ने में वह अपनी

नैतिक जिम्मेदारी से ही नहीं मुक्त हो सकता था, बल्कि उसे सबकी भलाई भी इसी में नजर आने लगी थी। थोड़ा समय जरूर बरबाद होना था, पर यह कोई बड़ी परेशानी नहीं थी।

लड़की ने कुछ देर उत्तर नहीं दिया। उसके लिए सम्भवतः अब कहीं कोई जगह सुरक्षित बाकी नहीं रह गई थी। अन्ततः सिसकियों के बीच से उसने कहा, ''मेरी समझ में नहीं आ रहा है, हम कहाँ आ गए हैं।''

''घबराओ मत।'' उसने स्कूटर रोककर ढाढ़स बँधाते हुए कहा, ''आराम से सोचो। तुम तो इसी इलाके की हो। हम ज्यादा दूर नहीं हैं।''

इस बार कहीं वह लड़की का चेहरा देख पाया। सूजन से यह अन्दाज लगाया जा सकता था कि वह एक सूखी-सी, पतली-दुबली लड़की का चेहरा है। होंठों से अब भी खून रिस रहा था। सम्भवतः लड़की के नीचे का होंठ फट गया था। उसका दिल न जाने कैसा-कैसा होने लगा।

लड़की ने चारों ओर फिर से देखा। कुछ देर सोचा, और किस्मत आजमा ही लेने का फैसला कर कहा, ''उल्टे हाथ को ले लीजिए। वहाँ से शायद हम बाहर ही बाहर निकल सकते हैं।''

उसने बात मान ली। स्कूटर फौरन घूम गया। पर दाँव ठीक नहीं बैठा था। सम्भवतः आतंक में अब भी लड़की कुछ ठीक-ठीक सोच-समझ नहीं पा रही थी। आखिर थी तो लड़की ही। घर से कभी अपने-आप निकली भी हो, इसमें भी शंका थी। स्थिति को ठीक से समझकर सही निर्णय लेना लड़के की जिम्मेदारी नहीं थी क्या? क्या उसने सारी सावधानी बरती थी? वे बमुश्किल एकाध कि.मी. नहीं जा पाए होंगे कि दंगाइयों की एक नई जमात के सामने थे। उन्हें देखते ही लड़की की चीख निकल गई।

''अरे बाप रे'', उसके मुँह से भी निकले बिना नहीं रहा था, पर देर हो चुकी थी। मुड़कर भागने की गुंजाइश ही नहीं थी। स्कूटर इतनी तेज था कि रुकते-रुकते भी भीड़ के पास पहुँच गया। उनके पटकों को देखते ही लड़के को समझने में देर नहीं लगी कि दंगाई किस धर्म का नाम रोशन करने में लगे हैं? सिवाय समझदारी के, बचने का कोई रास्ता नहीं था। इस बार उसने हिम्मत नहीं खोई, और सोच लिया कि क्या करना है।

दो हाथों ने बढ़कर जब तक उसका हैंडल पकड़, इंजन बन्द कर दिया था। उसने देर नहीं की, जेब से आई कार्ड निकालते हुए कहा, ''ये मेरी बहन है, दंगाइयों ने हमारा मकान लूट लिया है। हम किसी तरह भाग पाए हैं। इज्जत लूटने जा रहे थे।'' और उसका गला स्वयं ही न जाने कैसे रुँध गया था।

''घबराओ मत,'' उनमें से एक ने उसका आई कार्ड देखते हुए कहा, ''तुम्हें सुरक्षित पहुँचाना अब हमारा काम है।'' एक स्वधर्मी के लिए अपनी जिम्मेदारी के

प्रति वे सब निहायत सजग थे। पिलियन पर बैठी लड़की को एक साथ कई जोड़ी नजरें परख रही थीं। लड़की के लहूलुहान चेहरे पर उड़ी हवाइयाँ अमानुषिक बर्बरता को जैसे यथावत् रिकार्ड किए हुए थीं। वी-शेप के गले से लड़की के अन्दर का नंगापन झाँक रहा था। प्रतिशोध और क्रोध से कई भृकुटियाँ एक साथ तन गईं। उनकी नजरों की चुभन को महसूस करते हुए लड़की ने फिर से दोनों हाथों से अपने सीने को छिपा, गर्दन झुका ली थी। इससे पहले कभी बिना चादर के उसने किसी मर्द का सामना भी नहीं किया होगा, वे लोग इसकी कल्पना भी नहीं कर सकते थे।

"पानी लाओ।" उनमें नेतानुमा व्यक्ति ने आदेश दिया।

लड़का, इससे पहले कि कुछ और हो, निकल जाना चाहता था, इसलिए वह स्कूटर से उतरा ही नहीं था। पर उनकी मदद को ठुकराकर भागना, अपमान से कहीं अधिक, उनमें शंका पैदा कर स्वयं को खतरे में भी डालना था।

पानी आने में समय नहीं लगा। पानी पिलाने के बाद फिर से प्रश्नों का सिलसिला शुरू हो गया था।

"कौन से मोहल्ले से आ रहे हो?" उस नेतानुमा व्यक्ति ने ही सबसे पहले पूछा था।

लड़के ने तत्काल मामाजी के घर का पता बता दिया था। साथ में कह दिया, "कल मामाजी को देखने आया था। ये मेरी ममेरी बहन है। अब अपने घर ले जा रहा हूँ।"

"तुम्हारे मामाजी का क्या हुआ?" किसी ने सवाल किया।

"पता नहीं।" वह अपने स्वर का रुँआसापन बनाए हुए था।

"उन्होंने लूटा ही था या और कुछ भी किया?" अगला प्रश्न था।

"वे लोग कहाँ हैं, तुम्हें पता ही नहीं है?" किसी ने एक और सवाल दाग दिया था।

"नहीं, मैं बहन को बचाने में कुछ देख नहीं पाया।" उसने बात को सँभाल लिया था।

"क्या बेवकूफों की-सी बातें करते हो।" नेता ने प्रश्न करनेवाले को डाँट लगाई थी। प्रश्न करनेवाले को अपनी मूर्खता का तत्काल आभास हो गया था। लड़की को बचाना कितना महत्त्वपूर्ण था, उसकी समझ में अब आ गया था। बूढ़ों का क्या था, उन्होंने तो जिन्दगी जी ही ली थी।

"मकान को तो आग लगा दी होगी। धुआँ उसी मोहल्ले से तो आ रहा है", किसी और ने उस दिशा की ओर देखते हुए कहा, "यह मोहल्ला है भी तो सटा हुआ। कभी भी कुछ भी हो सकता है।"

"हाँ, आग जगह-जगह लगी हुई थी।" लड़के ने किसी तरह कहा, और तभी महसूस किया, लड़की की सुबकियाँ अचानक तेज होती जा रही हैं। उसका मन खराब होने लगा, पर और कोई तरीका भी तो नहीं था। वह किसी तरह वहाँ से निकलने के लिए बेचैन होता जा रहा था।

"रोओ मत बहन," भीड़ में से एक स्वर ने सान्त्वना देने की कोशिश में कहना शुरू किया, "हम इन्हें ऐसे छोड़नेवाले नहीं हैं। हमारी माँ-बहनों पर हाथ लगाने की कीमत चुकानी पड़ेगी। एक खून का बदला इन्हें एक हजार खून से देना होगा।" किसी ने नहीं कहा कि एक बलात्कार के बदले वे कितने बलात्कार करेंगे, कम-से-कम अपनी भाषा में वे शालीनता बरत रहे थे।

नेता ने अपने साथी द्वारा दिए गए आश्वासन को पुख्ता करते हुए कहा, "हाँ, बदला तो लिया ही जाएगा। अब रोओ मत। मैं तुम्हें छुड़वा देता हूँ।" और दो आदमियों को आदेश देते हुए कहा, "इन्हें हो सके तो घर तक, नहीं तो ऐसी सुरक्षित जगह छोड़ आओ, जहाँ से ये आराम से घर पहुँच सकें।"

अचानक लड़की का सिसकना बन्द हो गया। वह स्कूटर से नीचे उतर नेता की ओर एक कदम बढ़ाकर बोली, "भाईजान!"

लड़के को पहले तो विश्वास ही नहीं हुआ कि वह यह सुन क्या रहा है, फिर लगा, किसी ने उसके सर पर लाठी का भरपूर वार किया है। वह लगभग लड़खड़ाने लगा था।

अब तक भीड़ का एक-एक आदमी चौंककर लड़की को देख रहा था।

"चलो-चलो, चलते हैं।" लड़के ने अब भी किसी तरह स्थिति को सँभालने की कोशिश की। उसे गुस्सा भी आने लगा था। भलाई का साला जमाना ही नहीं है। बेमतलब का झंझट मोल ले लिया। इस लड़की का भेजा न जाने क्यों फिर गया है, खुद तो आत्महत्या पर उतारू है ही, साथ में उसे भी मरवाने का तय किए हुए है।

लड़की ने उसकी बात अनसुनी कर दी।

"चलो।" उसने फिर कहा।

"भाईजान", वह उसी तरह हाथ बाँधे, सर झुकाए खड़ी-खड़ी दंगाइयों से मुखातिब हो कह रही थी, "मेरा नाम नसरीन है। इन्होंने मुझे बचाया है।" लड़की के स्वर में अपार आभार था।

वह कुछ रुकी, जैसे दम घुट रहा हो, फिर किसी तरह पूरी शक्ति बटोरकर बोली, "घर...घर...मेरे अब्बू, मेरी अम्मी..." और पछाड़ खाकर जमीन पर गिर गई।

तब उस पल जैसे सब जहाँ-का-तहाँ ठहर गया। लोग स्तब्ध थे।

यद्यपि लड़के ने चाहा था, बतलाए–मेरी मंशा यह नहीं थी। पर शब्द जैसे गले में अटक गए थे।

वैसे भी क्या शब्दों का कोई अर्थ बाकी रह गया था।

(1993)

खेल

इधर सड़क थी, हृदय से सीधे निकली किसी धमनी की तरह दपदपाती। दीवार भर के फासले पर यथार्थ का दूसरा ही रूप था--आतंककारी, पर अनिवार्य सत्य और अवश्यम्भावी नियति के रूप में, जिसकी अमानवीय गन्ध सड़क के साथ-साथ कई किलोमीटर की दूरी तक आने-जानेवाली गाड़ियों को डराए रखती है। उसे न जाने क्यों लगा था कि सड़क के दोनों ओर गन्धवाले इस टुकड़े पर ये गाड़ियाँ किसी अदृश्य दबाव से स्वयं ही तेज हो जाती हैं। फिर भी न जाने कैसे पेट्रोल और डीजल के कसैले काले धुएँ और अपनी ही गरमी से तपते इंजनों की भभक को क्लीव कर, बन्द गाड़ियों के शीशे भेद, ये गन्ध लोगों को दूर तक दौड़ा ले जाती है। दीवार परदे की तरह ठीक द्वार के बीचोबीच ऐसे बनी थी कि उस ओर का सब कुछ इस तरह ढका था, मानो किसी ने टेलिस्कोप के सिरे पर ढक्कन लगा दिया हो।

रास्ता दस-पन्द्रह फुट की लम्बी और उतनी ही ऊँची इसी दीवार के दोनों छोरों पर था। प्रकाश भार्गव ने, इस असार संसार और नाशवान शरीर पर गीता और सन्तों की वाणियों से दोनों ओर पटी पड़ी दीवार के बाईं ओर से घूमकर प्रवेश किया। दीवार के ऐन पीछे ठीक बीच में बने चबूतरे पर शव रखा था--बारीक सफेद ऊनी चादर में लिपटा। गेंदे के कुछ फूल ऊपर चढ़े हुए थे और कुछ बिखर भी गए थे। साथ खड़े सभी चेहरे अपरिचित थे। भार्गव अन्दाज नहीं लगा पाए कि वह उन्हीं का शव हो सकता है। यद्यपि वह इस शहर में नहीं रहते थे, पर उनका लड़का यहीं किसी बैंक में था। इसलिए आना-जाना बना रहता था। यदाकदा कॉफी हाउस भी जाते थे, साल में एकाध बार। उनसे पहली और आखिरी मुलाकात भी पिछले साल वहीं हुई थी। पर इस बार उन्हें इलाज के लिए लाया गया था।

कुछ भी हो, लेखक के नाते वे एक-दूसरे को जानते थे। और यही रिश्ता सबसे बड़ा था। इसीलिए भार्गव भी आए थे। उनके किसी घरवाले को भार्गव नहीं जानते थे। उन्हें गलती का एहसास होने लगा, इतनी जल्दी नहीं आना चाहिए था। वह दुविधा में थे कि किया क्या जाए? वहाँ खड़े किसी आदमी से यह पूछने का विचार मात्र कि क्या यह उन्हीं का...भार्गव को बड़ा अजीब लग रहा था। इससे पहले कि किसी निर्णय पर पहुँच पाते, लगा उधर झाड़ियों की ओर कोई हाथ हिला

है और इस हाथ का हिलना ऐसा था, मानो कहीं सुदूर समुद्र में डूबते किसी यात्री को लहरों के बीच लाइफ बोट नजर आ गई हो। डॉ. शर्मा थे—कवि विमलेश शर्मा। किसी कॉलेज में हिन्दी पढ़ाते थे। यू.जी.सी. के नियमों की मजबूरी के चलते पिछले दिनों ही पी-एच.डी. हुए थे। इस पर भी डॉक्टर कहलाने के ज्यादा ही शौकीन थे। यद्यपि भार्गव मौका लगते ही डॉक्टर-डॉक्टर कहकर शर्मा की खिल्ली उड़ाया करते थे, पर इस समय वह शर्मा को पूरी गम्भीरता से डॉक्टर मान रहे थे। असल में कई सारी चिन्ताओं की पृष्ठभूमि में रोते-बिलखते या विषाद के सन्नाटे में खड़े लोगों को अकेले देखना-भर जीवन की निरर्थकता का ऐसा गहरा आभास कराता है कि यदि आपकी वयस्कता में कुछ भी कमी हो तो बहुत सम्भव है कि आप दूसरे सिद्धार्थ ही बन जाएँ। ऐसे में शर्मा क्या, परिचित कुत्ते का भी मिलना सुकून देनेवाला था।

भार्गव लपककर उनके पास जा पहुँचे। डॉ. शर्मा ने भी तत्काल उनका हाथ अपने हाथ में ले लिया। शर्मा चाहे डॉक्टर हिन्दी के रहे हों, पर डॉक्टर तो थे। भार्गव की मानसिक स्थिति समझने में उन्हें देर नहीं लगी। वह कुछ देर भार्गव का हाथ गरमजोशी से दबाते रहे, फिर फुसफुसाकर बोले, "तुम्हें पता चल गया था। मैंने मैसेज छोड़ा था। मैं चिन्ता में था।" भार्गव अभी सामान्य नहीं हो पाए थे, पर उन्होंने हाँ में सिर हिला दिया।

वहाँ माहौल से तारतम्य बैठाते हुए उन्हें समय नहीं लगा। चीजें जल्दी ही ज्यादा स्पष्ट और अपने सही रूप में नजर आने लगी थीं। वे मैदान के चारों ओर बाड़ लगी झाड़ियों के साथवाली बेंच पर बैठ गए। मृतक और उनके परिवार के लोग सामने थे—एक अनिवार्य किस्म की मातमी व्यवस्था में लगे; कोई पंडित से बात कर रहा था तो कोई लकड़ी का प्रबन्ध करने लपकता हुआ जा रहा था। दो बच्चे भी आए हुए थे। भार्गव मन ही मन आश्चर्य करने लगे कि लोग बच्चों को आखिर ऐसी जगहों पर ले कैसे आते होंगे!

"ये बच्चे कौन हैं?" समझते हुए भी उन्होंने शर्मा जी से पूछा।

"इनके, पोता-पोती हैं, वो जो है न", शर्मा का इशारा कमीज के ऊपर ही जनेऊ डाले व्यक्ति की ओर था, "बड़ा बेटा है, उसी के बच्चे हैं।"

दोनों बच्चों में एक-डेढ़ साल का अन्तर रहा होगा—सात और नौ के आसपास। लड़की बड़ी थी। माहौल की गम्भीरता से सहमे-से, दोनों बच्चे बड़े लोगों की व्यस्तता देख रहे थे कि अचानक बाहर की ओर से कोलाहल की लहर-सी उठी। 'राम नाम सत्य है' का स्वर जल्दी ही स्पष्ट हो गया। अपनी यात्रा के अन्तिम पड़ाव पर एक और शव जुलूस के साथ प्रकट हुआ। तीस-पैंतीस साल की एक औरत भी दहाड़ मारती आ रही थी। दो औरतों ने उसे बाजुओं से सँभाल रखा था। इस औरत का मृतक से क्या सम्बन्ध हो सकता है?

यद्यपि भार्गव किसी भी तरह का अनुमान नहीं लगाना चाहते थे, फिर भी उनकी कल्पना रह-रहकर हर तरह के अनुमान लगा, उन्हें परेशान किए चली जा रही थी। वह अपनी उम्र की तुलना अनजाने ही अभी आए उस मृतक से करने लगे थे, जिसको उन्होंने कभी देखा तक नहीं था। और इस अनचाही तुलना ने उन्हें बेचैन कर दिया। बच्चे और पत्नी का चेहरा बारी-बारी से उनके दिमाग में कौंधने लगा था। तभी उनकी नजर, सम्भवतः अपने बच्चों की चिन्ता में, उन बच्चों पर जा टिकी। वे दोनों भी टकटकी लगाए उस जुलूस को, जो अब तक उन लोगों के सामने से गुजरकर ठीक बीचोबीच बनी छतरी की ओर बढ़ रहा था, देख रहे थे। यद्यपि वे बच्चे अपने घर में भी और आज ही इस सारी प्रक्रिया को देख चुके होंगे, इस पर भी उनकी उत्सुकता कम नहीं हुई लगती थी। भार्गव को उन लोगों की बुद्धि पर फिर अफसोस होने लगा। मूर्ख कहीं के, आखिर बच्चों को यहाँ लाने की क्या आवश्यकता रही होगी? क्या यह बच्चों के लायक जगह है? "राम नाम सत्य है", का मातमी कोलाहल, शोक-विह्वल आत्मजनों का रुदन, धधकती चिताओं की कतार और उनसे उठती मानव-शरीर की अनुष्ठानिक गन्ध। यह अजीब दुनिया तो वयस्कों तक को बेचैन करने के लिए काफी है। आखिर ये बच्चे किस तरह इस सबसे तालमेल बैठा पा रहे होंगे? बच्चों की हिम्मत दाद देने लायक थी। उन्होंने सोचा, मेरे बच्चे होते तो डर से बेहोश ही हो गए होते।

"लगता है, हम जल्दी आ गए", शर्मा ने अचानक घड़ी देखते हुए कहा, "देखो, लोग तो अब आ रहे हैं।" अग्रवाल और कुमार खरामा-खरामा चले आ रहे थे।

"अभी कितनी देर लगेगी?" भार्गव ने घड़ी देखते हुए बेचैन स्वर में पूछा, पर उसे जवाब नहीं मिल पाया। इसी बीच मनोहर भाटिया डॉ. शर्मा को पकड़कर किनारे की ओर ले गए। भार्गव को समझते देर नहीं लगी। भाटिया की नई किताब आई है। गोष्ठी का चक्कर है। शर्मा से पर्चा लिखवाना होगा।

अब तक कई परिचित चेहरे आ चुके थे। किसी को रेडियो के माध्यम से पता चला था तो किसी को किसी ने टेलीफोन द्वारा सूचित किया था। शहर की लेखक बिरादरी ऐसे में कोशिश करती है कि जैसे भी हो, पहुँचो। आज भी पर्याप्त संख्या में लोग जमा हो जाएँगे, उन्होंने सोचा था। उनकी बात गलत भी साबित नहीं हुई। गुप्ता, प्रसाद, अबरार, सिंह, यहाँ तक कि उमा आनन्द और कल्पना भी आई थीं। कुल मिलाकर उपस्थिति अच्छी ही थी। उन नकचढ़ों का कोई क्या कर सकता है जो लेखक के दुख-तकलीफ का पैमाना भी उसकी रचना को मानते हैं। एकाध अखबारी कवि भी दिखलाई दे रहे थे। इससे यह तो निश्चित था कि कल समाचार छपेगा और आपका नाम भी उसमें हो सकता है। उन्हें बाईं ओर की अलग से बनी साफ-सुथरी चितास्थली दी गई थी। सम्भवतः यह वरिष्ठ लेखक होने के नाते रहा हो। तभी एक नई हलचल मची। शव को उठाकर नदी की

ओर ले जाया जाने लगा और इससे पहले कि वह नदी के किनारे पहुँचते, लोगों ने शव को वापस ला चिता के लिए निर्दिष्ट स्थान के साथ ही रख दिया था। अब तक लकड़ी की पहली खेप, एक हाथ-ठेले में लाकर चबूतरे के पास डाली जा चुकी थी।

"अब तो देर नहीं लगेगी।" कमलेश गुप्त घड़ी देखते हुए बोले। उनकी चिन्ता शायद किसी टी.वी. कार्यक्रम को लेकर रही होगी। उनके पास टी.वी. रिव्यू का साप्ताहिक कॉलम है। देर हुई तो कई महत्त्वपूर्ण कार्यक्रमों के निकल जाने का खतरा उन्हें सता रहा था। किसी ने आश्वासन दिया, "नहीं, ज्यादा देर नहीं लगेगी।"

लोग अब कुछ खुलकर भी बोलने लगे थे। बीच-बीच में कोई मुस्करा भी देता था। अब देर थी भी नहीं। ज्यादा-से-ज्यादा एक घंटा लगना था। बस, चिता ने ही तो जलना था। यह अच्छा है कि इनके यहाँ ठंडी होने का इन्तजार नहीं किया जाता, वरना बारह बजते।

लोग फिर से बातों में लग गए थे। अलग-अलग, अपनी-अपनी दोस्ती या जरूरत के हिसाब से गुट बन गए थे और उसी हिसाब से बातें हो भी रही होंगी।

अचानक किसी ने भार्गव के कान में कहा, "कल शोक-सभा है। मंडी हाउस आ जाना।" साथ ही जोड़ा, "कुछ लोग कॉफी हाउस में भी करने जा रहे हैं।"

अब एकाध हफ्ते शोक-सभाओं का सिलसिला चलनेवाला है, उन्होंने मन ही मन सोचा। ये चीजें एक तरह से इतनी बुरी भी नहीं हैं। पता तो चल ही जाता है कि कौन किसकी शोक-सभा में आया था। फिर मिलना-जुलना भी हो ही जाता है अन्यथा सबकी अपनी-अपनी दुनिया है। इतना बड़ा शहर। किसी को फुरसत कहाँ है, समय आखिर अमूल्य है। बेमतलब के मिलने का क्या अर्थ है? मिलने में मिलना तो होना ही चाहिए। बेकार की गप्पबाजी में क्या रखा है। देखिए, लोगों ने किस तरह अपने को ढाल लिया है। यहाँ भी काम की गुंजाइश निकाल ही ले रहे हैं। कोई गोष्ठी कोई पत्रिका, कोई लेख, कोई कविता शोक के अनवरत दबाव के बावजूद रह-रह के चर्चा में आ ही जा रही थी।

अब उन्हें जोर से घर की याद आने लगी थी। पत्नी से कह नहीं पाए थे। कहते भी कैसे, कोई इलहाम तो हो नहीं रहा था कि आज श्मशान जाना पड़ सकता है। घर पहुँचकर लड़ाई लाजमी थी। बच्चों ने उसे परेशान कर रखा होगा और वह सोच रही होगी कि मियाँ जरूर कहीं दारू पीने या कुछ नहीं तो गप्प ठोकने बैठ गया होगा। वह जैसे ही कहेंगे, एक कवि का देहान्त हो गया था तो जवाब होगा, कुछ-न-कुछ कारण तो होगा ही। न जाने कौन-कौन कहाँ-कहाँ मर रहा है और सारे जहान की तुम्हें चिन्ता है। आखिर लेखक ठहरे। हम जो मर रहे हैं, उससे तुम्हारा कुछ लेना-देना नहीं है।

गुस्से के मारे उनसे जवाब देते नहीं बनेगा। थकन, हताशा और गरमी की मार रही-सही कसर पूरी कर देगी। नहाते-नहाते याद आएगा कि टी.वी. तो बच्चे नहीं छोड़ेंगे, पर ट्रांजिस्टर लगाकर पत्नी को सुनाया जा सकता है कि वाकई किसी का देहान्त हुआ है। यद्यपि इसमें भी खतरा है। मान लो, रेडियो ने इसे अपने मुख्य बुलेटिन के लायक ही नहीं समझा। हिन्दी लेखक, कोई अभिनेता तो थे नहीं। खैर, देखा जाएगा, सोचकर वह फिर से चिता के मंच की ओर देखने लगे। चिता का बिस्तर बन चुका था और शव को उस पर रखने के लिए उठाया जाने लगा था। काम आगे बढ़ रहा था, उन्होंने चैन की साँस ली। घड़ी देखी और एक बार फिर से आश्वस्त हो गए। नहीं, अब ज्यादा समय नहीं लगना है।

"अन्तिम दर्शन कर लीजिए।" पंडितजी ने कहा और शव के मुँह से कपड़ा हटा दिया। परिवार के लोगों के साथ ही कई कदम बढ़े, पर वह हिले तक नहीं। किसी बेजार दर्शक की तरह, जो कोई बहुत ही उबाऊ नाटक देखने को बाध्य हो, सारे क्रिया-कलाप को तटस्थ देखते रहे। ये लोग ऐसा कैसे कर देते हैं। लेखक होकर भी हर औपचारिकता में हर वक्त बढ़-चढ़कर शामिल होने को लालायित।

एक रिश्तेदार बच्चों को समेटकर अन्तिम दर्शन के लिए आगे ले आया था। पिता ने दोनों बच्चों को बारी-बारी से दादाजी को अन्तिम प्रणाम करने का निर्देश देते हुए आगे बढ़ाया। बच्चों ने किसी तरह प्रणाम किया और तत्काल स्वयं ही पीछे खिसक मंच से उतर थोड़ी दूर ईंटों की पगडंडी के पार जा खड़े हुए। उन्हें लगा, बच्चे बड़े ही अनुशासित हैं। फिर लगा, यह डर भी हो सकता है। बच्चों की आँखों में एक विस्मय भी था। माहौल के अजनबीपन और औघड़ता ने उन्हें उनके बचपने से ऊपर उठा दिया था। सम्भवतः आज के बाद कम-से-कम ये बच्चे वो बच्चे तो नहीं रहेंगे, जो यहाँ आने से पहले तक थे। यथार्थ का यह क्रूर रूप किसी को भी बदलने के लिए काफी है। स्वयं उन्हें लगा है, हर बार जब भी यहाँ आना पड़ा है। लौटने के बाद उनके अन्दर गहरे कुछ ऐसा बदला है जो जिन्दगी के प्रति उनके दृष्टिकोण, उनकी मान्यता, उनके विश्वासों में से कहीं कुछ छिजा गया है।

वह गलत नहीं थे। बच्चों की आँखों का आतंक दूर से भी नजर आ रहा था। वहाँ विस्मय भी था, पर औघड़ता का आकर्षण उन्हें अपनी ओर खींच रहा था। वे मन्त्रबिद्ध-से लगभग स्थिर नजरों से देखे चले जा रहे थे। भार्गव को अन्दर ही अन्दर डर लगने लगा, कहीं इन्हें कुछ हो ही न जाए।

पूरे माहौल में अब एक व्यावसायिक किस्म की दक्षता और यान्त्रिक गति थी, जो सबको संचालित कर रही थी। शव के चारों ओर अब खड़ी लकड़ियाँ लगाई जाने लगी थीं।

पंडित जरूरत के मुताबिक कभी छोटी और कभी बड़ी लकड़ी की माँग कर रहा था और कई सारे लोग पुण्य कमाने में लगे थे। एक अजीब रेलमपेल होने लगी थी। इतने सारे लोगों की जरूरत नहीं थी! किसी को कैसे रोका जा सकता था। तभी उन्होंने देखा कि बच्चे भी भीड़ में शामिल हो गए हैं और लकड़ियाँ उठा-उठाकर देने लगे हैं।

सम्भवतः बच्चे इस नए काम में सबसे ज्यादा मशगूल हो गए थे। यहाँ तक कि वे अपनी सामर्थ्य और क्षमता से भी कहीं अधिक भारी लट्ठे उठाने का प्रयास कर रहे थे। कोई वरिष्ठ हाथ उठता और इससे पहले कि बच्चे उसे उठाकर ले जाने की स्थिति में आ पाते, भारी लट्ठा थाम लेता। पर बच्चे उससे मुक्त होने से पहले अपनी भागीदारी पूरी तरह निभा चुके होते थे। फिर वे ऐसे हाथ झाड़ते, मानो रिकॉर्ड भार उठाने के बाद कोई भारोत्तोलक बाजुओं को झटक रहा हो। भार्गव उनके इस क्रिया-कलाप में रम गए थे। वह अब सिर्फ बच्चों को देख रहे थे। बच्चों को पता भी नहीं चला, लकड़ियाँ जैसे गायब हो गई थीं। वह मुस्कराए। बच्चे किस तरह से हतप्रभ नजर आ रहे थे।

उमस-भरी बरसात की बेरंग शाम बेमतलब खिंची जा रही थी। उन्होंने फिर घड़ी देखी। पन्द्रह मिनट और खिसक चुके थे। चिता जलाने से पहले के मन्त्र शुरू हो रहे थे। अब बच्चों के पास कोई काम नहीं था। वे रेलिंग से सटकर खड़े हो, बड़ों का कारोबार देखने लगे थे। उनके चेहरों पर वही पहलेवाला आश्चर्यमिश्रित आतंक, विस्मय और उत्सुकता आ गई थी। क्या होने जा रहा है? और कैसे होनेवाला है, की अनिश्चित उत्सुक घबराहट।

किसी बिगड़े टेप-रिकॉर्डर की आवाज से अर्थहीन मन्त्र हवा में फैलने लगते थे। कमीज पर जनेऊ डाले उनके बेटे के हाथ में फूस की मशाल पकड़ा दी गई थी। उसने चिता के चक्कर काटने शुरू किए। बच्चे पंजों पर खड़े होकर इस पूरी विधि का आखिरी चरण देखने लगे थे। चिता को आग लगा दी गई। औपचारिकता पूरी होते ही मशाल फिर पंडित के हाथ में थी। उसने मौकों की जगहों पर मशाल लगाई, जिससे कि व्यवस्थित ढंग से आग चारों ओर से बढ़ सके और लकड़ियों की बरबादी न हो।

कुछ देर को बातचीत का सिलसिला थम-सा गया। लोग घी, हवन-सामग्री और लकड़ियों के मिले-जुले धुएँ को धीरे-धीरे बढ़ते देखने लगे। डूबते सूरज में इतना-सा धुआँ भी घनी छाया का एहसास दे रहा था। आग बढ़ने में समय नहीं लगा। वैसे भी सफेदे में होता क्या है! माचिस की तिल्ली की तरह फफक उठता है।

चिता से अनवरत धुएँ का उठना, पुजारी का उसके चारों ओर घूम-घूमकर आग को व्यवस्थित करना, लपटों का धीरे-धीरे उठना और अन्ततः पूरे वेग से जलने लगना, बच्चों को बाँधे रखने के लिए काफी था। कुछ ही देर बाद पंडित अपने गमछे से पसीना पोंछ थोड़ा पीछे आ खड़ा हुआ। उसने एक बार चारों ओर से आग को

तोला और किनारे की दीवार पर निश्चिन्त बैठ चाँदी की डिबिया से तम्बाकू निकाल, मसलने लगा। उसने हथेली से तम्बाकू के मोटे टुकड़ों को अलग किया और खैनी को मुँह में दबा लिया। गमछे से हाथ झाड़ वह उठा, और थोड़ा और पीछे की ओर खिसक गया। शायद लपटें उसकी ओर आने लगी थीं।

उसकी आँखें अपनी जिम्मेदारी के प्रति लगातार सचेत थीं। सब ठीक-ठाक चल रहा था। उसकी नजर यों ही जमीन पर पड़ी। वह आदतन झुका और उसने सामने पड़े लकड़ी के एक बड़े-से छिलके को, जिसे सम्भवतः अफरा-तफरी में कोई उठानेवाला नहीं मिला था, उठाकर जलती चिता की ओर उछाल दिया। छिक्कल का वह टुकड़ा ठीक चिता के बीचोबीच इस तरह से जाकर गिरा, मानो हैंडबॉल के किसी सिद्धहस्त खिलाड़ी ने गोल किया हो।

बच्चों की नजर लगातार पंडित पर थी। सारे क्रिया-कलाप की धुरी ही वही था। क्रिया-कलाप भी ऐसा जो बच्चों की कल्पना में भी नहीं आ सकता था। पंडित इस बीच अर्थी के बाँसों को अलग-अलग करने में लग गया था। और दो जने भी उसका हाथ बँटा रहे थे। कुछ अनुभवी लोग बीच-बीच में उन्हें कुछ हिदायतें देते जा रहे थे–अरे ऊपर से, इधर से नहीं। इसे पटको, अपने-आप अलग हो जाएगा। हाँ ऐसे... आदि। अचानक बच्चों के साथ खड़ा एक और आदमी झुका। उसने भी पंडित की ही तरह वहाँ रह गए छिक्कल को उठाकर चिता की ओर उछाल दिया। बच्चों के साथ भार्गव जी ने भी देखा कि वह टुकड़ा चिता के बीच गिरने की जगह किनारे को छूता हुआ वापस बाहर आ गया था। पर फेंकनेवाले का ध्यान उस ओर नहीं था। उसे जो करना था, बस कर दिया था।

काम काफी निबट चुका था। कपाल-क्रिया की देर थी और लोग जा सकते थे। भार्गव जी ने घड़ी देखी। साढ़े छह ही बजे थे। उस तरह से देखा जाए तो बहुत देर भी नहीं हुई थी। साढ़े पाँच तो दफ्तर ही छूटता था। घर, कितनी ही जल्दी करो, पौने सात, सात से पहले पहुँच नहीं पाते थे, स्कूटर के बावजूद। आधे घंटे का झमेला और था। अब जल्दी जाना भी ठीक नहीं था। उन्होंने हिसाब लगाया, आज भी वह ज्यादा-से-ज्यादा पौने आठ तक पहुँच जाएँगे। इसने उन्हें सन्तोष और विश्वास से भर दिया। उन्हें लगने लगा कि भूख बढ़ रही है। दोपहर में लंच भी ठीक से नहीं कर सके थे। सिर भारी हो गया था और कारण भूख ही थी। वैसे भी 'एसीडिटि' के रोगी हैं। पेट खाली होते ही गड़बड़ करने लगता है। वह भूले नहीं कि बौद्ध विहार नजदीक ही है। कई दिन से चाऊ-चाऊ भी नहीं खाया है। सूप तो ये लोग लाजवाब बनाते हैं, और इतना सस्ता। अगर कोई साथ हो लिया तो वहाँ जाया जा सकता है। और फिर ज्यादा समय भी नहीं लगेगा। उन्होंने निर्णय किया कि डॉ.

शर्मा से पूछकर देखेंगे। खाने-पीने का वह वैसे ही बड़ा शौकीन आदमी है। मना नहीं करेगा।

अभी वह योजना बनाकर निबटे भी नहीं थे कि देखा, दोनों बच्चे बीन- बीनकर छिक्कल ला रहे हैं और चिता की ओर बारी-बारी से फेंक रहे हैं। मुश्किल से ही उनका फेंका छिक्कल चिता तक पहुँच पाता था। अक्सर रह जाता था। धीरे-धीरे यह उन दोनों के बीच की प्रतियोगिता में बदल गया था।

भार्गव उन्हें देखते जा रहे थे। बच्चों के बीच प्रतियोगिता तेज होती जा रही थी। वे अब दौड़-दौड़कर छिक्कल के टुकड़े ढूँढ़ते और एक निश्चित स्थान पर खड़े होकर चिता की ओर उछालते। लड़की द्वारा फेंके टुकड़े तो एकाध बार वहाँ तक पहुँच भी गए, पर लड़के के लिए, जो कि अभी काफी छोटा था, वहाँ तक सीधे फेंक पाना सम्भव नहीं हो पा रहा था। इससे उसकी हताशा ही नहीं बढ़ रही थी, उसके अन्दर की कुछ करने की इच्छा और भी बलवती हो, उसे उत्तेजित करती जा रही थी। इस बार का टुकड़ा उसने पूरा दम लगाकर फेंका और संयोग कि वह सीधा चिता के बीचोबीच जाकर गिरा।

"देखा बबली! देखा!" लड़का चीखा। उसका हाथ हवा में लहराया, विजय पताका की तरह और फिर वह खुशी में ताली बजाने लगा। जलती लकड़ियों की चटक के बीच में, जहाँ बाकी सब लोग मात्र फुसफुसा रहे हों, पूरे वेग से उठा वह बच्चा-स्वर ही काफी था। एक साथ कई जोड़ा आँखें उस पर आ टिकीं। भार्गव जी का दिल हुआ लपककर लड़के को अपने पीछे छिपा लें। पर इससे पहले ही एक हाथ झपटा था और उसने बच्चे को झकझोरकर इस तरह खेंचा, जैसे बाघ मेमने को उठा ले जाता है। सन्नाटे में आए बच्चे के मुँह की आवाज ही कहीं गायब हो गई थी। डरी हुई लड़की भी घसीटे जाते भाई के पीछे चल पड़ी थी।

बच्चों को कहीं इस तरह खेंचा जाता है, भार्गव को बुरा लगा। उन्हें समझाया जाना चाहिए था कि यहाँ खेल नहीं होता।

(1993)

मोहन राम (दास), आखिर क्या हुआ?

दरवाजा अन्ततः तोड़ने पर खुला।

कोठरी में जाने का एकमात्र रास्ता वही था। दूसरा, अगर हो सकता था तो, एक गुणा एक फुट का रोशनदान जैसी कोई चीज था, जिससे कबूतरों का आना-जाना ही सम्भव था, इसलिए होता भी था। ऐसी स्थिति में कोठरी में अन्तिम बार जानेवाला आदमी, सामान्य समझ के मुताबिक, वही हो सकता था, जिसने उसे अन्दर से बन्द किया था। जहाँ तक कबूतरों का सवाल है, उनके शान्तिवादी स्वभाव के बारे में, या कम-से-कम मेरे जैसे पचास की चपेट के आदमी तो, तभी से जानते हैं, जब वे स्कूलों में पढ़ रहे होंगे। कबूतर उड़ाना उन दिनों सालाना जश्न हुआ करता था। तालियाँ बजाने में हम कसर नहीं छोड़ते थे। जिस तरह से कबूतरों के शान्तिप्रिय होने में किसी को शंका नहीं हो सकती, उसी तरह से नेहरू जी के शान्ति-विरोधी होने की कल्पना न कोई तब कर सकता था, न ही अब। जो कबूतर उड़ाने के सालाना जश्नों से महरूम रह गए हैं, ऐसा नहीं हो सकता कि उन्होंने वह फोटो भी न देखा हो—सहअस्तित्व का बिलकुल ठोस उदाहरण—नेहरू जी की टोपी में बैठा कबूतर।

इस पर भी किसी की समझ में नहीं आया कि आखिर क्या हुआ? क्यों हुआ? कैसे हुआ?

अगर सत्य तक पहुँचना ही है तो सभी पहलुओं को देखा जाना चाहिए। घटनाओं पर क्रमबद्ध विचार इसीलिए जरूरी हो जाता है।

तब पहली बात सपने पर ही होनी चाहिए।

वैसे भी कोई कह ही कैसे सकता है कि सपने में दुर्घटनाएँ नहीं होतीं। सपना एक सच्चाई है तो दुर्घटना उससे जुड़ी दूसरी सच्चाई। पर सपने ही को नकार दें तो बात और है। मानते हैं तो फिर घातक भी होंगी। आखिर यों ही तो नहीं कहा गया है—सावधानी हटी, दुर्घटना घटी। यानी ऐसे सपने देखे ही नहीं जाने चाहिए, जो किसी भी तरह की दुर्घटना की ओर ले जा सकते हैं। विशेषकर उन सपनों से तो बचना ही होगा, जो घातक होने की सम्भावना मात्र का आभास भी देते हों।

अब प्रश्न थोड़ा यों हो गया है कि क्या वाकई दुर्घटना हुई? अगर दुर्घटना यथार्थ है, तो कहाँ हुई? यानी क्या सपना सिर्फ कमरे तक ही सीमित था—तब वह सपना

ही क्या था?—और नहीं था तो फिर वह जगह कौन-सी थी, जहाँ वास्तव में दुर्घटना हुई थी?

इस तरह, आपको लगता है कि हम कहीं पहुँच पाएँगे? यह रॉकेट उड़ाना तो है नहीं कि दस से जीरो की ओर जाया जाए। हमें तो आकाश से धरती की ओर आना है, इसलिए बात को उलटा नहीं, सिरे से शुरू करना होगा। और सिरा कोई कटी पतंग की शेष डोर-सा सैकड़ों मीटर लम्बा भी नहीं है कि बेमतलब उलझ जाए।

पिछले दिन की शाम या बहुत हुआ तो दोपहर से शुरुआत होती है।

गाँव में लोग गाया करते थे, 'मोहना तेरी बल्शी (बंशी) बाजी ग्वाला-बालों के संग'। इसलिए जो थोड़ा-बहुत भ्रम था, वह इसी 'मोहना' के नाम से जुड़ा था। अन्यथा उस शाम के अन्तिम पहर तक, उसका नाम, मात्र एक नाम ही था। या कम-से-कम अपने नाम के इस आयाम की तो वह कल्पना ही नहीं कर सकता था। उसकी आँखें खोलनेवाले स्वयं उन भाई-बहनों के नाम, उसके लिए अगर हँसी का नहीं तो, कम-से-कम थोड़े अचम्भे का कारण तो जरूर थे। टीटू और टिंकी जैसे नाम से उसका सामना पहली बार तब पड़ा था, जब वह सरदार तेजेन्दर सिंह बवेजा के यहाँ नियुक्त हुआ था। तीन सौ रुपए माहवारी, खुराक समेत।

"कम नहीं होते," छोड़कर जाने से पहले चाचा ने उसे समझाया था, "दो सौ रुपए तो कम-से-कम अपने पिता को भेज सकता है। सालभर में तुम्हारा सारा दलिद्दर कट जाएगा। खाना-पीना यहाँ से मिल ही रहा है। इधर-उधर का जेब-खर्च ही कितना होगा?"

यद्यपि चाचा ने कहा नहीं, पर उन्हें शक जरूर रहा होगा कि ऐसा हो नहीं सकता कि गाँव में रहकर मोहनिया बीड़ी-सिगरेट न पीता रहा हो। स्वयं नए मालिक ने भी उसे चेतावनी दी थी, "देखीं, ओए मुंडिया, सिगरेट-बीड़ी नईं चलनी है।"

वह सरदार जी की तनी मूँछों और कसी दाढ़ी से वैसे ही घबरा गया था। परिणामस्वरूप नहीं-नहीं, बिलकुल नहीं, वाले अन्दाज में देर तक, मुंडे की मुंडी काँपती रही थी।

चाचा उसे पारिवारिक दायित्व ही नहीं, पारिवारिक अर्थशास्त्र की भी सारी बारीकियाँ समझाने पर इस तरह तुले हुए थे, जैसे ऐन विदाई से पहले बेटियों को जितनी भी हो सकती है, नसीहतें दे दी जाती हैं। "ये घर तो ऐसा भी नहीं है, जहाँ किसी चीज की कमी हो, टेलीविजन तो हुआ ही, वीडियो भी ठहरा। सिनेमा-हिनेमा का कोई चक्कर ही नहीं हुआ। तू समझ कि तीन सौ नहीं, तुझे पाँच सौ ही मिल रहे हैं।"

परिवार अच्छा था, सरदार जी सिर्फ दिखने में खतरनाक नजर आते थे। काम भी ज्यादा नहीं था। वह वैसे ही काफी समझदार था। आठ तो पास था ही, खास

बात यह थी कि पढ़ने के प्रति उसकी स्वाभाविक रुचि को स्कूल और उसके मास्टर खत्म नहीं कर पाए थे, और यही बात सरदार जी को अच्छी भी लगी थी कि बच्चों के साथ पढ़ने-लिखने की बात तो करेगा। वरना जब देखो टी.वी., वीडियो से ही फुरसत नहीं मिलती। इस मायने में सरदार जी जरा पुराने खयालात के थे। बीबी जी की लाख वकालत के बावजूद उनका विश्वास बदला नहीं था कि बच्चों को बिगाड़ने में फिल्म और टेलीविजन की महत्त्वपूर्ण भूमिका होती है।

कुछ भी हो मोहन का काम बच्चों को स्कूल की तैयारी में मदद करना, बस तक छोड़ना और लाना व घर-भर की डस्टिंग करना था। धोने-पोंछने का काम औरों का था। आठवीं में पढ़नेवाला टीटू, जैसा कि होता है, ज्यादा लापरवाह और शैतान था। जबकि टिंकी उत्पाती नहीं थी। पर यह बात तुलनात्मक रूप से ही सही थी, अन्यथा कई दफा मोहन कह चुका था, बाबा हो, ऐसी जिद्दी लड़की तो मैंने कहीं नहीं देखी ठहरी।

उसकी बात पर, और कुछ हद तक अपनी बेटी के 'इस कदर' बिगड़े होने पर, बीबी जी मन्द-मन्द मुस्कराया करतीं। कैसी बड़ों की-सी बातें करता है!

"तुम्हारे गाँव में नहीं होते रे, ऐसे बिगड़े बच्चे?" उन्होंने दो दिन पहले ही मोहन से पूछा था।

"टेम कहाँ ठैरा!" मोहन ने शुद्ध पहाड़ी अन्दाज में दाएँ हाथ की तर्जनी अँगुली को हवा में जुबिन मेहता की छड़ी की तरह नचाते हुए कहा!

"अरे, टाइम किस बात का?" मालकिन ने माधुरी दीक्षित की तरह (ऐसा मोहनिया को लगा ठहरा) मुस्कराते हुए पूछा, "क्या बिगड़ने के लिए भी टाइम चाहिए?"

"जिद को, रोने को," मोहन ने अपनी उसी तर्जनी से हवा को ठेलते हुए कहा, "वहाँ तो काम बहुत ठैरे। पानी लाना, डंगरों को जंगल ले जाना, घास काटना, लकड़ी लाना, कितने जो काम हुए। जो बच्चा रोना-धोना ज्यादा करता है, उसको दो चट्टाक लगनेवाले हुए। अपने-आप लाइन पर समझो।"

बीबीजी को बड़ा मजा आया था, उसकी बात करने की शैली पर। वैसे भी उन्हें कोई विशेष काम तो रहता नहीं था। बनना-सँवरना और सैर-सपाटा, शेष समय-सारणी दूरदर्शन व केबिल टी.वी. के धारावाहिकों और फिल्मों से निर्धारित होती थी। मोहन से बातचीत में उन्हें दूर-दराज की जिन्दगी पर बने किसी धारावाहिक की नवीनता का-सा आनन्द आने लगा।

"ओए मुंडिया, काम तो बच्चों को यहाँ ही कौन-सा कम होता है। तू देखता नहीं, स्कूल-पढ़ाई का कितना काम रहता है?" उन्होंने मोहन को थोड़ा और छेड़ा।

"पढ़ाई कोई काम हुआ? हमारे यहाँ तुम चाहे पढ़ो, चाहे न पढ़ो, घर का काम तो करना ही हुआ।"

"तो तुम्हारे यहाँ बच्चों से भी काम करवाते हैं?" बीबीजी ने पूछा।

"और क्या?" मोहन गम्भीर था, "क्यों, बच्चे नहीं खानेवाले हुए। रोटी तो उन्हें भी चाहिए।"

"तू स्कूल जाता था तो भी काम करता था?"

"फिर! करना पड़नेवाला हुआ।" उसने अपने खास अन्दाज में हाथों को नचाते हुए कहा।

"तू जब काम नहीं करता था तो क्या होता था?"

"मार पड़नेवाली हुई।"

"कौन मारता था?" मालकिन ने देखा, मोहन का चेहरा अपने साँवलेपन में भी काफी भोला और आकर्षक था।

"माँ भी मारनेवाली हुई।" मोहन समझ चुका था कि बीबी जी पूछना क्या चाहती हैं।

"जो बच्चा नहीं मानता?"

"मानेगा कैसे नहीं? सिशौंड़ ठहरा। बड़े-बड़े मान जानेवाले हुए?"

"क्या मतलब?" मालकिन की समझ में नहीं आया?

"सिशौंड़ नहीं देखा ठहरा आपने? अरे, वो बिच्छू का जो पेड़ होता है।"

"अच्छा-अच्छा वो बिच्छू बूटी?" बीबीजी को याद आया, "हाँ, हाँ, शिमले में देखी थी मैंने।"

"वोई-वोई?" इस बार मोहन इस तरह मुस्कराया, जैसे अपने गाँव का कोई मिल गया हो।

"अरे, पहाड़ी तो बड़े निर्दयी होते हैं भई!" बीबीजी ने फैसलेवाले अन्दाज में कहा। फिर मोहन की ओर देखकर बोलीं, "छोटे-छोटे बच्चों को देश-विदेश पैसा कमाने भेज देते हैं।"

मोहन के पास यद्यपि इस बात का कोई जवाब नहीं था, पर उसे यह बात ठीक नहीं लगी। उसके माँ-बाप उतने अच्छे चाहे न हों जितने टीटू और टिंकी के हैं, पर किसी भी रूप में वे निर्दयी नहीं हैं, वह जानता था। कोई नहीं चाहता था, वह नौकरी करने जाए, इस पर भी माँ-बाप को उसे भेजना पड़ा था। वह बड़ा हो गया था। मजबूरी समझने लगा था। उसका दिल हुआ, कह दे नहीं-नहीं, माँ-बाप ने नहीं भेजा, मैं खुद आया हूँ।

हाँ, वह खुद आया था। उसे रोटियाँ कम पड़ने लगी थीं। उसके कपड़े छोटे हो, सीवनों से उधड़ गए थे और अब किसी भी सिलाई से जुड़ नहीं पा रहे थे। उसके पैर बिना जूतों के सख्त हो खुरों में बदल गए थे। इसीलिए जब उसकी समझ में आया था कि कहीं दूर–और वह दूरी ऐसी दूरी भी नहीं है–एक ऐसी दुनिया है जिसमें भरपेट रोटी है। रंग-बिरंगे कपड़े हैं और भी कई ऐसी चीजें हैं जो वह सोच भी नहीं सकता, तो एक दिन वह चला आया था अपने चाचा के साथ सुबह-शाम आने-जानेवाली उन

गाड़ियों में से एक में, जो उस भरी-पूरी दुनिया की ओर ले जाती थीं, जिसकी बातें वह दिन-रात सुनता आ रहा था, एकमात्र विकल्प के तौर पर। सम्भवतः यही उसकी नियति थी। और कमोबेश उन सबके साथ न जाने कितनी पीढ़ियों से यही सब होता आ रहा था।

"मैं खुद आया हूँ। मुझे मेरे माँ-बाप ने नहीं निकाला था।" उसने किसी तरह कहा। पर अब तक मालकिन अपने कमरे में आराम फरमाने के लिए चल पड़ी थी और उसकी आवाज में इतना दम नहीं था कि कमरे की दीवारों को लाँघ, जाती हुई मालकिन को पकड़ लेती। वह वहीं जमा रह गया था। दो छोटे-छोटे भाई और एक बहन स्मृति के कोठार से निकल एक-एक कर उसके सामने आने लगे थे और वह गहरे निसास में किसी गूँगे की तरह डूबने लगा था कि तभी मालकिन की आवाज ने उसे खींचकर वापस फर्श पर खड़ा कर दिया।

बच्चों के आने का समय हो रहा था। पाँच मिनट के अन्दर उसे वहाँ पहुँच जाना था, जहाँ स्कूल बस आकर रुका करती थी।

बस थोड़ी देर से आई। उतरते ही बच्चों ने बस्ते उसके सामने पटक दिए। उसने बस्ते कन्धे पर लादे और पीछे-पीछे चलने लगा। टीटू कोई अंग्रेजी गाना गाता, झूमता चला जा रहा था। टिंकी ने पूछा, "मम्मी गई?"

"नहीं तो।" उसने हौले से कहा।

"उसे तो जाना था, क्यों नहीं गई?"

गाते-गाते भी टीटू ने बहन का प्रश्न सुन लिया था। मोहन चुप था। वैसे भी वह क्या बता सकता था कि मेमसाहब क्यों नहीं गईं?

"ओ यस, यस, यस
आई नो बस, बस, बस
मुझको शू लाना है
शॉपिंग को जाना है
टिरींग टिंग टिंग..."

टीटू ने रैपवाली स्टाइल में बाबा सहगल की तरह झूम-झूमकर बतला दिया और फिर इन्हीं पंक्तियों को दोहराता आगे बढ़ गया। पर वे दोनों चुपचाप चलते रहे।

अचानक टिंकी ने पूछा, "तुझे क्या हुआ है रे, मोहन?" चुप्पी टिंकी के लिए असहनीय चीज थी।

"क्या हुआ, कुछ नहीं।" उसे टिंकी की छलबलाहट पसन्द नहीं थी। हर समय इतराती रहती है, वह मन ही मन कुढ़ रहा था।

"तो इतना चुप क्यों है, जैसे दो जूते खाए हों।"

मोहन को लगा, जैसे किसी ने वाकई उसे जूता मार दिया हो। बदतमीज ठहरी, कौन जो मुँह लगता है।

टिंकी ने थोड़ा इन्तजार किया। पर जब लगा, मोहन बोलेगा ही नहीं तो वह चीखकर इस तरह बोली, मानो सड़क पर, हर चलनेवाले को बता रही हो, ''टीटू, इस मोहन के बच्चे को आज जूते पड़े हैं।'' और हँसने लगी।

मुझे क्यों पड़ेंगे जूते, तुझे ही पड़ेंगे, कहना चाहते हुए भी न जाने कैसे वह चुप्पी मार गया। अगर बाहर के किसी आदमी ने यह कहा होता तो अब तक वह उसके दाँत निकालकर हाथ में धर देता।

''क्यों?'' टीटू ने अपनी स्वाभाविक लापरवाही से पूछा।

''कामचोर जो है न। ठीक से काम करता नहीं है, और क्यों!''

''किसने मारा?'' टीटू को थोड़ा आश्चर्य हुआ।

''कौन मारेगा? मम्मी ने ही मारे होंगे।''

''तुझे कैसे पता?'' टीटू ने अब काल्पनिक ताल पर थिरकना बन्द कर कुछ आश्चर्य से पूछा।

''अरे, ये बोल जो नहीं रहा है।'' वह खिलखिलाई।

''शट अप!'' टीटू को गुस्सा आ गया। बेमतलब में ही उसके गाने का मजा बिगाड़ दिया। किसी को परेशान करना भी कोई खेल हुआ।

मोहन सोच रहा था, देखो, कैसी बजात लड़की ठहरी। झूठ बोलने में जरा भी शर्म नहीं है।

चार बजे मेमसाब ने उससे चाय बनाने को कहा और खुद तैयार होने लगीं। जब वह चाय लेकर पहुँचा, मेमसाब बाल बना रही थीं। उन्होंने एक बार उसे देखा और बोलीं, ''जा, तू भी तैयार हो जा। बाजार चलेंगे।''

उसे तैयार होने में समय नहीं लगा। वैसे भी करना क्या था, फिर आज तो वह जिन्दगी में पहली बार कार में बैठने जा रहा था। आठ सौ सी.सी. की फुर्ती स्वाभाविक ही थी।

उसे देखते ही टिंकी अपनी आदत के अनुसार खिलखिला उठी। वह सकपका गया। वैसे भी वह अकेली नहीं थी। पड़ोस के तीन और बच्चे इस बीच न जाने कहाँ से आ टपके थे। वे सब भी उसके साथ मुस्करा रहे थे।

टिंकी की हँसी रुकने को ही नहीं आ रही थी। मम्मी ने उसे डाँटा, ''क्या है टिंकी, क्यों हँसे जा रही है।''

टिंकी ने किसी तरह अपनी हँसी के ही बीच कहा, ''तेल तो चलो मालिक का है, पर बाल तो अपने हैं।''

अब सबकी नजर उसके तेल से लथपथ बालों की ओर गई। बच्चे तो खैर बच्चे हुए, मालकिन भी हँसी नहीं रोक पाईं। किसी तरह हँसी दबाकर उन्होंने कहा, "कोई बात नहीं। पर मोहन बेटा, थोड़ा तेल कम लगाया कर। इससे बेमतलब कपड़े गन्दे नहीं होंगे।"

मोहन का मूड, जो पहले से ही खराब चल रहा था, और उखड़ गया। कार में पहली बार बैठने का मामला नहीं होता तो वह शायद कह ही देता, मेमसाब मैं नहीं आता।

अब तक मेमसाब की सैंडिलों से फर्श का दिल दहलने लगा था। उनके साथ ही सारी पलटन बाहर आ गई। मेमसाहब ने गैरेज से गाड़ी निकाली और शेष दरवाजों को अनलॉक किया। यह क्या, टिंकी और टीटू के साथ पड़ोसी बच्चे भी गाड़ी में बैठने लगे थे। ये भी जा रहे हैं, मोहन को अब पता चला। मारुति कार, भरने में देर नहीं लगी। संजय गांधीजी ने इस गाड़ी का सपना कभी जनता के हित में देखा था। छोटे और सुखी परिवारों के लिए। उस सपने में अगर नौकर के लिए जगह नहीं थी तो गुरमीत कौर कर ही क्या सकती थीं। वह चाहती थीं, किसी तरह कहीं भी मोहन 'एडजस्ट' हो, पर जगह थी कि बन ही नहीं पा रही थी।

टीटू को अन्ततः गुस्सा ही आ गया। बोला, "मम्मी, अब आप इसे हमारे सर पर तो न बैठाओ। अगर इसका जाना जरूरी है तो इसे ही ले जाओ। मैं उतर जाता हूँ।" और वह कार का दरवाजा खोलने लगा।

मोहन ही घबरा गया। "नहीं, नहीं, मैंने क्या करना है। मैं नहीं जाता।" कहता-कहता ही वह कई कदम पीछे हट गया।

गुरमीत कौर ने बेटे से कुछ नहीं कहा, बस कार स्टार्ट कर दी। टीटू ने खुद ही दरवाजे को एक बार खोलकर ठीक से बन्द कर लिया।

चलते-चलते भी टिंकी बाज नहीं आई, "मोहन, बुरा मत मानना। अगली बार जब तू अपने बालों में जरा तेल कम लगाएगा, तब तुझे ले जाएँगे, अच्छा।" दूसरी बात के साथ ही कार से हँसी के कई सारे ठहाके एक स्वर हो गूँज उठे। मोहन को कुछ सुनाई नहीं दे रहा था। पारदर्शी काँच के उस ओर कुछ चेहरे अपनी पूरी विद्रूपता में उसकी हँसी उड़ा रहे थे। अच्छा हुआ, उसे ज्यादा देर यह सब नहीं देखना पड़ा। कार अब तक कोठी का गेट पार कर दाईं ओर मुड़ने के लिए इंडिकेटर देने लगी थी। हो न हो, टिंकी ने चलाया हो। जलता-बुझता इंडिकेटर उसे मुँह चिढ़ा रहा था। दिल हुआ, एक पत्थर मारकर तोड़ दे।

वे कब लौटे, मोहन को पता ही नहीं चला।

"ओए होय, क्या बात है? तो 'बोल्ड एंड ब्यूटीफुल' देखा जा रहा है।" टिंकी की आवाज ने उसे इस कदर चौंकाया कि वह लगभग काँप गया। झेंप में उसने

लपककर टेलीविजन बन्द कर दिया। जब कोई था ही नहीं तो वह भी क्या करता। काम कुछ रहा नहीं था, बस टेलीविजन देखा जा सकता था। उसने ऑन किया तो केबल का चैनल चल रहा था, वह वही देखने लगा।

"अरे बेवकूफ, बन्द क्यों कर दिया! चला उसे।" टिंकी चीखी।

पर मोहन से हिला नहीं गया। झल्लाते हुए टिंकी को खुद ही टी.वी. ऑन करना पड़ा। बिना कपड़े बदले ही वह सोफे पर धँस गई और वहीं से अपनी बैलियाँ किनारे की ओर उछाल दीं। दोनों अलग-अलग दिशाओं में गिरीं। मोहन ने दोनों जूतियाँ उठाईं और स्टैंड पर रख आया। मेमसाब और टीटू ने साथ ही साथ प्रवेश किया। टीटू के हाथ में रंग-बिरंगा जूते का डिब्बा था। कमरे में घुसते ही उसने डिब्बा खोला और सफेद झक पृष्ठभूमि पर हल्की गुलाबी पट्टियोंवाला जूता निकालकर पहनने लगा। ऐसा सुन्दर जूता! मोहन अवाक् था। जूता भी मुनाल जैसा रंग-बिरंगा हो सकता है, यह उसकी कल्पना से परे था। अनन्त सुराखों और द्रोपदी के चीर सरीखे लम्बे फीतेवाले जूते को बाँधने के बाद टीटू ने कहा, "कैसा है?"

"बहुत बढ़िया।" मोहन ने मुग्ध भाव से तारीफ की। उसकी आँखें और चेहरा बता रहा था कि कैसी ललक जूते ने उसके अन्दर पैदा कर दी है।

"देखा कभी ऐसा जूता?" टीटू ने झूमते हुए पूछा।

"नहीं तो!" मोहन ने सहज भाव से सिर हिला दिया।

"एडिडास का है। नाम सुना है?"

'नहीं!' में मोहन का सिर देर तक सूखी पत्ती की तरह काँपता रहा।

"कितने का है?" मोहन ने सोचा, मौका लगा तो पहली तनख्वाह में अपने लिए भी ऐसा ही एक जूता खरीद लेगा।

"वन थाउजेंड, नाइनटी फाइव रुपीज ओनली।" टीटू ने हाथ नचाते हुए मुँह बनाकर कहा।

"क्या?" मोहन की समझ में कुछ नहीं आया। एक तो पहले ही वह पहाड़ी गाँव के स्कूल में पढ़ा हुआ था, अंग्रेजी माशाअल्ला थी, ऊपर से टीटू ऐसा आँकड़ा बोल गया था, जो उसके लिए यथार्थ ही नहीं था। इसलिए सब कुछ समझ से बाहर हो गया।

टीटू सम्भवतः चाहता भी यही था। वह थोड़ी देर मोहन को देखता रहा, फिर सीटी बजाता बोला, "केवल एक हजार पिचानबे रुपए का। क्या समझे?"

"क्या?" इस बार मोहन का चेहरा ही विकृत हो गया, "एक हजार रुपए का जूता। किसी और को बेवकूफ बनाना।" मोहन ने कुछ प्रतिरोध में कहा।

"अबे, एक हजार नहीं, एक हजार पिचानबे। जूते तो बेटा एक हजार नहीं, चार हजार तक के होते हैं, क्या समझे पहाड़िए।"

"एक हजार रुपए के जूते में ऐसा ही न्यारा जो क्या होता है?"

"न्यारा? अबे इसको पहनकर आदमी उड़ सकता है। सुउउई। सूँउँउऽऽऽऽ।" कहकर टीटू ने हाथ से ही उड़ने का इशारा नहीं किया, बल्कि अपनी दाईं टाँग इस तरह उठाकर पीछे को की, जैसे कोई 'स्केटर' करतब दिखलाता है।

"देखना टिंकी, इसे यकीन नहीं हो रहा है कि यह जूता एक हजार पिचानबे का है।"

टिंकी को यह चर्चा 'बोल्ड एंड ब्यूटीफुल' से बेहतर लगी। उसने फौरन हस्तक्षेप किया, "अरे मोहनदास, अब जूते पाँच-पाँच हजार तक के होते हैं।"

"उन्हें सर में पहनते हैं क्या?" मोहन ने चिढ़े हुए स्वर में कहा।

"तुम्हारे यहाँ पहनेंगे सर में, मोहनदास जी। हमारे यहाँ तो पैर ही में पहनते हैं।" उसने भी जवाब देने में कसर नहीं छोड़ी।

स्पष्ट था कि वह अब भी नहीं मान रहा है। अब यह बात टीटू को नागवार लगने लगी थी। उसके ग्यारह सौ के जूते का सरासर अपमान हो रहा था।

"क्या कहा तूने इसको टिंकी, मोहनदास। वाकई यह आदमी मुझे मोहनदास कर्मचन्द गांधी लग रहा है–द नैकेड फकीर।" और वह अपनी प्रत्युत्पन्नमति पर मुग्ध हो, खुद ही हँसने लगा। बहन ने भाई का पूरी सामर्थ्य से साथ दिया। हँसी के रुकने पर उसने अपना जूता उतारा और उसे मोहन की नाक पर लाते हुए बोला, "ले देख, मोहनदास कर्मचन्द कि यह जूता एक हजार पिचानबे का है या नहीं। बोल?" टीटू ने कुछ आतंकित करनेवाले अन्दाज में पूछा।

मोहन ने अपना सर पीछे करते हुए भी देख ही लिया था कि जूते पर वाकई एक हजार पिचानबे लिखा हुआ था। एक हजार पिचानबे, वह बुदबुदाया और सन्नाटे में गुमसुम हो गया।

"अभी भी यकीन नहीं हुआ तो मम्मी से रसीद लाकर दिखा देता हूँ।"

न यकीन करने के लिए अब रह ही क्या गया था। गणित ने बतला दिया था– चार महीने की तनख्वाह बराबर एक जोड़ी जूता। और पेटों पर इतने समय के लिए पट्टी तो बँध नहीं सकती!

जब वह खाना खाकर गैरेज के ऊपर बनी कोठरी में पहुँचा तो एकमात्र बात जो उसके दिमाग में घूम रही थी, वह थी, आखिर कोई ग्यारह सौ का जूता क्यों पहनता होगा? क्या वाकई इस जूते को पहनकर उड़ा जा सकता है?

उड़ा ही जा सकता होगा, वरना कोई इतनी कीमत क्यों देगा।

लड़का छोटा था, द्वन्द्व भारी था। नतीजा कोई निकला नहीं। वह ही सो गया। पर सपने में तो जूता निषिद्ध नहीं है।

एक्सीडेंट सपने में हुआ था।

मोहन के हाथ टीटूवाला एक हजार पिचानबे का जूता लग गया था। जैसे ही उसने जूता पहनना चाहा, जूता इतना बड़ा या वह ही इतना छोटा हो गया कि पूरा-का-पूरा समा गया। हो सकता है (हो, क्यों नहीं सकता), उसने जूते की चारदीवारी में पसरते हुए सोचा, जूता इतना बड़ा भी हो सकता है। उसे कविता याद आने लगी, जो उसने तीसरी या चौथी कक्षा में पढ़ी थी :

बूट में रहती थी एक बुढ़िया
भारी था उसका परिवार...

उसे याद आया था, उसका परिवार भी तो किसी बूट में ही रहता है। और जिस बुढ़िया की बात कविता में कही गई है, वह और कोई नहीं, उसकी माँ ही है। घर में लगातार जो एक दुर्गन्ध रहती है, क्या इसीलिए रहती है? जूता उतरा हुआ था। किसी दैत्याकार शरीरवाले आदमी का, जिससे सर छुपाने के लिए वह माँगा गया था। उस आदमी को पसीना भी तो बाल्टियों में होता होगा। उसे आश्चर्य हो रहा था, आखिर उनका परिवार न जाने कब से इस दुर्गन्ध को सहता चला आ रहा है। यह भी निश्चित नहीं था कि जूता उसके पिता ने माँगा था या दादा ने। उससे पहले का होने में भी देर नहीं थी। माँ का कहना था कि पहले तो यह दुर्गन्ध इतनी तीखी थी कि सहन ही नहीं हो पाती थी। पर पिता सहमत नहीं थे। उनके हिसाब से पहले थी ही नहीं, एक बार जो हुई तो गई ही नहीं। पर यह कब की बात है, वह अनुमान नहीं लगा पाते थे।

खैर, जो भी हो, मोहन की समझ में नहीं आ रहा था, किस तरह से दूसरे जूते का इस्तेमाल हो सकता है। पर जब उसे लगा, वह किसी भी तरह दो जूतों के लायक नहीं है तो उसने सर मारना बन्द कर दिया और जूते का अन्दर से मुआइना करने लगा। टटोलता-टटोलता वह दो मजबूत फीतों तक पहुँचा। जैसे ही उसने एक फीते को खींचने की कोशिश की, जूता हिलने लगा। तो यह बात है। वह समझ गया, यही जूते की लगाम है। उसने सावधानी से जूते के फीते के दोनों कोनों को सन्तुलित कर हौले से खींचा कि जूता चल पड़ा। जल्दी ही उसने जूते को उड़ाने पर खासा नियन्त्रण हासिल कर लिया और सरपट गाँव की ओर चल पड़ा। उड़ते हुए उसे कभी सुना गाना याद आ गया :

...एक राजे का उड़नेवाला घोड़ा...

अगर घोड़ा उड़नेवाला हो सकता है तो जूता भी हो सकता है, उसने अपने-आप से कहा और गाने लगा...*एक राजे का उड़नेवाला जूता...*, और तब तक वही लाइन गाता चला गया, जब तक कि पहाड़ों के ऊपर नहीं पहुँच गया।

वह मुँह अँधेरे ही चल पड़ा था और अब पहाड़ों में पहली धूप और सुहावनी हवा का आनन्द ले रहा था। नीचे पहाड़ थे, पेड़ थे, घाटियाँ थीं, गाँव थे, जिनके चूल्हों

से उठती धुएँ की पतली रेखा बता रही थी कि चाय के पानी के खदखदाने की जुगत हर घर में चल रही है। वह आगे बढ़ रहा था। पहले घास को जाती या पानी लाती औरतों ने नजर आना शुरू किया। फिर हल-बैल से जूझते मर्द दिखे और कुछ ही दूर आगे स्कूल जाते बच्चे मिले।

बच्चों ने उसे विशेष रूप से आकर्षित किया। उसने लगाम ढीली की और थोड़ा उतरकर बच्चों के करीब आ गया। यद्यपि खड़े रहने के बावजूद जूते से सिर्फ उसका सर नजर आ रहा था, इस पर भी बच्चों ने उसे देख लिया और वे एक स्वर में चिल्लाने लगे थे, ''अरे बबा हो, उड़नेवाला जूता...और आदमी! उसमें आदमी भी!'' बच्चों के आश्चर्य की सीमा नहीं थी और हर नई जानकारी के साथ उनका हल्ला बढ़ता जा रहा था। अपने बिना आवाज के विमान हो गए जूते में वह उनके सिरों पर गोल-गोल मँडरा रहा था। बच्चे जैसे-जैसे उत्तेजित होते जा रहे थे, उसे भी आनन्द आने लगा था। बच्चों के हाथ हवा में लहरा रहे थे, पर वह उसी तरह चाहते हुए भी उत्तर नहीं दे पा रहा था। जूते की दीवारें इतनी ऊँची थीं कि न तो वह ठीक से हाथ हिला पा रहा था, न ही बच्चों को देख पा रहा था। अचानक न जाने उसे क्या सूझा कि उसने फीते के कोने को छोड़ दिया और दोनों हाथों से जूते की दीवार पकड़कर लटक गया, जिससे कि नीचे की तमाशाई भीड़ को साफ-साफ देख सके और बता सके कि यह जूता उसकी चार महीने की कमाई की रकम का है, तब जाकर जो उड़ता है। पूरे बारह सौ का। ग्यारह का बारह करने में क्या लगता है! सच में एक प्रतिशत की मिलावट तो युधिष्ठिर ने भी की हुई ठहरी। मोहनिया तो मोहनिया ही हुआ।

पर वह भूल गया कि फीते के कोने छोड़ना कितना खतरनाक हो सकता है। अनियन्त्रित जूता लड़खड़ाने लगा था, पर उसे यह सब देखने का ध्यान ही कहाँ था। उसे तो धुन सवार थी, सबको चकित कर देने की। किसी तरह उछलकर वह जूते के किनारे पर लटका ही था कि जूता पलट गया।

उसके बाद क्या हुआ किसी को पता नहीं, पर जो हुआ वह मोहन राम नाम के लड़के के मात्र सपने में हुई दुर्घटना थी और सपने में हुई दुर्घटना का कभी कोई अर्थ वैसे भी नहीं होता, सिवा कुछ मूर्ख युवकों और मूढ़ बूढ़ों के लिए, जो सपनों को यथार्थ से जोड़ लगातार अतिरिक्त अर्थ खोजने की कोशिश में एक दिन मर जाते हैं।

सुबह जब मोहन देर तक नहीं उठा तो गुरमीत कौर को मेहरी को यह कहते हुए कि देखो, दो दिन भी नहीं हुए रोटी लगने में, उसे कान पकड़कर उठा लाने के लिए भेजना पड़ा।

चमेली जब किसी भी तरह अन्दर सोए मोहन से दरवाजा नहीं खुलवा सकी, तब दरवाजा तोड़ा गया। टूटते दरवाजे के कपाट अभी ठीक से खुल भी नहीं पाए थे कि वह चीख उठी थी...

और यह चीख उस तरह से नाजायज भी नहीं कही जा सकती। दुर्घटना का–वह भी दिल दहला देनेवाला–दृश्य कोई भला कैसे सह सकता है। कान तो कान, वहाँ सर तक का पता नहीं था।

अब आखिरी सवाल रह जाता है :

क्या सपने में चूर हुए आदमी के टुकड़े, इतनी दूर जाकर भी गिर सकते हैं?

दुर्घटना सपने में हुए थी, और सपना निचले हिमालय क्षेत्र में, उत्तर में तिब्बत के पठार और दक्षिण में गंगा-यमुना के मैदान के बीच, 79 अक्षांश उत्तर-पूर्व की ओर, रामगंगा की घाटी में, दिल्ली के ग्रेटर कैलाश मुहल्ले से चार सौ नौ किलोमीटर की दूरी पर देखा गया था।

कृपया अब प्रश्न न पूछें। इस तरह तो आप अपनी संस्कृति को ही झुठलाना चाह रहे लगते हैं।

यह चमत्कारों का देश नहीं है?

(1994)

❐❐❐